刘忆江 著

汉武大帝

之 汉宫春梦 上

汉武帝系列长篇小说

辽宁人民出版社

©刘忆江　2018

图书在版编目（CIP）数据

汉武大帝之汉宫春梦：全2册／刘忆江著．— 沈阳：辽宁人民出版社，2018.8
　　ISBN 978-7-205-09187-3

Ⅰ．①汉… Ⅱ．①刘… Ⅲ．①中国历史－汉代－通俗读物 Ⅳ．① K234.09

中国版本图书馆 CIP 数据核字 (2017) 第 296228 号

出版发行：	辽宁人民出版社
	地址：沈阳市和平区十一纬路 25 号　邮编：110003
	http://www.lnpph.com.cn
	电话：024-23284321（邮　购）　024-23284324（发行部）
	传真：024-23284191（发行部）　024-23284304（办公室）
印　　刷：	朝阳铁路印务有限公司
幅面尺寸：	170mm×240mm
印　张：	34.5
字　数：	530 千字
出版时间：	2018 年 8 月第 1 版
印刷时间：	2018 年 8 月第 1 次印刷
责任编辑：	赵维宁　任　河
装帧设计：	丁末末
责任校对：	郑　佳
书　　号：	ISBN 978-7-205-09187-3
定　　价：	115.00 元（全 2 册）

关于"回顾丛书"

约半年前，艾明秋女士来电，要我"再做点贡献"。小艾是辽宁人民出版社文史编辑室主任，也是我的第一本书《大汉开国谋士群》的责任编辑，我们的合作非常愉快，进而"成为生活中的益友"（张立宪语）。

对小艾的要求，我一向近乎有求必应。听她谈过初步设想后，觉得挺有意思，可以操作。随后，辽宁人民出版社副总编辑张洪兄来电，进一步讨论、商定了相关细则。这便是"回顾丛书"的由来。

"回顾丛书"拟每年出一辑，每辑6册左右。以经过时间和市场淘洗的旧书再版为主，新作为辅；以专著为主，文集为辅；以史为主，政治经济军事社会思想文学为辅。入选的各类书籍，都是我所感兴趣的，有料，有趣，有种。回顾的目的，当然是为了更好地前瞻、前行。

太白诗：却顾所来径，苍苍横翠微。2008年初夏，收到首册样书时，欧洲杯激战方酣。去年秋天再版，新书出炉时，我正沿着318国道驱车前往珠峰大本营。此情此景，宛如昨日。我想，再过五年、十年，回过头来看这套"回顾丛书"，又会是什么心境呢？

是为序。

梁由之

2013年6月6日，夏历癸巳蛇年芒种后一日，于深圳天海楼。

却顾所来径·苍苍横翠微

内容简介

——

  这是一个富于心机、不甘心随波逐流于命运的女人，如何凭借机运，谋夺权位的故事；也是一个少年如何脱颖而出，君临天下，最终成长为伟大帝王的故事。

  故事取材于西汉一段真实而富有传奇色彩的历史，交织着阴谋、情欲与杀戮。围绕着汉宫中对皇后与太子之位的争夺，控制与反控制的斗争，故事演绎出众多历史人物间的错综关系与爱恨情仇，并曰此全景式地展示了那个辉煌时代的社会风貌。

  汉景帝前元六年春季，愁困深宫中的王美人，得知大长公主刘嫖与太子之母栗姬因亲事不谐互生嫌怨，敏锐地看到了其中的机会。她抢先一步与刘嫖结亲，不择手段地谋害、挫败了远比她有优势的儿妁与栗姬，最终促成了太子的废立。她的独生子刘彻被立为太子，她也由此被册立为皇后。成为皇后的她，仍然得不到皇帝的宠爱，于是王娡潜心侍奉窦太后与大长公主，以此巩固自己与儿子的地位，内心里则憧憬窦太后与汉景帝式的母子关系，期望儿子即皇帝位之后，自己也能有扬眉吐气的一日，像窦太后一样，以母后的地位干预朝政。

  刘彻自幼颖悟，被立为太子之后，在父亲耳提面命的教诲与师傅们的苦心辅导下，学业日进，对治国理政有了自己的看法，逐渐生发了广揽人才、振兴大汉、尊兴儒学、追比三代太平盛世的宏大志愿。在宫廷权力倾轧、尔虞我诈的环境中，刘彻也日渐成熟。继承皇位之初，他本想按自己的理想行事，可守旧的太皇太后及母后的强力干预使之功败垂成，为了挽回局面，他忍痛牺牲了自己的谋臣。为了不触怒长公主与太皇太后，他也不得不忍受母后斩断他与情人的恋情。刘彻一度万念俱灰，一意逸乐，试图在放纵中忘却痛苦。对于母后的所作所为，他虽能体谅其不得已的苦衷，但也暗自立下日后决不容母后再干预朝政的决心。在与母亲与太后的政治周旋中，刘彻不得不行韬晦之术，也在内心中对女人形成了一种独特的认识。他是个多情的人，总期望能在女人那里找到真实的情感寄托，而宫中女人的种种，却又使他对女人心怀戒惧。

窦太后薨逝后，刘彻得以主政，六年的韬晦已使他在政治上成长为一个精明、冷酷的君主，在即将大展宏图之际，他虽然顺从了母后的意志，处死了自己的宠臣和朋友韩嫣，但他清楚地知道，从前的一切已绝无可能重演，母后精心编织的大网对他而言，已全然无用。一个更为广阔的天地在等候着他，一番空前宏伟的事业在召唤着他，他将挟大汉七十年休养生息聚集起来的强大国力，怀着青年人不羁的雄心，开创前无古人的宏图大业……

《汉武大帝》前两部的故事的时间跨度约四十年，从刘彻七岁立为太子到四十六岁封禅泰山。其中的人物大都实有其人，故事大都实有其事，虚构者揆诸事理，亦应势所必至，理有固然。本书摒弃时下胡编乱造、戏说历史、误导国民的恶劣文风，以高阳先生为榜样，力图较为真实地再现中华民族历史上最为辉煌的时代风貌。其实，史事本身已具有传奇故事的一切要素，太史公等史学大师笔下的人物也大都栩栩如生，无须后人编造，只在细节上充实发挥，即足以构成好故事。本书就是这样一种尝试，成功与否，只能交与读者评说了。

长篇历史小说《汉武大帝》的头两部，计百余万字。《汉宫春梦》所叙为刘彻自被立为储君到即位为皇帝的成长过程。《飞龙在天》则全面展示汉武帝广揽人才、大兴儒学、北征匈奴、开通西域、封禅泰山等一系列恢弘的历史画卷，以及这位文治武功在中国历史上独树一帜的皇帝在其事业巅峰期的心路历程。

主要人物

  刘　彻 即汉武帝。儿时名刘彘，幼时封为胶东王，七岁时被立为太子，十六岁即位。故事发生时年方七岁。

  王　娡 即王皇后，刘彻之母。二十岁入东宫，初受太子（即景帝）宠幸，有三女一子（即武帝），为人机警内敛，工于心计。故事发生时年纪约三十六岁。

  刘　嫖 即馆陶长公主，窦太后之女，汉景帝之姊，汉武帝之姑，陈阿娇之母；对窦太后、汉景帝有重要影响之人。故事发生时年纪约四十岁。

  韩　嫣 贵族子弟，刘彻少时和青年时代的玩伴、同学及密友；后因得罪王太后被杀。故事发生时年纪约八岁。

  大　萍 王娡的贴身侍女，刘彻少年时的情人，私情泄露后被王娡遣出宫门，远嫁他方。故事发生时约十五岁。

  王儿姁 王娡之妹，景帝登基前夕进宫，极受宠幸，生有四子；后因争皇后位与其姊龃龉，被下药难产而死。故事发生时年纪二十六七岁。

  栗　姬 景帝初为太子时即入东宫，极受宠幸，生有三子。长子刘荣最初被立为太子，后因得罪刘嫖，屡受中伤，渐为景帝疏远，后因争皇后位失败，刘荣被废，栗姬则被打入冷宫，愤郁而死。故事发生时年纪约四十岁。

  窦太后 景帝、刘嫖、刘武之母，好黄老之术，溺爱儿女亲族；晚年双目失明，心理失常，性刚烈专断，常干预朝政。故事发生时年纪约五十六岁。

  刘　启 即汉景帝，性猜忍，有孝心；其治国理念对刘彻影响很大。故事发生时年纪约三十八岁。

刘 武　即梁孝王，窦太后幼子，备受宠爱，与兄、姊亲密无间；后因觊觎皇位继承权，刺杀袁盎，为景帝疏远，忧郁而死。故事发生时年纪约二十八岁。

刘 荣　景帝长子，后因母（栗姬）失宠被废，立为临江王；后为王娡设计陷害，被朝廷召问，畏惧自杀而亡。故事发生时年纪约二十岁。

历史背景

———

　　两千多年前，陕西关中的面貌与今天人们所能见到的迥然不同。那时的关中，放眼望去，是一片葱茏的绿色，根本见不到现今万壑千沟、黄土裸露的那种破碎、苍凉的景象。夹峙于南山（今终南山）和梁山之间的周原和其他几个大原地势平坦，沟渠纵横，水草丰茂，还有众多的沮洳水泽，是鸟类和鱼鳖栖息繁衍的天堂。发源于陇东的渭水穿原而过，汇集众多支流，向东汇入黄河，那时尚无"黄河"这个称谓，而是称之为"河"，因为河水虽略微浑浊，但并未夹杂大量黄土泥沙，河水也不呈现黄色。先秦至汉初，文献中凡称"河"者，均指黄河，而较小的支流，均称为"水"。那时的黄土高原，在山地和丘陵上，满布着广袤的原始森林，南山和梁山上多的是几抱粗的巨树，而平坦的台地上，则是极为丰茂的草原，绵延向北，直指阴山，与内蒙古大草原合而为一，自古以来就是漠南最优良的牧场。

　　三千多年以前，作为农业部落的周人为躲避游牧部落的压迫，从陇东翻越梁山，定居于当时还是一片蛮荒林莽的岐山之阳，经过数百年的开辟经营，榛莽丛生的林地草原变成了富庶的农田，这块土地因之被称作"周原"。周人东迁之后，原为西戎的秦人乘虚而入，也弃牧为农，于此立国，又历经数百年的开辟经营，渭水两岸大部分土地已成沃土良田，有"八百里秦川"的美誉。商鞅变法之后，秦国厉行耕战，食足兵精，成为春秋战国时代势压天下的强国。

　　在古代，山川形胜对一个国家的防卫来说，极为重要，而秦国可谓得天独厚。渭河平原实际上是个盆地，四周或为高山，或为丘陵，而那时这些山地丘陵之上林莽密布，通行极为不便。在邻接北方草原的丘陵山脉之上，有秦、魏为防备匈奴而修筑的漫长边塞，在秦国于前330年从魏国手中收复河西之地后，关中即成四塞之地，由中原进出关中只有函谷一线可通。函谷关设置于战国时，位于秦汉时弘农、河内两郡交界处（今河南灵宝市境内），旧称"松柏之塞"。函谷呈东西方向，长约十五里。一边濒临黄河，"绝岸壁立"；一边是名为"稠桑原"的台地，虽不甚陡险，但原上长满了松柏巨木，谷宽仅容一车通过，路隘林深，遮天蔽日，非日中或夜半，日月光线直射谷底之际，能略见光亮外，其他时间谷中极为阴暗，时有阵阵松涛呼啸，颇为阴森可怕。平时白日里就行旅稀少，而夜间则更难觅人踪。关即设于函谷之东口，出函谷关即为中原，又称"关东"，后来东汉时又在函谷西口设立潼关，进潼关则是关中平原，又称"关西"。由此可以想见函谷关在军事上的重要，南北大山夹峙，东有大河天险，而以函谷一线为战守之要冲。后来贾谊所谓"关中之固，金城千里，子孙帝王万世之业"的说法即出于此，而自西周、秦汉，下迄隋唐的两千多年中，关中多为皇朝建都的首选，原因亦在于此。

秦覆亡之后，各路义军屯兵灞上，但盟主项羽缺乏政治远见，搞起了分封制。他是楚人，有很深的家乡观念，认为"富贵不还乡，如衣锦夜行"。对于秦人经营了十几代，囊括"燕赵之收藏，韩魏之经营，齐楚之精英，几世几年，摽掠其人，倚叠如山"的富丽堂皇的都城，他自己不占，自然也决不容他人占有，于是纵兵大掠，将秦宫中的宝物装车东运，然后一把大火将咸阳城和阿房宫烧了个干净。楚汉相争，刘邦获胜后，作为楚人，他起初也与项羽一样，有着衣锦还乡的想头，而其部下的功臣除沛县的老乡外，亦多为关东之人，全都主张定都中原的洛阳，争言周都洛阳，坐了数百年的天子，而秦都关中，不过二世而亡。其时，有个齐地的策士娄敬，路过汉王驻跸的洛阳，向刘邦陈述了东周与汉建都洛阳的得失利弊。娄敬指出，洛阳位处中原，地势平缓，无险可据，是四战之地，东周于此建都可行，而汉不可行。因周立国以德，且拥有漫长历史年代中形成的威权，为当时的大小诸侯所拥戴；而汉室继秦之后，以力立国，无德义传统威权可恃，只可择取形势险固、利于攻战的地方为都，而关中被山带河，四塞为固，历来是膏腴之地。定都关中，遇事缓急可恃，即使山东有乱，亦可以"扼其咽而拊其背"，而立于不败之地。但娄敬之说，遭到了一片反对之声，刘邦委决不下，于是征询他最为信赖的智囊张良，张良意见与娄敬相同，认为洛阳四面受敌，非用武之国；而关中"左肴函，右陇蜀，沃野千里，南有巴蜀之饶，北有胡苑①之利。阻三面而固守，独以一面东制诸侯。诸侯安定，河渭漕挽天下，西给京师，诸侯有变，顺流而下，足以委输（漕运），此所谓金城千里，天府之国也。娄敬说是也"。由此刘邦才下了决心，定都关中。

但是，故秦的都城和宫室，已经让项羽烧得残破不堪。于是刘邦责成萧何重建新宫，新宫室自高祖八年（前199）起建，历时一年落成，坐落于渭水南岸的龙首山上。名为山，实际上是个黄土岗阜，长六十里，头抵渭水，尾达樊川（今长安区南），头高二十丈，但渐行渐矮，至尾部仅只六七丈高。传说秦时有黑龙从南山出来，到渭水饮水，所行经之处因成土岗。龙首山奇特之处在于其土黄赤不毛，且土质密实，夯筑后坚似金石，是极好的建筑材料。所以自秦汉以降，历朝历代都由此取土建筑宫室房屋，两千多年后，现今已难觅这座土山的踪迹了。在龙首山北麓，秦始皇时原建有一座巨大的离宫——兴乐宫，其中的鸿台（秦始皇曾射鸿于台上，因以为名）高达四十丈，台上楼观屋宇耸入云天。兴乐宫中还有一座大夏殿，殿前有铜人十座，并有鱼池和酒池等设施。项羽焚烧咸阳秦宫和渭南的阿房宫，大火绵延三月不绝，秦宫尽成焦土，而兴乐宫竟免于兵燹。此宫周回二十余里，经萧何修治后，更名为长乐宫，为汉初朝廷所在地。以此为起点，萧何沿西、北坡营建长安城，直至渭水南岸。又"起未央宫，斩龙首山而营之"，"宫基不暇垒筑，直出长安城上"，他将龙首山的主峰以人工削成由北而南、高度递减的三个大台基，夯土砸实后再建屋宇。所以龙首上的未央宫，可以俯瞰长安，尤显得巍峨雄壮，气势磅礴，收到"重天子之威"的实效。未央宫建成后，刘邦方从栎阳迁往

---

① 胡苑，即秦汉时之"河南地"，位于战国秦长城以北（今陕西中北部），古时为丰茂富庶的大草原，原为匈奴驻牧之地，秦始皇派蒙恬率大军征伐匈奴，此地纳入秦之版图，又称为"新秦中"；秦末内战时，此地又为匈奴占据，是匈奴楼烦王、白兰王驻牧之地。后直到汉武帝战败匈奴并在此大规模移民戍边后，才最终纳入汉帝国版图。

长安，此后，皇帝居住于未央宫，并在此处理朝政，长乐宫则成为太后的住处，又称为"东朝"。我们所要讲述的故事，就发生在定都长安七十年后的绿色的关中，发生在坐落于渭水之阴、龙首之阳的汉宫之中。

故事场景

未央宫永巷之漪兰殿 原名崇芳阁,为王娡入宫后的住处,位于后宫永巷(即众多嫔妃集中居住的长巷,长巷在明渠之西,巷中为鳞次栉比的一座座院落,居住着地位较低的嫔妃和宫女,后宫的一些手工作坊,如织室、暴室等也在其中)南面靠近巷口的一座院落中,院中坐东朝西的是正殿三间,是王娡的居所;两旁厢房是刘彘和他的三个姊妹的居处。永巷北口的掖庭殿是后宫管理机关,掖庭令、丞均居住于此;各嫔妃侍女每天于此处等候庐监宣召侍寝的嫔妃,蒙召的即通报沐浴准备,其余则各自散去。

未央宫后宫之椒房殿 即后宫之主殿,又称中宫,一般为皇后的住处。在永巷西面。原为薄皇后起居之处,薄氏因无子被废后迁出,一度由栗姬入住;王娡被册封为皇后,搬入此处居住。

未央宫前殿 即皇帝朝寝之处。前殿为朝会之处,后面并排三殿,居中的宣室殿,为皇帝平时召见大臣议事之处;左面的温室殿和右面的清凉殿,则是平时皇帝冬夏寝居之处,皇后及晚间侍寝的嫔妃,即在此处过夜。

长乐宫 即皇太后居处之所,内有宫殿多处,太后常居长信殿。在未央宫东面,故又被称为东宫。与未央宫中间隔着尚冠里(达官贵人的住宅区),有驰道和复道相通。窦太后常年居此,刘彻即位后,王娡也以皇太后身份迁居长乐宫,侍奉成为太皇太后的窦氏;窦氏死后,长乐宫成为王太后的居处。后来卫子夫失宠以后,也以皇后身份居住于此,直至巫蛊之乱。

引　子

汉景帝前元六年四月的一个风和日丽的午后，时交夜漏前八刻①，正是各宫宫人前往永巷听候宣召的时刻，甬道上四处可见三五成群结伴前往永巷令署的宫女。宫女多是近些年才选入宫中的，年岁都不大，尽管宫中的制度森严，但少女的天性仍不免于自然地流露。从侍奉了一天的主子身边，被派出来听候消息，这些少女就像一群被放飞的小鸟，快乐得不能自已，纷纷寻觅自己的同乡、熟人，结伴而行。一时间，笑语欢声不断，把个平时空旷、静谧的后宫，点染得热闹非凡。

这时，从未央宫西面的椒房殿中，一先一后走出来两位丽人。前面的一位，年纪在四十上下，丰容盛鬋，面如凝脂，盘起的高髻上扣着白玉博山，发髻上横插一支金步摇，钗首极为精致，凤头朱雀，雀嘴上衔着三串珍珠，珍珠月白色，大小如一，圆润光洁，一望便知是极为名贵的货色。汉承水德，以黑色为尊，故上自皇帝，下至王侯大臣，均服黑衣。妇人身着一袭交领黑缣绣袍，华丽的绣纹隐约可见，看得出衣料是当时极为名贵的韩仁绣。内中似露非露的浅绛色内衣，春光初泄，衬以月白色的下裳和精致的丝履，更烘托出妇人富贵骄人的气质。若非因不快而略现僵滞的面容，她应该够得上是

---

①刻，古代计时单位。古代以铜漏计时，一昼夜分为 100 刻（一刻约合现代的 14.4 分钟），根据节令，昼、夜之刻数不同。此种计时方法一直延续到晚清，方为时钟取代。此后以 15 分钟为一刻，四刻为一小时。

一个气度雍容、丰腴成熟的美人。妇人快步走下陛阶，对四旁行礼问候的宫人与宦者视如不见，随从的侍女想要搀扶，被她信手一挥，几乎跌倒。她目不斜视地疾步前行，走向等在下面的肩舆①。

后面那女人年岁相仿，但身材更窈窕，面容也更为俏丽。她身着缥色（即月白色）衣衫，淡青丝履，头上也盘着高髻，但未施簪珥。看到妇人拂袖而去的样子，她强作微笑地跟了几步，从容地说道："大姊走好。事情我们还可以慢慢商量。"

妇人停下脚步，回过头望着她，冷冷地说道："不必了。"然后登上肩舆，吩咐了一声："去东宫。"头也不回地竟自扬长而去。

望着渐渐远去的肩舆，送行的那位丽人也沉下了脸，不屑、快意和隐隐担心的表情交替变换。良久，她才吩咐身边的侍女，"阿宝，我们回去。"

离去的丽人名叫刘嫖，是堂邑侯陈午的夫人。但要说到她的身份，却是宫廷里第一等的显赫尊贵。她是当今太后的独生女儿，皇帝的大姊。窦太后有二子一女，一奶同胞。刘嫖是长女，长子是当今的皇帝刘启，幼子是梁王刘武，一门贵盛无比，而且母子姊弟之间感情极笃。刘嫖的采邑在馆陶，封号是馆陶长公主，但皇宫内外人们都称她为大长公主或"长主"。以这样的身份，她往来出入宫禁，就像民间走家串门子一样随便。

门前送行的丽人是栗夫人，也是跟从皇帝最久、地位最高的嫔妃。二十多年前，皇帝还在潜邸，栗姬是最早的侍妾，初入东宫不久，就生了长子刘荣，之后又一连生了两个皇子。以后虽不再生育，但皇帝很念旧，经常召她陪侍，一直宠眷不衰。近来，宫内盛传她即将正位中宫。最明显的迹象是，去年皇帝因薄氏多年不育，废去了她的皇后名号，迁居别宫。随后，皇长子刘荣被立为太子。母以子贵，栗姬不久也迁入了椒房殿；椒房殿历来是皇后的居处，栗姬的入住，意味着皇帝即将立她为后。在上上下下的人看来，这已经是铁定无疑的事实，就等着册封以后，正式上皇后的尊号了。

长公主离去时，甬道上的宫人、宦者均避至道边，躬身行礼，因此她佛

---

① 肩舆，古时一种二人或四人抬乘的轻便出行工具，类似于后来的滑竿、轿子。

郁不快的面色，尽入众人的眼中。过后，目击到这个场面的宫人自不免揣测议论：这两位当今最为显赫的女人之间究竟发生了什么？宫中的生活，平静而郁闷，后宫中多的是烦闷无聊的女人，任何逸闻隐情，都像投入一潭静水中的石子，足以激起她们的好奇和一探究竟的欲望。与薄皇后被废黜的事情一样，刘嫖与栗姬龃龉冲突的消息，如同水中的涟漪，必定会被宫人带向各处，在深宫内院之中悄悄传说和议论上好一阵子。

一

　　未央宫中的用水源自南山，由人工修建的明渠导入，自西南流经沧池，又经石渠阁由北阙出宫，向东北汇入渭水。明渠左面有一条长长的宫巷，长巷北头是掌理后宫的官署和供奉宫廷日用的一些官工作坊，有织室、染室、暴室等，暴室中设有监室，有罪被废黜或生病的妃嫔和宫人通常幽禁和拘役于此。长巷中部和南端是一处处独立的院落，鳞次栉比，众多妃嫔和宫人集中居住于此。这样一个后宫区域此时仍沿用着秦代的称呼，叫作"永巷"，由隶属于少府的永巷令管辖。

　　靠近永巷南口的西侧，有座坐西朝东的院落，进得门来，绕过一座影壁，是不大不小的一座院子，靠左面有个石砌的水池，四壁青苔，透过水面上的浮萍和睡莲，可隐约看到洄游嬉戏的锦鲤。院中植有数株木兰，高已逾丈，粗可半围，每逢早春，早早就绽开了花蕾，月白姹紫，玉树临风，暗香袭人。木兰树花谢后方才生叶，很快就能叶密荫浓，像绿色的华盖，遮挡夏日的骄阳。

　　这个院落原名崇芳阁，女主人王娡，是皇帝诸多妃嫔中的一位，自入宫后一直住在这里，生下皇子刘彘后，皇帝亲自将此处更名为漪兰殿，王娡也由美人晋位为夫人。院中的正房也是坐西朝东，王娡自住，厢房两排，是儿女及侍女们的居室，与正房廊庑相连。正房三间，以梁柱与锦帷相隔。室内陈设极简，一床，一榻，一高一矮两几而已，地面和床榻上遍铺青蒲①，席缘也用青绢包边，用作隔断的帘帷和床顶的承尘，均用天青色的素绣织锦为之，整个房间的布置，雅洁素净，纤尘不染，但隐隐予人以凄清的感觉。

刘嫖自椒房宫拂袖而去的时候，王夫人正在住处沐浴更衣。此刻，她在等候赴永巷听候消息的侍女大萍。枯坐无聊，王娡回到寝室，取出高几上的妆奁盒，对着铜镜，默默地敷粉描眉。

汉代后宫侍寝制度，除皇后可以每五日一次前往皇帝寝宫侍寝外，其他嫔妃，均须轮次听候传召。在夜漏前八刻，也就是天黑前一个时辰，各派贴身使女前往永巷令署听候宣召。如果皇帝没有特别的旨意，永巷的庐监即可根据簿册中的记录，推出当夜应该轮到御见的妃嫔，并通知她沐浴更衣，准备召幸。夜漏初刻一到，即有专职的宦者来迎。侍寝者除去簪珥，仅着亵衣，以锦被卷裹抬入禁中，或侍寝五刻，或整夜留宿，全在于皇帝的心情。事毕，临幸者由女御长扶出，皇帝会赐给她一枚银环，永巷令据此书于简册，届期未能孕育者，通常会失去再度侍寝的机会。

薄施粉黛的王娡，跽坐在矮几前，面容平静，但目光中还是可以感觉得到某种焦躁。已是日落时分，外面刚才还亮得耀眼，转瞬已经暮色四合，屋内的光线就更暗了。她招呼侍女点燃了几上的油灯，仔细打量着铜镜中的面容。借着灯光，她吃惊地发现，眼角上又添了一道细微的皱纹。她以两指抚平眼角的肌肤，但只要松开手，皱纹就会重现。她又蘸了些粉敷在眼角，皱纹虽被掩住，但肤色不自然，没有光泽。老了，无可奈何地老了。明日是她三十六岁的生日，家中昨日托宫人带进来两壶家酿，要她生日时喝。母亲真是糊涂，一点儿不体谅女儿这个年纪的心境，似乎专为提醒自己又老了一岁。

近来，每逢对镜梳妆，她都会有种神思恍惚的感觉，心里空落落的。岁月逼人，不知不觉又是一年。她觉得自己在一天天地老去，今天新生出来一条皱纹，明天或许就会看到一丝白发，就像院中满树的玉兰，她的美色也会很快地枯萎凋谢。皇帝已有几年没有召她侍寝，随着年华渐渐老去，她被召

---

① 青蒲，又称蒲席，即灯芯草席。汉代宫廷之中所铺多为蒲席，后世遂以"青蒲"喻指宫廷。

幸的可能已越来越小，甚至最终会被遗忘。半月前，在赴东宫向皇太后请安的路上，她偶然遇到了废后薄氏，不过数月时间，过去的皇后竟像是老了十岁！鬓发斑白，唇间也起了皱纹，活脱一副老妪的模样。相互问候时，薄氏一副怯生生的样子，泪眼盈盈，全没有了皇后的威仪。自己很快也会变成这副样子吗？一想到这里，王娡的心里就会发紧。

有时，她也会觉得日子漫长。儿女们长大后有自己的生活，不再需要她的看顾，她只能在无望的等待中打发时日。她正当盛年，有着正常女人的炽热情欲。长夜降临，是她备受煎熬的时刻，沸腾的欲火使她辗转反侧，夜不成寐。她脱光身体，以释放浑身的燥热，她紧闭双目，放纵自己的想象……

她敛气凝神，把思绪收回到当前。真不能相信皇帝会忘了自己，终究给他生了四个儿女呀。眼前这盏灯、这面镜，都是御赐的定情之物。灯是朱雀台灯，又称凤灯，但与宫中通用的形制不同。一般的凤灯雀首向上，头顶灯盘，而这盏凤灯则雀首向下，嘴衔灯盘，通体鎏金，是夸后寝宫中的专用之物。这面铜镜的尺寸也大了一寸，背面铸有精美的蟠螭纹饰，中央的方胜图框中铭有"长相思，毋相忘"的错金篆文。这两件器物，都是皇帝初次召幸后特别赐给她的，算得上是皇帝的信物吧。

她剪掉一段灯芯，把灯焰挑得更亮些。凝视着镜中的影像，王娡的思绪仿佛又回到了从前。也是同样明亮闪烁的灯光，那时的皇帝还是太子，年轻英俊。当初次被紧紧抱在那双有力的臂膀中时，从体内很深的地方涌出的战栗，渐次充满她的全身，不安、羞涩的感觉消失了，她浑身瘫软地进入了心醉神迷的状态，有时甚至会忘情地叫出声来。这种情好缱绻时的感受，在她的心中，就像发生在昨天那样新鲜、清晰，王娡每每靠着对它的回味，打发漫漫的长夜。太子知道她不是室女，但似乎并不在意，反而说她更有女人味。入宫一年，王娡产下一女，宫里很快就有了传言，说她没有宜男之相。皇帝注重子嗣，因为关系皇统，但对第一个女儿的出生，也很高兴，不仅继续召幸她，有时甚至一连几天地临幸她。但在她一连三次生下女儿后，皇帝的态度渐渐冷了下来。谢天谢地，六年前她终于产下一子，幸免于沦落冷宫的命运。当时皇帝刚刚即位，把这视为吉兆，大喜过望，将她的住处更名为漪兰殿，晋封她为夫人，只有育有皇子的嫔妃方能得到这个称号。为了保住这个独子，王娡躬亲喂养，呵护备至。听说野猪命硬，就为儿子起名刘彘。但不知怎么，皇帝自那以后就极少召她侍寝了。近几年，更是音问杳然，连面也见不到了。

她取下高几上面的一个锦盒，将里面的东西倒出来，一小堆银环在灯光下熠熠生辉。她用手指轻轻拨弄着计数，其实早已经数过无数遍了，怎么数也只是二十三枚，不会再多了。十六年的岁月和青春换来的只是这二十三枚银环！为了再增加几枚，她只能苦苦地等待，每天沐浴更衣，薄施粉黛，而后怀着深深的失望独守空房，在欲火和恐惧的煎熬中挣扎。痛苦会越来越深，机会则越来越少，她的生命中将不再有春天，她会像秋风中瑟缩的树叶，变黄、脱落、枯萎。这如果就是母亲所谓的富贵的含义，她真是心有不甘。她不由得怀念起平民的生活来了，脑海里浮现出早年与金王孙一起，领着女儿在长陵原野上踏青的情景。民间的夫妻生活虽然平凡，但朝夕相对，长相厮守，自有一种真实的快乐。皇宫虽然华贵气派，但制度森严，偌大的皇宫中，感觉自由的怕只有太后和皇帝两个人吧。

王家居住在右扶风的槐里县，父亲王仲是个老实巴交的农人，只知道做活，家里家外的大事小情全由母亲臧氏做主。臧氏名姊，小名臧儿，是汉初燕王臧荼的孙女。母亲对自己祖上的血统十分自豪，从孩子们懂事时起，就不厌其烦地对他们讲述祖上的显赫荣耀，在他们幼小的心灵中埋下出人头地、重振家声的种子。外曾祖父长的什么样子，母亲其实也说不上来，她所讲的，大都是从父亲臧衍那里听来的。臧荼原来是燕国的一个将军，燕国灭亡后，他逃亡到楚地，陈胜、吴广揭竿而起时，项梁、项羽叔侄在吴地响应，起军讨秦。臧荼在楚军北上的途中加入，此后一直追随项羽四处征战，勋劳卓著。楚军进入关中之后，项羽在戏下大封诸侯，臧荼以功被封为燕王，以蓟为都城，过起了南面为王的生活。楚汉相争的五年中，臧荼表面上中立，内心里偏向项羽，并北结匈奴，借机扩充自己的势力，兼并了另一诸侯——辽东王韩广。垓下一战，楚军战败，项羽途穷自杀。刘邦称帝不久，亲率大军征讨臧荼，在代郡的会战中，燕军溃败，臧荼被擒，不久便瘐死狱中。王子臧衍听到父亲被擒、汉军逼近的消息，携带家眷逃离蓟都，投奔匈奴。直至汉文帝登基宣布大赦后，才带女儿臧儿回到中国。这时他们的身份已经是庶民，不能在长安城内定居，只好在附近的槐里住下来，父女相依为命，景况凄凉。臧衍不久就病故，为了葬父，臧儿没有选择，不得不草草出嫁。

说起这段历史，母亲就恨恨不能自已。她希望儿女出人头地的欲望也更为强烈，家中无力请先生，她便亲自督课儿女读书。母亲边绩麻、边授读的情形，王娡现在还历历在目。在读书上，王娡和妹妹都有灵气，成绩很好，但长兄王信似乎更多地继承着父亲的禀赋，硬是学不进去。母亲为此不知责打过他多少次，打过后又抱着他哭了多少次，但渐渐也就认命，将希望放到姊妹俩身上了。王娡十六岁那年，为了筹钱给王信办婚事，父亲将她许给了长陵的金王孙，母亲虽极力反对，但这一次没能拗过父亲。

金氏是长陵的殷实人家，务农之余还编织贩卖蒲席，金王孙就是来槐里贩席时见到王娡，主动请人提亲的。父亲正为儿子的亲事发愁，得知金家愿出一大笔聘礼后，断然决定了这门婚事。王娡过门后，转过年就生了一个女儿，金王孙知道岳母自认血统高贵，不愿将王娡嫁给平民，便故意为女儿取名为金俗，但夫妻间的感情还是不错。夏秋之际，金王孙天天要到长陵郊野的水泽边上采割织席用的蒲草，王娡有时也带着孩子跟去，拾柴烧水煮饭，丈夫很会抓鱼，常常能煮些鱼汤佐餐。男耕女织，加上贩席的收入，足资温饱，生活倒也其乐融融。她想过，就这样过一辈子，也可以满足了。金俗两周岁时，王仲得了重病，诊疗无效，不治身亡。次年秋收过后，丈夫去关东贩席，要离家很长时间，王娡惦记着母亲的身体，就带着女儿回娘家居住，而命运竟在此时发生了根本的改变。

王娡清楚地记得，那是秋季八月的一天，她从田间回来，没进门就听到一阵说笑声，其中母亲的声音格外响亮。王娡很奇怪，母亲今天怎么会有这么好的心情。父亲死后，母亲的情绪一直低落，抱怨自己命苦，骂丈夫无能，儿子没出息，女儿不争气，整日茶饭不思。近来更是卧床不起，一副恹恹成病的模样。她进得家中，一家人正围坐在一个女人周围，谈得热闹。

"阿娡，快过来，见过你义大姊，让她也给你看看相。"母亲满面喜色地招呼她。话音未落，那客人就转过头来，王娡第一眼就印象深刻，觉得这绝不是个一般的人物。女人年纪三十上下，身着细葛布衣裳，腰束布带，胫上打着行縢裹腿，显然是个走远路之人。她脸盘瘦长，个子不高，略显单薄；一头漆黑的长发松松地后梳，在脑后绾成椎髻，白皙的面容既秀气，又透着精干。尤其令人难忘的是她那双眼睛，既黑又亮，目光锐利，好像能够一直看到人的心里去。

致礼问候客人过后，王娡也坐下来，从兄长口中，得知此人名义姁，通医术，是兄长请来给母亲诊病的。

"真是好医术啊！"王信双眉耸起，赞不绝口。"只一针，娘就起了床。你看看，现在更是精神大好了。"

客人微笑着对王娡说："大姑其实没有大病，不过是气滞血瘀，肝气不舒而已，只要情志舒展了，病可自消。"

母亲喜笑颜开地说："义姑娘不但懂医，还会看相算卦，是仓公、许负的弟子呢。我早说过臧家早晚会再得富贵，你们还不信，看看人家说的，我，你兄长、嫂子，你妹妹，都有贵人相。义姑娘，请再看看我家阿娡的命相。"

义姁把王娡端详了好一阵子，又拉过她的右手，细细地观察掌上的纹路，然后满面喜色地告诉臧儿："大妹妹的面相与大姑、小妹一样，也是贵人，而且是大贵，细情容我算后详禀。"王娡心中疑惑，自己不过是个平民小户人家的媳妇，由何而贵？难道丈夫日后能够发达？想到这里，她打算在客人离开时问明其住址，等金王孙回来之后，带他到义姁那里看看命相。

义姁深深看了王娡一眼，问明了她的生辰时日，解开腰间的布囊，从中取出一捆切成半尺长短的蓍筹。她从中数出五十根，攥成一把，取一根置于席上，然后将蓍筹随意一分为二，分攥于左右手中。随即从右手的一把中取出一支，夹于左手小指与无名指之间，之后置右手蓍筹于席，腾出手来数左手中的蓍筹，四根一组，余者夹于无名指与中指之间；然后将左手计过数的蓍筹放下，取右手蓍筹依样计算一遍，最后数到的四根即为揲蓍。左右手所夹揲蓍相互交换可以计算年份平闰，然后合计两手所夹蓍筹数目，或为五，或为九，重复操作三次后，依数目变化多少可画出一爻，六爻成一卦，故上述三变之操作要反复六次。但义姁的手法熟练，她双眼半眯，口中念念有词，似乎是在计数，精神极为专注。看着她往复占蓍的熟练手法，臧儿等人不觉呆了，心里既佩服，又急切地想要知道结果。

良久，义姁轻轻地嘘了一口气，收拢蓍筹，捆扎好，放入布囊，然后微笑着对臧儿说："卦在归妹，大吉，汝家喜事不断，效验就在今秋。还望应时而动,不可错过机会。我先在这里道贺了。"

臧儿母女一时摸不到头脑,儿姁还小,王娡已嫁,只有臧儿丧夫可以再嫁,但按照朝廷的丧服制度,妻子为亡夫斩衰①之亲,必须服满三年的丧期方能再嫁,否则就是逆伦重罪。这件秋天就要发生的喜事,究竟会应在谁的身上呢?但是再怎么追问,义姁都是笑而不答,或言天机不可泄露,到时自然会明白。但无论如何,义姁治好了自己的心病,又预卜了大好的前程,臧儿怎么也不肯放义姁离开,无论如何要她在家中住一晚,并杀鸡煮黍,亲自操持了一桌丰盛的酒席招待客人。义姁见多识广,肚子里有的是走方的故事,娓娓谈来,臧儿和王氏兄妹一会儿吃惊,一会儿欣喜,一会儿叹息,一会儿又笑不可抑。一个下午不知不觉就过去了。当晚,客人就寄宿在王家。

王娡十分羡慕义姁,义姁也似乎格外看重王娡,虽然仅有半日的盘桓,但彼此十分投契。晚间,义姁与王氏姊妹同居一室,金俗、儿姁早早就进入梦乡了,她们两人却仍兴致不减,于是联床夜话。义姁讲了自己的经历。她是长安人。十几岁就投到当时的名医仓公门下学医,仓公原名淳于意,齐国临淄人,后曾任齐太仓令,故人称仓公。仓公早年师从同郡名医阳庆,阳庆年七十,无子,将医术秘方尽传于淳于意,由此医术大精,诊治决人死生,多有效验,此后以医术游走诸侯间,声名大震。文帝四年,有嫉妒者上书诬告仓公以医行骗害人,仓公被逮至长安。幼女缇萦随侍,上书愿为官婢,以身赎父,感动了文帝,赦免了仓公,并准许他在长安行医。仓公此后便带着缇萦定居在长安,与义家同里为邻。义姁与缇萦是年岁相仿的玩伴,聪明、活泼,也很得仓公的喜爱。缇萦出嫁后,义姁便承担起照料老人的责任。仓公老来寂寞,又无子,遂收义姁为徒,倾箧相授,医术而外,又兼观相占课之术。

---

① 斩衰,中国古代是一个宗法社会,以丧服制度(即为亲人服丧时的服装和居丧时间的规定)定亲属间的远近亲疏,分为五个等级:斩衰、齐衰、大功、小功、缌麻,又称为五服。斩衰是五服中最重的一种,凡丧服上衣称衰,下衣称裳,斩衰即用最粗的生麻布制作的丧服,衣裳边缘和下摆均不缝缉,斩即不缝缉之意,故称斩衰。子和未嫁女子为父、父为长子、妻妾为夫均为斩衰之服,都要服丧三年(实际时间为两周年)。

有了这些学术，义姁兀自心高起来，竟不事婚姻。在仓公去世后，凭医术游走江湖，寻访同道，后经关东许负指点，相术大精。离家在外，至今已经十几年了。近来遇到乡亲，说到义家老亲多病，幼弟失学，这才起了思乡之念。此番由巴蜀跋涉数月，风餐露宿，一路行医以谋食宿。数日前走到槐里，为一农人施治，农人脚踝因伤溃烂，久不愈合，疼痛不能行走。义姁以小刀剜去腐肉，洗净脓血，从一小葫芦中倒出一些粉末敷入伤口，每日换药；二三日间，伤口不仅已无肿痛感觉，而且略痒。义姁告诉病家，那是伤口开始长出新肉，痊愈可期，自己则要继续赶路。正逢王信听说义姁医术精湛，特赶来请她为母亲诊病，原想顺路看看就走的，不想又耽搁了一日。

王娡又问卦象是否应在母亲身上，但重丧在身怎么办，义姁笑笑说，大姑有宜子之相，你还会有兄弟，不过事在几年之后。以王娡的生辰起卦，卦象自然会应在她的身上。王娡提出请她为金王孙看相，义姁沉吟了半晌，轻轻地说：「吉人自有天相，但机会难得，稍纵即逝，全在于个人的把握了。」之后便转移了话头，又谈了一阵，直到鸡鸣头遍，二人才昏昏睡去。

次日，义姁前往长安，临行前与臧儿背地交谈了很长时间，母亲面色潮红，很亢奋的样子。当晚，母亲在金俗和儿姁睡后，将大女儿叫到自己房内，好像不认识了似的，上上下下地打量她。王娡让她看得不好意思，羞涩地掉过头去。

"这个样子好，还真像是个姑娘。阿娡，你自明日起要束腰，让身材窈窕起来。"臧儿微笑地看着女儿说。

"束腰作甚？女儿昨晚与客人说话说到半夜，整日困得不行，想早些睡呢。"

"不忙，有大事。"臧儿敛起笑容，面色十分庄重："娘决心已定，你再不要回金家，我家与金家退婚。"

王娡简直不敢相信自己的耳朵，她吃惊地看着母亲："为甚？"

"我原就不中意这门婚事，都是你那个死鬼父亲作孽。差一点儿就断送了我臧家的气运。娡儿，你知道客人今早告诉我什么？你和儿姁都是大贵之命呀！我与你兄嫂的富贵全要靠你们姊妹了，臧家的后代能否翻身，在此一举。"

"女儿不明白。"

"不明白我来告诉你。你嫁人那年秋天，是采女大选之年，你父亲糊涂，错过了这次机会。皇帝恩典，宫里去年放归了不少年长的宫人，要补人进去，少府请准今年从三辅①地区选召采女补充给太子宫，就在本月大计之时。这真是天意，我家这次再不能错过了。"

"可我已婚，也有了孩子呀。宫里能选这样的人吗？"

"婚非退不可。孩子三岁，也离得开娘了，我代你养在娘家。你还不到二十，人美，身材又好，三辅能比上你的姑娘不多。一定能够选中。我听说，太子尤其喜欢成熟的女人，你会得宠的。只要生了皇子，你在宫里就算立住了脚。我外孙的血统会比他高祖的还要高贵，我们臧家就翻身了，我总算对得起祖宗在天之灵了。"臧儿越说越动情，眼中泛着泪光。

"我不能。王孙待我不薄，还有金俗，好好一个家，为何要拆散？我与义姊说过，王孙回来后，我们找她看命相，怎么知道王孙就不能发达？"

"呸，他不配，他没有这个命！当初他就不该缠着娶你，不然你早进宫了。富贵，大富大贵，你见过吗？不是我小时候给你们讲过的那些，而是比那还要强过十倍、百倍！你这丫头自小聪明，怎么大了反而糊涂了。跟着金王孙，你一辈子的穷命；进了宫，你才会大发达、大富贵。近在眼前的机会，你还不能？你能什么！"

"义姊说大家都有富贵相，为何偏偏送我进宫，怎么知道我在宫中准能得宠？让儿妁进宫，母亲一样可以沾光。母亲身体既好，我明天就带金俗回长陵。"

"你敢！"臧儿一把拽住女儿的袖子，气得满脸通红。两人互不相让地对视着。

"母亲从小就向着儿妁，要富贵为什么不送儿妁入宫？偏偏要拆散我们一家？太偏心了！"王姁说到这里，不觉哽咽，泪水夺眶而出。

---

① 三辅，西汉京城长安以外京畿地区三个行政区的简称，即治长安以东的京兆尹、治长陵以北的左冯翊、治渭城以西的右扶风。三辅的长官相当于郡守和国相，均为两千石的官员。槐里为右扶风属县，在三辅之内。

"你嫉妒你妹妹？"臧儿用异样的眼神注视着女儿，摇了摇头，"我疼她，是因为她小，没想到你竟然嫉妒妹妹。"她逼视着女儿，"你明年就满二十了，阿娡，这次是你最后的机会了！宫里选人，二十以下，十三以上，儿姁年龄不够，而且还在丧期。你已经过了不杖期①，这个家里能出去的，只有你！这次机会，老天专就是送给你的！"

"可我是有夫之妇，有家，有女儿！"王娡愤愤地转过头去，不再理会母亲。臧儿呆呆地立了一会儿，松开女儿的袖口，一下子跪到了王娡面前。

"阿娡，你们姊妹都是娘身上掉下的肉，我怎么会偏心？你大，懂事，儿姁小，不懂事，做大姊的，凡事让妹妹一些难道不应该吗？就算我偏心，娘求你宽恕，给你赔不是。但你千万千万不要自暴自弃，毁了前程，毁了我们全家，毁了我们臧家的气运哪！"母亲动了情，哭出声来，头不停地往地上碰。

王娡惊呆了，臧儿这番动作化解了她心头的委屈，她赶忙扶起母亲，"女儿不孝，惹母亲生气，母亲息怒，女儿再也不敢了"。母女俩泣不成声，抱着哭成一团。

平静下来后，臧儿拉住她的手，说："好吧，我告诉你为什么一定要你进宫的道理。你知道义姁今天临走时对我说了什么吗？她说你的命相贵不可言，贵不可言呐！儿姁年岁还小，又有重丧在身，这次没有可能。将来就算进了宫，一时半会儿也侍奉不上皇帝。我和你兄长，没有你们姊妹，什么也不是。臧家的血脉能不能复振，全在你身上，全在你身上了啊！娡儿，娘就是一千个一万个对不住你，你可以记恨我，可以永远不认我这个母亲。可是，你是臧家的骨血，臧家只能靠你了。你们小时候，我给你们讲祖上的那些故事，

---

① 王娡应为死去的父亲服齐衰（即第二等级的丧服），齐衰丧服以熟麻布制成，边缘缝缉齐整，故称齐衰。齐衰分为四等，丧期由三年到三个月不等：（甲）齐衰三年，是父卒为母、母为长子的丧服。（乙）齐衰一年，用杖（即丧礼中所执的哭丧棒），称作"杖期"，这是父在为母、夫为妻的丧服。（丙）齐衰一年，不用杖，称作"不杖期"，这是男子为兄弟和伯叔父母、已婚女子为父母、媳妇为舅姑（即公婆）、孙子女为祖父母的丧服。作为已嫁的女儿，王娡应为父亲服丧一年，不用杖，其丧期即"不杖期"。（丁）齐衰三个月，这是为曾祖父的丧服。

为的就是要你们记住，我们曾经是富贵人家，我们也还会是富贵人家。"

就这样，她终于屈服于母亲的意志。或许不能算作屈服，她心底不甘平庸的本性被母亲唤醒了，确如母亲所言，她的身体里流着天潢贵胄的血。放弃女儿，使她痛彻心扉，但她有着一旦下定决心就决不回头的个性，以自己的出人头地实现家族重托的欲念，使她度过了这段噩梦般的时日。

八月，为朝廷的大计之月，一年之租赋，均于此时缴纳。汉代以田租、算赋和口赋为常赋。田租即农业税，三十税一；算赋即人头税，除幼童和五十六岁以上的老人外，有一个算一个，人均年纳一百二十钱，称为"一算"。三岁以上，十四以下的幼童另收口赋，人均二十钱。纳赋时，民户全家均须到场，计口点验，绝无遗漏。因此，朝廷数年一次征选采女，往往借此时进行。算民之日，征收租赋的县署官员与陪同的三老、啬夫①而外，还有宫内的中大夫、永巷令、丞、庐监及专门的相工到场。点验人口时，面目姣好的女子即由相工验看，合乎法相者，录载姓名、籍贯、出身，即日载还后宫。

那年轮到三辅，县署和乡里三老事先通告到各家，民户家有未婚之女者，年十三以上，二十以下者，纳赋时均须随家长到场，接受采选验看。王家住在槐里东乡，算民那日，王娡头梳椎髻，身着母亲为她赶制的细麻衣装，素面无华。但结过婚的她，出落得如同盛开的牡丹，娇艳夺目中别有一番成熟的韵味，压倒了一乡的女子。四下里的乡人交头接耳，啧啧称羡；宫中的官员也很兴奋，此间竟有如此美女，这趟差事可望圆满。仔细验看后，尽管结过婚，年龄偏大，她还是入选了。

在登录出身时，母亲有意隐瞒了她尚未退婚生有女儿这件事。望着挥手向她道别的亲人们，望着母亲骄傲欣慰的目光，想到被留在娘家的女儿，宫车中的王娡心中一酸，这一别，不知何时方能再见到亲人，自己在宫中如果不能出头，或许真会与家人天人永隔了。

---

① 三老，汉代的乡官，由地方上推举德高望重之人担任，辅助县令、丞、尉等官员推行政令；啬夫，汉代的乡官，辅助三老，职责为听讼收税。

二

　　母亲在她入宫后方托人到金家退婚，对方虽然愤怒，但也无可奈何。只是提出，孩子是金家的骨血，必须还给金家，并且几次三番地闹上门来，最终抱走了金俗。初进宫时的新奇，皇帝的宠爱和接连不断地生儿育女，使王娡很快淡忘了从前，直到近些年，深宫寂寞的生活，才使她越来越多地想到金王孙和女儿。

　　巡更宫人击柝和小心火烛的喊声截断了她的思绪。即将夜漏初更，大萍怎么还没有回来？王娡不由得焦躁起来。但转念一想，这或许是个好兆头？不被宣召，侍女早早就该回来了。皇帝或许想起了我？她兴奋起来。栗姬大自己五六岁，皇帝还要立她为后呢，怎么见得自己再没有机会？她收拾起几上的物件，将锦盒放好，心中的焦躁化为期待，忐忑不安地在屋中来回踱步。

　　听到由远而近的一阵嬉闹声，王娡知道自己等的人回来了。她掀起门帷，看见一群孩子正围在水池周围大呼小叫，兴奋不已。儿子刘彘，正将一小桶黑乎乎的东西倒进水池。她的三个女儿，十五岁的平阳长公主、十四岁的南宫公主、十岁的隆虑公主，大萍、接送在承明殿读书的儿子的蔓儿和其他几个侍女，都聚精会神地注视着水池中的动静，竟没有人注意到自己。王娡悄悄走近前去，望着这些稚气未脱的脸孔，心头漾起一丝暖意，原打算训斥大萍一顿的念头也消散了。

　　倒进水池的原来是蝌蚪，蝌蚪入水后四散着游开，池中的锦鲤争抢捕食，水花激溅，引出孩子们一阵阵的欢笑。平阳最先看见母亲，侍女们赶紧起身行礼，刘骜则兴奋地抓起母亲的手，领她到池边观看鱼儿捕食。王娡在他头上摸了一把："骜儿，天就要黑了，莫再玩了。"又转向大家，和颜悦色地吩咐："大萍、蔓儿，马上开饭。"

饭后，安排儿女们盥洗睡下之后，王娡才把大萍叫到自己寝室中，询问为何迟回的原因。大萍今年不满十五，前年以良家子征选入宫，服侍漪兰殿。由于聪明伶俐，办事稳重心细，很得王娡喜欢，被用作贴身女侍，很多自己不方便出面的事情，交给大萍办理，她都能按照吩咐办得有条有理。时间一长，大萍就很有点儿少年老成的样子了，但终究年岁还小，偶尔也会动了孩子的心性。今天就是如此。从永巷令署回来的路上，她碰到蔓儿接刘骜下学，走到半路，刘骜提出要到明渠抓蝌蚪，她和蔓儿拗不过就一起去了。四月正是蛙卵孵化的季节，沿渠浅水处密密麻麻全是蝌蚪，三人先抓了一阵青蛙，后来又捞开了蝌蚪，高兴得忘了时间，直到看到了夜间的巡更宫人，才匆忙赶了回来。

"已经快到十五的大姑娘了，还这么贪玩！以后不可如此。"王娡听完原委，并无意深责，淡淡地说了一句，就把话头转到自己最关心的事上来了："今日是谁？"

"还是小姨娘。"

又是她。王娡的心一下子沉了下去。这个妹妹，真可以说是自己的克星。儿姁小她十岁，自小就是家中的宠儿。王家家境贫寒，父亲、兄长长年劳作，母亲爨炊而外，还须绩麻纺织补贴家用，王娡则承担了此外的一切家务。唯独儿姁娇生惯养，从来不做一点儿活儿，还时常耍性子，处处咬尖儿。王娡有时不免以姊姊的身份教训她几句，儿姁竟撒泼打野，大哭大闹。或许是偏怜幼女的缘故，每到她与妹妹冲突，父母都站在儿姁一边责罚她，这使王娡很觉不公，以为父母偏心。儿姁稍长，心思就转到了妆奁服饰上面，家人从口中省出来的那点儿积蓄全都用在了她身上，她却心安理得，说自己天生是享福的命，母亲反而很欣赏她的话，说她像自己，像臧家的后代。那时，王娡的整个感觉，与其说自己是她的姐姐，毋宁说是她的婢女。王娡出嫁之后，姊妹俩见面机会很少，关系也比小时候疏远了一些。在家中，儿姁依然颐指气使，可不像过去那样外露，似乎更有心机，也较讨人喜欢了。

王娡入宫八年后，十七岁的儿姁也被征选进宫了。她当然不忘母亲的嘱托，尽力为儿姁创造亲近皇帝的机会，希望姊妹二人同心互助，谋求更好的地位。儿姁貌美年轻，又富于心机，很快就获得了皇帝的宠幸。尤其难得的是，她八年之内，竟接连产下四个皇子，儿姁之长子刘越，甚至比刘彘还要早出生半年。近来，儿姁又有了喜，据太医讲，极像是龙凤胎。皇帝喜出望外，对她格外青睐，虽还不能说是宠擅专房，但除了栗姬和新入宫的采女之外，年长些的妃嫔几乎再没有侍寝的机会了。

　　王娡的没落，好像就在儿姁受到宠幸之后不久。起先，她以为皇帝喜新厌旧，但后来渐渐听到一些传言，说是儿姁在侍寝时总是暗中中伤她。她起初并不相信，以为是妒忌的宫人在挑拨离间。但后来发生的事情，使她不能不认真考虑实有此事。儿姁初进宫时，与她住在一起，对她十分恭敬，低首下心地向她请教。她觉得妹妹长大了，懂事了。为了尽快使儿姁在新人中脱颖而出，王娡倾心指授，把皇帝的脾性和后宫中种种规矩及人事毫无保留地告诉她。初受召幸时，儿姁每每将皇帝的表现告知姊姊，王娡为她高兴，姊妹俩经常联床夜话，一起揣摩皇帝的喜怒好恶。但渐渐地，儿姁不再向她透露消息了，王娡问起的时候，她只懒懒地说，还不是老样子。在生了第一个皇子后，儿姁也被晋级为夫人，有了专有的住处——合欢殿。此后，姊妹俩的关系好像又回到了从前。尤其是彘儿出生后，儿姁似乎把她也当作了对手，冷淡的目光让王娡心里发寒。此后，儿姁再也没有来过漪兰殿，反而是王娡常去拜访妹妹，希望能得到些皇帝的消息，儿姁则总是顾左右而言他，用不相干的话搪塞她。直到去年栗姬进住了椒房殿，成了儿姁争宠的劲敌，她对姊姊才重新假以辞色，向她透露些真实的消息。

　　"夫人，今天宫里出了大事。"大萍的话打断了她的思绪。

　　"甚事？"

　　"大长公主与栗夫人起了冲突，大长公主离开椒房殿时，脸色很难看。"

　　哦？这倒是不常有的新闻，王娡的心神顿凝，问道："怎么一回事？"

　　"不清楚。只听说大长公主来时，还满面喜色，坐了不到半个时辰，就气冲冲地走了。"于是，大萍将在永巷官署等候传召时从其他各宫侍女那里听来的议论，详详细细地复述了一遍。

宫中的妃嫔，甚至废后薄氏，还没有听说哪一个敢于敷衍长公主的。栗姬于皇后欲立未立之际，与长公主起了冲突，是不智之举，其中必有蹊跷，倒是件应该搞清楚的事情。"此事你亲眼所见吗？"大萍讲完，王娡又追问了一句。

"不是。但很多人是亲眼看到了的。"

"今天可曾见过阿宝？"阿宝与大萍同出赵地，同乡同里，同年入选进宫，分在栗姬那里，现在是栗姬的随身侍女。二人入宫前就已相识，来长安时又一路同行，情同姊妹。入宫后虽各侍其主，但老乡间感情极笃，有空闲时常聚在一起，彼此有说不完的话题。各宫女侍背后的议论，虽多飞短流长，但却是宫中重要的消息来源。而大萍与阿宝有这层关系，失意的王娡更是把它当作了一条重要的渠道。

"没有，阿宝自从进了椒房殿，就再也不到永巷来了。"栗姬住进椒房宫，依制可以五日一侍寝，当然用不着像一般嫔妃一样听候宣召，阿宝自然也不用再到永巷去了。

"那么，你近日能见到阿宝，问清楚这件事内中的隐情吗？"

大萍点点头，说："能。栗夫人每次侍寝，都要自备酒食馈送皇帝那头的宫人，所以要提前开出第二天的菜式和果品单子，通知庖厨准备。这件事总是差阿宝去。栗夫人后天当值，明日午前，阿宝应该会去御厨送单子，在路上总能等到她的。"

"好，明日午前你不用在这里伺候了，去等阿宝。一定要把事情的来龙去脉问清楚，越细越好。明白吗？"

"明白，请夫人放心。"大萍沉着地点点头。

大萍退下后，屋内又为惯常的冷寂所充满，又一个独守空房的漫漫长夜开始了。王娡辗转反侧，神思散乱，意识在半寐半醒中飘荡。四周弥漫着吞噬一切的黑暗，真黑呀！只有红色的宫灯缓缓行进，在漆黑的暗夜中划过，看不到人影，也没有一点儿声息，好像永远也到不了尽头。光着的身子，蜷缩在卷起的锦被中，有种飘浮着的、不真实的感觉。一种久违了的既熟悉又陌生的感觉。不知过了多久，黑暗中远远地现出一丝光亮，宫人们默不作声地向那里走去，来到一处灯火通明的所在。四周尽是耀眼的灯光，晃得她睁不开眼睛,燥热重又生发出来,流布全身。她钻出锦被,赤身裸体地跪在地上。有人从背后抱住了她,她紧闭双目,任那有力的双手揉搓自己的身体。她觉得在被撕裂,又被充满,战栗、痴迷、窒息的感觉同时释放出来,浑身软软的没有一点儿力气。她转过头来,灯光闪烁中她看不清那男人的脸,一张亦幻亦真、似曾相识的脸。

"你是谁?"

"你竟然记不得了吗?你这狠心的娼妇!"男人把脸凑过来,炯炯的目光使她尖声惊叫起来:"金王孙?是你?……"

她大汗淋漓地醒过来,屋内一灯如豆,灯油已快干了。她大口喝水,续了些灯油,挑亮灯芯,抹干净身子,静静地躺在床上想心事。今夜,真正在寝宫里快活的是儿姁,自己就是想要回到从前,过一种长相厮守的日子也已不能了。这样欲火难熬的夜晚还有多少个?她不由得羡慕起母亲来了。母亲丧期过后不久,就又走了一家,姓田,给自己添了两个隔山兄弟,大的叫田蚡,小的叫田胜。自己至今困处宫中,连面也没有见过。母亲自然也见不到姊妹俩在宫内生下的众多的外孙和外孙女。咫尺天涯,什么时候才能随意进出宫门,老少三代家人其乐融融地聚首啊?

义姁的相术准,但又不尽准。贵不可言?哪里有半点儿端倪可寻呢?薄氏被废之前,有皇子的妃嫔似乎人人都有希望,都知道没有皇子的薄氏是坐不长皇后的位子的。但很快王娡就明白自己没有希望。礼法上讲的是"立子以嫡",若全是庶子,则立谁为太子,取决于谁的母亲被立为皇后,皇后之子即嫡子。就排行论,彘儿排行第十一,根本轮不上。栗姬侍奉皇帝最早,刘荣又是长子,果然,前年皇帝就立他做了太子。"母以子贵",薄氏一废,栗姬立刻就住进了椒房殿,立为皇后将是不争的事实。自己和彘儿哪还有半点儿机会呢?万一,只可能是万一,栗姬做不成皇后,也看不出自己有哪怕些微的机会。儿姁早有做皇后的野心,她年轻,生了那么多皇子,又正在宠幸之中,能够经常见到皇帝,这带给她很大的优势。能否见到皇帝,无论在外朝还是内朝,都是第一等重要的事,经常见,就不易被淡忘。而自己,天颜咫尺,已不得见多年了。以色事人者,色衰而爱弛,以她现在的年纪,不再有任何胜出的机会了。

立刘荣为太子时，皇帝同时立刘彻为胶东王。他成年就国时，按例母亲可以一同前往，那时在胶东那块陌生的土地上，作为王太后的她才会有相对的自由。但彻儿今年刚满七岁，这意味着寂寞深宫的生活她还要苦熬近十年。那时自己怕是会像废后薄氏一样，鬓发花白，满脸皱褶了，即使能够在王宫中颐指气使，又能有几许快乐呢？想到自己会同薄氏和其他年老宫人一样，日复一日地在无聊郁闷中耗尽生命，王娡由不得潸然泪下。

啜泣了一阵，倦意渐浓，她吹熄了灯，昏昏睡去，仿佛回到了槐里，自家的房屋依稀可见，四周是绿绿的麦地，风儿从远处送来阵阵野花的芳香。她沿着田间的小路信步前行，来到一片杂草丛生的荒地旁边。"大姊，你看嘛。"儿姁不知从哪里钻了出来，把她吓了一跳。她随着儿姁的指点看去，不远处有一片桃林，其中一棵的树枝上，挂着一只成熟的鲜桃，在绿叶的衬映下格外抢眼，可能是采摘时遗漏的。

"你去把它采下来吃了吧。"王娡笑笑说。

"不嘛。咱们俩谁先跑到，谁先采，谁采到谁吃。"

"就一个桃子，姊姊让给你吃。"

"谁稀罕你让？你跑不过我，桃子本来就该是我的。"儿姁扬着眉毛，挑衅地说。

王娡生气了："你真以为能跑过我？到时候吃不到桃子可别哭啊。"

"好啊，你吃不到桃子也别哭啊。"

"那好，我们倒来看看谁会哭。"

起跑后，她几步就将儿姁落下一截，但脚前的草丛中忽然跳出一只什么东西，把她吓了一跳，停步太急，险些跌倒。儿姁趁机超过她，跑在了前面。采到那只桃子，儿姁得意地又跳又笑，挥舞着桃子向她示威。她不睬，撅下根树枝往回走。在受到惊吓的地方，用树枝拨开草丛，一只蟾蜍伏在那里，黑眼睛警惕地注视着她。她用树枝敲打着蟾蜍，蟾蜍却并没有逃开的意思，而是一点点鼓胀起来，样子变得更加丑陋可怖。你想吓住我嘛！她觉得一股怒气直冲丹田，紧攥着树枝，狠命地向蟾蜍身上戳去。"我叫你得意！我叫你挡路！"她一下又一下狠狠地戳着，鲜血混着白色的汁液和泡沫，从蟾蜍身上冒出来，她继续不停地戳着，蟾蜍已经血肉模糊得不成样子，四肢抽搐着，但还在不停地胀大，最终噗的一声爆裂开来，破碎的肢体四散飞溅。这时，她听到了儿姁惊恐的尖叫声，不觉笑出了声来。

又一身涔涔的冷汗，她睁大眼睛，注视着黑暗，很多天来，要么是绮梦，要么是噩梦，使她难以安眠，心神疲惫不堪。她不敢再睡了，但也没有点灯，静静地躺在黑暗中想心事。

就这样老死宫中？不，决不！一股怨毒渐渐在内心生发。要争，要拼，要搏，绝不束手待毙。宫中如同布满猛兽的丛林，没有温情，只有利害，软弱者注定会做强者的牺牲，不凶狠不成。谁挡了自己的路，就该像对付梦中的那只蟾蜍一样，毁了她。

皇后之位就如那枚诱人的桃子，但这枚桃子由不得觊觎者自己去摘，而只能由皇帝颁给。皇帝的意志是关键，而皇帝的信任和宠爱是影响其意志的前提，与栗姬和儿姁相比，她目前的地位不啻天差地别，连半点儿机会也没有。唯一的可能在彘儿身上，这是她仅有的，也是最后的凭借和机会。但皇帝有十四个儿子，即使刘荣未被立为太子，彘儿的机会也是微乎其微。"机会难得，稍纵即逝，全在于个人的把握了。"义姁之言蓦然冒上心头，可机会又在哪里呢？

栗姬在最关键的当口，竟然糊涂到拂逆大长公主，可见她缺乏丛林生存的智慧，这个皇后的位子，她很可能坐不稳，坐不长。入宫十几年，她与栗姬没有过什么交往，甚至见面的次数也不多，感觉上这个女人独往独来，相当傲慢，好恶全都写在脸上。她的优势在于她跟从皇帝最久，且是皇长子的母亲。而皇帝念旧，很看重她，甚至有时亲自驾临栗姬的住处，只为了坐坐，盘桓话旧。这在别的妃嫔那里，是从未有过的事情。栗姬如做定了皇后，大家都无机会，自己最好的结局是彘儿长大后随之就国，享几天王太后的清福而已。栗姬做不成皇后，大家还有一争，机会虽小，自己尚可奋力一搏。如此，栗姬与大长公主间的冲突似乎预示着某种不确定的前景，给人以若有若无的希望。

王娡有些兴奋了。栗姬与大长公主之间究竟发生了什么事，因何而起冲突，这是一定要查明的事情，自己的机会，十有八九就在这上面。明日不光要靠大萍从阿宝那里收集消息，自己也该去合欢殿儿姁那里打探一下。儿姁以栗姬为敌,栗姬的一举一动她都不会放过,她对此事怎样看,打什么鬼主意,也要知道。既然下决心要争,牵涉利害的所有人,便都是自己的对手,一丝细节也不容放过,事先计算周全,方能立于不败之地。

  鸡鸣三鼓,夜漏将残。王娡几经辗转,怀着满腹的心思和晦暗不明的期待昏昏睡去。黑暗中,一团灰色的东西悄无声息地走近来,警惕地盯着睡着的王娡,原来是近来饱受折磨的那只雄猫。在确信主人已入梦乡后,灰猫一跃上床,伏在王娡的脚旁,轻轻打起了呼噜。

三

次日午前，王娡到合欢殿拜访儿姁。儿姁侍寝五更方回，补了一觉后刚刚起身。女侍将王娡引入前厅，奉茶后自去通报。她饮了几口茶，默默打量着殿内的陈设，心中不免生出几分感慨。

合欢殿在未央宫之西，左面是程夫人所居的飞翔殿，再向东就是椒房殿，右面是南北向的一条宽阔甬道，地势开阔。虽也是座四面围墙的院落，但规模比漪兰殿大了数倍。殿成三进，院中遍植奇花异卉，季春时节花蕾初放，香气扑鼻。待客的前厅彤朱中庭，所铺之席为精织的细竹簟席，四缘包以锦缎；四壁绘有《楚辞》中天地四方的神话故事，色彩斑斓，摄人眼目；隔帘帷幕，均以名贵的刺绣织锦制成，华美异常；室内器具，几、榻、案、屏，均髹(xiū)漆，上嵌螺钿纹饰，明光翠羽，奇彩耀人。看到这些，王娡不能不承认，妹妹生到这个世界上，真就是天生来享富贵的。

"阿姊，发什么呆，有心事吗？"话音未落，儿姁已到了王娡身前。王娡抬眼望去，不觉呆了。

儿姁看上去刚刚梳洗过，潮湿的头发又黑又亮，云髻半偏，松松地绾着。脸上除精心描画的一对细眉而外，素面无华，但皓齿明眸仍予人以艳光逼人的感觉。她体态丰腴而不失颀长，肤如凝脂，泛着象牙色的光芒。在一袭信期纱绣的睡袍内，胴体的曲线凹凸毕现，一览无遗，惑人心目。"真是天生的尤物，难怪皇帝会被她迷住。"王娡暗暗赞叹着，内心忽然生发出自惭形秽的感觉。

儿姁大咧咧地坐下，双腿箕踞①，一副玩世不恭的姿态。"阿姊，身孕不便跽坐，毋在意。"她向对面跽坐着的王娡笑笑说。

王娡压住不快，望望她微微凸起的腹部，关切地问："身子怎样？有无不适？要常请太医诊察，大意不得呢。"

"不会有事的。我也生过四个了。"儿姁很自负。"这一胎太医诊出是龙凤胎，皇帝欢喜之极。昨晚在温室，皇帝枕着我的腿，耳朵贴在这里，足足听了半个时辰呢。"儿姁指着自己的腹部，向王娡炫耀着，脸上容光焕发，洋溢着遮挡不住的幸福。

王娡也面露喜色，心里却酸酸地很不是滋味。"妹妹，你真是好福气。娘知道了，不知会欢喜成什么样子呢。"

"我已托人给她带了信儿。前几日她捎来些家酿给你做寿，是在今日吗？"

"就是今日，所以特为拿到这里，与阿姁把盏尽欢，大姊又老了一岁了。"王娡有些伤感地说。

儿姁笑了笑，招呼侍女摆出一张漆案，布了几样佐酒的菜肴，然后将陶壶中的家酿倒入酒尊中。她挥手让侍女们退下，亲手以长斗酌酒两杯。一杯递与王娡，自己则双手奉杯齐眉："阿姊今日三十六岁了吧，小妹满饮此杯，为阿姊上寿。先干为敬。"

酒很不错，是陈酿，香气馥郁。儿姁接连几杯都是一饮而尽，粉面含春，意气愈加飞扬。但王娡怎么也没有她那种好心情，几杯下来，已觉微醺。切不可因酒误事，她在心里警惕自己，今日无论如何，也要探出儿姁的底来。儿姁平日里心机很深，但此刻酒已半醺，只要刺她一刺，争强好胜的她，或许会直抒胸臆。

想到这里，她目光盈盈，直视着儿姁，举杯齐眉，感伤地说："阿姁，大姊也敬你一杯。大姊老了，没有什么想头了。母亲和我日后全要指靠你了。愿你华颜永驻，长乐未央。"

---

① 箕踞，中国古代无桌椅，居室内地面铺席，人均跽坐，类似今日之跪坐，屈足向后，以膝抵席，直身挺腰，臀部倚在脚后跟上，为礼敬的姿态。礼失求诸野，今日在日本、韩国尚可见到这种坐姿；若伸足向前，双手扶膝，状如箕，故称作箕踞，古时为一种不敬和傲慢无礼的姿态。

儿姁神采飞扬地饮了这杯酒，照照杯自负地说："阿姊，我不会让你与娘失望的。女人在宫里靠的是什么？年轻貌美和一副好肚皮，阿姊，你说对不对？"她用手指了指自己微微隆起的肚子，忘形地大笑起来。

"只可惜太子、皇后的人选已定，"王娡故作沉吟，然后朗然微笑着说："可阿姁在后宫，已经是一人之下，众人之上，很可满意的了。"

"阿姊以为，栗姬能够做上皇后之位？"儿姁眉毛微微扬起，一副不以为然的样子。

"当然。否则怎会住进椒房殿？"王娡一副坚信不疑的表情。

"你难道没有听说，栗姬得罪了长公主？"

"有这种事？"王娡摇了摇头，满脸疑惑的神情，"什么时候的事？"

"就在昨日。阿姊孤陋寡闻喽，整个宫里都传遍了，你还不知道！"

王娡作出沉思的样子："即便如此，未见得栗姬就做不成皇后。皇帝很宠她的。"

儿姁微微一笑，很有信心地说："阿姊，我问你，皇帝与太后、长公主亲呢，还是与栗姬亲呢？"

"皇帝是大孝之人，与长公主一奶同胞，当然是与太后和长公主更亲。"

"这下你明白了吧。得罪了长公主，就是得罪了太后，有这两张嘴日日在皇帝耳边聒噪，栗姬能有好日子过？很快会被疏远的。"

"恐怕还要加上你的一张利嘴吧？"王娡笑道，恍然憬悟的样子。

"我才不会出此下策。皇帝最恨人背后飞短流长，那样做足以引起他的疑心。栗姬是心高气傲的性体，'皎皎易污，侥侥易折'，她倒霉是早晚的事。我只需讨皇帝的欢心，水到渠成之际，我见机而作就可以了。"

这小鬼头心机真的厉害，倒不可小觑她呢。王娡心中暗自警惕，嘴里却夸赞不已："阿姁的识见真是不让须眉，阿姊佩服之极。可有一事怕是变不了的，刘荣已经是太子，终究母以子贵，皇帝千秋万岁之后，就算做不成皇后，她却做得成太后的。"

"阿姊你又错矣。"儿姁谈得兴起，又自酌自饮了一杯，目光灼灼地看定王娡说："栗姬之愚，恰恰在她的意气用事，会牵累儿子。刘荣的太子，怕也没有几日好做了。"

"竟会这样严重吗？"王娡愕然，她斟满一杯酒，恭敬地递给儿姁，好奇地问道："何以见得刘荣会被牵累？阿姊愚昧，愿闻其详。"

"你可知大长公主与栗姬因何而起冲突？"儿姁并不直接回答，而是好整以暇地饮酒吃菜，一脸莫测高深的样子。

"当然不知。姊姊的心思近来全在儿女身上，来这里走动得少了，真如你所说是孤陋寡闻了。"

"大长公主的女儿阿娇，你知道吧？"

"当然，阿娇是独女，又是家中最小的孩子，是全家的掌上明珠呢。"

"就是这样一颗掌上明珠，长公主送上门来向太子提亲，人家栗姬却当粪土一样，不屑一顾呢！"

原来如此，真的是涉及中宫和储位的大事了。王娡心里一震："那么大长公主是因为提婚不成，才恼羞成怒的了？"

"正是。你想，平日颐指气使的长公主受了这番羞辱，能够善罢甘休吗？我看，栗姬和刘荣的好日子是屈指可数了。"儿姁满饮一口，一副志得意满的样子。

王娡故意沉吟不语，琢磨着怎样套出儿姁的打算。

"阿姊，怎么不说话了？有心事吗？"

"我在想在这件事情上，阿姁你的机会有多大。皇帝虽然宠你，但侄儿们还小，程夫人、贾夫人的皇子都已成年，皇帝会不会从中挑选储君呢？"

"当然不会。"儿姁自信地说。她起身掩上门扉，一脸肃然地看着王娡："阿姊，你不会跟我争吧？"

"争什么？"王娡故作惑然。

"当然是争皇后，争太子！"儿姁双目圆睁，满脸肃杀之气。

"你以为阿姊有争的本钱吗？阿姁发达了，我与彘儿自能借光，复能光耀臧家的门庭，这样的事情，娘和我都是巴不得的呢。但程、贾二人，妹妹切不可大意了。我还听说，后宫亦有新人得蒙召幸，妹妹还要防备皇帝移爱他人呀。"

程夫人入宫稍晚于栗姬，也是太子宫时的老人，育有三子：刘馀、刘非、刘端，均已成年，分别被封为鲁王、江都王、胶西王。有一次召幸时，程夫人正逢月事，临时遣侍女唐姬代自己应召，那晚皇帝醉酒，竟未发现，而唐姬竟然受孕，生下一子刘发，后被封为长沙王。贾夫人入宫也早于王娡，育有两子，赵王刘彭祖和中山王刘胜尚未就国，在承明殿与未成年的皇子们一同就馆读书。

"此二人无能为也。新人生儿生女，尚难逆料，即使生下皇子，也稚龄难备储位。我担心的可是阿姊你呢。你不会忘了义姁的预言吧，你的命相贵不可言呢！"儿姁半眯着眼，上下打量着王娡，似乎漫不经心地说着。

这是个躲不过的话题，刻意回避只会增加儿姁的疑心。"义姁的话要是准，我也不至于今日这种境况。诚如妹妹所言，我目下能够凭借什么？是年轻貌美，还是好肚皮呢？"王娡直视着儿姁，苦笑着说。

"以吾之盾，挡吾之矛，阿姊厉害。"儿姁笑了起来，"那是逗阿姊玩呢。来，我们再满饮几杯，为阿姊上寿。"

此后，儿姁即顾左右而言他，无论如何不肯再回到原来的话题上来了。两人又谈了一阵孩子和娘家的事情，王娡便起身告辞。在送她出门时，儿姁醉眼蒙眬地拉着王娡的手，似有意似无意地说道："后宫只有我能亲近皇帝，这是谁也比不了的。程、贾不足为忧。只等栗姬失势，我自有办法住进椒房殿。阿姊助我，我当然见情；不助我，我亦能成功。但愿长做姊妹，莫为仇雠。"

回到漪兰殿，已过未时。得知大萍尚未回来，王娡便沐浴更衣，以祛除酒后的微醺。浴后，她斜倚榻上，闭目细思，试图捋清儿姁那番话中的真实含义。看来，栗姬若失势，儿姁是会把自己作为对手的，这是一。栗姬十有八九做不成皇后，意味着有儿子的妃嫔们有了新的机会，这是二。这当中会有激烈的争夺，但儿姁的优势最大，这是三。彘儿和儿姁的皇子年纪尚小，如何能够确保越过成年的皇子们，被立为太子？这是四。皇帝总会有新宠，光有皇帝的宠幸似不足够，但看儿姁视众人如无物的那份自信，她必是已经想出了制胜的方法，她到底打算怎样做呢？王娡凝神苦思，以致没能看到回来复命的大萍。

"夫人，我回来了。"大萍看到主人在想心事，已在近旁静静地候了一会儿。

"哦，回来了。见到阿宝了？她怎么说？"王娡急切地追问，猛然察觉自己有些失态，于是吩咐蔓儿奉茶，然后让其他人退下，好整以暇地对大萍说："不急，你先喝口水，再细细地说给我听。"

大萍早早就守候在去御厨房的路上，果然等到了阿宝。她陪阿宝一同去庖厨下了单子，时辰尚早，两人便寻了一个僻静的去处，谈开了天。昨日之事，阿宝也受惊不小，遇到好友，自然打开了憋着的话匣子，细细地讲述了当时发生的一切。

大长公主昨日到椒房殿的时候，确实是满面春风。宾主问候坐下，阿宝奉茶。说过一阵闲话后，长公主满脸堆笑地问："阿荣今年二十了吧？既已正位东宫，应该立一个正式的太子妃了。"

"荣儿虽已有几位女侍，太子宫里却没有一个门第、模样、性体相配的。况且他嗣位未久，皇帝叫他留意治国的学问，目下还是以读书为重，其他的事情不免要往后放一放了。"栗姬不苟言笑，但回答得很客气。

"妹妹，阿荣生辰年月，按五行配合，属什么命？"刘嫖并未在意栗姬的态度，仍旧兴致不减。

"荣儿生在辛未年，五行属金。怎么，有什么说道吗？"

"当然有说道，夫妻命相要不相冲克方能长久。你看巧不巧，我家阿娇辛巳年生，五行也属金，与你家阿荣虽无相生之利，却也无相克之弊呢！"

"阿娇？大姊的意思是……"栗姬颇感诧异和突然，竟一时拿捏不住刘嫖的心思。

"阿娇是我掌上明珠，也是太后的心头肉。她舅舅们，皇帝和梁王都把她看作自己的亲女儿一样。阿娇眼下人虽小，可已经看得出是个美人坯子。要才情有才情，要模样有模样。妹妹讲选太子妃，门第、模样要般配，真正是金玉之言。要讲般配，阿荣与阿娇真是再适合不过的了。我们姑嫂之间没有什么话不好直说的，今日来，为的就是给阿娇结一门好亲事。民间不是有句老话，'姑舅亲，辈辈亲，扯着骨头连着筋'嘛。"刘嫖侃侃而谈，一副胸有成竹的样子。

"阿娇现今的年岁是……怕是还要几年才能及笄①吧？"栗姬眉头微皱，

---

① 古时贵族男子二十而冠，女子十五而笄，表明成年可以论嫁娶了。笄，即固定发髻用的簪子；及笄，即古时女子之成年礼。

显得很为难的样子。

"十岁。我当然没有让阿娇马上嫁过来的意思,但亲事可以先定下来呀。"刘嫖原以为栗姬会一口答应下来,看见她迟疑不决的样子,面色也难看起来。

"此事你向皇帝提起过吗?"

"还没有。这件事我当然先要问做娘的,你若同意,我们姑舅之间原本就是一家,亲上加亲,皇帝断不会不允。"刘嫖逼视着栗姬,开始不耐烦了。

栗姬本是个刚烈性子,刘嫖的咄咄逼人,使她十分不快,决定拿个软钉子给她碰:"阿娇这样的年纪,气血、性情都还未定,我怕委屈了这孩子。我看话先有在这里,这件事我们以后再议如何?"

"怕是我们阿娇配不上'太子',委屈了刘荣吧?允与不允,本来只是一句话的事情,我们姑嫂间还拿的什么架子!看来是我不自量力,自讨无趣了。"

"你这话就过分了。"栗姬面色冷峻,声音虽温和,但仍可感受到内中强抑着的怒气。"我想的是,阿荣初践储位,很多东西要学习。皇帝派给东宫几个师傅,功课很重,不宜分心,我怕他照顾不好阿娇,让她受了委屈。况且阿娇年岁尚小,过些年,阿娇大了,再议此事也并不迟嘛,何苦为此怄气,互伤和气呢?"

"喔,看来竟是我心地褊狭,不识大体了。好,好,太子功课要紧,不宜分心。再议我看也不必了,阿娇高攀不起!汝母子大贵之人,好自为之吧。告辞了。"刘嫖气冲冲地拂袖而去,于是就有了昨日午后那一幕场景。

看来,刘嫖是真恼了,栗姬的麻烦不小。但她又为何如此呢?王娡听过大萍的叙述之后,很想知道栗姬逞过意气之后,会不会后悔,于是问道:"大长公主走后,栗夫人如何?"

"栗夫人也气得不轻。她对阿宝说,长公主以为全天下的好事她想占就占,还拿太后、皇帝压我,我偏叫她得不到。她一提亲我就看出了她那点儿算计,无非是想女儿做皇后,外孙做皇帝,世世荣华富贵。可我的儿子,媳妇当然要由我来选,她凭什么来当这个家……"

"她真是如此说的?"

"千真万确。阿宝复述的是栗夫人的原话。"

王娡猛然坐起，心中雪亮，乱麻似的思绪一下子捋清了。难怪如此！阿娇尚未成年，刘嫖就急着提亲，为的不就是这个吗？刘荣若不是太子，她决不会起这种念头。反之，她既存了这样的心，就一定不会罢手。以刘嫖霸气的个性，她与栗姬母子，做不成亲家，必是冤家，不搞垮他们不会罢休，不然她的目无从实现。这也意味着，阿娇的女婿，一定会在皇子们中选，而中选者一定会得长公主之助，成为太子，非如此阿娇不能成为未来的皇后。刘嫖并不在意女婿是谁，但一定得是位有可能继承皇位的皇子，她的努力，才不会落空。

幸亏有阿宝这条线，才搞清了整件事情的机关。儿妁这个小鬼头，大概琢磨出来了这里面的底蕴，所以才会那么自信。她准定是想乘虚而入，走与刘嫖联姻这条路子，内得皇帝的宠幸，外有长公主、太后的扶助，她自然会立于不败之地。

看来，真正的对手确如儿妁所言，是我们姊妹，因为有这个心，而又知道如何做的，只有儿妁与我。儿妁却还不知道我已领悟了她的用心，以为还是她的独得之秘，胜算在握呢。可这一点点先机带给自己的优势极为微小，而且转瞬即逝。自己的行动必须要快，抢在儿妁前面，把生米做成熟饭。一旦落了后手，恐怕再无机会了。

把整件事情想清楚后，王娡的心平静了下来，命大萍继续报告从阿宝那里听来的消息。

"栗夫人说，长公主没有个皇亲国戚的样子，不自尊重，整天怂恿皇帝拈花惹草，永巷新来的宫人，长得姣好一些的，她就会说给皇帝，就像市场上牵线搭桥的牙人，真是不知羞耻。皇帝原本很念旧，不太在意新人，这些年被长公主撩拨得变了。老了，反而没年轻时尊重了，没一点儿人主的样子，轻狂得像条发情的老狗……"

"真的？栗夫人真是这样说的？"王娡不由得大笑起来，带得大萍也笑出声来，两人弓腰弯背，笑不可抑，惹得侍女们纷纷探头窥视，不知发生了什么可笑之事。王娡很久没有这么痛快地笑过了，好一阵子两人才停了下来。

看来，栗姬不仅傲气，而且褊狭。后宫三千，历朝历代都是如此。进得宫来，如果连这也看不破，那就真不如嫁个平民，过那种长相厮守的日子了。褊狭妒忌的栗姬，断不是领袖后宫、母仪天下的材料。难怪儿妁没有把她放在眼里，可儿妁连自己的亲姊姊都容不下，心胸又能宽到哪里去呢！王娡猛然省悟，无论考虑何事，她也会不自觉地把儿妁摆进去，把妹妹当作自己的对手。如此，姊妹之间，势必会有一争。但自己绝不会轻视栗姬，她终究还是妃嫔之首，太子之母，可以定期见到皇帝。而皇帝是主见、个性都很强的人，长公主未必左右得了他。作为争夺中必须去除的一个障碍，栗姬那里绝不可忽视。还要嘱咐大萍多与阿宝来往，了解尽可能多的消息为己所用。

"阿宝对此事怎么看？"王娡呷了一口茶，似乎不经意地问道。

"阿宝觉得大长公主有些霸道，栗夫人太刚强。她们若是平心静气地谈，亲事本来可以谈得成，那样栗夫人就能稳坐皇后的位置。现在僵成了这个样子，不知还有没有转圜的余地，她很忧心。"

"若不是那样的性体和脾气，可也就不是长公主和栗姬了。难得阿宝有这样的居心，这孩子不错，你以后要多联络她一些。"

看来，要为彘儿谋太子之位，最要紧的是联络长公主，且要尽快着手进行，既要防儿妁捷足先登，又要防栗姬省悟，与刘嫖重修旧好。怎样搭上长公主这条线，倒要想一个万全的办法。王娡吩咐大萍下去用饭，自己则在屋内来回踱步，沉思起来。

半个时辰的工夫，她终于有了主意。一面吩咐蔓儿早早去接刘彘回来，一面又把大萍叫入寝室，在蔓儿离开后问道："最近见到过郭舍人没有？"

"没有。郭公公总在前殿办事，很少到后宫来了。"郭舍人原是永巷的小宦官，人伶俐，办事也很得体。王娡初入后宫的那几年，侍寝时都是他在皇帝那里伺候。那时王娡圣眷正隆，郭舍人极为殷勤巴结，也经常向她通些后宫的消息，很得她的好感。郭舍人也是赵人，大萍她们入宫那年，是他采选接送来的，因而相识。近些年升为舍人，在前殿侍奉皇帝，随从左右，身份不比从前，已难得见到他了。

"怎么能见到他一面，我有些话想要问他。"

汉代宫廷与历朝一样，实行的都是一种前朝后寝的制度。后宫的内眷，除晚间侍寝者外，平时不能出后宫一步。郭舍人服侍前殿，除非到后宫办事，是难得一见的。大萍细细思索了一会儿，有些迟疑地说："有一个法子，不知行不行。"

"不妨，你先说来听听。"

"郭公公也是赵人，就说他家有东西捎到我这里，他一定会来取。但知道并无此事后，他一定会生气。"

郭舍人的地位已不比从前，这样做可能引起很大的误会，以为是故意戏弄他。他若是先存了成见，不仅难以探得自己想要的消息，恐怕还会漏风，使儿妁觉察出自己的意图。儿妁正得宠，很难说郭舍人不会为了讨好儿妁而出卖自己。更有甚者，作为皇帝身边的人，他若由此而生嫌怨，对自己会很不利。显然，这个法子不妥，但长公主这条线非尽快搭上不可，功败垂成，在此一举。想到这里，王娡深恨自己缺乏远见，没有早早在宫里建立起一条内外联络的通路。

"当然不能这样办。我们再来想想，可有其他办法。"王娡踱来踱去，很有些焦急了。

"夫人要问郭公公的话，可以由他人转达吗？"大萍很想为主人分忧，忽然想到一个主意。

"怎么？有何想法你但说无妨。"

"栗夫人明晚轮值侍寝，阿宝会随同馈送酒食。夫人的问话若可由他人转达，可以托她给郭公公带个信。"

王娡若有所思地摇了摇头。这个办法亦不可行，且不论阿宝为人是不是可靠，办事是不是谨慎小心，单就这种带信的方式，就会引起对方极大的疑虑。

"夫人的话若只能同郭公公当面讲，那就只有一个办法了。我让阿宝带信，就说我想给家人带些东西，想托郭公公找人带过去。看在同乡面上，公公或许会答应，如果他亲自来取，夫人有什么话，就可以当面问他了。"

"你拿准了他会亲自来取？要是派个小黄门来呢？"王娡连连摇头，似乎不相信大萍有这么大的面子。

"我不敢肯定。可郭公公很重乡谊，见到我和阿宝的时候，总会问长问短，说有事情他可以帮忙。"

时机紧迫，王娡思前想后，觉得只能照大萍的法子一试了。"好，我们姑且试试看。"她吩咐大萍取出自己的妆奁盒，从中挑拣了几样首饰，又从箧笥中取出两镒金饼，包入一块锦帕，递给大萍："这几件东西给你，让郭公公带给你家里。"

"夫人，这太贵重了，我不敢收。"事出意外，大萍连连摇手。

王娡抓起大萍的手，将包裹交与她。"这些东西并非与你，而是对你的爷娘略表我的心意。你坐下，我有话与你说。"

她细细地端详着大萍，聪明、明理、忠心，是适时透露些想法给她，倚为心腹的时候了。大萍被看得不好意思，羞涩地低下了头。

"你离家千里，孤身一人在此，我本该照顾你的。把这些东西捎回去，你爷娘就知道我拿你女儿一般看待，在宫里过得很好，他们就会安心。'儿行千里母担忧，母行千里儿不愁'，天下父母的心都是一样的，要让他们安心，对不对？"

大萍的泪水唰地流了出来。"夫人待我恩重如山，惠及我全家。小女子肝脑涂地，不足以报答万一，只有事事努力，求得夫人的满意。我爷娘千里之外，也会馨香祝祷夫人福寿吉祥、富贵万年的。"

"说什么福寿吉祥、富贵万年，宫里的事情你还不明白吗？薄氏做过皇后的人，如今你看她怎样！"王娡摇摇头，容色沮丧。

大萍以为自己说错了话，抹了一把泪，惴惴不安起来。

"你看后宫的这些嫔妃，得皇帝宠的能有几人？宠眷不衰的又有几人？一旦失宠，晨钟暮鼓，昼短夜长，就如养在笼中的鸟雀，有何生趣可言。若再无生育，那就更是前路茫茫，孤苦伶仃，死后连魂魄也不得血食呢。反倒不如你们，到三十岁就会放归乡里，择配人家，男耕女织，生儿育女，传宗接代。虽无富贵，但得享凡间的快乐。多少女人未入宫前想入宫，入得宫来悔恨莫及，时间一长，见得多了，其中的道理你自会明白。"

大萍似懂非懂地点了点头。

王娡忽然后悔，本应鼓动这孩子的信心，不该对她吐露内心的感受，讲这番影响情绪的话。于是振作精神，面色转而慈祥、庄重："当然，我绝不会像废后那样认命服输，逆来顺受，而是要抓住一切可能的机会去争去斗。跟从我的人，我自会为之着想，为她们争一个好的前程。我话中的意思，你可明白？"

"夫人的意思……"大萍欲言又止，不敢再往下讲。

"你是我的人，毋庸避讳。此刻并无外人，你但讲无妨。"王娡和颜悦色，鼓励大萍往下说。

"夫人是欲争皇后之位？"大萍果然聪明，一下子就道出了王娡的心事。

"不只是皇后之位，我还要为彘儿争太子之位。这样，才有真正的富贵，跟我的人将来也才有好的前程。大萍，心里的话我交与你了，你可愿助我一臂之力？"

"夫人待我如家人子，恩义天高地厚，无从报答，奴婢常戚戚于心。夫人之事，即奴婢身命所系，愿供奔走，虽万死不辞。"大萍面色紧张、激动，膝行至前，向主人行稽首① 大礼。

态度坚决，一番话也老成而得体，王娡十分满意。

"很好。今后你要留意宫中的一切，尽可能从阿宝、郭公公和各宫宫人那里收集消息，并尽速报我。你还要多结交联络各宫宫人，打探那些个嫔妃，特别是得宠的、有皇子者的消息。自今日起，你要全力以赴办这件事情，不必日日在我身边伺候了。"

"是。"

"最要紧之事，是尽快联络到长公主。但长公主何时来后宫，事前难以知晓，万一错过，甚或为他人抢先一步，大势去矣。我找郭舍人，就是想知道长公主平日进宫的时辰和路线，与她不期而遇而又不露痕迹。长公主常去皇帝处，郭舍人服侍御前，自然知道她的行止路线。如能探知，我们就掌握了先机，大事就有了办成的希望。"

王娡本不想细谈，但转念一想，不推心置腹，大萍不易了解自己的真实意图，出头办事，难免会出纰漏，影响整个大局。于是进一步向她交底："长

---

① 稽首，以卑临尊时的礼节。施礼者跪拜于地，头部触地，停留一段时间才抬起。贾公彦《周礼》疏云：稽首，拜中最重，臣拜君之礼。顿首，即俗称的"叩头"。施礼者跪拜于地，引头至地，略作碰触后抬起。在古礼中是较轻的拜礼，多用于地位相等或平辈人之间。空首，所谓"空"，指头并未着地，行礼者跪拜于地后，先以两手托地，然后引头至手。这一般是以尊临卑，国君对臣下的拜礼（稽首）的还礼方式。对地位相等者施此礼是一种不敬的表示。

公主每日必会赴长乐宫向太后请安，未央宫这里，她有时来，有时不来。但有了结亲不成的嫌怨，近几日她必会常来走动，向皇帝谮毁栗姬，以为报复。"

长乐宫与未央宫之间最直接的两条通路，一是乘舆辇走空中的复道；二是乘马车从长乐宫的西阙出宫，穿过达官贵人居住的尚冠里，由东阙进入未央宫，从东西横贯未央宫的这条主路，西行数里向南，则有甬道直通皇帝的朝寝之处——前殿。刘嫖去见皇帝，这都是必经之路，但具体走哪条，何时走，只有御前的宦者能够事先得到消息。

王娡为大萍讲解了长公主入宫可能行经的路线后，打消了由自己面询郭舍人的打算。昨日椒房殿发生的事情，宫内现在肯定已经是无人不知，郭舍人自不用说。向他打听长公主进宫的路线时间，意图不言自明，太露痕迹，还是由大萍出面为好，但需编一个不致引人怀疑的借口。主仆两人又商议了好一阵子，还是不得要领。最后决定还是以往家捎物为由，见到郭舍人后，大萍再相机询问，王娡不露面，他或不至于产生疑心。

计议停当之后，大萍退下，王娡回到寝室，躺在床上静静地小憩。蔓儿却一脸惊慌地跑了进来。

"喔？你不是去接彘儿了吗？何事慌张？"王娡从床上坐起身，不快地问。

"夫……夫人，殿下他……他与赵王兄弟打起来了，打得很凶，头破血流……"蔓儿一路跑回来，有些上气不接下气，又受了惊吓，说话也结巴起来。

王娡的头嗡的一声，心一下子提到了嗓子眼。彘儿如果真出了什么事，她就没有指望了，她所计划的一切，连同她今后的生活会全部完结。想到这里，她不觉眼前发黑，几乎没有勇气再问蔓儿，到底出了什么事情。

四

　　承明殿在未央宫中的正北面，与西面的石渠阁、东面的天禄阁并排而三，都是皇家文臣著述的所在。石渠、天禄是萧何当年修建的两座高阁，用以收藏从秦宫中接收下来的图书秘籍，承明殿则是文臣平日校读秘籍、著书立说的地方，旁边设有承明庐，为学者提供食宿。皇帝后来下令将承明殿东头的几大间房屋腾出，命学问好的著作郎担任授读，作为皇子们进学读书之所。

　　刘荣被立为太子后，皇帝专门为太子宫配备了师傅，其弟河间王刘德陪读，也去了太子宫。其他年长的皇子封王后先后就国，余下的皇子中，刘寄、刘乘、刘舜年岁尚小，故此时在承明殿读书的皇子只有赵王刘彭祖、中山王刘胜、胶东王刘彘和尚未封王的刘越。皇帝还特许一些功臣之子进宫陪读，即便如此，经常在此读书的也不过六七个人。

　　就读的皇子，刘彭祖与刘胜，是一母的同胞；刘彘与儿姁之子刘越，则是亲两姨兄弟。由血缘之远近，很自然地产生了感情上的亲疏。刘彭祖已经十五岁，刘胜也已十三，刘越与刘彘，相差一岁。刘越的母亲儿姁，宠冠后宫，受到其他嫔妃嫉视。妒忌、憎恨的情绪由母亲延及子女，处在冲动好斗的年纪的刘彭祖和刘胜，也在心理上把刘越视为仇人。平时即口出恶言，嘲谑不断，由于个头、气力相差很多，刘越常隐忍不发，反倒是刘彘为兄长抱不平，常常出头争讲，所以也被视作眼中钉。

　　今日的这场冲突则并非由于刘越，而是起于在承明殿陪读的韩嫣和漪兰殿的侍女蔓儿。

韩嫣，字王孙。是弓高侯韩则的异母兄弟，时年十岁，是皇帝特许进宫陪皇子读书的贵族子弟之一。说起韩嫣的家世，也当得起王孙贵胄这四个字。韩嫣的高祖，与楚汉相争时的名将韩信同名，但出身却大不相同。他是战国时代韩襄王的庶孙，秦灭韩后，流落民间。秦末天下大乱，六国旧族蜂起，项羽、刘邦等也纷纷招致六国之后经略旧地。韩信就是在张良以韩司徒的名义招抚王室旧族时，加入了义军，此后一直随刘邦征战。项羽背约，封刘邦于汉中，韩信曾力劝刘邦挥师东向以争天下。刘邦还师攻占三秦后，以建策之功，许韩信为韩王，先拜其为韩太尉，率领一军经略韩国故地。经过一年的征战，韩信占领了故韩十几个城池，最终击败并降服了项羽所任命的韩王郑昌，被刘邦立为韩王。此后，韩信仍随刘邦征战，直至项羽败亡。刘邦大封功臣，韩信仍为韩王，都颍川。但刘邦随即后悔，以韩信壮武，手握劲兵，所据又是中原枢要之地，视其为大汉的隐患。于是以边防紧要为名，将其封地调到太原郡，以晋阳为都；而后再调为代郡，都马邑，封地邻接匈奴，疆域与富庶都远不及从前。韩信虽然从命，但心中不能没有怨望。

汉高祖六年秋，匈奴冒顿单于大举入边，围攻韩信。由于力量悬殊，韩信几次派使向匈奴求和。刘邦虽发兵救援，但疑心韩有贰心，并去信责备他。韩信担心被诛，遂与匈奴立约攻汉，以马邑降胡，并回攻太原。七年冬，刘邦亲率大军征讨韩信，在沁州一带大破韩军，斩杀韩将王喜，韩信逃往匈奴，向冒顿单于献诱汉深入之策。冒顿遂派左右贤王率骑兵万人，于广武、晋阳、离石、楼烦等地与汉军连战佯败，一直将刘邦大军诱入平城附近的白登山，然后以主力骑兵快速合围，将汉军围困七日之久。刘邦在覆亡之际，全赖陈平出奇计，厚贿并说动单于阏氏，才得以脱险。从此汉于匈奴一直处于下风，不得不以和亲缓解威胁。韩信则在匈奴为将，连年率胡骑侵扰边郡，成为北部边疆的大患。汉高祖十一年春，韩信入据参合陂（今大同阳高县东北），汉派将军柴武攻克参合陂，斩杀了韩信。

汉高祖七年，刘邦率大军攻韩时，韩信与太子携眷逃奔匈奴时，途经匈奴境内的颓当城，妻子与太子妃各生一子，一名颓当，一名婴。韩颓当和韩婴在匈奴长大，被匈奴封为相国。文帝即位后，韩颓当与韩婴各率所部降汉。韩颓当被封为弓高侯，韩婴被封为襄城侯。吴楚七国之乱时，韩颓当随太尉周亚夫出征，受命率军一支，深入敌后扰其粮道，极大地动摇了叛军的士气，功劳冠于诸将。韩颓当死后，其子袭爵，子亡，嫡孙韩则袭爵。韩嫣为韩则同父异母的庶弟，故无缘袭爵。但从小锦衣玉食的生活，却也养成了他富贵骄人的气质，且面如脂玉，唇红齿白，鼻梁高挺，相貌英俊，虽未成年，却已风度翩翩，一副倜傥风流的公子哥儿模样。韩嫣被登入门籍①，特许进宫陪读，在这个多宦官、少男人的所在，就像是吹入的春风，唤起了不知多少年轻宫人的绮念。而韩嫣小小年纪，风流自诩，言语谐趣，尤喜与少年侍女们调笑，所以走到哪里，哪里就欢声笑语不断，因全是在孩童的年纪，倒也无人责怪，韩嫣因是更加不拘形迹。

韩嫣于众皇子之中，独与刘彘投契。刘彘方口大耳，高颡隆准，一双稚气未脱的眼睛炯炯有神，给人以英气勃发的感觉。虽只有七岁，但却有一份与其年龄不符的内敛、沉稳气质。在学业上，则颖悟过人，所学过目成诵，在承明殿就学的皇子中，他是最为用功的一个。韩嫣进宫之初，诸皇子大多对之倨傲无礼，相熟后，态度上虽客气了不少，但骨子里的轻视，韩嫣还是感觉得到。与之情谊相投、平等相待的只有刘彘，所以二人不久即成为好友，乃至坐必联席，出必同行，一日不见就好像缺了点儿什么。韩嫣虽也聪慧过人，但生就风流自喜的性格，在学业上，用功就远不如刘彘了。

这日，午前授书，午后的安排是先练字，后背书，师傅自己则去石渠阁看书了。蔓儿来接刘彘时，众人尚在背书，蔓儿于是坐于殿外廊下等候。蔓儿与大萍同一年进宫，年纪略长，已到及笄之年，近两年一直由她接送刘彘上下学。蔓儿身材颀长，肤色白皙，容貌虽称不上美，可也算得端正，尤为惹眼的是她那一头漆黑的亮发，衬着白净的面容，更显出少女明洁亮丽的风韵。韩嫣心不在焉地背书，正觉得无聊，一眼瞥见蔓儿等在外面，登时来了精神，他趁别人专心背书之际，悄悄溜出了殿门，悄没声地绕到蔓儿身后。

忽然被一双手捂住了眼睛，蔓儿吓得不轻，差一点儿大叫出声。

---

① 汉代被特许出入宫禁的外臣和皇亲国戚，其姓名、籍贯、出身、爵位、官衔等均被书于木简之上，称之为门籍。门籍置于各宫门侍卫处，以备出入时查验。

韩嫣松开手，示意她不要声张。然后笑吟吟地问道："蔓姊，今日怎来得恁早？怕还要一会儿才能下学呢。"

看清是韩嫣，蔓儿嗔怪的眉头舒展开了，笑着说："我猜就是你这坏小子干的。"

"男不坏，女不爱。蔓姊说我坏，一定是爱我了。"韩嫣继续搭讪，双目含笑，逼视着蔓儿。

蔓儿羞得满面绯红，生气地说："公子就会拿人开心，也不怕丢了自己的身份。"

看到蔓儿真的生气了，韩嫣赔着笑说："说几句笑话都不行嘛，好，好，我不说了还不行吗？"又从系于腰带上的锦囊中掏出几枚杏子，递给蔓儿，"这是午间饮茶时掩下的，专为送予姊姊，算我与蔓姊赔不是了。"

终究是少年的心性，蔓儿随即转怒而喜，两人并坐廊下，边吃杏子，边说起闲话来。

"韩嫣，你不背书，跑到这里来说悄悄话，艳福不浅呐。"两人一惊，回头一看，中山王刘胜不知什么时候也溜了出来。

刘胜身材矮胖，满面油光，不知是否因为早熟，他年纪不大，贪食好色之名，宫内已是尽人皆知了。贾夫人居处，稍有姿色的女侍几乎都被他调戏过，由此恶名昭著。后宫的宫女，见到他来搭讪时，皆如逢瘟疫，避之唯恐不及。刘胜为此，居常怏怏不乐。韩嫣进宫，大受女孩子们的瞩目，风头之健，一时无人能比。每当看到冷落自己的少女们争着与韩嫣调笑、耳鬓厮磨的那种亲密样子，刘胜就不由得无名火起，恨不得要了这些狗男女的命。他对蔓儿久已垂涎，但总不得机会，而且蔓儿在他面前总是一副冷冰冰、拒人千里之外的样子，把他的心弄得酸酸的、恨恨的。刚才韩嫣悄悄往外溜的时候，他就注意到了，也装作要去方便的样子跟了出来。看到韩嫣与蔓儿有说有笑的样子，刘胜妒恨交攻，遂决意搅局。

刘胜挨着蔓儿坐下，嬉皮笑脸地说："姊姊，我好想你呢。姊姊抹的什么粉，这样香，让我也香一香嘛。"说着，将头伸过去，在蔓儿脸上嗅来嗅去。

蔓儿厌恶地扭开头，低声说道："殿下请放尊重些，莫要动手动脚，让别人看见了笑话。"

刘胜双目圆睁，冷笑着道："怎么？韩嫣动得，本王动不得？别人看见了又能如何？我今日偏要尝尝软玉温香的滋味！"说罢，一把搂住蔓儿，竟要探手入怀，强行动粗了。

蔓儿拼命挣扎，情急之下，叫喊起来。韩嫣没有料到刘胜竟会如此野蛮，愣怔了一下，冲上去攥住了刘胜的双手，他虽比刘胜小三岁，身材却与刘胜一般高，气力也不小，两人相持，却也没有落了下风。

正当三人搅成一团时，空中传出一声暴喝："韩嫣，你好大的胆，竟敢以下犯上！你给我放开手！"

喝问的是刘彭祖。听到外面哭喊打闹的声音，其他三位皇子都赶了出来。看到韩嫣仍在与兄弟相持，刘彭祖走上前去，抡圆了一拳，将韩嫣打了个趔趄，面腮随即红肿了起来。

刘彘走上前去，拦住了还想动手的赵王："慢着，是非曲直不明，怎能乱打人。"他转向韩嫣和蔓儿："王孙，怎么回事，你们说说清楚。"蔓儿只是啜泣，韩嫣捂着脸，说道："中山王抱住蔓儿，想要动粗，我看不过去，才去拦他的。"

"你血口喷人，混蛋！"刘胜疯了一样冲上去，对着韩嫣又踢又打，韩嫣避让，畏缩着不敢还手。真是欺人太甚！刘彘胸中气血涌动，怒不可遏地对着刘胜的后腿猛起一脚，刘胜应声跌出去老远，摔了一个嘴啃地，哇哇大哭着爬起，转向刘彘冲了过来。刘彘环顾了一下四周：蔓儿与韩嫣都愣在一边，刘越也是一副畏葸不前的样子，身后的刘彭祖已封住了退路，看来，与这兄弟俩的这场恶战，要靠自己单挑了。自己身材、气力都不如人，硬拼只会吃亏，最好能找件家伙，且战且走。他环顾四周，发现承明庐爨炊所用的柴火就堆在近旁。

他边躲避那兄弟俩的拳脚，边退向柴垛，猛地抽出一根粗大的柴棒，向逼上前来的刘胜抡过去，刘胜一闪，柴棒还是刮到了他的额角，顿时血流如注地倒了下去，嘴里狂叫着："杀人啦！刘彘杀人啦！"刘彘有些后怕了，打算逃跑，但已经被刘彭祖从背后紧紧抱住，动弹不得。他拼命挣扎，无奈气力不济，还是被比他强壮得多的刘彭祖夺下柴棒。被反剪着双臂摁在了地下。他边挣扎，边大叫着，要站着发呆的蔓儿和韩嫣快跑。刘彭祖压在他身上，紧紧抓住他的发髻，将他的头撞向地面，边撞，边恶狠狠地说："我叫你凶！我叫你狠！你向我们兄弟求饶呀，求饶就放过你，不然要你好看！"

刘彘咬牙屏气，面部沾满了尘土和鼻血，看上去竟是一副血肉模糊的样子。但他就是不吭声。头被再次拽起时，他两眼模糊，远远看到蔓儿跑去报信的身影和闻讯从四处赶来的宫人。

蔓儿跑到半路，遇到大萍，听说此事，大萍要她赶快报告王夫人，自己则一溜儿小跑着赶到了现场，正逢宦官们从赵王手中抢出了刘彘，将打斗的双方隔离开来。大萍从承明庐打来一桶水，为刘彘擦洗，好在只是流了一些鼻血，额头有些擦伤，伤得并不重。刘胜则被送往太医处诊治。

蔓儿跑开时，刘彘、刘胜都是血流满面，伤势很重的样子，把她吓得不轻。王夫人听了她的报告，以为刘彘受了重伤，差一点儿晕厥过去。赶到现场，得知儿子伤势不重，才长舒了一口气。面对怒目而视、詈骂不绝的贾夫人，王娡低声下气地一再赔礼，说回去一定要对儿子严加管教，事情才没有马上闹到皇帝那里去。

回到漪兰殿后，王娡屏退所有闲人，在寝室细细询问了事情的经过。责任虽不在彘儿，但与兄长对打，终究有悖于朝廷提倡的孝悌之道，这件事传到皇帝那里，查问下来，倒要有一个解释得过去的说法。

"那个韩嫣不过是个外臣之子，你为何要替他出头，竟把你兄长打伤。疏不间亲，你糊涂了嘛！"

"儿子不是这么看的。刘胜性情淫恶，宫里谁不知道？他为何调戏蔓儿？分明是仗势欺人！蔓儿是娘的侍女，娘于刘胜亦是从母，调戏从母身边的侍女，就是不敬不孝。韩嫣不计身份尊卑，出面拦阻，是仁义之举。他因为保护蔓儿挨打，我岂能旁观？路见不平，就该出头相助，不然，于人为不仁，于行为无勇，于朋友为无义，儿子又何以为人！"

刘彘这番话中理中节，掷地有声，王娡听后惊喜不已。惊的是，儿子在自己面前，从来少言寡语，老成得不像个孩子，自己一度还为他的木讷发愁呢。喜的是，孺子可教，儿子的学业看来大有长进，刚才那番话讲得入情入理，还真驳他不倒呢。他日儿子在长公主面前的表现，自不必担心了。想到这里，王娡板着的面孔舒展开了，但口中还是训诫的语气。

"那个韩嫣,娘也听说过,都说他是个风流情种,专门会勾引小姑娘。这种人你与他交游合适吗?蔓儿也是,大姑娘了,不洁身自爱,别人一撩拨就上钩,自取其辱!"

"韩嫣是世家子弟,是父皇特许他进宫陪读的,能说父皇识人不明吗?韩嫣面目姣好不假,宫女们喜欢接近他也不假。好美之心,人皆有之,韩嫣何罪之有?不美,娘何以被选入宫?小姨娘何以得宠?"刘彘侃侃而谈,一副不服气的样子。

"好,好,我说不过你。我倒要看看这个韩嫣是个怎样的人物,改日空闲时,你可约他到此间来玩。我想见见你这位朋友。"王娡说,心里却转开了新的主意。这个韩嫣,可以每天出入宫禁,正是自己亟须的人物,或许通过他,可以方便与宫外和娘家联络。

这次冲突由蔓儿而起,决不能再生枝节,王娡当即吩咐,今后改由大萍接送刘彘上下学,因为大萍更明事理,待人处世更有经验。她要大萍、蔓儿退下,留下刘彘,决定未雨绸缪,向儿子交代自己结交长公主的打算和做法,让他有个思想准备。

"彘儿,今天才知道你言语辩给,长进多了,娘很欣慰。"王娡点燃一盏灯,细细端详着儿子,满目含笑。

刘彘笑笑,没有答话,静静等着下文。

"赵王、中山王毕竟是你兄长,你以幼犯长就是错处,你父皇知道了还不知会怎样生气呢。改日我领你到贾夫人那里,给夫人和两位兄长赔礼,把这件事情了结了,以后再不要惹他们了。"王娡拉过刘彘的手,语气又严肃起来。

"我不去。"

"为何不去?"

"不去就是不去!他们仗势欺人,动手在先,凭什么要我赔礼?礼经上讲,兄友弟恭。兄长没有兄长的样子,兄弟当然不会有兄弟的样子,平日他们总是欺侮刘越、我和王孙,我们已一忍再忍。这次也是他们先动手打人,就是错,也是他们的错更大。"刘彘直视母亲,眼中一派愤愤不平之色。

"儿啊,在宫里切不可与人结怨!你还小,不知道这里面的利害。娘只你这一棵根苗，万一你出了什么事情，娘就不能活了。"王娡动情地说着，目中泪光盈盈。她想到这正是开导儿子的机会，于是擦了把泪，满脸肃然地问道："他们为何欺负越儿？"

"当然是嫉妒。小姨娘长得好，父皇宠爱小姨娘，其他夫人得不着，就恨小姨娘。刘越是小姨娘的儿子，刘彭祖他们就仗着年岁大、力气大欺负他，我帮他，他们也恨我，欺负我。"

"你说对了。儿啊，嫉妒是会杀人的，而且杀得很惨，很惨的。"王娡叹了口气，望着有些吃惊的刘彘，问道："你听说过你高祖母的故事吗？"

刘彘摇了摇头。

"你高祖母就是吕太后，与你高祖父是贫贱时的结发夫妻。你高祖父后来打下了咱们大汉的江山，做了皇帝，未央宫就是他盖起来的。未央宫里面，那时像今日一样，也住着许多嫔妃和美女。你高祖母老了，没有那些个年轻宫人们讨你高祖父喜欢，很难见得到你高祖父。你高祖父这时最喜欢的女人叫戚姬，年轻、貌美，又能歌善舞，你高祖父简直一时也离不开她，甚至想要立戚姬的儿子做太子。戚姬的儿子叫如意，封的也是赵王……"

"那后来呢？"刘彘问道，显然对这个故事有了兴趣。

"后来，很多大臣反对，你高祖父一直也没下得了决心，就驾崩了。你知道你高祖母掌了朝政大权后，怎么报复戚姬母子？"

"怎么报复？"

"你高祖母叫人铰光了戚姬的头发，用铁圈锁住她的脖子，就囚禁在这永巷里面，穿着犯人穿的赭衣，从早到晚地舂米。"

"那她儿子呢？他不来救她吗？"

"你莫急，听我慢慢往下讲，后面的事情更惨呢。戚姬入宫就受宠，哪里受过这种罪？心里难过，想儿子的时候就唱自己编的歌，排解心里的悲伤。她的歌唱得可好了，你高祖父喜欢她为的就是这个。"

"歌里唱的什么？"

王娡默默思索了一会儿，"歌词好像是这样的：'子为王，母为虏，终日舂薄暮，常与死为伍！相离三千里，当使谁告汝？'唉，当娘的哪有不想儿子的呀。可是这事让吕太后知道了，就更要斩草除根。她把赵王召回长安，让人把他毒死了，就连孝惠皇帝也没能保住他。"

"然后就会杀了戚姬吧？"

"哪有那么便宜的事！你高祖母想要她活受罪。赵王死后，戚姬被砍去手足，刺瞎双目，熏聋耳朵，又用哑药让她说不出话来，扔在地窖子里。就这样让她半死不活地过了几个月，你高祖母又让孝惠皇帝来观看，说她是'人彘'。孝惠皇帝见不得这种惨绝人寰的事，大病了一场，此后便不理国事，年纪轻轻就崩逝了。"

"高祖母真是太狠毒了。母亲，你说小姨娘也会像戚姬一样吗？后宫里那么多人恨她呢？"刘彘显然深受刺激，问话时一副忧心忡忡的样子。

"只要你父皇还宠着她，小姨娘就不会有事。可你若得罪的人多了，我们就危险了。"王娡故作紧张。

"父皇不会放任不管的，他们不敢害我们，娘莫忧心。"大事临头，刘彘反而冷静下来，面色坚毅、沉着。

"你父皇若天天听到的都是不利于我们母子的舌，时间一长，就会有偏见。薄氏二十多年的太子妃和皇后，还是太皇太后的娘家子，最后的下场怎样？还不是打入冷宫，孤苦伶仃地过活！"

"薄皇后被废，为的是没有儿子。母亲不一样的。"

"所以娘才不能没有你！娘老了，不可能再得你父皇的宠幸了，指望的就是你长大成人，娘随你一同就国，到胶东过几天舒心日子。你若出了什么事情，娘的下场，怕还不如薄皇后呢。"

看着刘彘眉头微皱的样子，王娡知道说动了儿子的心，思忖着如何把话头向长公主那面引。略作沉吟后，她若有所思地说："若有人经常在皇帝那里为我们母子说话，局面或许就不同了。"

"小姨娘不成吗？她常常能见到父皇的。"刘彘眼中现出了期望。

"小姨娘是个只顾自己、不计亲情的人。况且她傲慢张扬，树敌太多，一朝失宠，自身尚且难保，哪里还能顾及我们母子？能帮我们的，只有一个人。"

"谁？"

"你大姑母，长公主。皇帝是大孝之人，又最重手足亲情。太后、长公主的话，在你父皇那里分量最重。有她站在我们一边，就不怕恶人使坏了。"

"她怎样才能站在我们一边？"

"结亲。"

"结亲？"

"对！结亲。"

"同谁结亲？"

"长公主的女儿阿娇，你可曾见过？"

"见过。"

"你觉得阿娇好不？"

"也好，也不好。"刘彘看出了母亲的用意，迟疑了一阵子后说道。

"怎么叫也好也不好，你给娘讲讲明白。"

"阿娇长得好看，气质也好，就是太娇气，我不喜欢。还有她年岁也比我大。"

"女孩子哪个不娇气！你姊姊们不也是如此嘛。阿娇才大你三岁，女大更会疼人！你想想看，哪里还有比这更好的亲事？"王娡没有了平日的沉稳，急切地想说服儿子，儿子反倒很平静。

"娘，这怕是你的一厢情愿，大姑母未必愿意结这门亲事，她家阿娇是要嫁给太子的。"

"可栗夫人驳了她的面子，现在弄得很僵，你大姑母与她像是势不两立呢。这两家的亲事可以说是完了。阿彘，这就是我们的机会了，万不可错过。"

"可还有那么多王子，尚未定亲，年龄适合的也有不少，大姑母不知道会选中谁呢。"

"就因为如此，娘才着急啊。娘打算近几日向你大姑母提亲。到时候大姑母可能要见你，当面问话。你可要事先想周全些，给大姑母一个好印象。我们母子今后的前途荣辱，全在这门亲事成不成上了。"王娡此刻所忧心的，既非刘彭祖，也非刘胜，刘嫖绝不会把宝贝女儿嫁给他们。儿姁的长子刘越就难说了，他虽没有封王，但这更可能是皇帝对他另有打算。当初刘荣就是长子，下面几个兄弟都封了王，他却迟迟没有封爵，果然后来被立为太子。刘越比彘儿大一岁，彘儿封了王，他却没有，皇帝是不是也把他当作储君的后备人选了呢？儿姁那么大的信心，这肯定是一个原因。最有可能争夺太子位的，就是刘越。但彘儿与他的关系很好，揭破了，彘儿会反感，甚至可能主动退让，全盘计算就会功亏一篑。一念至此，王娡不禁忧从中来，神情一下子沮丧起来。

刘彘看在眼里，却以为母亲又在为未来的命运担忧。戚姬和赵王如意的故事，深深地震动了他，他开始觉得母亲的担心有道理，自己是独子，本该为母亲分忧。他思索了一会儿，低声问道：

"与阿娇结了亲，大姑母就一定会帮娘吗？"

"那是当然。一家人了嘛，帮我们就是帮女儿，这是绝不会错的。"王娡见刘彘如此问，知道说动了他，不觉喜动眉梢。

"那好，我愿意。"他望着母亲，点了点头说，声音不高，但非常沉稳。

"这太好了，娘这心就放下了一半，另一半，就是设法提亲了。还有就是，你见到大姑母时应对的说辞了。你放心，娘会替你想好的，可是你一定要把它背熟，到时候千万不要慌乱。"

"娘不用费心，儿子知道该说什么，不会给娘丢脸的。"

说通了儿子，自己这方面不再有问题了，王娡心情极好，吩咐晚间殿内会食，女侍们准备了丰盛的肴馔，她将余下的家酿分赏给众人。儿女和侍女们轮番向她敬酒上寿，尽欢而散。当晚入睡时她已酩酊大醉，意识蒙眬。"明日要能从郭舍人那里探出长公主进宫的时间和路线就好了，老天助我，老天助我吧。"这念头在脑中一闪而逝，她随即进入黑甜之乡，沉沉睡去了。

五

刘启走出宣室殿，站在回廊下，望着台基北面绿荫掩映中的后宫。知道皇帝心情不好的侍从宦官和宫人们，远远地站在一边，小心伺候着。

前殿是一组宫殿群，也是未央宫的中枢。整座宫殿群建在高三十五丈、由南向北次第升高的三个高台之上。宽阔的石阶从地面直通最高处的宫殿，四周环以层层的玉砌雕栏，拾级而上，可达位于第二级高台之上的堂皇而雄伟的前殿，这是新皇帝登基、大行皇帝治丧或重要的朝会大典举行之处。最上面的高台，是并排而建的三座大殿：宣室殿、温室殿和清凉殿。宣室殿居中，为皇帝平日接见朝臣，处理政务的正殿；左面的温室殿，墙面与椒房殿一样以椒泥涂壁，外饰墙衣，室内温暖芳香，寒冷的季节，皇帝在此寝息；右面的清凉殿，地板下面砌有冰窖，炎热的季节，实以冰块，室内阴凉清爽，夏季皇帝以此为寝宫。这三座宫殿位于未央宫中的最高处，由这里眺望宫城和长安，可以一览无余。

汉家的制度，天子五日一朝太后，今天适逢向窦太后请安的日子。早上去长乐宫时，刘启的心情还很好，但请过安，陪太后说了一阵闲话之后，刘启辞出准备回未央宫时，却被追出来的大长公主叫住，说出了一番令他吃惊的话。

"陛下，我有一言相告，请留步。"刘嫖面色凝重，似有要事相告。

刘启示意侍从们回避，笑着说："什么事？大姊不能在太后那里说，神神秘秘的？"

"当着太后说，我怕惹她老人家生气，那里人多嘴杂，也怕传出去坏了皇帝的名声。这件事情，我只能对你说。"刘嫖仍是一脸的严肃。

"那好，说说看，何事如此严重？"

"后宫的栗姬，陛下要防备她呢。"

"栗姬？为什么？防备什么？"刘启吃惊地看着长公主。

"当然是嫉妒，陛下现在宠幸的人，她全都嫉妒。嫉妒会使人发疯，做出可怕的事情来。譬如蛊毒、祝诅。"刘嫖斩钉截铁，说得十分肯定。

"阿姊莫乱讲，你有证据吗？"刘启的面色难看起来。

"证据我还没有拿到。可是从她对我的态度上，我感觉得出来。她恨我。"

"恨你？为何？朕不明白。"

"恨我为皇帝引荐新人，怕皇帝有了新宠忘记旧情。若单是这种女人通常的嫉妒，本不足怪。可陛下想过没有，栗姬可是一心想要坐那皇后的宝座的，若达不到目的，甚至更糟，连带儿子的太子地位也受到威胁。换上哪个女人，在这种事情上面，能不拼命？什么事情她都做得出来的！"

"这么多年在朕身边服侍，栗姬的脾性朕是知道的，她心高气傲不假，但不会像阿姊所说，弄什么蛊毒、祝诅。况且朕既已立阿荣为太子，早晚也会立她为后。她服侍朕二十多年，是后宫的老人了，朕的心思，她也明白，不会不明事理胡来的。怕是有什么事情得罪了阿姊，阿姊才这样恼恨她吧？"刘启不以为然地微笑着，目光却十分尖利。

"不是得罪，是不识抬举！皇帝给评评这个理，我到她那里，为阿娇提亲，姑舅结亲，亲上加亲，本来是多好的一件事情！她却拿足了架子，说什么太子功课为重，阿娇岁数小，等成年了再议。摆明了是推托之辞嘛。"刘嫖想起前日受窘的情形，怒气生发，脸不由得涨红了。

刘启沉下脸，不快地说道："你莫要弄错了，阿荣是太子！要说受'抬举'的，应该是你家阿娇吧？阿娇尚未成年，亲事晚些提，没有什么不对。阿姊这么气恼，朕看倒是有些过分了。"

看到刘启满脸不快，刘嫖低首长揖："陛下说得是，是我失言了。可我还是要说，她绝不是一般的嫉妒，而是居心怨毒。这种居心的人，将来登了大位，陛下千秋万岁之后，会发生什么事情，望陛下三思！"

"栗姬多年侍奉于朕，为人如何，朕最清楚，阿姊毋再多言。"刘启有些不耐烦了。

"年数多就足以知人根本吗？高皇帝与吕太后几十年的夫妻，还没能看透她呢，人心难测呐。陛下莫非已经忘记了'人彘'之事了嘛！"

"你给朕住口！退下。"刘启喝道，引得等候在前面的侍从们纷纷回头观望。见到皇帝发怒，刘嫖只得悻悻地退下。刘启也乘御辇回宫，来时的好心情已扫地无余。

回到宣室，刘启心情烦躁，遂不看奏章，把中常侍北宫伯子、中书谒者令赵谈和郭舍人等大宦官召入殿内，查问后宫之事。

望着伏在面前的三个人，刘启冷冷地问道："长公主和栗夫人之事，你们都是知道的了？"

三人面面相觑。北宫伯子已年过六十，在文帝时就总管宫内宦者，此刻鼓勇陈奏说："老奴等也是昨天才听说此事，说是大长公主提亲不成，与栗夫人反目，原想得空问个究竟，再向陛下禀告。"

"朕身边的人，就是朕的耳目。这样的事情，朕却要从长公主的口中知道，你们还有什么用处？朕的家事，现在怕是尽人皆知了，唯独朕自己还被蒙在鼓里，真是殊堪痛恨！"刘启以掌击案，声色俱厉。

皇帝平时喜怒不形于色，很少如此失态，可以想象他心中的愤怒已达极点。三人惶恐万分，连连碰头："奴才等罪该万死，以后再不敢了，陛下息怒。"

其实，刘启是在生刘嫖的气，生栗姬的气。这个刘嫖，也不与自己通个气，就去给太子提亲，遭到回绝，伤了自尊，就翻脸成仇，恨不得置别人于死地，哪有一点儿皇室公主的气度！自己的这个大姊和兄弟阿武，近来是愈加跋扈了。为此，刘启心头一直不快，可顾忌到太后的心情，又不能训诫他们，只能把郁闷埋在心里。这个栗姬也真是的，四十岁的人了还没有容人的涵养，刘启迟迟下不了册立她为皇后的决心，这是个重要原因。栗姬的妒忌刘启当然是知道的，但她绝没有吕雉那种深藏不露的心机，她是什么事情都挂在脸上的。看来，自己要明白地告诉她，这个毛病不改不行，做皇后的人，领袖后宫，最要不得的就是嫉妒。没有容人之量，后宫里真要闹得鸡飞狗跳，昼夜不宁的。

刘启摆摆手道："好了。你等记住，后宫的大小事情，虽是朕的家事，可也关乎朝廷，大意不得。以后有事情要随时奏报与朕，切不可隐瞒不报，误了事，你们是吃罪不起的。退下吧。"

北宫伯子和赵谈稽首谢恩后，膝行向后退出。郭舍人却伏在原地，并无退下之意。"郭彤，你还有事情吗？"

"陛下刚刚教训过奴才们，凡事不可瞒报。奴才昨晚听说，后宫又出了点儿事，此事北宫常侍和赵谒令尚不知道，奴才知道得也不详细，却不敢不禀报。"

"什么事，你说来听听。"

"昨日午后，赵王兄弟与胶东王在承明殿前不知为什么动起了手，中山王与胶东王都受了轻伤。这是奴才昨晚听永巷的宫人讲起的。"郭彤其实知道争斗因一个女侍而起，但怕皇帝发怒，故意含糊其辞。

"可恶！两个大的打一个小的，哪里有做兄长的样子！郭彤，你明日便到后宫，查明事因，要当面查对，查明后报予朕知道。"

"是，奴才一定查明回奏。"郭彤稽首，膝行退出，心里已经明了皇帝在这件事情上的态度。

刘启无心批阅奏章，信步走出宣室，向后宫眺望着。石渠、天禄和北阙、东阙高高矗立，举目可见；其他宫殿虽掩隐于绿树丛中，却也依稀可辨。后宫的西部是少府官署的所在，少府之东，就是后宫嫔妃的住处了。最西面的该是合欢殿，住着儿姁，年轻貌美，是个天生的尤物。与她在一起时，刘启觉得自己的身心好像也年轻了不少。近来，他颇觉精力不济，老之将至，老之将至矣！为了抛掉这种感觉，他更愿意召年轻的女人陪侍，似乎想要抓住飞逝的时光，却又每每力不从心。儿姁有了身孕，而且是龙凤胎，刘启欢喜异常，增添了不少的自信。为此，儿姁大受宠幸，有时一连几天地侍寝。刘启脑中也曾闪过立儿姁为后的念头，出于这样的考虑，他才迟迟没有册封儿姁的长子刘越为王。但儿姁与栗姬有着同样的毛病——妒忌，而且更富于机心，心思虽不挂在脸上，但刘启仍感觉得出她心里对皇后之位的渴望。越是如此，刘启越心生警惕，近来已将她摈除于中宫的人选之外。

合欢殿东面是程姬所居的飞翔殿。程姬的三个儿子，鲁王刘馀、江都王刘非、胶西王刘端均已成年就国，程姬已十年不得召幸，人老色衰，将来会跟从某个儿子就国,安享暮年的。飞翔殿之东就是椒房殿了,栗姬在薄氏迁出后入住于此,原以为会很快正位中宫,却不料迟迟没有下文,栗姬虽不提此事,但心情的不快,刘启还是感觉得出来。这件事情让他很伤脑筋,从直觉上,栗姬妒忌狭隘,并非皇后的上佳人选;但从礼制上,在原皇后无出时,依"立子以长"的古制,长子刘荣已被立为太子,作为太子之母,栗姬是理应享有皇后名分的;从情感上,刘启就更有一份割舍不开的怀旧之情。自己被立为太子不久,栗姬即入太子宫为侍妾,当时文帝之母薄太后择娘家女为太子妃,但薄氏久而无子;而栗姬则相继生了刘荣、刘德、刘阏三子,大受宠幸,在将近十年的时间里,栗姬日日相伴,两人过着夫妻一样的生活。刘启的性格、嗜好和习惯,栗姬十分熟悉,往往能够先意承旨,把刘启侍候得极为舒心如意,在后宫这是无人能比的。以栗姬这样的年纪,之所以还能有侍寝的机会,即在于皇帝也有找人叙旧、旧情重温的时候。

刘嫖称其居心怨毒,在自己身后会行吕后之事,是过甚其词了。栗姬是个直肠子的人,与吕后的深藏不露全然不同,她不像是会做这等事之人。但刘嫖最后那几句话总在他脑际回旋,挥之不去。刘启沉吟再三,决意在今晚栗姬侍寝时,试探一下她的心思。

椒房殿向东就是永巷的所在地了,明渠旁的长巷掩映在绿树浓荫之中,很难分清众多的院落。那个闯了祸的刘彘跟他的母亲王娡,就住在其中的一个院落中。王娡也与程姬、贾姬一样,色衰爱弛,就像一件用旧了的物件,被置入库房,尘封土埋,渐渐被遗忘。女人年轻时是多么明丽动人,撩人心魄,可韶光转瞬即逝,红颜凋落,老天对她们,真是既慷慨,又无情。刘启不觉有些伤感起来,他曾几次想召幸王娡,但听儿妁说王娡心情不好,人也很老相了,就打消了念头。他最怕也最烦的就是女人那种幽怨的神态,如同无声的抱怨,仿佛自己亏欠了她们多少似的,会搞得他的心情也低落起来。

刘启的心思又转到刘彘身上。想到这孩子,一种复杂的情感常常会涌上心头。据王娡所言,她怀阿彘时曾梦日入怀。刘启对符命瑞兆之类的事物,不甚迷信,梦日入怀无疑是贵征,似乎预示了什么,但嫔妃们妊娠时无不自称身有贵征,也就不值得认真对待了。转过年父皇崩逝,刘启入承大统后,刘彘才呱呱坠地,事后来看,这还真算得上是个吉兆。而且这孩子自幼聪明颖悟，记得彘儿三岁那年，自己抱他于膝上，一边逗弄他，一边随意问道："吾儿乐意做天子吗？"彘儿抓着父亲的胡须玩，黑亮的眼睛中纯净无瑕："由天不由儿。儿愿总住在宫里，日日在陛下面前戏弄，不敢安享逸乐，失去做儿子的本分。"三岁的孩子，居然能说出如此明事理的话来，刘启不能不刮目相看了。进学之后，听授书的师傅报告，刘彘在诸皇子中，不仅颖悟过人，也最为用功。半月之前，刘启曾亲赴承明殿，考查几个皇子的功课。刘彭祖对礼经儒学不甚了了，但于法术刑律很下了一番功夫；刘越平平，刘胜最差。当查问刘彘读了些什么书时，他竟能将自己读过的各种典籍数万言，滔滔不绝地背诵出来，无一字遗漏。尤为难得的是，这孩子有种沉静内敛的气质，口也紧，从不把父亲对自己的喜爱和夸赞向他人炫耀，甚至连他母亲也并不知晓。只可惜彘儿年纪尚小，排行又靠后，若立为太子，外无以应对大臣们的非议谏阻，内无以安抚成年皇子和诸嫔妃的不平之心，况且刘荣仁孝，并无过错。刘启虽几次动过更换太子的念头，都知难而退了。

自己的家事，竟比国事政务要难办得多呢！国事遇到疑难，尚可以顾问大臣，家事，尤其是事关储位，又出乎成规之外的问题，敏感暧昧，竟无人可以商量。刘启在回廊上来回踱步，沉思不语，天色也渐渐暗了下来。

谒者令赵谈轻轻走上前来："陛下，椒房殿栗夫人已经到了，酒饭布置在哪里？请陛下示下。"

"哦，已经到了吗？就在温室殿的东暖阁吧。"刘启回过神来，挥挥手要他退下。在布置酒饭的这段空闲里，他还要想一想今晚同栗姬的谈话如何进行。

东暖阁房间不大，而密闭性好，冬季非常暖和。阁内地铺青蒲，锦缎包缘。四壁均贴有韩仁绣锦，织锦图案间隙中绣有"韩仁绣长乐未央宜子孙"的吉语，显然是专为皇家特制的贡品。西面设一髹漆的屏风，上有交龙盘绕，凤鸟于飞的彩绘，羽毛鳞甲均镏金错银，并以玉片镶嵌，极为华贵。室内除两架七枝灯外，为取意吉祥，几案之上还设有数尊羊灯。十数枚火主[①]上灯光闪烁，

[①] 火主，即灯盏中的钉状物，用以固定支撑烛火。汉代富贵人家，有三枝、五枝、七枝的架灯，即装有三、五、七枚灯盏的多枝灯。七枝灯可安放七枝烛火，亮度极高。

与四壁上的五彩织锦和镶金嵌玉的屏风交相辉映，熠熠生辉，照得满室通明。几个宦者将一张八足大案东向摆好，又在北面摆放了一张略小的食案，两张食案均髹漆彩绘，装着鎏金铜足。郭舍人指挥着将盛有肉饭的鼎簋和其他酒食器具摆放在南向的食案上，又在大案上摆设了一张长方形的大漆盘，里面摆放着盛菜用的盘、饮酒用的耳杯、切割肉肴和取食用的刀匕及盛有醯椒盐醋等调味料的小杯。一切停当之后，他挥手让宦者们退下，请等在隔壁的栗姬安排侍女们布菜筛酒。

汉宫的制度，皇后五日一赴皇帝的寝宫侍寝。每到这天，皇后都会携带几味特制的酒菜，皇帝所用而外，大多赏赐给皇帝身边侍奉起居的宦者。这种做法，已经成为宫内的惯例。薄皇后被罢黜，栗姬搬入椒房殿后，也依例而行。

阿宝领着几个侍女，将盛着菜肴的大食盒送到值夜宦者的住处。今晚轮值的领班刚好是郭舍人，皇帝就寝之前，他要一直守候在殿外，随时听候吩咐，所以先回到住处用饭。在返回寝宫时，与送菜过来的阿宝一路同行，阿宝即将大萍的口信转告了他。

"这事好办，近日宫内有人赴邯郸办事，捎物不成问题。明日后宫有桩差事要我去办，她那里我会去的。" 郭彤与阿宝并肩而行，看看近旁无人，意味深长地问道："阿宝，这两日可好？"

"嗯，挺好的。"阿宝笑笑，并未领会郭彤的意思。

"夫人的心情可好？"

"嗯，不太好。公公，长公主向太子提亲的事，您老知道了吧？"

"听说了一点儿，不详细。到底怎么回事呢？"

"夫人没有答应，谈崩了。长公主和夫人都气得够呛。"

"难怪午前长公主与皇帝在长乐宫争讲，看来她是告了栗夫人的状了。上边很生气的样子，阿宝，要加小心呐。"

说话间已到了暖阁，阿宝向郭彤点点头，进阁侍候。郭彤则在门前不远处侍立，默默地想自己的心事。

明天这桩差事如何办，郭彤大致上已经心里有数了。皇帝明显是不惬于赵王兄弟而偏爱于胶东王的，实情到底如何且不说，回复的口径已可以确定下来了。问题是也不能太得罪了另外两位王爷，要找个替罪羊。

长公主与栗姬的冲突，则要严重得多，搞不好会牵动储位，动摇朝廷的根本呢。优势不用说是在长公主这边，太后、梁王，还有后宫一帮子觊觎皇后位子的嫔妃呢。栗姬所倚仗的是皇帝的旧情、太子母亲的身份和立子以长的古制，而前者最靠不住的，人老色衰，皇帝却总有新欢，旧情又能拴得住皇帝多久呢！栗姬母子之安危全系于皇帝喜怒的一转瞬间，处在这种地位上的人，非得有如履薄冰、如临深渊的谨慎，哪里还敢触怒皇亲，自树强敌啊？可她就是这样做了，置自身于险地，不智啊，不智！

栗姬一旦失宠，刘荣太子的地位亦难保全，到时候谁会是新太子的人选呢？郭彤细细思索了一回，认定还是刘彘希望最大。侍奉皇帝，靠的就是时时察言观色，揣摩皇帝的喜怒好恶，以想皇帝之所想，急皇帝之所急，先意承志，宠眷不衰。这本是所有大宦官的看家本事，郭彤自不例外。近几年他已注意到，皇帝于诸皇子的态度，在言谈话语和不经意的动作、表情上有着细微的差别，皇帝看胶东王时的眼光绝对不同于其他皇子。现在的太子，会是未来的皇帝，自己在宫内若想长盛不衰，潜在的储君是最有价值的巴结对象。天从人愿，明天的差事不啻是个最好的机会，他必须把握好了，幸而有阿宝和大萍这两个相熟的小同乡，分别是栗姬和王妪的侍女，无论将来谁登上皇后的位置，自己都有内线可以通消息，献殷勤。

夜漏的更声打断了他的思索，郭彤抬眼望着灯火通明的暖阁，忽然意识到，今夜是栗姬一个绝大的机会。从皇帝的神色上看不出长公主的话起了什么作用，她若能揣摩并顺应上边的心思，以一夜缱绻，使得旧情弥笃，或许能够化险为夷，坐稳自己的位子。如此，自己明日在王妪那里就不必示好，以免被动。大局胜负未定之前，切不可轻易显露形迹，这是宫内另一重要的生存智慧。这样一想，郭彤忽然意识到这实在是非常重要的一夜，断不可漏过任何蛛丝马迹，致使自己的判断失误。于是，他悄悄走近几步，屏息静听阁内的动静。

刘启挥挥手，侍女们悄没声地退了下去，栗姬则膝行于两张食案之间，亲自为他酌酒布菜。饮了几口后，刘启一面吃菜，一面摆摆手，说："你也饮几杯，陪陪朕。"

"是。"栗姬取一空杯，酌满酒，奉杯齐眉："臣妾此杯，愿陛下福寿康健，与天无极。"她仰头一饮而尽，照照杯，淡淡一笑。

两人又默默地饮了几杯。气氛很沉闷。栗姬取过一个凭几，让刘启倚着，又拿过一条汗巾为他拭汗。刘启拉过她的手，轻轻地按住，问道："你今日有点儿怪，怎么不说话，有心事吗？"

栗姬摇摇头，抽出手继续为刘启酌酒布菜。

"朕近日不得闲，无暇过问荣儿的事，不知他学业上有无进境？"

"臣妾听说，周丞相和窦太傅在功课上督促得很紧，又有德儿陪他，想必是不错的。"

"嗯，德儿的学问是好的。荣儿能像他那般努力，朕也就可以放心了。"刘德是刘启和栗姬的次子，自幼好学，尤喜钻研古书，在儒家六艺上，用力最勤，深得朝野士大夫的好评。他年已十八，封为河间王，若不是陪刘荣读书，早就该就国了。

"陛下已经听说了吧，大长公主要把阿娇提给阿荣呢。我没有答应。陛下怎么看？"栗姬为刘启和自己各斟满一杯酒，坐在对面，注意地看着皇帝的反应。

"按说应该是一门好亲事。阿娇聪明，模样长得也好，又是亲上加亲。你没有答应，自会有你的道理，能不能说给朕听听？"刘启呷了一口酒，面色平静地说。

"我当然没有阿娇配不上阿荣的意思。可阿娇及笄还得五年，而阿荣诚如陛下所说，正在功课要紧的时候，我不想他分心，有负陛下与天下之望。可长公主却误会我有意给她难堪，拂袖而去。在陛下面前，还不知会说出什么难听的话呢。"栗姬说着，有些激动，将杯中的酒一饮而尽。

"那么，你果真无意要她难堪吗？"

"当然。臣妾并未断然回绝，而是说阿娇年纪尚小，这件事情可以再议。我的想法是，阿娇及笄后，阿荣的学业也已大成，那时结亲，才真是一头好亲事。可长公主她根本听不进我的解释，我真是计穷了，还要请陛下在太后和长公主那里为臣妾转圜。"

"可阿嫖她认为是你恨她，才故意给她难堪的。"刘启目光灼灼，十分尖利地盯着栗姬。

"恨她？为什么？"栗姬吃惊地问道。

"恨她为朕引见后宫的新人，这样朕会移爱新欢，冷淡了你。"

"不是这样的。臣妾不敢问翁主在陛下面前说了些什么，但绝不是这样的。"栗姬噙住泪水，转过身装作酌酒，但抽动的肩头还是泄露了她内心的酸楚。刘启有些不忍，佯作不见地饮着酒说："当然，朕也以为她说的是气话。"

良久，栗姬的心情平复了下来，转过身为刘启斟酒。"臣妾不敢怨恨长公主，更不敢怨恨陛下。臣妾自入宫时起，就已经认命了。二十余年，还不至于如此不明事理。"

看到她强自振作的样子，刘启不禁怜惜起栗姬来，他要她坐在自己身边，揽住她，说："你莫委屈，朕不会怨你。那么，你心里还是想要阿娇做媳妇的了？"

"是。但陛下知道长公主的性格，现在正在气头上，一切还要靠陛下转圜。"栗姬边说边为他擦拭须髯上的酒渍，刘启斜睨着栗姬泪痕尚存的面容，闻着她的发香，仿佛又回到了往昔的岁月，一股温馨的情感由内心生发出来，瞬时弥漫于全身。

"好，朕答应你，做成这头亲上加亲的婚事。来，朕与你满饮此杯，共消长夜。"刘启将余下的半杯酒举到栗姬唇边，她一饮而尽，面颊飞红，春色迎人，别有一种动人的风韵。刘启望着她竟有些不能自持了。

这顿酒饭一直用到半夜子时才尽欢而罢。在皇帝和栗姬入寝之后，郭彤打着灯笼向住处走去，心中颇不平静。好险，好险！幸亏自己今夜轮值，才没有误判形势，铸成大错。从上边的态度来看，栗姬远没有失势，有了皇帝的转圜，很可能与长公主做成这头亲事，那么她皇后的位子是坐定了。明天承明殿的案子，看来得公事公办了。

六

郭舍人一早就来到承明殿，他先找到那日授读的师傅询问，但他们出事时都不在现场，讲的都是事后听到的传言，不足凭信。全是些成事不足的书呆子！等着上边的处分吧。郭彤心存轻蔑，但面色蔼然，决计把他们的擅离职守作为事发的原因，上报给皇帝。接下来，他又分别讯问了刘彭祖、刘胜和刘越。刘齮和韩嫣都不在，赵王兄弟自然把责任全都推到了他们身上，刘越则表示对于刘胜是否调戏侍女在先，自己没有看到，只能证实自己所目击的打斗场面。郭彤只是笑容可掬地听着，除偶尔发问外，决无一点儿自己的态度。

从承明殿出来，郭彤往永巷走去，那里是另外两个当事人——刘齮和侍女蔓儿的住处，至于韩嫣，他觉得已无询问的必要，他心里早已将他内定为另一只替罪羊。勾搭宫女，引起争斗，这罪名就足够了。至于漪兰殿这一行，纯属走走过场，他是两面都不打算得罪的。

"郭公公来啦！"他刚踏进漪兰殿的院子，大萍就喜笑颜开地迎了上去。她把郭舍人让进正堂，奉上茶水，转身要去禀报王夫人。

"不必惊动夫人了。你坐下来，我们说说话。"郭彤摆摆手说，示意大萍坐下。

"可夫人已经知道公公今天要来问话，正候着公公呢。"大萍笑笑，走进了里间。

这个王娖还真是个有心人呢，昨日上边吩咐下来的事，过一个晚上她就知道了。谁报的信？当然是阿宝，今日要来之事，自己只对她讲过。正思忖间，帘帷掀起之处，王娡已经走了进来。

郭彤赶忙伏地，向着跽坐在对面的王娡顿首行礼："奴才这里给夫人请安了。"王娡亦顿首还礼，礼毕，她含笑望着郭彤，说："许久不见面，公公的精神看上去还是那样健旺！"

"夫人的气色也不减当年呢！"郭舍人笑笑，低头揖手，略作停顿后说："奴才自调到前殿服侍皇帝，难得空闲，一直没能来拜望夫人，还望夫人包涵。"

"在皇帝身边侍候，时时处处都要小心，容不得半点疏忽，我当然明白这个道理。公公是太客气了。"

"是呀，夫人是最能体谅我们这些人的难处的。即如今日，若不是奉了皇帝的差遣，奴才怎能得闲来后宫走动？"

"公公想必是为阿彘他们兄弟打斗之事来的吧？阿彘年岁小，不懂事，惹出这样的祸事，皇帝一定生气了。恳请公公为彘儿担待几分，在皇帝面前代他缓颊，我们是感激不尽的。"言罢，王娡伏地顿首，状貌极为恭敬。

郭彤连忙还礼，很认真地回答说："请夫人放心，郭彤自会用心排解。三位王爷都是皇帝的骨血，不过是小孩子一时情急恼了，上边不会怪罪殿下们的。"他笑笑，问道："胶东王和那位侍女可在？上边让奴才当面问问经过，承明殿那边已经问过了，还要听听胶东王这面的说法，奴才即可回去复命。夫人放心，不会有什么事的。"

"阿彘没在承明殿吗？"王娡吃了一惊，转过身看着大萍。"早间不是你送他去的吗？"

"是呀，我亲眼看见他走进去，才回来的。"大萍面色刷地白了。

"哦？是这样。"郭舍人沉吟片刻，见到她们紧张的样子，劝慰道："用不着担心，宫里出不了什么事的。我想，他们兄弟间一时还别不过劲儿来，胶东王觉得见了面尴尬，很可能是自己跑出去玩了。没关系，叫那个侍女来问问就可以了。"

王娡听后想想也对，便放下心来。叫大萍把蔓儿找了来，自己则坐在一旁静静地听着。郭彤细细询问了蔓儿事情的原委，心里已清楚事情出在刘胜的身上。但如实报上去，皇帝知道自己有这么一个不成器的儿子，恐怕要大动肝火，责罚可能会很严厉。而在赵王母子那里，自己则难脱干系，这个敌不该树，也不能树。倒要想个大事化小的办法，替他们遮掩呢。他心里这么想着，脸上却是极庄重的表情，向注意着他的王娡领首道："看来，错处不在胶东王，奴才一定会如实向上边禀报，夫人尽可以放心了。"

"公公难得一见，公事问过了，请宽心坐坐，用些茶点。我和大萍还有事拜托公公。"王娡一脸轻松，起身招呼蔓儿准备茶点。

"千万别，千万别。夫人的心意奴才领了，有什么事情夫人尽管吩咐，奴才公事在身，万不敢耽搁，茶点就不必了。"郭舍人边起身，边作揖致谢，一副马上就要动身的样子。言语多，是非多。他之所以能有今天，靠的就是谨言慎行，不招惹是非。在大局未明的当口，就更要加小心，口风一定要紧。

还真与当年那个殷勤巴结的郭彤不一样了！王娡心里不以为然，面上却满是笑容，极为理解的样子。"那好，就不多耽搁公公了。"她捧出一个捆扎好的包裹，交到郭彤手中，"这是我这些年节余下来的俸禄，想捎给我长陵的娘家，里面附有一信，烦公公亲自送过去，拜托了。"

郭彤以前服侍永巷时，没少代王氏姊妹捎东西，对臧儿家很熟悉。前几天，他还代小王夫人，也就是儿姁往家带过信，但自到前殿以后，即没再受过王娡的请托。他犹豫了一下，决定还是不能得罪这个女人，于是接过包裹，说："夫人放心，我一定亲自送到。"

包裹相当重，里面怕都是黄白之物。"大萍，东西沉，你替公公拿着包裹。你捎给家里的物品，也一并带上。送公公到禁门后，招呼个小黄门，把包裹给公公送到住处。听明白了？"王娡对大萍领首示意。

大萍送郭舍人回前殿，一路说着闲话。不知不觉已走到禁门附近，看看近前没有人，大萍看似不经意地问道："公公，这几天大长公主来见过皇帝吗？"

"没有。你问这做甚？"郭彤注意地看着她。

"不做甚。阿宝告诉我，栗夫人同长公主生了意见，担心长公主到皇帝那里告状呢。"

"不会的。到底是一家人，气过了就会和好的。只要上边待栗夫人好，长公主就是告状也没有用。昨夜上边与栗夫人饮酒饮到后半夜，阿宝亲眼所见，应该放心了。"郭彤笑笑，到底是同乡，大萍看来也为阿宝担着心呢。

"长公主过来一般在什么时辰，走哪条路呢？"机会难得，大萍决心问出个所以然，不然回去难以向主人交代。

"你怎么问这个？"郭彤警惕地盯着大萍，看着她支吾其词的样子，忽然明白了其中的蹊跷。"是夫人想要知道吧？你跟公公讲实话，是不是这样？"

大萍见瞒不过去，只得点点头。

"夫人是想要见长公主，对不？你说实话，公公才会帮你。"

"嗯。"大萍不好意思地低下头。

果然，有点儿风吹草动，后宫里就有人钻营了！王娡自己一点儿不露，却利用大萍与自己的同乡关系探消息，够狡猾！大萍还是个孩子，怪不得她，自己倒要为她设法敷衍王娡，免得她受委屈。想到这里，郭舍人和颜悦色地对大萍说："那你对公公直说不就得了？要小聪明，要不得呢。"

"夫人不想被别人知道，所以要我来问。公公不会生夫人的气吧？"大萍担心地问。

"当然不会。不过，宫里的水很深，你小小年纪，卷进去很危险。公公在宫里多年了，老马识途，见过经过的要比你们多得多。以后有什么事情，多跟公公商量，最不济也能帮你们想想办法，出出主意呢。"郭彤停下脚步，语重心长地说。

大萍连连点头称是。

这女人既然动了这个心机，不妨把真相告诉她，让她难受难受。想到听到自己的话后，满腹希望的王娡如被迎头浇了一盆冷水，从头凉到脚的沮丧样子，郭舍人在心里偷偷地笑了。

"好吧，我就卖小同乡一个面子，把实情告诉你。不过咱们有言在先，你回去不能够告诉夫人，说我知道了她的意图。"

"那是当然。"大萍顽皮地笑着，伸出小拇指。两人笑着拉了拉钩。

"你听好了。长公主近期不会再来未央宫，为什么呢？因为昨天在长乐宫，她已经向皇帝告了状，可没起作用。皇帝昨晚与栗夫人情好无间，还答应代栗夫人转圜，与长公主做成这头婚事。聪明的人不会作非分之想，更不要去触这个霉头，不然会适得其反。"郭彤语气沉稳，不疾不徐，但句句如同重锤，砸在大萍的心上，回去可怎么对夫人讲呢！

望着大萍失魂落魄的样子，郭舍人有些为她难过了，他拍拍她的肩头，语重心长地说道："大萍，春冰薄，不如人情薄；江湖险，不如人心险。上头的争斗，不是你死，就是我活，不值得卷进去。你还有出宫回乡的机会，不像公公，一辈子老死在宫里边，想避也避不开。你要好自为之，得加小心呐！"

说罢，他提过大萍手中的包裹，掉头而行，大步向后宫禁门走去了。

大萍怔怔地发了好一阵子呆，才慢慢往回走去。中途又去了趟椒房殿，找阿宝核实了昨晚的情况，回到漪兰殿，已是午时。王娡早已焦急难耐，将大萍带到内室，细细询问起来。

听过大萍转述的消息，王娡真如掉进了冰窖，从头顶凉到脚底。她下意识地抓住大萍的袖口，手也不由自主地抖了起来。"真的？这是真的？"

"是真的。"大萍头一次见到她这样失态，好容易平静下去的心又慌乱起来。

"你怎么知道他不是在骗你？"王娡咄咄逼人地追问。

"我回来时去了椒房殿，阿宝昨晚也在温室殿伺候酒饭，她也说皇帝待栗夫人很好，两人饮酒一直饮到夜半。"

"怎么会是这样？怎么会是这样！"王娡抓住大萍的双肩，疯了般地摇晃着。好一会儿她才意识到自己的失态，她放开手，浑身一点儿力气也没有了。"大萍，你先下去，带着蔓儿去找找阿夔。我头有些痛，我要静下心想想事情，我不叫你们，不要来打搅我。"

镜花水月，一切都落空了。所有的这些心机、期望、密谋，统统是一场空，一场空！儿姁怕是还不知道呢，她那么有信心，如果告诉她真相，她会是副什么模样？一定会气得脸发歪，想到这里，王娡无声地笑了起来。好一会儿她才停下来，泪水却又不觉涔涔而下。这难道就是命吗?！义姁、义姁，你在哪里？你说的那个好命相又在哪里？你真是害死我了！还有母亲，不是你，我起码有常人的家，常人的生活，有丈夫，有儿女，你们可真是害死人了！她趴到床上，双手用力撕扯、捶打着枕头，惊得那只灰猫一跃而起，跳到地上，一溜烟地跑出了房间。

午后，郭舍人估摸着午憩的皇帝已经起身，便来到宣室殿东侧的耳房，准备奏报所了解到的情况。耳房是宦官和大臣们候见和临时休息的地方，北宫伯子和赵谈已先在那里。三人见礼后，北宫问道："事情搞清楚了？上边可是很重视呢。过会儿的奏报，召了丞相和窦太傅一同来听。"

"哦？上边的意思，还望前辈指点。"

"无非是实事求是，无偏无党而已。"

"常侍所言极是，可如实陈奏，上边会不会……"郭舍人话未说完，一名谒者进来示意皇帝就要驾到，要他们赶快进殿侍候。三人交换了一下目光，赶忙起身向宣室殿走去。

皇帝身着黑色深衣，头戴通天冠，正襟危坐后，对侍候在身旁的赵谈吩咐："丞相、太傅到了吗？请他们进来，一起听听。"

在赵谈和谒者们一声声的传召声中，两名大臣一前一后快步走入宣室殿。两人均已年届中年，头戴三梁进贤冠，身着黑色朝服，宽衣褒带，气度雍容。前面的一位身材略高，方脸盘，美须髯，眉目舒朗，眼若点漆。这就是新拜的丞相，声名赫赫的条侯周亚夫。

周亚夫是汉初大功臣绛侯周勃之子。周勃死于文帝十一年，爵位由长子周胜之继承，但胜之骄奢不法，三年后因触犯朝廷的律条，有罪国除。文帝念周勃拥立之功，不忍其绝祀，因此择定周勃的次子亚夫继嗣，封为条侯。文帝后六年，匈奴大举入边，京师告警，朝廷调集大军，分别屯驻于长安附近的灞上、棘门和细柳三地，以为警戒。周亚夫当时任河内太守，因系将门之子，文帝特调他出任将军，统领细柳的驻军。宗正刘礼、祝兹侯徐厉则分别统帅灞上、棘门的驻军。

一日，文帝车驾赴三地劳军，在灞上、棘门，均通行无阻，车驾可以长驱直入中军大帐，将军以下均骑从出入迎送。最后到了细柳，所见景象却大为不同。士卒军吏披坚执锐，弓弩持满，箭镞在弦，军容极为严整。皇帝出行仪仗的前队在营门前被阻，先遣侍从极为傲慢地告诉营门守军，天子车驾随后就到，不料值勤都尉硬邦邦地回答说，军营之中只听将军将令，不奉天子之诏。正争执间，文帝驾到，却还是不被允许进入。于是只能先派使者持节进营传诏，告诉周亚夫皇帝是想进营慰劳驻军，亚夫下令后，营垒壁门方才打开。守门卫士放行时还叮嘱说，将军约令，军中不得纵马驱驰。于是文帝一行按辔徐行，直到中军营帐前，亚夫才身披甲胄，拱手作揖，以军礼相见。此番经历使文帝颇为动容，边扶轼①还礼，边命使者高声称谢说，皇帝敬劳将军。礼毕，随即驱车出营。随行的侍从皆愤愤不平，文帝却叹息着说，你等知道什么？这才真正是大将应有的做派呀！先前在灞上、棘门见到的，相比之下简直如同儿戏了。那两营的将军遇到突袭免不了要做俘虏，至于亚夫，敌人可得而犯之嘛！很长时间，文帝都对细柳之军容风纪赞叹不置。三个多月后，警报解除，文帝拜亚夫为中尉，负责整个皇宫大内的警卫。文帝去世前，还特别交代给太子刘启，无论遇到何种事变，缓急间周亚夫都是靠得住的将才。

刘启继承皇位不久，关东爆发了吴楚等七个诸侯国的叛乱，他提升周亚夫为全国最高军事统帅——太尉，率大军东击吴楚，在平息叛乱中有扶危定倾、安定社稷的大功。此后，周亚夫极受倚重，位在三公，最近又拜位丞相，成为朝廷的首辅，身份与威望都极一时之重。

后面的一位，也是朝廷的重臣，他五短身材，长圆脸，略胖，蚕眉凤目，面色凝重，也留着一把美髯。这便是身为太子太傅的魏其侯窦婴了。窦婴是皇室的外戚，窦太后的娘家侄儿。七国之乱时也被刘启拜为大将军，率军扼守关东之门户重镇荥阳，遏阻齐赵等国的叛军，也为平乱立了大功，被封为魏其侯。次年又由皇帝钦命为太傅，辅佐新立的太子刘荣。

汉代丞相体制尊重，贵如皇帝，也必须对丞相保持礼敬的态度。看到两人进殿，伏在自己对面稽首行礼，刘启也随之俯身还礼，随侍一旁的谒者令赵谈高声唱道："皇帝为丞相起。"殿中执事的太常②随即赞礼："敬谢行礼。"周亚夫和窦婴则再次伏地行礼如仪，恭请圣安。一番礼仪问候过后，刘启示意郭彤奏报。

郭舍人有些紧张，身上有些燥热。略作思忖，他决定只陈述事实，由上边或大臣们去做判断。他清了清嗓子，把中气运上来，从容不迫地将午前查

---

①扶轼，轼，古时车厢前作扶手用的横木；扶轼，意即从车厢中站起来还礼。在汉代这是天子路遇丞相时还礼的动作。在此则表现文帝对周亚夫的格外尊重。

②太常，朝廷九卿之一，职掌朝廷礼仪、宗庙、祭祀事务；下隶太乐、太祝、太宰、太史、太卜、太医六令丞。

询所得的情况扼要陈述了一遍。

"所差只有胶东王和侍读的韩公子二人的证词，午前他们均未到承明殿就读，胶东王也不在住处，故奴才未能查询得到，打算晚些时候再往查问。"奏报结束时，郭舍人机警地为自己预留了地步。

"那么，你以为事情缘何而起？责任在谁？说给朕和二位大臣听听。"刘启面无表情，语气也不严厉，郭舍人摸不透他的心思，只能硬着头皮回答皇帝的问话了，好在先前已经琢磨出了一个路子。

"依奴才看，承明殿授读的师傅们难辞其咎。他们安排殿下们背书，却管自跑去石渠阁，学生们失了约束，才出了乱子。再有，侍读韩嫣不专心于功课，外出与宫女调笑，也是肇事的主因。"

"那么，打斗的双方孰是孰非，错在哪一方呢？"刘启觉得郭舍人避重就轻，不甚满意地追问。

"这个，奴才以为，错在双方。圣朝以孝治天下，赵王和中山王以长凌幼，胶东王以幼犯长，均有违兄友弟恭的孝道。"郭舍人小心翼翼地回答，不偏不党，北宫大人的话没错。

"丞相，听听，这些人左右逢源的功夫不错吧，我身边全是些面谀心违的小人！卿等切不可与他们一样。事情经过郭彤讲过了，朕现在想要听听你们的意见。"刘启瞪了郭舍人一眼，目光中含有怒气，吓得他一颗心提到了嗓子眼，顿时觉得浑身汗渍渍的。

周亚夫想要缓解一下紧张的气氛，于是拱手陈奏道："依臣之见，三位皇子均未成年，男孩子间常有这种打闹之事，陛下似不必过于看重，一定要分出个是非来。"

"你呢？"刘启的目光转向窦婴，示意他说出自己的意见。

"臣也以为，此事陛下不必深究，责成授读师傅平日严加约束几位皇子就可以了。如果性格实在不合，分开就读可矣。"

全是些和事佬！刘启十分不满，但没有表露出来。"无规矩不成方圆，小事情也不能没有是非。刘胜生性顽劣，竟敢公然谑戏宫女，成何体统！将来就国为王，又怎能为地方官民的表率？刘彭祖最大，却左袒其弟，不辨是非，殴击幼弟，哪里有兄长的样子！"刘启越说越气，用手把御案拍得砰砰作响。

两位大臣和殿内的宦官都低头敛息，惴惴不安。

殿内一片静默，刘启沉吟了一会儿，放缓语气说："丞相、太傅想必也知道，吴王濞缘何叛朕？兄弟之争看似寻常，也可以酿成极大事端的。"

周亚夫与窦婴对视了一眼，知道皇帝在说自己早年的一桩故事。

吴王刘濞，是高祖之兄刘仲之子，与孝文皇帝是叔伯兄弟，于刘启是堂叔。从高祖征淮南王英布有功，被封为吴王，所辖三郡五十余城，最为江南富庶之区。刘濞倚山铸铜，煮海为盐，富甲天下，不仅境内赋税全免，甚至百姓因故需雇人代为服役的"过更"①钱，亦由公家支付。

吴王的太子刘贤，自幼锦衣玉食，娇惯成性。所请的师傅皆楚人，剽悍好武。刘贤自恃是天潢贵胄，在国内骄横无忌，无所不为。文帝初年，刘贤代吴王奉朝请②，来到长安。刘启当时初立为太子不久，文帝见二人年纪相仿，又是从兄弟的关系，特命刘贤随侍太子。刘贤不久便显露出骄狂的本性，刘启虽反感，但隐忍未发。一次陪刘启饮酒时，两人博戏③。刘贤连输几局，恼羞成怒。他佯作醉酒，箕踞詈骂，态度极为不恭。刘启一怒之下，提起博局向吴太子掷去，不想正中其首，当即毙命。吴王对此衔恨甚深，当刘贤的尸身归葬时，刘濞恨恨地说道："天下是刘氏一家的天下，死在长安就葬在长安，何必归葬！"竟命人将尸身重行运回长安安葬。从此，刘濞便称病不朝，暗中谋逆，最终成为七国之乱的首逆。

"刘贤不自爱重，骄奢淫逸，倨傲不恭，自有其取死之道。由此伏机，以致灭国绝祀，所关涉的难道不大吗？朕若疏于督责这几个孽子，将来他们做出对不起宗庙社稷的事来，悔之晚矣。"

"陛下所言极是，臣等愚昧，虑不及此。"周亚夫、窦婴再次伏地稽首。

---

①汉代百姓每年均须服一段时间的军役，在地方上服役者被称为"更卒"。亲身服役者称为"践更"，雇人代为服役者称为"过更"，人三百钱。吴王刘濞为得民心，"过更"钱亦由公家支付。

②奉朝请，即诸侯国王或亲自或派人代表自己到京师向皇帝请安，贡献方物的活动；一般在春季或秋季，春曰朝，秋曰请，通称奉朝请。

③博戏，古时的一种游戏，与围棋类似，亦有棋盘棋子，但以掷采（即骰子）决定行棋次序，带有赌博性质，又称作"六博"，与围棋并称为博弈。

"此事朕一定要加以处分。授读的师傅疏于管束，全体罚俸一月，以示儆戒。赵王、中山王减俸半年，在承明殿圈禁读书一个月，闭门思过。胶东王亦减俸半年，改往太子宫读书，休沐日①外，平时食宿在太子宫，由太傅窦婴一体严加管束。韩嫣交由弓高侯训诫，暂削入宫门籍一个月，嗣后随胶东王在太子宫陪读。丞相、太傅以为如何？"

刘启逐一发布处分，语态从容，显然已经过深思熟虑。周亚夫和窦婴自然唯唯称是。刘启于是吩咐北宫伯子拟诏后，交郭舍人即刻赴后宫传达，自己则与大臣们讨论起其他政务来了。

郭彤回到后宫，这次他持有正式诏书，态度也与前次大为不同，一切公事公办，丝毫不假人以颜色。从承明殿到贾夫人居住的披香殿，再到永巷的漪兰殿，一路走下来，天色已暗。郭舍人进得院来，不等迎上来的人开口，就面色肃然地高声说道："胶东王刘彘听诏！"

呼啦啦跪下了一院子的人，暮色中，郭舍人能看出跪在前面的是王娡与刘彘。他清了清嗓子，高声宣诏：

皇帝诏告胶东王彘，兄弟相殴，有违孝道，着罚俸半年，改入太子宫读书，休沐日外，食宿在太子宫，由太傅窦婴一体严加管束。孔子曰："过而不改，是谓过矣。"王其深为孰思之，无违朕意。钦此。

稽首谢恩后，刘彘立刻站了起来，望着郭舍人问道："韩嫣给的什么处分？"

"交由弓高侯训诫，削去门籍一个月，以后到太子宫陪殿下读书。"郭舍人的严肃已转为笑脸，他知道，皇帝的处分看似平允，但内里是偏向刘彘的。

"那么刘彭祖和刘胜呢？"刘彘又问。

"也是罚俸半年，在承明殿圈禁读书，闭门思过一个月。殿下今后怕是想见到他们，也不容易了。"

王娡走上前，形容颓丧，比之午前，已判若两人。她急切地问道："公公，

---

① 休沐日，即假日。汉律，官吏五日一休沐，不办公或上朝，在家休息沐浴。

皇帝生气了吗？为何不许彘儿回来，是怪臣妾管教不严吗？"

　　郭舍人知道，王娡这副嗒然若丧的模样，是因谋划落空所致，心里不觉有些可怜起她来。"夫人不必过虑。胶东王能随太子读书，不比在承明殿强了许多吗？而窦太傅的地位，比起承明殿的师傅，简直是天上地下啦！胶东王今后只要小心用功，比披香殿那两位殿下，机会要好得多喽。"

　　王娡的心略微放了下来，待张口再问，郭舍人则以皇帝那里还须伺候，匆匆告辞而去了。

　　王娡几乎彻底绝望了。现在就是联络到长公主，也难以定亲了。因为刘彘去了太子宫，平时回不了家，而长公主是绝不会到太子宫去的。她见不到彘儿的面，自己安排下的一步好棋就难以走出来。况且郭舍人所说如果属实，皇帝亲自出面为栗姬做这个大媒，长公主极可能回心转意，与栗姬结亲，终究她是想要阿娇做太子妃的呀。

　　大萍等人找了几乎一个下午，才从沧池边上找回了刘彘。看到衣衫鞋履满是泥土的刘彘，原本心情不好的王娡，更是心头火起，正待训斥儿子时，却被郭舍人的到来打断。晚餐之后，王娡把刘彘带到内室，接着讯问他逃学的原因。

　　原来，韩嫣怕刘胜兄弟再找他的麻烦，便拉刘彘与他一同逃学。他俩溜出承明殿后，顺着明渠走到沧池，在沿途岸边抓鱼捉鸟，玩得忘记了时间，直到大萍找了来，才余兴未尽地回到漪兰殿。

　　看着刘彘满不在乎的样子，王娡叹了口气，说："你贪玩误事，午前郭舍人查问事情，你们不在，你父皇听到的大都是一面之词。这下可好，你连这里也回不来了，误了咱们的大事！"

　　"怎的误了大事？儿子不明白。"

　　"娘要联络长公主，与她家阿娇定亲，这样她在皇帝面前才会帮我们说话。娘前日说过的话，你难道全忘了？"

　　"当然未忘。娘想怎样做就怎样做，怎么怪我误事？"刘彘不服气地反问道。

　　"可事情的关键在你的身上。这件事不好由我们来提，而是要由你大姑母主动。可你在太子宫回不来，娘就是联络到她，见不到你，还不是白费！"

"干吗非得见到我？儿子还是不明白。"

"结亲的话要由你来讲，童言无忌，就是碰了钉子也没什么。现在说什么也晚了。你见不到长公主，就什么机会也没有了。"

刘彘明白了她话里的意思，愧赧地垂下了头。王娡呆呆地望了儿子一会儿，觉得身心疲惫。"你去睡吧，一切都听天由命，顺其自然吧。"

刘彘走后，王娡叫来大萍，一起为刘彘收拾好衣物用品，吩咐她明天一早送刘彘去太子宫。大萍点燃室内的灯，想退下却欲言又止的样子。

"大萍，还有事吗？"王娡倚在榻上，恹恹地问道。

"夫人，这件事情还有机会，请夫人不要灰心。"

"哦？还有机会，这话怎么说？"王娡看着大萍，神情一下子专注起来。

"夫人想呀，皇帝还要四天才会再去长乐宫请安，大长公主也不会到未央宫来，两个人见不到面这几天，夫人如果能先一步见到长公主，事情不还是可以转圜的吗？"

年少不知愁，总是往好处想。王娡看着大萍，心里有些感动。她淡淡一笑，说："不错，是还有四天的时间，可长公主不到未央宫来，皇帝见不到她，我们同样也见不到她，这先一步的机会又在哪里呢？"

大萍语塞。王娡笑笑，安慰她道："你说得对，我们都不要灰心，总还有四天时间，我们都努努力，不见得想不出一点儿办法。"

大萍退下后，王娡吹熄了灯，默默地躺在黑暗中想心事。连一个女孩子都不放弃，你却先放弃了吗？！你忘记了自己要争、要拼、要搏的誓言了吗？！一定不能消沉，一定要有信心，一定不能放弃。王娡给自己鼓着劲，心里就像复燃的死灰，又热了起来。但她翻来覆去，却总也想不出一个好的办法来。整个事情的前景晦暗不明，王娡的思绪就像一星飘忽不定的火光，在无边黑暗中飘浮着、飘浮着。在一日之中，她的心理承受了太大的起落，期望和失望，欣喜与沮丧，疑虑与动摇，不断变换的情绪搞得她身心俱疲，半寐半醒，直到黑暗中一种奇怪的声响使她清醒过来。

是咯吱咯吱的咀嚼声，声音就在榻上，就在她脚旁。她不敢动，使劲睁大眼睛，努力适应着黑暗。渐渐地，她能够辨认出黑暗中的物体了。原来是那只灰猫不知从哪里捉到一只老鼠，正在有滋有味地吃着。她静静地看着那猫把老鼠吃完，心里一下子悟出了什么。

对呀！正面的路走不通，可以走反面的路。前边的门进不去，可以走后门，善做不到的，恶却很可能做到。郭舍人那条路打得通打不通，还未见分晓。而栗姬背后说的那些大不敬的话，要是传入皇帝的耳朵，又会怎么样？皇帝还会帮她，为她提亲，让她做皇后嘛！这是背后使坏，不道德。可是宫中的斗争，就如丛林中的野兽一般，要么吃人，要么被吃，没有股狠劲生存不下来。

灰猫将老鼠吃得皮骨不剩，用舌头舔着前爪洗脸。王娡猛地坐起，将灰猫抱在怀里，用手抚着它的毛，呼噜声随之而起，夹杂着鼠肉的腥气。王娡一下子豁然开朗，思绪也越来越集中，越来越明白，下一步该怎样做，她已了然于胸了。

七

两天过后，是郭舍人的休沐之日。头天晚间淅淅沥沥地下了一夜的春雨，天亮时放了晴，雨后的城郊到处蒙上一层新绿，露水反射着阳光，空气潮湿清新，蔚蓝无云的天空预示着会有一个艳阳高照的晴天。这么好的天气不能辜负，这么想着，郭舍人决定利用这个假日去趟长陵，把王娡的包裹捎给她娘家，顺带着作一番踏青郊游。

郭舍人乘着一辆宦者署公用的轺车，边观览乡间的景色，边按辔徐行，用了一个多时辰，才来到长陵田家的门首。臧儿服完丧期不久，就从槐里改嫁到长陵一户殷实的人家，男人姓田，老实忠厚，臧儿嫁过来后，接连为田家生了两个儿子，把男人乐得合不拢嘴，恨不得把媳妇供起来，事事听她的吩咐，臧儿自然又当了家。

听到门前车马停驻的声音，臧儿忙不迭地跑出来招呼。常有宫中的车马来往，被臧儿当作一种特殊地位的象征，向乡人们宣示着她有两个女儿在宫里侍奉着皇帝，她不仅曾经是诸侯王的后裔，也是当今皇室的外戚。

"郭公公来啦，可真是稀客呀。"臧儿喜笑颜开地扶郭舍人下车，嘴里则不停地问候着："公公怎么不乘辆大车？一路辛苦了吧？"郭舍人知道她的脾性最好招摇，只是笑笑，并不作答。按他在宫内的品级，他完全有资格乘坐四马中足的驰传①，但他一贯谨慎，今日因私出行，就更无必要张扬，所以只用了两马拉的轺车。

臧儿将郭舍人让进正房，一面让儿子田蚡招呼驾车的小黄门歇息，一面亲自烹茶招待宫中来的贵客。"郭公公，乡间无甚好东西，这茶，可是儿妁前几日捎回来的，说是东越来的贡品，皇帝赏赐给她的。公公闻闻，这气味多香！我是舍不得喝，我家男人是个粗人，我也不让他喝。只有公公这样的贵人，才配品味这等好东西。"

郭舍人揖手称谢，呷了一口，果然好茶，不仅闻着香，入口的感觉也很甘醇。"臧夫人，下官此番前来，是受漪兰殿王夫人之托，捎给您一包东西，说是节余的俸禄，补贴家用的。"他捧起沉甸甸的包裹，递给臧儿，"王夫人还有一封信在里面，夫人可以打开看看。"

臧儿拆开包裹，锦帕中黄澄澄地一小堆金饼，约有百镒②之数。她取出一块卷着的缣帛，展读后，她沉吟了一会儿，将黄金包好，缣帛揣入怀中。满面笑容地说道："烦劳公公的大驾，我真要好好感谢才是。今日午间，公公一定要在这里用酒饭！"

看看天将正午，又是在宫外，郭舍人也不再推辞，由着臧儿张罗酒饭，自己则好整以暇地品起茶来。

午餐准备得很丰盛，臧儿要田蚡专程去了一趟集市，买回不少肉食，整了满满一大案子的菜肴，又取出陈年的家酿，不停地向郭舍人劝酒。臧儿的男人不习惯这等场面，很尴尬，推说不胜酒力，早早就退席了。臧儿于是亲自上阵陪酒，让大儿田蚡侍候斟酒。几人你来我往，酒已微醺，驾车的小黄门醉得东倒西歪，臧儿与田蚡将他扶到旁屋歇息，回来后还不依不饶，嚷着要与郭舍人一醉方休。

郭舍人摆摆手，说道："莫急，莫急。我今日休沐无事，这酒，可以慢慢地饮

---

① 汉代官员因公出行，均可以乘坐公家的马车，又称乘传。根据乘坐人员的地位身份和公文的紧急程度派用不同的乘传。分为四马高足的置传，四马中足的驰传，四马以下的乘传，一马二马为轺传。轺车为两匹马拉的车，为当时最为普遍的交通工具。

② 镒，古代计量单位，一镒等于一金，一金等于万钱。

饮急了，伤身呢。"他心里暖暖的，很舒服，很受用。在宫里，他时刻要提防他人窥测探究的目光，决不敢如此痛饮。这种家人聚饮的感觉在他是久违了，他希望慢慢品味这种感觉，把这顿酒饭尽可能延得长一些。

"好，就依着公公，慢慢饮。不过，公公有意外得财之喜，这一杯贺酒，是不能不饮的。"臧儿斟满一杯，举向郭舍人。

"什么意外之财，夫人酒上头，说开胡话了。"郭舍人笑着摇摇头。

"那好，果有此事，公公必得满饮三杯！"臧儿直视着他，一副胸有成竹的样子。

"若无此事又如何？夫人是不是也要满饮三杯呢？"郭舍人只当她是开玩笑，不过借此要自己多饮几杯酒而已。

"君子一言，快马难追。就这么办，公公可别不认账噢。"

"那是当然，我郭彤说话算话。可外财在哪里？夫人拿不出来，可是要认罚的哟。"郭舍人斜睨着臧儿，取了三只空杯用酒斟满。

"你自己看吧。"臧儿从怀中取出那张缣帛递给郭舍人，微笑着注视他的反应。

郭彤把缣帛上面的字翻来覆去地看了几遍，疑心自己酒后眼花，再看看，上面仍旧是那几行字：

母亲，见字如晤。郭公公捎去的包裹中足有百金，乃我多年俸禄节余积攒之物，用以感谢他多年对我母子的照拂。公公谨慎，在宫内送与他，难以避人耳目，定遭谢绝。所以托其将包裹带到家中，由母亲转送，不落形迹，方可以心安。望母亲倾情招待，并代我再三致意于公公。女儿在深宫，无缘得见母亲，或许郭公公肯于扶助，母女终有聚首欢会之日。愿母亲家人毋恚强饭，益寿延年。不孝女王娡叩头言。

百金换成钱，就是百万。郭舍人在宫中地位虽尊，可还没有人送过他这么大一笔钱。收，还是不收，竟一时委决不下。他呆呆地盯着帛书，欢喜、紧张、忧虑和恐惧的情绪，就像翻倒了的五味瓶，在他心里翻腾。收下，就等于投靠了王娡；不收，无疑会被她视为寇仇，成为她必欲去之而后快的一块心病，自己从此不得太平矣！王娡一人并不可怕，她是个失宠过气儿的人物。可她还有一个得宠的妹妹，尤其是，她还有一个受到皇帝偏爱的儿子。将来的事情难以逆料，弄不好她还真的会咸鱼翻身，成了气候。

正思忖间，臧儿已凑到他身边，将藏金的包裹按在他怀里，大笑着说："这么一大笔外财，没想到吧！"

郭舍人赶忙推托道："下官万万不敢收，也万万不能收！"两人抓着包裹，你推我送，缠作一团。

最后，郭彤夺过包裹，放在一边，向臧儿揖手拜谢，说："夫人，莫要再争了。我给夫人讲讲不能收的道理，莫要再让下官为难了。"

他呷了一口茶，清清嗓子后说："下官早年失怙，投靠远亲，后又被送入宫中，家乡已无亲人。现在宫中，俸禄足够我用度。平白多出来一大笔钱，定会招致妒忌和怀疑，甚或有人窥测探察。万一走风，交通宫禁的罪名非小，也会牵连王夫人。所以，王夫人和夫人的厚意，我心领了，但这资财，郭彤是万不能收下的。"王娡的运势并不看好，栗姬并未失宠，皇帝又答应为她向长公主提亲。在这个当口，千万不能押错了宝。郭彤暗下决心，在宫中的倾轧争夺中，自己决不可以犯糊涂。

臧儿不以为然地摇摇头，笑道："公公的胆子也忒小了。好吧，我们暂且不谈此事，可是这酒，公公赌输了，总不能不饮吧。"说着，她递过一杯酒，眉头微蹙，直视郭舍人，目光中有种说不清楚的神情。

"怎敢，怎敢，郭彤认输，认输。"他如约连饮三杯，觉得有些不胜酒力。臧儿的兴致又好了起来，一面为他布菜，一面很郑重地说道："我这两个女儿在宫里这些年，没少麻烦公公，日后少不了还要麻烦公公。我别无所能，今天这席酒，一定要陪公公尽兴。"她斟满两杯酒，举杯祝酒道："愿公公康健强饭，我先干为敬了。"

"小王夫人很得皇帝的宠幸，多子多福，前途未可限量。下官将来恐怕还要托她的福呢。"郭彤也将酒一饮而尽，他知道儿姁没有希望入主中宫，但想取悦臧儿，避免树敌。

"可是相面的说是阿娡的命相更好，说是贵不可言呐！"臧儿心情特别的好，得意忘形，加上酒力的作用，这样一件极犯忌讳的事情竟脱口而出。

"什么？贵不可言？！"郭彤瞪大了眼睛。"敢问是哪一位给王夫人算的？什么时候的事？"

臧儿得意地看着郭舍人，"是一位名叫义姁的女子，长安人，从仓公学过医相，后来就走南闯北，相术据说还得过许负的真传。阿娡入宫前，她路过这里，在我家住过一晚。就因为她这句话，我才狠心将阿娡送进了宫。"

"哦？许负可是大名鼎鼎的相家，京师的达官贵人没有哪个不想请他看相的。若是她的弟子，想来是有几分把握的。"郭彤也兴奋起来。看来，还真是不可小觑这个王娡呢。这样想着，心中的天平不由得倾斜了过来。

"这个命相真是难得，臧夫人真是个贵人呢。"郭舍人双手奉杯，笑容可掬地说："下官为王夫人贺，为田夫人贺，请满饮此杯！"

臧儿接过酒一口喝干，喜动眉梢。"公公看我现时的样子，像个民间的老妪，家祖却也跟从高祖皇帝打过天下，封过王，南面称尊过的呢！"

"哪里，哪里，夫人天潢贵胄，品相非凡，丰韵犹存。不过一时的蹇滞，终会否极泰来，富贵无极的。"

"我丰韵犹存？公公奉承话说得可真好，我爱听。"臧儿向上伸起手臂，宽大的袍袖中露出一双圆润丰满的胳膊，得意地向郭舍人眨眨眼睛；随后，她又解开裼衣①的衣襟，露出里面的汗襦和一截雪白的脖颈。"有些热，我都出汗了。公公若觉得热，不妨也宽宽衣，在家里不必拘礼的。"酒后的臧儿粉面含春，目光流眄，她乜斜着两眼望着郭彤，脸上有种暧昧不明的笑容。

郭舍人酒已半酣，臧儿的目光使他有些不能自持，便也笑着凑趣说："真的，夫人年纪虽长，可从容貌来看，年轻时一定是个美人。"

"让公公这么一说，我还真觉得自己年轻了不少呢。来，为公公这句话，我们满饮此杯。"

两人又饮了数杯，郭舍人坐姿不稳，有些醉了。臧儿干脆移席到他身旁陪酒。耳鬓厮磨，芳泽微闻，郭舍人不由得心旌摇动。他努力克制着，摆手

---

① 裼衣，汉代一种对襟式的长袍，多为妇女所服用；汗襦，即汗衫，无袖，形似今之马甲，汉代人用作贴身内衣，又称汗衣、羞袒；以后被称为中单。

推辞着臧儿的劝酒:"好……好了,我酒……酒足矣。今天就尽欢而散吧。"

"尽欢而散?"臧儿把住他的手,目光蒙眬,满是挑逗的神情。

"不……不是尽欢,是尽兴,尽兴而散。"郭舍人意识到了自己的失言,极力分辩着,但身子却不由自主地瘫软了下来,被臧儿揽在了怀里。他意识中最后闪现的是臧儿雪白的脖颈和微张的嘴唇、温暖的怀抱,随后便飘坠入一片深深的黑暗之中。

好像是在宫里,入夜,四下里一片黑暗,远远地只见温室殿中闪动着灯光。他悄没声走向近前,用手指蘸着口水,轻轻在窗纸上捅出一个小孔,屏息凝神地听着,窥着。初入皇宫,他被派到永巷抬辇接送侍寝的嫔妃,每当值夜时,在其他小宦官入睡后,他每每会忍不住偷窥。他不敢久窥,偷偷地跑到一个隐蔽的角落,蜷缩着,身体像风中的树枝那样发抖。他闭上眼睛,女人们雪白的胴体,她们欢爱时的动作和呻吟——浮现在脑海中。一种难以克制的欲望攫住了他,他喘不上气来,干渴得要命,身上有种被焚烧着的感觉。一阵风吹过来,他冷汗淋漓,觉得通身空洞洞的,四面都是女人们嗤笑和鄙夷的目光。他痛苦地捶打着自己的头,泪水不可抑制地冲出眼眶……

他走入一处灯光闪烁的房舍,里面的布置看上去很眼熟,好像是供宫人们休憩会食的饭舍。常有宦者和宫女们结伴,宫里面称作"对食",不当值的时候,他们常到这里来闲谈嬉戏,排遣内心的寂寞孤独。光晕中食案旁好像坐着个女人,他坐到女人对面,却怎么也辨认不出她是谁。女人坐在暗处,只能略微看到脸的轮廓和在灯火中闪动的、如盈盈秋水般的目光。那张似曾相识的面孔向他微笑着,似乎在鼓励他什么,他努力回忆着,那脸一时像是儿姁,一时像是王娡,一时又像是被他窥测过的其他什么女人。他走上前去,解开女人的裎衣,将脸深深地埋入女人的怀中,忘情地体味着软玉温香的感觉……开门的声响和自己身后越来越重的脚步声惊醒了他,一颗心提到了嗓子眼,睁开眼,面前却是臧儿的面孔。

"公公是做梦了吧?听到喊叫声,我还以为出了什么事情。"臧儿边说边端过杯茶来,"饮口茶,醒一醒酒。"

郭舍人脑中一片空白,不安地问道:"醉酒时我没做过什么不妥之事吧?如果冒犯了夫人,奴才就是该死的罪,千万请夫人包涵呐。"

臧儿将茶水递到郭舍人手中，撇撇嘴，不屑地说道："你一个去了势的人，还能做什么事！无非就是抱抱、摸摸，来真的公公它不中用呀。不过你也不必担心，没有人看见，我早把蚡儿打发出去了。"她又取出一条汗巾，边为他擦汗边说："啧，啧，怎么出这么多汗，做的什么噩梦，看来受惊不小呢。"

　　"酒醉误事，真是无颜面对夫人，郭彤这里向夫人谢罪了。"说罢，郭舍人伏地顿首，臧儿赶紧扶住他，笑着说："谢的什么罪？男人都是馋嘴的猫，闻到腥味没有退后的。"她拉着郭舍人的手，双目灼灼地看定他，"那包裹我换了包皮，说是家里带给她们姊妹的东西，已经送到你车上去了。你莫再推辞，不然我真的恼了。我知道，公公在宫里头孤单冷清得紧，这笔钱足够公公在京城置一处宅院，买上两个婢女，不当值或休沐之时，也有个家可回，有个伴可以说话。阿娡有心结交公公，她们姊妹还要拜托公公看顾，我这里先向公公道谢了。"

　　郭舍人满面羞赧之色，躲避着臧儿的目光，也不敢再推辞，揖手称谢道："郭彤愧受夫人的重礼，大恩无从言谢，日后但有机会，定当肝脑涂地以为报答。"

　　郭舍人离开长陵时，天色已经暗了下来。马车的颠簸使宿酒一阵阵地上涌，搞得他头昏目眩，直到进了长安城，脑子才清醒起来。他深吸了一口气，用手触了触脚边的包裹，心里有些忐忑不安。看到暮色中黑黝黝的宫城，他莫名其妙地紧张起来，进入这个是非之地、争斗之地，自己又要谨慎小心、毫无乐趣地度日了。想到这里，他不觉留恋起这趟长陵之行了，或许自己真该如臧儿所说，在宫外置一处宅院，作为放松身心之所呢。

八

郭舍人从槐里回来的第二天，长公主出人意外地来到未央宫，并专程造访了漪兰殿，轰动了整个永巷和后宫。

午前十刻，王娡正在院中徘徊，她望着残败的木兰花，心头掠过一丝悲哀。过了花期，玉洁冰清如木兰者，亦不免凋落，涵浊于泥土。色衰爱弛的自己，难道能抗争得过天数和命运吗？她捡起一朵落地的木兰，驻目观察着。已有几片花瓣变色发皱，其他花瓣的边缘也开始干缩，现出淡淡的褐色，但嗅上去仍有一股淡淡的清香。她丢掉那朵木兰，摇摇头，暗自警惕自己，决不可有这种灰暗的念头，由着它沮败自己的意志。她立定脚步，望着那株巨大的木兰树，心里重又充满了自信。花期将过的大树，枝头已经展叶，满树的新绿，在微风中摆动，一派生机盎然的景象。

望着眼前玉树临风的美景，王娡默默地站着，似乎已进入到物我两忘的状态。正在这时，院外的喧闹说笑声打断了她的静思。她转身向院门望去，简直不能相信自己的眼睛，走进院子的数人中，为首的正是自己苦于无法接近的大长公主刘嫖。

刘嫖这日没有盘高髻，而是绾了个普普通通的椎髻，身着黑色直裾绣袍。她长着同皇帝一样的方脸，口阔颐丰，富态雍容，一望可知是欲望强烈的人。粉白的皮肤，保养得极好，几乎看不出什么皱纹。又细又长的蛾眉下面，一双杏眼色如点漆，含威不露。朱唇点丹，则又增添了中年妇人特有的妩媚。

王娡快步迎上前去，低头长揖道："不知长主殿下要来，有失迎迓。还望殿下恕罪。"

刘嫖笑着还礼道："我也是兴之所至。都是一家人，不必过于拘礼，你还是呼我大姊吧，叫殿下反而生分了。"她很有兴致地抬头望着那棵木兰，嘴里赞道："你这院里还有恁大的木兰树，早知道该来这里赏花的。"

她由王娡陪着在院中转了转，摇摇头道："院子倒还雅致，可惜小了些，儿姁的住处要比这里大几倍。你入宫后一直住在这里。嗯，不公平，不公平。"

王娡将长公主一行让进中厅，两人重新见礼后，侍女奉上茶点。刘嫖呷了一口茶，指指身后侍奉她的两个人，说道："我的使女胭脂，家里的小厮董偃。你们两个见过夫人。"

胭脂约十七八岁，眉清目秀，一副聪明伶俐的样子。董偃则还是个小童，面容俊秀，年纪看上去也就八九岁。两人均跪地顿首，向王娡行礼。

"好了，你们几个都到院子里去玩吧，我要跟夫人说说话。"刘嫖挥挥手，胭脂、董偃和在旁伺候着的大萍都退了出去。

这个机会是太难得了，决不能贸然行事。王娡摸不清她的来意，又没有想好怎样贯彻自己的意图。于是并不发问，而是一脸的恭敬，静等着刘嫖开口。

"你家刘彘，听说被皇帝发配到太子宫去了？"刘嫖笑着问道。

"咳，小孩子不通事故，不计后果，这次受到他父皇的责罚，应该知道利害了。"王娡赔着小心回答，心里却在猜测刘嫖问这话的意图。

"什么不通事故？刘胜顽劣不堪，早就该教训。亏他娘还托人来向阿娇提亲！我问阿娇，你猜阿娇怎么说？她说，看中山王那副色眯眯的样子，她就恶心。你听听，这可真的是恶名昭著了！"

王娡悬着的心一下子放了下来。没料到贾夫人心机恁深，竟然抢到了自己的前头！她吁了口气，思忖着说道："是呀，贾夫人未免不自量力，阿娇是要做太子妃的，贾夫人这么做，未免太不把栗夫人放在眼里了。"

"栗姬也好不到哪里去！"刘嫖眼含怒气，狐疑地看着王娡。"你难道不知道，宫里可是都传遍了。我前几日亲去椒房殿提亲，她却找种种借口搪塞，真是岂有此理！我家阿娇哪点儿委屈了刘荣？这门亲事，算是吹了。"

"喔？"王娡满面疑惑地问道："不是说皇帝答应代为转圜，重提这门亲事吗？而且是皇帝的大媒呢。"她故作吃惊地望着刘嫖，观察她的反应。

"怎么？有这等事？我怎不知，一定是好事者的流言，当不得真的。"刘嫖摇着头，一脸不相信的表情。

"千真万确。刚才给大姊上茶的侍女叫大萍，与栗夫人身边的侍女阿宝是同乡，关系极好。这是阿宝亲耳所闻，告诉给大萍的。"王娡注意地看着刘嫖，一颗心又提到了嗓子眼，担心她听到这个消息后会动心，与栗姬重修旧好。

刘嫖眉头微蹙，思忖了好一会儿，摇摇头，说道："先不提此事了。"她呷了口茶，接着问道："刘彘的年庚八字，五行命相，请你说给我听听。"

王娡又惊又喜，看上去刘嫖竟像是有意于阿彘的样子。"阿彘是乙酉年七月初七的生日……"

"好日子！牵牛织女会天河，大吉，大吉啊！"王娡话音未落，刘嫖即大声呼好，赞不绝口。

王娡等到刘嫖停下后，继续说道："彘儿的五行属水，与大汉一样是水命。"

"金生水，这就对了！"刘嫖又忍不住叫起来，喜动眉梢的样子。王娡早就合过刘彘与阿娇的生辰命相，当然明白刘嫖为何高兴得大叫。五行相生，金生水，水生木，木生火，火生土，土生金。阿娇是金命，刘彘是水命，意味着二人命相不仅不犯克，而且相生。结亲后，阿娇有帮夫运。这在男家女家都是上好的八字。

刘嫖沉吟了片刻，看定王娡，正色说道："本来听你刚才说起的消息，我该为阿娇寻一头更好的亲事。但刘荣的命相与阿娇虽不相克，却也并不相生，不如刘彘的好。吾意已决，打算与你结为儿女亲家，不知夫人是否愿意？"

老天，真是得来全不费功夫！王娡心里狂喜，却故作沉吟道："能娶到阿娇那是小儿的福气。我担心的是阿娇比他大，还要像个姊姊似的照顾他。阿彘年纪小，不懂事，遇事耍小孩子脾气，会惹阿娇生气呢。"

"只大三岁，三岁！"刘嫖伸出三支手指，比画着。"女大三，抱金砖。民间都是这么说，肯定是头好姻缘。你还说阿彘不懂事？我看，最懂事的就属这孩子了！我告诉你，要娶阿娇这个话，还是阿彘先说出来的呢。"

怎么会是这样？刘嫖的话完全出乎她的意料，王娡急不可耐地想要知道事情的真相，竟然前席①相就，握住刘嫖的双手，忘情地追问道："大姊快些告诉我，彘儿他到底又做了什么？"

于是，刘嫖给她讲了昨日发生在长乐宫中的一幕。

刘荣作为长孙和太子，按例每月要赴长乐宫向太后请安数次。昨日，正是请安的日子。刘荣每次去长乐宫，总要带上河间王刘德。因为窦太后深通黄老之学，请安时常会问他一些学业上的问题，有学识宏富的刘德在身旁，可以随时帮衬，将回答不上来的问题接过去，化解自己的尴尬。

刘彘虽然刚到太子宫两天，与这两位兄长的关系却处得很好。得知他们要去长乐宫，刘彘心里一动，母亲说过长公主每日都要给太后请安，要联络她，这岂不是个机会？这样一想，他再也无心读书，缠着刘荣和刘德，说自己还从来没有去过长乐宫，央求他们带他去一次。刚巧，那日朝廷有重要公事，窦太傅被召往前殿议事，安排刘彘复习旧课。刘荣兄弟经不住他的厮缠，终于答应带他一起去。

三人乘坐安车进入长乐宫。向住在长信殿的太后请安后，刘荣、刘德留在殿内陪窦太后说话，刘彘则溜了出来，在长信殿外面的花园内闲逛，希望能够碰到长公主。

长信殿位于长乐宫的西南面，殿前是座栽满奇花异卉的巨大花坛，由"十"字形的甬路一分为四，远处则是浓荫密布的树丛，静静的没有声息。刘彘走进花坛中的甬道，百无聊赖地闲逛着。他看到地上有群蚂蚁，正在攻击一只走投无路的青虫。青虫在地上来回翻滚，扭动着身躯，极力想摆脱蚂蚁的攻击，但总有数只蚂蚁死死地叮咬在它身上，而身旁的蚂蚁则越聚越多，黑压压地有一小片。刘彘蹲下来，用小树枝拨动蚂蚁，青虫挣脱出包围，一曲一伸地逃跑，但蚂蚁很快追上来，再次包围了它。在蚂蚁不停的叮咬下，青虫渐渐失去了反抗的能力，蜷缩成一团。刘彘正打算再次帮助它，身后传来女人们嬉闹的声音。刘彘回过头，一大群女宫人正向这里走来，他原想避开，一眼

---

① 前席，即两人对坐，一人以膝挪动向前而靠近另一人的动作，多为谈得投机或忘情时，不拘礼数之动作。

看到大长公主和阿娇也在其中，便停住了脚步。

长乐宫长久以来一直是皇太后的住地，因在未央宫之东，也被称为东朝。长乐宫又是一个女人的世界，除去少数宦者外，在这里侍奉太后的大多为女性宫人，以及前朝先帝的嫔妃。这日，刘嫖带着阿娇向太后请安后，与不当值的宫人们到前殿观看织室新送来的一批衣料。看过之后，一群人边观赏宫内的园景，边说笑着走回长信殿。

"哟，来看看，这儿有位少年公子呢。"走在前面采花的宫人看到了他，扬起花儿招呼后面的人，刘彘一下子被围在了中间。被这么多粉面红唇、明眸皓齿的美人盯着看，刘彘有些心慌，面色赧然，头也低了下来。

"看哪，少公子害羞呢！"周围的女人们嘻嘻哈哈地笑着，不时有人拍他的头，甚至摸他的脸。刘彘涨红着脸，生气地大嚷道："不许碰我！""哟，少公子的脾气还不小呢！"周围的女人们笑得更厉害了。

"好了，放开他。"女人们给长公主让出一条路，她看着刘彘稚气未脱而英气勃勃的脸，觉得很面熟。"过来，孩子。你是……"她带他坐到花坛的石台上，拉着他的手问。

"我是胶东王刘彘。"长公主身上有股好闻的香气，刘彘冷静下来，回答得很沉着。

"哦？你娘是漪兰殿的王夫人，对不？"

"嗯。"刘彘点点头。

"你到长乐宫来做甚？"刘嫖要他坐在自己身旁，搂着他问。

"我随太子与河间王来的，给太后请安。太后和他们说话，我出来玩。"

"哦？就你自己？一个人玩？"刘嫖拍拍他的头，指着周围的女人们，打趣地问："由她们陪你玩，好不？"

"不好。"刘彘摇摇头。

"过来，坐到姑姑这儿来，姑姑有话问你。"刘嫖教刘彘坐到自己膝上，笑着问道："阿彘今年几岁啦？"

"六岁。"

"六岁啦？阿彘想娶媳妇不？"

"想娶。"周围的妇人们都笑开了，有的甚至笑得前仰后合。刘彘看到阿娇也忍不住地笑了。阿娇虽未成年，却亭亭玉立，如出水的芙蓉，别有一种清纯的气质。刘彘不由得多看了她几眼。

"她们好看不？"刘嫖指指面前的女人们，继续问道。

"好看。"刘彘老实地点点头。

"这个给阿彘做媳妇好不？"刘嫖指着先前采花的那个女人问道。

"不好。"

"那么这个呢？"刘嫖又指着另一个女人问他。

刘彘还是说不。刘嫖挨个问下去，刘彘都是说不。女人们看得有趣，发出一阵阵哄笑。

"看看！看看！咱们阿彘的眼光还真是不低呢！"刘嫖环顾四周，招手让阿娇过来。"这是最后一个，"她指着阿娇，笑着问刘彘："阿娇好不？"

"好！"刘彘响亮地答道。他拉住阿娇的手，转身面对着刘嫖，容颜焕发地说："若得娶阿娇做媳妇,吾当作金屋贮之。"周围的女人们全都大笑起来，阿娇羞得满面绯红，甩开刘彘的手，藏到母亲的身后。刘嫖却没有笑，她盯着刘彘，又惊异，又喜欢，许久说不出话来。后来，刘荣等招呼刘彘回未央宫，刘嫖还搂着阿娇，望着远去的马车，直到它消失在树丛中。

听完长公主的叙述，王娡的惊异和欢喜，不亚于刘嫖，不过她将这种感受藏于内心，面色却平静了下来。"小孩子口无遮拦，冒犯了阿娇，还请大姊包涵。"

"小孩子的话才是真心话，有何冒犯可言？我告诉你句实在的话，你家阿彘我是看中了，阿娇我也问过，她愿意。你若应允，我们就定下这头娃娃亲，如何？"

"这当然好，我怎能不允。可是皇帝若真是代栗夫人提媒，这头亲事……皇帝万一不允又当如何？"王娡期期艾艾地道出自己的担心，她也实在对此有所疑虑。

"我们定亲在前，皇帝提媒在后，太后自会为我做主，谁又能奈我何？况且事前我并不知道天子要做这个大媒，等皇帝说给我时，木已成舟，栗姬悔之晚矣，就是要她尝尝后悔的滋味。"刘嫖话说得很决绝，眉目间似尚有恨意。这是个轻易不能得罪的好记仇之人。王娡在心里牢牢记住了这一点。

"可刘荣毕竟是太子，阿娇错过这头亲事，岂不可惜？"王娡继续试探，她不再担心亲事会反复，只是想知道刘嫖会如何帮扶她们母子。

"刘荣的禀赋，哪里赶得上阿彘？这个太子的位子，我看他难坐长久。以她母亲的那种脾性，在皇帝那里能长宠不衰？我是不信的。"

"是呀。栗夫人是忒嫉妒、忒小心眼了。她最初拒绝这门亲事，听说就是因为妒恨大姊为皇帝引荐新人所致呢。"王娡觉察到这是个机会，可以把栗姬背后发泄的话透露给长公主，使她们的嫌怨更深，再无挽回的余地。长公主自会站在自己和阿彘一边，自己谋划的成算可就大得多了。

"哦？你还听说过什么？你那个叫什么的侍女不是与栗姬身边的人交好，可以无话不谈嘛。你一定听到过不少，说给我听听。"刘嫖双目灼灼，看定王娡，一副非要知道不可的样子。

"这……有些话实在难听，不听也罢，倒与她生气作甚，气坏了身子不值呢。"王娡欲擒故纵，息事宁人地说。

"不成。你这样说，我倒更要知道她说了些什么。你若不告诉我，我们亲家便没得做了！"刘嫖盯着王娡，面色肃然，话说得很重。

"大姊不要动怒，我说便是。"王娡赔着笑，把栗姬背后丑诋刘嫖的话语添油加醋地重复了一遍，把长公主气得浑身发抖。

"这个恶妇，我绝不与她甘休！我想要阿娇做太子妃，做皇后又待怎的，不成吗？后宫采女那么多，是朝廷的制度，皇帝岂是她所能独霸的！召幸谁，宠爱谁，是她能管得住的嘛！居然说我撩拨皇帝，说我不知羞耻，看来这个对头我与她是做定了！"

"是呀，她也忒傲慢了！不仅丑诋殿下，甚至不把皇帝放在眼里。椒房殿的阿宝告诉大萍，她背后牢骚满腹，骂皇帝老来不自尊重，是只骚情的老狗呢。"王娡觉得火候已到，可以再加一把干柴了。

"哦？她真是这样说的？"刘嫖两眼发亮，兴奋起来。

"千真万确。"王娡将阿宝的话重述了一遍。

刘嫖拉住王娡的手，郑重其事地说道："我们既已结为亲家，妹，我可以告诉给你。我只有阿娇一个女儿，当然要为她打算、安排。栗姬说得没错，我是想要女儿做太子妃，不过，不再是刘荣的太子妃，而是阿彘的太子妃。

那个恶妇恃宠而骄,与我为敌,我定要她看看我的手段,知道我的厉害,叫她鸡飞蛋打一场空!"

王娡强抑住心中的喜悦,低首长揖道:"大姊如此抬举阿彘,我们真是蓬荜生辉,感激不尽。无论阿彘能否立为太子,娶到阿娇,都是他的福气。"

"这件事我自会安排,你先莫声张。好了,时辰近午,我还要赶到长乐宫,将此事说与太后。日后我会带阿娇再来,拜见舅姑的。"

王娡将长公主送出院子,目送她乘坐肩舆离去,直到在视线中消失,才转身回殿。送行时她已看到永巷的宫人们三五成群地驻足观望,她知道,长公主驾临之事不用多久,就会传遍永巷和后宫。儿姁、栗姬、贾夫人,这些同样居心的女人听到这个消息后,会作何反应?她不难想象。无论如何,她从绝处逢生,先她们一步胜出,这是谁也想不到的,当然也包括自己。而这,竟是由于承明殿的那场斗殴,由于阿彘被罚往太子宫读书,才有了这样的机会。这是命,这是天意啊!

她又想到刘彘,这孩子的聪明机智,竟完全超出自己平日对他的了解,真是不可思议。对自己的儿子,王娡有了陌生之感,其意志与心智似乎是她所难以控制的。想到这里,一丝隐隐现出的不安和忧虑,冲淡了她满心的欢喜之情。

九

长公主来访的消息，果然如春风中的野火，瞬间就传遍了后宫。当日午后便由之生发出两件事情，一件令王娡欣喜满意，另一件则让她陷入了深深的忧虑。

午间餐饭后不久，王娡正欲小憩，大萍就报告她郭舍人来访。将来客让入中厅，两人见过礼后，王娡发现，郭舍人的态度已与前两番大不相同。前两次是自己热情相待，主动接近他，而郭舍人则不冷不热，不远不近，不即不离。这一回，一进门他就是满脸堆笑，言谈动作都极为恭敬，似乎又变成从前那个殷勤巴结的小黄门郭彤了。

"在下昨日休沐，专程赴槐里，将包裹送与臧夫人，不想夫人竟转送于我。郭彤近年侍从前殿，对夫人照顾多有不周之处，夫人如此厚意，郭彤实在是受之有愧，而夫人曲意周全，郭彤却之不恭，为难得很！"他低首长揖，一副感激涕零的模样。

"哪里，公公过谦了。"王娡心中窃喜，赶忙揖手还礼。郭舍人收下了礼物，不能不为自己办事，在皇帝身边自己就有了得力之人，整个谋划就更多出一分胜算。"日后仰仗公公的地方还多，区区薄礼，无足挂齿。"

"那郭彤就谬领了。夫人但有事，尽管吩咐，只要办得到的，下官肝脑涂地，在所不辞。"

"哪里有那么严重！"王娡笑笑说，"眼下，我所欲求公公的，不过是一点儿消息而已。"

郭彤看看室内只有大萍一人在旁侍候，放下心来。"敢问是什么消息？"他低声问道。

"皇帝果真打算为栗夫人提亲吗？"

"是真的。明日往长乐宫请安，皇帝怕就要办这件事的。另外……"郭舍人欲言又止，王娡已然明白了他的心思，面色蔼然地说道："公公是想问午前长公主来这里的事吧。既然是自己人，我也就不瞒公公了。长公主来此，为的是女儿的亲事，阿娇与彘儿，已经定下娃娃亲了。不过长公主还要请示太后，你知道后不可张扬。"

"那是当然，下官在宫里当差，第一要紧的就是嘴严。夫人请放心。"郭彤听到王娡的话后，心里着实一惊。明日皇帝的提亲，不知会如何收场，恐怕又要有好戏看了。这个王娡，还真不简单，不知怎样联络到了长公主，而且竟把亲事定下了。看她送礼的那套手法，心计甚深，其他嫔妃可真没有人是她的对手呢。

"公公以为皇帝这个媒，还做得成吗？"

"难说，难说。要看皇帝、长公主哪个的意志更强，还有太后站在哪一边。这种事情，下官不敢，也不能猜测，望夫人见谅。"

"那好，我再问你一件事。薄氏被废，中宫迟迟未有人正位，皇帝属意于谁？你以为儿媳如何，她的机会大吗？"

郭舍人沉吟了片刻，既然王娡已开诚相见，自己亦不能过于矫情，给她留下一个不佳的印象。于是很诚挚地说道："暂时看来，栗夫人希望最大，儿子已为太子，母以子贵，如无意外，机会应该最大。至于合欢殿的小王夫人，眼下受宠不假，但欲正位中宫，可以说，她的机会微乎其微。"

"哦？何以见得？"

"皇帝最反感的便是女人的妒忌，尤为忌讳的是女人有机心。小王夫人眼下虽然风光，但她太张扬，机心也重，皇帝喜欢的只是她的美貌和年轻，决无立她为后的想法。栗夫人未能正位中宫，以下官所见，也是皇帝顾虑她嫉妒心重，迟迟下不了这个决心。"郭彤的话相当中肯，自己倒要注意呢。王娡微微颔首，又继续问道："皇帝这几日为何只召幸新宫人，而没有召儿媳侍寝，是因为公公所说的原因吗？"

"皇帝这一向召幸新人，只是因为她们年轻。未召幸小王夫人，可能为的是保住那对龙凤胎吧。"

"那么，公公，你再告诉我一句实在的话，我们的机会，到底有多大？"看到郭舍人迟疑不决的样子，王娡皱了皱眉头，说道："你但说无妨，大萍不是外人，决不会有人知道。"

"夫人恕我直言。若指夫人自己，是完全没有机会的。若指胶东王，则机会很大，现在又能得长公主的助力，希望又大了几分。夫人能否正位中宫，全在胶东王身上。"

"喔？为甚？"

"下官日日在皇帝身边伺候，感觉得出来，上边心里边偏爱胶东王。就如承明殿争斗一事，皇帝在宣室发怒，对中山王兄弟斥责极为严厉，而对胶东王，则几乎未置一词，甚至对韩嫣也未严加处分，还让他们到太子宫读书。由此即可见皇帝的态度。"

原来如此，王娡的心豁亮起来。是呀，彘儿若不与刘胜等争斗，就去不了太子宫，也就无缘进长乐宫，更见不到长公主，而若非他随机应变，说出那么讨巧的话来，长公主也决不会亲自上门提亲，这一切环环相扣，竟如冥冥中有神灵相助，这就是天数吧！

"公公。你的消息对我很紧要，很紧要。我没有看错人。但公公说我的指望全在胶东王和长公主身上，我却以为不然。"

"喔？依夫人之见，又当如何？"郭舍人大感不解地问。

"我的指望在胶东王，在长公主，也在公公身上！知己知彼，方能有备无患，而这，离不开公公的消息。公公助我，我会没齿不忘。我也向公公许下个心愿，公公是今上身边的人，若上天佑我，今上百年之后，公公仍会是宫中的红人，长享富贵的。"

郭舍人俯身向地，行稽首大礼："夫人的恩德，郭彤敢不尽力图报，即肝脑涂地，万死不悔。"

"公公言重了，快快请起。"王娡示意大萍搀起郭彤，郑重地望着二人，低声说道："今后，就都是自家人了。今天这番话，就烂在我们三人的腹中，再不能有第四个人知道。你们可明白？"

郭舍人和大萍连连称是。王娡又对郭舍人说："若非极紧要事，公公以后少来这里，以免露了行迹。我会专派大萍与你联络，你二人同乡，他人不易怀疑。日后皇帝那里的消息，我就指望公公了！"

送走了郭舍人，王娡与大萍又回到寝室，讨论起今日这些突如其来的变化，就像泅水的人突然遇到了陆地，那种绝处逢生的欣喜感觉，使她们回味无穷。两人说得太投入，以致看到进来禀报的蔓儿，才知道又有人来访了。

王娡、大萍刚刚起身，儿姁已走进寝室，王娡揖手致礼，她却不加理会，四面望望，冷冷地说道："想不到阿姊这里还是这么素净。"看到她来意不善的样子，王娡示意侍女们退下，赔着笑脸说道："阿姁可是很久不到姊姊这里来了，我们还是坐下说话吧。"

与王娡见礼坐定后，儿姁两眼直直地盯住王娡，端详了好一会儿，把王娡看得很不自在。"阿姁来此，一定是有什么事情吧？"王娡试探地问道。

"怎么，你这里没事情就不能来吗？"儿姁的语气仍是冷冷的，隐含着挑衅的意味。

"你看上去很不开心，有什么心事说给阿姊听听，阿姊或能为你出出主意呢。"

"阿姊真会做戏。我何以不开心，阿姊心里会不明白？那日为你做寿时我们那番谈话，阿姊淡忘了吗？那好，我再重复一遍：但愿长做姊妹，莫为仇雠。"

"阿姁，你的话我不明白。我当然没有忘掉那次谈话，也决无与你争位的想法。好好的姊妹，为什么要做仇人？你的话好没有道理。"

"你明里不争，暗地里却无时不在算计。算你奸猾，竟连我也一时瞒过了。我问你，长公主午前来此作甚？她又为何会到你这里来？"儿姁满眼怒气，咄咄逼人地发问。

王娡强压住丹田之中升起的一股火气，千万不能意气用事，说出什么授人以柄的话来，她在心里提醒着自己，于是和颜悦色地说："你怎能对姊姊如此讲话，你有何证据，说我算计于你？长公主来此与你有何相干？姊妹之间，有什么话不好说，干吗这样剑拔弩张的呢？"

"那好，你告诉我，长公主来此作甚？"

"来串门,来给她家阿娇提亲,怎么,有什么不对吗?"

"她为何向你提亲?"

"当然是她相中了阿彘,至于其他事情,你最好去问长公主本人。"

"阿姊心机叵测,算我错看了人。我只求阿姊一事,做到了,我们仍旧是姊妹。"

"要我作甚,你讲来听听。"

"请阿姊将亲事退掉!"儿姁的口气很干脆,并无任何商量的意思。

"这,阿姊做不到。无缘无故地退婚,你可想过,长公主能够善罢甘休吗?"对儿姁命令般的口气,王娡心里极为反感,于是也改换了硬碰硬的语气。

"皇帝答应为栗姬提这门亲事,你即可以此为由,推掉这门亲事。"

看来儿姁的消息也相当灵通,要让郭舍人查查前殿那里有谁为她通风报信。王娡正色望着儿姁,摇摇头,道:"不成。这件亲事出自长公主的主动,要退,也要由她提出。况且,儿姁你又何必与阿姊过不去,成全栗姬呢?"

"看来,阿姊是决心与我作对的了。以后莫要后悔!"儿姁冷冷一笑。

"你自去争你的皇后之位,与阿彘的亲事何干?我为甚后悔?"王娡面色如常,但并不示弱。

"阿姊以为,结了这门亲事,就能入主椒房殿了吗?有个想要成为皇后的女人,入宫前就嫁过人,而且还生过一个孩子,偷偷地瞒了许多年。阿姊你说,皇帝要是知道了这件事,会怎样处置这个一直欺骗他的女人呢?"儿姁双手交叠,好整以暇地搬弄着手指,嘴角泛出嘲讽的笑容。

王娡的心一下子沉了下去,这女人忒恶毒了!她像不认识了似的看着儿姁,虽想竭力控制情绪,仍藏不住额头渗出的冷汗和苍白失色的面容。"谁欺骗皇帝了!我入宫之时,皇帝已知道我不是室女。"她分辩说,但明显底气不足。

"可皇帝未必知道你还有一个女儿!好,就算皇帝在这件事上不深究。可交通宫禁,收买皇帝身边的人,这种事情,你以为皇帝会放过吗?!"

"你胡说,谁交通宫禁?你不要血口喷人。"王娡有些慌了,送礼之事儿姁不可能知道,就是知道了,也决不会如此快,到底如何泄露出去的呢?这件事要严重得多,有性命之忧。

"若要人不知，除非己莫为。阿姊昨日托郭舍人给娘捎物，捎的什么？娘交代小黄门，有一包东西托郭舍人带给我们，又在哪里？拿出来，拿给我看看呀。怎么，没话说了？如今虽还不知你包裹里是什么，郭舍人带回来的又是什么，不过数日内我就能知晓。你以为娘会将这等事瞒着我吗？"儿姁完全占据了上风，眼中满是讥讽的神色。

"阿姁，姊与你是一奶的同胞，为何把我向死路上逼呢？你到底要怎样才肯放过我呢？"王娡的声音哽咽了。

"怎么是我逼你？要怪就怪你自己不自量力！哼，跟我争？我早就警告过你。"儿姁志得意满，看着潸潸泪下的王娡道："你若识趣，我也可以不说出去。但你必得按我说的做，十日之内你得把亲事给我退掉。逾期莫怪我不念姊妹之情了。"

王娡屈服了。她不能不答应下来，儿姁提到的这两件事，哪一件都足以毁掉她，而挽回局面需要时间。她呆呆地望着儿姁趾高气扬离去的背影，脸上有一种说不清的复杂神情。

天黑之前，王娡一直独自在寝室中徘徊踱步，时而思考着什么，时而又坐下来写着什么。掌灯之后，她叫进大萍，低声向她吩咐了许久。然后又在灯光中独坐了很久，半夜里一名侍女如厕，看见主人的房间中依然有灯光，似乎还有嘤嘤哭泣之声，但仔细一听，又仿佛什么也没有，她倦意十足地打了个哈欠，就又回房睡觉去了。

十

次日，在侍从皇帝前往长乐宫的路上，郭舍人向刘启报告了刘嫖曾往漪兰殿的事情。

"喔？这是什么时候的事，她去那里作甚？"

"昨日午前，听说是向王夫人提亲。"郭彤十分谨慎，一句也不多说。

刘启既诧异，又为难。刘嫖的自行其是，使他不快。"结果如何？"皇帝的声音冷冷的，感觉得出怒气。

"听说是成了。"

"听说？听何人所说？"刘启不耐烦了。

"后宫都传遍了，几乎无人不知。"郭舍人头皮发紧，但他不敢不报。如果这件事上边从长公主那里听到，又会大发雷霆，责备他们无能的。

长公主怎么会想起去漪兰殿，会不会那个王娡在里面搞了什么名堂？想到这里，刘启警觉起来，自从薄氏被黜，后宫里头的嫔妃就有蠢蠢欲动的迹象。尽管没有人敢于在他面前提及此事，但直觉和经验告诉他，谋夺皇后之位的活动肯定存在。

"长公主怎么会去漪兰殿？王娡于此作了甚手脚吗？你不必顾忌，尽数讲来。"刘启看了郭舍人一眼，似乎是鼓励他畅所欲言。

郭彤知道皇帝这句问话的厉害，如果应对不善，不能尽快遮掩过去，加重皇帝的疑心，王娡危矣。"不会。王夫人与长公主已经几年没有见过面了。"郭彤语气从容，极为肯定地说。"奴才听长乐宫那边过来的人讲，是太子带河间王、胶东王到长乐宫给太后请安，在那里遇到的长公主。说是长公主一眼就相中了胶东王，才去漪兰殿提亲的。"

"是这样吗？等下我当面问问她。"皇帝不再说什么。远远的，已经可以看到长乐宫的西阙了。

窦太后今日的情绪特别好，爱子梁王又派人给她送来了大批关东的特产和礼物。皇帝到长信殿时，她与刘嫖正在拣看众多的礼品。

窦太后年近六十，面孔略显清癯，鼻梁高挺，剑眉下的一双杏眼，不怒而威。她身材略为瘦削，但精神矍铄。看到刘启走进来，她欢喜地招呼道："皇帝，阿武派人送来恁多物品，还专门给你和阿嫖各备了一份呢。"

刘启伏地顿首，请安道："给皇太后请安，愿皇太后康健，长乐无极。"

"我好着呢！你也过来看看阿武的礼品吧。"太后略为颔首，注意力便又放到那些新花色的襄邑织锦上去了。刘启走到近前，几十匹织锦和细布旁边，赫然陈放着一套极为精致的青铜酒具，大小十几件，纹饰繁复，镏金错银，每件酒具上都镌刻有"天子永寿，长乐未央"的铭文，显然是专门定制送给他的。看来，传说梁王奢侈拟于天子，恐怕是真的，但老弟事事都想着他，还是令刘启很欣慰。

"你看看，民间的这些个花色织锦，一点儿也不次于工官所产的呢！"窦太后展开一幅料子，边抚摸着边对刘启说，"等下拣你喜欢的带些回去，赏给栗姬她们。"

刘启觉得这是个机会，于是挥挥手，看着殿内的宦者侍女们都退了出去，他才开口说道："太后提到栗姬，朕正有一件家事，要与太后和阿姊商议。"

"哦，什么事？还要避开人？"窦太后问道。还在欣赏织锦的刘嫖也转过身来，注意地看着刘启。

"朕欲为栗姬做媒，聘阿娇为太子妃。"

"咳！你干甚不早说，嫖儿已将阿娇聘与胶东王了。"太后摇摇头，又望着刘嫖，说道："阿嫖，你看呢？好在只是定亲，现在改主意还来得及。"

刘嫖看着刘启，冷冷地说："早知如此，又何必当初呢！我只一个女儿，不能许配给两家。栗姬不是没有机会，可她不识趣。现在再提这件事，晚了，不可能了。"

"阿姊，朕的大媒，你也不给一点儿面子？"

"不是我不给皇帝面子，而是栗姬不给我面子。何况我也不能出尔反尔，让宫里的人背后笑我无信。"

"阿姊又何必意气用事呢？"刘启不以为然地说，"阿荣终究是太子，这门亲事，对阿娇的将来会更好。"

"可我看阿彘，是个更有出息的孩子。再有阿娇与他的命相五行相生，是上上的大吉。这件事吾意已定，皇帝还是成全了吧。"

"阿彘也是朕的儿子，这桩亲事，朕不答应，你只是一厢情愿罢了。"刘启非常不快，刘嫖违拗他的意志，已不是第一次了。

文帝在世时，有个宠臣名邓通，是蜀郡南安人。邓通在宫中起初只是个棹船郎，他的发迹竟起自文帝的一个梦。文帝一次游沧池，午间在池中的渐台小憩，梦见自己上天不能，正飘忽不定之际，忽有一头裹黄巾者从后面推他上天，他回头望了望，记住了那人的衣衫相貌。醒来后，便暗中查看在渐台服侍的众人，觉得邓通的衣衫穿戴与梦中人相同，面目也依稀相似，又问知其名曰通，认为大吉，遂命其在身边服侍自己。邓通为人谨慎，不事交游，对文帝极为忠谨，故而大得皇帝的宠信，官至上大夫。文帝曾请许负为自己身边的人相面，看到邓通，不料结论却是邓通将贫饿而死。文帝大不以为然，说我欲谁富谁即富，贫饿从何谈起？于是将蜀郡严道的铜山赐予邓通，许他自行铸钱，此后"邓氏钱"遍天下，邓通也成为当时的巨富。

文帝曾患痈疽，疮口脓肿。邓通侍病于旁，经常为文帝吸吮脓汁。文帝内心很有感触，于是问他："天下的人，谁应该是最爱我的人？"邓通回答说，应该是太子。于是，在当时还是太子的刘启前来请安问候时，文帝命他为自己吸吮脓汁，刘启虽遵命但面有难色。后来听到邓通常这样做，内心愧赧，但也从此对邓通怀恨在心。文帝驾崩后，刘启登基，当即罢黜了邓通的官职，随后又借故罚没了他的全部资财，并派人追逼罚款，数额巨大，欲置邓通于死地。刘嫖认为邓通忠于父皇，并无过错，为此与刘启争讲过数次，并以私财赐予邓通，但随赐随被罚没，只要是值钱之物，一件也不留。刘嫖无奈，只能令人馈赠他一些衣食，勉强度日，身上不名一文，最终客死于寄居的人家。为了这件事，姊弟间的关系别扭了好几年。

刘嫖的面孔也涨红了，说话的声音也高了起来。"陛下以为栗姬是个什么贤淑的人吗？未央宫的宫人，哪个不知道她是醋坛子！皇帝爱幸他人，栗姬却迁怒于我，骂我不知羞耻，现在又来示好，这种阴阳两面之人，我决不与她做亲家。"

"那么，你与王娡的亲家怕也做不成了。"刘启冷冷地说道。

"陛下以为栗姬就忠爱于你吗？她背后骂你不自尊重，像只骚情的老狗呢！把这样一个人位置在中宫，我真怕'人彘'的惨剧再现于今日。"刘嫖并不示弱，冷笑着说。

"你给我住嘴！"刘启刚想发作，看到太后阴沉不快的面色，只能强压下怒气，问道："你听何人所言？若不实，你便有欺君之罪的！"

"我从哪里听到陛下莫管，陛下只管去问栗姬就可以了。至于与胶东王的亲事，陛下不允，还有太后可以做主。太后，请为女儿做主！"刘嫖转向太后，声音哽咽，伏地稽首，头久久不肯抬起来。

"好了！你们两个不要再争了。"窦太后看着刘启，面色十分难看，"这个栗姬，背后詈骂丑诋天子、贵戚，不守妇道，也忒不像话了。这虽是家事，皇帝也不能姑息纵容。做皇后的，要表率后宫，母仪天下，似这般小肚鸡肠，妒忌成性之人，难免不做出吕后那种事情来。你祖父高皇帝的教训，皇帝莫要忘记！"

"谨记太后教诲，朕回宫后一定查问清楚。"刘启顿首再拜，心里又气又怒。

"至于亲事，阿嫖既已相中胶东王，我看也没有什么不好。你大姊既然与栗姬生了这么大的意见，强扭的瓜不甜，这头亲事不结也罢。今日我即做主，将阿娇许给刘彘，皇帝就不要再为难阿嫖了！"

"谨承母后教诲，朕不再过问此事，阿姊也不要再赌气了。"刘启向太后、刘嫖揖揖手，虽然很没有面子，但碍于母命，不得不应承下来。又陪太后扯了些家常，刘启便告辞回宫了。

当晚，又是栗姬的侍寝之夜。刘启虽不甚相信刘嫖的话，还是决定试探一下栗姬的态度。栗姬也已听到长公主去漪兰殿提亲之事，但并不担心。皇帝的大媒，所嫁的又是人人倾羡的太子，刘嫖肯定会欢喜不置地一口答应下来。当听到皇帝提媒不成，反而由太后做主将阿娇许给刘彘后，栗姬如雷贯耳，震惊得失去了常态。

"皇帝竟连自己儿子的婚事也做不了主了吗!长公主如此,不过是为了羞辱我,羞辱太子,也是羞辱陛下!"栗姬冲动非常,额角暴起了青筋,声音也嘶哑起来。

刘启沉默不语,吃惊地看着她的反应。看来刘嫖说得不错,栗姬确是没有容人之量。

"皇帝,不要让刘彘再去太子宫读书了!"栗姬恨恨地说道。

"为甚?他与太子兄弟不和吗?"刘启不以为然地问道。

"这孩子心机甚深,竟利用荣儿兄弟,再待下去大为不宜。"

"一个六岁的孩子,能有什么心机?聪明伶俐也是罪过吗,你太过虑了。"刘启看着气得发抖的栗姬,摇摇头道:"刘荣是太子,还愁寻不到一门好亲事?你莫再生气了,气大伤身呢。来,还是陪朕饮几杯酒,酒能解愁。"

两人闷闷地饮了一阵酒,刘启为缓和气氛,亲自酌酒,递给她一杯,温和地说:"朕敬夫人一杯,百年之后,朕遗下的子女,夫人还要代我多多看顾啊。"

栗姬并不回答,举举杯,并未沾唇就放下了。刘启心里不快,但面上神色如常。他看着恨恨不已的栗姬,不以为然地说道:"你莫这样子,欲做皇后,就该大度。今日太后为阿姊主亲,朕又能如何?好事情也不要占全了,满招损,谦受益。你以后要大度一些。"

"我狭隘,我妒忌,陛下夜夜新欢,我说过一句没有!"栗姬气急败坏,语气很生硬地说道。

"你嘴里没说,可全都写在脸上!朕是天子,难道用什么人来陪,还要看你的脸色?"刘启颇为恼怒,生气地将酒杯顿在食案上,酒液溅了出来。

"陛下十几个儿子,还嫌不够吗?年纪大了,早就该节劳,还夜夜风流。太子的事情不管,搞出来孩子却知道叫别人看顾,天下有这个道理吗?"栗姬情绪愤懑,加上酒意,竟不管不顾地把压在心里的话倒了出来。

"好,好!平日的委屈和怨恨,你尽管说出来。难怪阿姊说你妒忌成性,背后诅詈,朕还不信,看来倒是错怪她了。你给我说,你是否骂她无耻,骂朕老狗?"刘启面色铁青,话音中冷冷地有一股杀气。

栗姬一下子省悟过来，自己是闯下大祸了。她伏下身子，连连顿首，涕泪交流地说："臣妾不敢，皇帝明察。臣妾有天大的担子，也不敢诅詈陛下。"

刘启沉默不语地看着栗姬，恼怒、痛恨、怜惜等各种情感在心中交相起伏，好一会儿才平息下来。"你今夜回后宫吧，以后朕也不会强要你来陪朕了。"刘启的话音很平和，也很冷漠。

"臣妾一时糊涂，犯下大不敬的大罪，死有应得。臣妾昧死上言，决无诅詈陛下之事。我自入椒房殿，后宫嫉恨者非少，臣妾自知身处危地，如履薄冰，仍不免于谗毁，还请皇帝明察。望陛下念臣妾侍奉多年的情分，不要难为太子和德儿，阏儿死得早，臣妾与陛下只有这点儿骨血，求陛下保全。"说到这里，栗姬已泣不成声，额头也磕出了血渍。

刘启心下不忍，安慰道："你不必过虑，朕不会为难你们母子。你心情不好，酒醉后易失言，今后不可如此。你收拾一下，早些回宫歇息吧。"随后，刘启吩咐当值的北宫伯子，派人送"不胜酒力"的栗姬回后宫安歇。

栗姬入宫侍寝时，随同前来的阿宝，交给郭舍人一卷大萍捎来的帛书。今夜是北宫当值，郭彤早早用过饭，回到自己的住处，取出帛书，掰开封泥，展读之下，不觉大惊失色。帛书只有短短数行字，但却透露了一个令他心惊胆战的消息和决定。

长陵事已漏风，前殿有人交通合欢殿，于你我均极不利，速查明阻断之，以绝后患。

帛书既无抬头，又无具名，但口吻一望而知是王娡的。长陵事，自然指自己受王娡和臧儿之贿的事，此事并无第三个人知道，怎么会走风呢？郭彤皱眉凝思，忽然想起那天休沐出宫时，曾遇到谒者令赵谈。难道是他？交通合欢殿，显然指的是王儿姁，难道赵谒令与她交通？儿姁有谋皇后的野心，郭彤略为知晓，她侦测长陵之事，不用说是把她姊姊也当作了敌手。臧儿也是她的母亲，长陵之事的真相自然瞒不住她，她既有内线通前殿，此事自会成为挟制王娡与自己的杀手锏。交通宫禁，绝对是灭门的大罪，一旦被人向皇帝告发，后果可想而知。想到这里，郭彤不由得汗湿沾衣，焦虑非常。

绕室彷徨了一阵子，郭彤渐渐冷静下来。从早上长乐宫发生的事情看，太后做主，皇帝同意了胶东王与阿娇的亲事，王娡这方面的情势相当好。而小王夫人有身子，分娩前可能不再会被皇帝召幸侍寝，唯一的威胁来自她在前殿的内线。找出并掐断这条内线，王儿姁就难以施其技。郭彤心中暗笑自己竟这么沉不住气，紧张的神经松弛下来。

自己代王娡捎物之事，只有为自己驾车的小黄门知道，查对的线索也在他身上，郭彤决定，明日一早，即从这里查起。而在皇帝身边的大宦官只有北宫伯子、赵谈和自己三个人，如能将北宫拉到自己一边，对付赵谈就会容易一些。想到这里，郭彤决定找北宫一谈，今夜恰好由北宫值寝，正可趁赵谈不在与之深谈。

郭彤来到寝殿的旁舍，北宫伯子却不在，问当值的宦者，才知道因为栗姬闹酒，皇帝派北宫送她回了后宫。这可又是个惊人的消息，郭彤敏感地觉察到，宫内即将出现重大的变故。他回到住处，躺在床上，心怀忐忑，自己已无退路，只能站在王娡一边，往后还不知会遇到什么凶险，只能硬着头皮顶住，不然就是灭顶之灾。他思前想后，辗转反侧不能成眠，直到鸡鸣头遍后，才昏昏睡去。

十一

宦者署是少府所属的内廷官署之一,位于未央宫通往北阙甬道的东侧,署门前立有铜马,所以又被称为金马门。郭舍人一早就来到这里,找到了那日驾车送他去长陵的小黄门,将他带进一间空屋单独问话。

"你老实告诉我,从长陵回来后,前殿有何人找过你,问过甚事,你说过什么,你一件一件给我说清楚。若有半句谎话,下场你自己知道。"小黄门叫张丰,也是赵地人,因同乡关系,郭舍人平日很看顾他。看到郭舍人狰厉的脸色,张丰知道不妙,额头冒汗,一副手足无措的模样。

"禀告大……大人,那日从长陵回来,小人卸下车马,就有内谒者署的人来找,到那里才知道是内谒令赵大人问话。小人不明就里,也不敢隐瞒,他问甚,小人答甚。"

"他问甚?"

"问大人去了哪里,还问在长陵王夫人家中待了多久,捎去甚,带回甚,对我说过甚。"

"你怎样回答?快说!"

"小人回答说,大人是受王夫人之托向家里捎了件包裹,甚东西我不知道。后来在王夫人娘家吃的酒,都吃醉了,所以回来也晚了。回来之前,臧夫人往轺车上放了一只布包,好像很重,说是托郭大人给宫中的两位夫人捎带的物品。其他不知道的事情,小人绝不敢乱讲,一概推说不知。赵大人赏的酒钱,小人也没敢用。"边说,张丰边从怀中掏出一串铜钱,放到地上。

"那么，我再问你一事，自我从长陵回来之后，宫里这几日有人去过长陵吗？"

"小人只侍候车马，实在不知……"

"我问的就是有没有人用过宦者署的马车，内官出宫，不全在这里调用马车传乘吗？"

"是。小人愚昧。这几日用车的，并无往长陵方向去的。"

郭舍人的心放了下来，看来，对方尚未去长陵核实真情，因而并未掌握到真凭实据，事情还可以转圜。他沉思了片刻，望定张丰，说："张丰，你我同乡，我平日待你如何？"

"大人待我，有如父兄。小人全家感恩戴德，愿大人福寿无极，公侯万代。"

"好，你既知感恩，那我也交代给你一句实话。你身不由己，已卷进一桩是非旋涡之中，搞不好有杀身之祸。何去何从，你好自为之。"

张丰扑通一声伏在地上，连连叩首道："大人救我！大人救我！为小人指一条生路吧。"

郭彤摆摆手，道："你听我说。你若想避祸，也很容易。我看你人还老实，又是同乡，给你指条明路。我可以告诉你们宦者令，你老母病重，代你请准假，你回乡避避风头，事情过了，我会给你捎信。没有接到我的指令，你切不可回来。听明白了？"

张丰连连顿首。于是郭彤找来宦者署令，为他请准了假，亲眼看着他收拾出宫后，方才回到前殿。

郭彤匆匆赶回前殿值庐，已是昼漏十刻。屋内只有当值的尚书闲坐谈天，一问，方知皇帝昨夜身体不适，今晨晏起，还没有上朝。郭彤松了一口气，便登阶去宣室殿，在宣室的耳房中，见到了正在那里等候着的北宫伯子和赵谈。

三人见过礼，郭彤觉得气氛不对，未等发问，北宫就告诉他，皇帝昨晚没有睡好，还要等一阵子才能驾临。早间上边要赵谒令宣召丞相、太傅和郎中令周仁进宫议事，今天不知会发生什么事情。

"昨夜听说栗夫人醉酒，上边让北宫大人送她回后宫，不知可是因为此事？"郭彤向北宫揖手，低声问道。

"谁知道，谁知道。天心不可妄测啊。"北宫摆头笑笑，满脸谨慎，并不作答。

真是愈老愈滑头了。郭彤心里想着，抬眼望望赵谈，"赵大人以为如何？"赵谈也只是摇摇头，用意味深长的目光看着郭彤。郭彤索性也不再开口，三人枯坐着，直到侍御史通知他们皇帝就要驾到，他们才进殿伺候。

出乎意料的是，皇帝与大臣所议并没有涉及栗姬，而是几个郡国上报的文书。将近正午，皇帝发布了几道诏令后，朝会就散去了。

看来北宫说得对，天心还真是难测呢。用过午餐，郭彤前往北宫的住处，他决定还是要争取北宫，以防赵谈先下手把他拉走。郭彤可以说是北宫一手调教提拔上来的人，两人做事的风格也相似，稳健、谨慎。赵谈则比较张扬，皇帝出行，他任骖乘①，万众瞩目，赵谈亦不免面有得色。前殿的大宦官中，北宫年岁最大，资格最老，郭彤年轻，资历浅，故而赵谈要在皇帝面前拔得头筹，势必要挤掉北宫。北宫虽无所表示，但郭彤能够感受他那种如芒刺在背的感觉。因此他对拉住北宫，较有把握。

北宫伯子正欲午休，听到郭彤来访，还是将他延至内室见礼，宦者奉茶退出后，北宫笑笑，说道："吾老矣，精力不济。每日午间都要补补觉了。"

"打搅老师清梦了。"郭彤揖手致歉。在私下场合，郭彤均执弟子礼，称北宫为老师。

"学生来此，为的是向老师报告一个消息。昨日午前，上边在长乐宫碰了钉子，太后为长公主做主，定下了阿娇与胶东王的亲事。上边也允准了。"

"这就难怪了。栗夫人昨晚闹酒，怕为的就是此事。妇道人家，没有一点儿心胸，近之则不逊，远之则怨，孔夫子的话真是一点儿不错。这下子雪上加霜，后宫怕是要从此多事了！"北宫看着郭彤，感慨地摇摇头。

"栗夫人失势，一定会动摇储位，以老师之见，后宫形势如何？学生愚昧，望老师有以教我。"

北宫笑着摇摇头，呷了口茶，道："一切还不都在上边喜怒一转移之间。老夫不能妄测。"

---

① 骖乘，即陪乘。《汉书·文帝纪》注："乘车之法，尊者居左，御者居中，又有一人处车之右，以备倾侧。是以戎事则称车右，其余则曰骖乘。"

"可是已经有人在活动了。老师可听说赵谒令与合欢殿往来密迩？"赵谈是北宫的心病，郭彤于是由此打进楔子，迫他开口。

"喔？果真如此，我怕他是押错了宝。"

"以老师看，宝押在何处胜算最大？"

"郭大人，不要与老夫绕弯子了！"北宫敛容正色地说道。"郭大人恁聪明的人，心里应该有数。你既称我为老师，不妨把你的判断讲给我听听，我或许可以贡献一点儿意见。你我十几年的交往，还不至于不能坦诚相见吧？"

郭彤面有愧色，揖手谢罪道："是学生见外了。事出非常，学生不敢不谨慎。椒房、合欢、披香、漪兰各殿均有争心，事情又牵涉两宫和大长公主间的意见，情势错综。大家都是皇帝身边的人，势难置身于事外，还望老师指点迷津。"

北宫颔首笑道："你有这个见识就对了。先告诉我，你的宝押在了哪里，我看看你够不够聪明。"

"学生把宝押在了胶东王身上。"

"押在胶东王身上，为甚？说来我听听。"

"胶东王自幼颖悟过人，深得上边的喜爱。"

北宫竖起一根手指，道："这是一。还有呢？"

"胶东王被长公主相中定亲，可以得长公主之助，也就可以得太后之助。"

北宫再竖起一根手指，"这是二，但并不足够。还有呢？"

郭彤凝思了片刻，摇摇头道："学生愚昧，实在想不出了。"

"你我侍奉上边多年，上边的脾性，我们都是清楚的。我问你，对于后宫的宫人，上边最反感的是甚？"北宫呷着茶，好整以暇地问道。

"妒忌。"

"不错。那么上边最为忌讳的又是甚？"

"结党谋私。"

"是矣。那么你刚刚列举谋位的那四殿的主人，谁最不张扬惹眼？在上边的心目之中，谁最显安分，最无野心呢？"

"当然是胶东王的母亲。"

"这就对了。皇后是作甚的？是皇帝的女管家，既不能妨碍上边寻欢作乐，又要替上边操持好家务，这就够了！所以，皇后不一定非得是上边喜欢的女人，但却一定得是个安分、顺从的女人,而且这个女人还得有一个皇帝喜爱的儿子。所以赵大人这一宝押得不如你,他只看到合欢殿得宠,看不到她是个不安分的女人。"

郭彤恍然大悟,心里佩服北宫不愧是识途老马,见识终究胜过自己。北宫望着郭彤喜不自胜的样子,不以为然地摇摇头,道:"你这一宝押得虽准,但并不能保证你有了最后的胜算。"

"此话怎讲?请老师明示。"

"人心是会变化的,所以也是最靠不住的。原本平庸的人会得志忘形,皇帝对人的好恶的转移,也可能瞬间就发生。上边既能废刘荣,当然也能废刘彘。关键在于当事之人善执持盈保泰之道,以平常心处之而已。"

"老师明鉴,学生谨受教。"郭彤顿首再拜。

"很多事情,你不能光看到有利于自己的一面,不利的一面亦不妨多想一想。譬如,对手会如何动作,大臣们也不会轻易赞同废立之事,制度所关,搞不好会动摇国本的。"

"学生正想就此请教。赵大人交通合欢殿,其忒不在小。伺察上意,传递消息,是个危险人物,最近竟搞到了学生身上。"

"你有把柄被他抓住了吗?"

"我只是前几天代王夫人向家中捎了些物品。今日方得知,他竟然私下查问为我驾车的小黄门,真是可恶之甚。"

"只要他无确实把柄,就难奈你何。你可以静刮动,你不动,他就没办法制你。反之,他愈动,破绽会愈多,愈容易被人抓住把柄。反者,道之动。主客易势,你便可化被动为主动了。"

"合欢殿那里,好生是非,有赵大人在前殿,我担心她会在皇帝身边挑起事端,牵连老师与我,倒要想个办法,绝了这条逅路呢。"

北宫闭目思忖了一会儿,站起身来,在屋中踱起步来。过了一会儿方说道:"赵谈这个人,是个逐利之徒,他之为小王夫人奔走,无非'功利'二字使然。要他知难而退,还应从根本上做起,在'利害'二字上做文章。名利场中人,利,则趋之;害,则避之。这是天下的通则。你找机会对他言明利害,大势所在,他是个聪明人,不会看不出来,一定会按趋利避害的本能行事的。如此化敌为友，比争个两败俱伤要好得多。"

"多承老师教诲，学生茅塞顿开。还望老师日后多多助我，功成之后，学生与老师都可长享尊荣的。"

"吾老矣，安度余生于我足矣。我与你说这些话，是看在你我十几年的感情上，决非贪图富贵。政海之波澜，你我既在局中，虽想置身事外而不可得，唯有谨慎小心，保命图存而已。"

郭彤告辞出来，心里宽慰了许多。首先，拉住北宫的目的已经达到；其次，北宫对情势的判断与自己一致，坚定了自己的信心。当务之急是抢在赵谈之前切断线索，使之无所施其技。然后即可按照北宫的办法，以静制动。时机适当时对赵谈陈明利害，要他知难而退。

今夜当值的是赵谈，他决定趁此机会，再去长陵，向臧儿讲明利害，封住她的嘴。想到那日长陵田家酒会上旖旎的风情，郭彤不觉心驰神往，再次兴奋起来。

十二

"让我说公公什么好呢？到手的把柄，竟也被他轻轻溜掉了！你若在郭彤去长陵的次日赶去，他还跑得掉？难道平日伺候皇帝，你也这样子不紧不慢嘛！"儿姁恨恨不已地说着。

赵谈垂着头，心中的懊恼与失望兼而有之。昨日休沐，他去了长陵田家，受到臧儿的热情款待。但问到郭彤捎物之事，臧儿却一口咬定全是王娡给她和王信补贴家用的财物，她捎进宫里面的，不过是衣物食品，根本没有什么行贿之事。翻来覆去都是这些话，赵谈又不能过于逼迫，悻悻而还。回宫后才发觉宦者署的小黄门已经请假还乡，将两件事情系起来一想，赵谈才感到事情不妙，有人已抢先做过手脚，也就是说，自己的立场已为对方知晓。赵谈虽不把郭彤放在眼里，但被人识破，成为暴露在明处的对手，终究会有相当的风险。

再有这个小王夫人，也忒不给自己留面子。听到些坏消息就勃然发作，像下人一般训斥自己。作为皇帝身边的近臣，就是贵为三公的高官，见了面也还要客气敷衍他一番，除了皇帝，这些年，他还真没有被第二个人这样训斥过。

"夫人，我很怀疑是什么地方出了纰漏，不然郭彤的动作不会这样快。"

"这件事情，只有你我两人知道，公公的意思，这纰漏是出在我身上喽？"

"下官不敢。可是下官还是要问一句，夫人在漪兰殿那里没有提到长陵之事吗？"

儿姁猛然想起她确以此事威胁过王娡，看来还真是从她这里漏的风。她摇摇头："当然没有。"然后息事宁人地笑笑，"好了，算他们滑头，这件事先到这里。交通宫禁的事情可以暂且不提，可欺瞒皇帝的罪名她是逃不掉的！你还要给我盯紧着点儿。"

侍女通报王夫人来访，赵谈已走避不及。儿姁示意他到屏风后面回避，自己起身相迎。

两人见礼后，儿姁示意侍女们退下，然后冷冷地盯着王娡，等着她开口。王娡却敛容低首，不发一言。

"阿姊答应的那件事办了吗？"见王娡始终没有开口的意思，儿姁忍不住问道。

"没有办，也不能办了。"王娡抬起头，望着儿姁，目光平静如水。

"你这是甚意思，怎么不能办？"

"皇帝几日前去长乐宫请安，当面向长公主提亲，可长公主执意不允，最后由太后做主，为阿娇与彘儿定下了亲事，皇帝也允准了。两宫定下来的亲事，退亲，已非我所能办和敢办的了。"

这个消息太突然，儿姁瞠目结舌，半晌说不出话来。藏在屏风后面的赵谈，也吃了一惊。联想起前日栗姬被遣送回后宫之事，赵谈恍然大悟，王娡已取代栗姬成为皇后位置的有力争夺者。姊妹间的争夺，由于太后和长公主的介入，优势似乎并不在儿姁一边。想到这里，他觉得要重新考虑自己的立场了。

"此事你怎会知道？"儿姁回过神来，不相信地问道。

"前殿有人为你通消息，自然也有人为我通消息。交通宫禁的，恐怕不只是我一个人，怎么，你的人没有将此事告诉你吗？"

"你有何凭据说我交通宫禁？"儿姁见王娡如此强硬，不禁有些心虚。

"你又有何凭据说我交通宫禁？"王娡反问。

"你莫得意，我早晚会得到证据。况且你蒙骗皇帝之事，怕是推卸不掉的吧！"儿姁面色发青，气急败坏地指着王娡，愤怒得声调都变了。

"你又是何苦呢？阿姊从小让你到大，你就让我这一次不行吗？皇后之位，我决不与你争。毁了我对你有甚好处，我们姊妹一场，最后搞到两败俱伤，欢喜的是谁呢？"王娡讲到动情之处，眼含泪光，声音也哽咽了。

"我不相信你。我没有想到你的心计这么深,不过你得意不了多久,你记住,我不会放过你的!"

"儿姁,你消消气,莫动了胎气。"王娡不再争吵,她敛容望着儿姁,呷了口茶,说道:"母亲托郭舍人带给我们的物品,我给你带过来了。"她招呼大萍将东西送进屋内,揖手告辞,头也不回地走了。

赵谈从屏风后走出,儿姁还呆呆地坐着,他揖手告辞,刚要转身退出,却被儿姁叫住了。

"皇帝代栗姬求亲被拒之事,你为何不告诉我?"

"此事我也是刚刚听说。那日侍奉皇帝去长乐宫的是郭彤,此事他当然不会告诉我。当晚栗姬与皇帝大闹,被遣送回后宫,她的失宠是铁定的事。后宫人事的巨变,怕就在旬月之间,夫人好自为之。下官还要侍奉前殿,这就告退了。"

"公公请留步,我还有事相托。"

"夫人请吩咐。"

"请公公给皇帝带个信,就说我想马上见他,有要事相告。"

"这,这恐怕不行。召幸宫人,均由永巷安排。越轨奏告,会引起皇帝怀疑,反而会坏了大事。夫人还是安心调养,孩子生下来后,皇帝定会来探视,不愁没有机会说出夫人想说的话。赵谈还要赶回去侍候皇上,就此告辞了。"

说罢,赵谈即躬身辞出,匆匆离开了合欢殿。

赵谈走出不远,就遇到了等在路边的王娡。

"公公是回前殿吗,何不在合欢殿多坐一会儿呢?"王娡边揖手致意,边盯着赵谈官袍的下摆。

"我去少府办事,夫人说我在合欢殿,是什么意思?"赵谈颇为诧异。

"我也才从那里出来不久,与儿姁坐着说话时,看到那屏风下脚露出的袍服下摆,倒是与公公的一样呢。公公既不在那里,怕是我看错了。"王娡逼视着赵谈,口气却是不软不硬。

"哪有的事,哪有的事。我前殿有事,不能陪夫人说话,告辞了。"赵谈揖手作别,一心想快些摆脱这尴尬的局面。

"请留步,有句话还想请公公带给前殿的郭舍人。"

"哦？请讲。"

"请公公告诉郭舍人，那个算计他的人我已查清楚了，请他不必担心，但也要小心提防。"

"郭舍人若问那人是谁，下官怎样回答呢？"赵谈佯作不省，面色却变白了。

"他心里清楚，不会问的。好了，此事拜托了，不耽误公公了。"说罢，王娡与等在一边的大萍，头也不回地向永巷的方向去了。

赵谈回到住处，思前想后，把几日来的经历细细地捋了一遍，决定在风向变化未定之际，改行中立不倚的立场，而要做到这点，首先就是化解王夫人和郭彤对自己的敌意。为此，当日退值后，他来到郭彤的住处。

郭彤的屋内无人，赵谈正要走开，忽听到随着簌簌的声响而起的喝彩之声由房后传出。他绕到房后，原来是郭彤正在一块空场上练习投壶。距郭彤九尺开外，陈设着一只广口大腹、脖颈细长的大铜壶，郭彤手持一把九扶①长的棘矢，一支支地向壶中投去，每投进一支，司射和围观的宦者们都大声喝彩。看得出郭彤颇擅此术，所投十中八九，场上喝彩声不断。将手中的棘矢投完，郭彤额角已经冒汗，他转身接过旁边递过来的汗巾，看到了站在不远处的赵谈。

"赵大人，今日怎么得闲来此？一起投两支如何？"

"郭大人好身手，鄙人虽有雅兴，无奈不通此道哇。"

郭彤让宦者们收拾场地，自己将赵谈让入屋内，两人见礼后，郭彤问道："赵大人，来此有何见教？"

"见教没有，倒是我有事想请教郭大人。"

"鄙人不敢。赵大人有事尽管直说。"

"听说东朝那边，太后做主定了胶东王与阿娇的亲事，皇帝也允准了？"

---

① 投壶，汉代宴会上常见的一种助兴游戏。投壶者站在一定的距离外，向一广口大腹细颈的壶中投掷用硬灌木枝削成的棘矢，投中一支为"一算"，最后以投中之多寡定胜负，并以此赌酒。壶中装满小而滑的豆子，棘矢即使投入，也常常被弹出，因而需要相当的技巧。棘矢的长度因投壶距离不同而分为五扶、七扶、九扶三种，古时以四指宽为一"扶"，合汉尺四寸，"九扶"即三尺六寸长的棘矢。

"不错。赵大人的消息也蛮灵通的嘛！"

赵谈眉头微蹙，做出责怪的样子，说道："你我同在皇帝身边做事，这么要紧的事情，你一点儿风也不透，不大够朋友吧。郭君是不是对我有所误会呀？"

郭彤笑笑，说："赵大人言重了。服侍上边，不得不谨言慎行，这个规矩大人比我明白，哪里有什么误会可言？言重了，言重了！"

"我还有个问题私下请教，郭大人不会与我见外吧？"

"哪里，哪里。赵大人但问不妨。"

赵谈做出推心置腹的样子，很诚挚地问道："依郭君之见，栗夫人还做得成皇后吗？"

郭彤一惊，没料到他会如此直截了当地问出这样的问题。略作思忖后，郭彤觉得不妨以诚相见，按北宫大人的办法"化敌为友"。"栗夫人为此闹酒，激怒了上边之事，赵大人想必也听说了吧。由此看来，她的前景不妙啊。"

"那么，中宫之位，谁最有望得之呢？"

"依赵大人看呢？"郭彤反问道。

"我看是漪兰殿的王夫人。"

没想到他会这样说，郭彤又吃了一惊，"赵大人何出此言？"

"胶东王本来得上边喜爱，又成了大长公主的女婿，再得长主和太后的助力，前程未可限量。母以子贵，王夫人的机会要大得多呢。"

"喔，赵大人所言鞭辟入里，郭彤茅塞顿开，佩服佩服。"郭彤做出恍然而悟的样子，揖手拜谢。

赵谈则再拜顿首，很郑重地说道："赵谈处事，难免有时糊涂，将来一切还要仰仗郭大人的提携，请受我一拜。"

"赵大人此话怎讲，郭彤愚昧，望大人有以教我。"

"我今日来此，是受漪兰殿王夫人之托，给你捎话。王夫人要我告诉你，算计你的人她已查清，让你不必担心，但也要多加小心。"

"王夫人会让你给我捎这样的话？我不明白。"郭彤真的吃惊了。王娡如此做，未免太不留余地，意同示威。他一时竟不知如何作答了。

"这个人，王夫人指的是我。我看你与王夫人都是误会我了。我虽受小王夫人之托，为她做过些事情。但并无意与王夫人和郭君作对。此事还望郭君向王夫人讲明，我赵谈是识时务之人，不会做不利于夫人之事。"

赵谈说罢起身告辞，走到门边，他回转身，对送他的郭彤低声道："小王夫人急着要见皇帝，怕会不利于她姊姊，夫人最好能劝止她，以防意外，你们好自为之吧。"

望着赵谈远去的背影，郭彤一面懊恼被赵谈反客为主，一面从心里佩服北宫的老谋深算，官场运势之转移，还真就是决于"利害"这二字呢。赵谈昨日还汲汲于侦伺自己，今日却专程来此输诚，官场的变化真是难以逆料。

赵谈临别时的密告，表明他已背叛了小王夫人。郭彤回到席上，边饮茶边思考那个警告的含义。小王夫人身子渐重，为了那对龙凤胎，上边不会召幸她，赵谈的背叛，又使她失去了御前的通路，所以相当长的时间内，她难以对王娡构成大的威胁。可看赵谈的神态，事情好像挺严重，以小王夫人之性格，她是很有可能孤注一掷的。想到这里，郭彤决定宁可信其有，明日即将赵谈的消息传给王娡，并要她尽早消除隐患。

十三

刘彘到太子宫读书，不觉已一月有余了。韩嫣也恢复了门籍，每日到太子宫陪读。太子宫的师傅不比承明殿，不仅学问高，而且管束要求很严。太傅窦婴、少傅辕固生负责太子与河间王的教读，而刘彘因为年少，由汲黯和郑当时授读。汉承秦敝，民生凋残，故自汉初起，治国多用黄老之术，清静无为，与民休息。窦太后尤好黄老之学，在她的要求之下，上自皇帝，下到太子、诸王及外戚窦氏子弟，无一例外，都得读黄老之书。派来教授刘彘读书的汲黯与郑当时，均出身于黄老之学。

这天，轮到汲黯授读。汲黯是濮阳人，祖上世代为卫国的卿大夫。汲黯生性倨傲，待人严厉，不苟言笑，所以刘彘和韩嫣都对之心存畏惮。师生见过礼后，汲黯命刘彘将昨日授读过的老子书的上篇《德经》诵读一遍，刘彘很流利地读了下来。轮到韩嫣，则磕磕巴巴地读不成句子。汲黯皱起眉头训诫道："韩嫣，你大胶东王三岁，课业却比殿下差了许多。圣上准你进宫陪读，是难得的恩典，你怎么不知珍惜呢？"

"师傅光教我们读书，却不讲解书中的道理，不懂，就不好记嘛。"韩嫣委屈地分辩道。

"你们尚在小学。小学、小学，就是读书识字之学，先要诵读，后要背书，使之烂熟于胸。年龄渐长之后，接触世事，书中的道理和用处自然体会得到的。韩嫣，课后，《老子》上篇你再读二十遍，明日若还如此，我定责罚不贷。"他瞪了韩嫣一眼，又严肃地对刘彘说："殿下还要将所学熟读背诵。近日皇帝要亲临检查太子和殿下们的课业，不要让皇帝失望，让师傅面上无光。"

"是。"刘彘点点头，然后十分恭敬地问道："师傅，黄老的'老'，就是老子之学吗？"

汲黯颔首道："不错，正是老子之学。"

"黄老之学都讲些什么，太后为何非要大家都学黄老之学，师傅给我们讲讲，好吗？"

"是呀，师傅讲一讲嘛。"韩嫣也附和着说。

看着他们期待的目光，汲黯踌躇了片刻，颔首说："好吧，我就讲一讲。黄老之学是行之于天地之间的大道，小到一个人的立身处世，大到治理一个地方或国家，都离不开它所讲的道理。道，是自然天地之本，又是万有运行的道理，做任何事情，都离不开一定的道理，所以可以先把'道'理解为道理。"

看着两个孩子似懂非懂的样子，汲黯思忖片刻，摇摇头道："你们这个年岁，讲大道理怕不易听懂。这样吧，我用本朝人物的故事来说明黄老之学的道理，你们可能更容易懂些。先说个人的立身处世，留侯张良你们知道吗？"

韩嫣摇头，刘彘说道："听说是开国的大功臣，其他就不知道了。"

"对，是随高祖皇帝打天下的大功臣。高祖皇帝身边有两位谋士，一个叫张良，一个叫陈平，都是学黄老的出身。'运筹帷幄之中，决胜千里之外'这句话，就是高祖皇帝用来称赞张良的。

"张良为高祖皇帝出过很多奇计，好几次救高祖皇帝于危难之中。等到天下打下来了，高祖皇帝让他在最富庶的齐地任意选一处三万户的封地，他不要，只做了个小小的留侯，后来又打算随赤松子云游学道，在家辟谷，辟谷也就是绝食，据说经过修炼之后神清气爽，可以延年益寿，羽化成仙……"

"那么，张良成仙了吗？"刘彘兴奋地追问，打断了师傅的话头，他马上意识到自己的不敬，连忙吐了一下舌头。

"没有。高祖皇帝大行之后，吕太后派人把他找来，劝他说，人生一世如白驹过隙，何至于如此自苦，强要他进食，留侯不得已，终止了修炼。"

"师傅，白驹过隙是什么意思？"韩嫣不解地问。

汲黯看到刘彘欲言又止，跃跃欲试的样子，示意他作答。

"形容时间过得飞快,就像穿过墙缝的日光,一会儿就不见了。这个成语出自《庄子》的天下篇。"

汲黯满意地点点头。"殿下解释得对。留侯功成名就后说过,他最初破家以重金结交刺客,目的是击杀秦始皇帝,为韩国报仇。后来天下大乱,他以三寸之舌为帝王之师,封万户侯,对他这样一个布衣平民而言已经是足够了。所以他愿抛却人间富贵,云游修炼。这种境界是黄老之学所提倡的。黄老之学于个人的立身处世讲求的是'功成,名遂,身退,天之道也',说是天道,意思是符合自然的道理。世间万物,都有其一定的功用,功用发挥过了,又回归于自然,这就是天道。这是讲黄老在人生上的运用。

"至于黄老在治国上的运用,大汉建国以来,就一直没有离开过黄老之学。太子也好,殿下也好,甚至你韩嫣也好,将来或为天子,或为诸侯,或为大臣,都负有治国安民的责任,怎么治国,靠的就是黄老之学,太后要大家认真学习,就是这个道理。

"那么黄老之学治国的道理是什么?其实非常简单,一句话就可以讲明白。清静无为,也就是老子所说的无为而无不为。以这个道理治国,可以举重若轻。与张良齐名的陈平也是大汉的功臣,在王陵之后备位丞相。平定诸吕,使大汉江山转危为安,他的功劳很大。他年轻时为乡里的社会①主持分肉,分得均平无误,受到乡亲们的赞誉。陈平却说,这算什么,将来若能宰制天下,也不过如分肉这般简单。老子书云,治大国若烹小鲜。陈丞相的这番话,颇得老子的遗意。这样讲你们听起来可能觉得玄虚难懂,我还是举个故事为例。曹参,曹相国你们听说过吧?"

刘彘和韩嫣一齐点头。

"曹相国也是随高祖皇帝打天下的大英雄、大功臣。最初朝廷派他到齐国担任国相,佐治齐国,他开始请教了不少儒生,可是一人一个说法,搞得他无所适从。后来他从胶西请到一位治黄老学的盖公,奉为上宾。盖公告诉他,

---

① 社会,汉代祭神之日,里社举行的赛会,分别于立春和立秋后第五个戊日举行,祭神用的牺牲,最后要分给里社成员每家一份。

治道贵清净而民自定，他按照这个道理施行，齐国的百姓安居乐业了九年，举国都称他为贤相。

"萧何萧相国死后，曹参被调回朝廷接任相国之职。他治国的办法是，从各郡和诸侯国选拔那些拙于文辞、木讷厚重的长者作为属官，而那些巧于文辞、好名强辩者，发现一个，罢免一个。这样久了，相府的官吏，再无好事之徒了，而政事自然就清净简约了。

"丞相的职掌是辅佐天子，掌丞百僚。朝廷之九卿和地方上的郡国，有大事都不能不经过丞相这一关，而曹相国认准了清静无为是最好的治国方略。对于那些欲大事更张的官吏，来到相府，不等开口谈事，就以醇酒招待他们，饮宴间隙时，谁欲谈公事，马上再饮，直至他们大醉而归，根本没有机会谈公事。这种做法，在曹相国是习以为常的。"

"他难道不怕耽误国事吗？"刘龑不以为然地问道。

"那时孝惠皇帝已经即了位，也有这种疑虑。曹相国的儿子在皇帝身边任中大夫，孝惠皇帝听说相国日日饮宴，怕荒废公事，就嘱咐相国的儿子休沐回家时，私下劝谏他一下，不想曹相国发怒，笞责儿子二百，说这不是你所应该管的事，你的职责所在，就是好好侍奉皇帝。朝会时，孝惠皇帝责备他说，你为甚责打儿子，是朕要他劝谏你的。你们猜曹相国怎样回答？曹相国免冠谢罪，于是向皇帝讲明了他这样做的道理。他问：'陛下自觉圣武比高皇帝如何？'皇上说：'朕怎敢与高皇帝相比。'曹相国又问：'陛下观察，臣与萧何相比谁更贤能。'皇上回答说：'你好像不及萧相国。'曹相国于是说道：'陛下说得对。高皇帝与萧何定天下，法令既已明确，如今陛下垂拱，曹参等守职，遵行而不违失，难道不对吗？'孝惠皇帝当然明白这个道理，此后直到如今，大汉朝都是靠着'无为'的道理治国，与民休息，天下才从秦末兵火所遗的残破中恢复过来。"

"无为，就是什么也不做吗？那还要皇帝和大臣们作甚？"刘龑不甚满意地问道。

"当然不是。天地万物都循自然之理而动，没有人为刻意地干预，它也会自然发生。譬如，人皆知趋利而避害，这是一定不易的道理。百姓你不去管他，他也会千方百计地求生谋利，就如草木，春华秋实，自然而然就会有所收获。

朝廷为政清净简约，就是循自然之理治国行政，常常能收到最佳的效果。看似无为，实际上无不为。反之，官府多事，人为干预，反多扰民、害民的稗政。老子言，法令滋彰，盗贼多有。智慧出，有大伪。秦始皇政苛法暴，赭衣遍地，身死国亡，前车可鉴呐。"

"曹相国整天饮酒不办公事，那些官员们不能直接把事情陈奏给皇帝吗？"刘彘显然被曹参的故事触动了，汲黯话音刚落，他就发问了。

"当然不能，这是朝廷的制度。黄老的治术讲的就是皇帝垂拱而治，事情交给丞相和官吏们去办理，皇帝沉机默运，督责检查臣子们就可以了。皇帝垂拱，政事方能清简；反之，皇帝事事躬亲，政事必然繁复，繁复必会扰民、病民，违背自然之理，结果常常是欲南其辕，而北其辙。"

"这种制度不合理，丞相职权太大，上下不通气，万一丞相不贤或有野心，有意蒙蔽，皇帝岂不危险嘛！"刘彘不服气地说道。

"丞相哪能够一手遮天？三公均可觐见皇帝，且太尉治军，御史大夫治狱，事权分割，为的就是制约丞相。"汲黯边说边望着刘彘，心里相当惊异，偌小的孩子，竟思虑这样的问题，可畏也。

"儒法两家之说，师傅以为如何？辕固少傅的学问如何？"刘彘忽然转了话题，双目灼灼地盯着汲黯。

"法家实际上出于儒家，韩非、李斯全是荀卿的学生，荀卿则是个大儒，其学不过偏重于政刑实用而已。那个韩非有个评价，叫作'儒者以文乱法，侠者以武干禁'，对于国家的政治安定，都没有什么好处。你们应谨记太后的教诲，以黄老之学为正道。"汲黯摇摇头，严厉地看着刘彘。

"儒学既无好处，父皇为何还请辕固生辅导太子，难道不怕太子误入歧途吗？"刘彘仍然不服，倔强地问着。辕固生是治儒家经典《诗》的博士，身任太子少傅，学术地位也高于汲黯。刘彘举出他来，是有意难为师傅。

汲黯语塞，面色极为难看。幸而报时的击柝声打断了师生间的争论，天已近午，汲黯匆匆安排了午后的功课，要求他们熟读背诵《老子》书后，便气冲冲地离开了。

"殿下难为得好！"韩嫣喜笑颜开地说，"看师傅平日凶巴巴的样子，真想不到还有被人难住的时候。"

"我非故意难为师傅，只是他太固执己见，容不下别家的学说。其实师傅的书是讲得好的，只是各家都有自己的道理，不可偏废。"

"什么这家那家，光老子的书就够我烦心的了。午后好不容易没有新课，还得背书，真没意思。"韩嫣无精打采地说。

"你也不笨，用用心不就成了。"刘彘不以为然地看着韩嫣，"午后你抓紧把书念熟，咱们可以早早放学，我带你到漪兰殿去玩。上次在承明殿打架后，我娘就想见见你，今日正好有空闲，可以去玩。"

韩嫣喜出望外，"真的？说话算话！宫里除了承明殿和太子宫，我还哪儿都没去过呢！"说罢，他展开简册，认真诵读起来。

十四

韩嫣的到来，使彷徨无计的王娡又有了希望。一个月来，出乎王娡等人的预料，皇帝除取消栗姬五日一侍寝的资格而外，并未再加处罚，一切还是老样子。但更让王娡忧心的是儿姁，她深知妹妹的脾性，她是个说得出也做得出的人。告发的威胁如悬在头顶的利剑，使她寝食难安。虽然赵谈的背叛使儿姁暂时没有了告发的通路，但她早晚能够见到皇帝，一旦知道了自己多年的隐情，皇帝会作何反应，王娡简直不敢去想。为了缓和关系，她多次前往合欢殿探视妊娠中的儿姁，嘘寒问暖，关怀备至，儿姁的态度看上去不冷不热，但王娡从她那冷得像冰一样的目光中，明明白白地感觉到了仇恨。

这种芒刺在背的感觉，将她折磨得心神疲惫，这样下去，她会发疯的。辗转反侧了几夜后，她终于决心做一个最终的了断，但却苦于没有合适的人手去办。这件事风险太大，她信不过郭舍人，也不愿有把柄落在他人手中，可自己和大萍又没有办法出宫。韩嫣的出现，真是天从人愿，一个孩子，既没有成人那种心眼，又不会引人怀疑，是最好不过的信使了。

望着韩嫣英俊而又稚气未脱的面容，王娡先就有了七分的好感。她将韩嫣招呼到跟前，拉着他的手，细细端详了一阵，笑着说道："果然是个可人，难怪中山王要吃醋了。"

她拉他在自己身边坐下，命侍女们上些糖果零食招待客人，问了些刘彘学业上的事情后，亲切地望着韩嫣，问道："公子是与弓高侯同住吧，家在长安城中何处，进宫陪读可还方便？"

"承夫人下问，在下是与家兄同住，家住尚冠里，出东阙不远就到了。比起承明殿，太子宫离家更近。"韩嫣恭敬地回答。

"课余或休沐之时，公子还出门行游吗？长安城里的街巷里居，你熟悉吗？"

"当然熟悉了。兄长和家人们去市场购买菜蔬肉食，我总相跟着去。长安九市，闾里街巷，我是再熟不过的了。"韩嫣颇为自负，眉飞色舞地说。刘彘则一脸羡慕向往的颜色。

"那好啊。我问你，长安城中可有个叫作'穷'的里？"

韩嫣想了好半天，方才舒展眉头，道："对，是有个穷里，在北城，靠近东市，住的多是市井平民和手艺人。那里的小儿野蛮得很，总好起衅斗殴，我与兄长们有一次去东市，险些与他动起手来。"

"好。有件事情，阿姨托你帮忙办一下，好不？"

"当然，夫人尽管吩咐。"

"你既是彘儿的同窗好友，就不必拘礼，喊我阿姨就可以了。我看待你如自家子侄，以后也不称你公子，喊你嫣儿可好？"王娡语气和蔼亲切，韩嫣原有的拘束一下子少了许多，响亮地答了一声是。

"有位旧日的朋友，阿姨自入宫已经十几年不见了，很是思念。她家就在穷里，不知如今还住不住在那里。明天是你们的休沐之日，不用上学，嫣儿可否去穷里寻访一下阿姨的这位朋友，她叫义妁，是名医仓公的弟子，也以行医为生，很有名的，穷里的人想必都知道他们的。"

"阿姨放心，只要她还在长安，韩嫣一定找得到她。"

韩嫣果然殷勤巴结，次日午后就带来了让王娡欣喜的消息：义妁找到了。王娡不愿儿子知道自己所为，午餐后故意放刘彘与身边的侍女们去沧池游玩，韩嫣到漪兰殿时，奇怪地发现殿内静悄悄的，没有人声。

王娡将韩嫣带进内室，让他把寻找义妁的经过细细地叙述了一遍。义妁还住在穷里的老房子里，至今未婚，与一个无业浪荡的兄弟相依为命，全靠她的医术为生。

"知道阿姨没有忘记她，她十分欢喜，让我带话给阿姨，当年她给阿姨断的命相决不会错。阿姨有何要她帮忙之处，尽管吩咐，她定效犬马之劳。阿姨，她给你算的什么命呀？我问她，她怎么也不肯说。"韩嫣好奇地问道。

"还不是福寿无极这类的过年话。"王娡随便搪塞了过去。她拉住韩嫣的手，盯着他道："嫣儿，阿姨还有件事要你去办，可你要对阿姨保证不对任何人讲，行不？"

"嗯。胶东王也不能讲吗？"

"不能讲。"

看着韩嫣点头答应后，王娡笑了笑，说道："其实也没什么。我这里的雄猫夜里总跑出去撩唆雌猫，整夜地叫春，让人睡不好觉。好几只雌猫都怀了崽子，将来生下来更不好办。所以阿姨要你找义姁为我配些药，把猫崽子打下来。阿彘他们都喜欢猫，怕他们难过，所以不能告诉他。嫣儿是个明事理的好孩子，阿姨又喜欢，又放心，才把这件事交给你去办呢。"说罢，王娡搂过韩嫣，在他的面颊上亲了一下，用手在他头上，亲热地抚摩着。

韩嫣亲娘早亡，又是庶子，在家中、乡里都难免会受到歧视。王娡的亲切信任，博得了他的感激依恋之情。于是他再次申誓，决不泄露此事。当日午后，韩嫣带着王娡的手书，再次来到义姁的住处。

义姁看了王娡写的那几味堕胎用的药名，心中不由得暗暗吃惊。天雄、乌头、附子和斑蝥，全是本草中的大毒之品，虽可用于堕胎，但稍有不慎，些微的过量即能致人死命。她略为思忖后，看定韩嫣，说道："韩公子，夫人真的说要用此药为猫堕胎吗？"

"当然，夫人手书中不是写着呢吗。"韩嫣回答得十分肯定。

"夫人在宫中过得如何？有什么不顺心之事吗？"

"好像没有吧。你拿药就是了，问这些不相干的事作甚？"韩嫣狐疑地看着义姁。

"不为甚，不过是朋友间的关心罢了。"说罢，义姁取出两只羊角制成的药壶，拔下塞子，用一只骨制的方寸匕①很小心地舀出些药粉，放入一支蜡

---

① 方寸匕，即药匙，也是汉代医药上所用的计量容器。一方寸匕可分为十刀圭，一刀圭的容量如一枚梧桐子大小。古代计量粉末状的散药，均以刀圭、方寸匕为单位。

丸中。她仔细封好蜡丸，交给韩嫣，郑重地说道：

"你送去时告诉夫人，我这里只有乌头、附子，其实两者同出一源。春天采挖者为乌头，秋天则为附子。请夫人用药一定要小心，切不可过量，一刀圭即可。过量胎固然可以堕下，但雌猫性命未必能够保住。要知道，一分之量即可置人死命呢。"

韩嫣将蜡丸小心放入腰间的革囊，好奇地问道："阿姨，乌头是什么东西，怎么那么毒，你讲给我听听好吗？"

"乌头是一种草药的根茎，味道辛辣，药性甘温，是大热大毒之品。医家用它诊治阴寒湿痹，或用于中风、痰喘、关节痛风诸病。腹中若有徵瘕积聚，用之可以攻下，故可用于堕胎。这些说给你听，你也不懂，只记住它是剧毒之物就可以了。南方之人煎其汁，名为射罔，用来涂在箭头上打猎，被射中者，无论人兽，均难幸免。我这里的乌头乃采自于颍川少室山中，我自制成粉，是正品，所以更要加小心。"

韩嫣点头称是。义妁为他斟满一杯茶，说道："韩公子请饮茶。与夫人一别多年，我一直心里惦念，还有话想问问公子。夫人仅胶东王一子吗？"

"是。其他三个全是女儿。"

"哦，是这样。胶东王如何？"

"甚如何？我不明白阿姨的意思。"

"胶东王为人如何？是否得皇帝喜爱，将来运势怎样？"

"为人极好，聪明好学，不光皇帝喜爱，长公主也看中了他，挑他做女婿呢。阿姨，甚是运势？"

"原来如此。"义妁笑道，"有机会给他看看命相就好了。不过从夫人的命相上推也错不了。运势，就是命运、前程的意思。"

"阿姨，听夫人说，你是许负的弟子，相面极准。请阿姨一定给我看看，我的运势如何。"韩嫣望着义妁，期望颇殷。

义妁仔细端详了韩嫣一会儿，颔首道："公子，你既与胶东王交好，只要好好跟随他，一生的富贵全在于此。不过我看你会吃亏在女人身上，谨慎小心可以免祸，否则怕不得善终啊。"

韩嫣有些扫兴，没话找话地问道："阿姨是个漂亮人物，又恁有本事，为何不嫁人呢？"

"我父母早死，只有一个幼弟。我常年行医在外，不能照顾他，结果他交游不慎，与地方上的一些恶少往来，干得都是些违法干禁的事情。为了管束住他，我已多年不敢外出行医，就这样还管不住他，整天和那些狐朋狗友混在一起。我顾他都顾不过来，还谈什么嫁人呐。"

正说话间，推门进来两个年轻男子，年纪都在二十上下，生得孔武有力。个子稍矮的一个将手中的两只死鸡丢在地上，望着韩嫣问道："阿姊，这个小白脸在此作甚？是病人吗？"

"阿纵，不可无礼。这就是韩公子，我告诉过你的，他代宫里的王夫人来看姊姊的。"

"喔？原来是宫里来的贵人。"义纵盯着韩嫣，又指指地上的死鸡，说道："你很有钱吧，怎么样？拿钱打些酒来，我们请你吃鸡。"

韩嫣摇摇头。义纵不屑地冷笑道："有钱人都是他娘的吝啬鬼。"他掉过头对义姁说道："阿姊，才将在街上捉到两只鸡，无主的，东街的一伙无赖启衅抢夺，我们干了一架，把那伙人揍得屁滚尿流。次公的胳膊有些伤，阿姊给包扎一下。"

韩嫣忽然起了想要结识他们的愿望，于是大声说道："谁是吝啬鬼？不就是钱嘛！"他从怀中掏出一串铜钱，哗的一声扔到地上，"今天这个鸡我还吃定了，这是酒钱。"

义纵转过身，一把攥住韩嫣的领口，差点儿把他拽了个跟头。"你个黄口小儿，也敢在我家撒野？我才不管你是他娘的甚贵人，若不看在你是阿姊的客人，今日非揍扁了你不可。"说罢随手一搡，韩嫣便摔到了地上。

"阿纵，你干甚！你要气死阿姊么！"义姁厉声呵斥着兄弟，起身将二人隔开。

"你仗着年长力强，欺负人算甚本事？等我长大了，有你好受的！"韩嫣从地上爬起，掸掸身上的土，对着义纵怒目而视。

"哈哈，你还挺有种，好啊，我他娘的候着你。现在，你马上给我从家里滚出去！"

"我酒钱给了，鸡也吃定了，除非你们食言。亏你们恁大的个子，言而无信，与东街的无赖有甚不同！"

义纵语塞，与他同来的那个叫次公的伙伴却哈哈大笑起来。"谁说我们说话不作数？看不出你个小孩儿还有这般见识。阿纵，我们就请他吃鸡！让个小儿责你我不讲信义，传出去岂不丢人？"

于是，韩嫣上街打酒，义姁为次公疗伤，义纵收拾鸡。忙过一阵后，三人就席，交杯换盏过后，三人竟兄弟相称，成了好朋友。

义纵自义姁外出行医后，结识了邻近的张次公等人，再也无心读书，整日与闾里少年们聚在一起，攻剽劫盗，无所不为，竟成为穷里和东市的一霸。义姁回家后，整日督责，加之年龄渐长，更向往江湖侠士，行为有所收敛，但仍成帮结伙，不事生产，横行闾里。

义纵与张次公放饮大嚼，高谈阔论，所讲都是江湖上负有盛名的大侠，韩嫣由此知道了郭解、剧孟和朱家的名字。义纵等谈得意气飞扬，韩嫣听得心驰神往，恨不能马上一瞻这些大侠的颜色。

等到鸡吃净，酒喝干，众人皆醉意酩酊了。夜漏交子，城内早已禁行，韩嫣不得已住在了义家。由此，他与义纵等人结成了好友，休沐时常来找他们郊游饮宴，结识了众多的江湖朋友。他也成了重要的消息来源，困处深宫中的刘彘，又妒忌，又无奈，只能从韩嫣口中了解外面的世界。而脱出宫禁的羁绊，去外面的大世界观览、游荡，像鸟儿般自由飞翔的愿望，如同一粒种子，深埋在他幼小的心灵里面。随着年龄的增长，这种愿望将愈发强烈起来，一发不可收拾。

十五

次日，刘彘回到太子宫，感觉气氛与平日大为不同，太子宫的宦者、侍从们进出匆匆，面色紧张，像是遇到了什么大事。进入学舍，两位师傅都在，身着正式的朝服，正襟危坐。一问，才知道皇帝今日要亲临这里，察看皇子们的学业。尤为不同寻常的是，东宫的窦太后也要莅临此处，一同参与对皇子们的考查。

师傅们要刘彘背诵了前一天所授之书，感到满意，便要他换上参拜皇帝的礼服，又嘱咐了若干应对礼仪之细节，听到谒者高声传唤的声音，知道太后、皇帝都已驾到，便陪侍着刘彘快步走进太子宫的正殿，向太后和皇帝行正式的参拜大礼。

正殿为迎接太后、皇帝的莅临，已重新布置过。太后和皇帝的坐席并列东向，坐北朝南的是太子、中山王和胶东王的坐席，北向的是太傅窦婴、少傅辕固生的坐席，西向的则是其他师傅们的坐席。刘彘一行是最后进殿参拜的。行礼后，师徒分别落座。整座大殿凝重静谧，刘彘似乎听到了自己的心跳声。

良久，窦太后微微颔首，向刘启示意道："开始吧。"刘启吩咐随侍在旁的谒者将事先准备好的笔墨和木简分发给皇子们，望着他们，说道："太后和朕想知道你们学业进展如何，今日你们先将近日所学，默写一遍，然后申讲所学的大义。你们要认真，莫要辜负了太后和朕的期望。开始吧。"

刘彘与河间王对所学早已背熟，很快默写完毕，稍后太子写完后，内侍一同呈给皇帝。刘启将三人的写卷细细看过一遍，心里既欢喜，又不满。欢喜的是刘德与刘彘所写一字不错，且书法整齐；而太子刘荣的那一份，有几处小错和遗漏，字体也难看。刘启将写卷交与太后，对刘荣说道："你既是太子，又为兄长，应该是他们的表率，在课业和书法上还须努力，你记住了！"

刘荣心里恐慌，急忙避席①称是。

刘启又转向窦婴和辕固生，"太子的课业努力不够，你们身负保傅之责，要严加督责，不可迁就他。"二人亦避席称是。

他又望着刘荣和刘德说："《书》乃治国的典谟，是圣帝明王传留下来的宝贵教训，认真诵读之外，更要体会其中的深意。刚才默写的《汤誓》，既是师傅们新授的课程，那么阿荣先行为太后和朕申讲一遍，不足处阿德补充。"

"《汤誓》，是商汤吊民伐罪时的誓言。夏桀昏庸无道，天下之人都对他怀有了怨望，甚至说出'时日曷丧，予与汝偕亡'这样要同归于尽的话来。民心既已丧尽，天命自然会转移，所以商汤说他灭亡夏是'天命殛之'。"刘荣字斟句酌，小心地回答着。

"夏桀如何不道，百姓为何怨望，天命又何以转移，它给予治国者何等的教训？你莫就文字论文字，而是要把以前所学，融会贯通进去，阐发出其中的深意和道理。"刘启不满意地摇摇头，语气也加重了。

刘荣原本就紧张，这下子更是满心惶恐，支吾着说不出话来。

为免兄长受窘，刘德顿首道："儿臣愿略作补充。《易》言：饮食男女，人之大欲存焉。在个人不过满足自身口腹之欲、室家之欢而已。在君主则不然，盖普天之下，莫非王土；率土之滨，莫非王臣。君主若无戒慎之心，则会滥用民力以满足私欲，《汤誓》中百姓之怨言即出于此，所谓'不恤我众，舍我穑事'者，说的就是这个意思。

"圣王大禹训诫子孙，'内作色荒，外作禽荒，甘酒嗜音，峻宇雕墙，有一于此，未或不亡。'夏桀不记其高祖之训，作酒池肉林，嬖幸妹喜，民心丧尽，至干天罚。其中引申的教训和道理是，天聪明自我民聪明，天命之

---

① 避席，古人席地而坐，避席即膝行后退，离开座席，为恭敬的表示。

转移系于民心。为君主者，应明察并顺从民意，不可违背民意。得民心者得天下，失民心者失天下。"

刘德侃侃而谈，刘彘心里十分佩服，但心中也有一个疑问。看看皇帝和座中其他的人，也都聚精会神地听着，面露赞许之色，只有太子一脸愧赧之色，不觉有些为他难过。

"陛下，儿臣有一个疑问，想要请教兄长。"刘德话音甫落，刘彘即向刘启顿首请示。

看到刘启颔首示意他继续后，刘彘挥手向刘德问道："桀纣虽昏庸无道，而商汤和武王按身份都是臣子，以这种身份弑杀君主，是以下犯上的大逆不道之举，天命何以会转移到他们身上呢？在下愚昧，敢望王兄有以教我。"

刘彘问罢，殿内的气氛活跃起来，人们交头接耳，好一阵子才安静下来。刘德并不在意，他看着刘彘，道："贤弟能问出这样的问题，也算肯用脑子了，不过几百年前已有人问过了。汤武伐桀纣之事，齐宣王曾经问过儒者孟轲，像这样以臣弑君的事情能够允许吗？孟轲的回答是：败坏仁义者谓之残贼，残贼之人只能称之为独夫，我只听说过诛杀一个独夫纣，没有听说过甚弑君。所以汤武放伐桀纣，只能说是受命于天。"

"不对！汤武不是受命，而是弑杀。"坐在西面席上的授读黄生忍不住了。黄生出身于黄老之学，对于辕固生平日教读杂以儒法，已经不满；刘德以儒学敷陈经义，更被他认作是有悖于学理，是可忍孰不可忍。于是未经请示，即高声抗辩起来。

看到黄生插嘴，平日在学术上就与他意见不一的辕固生也忍不住了，开口为自己的得意门生刘德辩解道："不然。因桀纣的荒乱，天下的民心皆归向于汤武，汤武顺应天下的民心诛杀桀纣，桀纣之民不为其役使而归降汤武。天与人归，汤武方不得已取而代之，不是受命又能是什么呢？！"

黄生指着自己的头，道："冠，再破也要戴在头顶上"，他又指着自己的脚，说道："履，再新也要穿在脚底下。为甚？上下有分也。《易》曰：天尊地卑，乾坤定矣；卑高以陈，贵贱位矣。桀纣虽然失道，然而始终是君上；汤武虽然圣明，终究是臣下。君主行为有失，做臣子的不以正大的言论匡正其过失，反而因这种过失而诛杀他，取代他南面为王，不是弑杀又是什么？"

"必如你所说，那么高皇帝取代暴秦即天子之位，反倒是不对的了？"辕固生盯着黄生，寸步不让地说。

二人争论之际，刘启心里十分纠结，也知道这是个令人尴尬为难的议题。站在不同的立场上，答案会完全不同。高祖起自布衣，以力得天下，只能讲是受命于天，革暴秦之命；而承认臣子有推翻诛杀无道君主的权利，对于刘氏的皇权永固又是莫大的潜在威胁。于是他打断二人，说道："食肉不食马肝，不等于不知道肉的味道。做学问的人不谈汤武受命，也不等于没有学问。你们莫再争了，这种事也莫再提了。"

二人俯首称是。一直沉默着的窦太后却开口了。

"甚放呀杀呀的。把你们请到宫里面来做师傅，不是来讲这些陈芝麻烂谷子的事的。本朝的治道你们不知道？高皇帝以后六十多年，靠的就是清静无为，国家才能够太平无事，百姓才能够安居乐业。太子和皇子们要把祖宗的家业接过来，传下去，万世的基业靠的是什么，还不是黄老之术！"

"辕固生，早就听说过你的大名，你哪里人，学什么出身哪？"窦太后问道，冷冷的目光透出一股逼人的寒气。

"敢告太后陛下，臣齐人，学《诗》出身。"

"噢，那你是儒家一流的了。有个叫韩婴的博士为《诗》写过一部外传，你知道吗？"

"臣听说过。"

"这个外传里面讲，'孔子师老聃'，你听说过吗？"

"臣知道。孔子曾向老子问道，即是以老子为师。"

"这就对了。弟子的学问还能高过师傅去？你说呢，辕固少傅？"

"两者各有其用。老子书可用于个人心性之修养，但它主张出世，言论又玄远，皇子们将来要治理国家万民，还是入世的儒法之学更为切近实用。"辕固生生性耿直，话语中有股不卑不亢的味道。

窦太后养尊处优，平日皇帝都不得不顺着她，不想辕固生竟敢顶撞自己，不觉青筋暴起，一股恶气直冲丹田。她怒视着辕固生，说道："这么说，只有你们那些律条刑法切于实用喽？好吧，我就成全你一回！"她转头对刘启说道："听说上林苑前日从南山捉住一头野猪，养在圈内，有此事吧？"

刘启点头道："不错。"

窦太后指着辕固生，说道："今天我就替皇帝做一回主。你既有一身实用的本事，就下到圈中制服那头野猪。成了，免罪赏肉；不成，就算你偿了污蔑圣学之罪。"说罢，他不容皇帝分说，吩咐众人道："你们各位都算是见证，现在与我和皇帝一起到兽苑见识一下少傅的本事吧。"

众人唯唯。刘启心里焦急，一面随着太后向殿外走，一面低声吩咐跟在身边的郎中令周仁道："你快到卫尉那里取一把锋利的快剑，交给少傅，不然他性命休矣。快去！"

太后盛怒之下，没有人敢于谏阻。刘彘尽管心中为辕固生不平，却也不敢说什么，也随着众人跟了过去。

兽苑离太子宫不远，野猪被圈在一丈见方的石砌池子里，池子上边是铁栏，一半在地下。圈中空旷，除一只石制食槽外别无所有，难以蔽身。

圈丞打开铁栅，辕固生向太后、皇帝行礼致意后，走进豕圈，铁栅哐当一声在他身后锁闭了。见到进来一个人，早已被围观人群惊起的野猪，低吼着作出攻击的姿态。野猪长约五尺，长嘴獠牙，遍身的鬃毛上蹭满松油，结成了毡子式的铠甲，剑戟难入。野猪一双小眼睛，凶险地盯着他，颈背上的鬣毛和尾巴警觉地竖起，呈现出攻击的姿态。

辕固生环顾了一下四周，只有那只食槽可以稍微阻滞野猪的攻击，他缓步移向食槽，心里叮嘱自己一定不要慌，不要露出害怕的神色。他紧握利剑，与野猪对视着，心里思忖着如何对付它。显然，唯一可以快速致其死命的地方只有前胸，而刺中猪心唯一的可能是在它前扑向上，露出胸膛时，而野猪通常是向下扑击，将敌手撞倒后，撅挑撕咬的。如何能够诱使野猪向上扑咬呢？但时间已不容他多想，那只野猪已咆哮着向他冲来，他一下子跃到食槽另一边，躲过了这次攻击。

刘彘趴在铁栏上，紧张得大气也不敢出。野猪转过身，也绕到食槽另一边，咆哮着发动了第二次攻击。辕固生边躲闪边挥剑砍去，野猪躲闪了一下，与他擦身而过，壁上的围观者不觉惊叫出声。

利剑划破了猪腿，伤痛和鲜血使它狂怒起来，它迅速转过身，眼睛死死盯住辕固生，它舞动獠牙，大声咆哮，嘴里喷着涎水和泡沫。辕固生边与之对视，边退身向后，不料踩到一摊猪屎，脚下一滑，坐到了地上。说时迟，那时快，野猪纵身前冲，众人大声惊叫起来，刘彘的心也提到了嗓子眼，将握在手中的一卷木简，下意识地向野猪掷去……

野猪冲过来时，辕固生已避之不及，吾命休矣！他背靠圈壁，脑中一片空白。野猪硕大的头部已逼至他身前，他举剑做最后的格挡，却见那野猪突然向上跃起，张嘴向空中落下的物件咬去。这一跃的瞬间，它露出了前胸，辕固生死命地一刺，用力之猛，连剑柄几乎也插入了猪身，鲜血随剑身猛喷出来，盖了辕固生满头满脸，而野猪也应手而倒，巨大的身躯在血泊中抽搐了一阵，就不动了。

围观的人群舒了口气，议论纷纷。窦太后冷着脸看看众人，对刘启说道："少傅的运气不错，等下将猪肉赏些给他。可是，祖宗传下来的学术能由这样的人教授吗？请皇帝三思。"说罢乘辇扬长而去。刘启吩咐将辕固生放出就医后，也离开了兽苑。留下窦婴等人处理善后。

在被抬去太医署的路上，辕固生拉着刘彘的手，一再向他道谢。刘彘不平地说，太后也未免太霸道了。辕固生摇摇头，道："怪不得太后，我明知太后好黄老之学，却不能控制自己，犯了拂逆鳞的大忌，保全性命，已是万幸了。"

"那么，儒家有为之学，真就不如黄老无为之术吗？"刘彘不解地问道。

"当然不是。不过此一时彼一时而已。天下残破，清静无为可以与民休息，休养生息。天下太平富足后，圣王当与时俱进，制礼作乐，化民成俗。以文治武功重现三代的繁荣，为子孙开创万年的基业。可现在，还不是时候，不是时候而冒动，只能偾事啊。"

他拍拍刘彘的手，低声说道："殿下乃大有为之人，这我看得出来。可欲做大事，先要学会忍耐，要待时而动呀。其实窦太傅又何尝不热衷于礼乐，不过不敢违拗太后的意志罢了。但愿我之不慎，能为殿下之殷鉴吧。"

看着辕固生一行远去的背影，刘彘思索着他的话，信步向学舍走去。进了门，却看见了午前一直不见踪影的韩嫣。

"你午前跑到哪里去了？今天太后、皇帝亲临太子宫呢。"

"我才进宫就听说了，所以特意躲了。本来就是考查皇子的学业，我凑到前面,万一考我,不就出丑了嘛,闹不好取消我的门籍,再也进不了宫,不就坏了嘛。"韩嫣笑嘻嘻地说,忽然想起什么似的问道:"漪兰殿养了许多带崽子的母猫吗?"

"母猫?没有。我家只有一只大公猫。怎么,谁说我家有母猫?"

"我说怎么看不见呢。没什么,看到公猫,就想起母猫,随便问问罢了。"韩嫣颇为迷惑,王夫人为甚要骗自己呢。但他随即转向了更为吸引人的话头,向刘彘详细问起太后发怒、强逼辕固生刺豕之事的始末来了。

十六

  如果说此前王娡的还有所踌躇的话，那么当走出合欢殿时，她已不再有任何良心上的歉疚。不久后必然会发生的那一幕，不时在脑海中闪现，令她感到惊奇的是，伴随着种种痛苦的景象，自己心中生出的竟是一丝丝的快感。

  王娡收到韩嫣捎来的蜡丸后，犹豫了几日，决定还是先在猫身上试一试。她从院中的池子里捞出一条锦鲤，将两刀圭的药粉塞入鱼腹，之后把鱼放进了猫食盘中。午间灰猫回来后，三口两嚼地吞鱼下肚，在床头小憩了一会儿，就又跑出去了。

  午后，蔓儿神色不安地告诉她说，灰猫不知吃了什么东西，上吐下泻地折腾。王娡随蔓儿走到院中，仔细地观察着瘫软在地上的灰猫。猫呕吐，喘息困难，它蜷曲着身子，怕冷似的战抖，凄厉地叫着，看得出很痛苦。王娡吩咐将猫放到圊厕中的阴凉处，多喂它一些水。到了晚间，灰猫仍呕吐不止，吐出的都是一些水样的液体，猫沉重地喘息着，憋得难受的样子，到了半夜，猫死了，僵硬的身子仍然弓着。

  一只雄壮的公猫，只两刀圭即可致其死命，那么一个人该用多少剂量呢？义姁说只需一分，相当于一方寸匕，也就是十刀圭。但王娡不想一下子毒毙儿妁，那种痛苦的样子很容易引起怀疑，她需要的是少量地用药，造成儿妁的难产，并由难产间接导致她的死亡。这样的结果在王娡看来是最理想的了，但究竟用多少为好呢？王娡思忖了很久，最后量出五刀圭的药粉，重新封入蜡丸，这是致死剂量的一半。

托郭舍人采买的补品送来后，她便再次来到合欢殿探望儿姁。她示意女侍们不要通报，径直走向儿姁的寝室，刚要进去，里面的谈话声止住了她的脚步。

　　太医署的一位医官刚刚为儿姁把完脉。

　　"从脉象上看，夫人的体质很好。不思饮食，夜寐难眠和头痛的症状，以下官之见，是由情志上起的病。也就是情志不舒，肝气郁结，时间久了，会影响胎气。在下为夫人开几味汤药，疏肝理气，安神保胎，很快就会好的。"

　　医官开好方子，对儿姁说："下官回署后即派人将药配好送过来。可还有几句话不能不告知夫人。药固然可以疗一时之疾，但欲疗效好，还须夫人放宽心，保持平静的心境，由此情志得舒，一切事情就好办了。"

　　医官辞出后，王娡走进了寝室，看见儿姁包着头帕，正躺在床上想心事。

　　"妹妹这是怎么了？我来时看见一位太医出去，妹妹病了吗？"王娡走到床前，伸手欲摸儿姁的额头。

　　儿姁厌恶地闪开，冷冷地看着王娡道："你又来作甚？我说过这里不欢迎你的。"

　　"你身子越来越重，娘担心你的身体，捎来些补品，为你补身子用。"王娡像是没听见儿姁的话，仍关心地说着。

　　"阿姊，你连谎话也不会编。娘前日刚送进来补品，怎会再送？你别再假惺惺的了，让人恶心。"

　　"阿姁，我们毕竟是一母同胞的亲姊妹，为甚这样势不两立，何苦呢？我们在宫里联起手来，对你我难道不更好吗？"王娡满脸诚挚，眼中含着泪光。

　　"你真这样想嘛！"儿姁摆摆手，示意王娡坐到床前。她拉过王娡的一双手，细细地抚弄着，"还很白，很细，很丰润呢。"她放开王娡的手，看着她，问道："阿姊，你知道我平生犯过的最大错误是甚？"

　　王娡摇摇头。

　　"我平生最大的错误，就是早没有看透你，让你钻了空子！"儿姁恨恨地说，王娡的心一下子凉到了底，看来姊妹间真是再无挽回的余地了。

　　"阿姊，你现在很得意吧？"儿姁冷笑着，"可你这种得意又能维持多久呢？到了真相大白那日，你又怎么办呢？阿姊，不瞒你说，我最想见到的，就是这一日！"说罢，儿妁大笑起来，笑得浑身抖动，很有些疯癫的样子。

"儿妁，不要这个样子，想想你腹中的孩子，不要动了胎气啊。"

看到儿妁依然狂笑不止，王娡一个耳光扇过去，厉声喝道："住嘴！"望着惊呆了的儿妁，她恶狠狠地说道："你既不愿见我，我走就是。可我要告诉你，你会毁在你的任性手里！好自为之吧。"

王娡走出合欢殿的院门时，还能听到儿妁的喊叫声。"我不要再见到这个人！把这些虚情假意的东西给我扔出去！"她想象得出来，合欢殿的下人们会怎样惊讶地看着这一切，愤懑之情逐渐在她心中涨满，心似乎要爆裂开，但她还要强忍着，不让大萍等人看出自己的怒气。就在那一刻，她真正起了杀心。

王娡并没有马上回永巷，而是借口散心，带着大萍向少府方向走去。果然不出她所料，走出不远，就遇到了太医署派来送药的小宦者黄云。黄云见到王娡，恭敬地避让到路边请安。

"黄云，你是去合欢殿送药吧？"

"是。"

"我也是刚从那里出来，想到太医署开点双花、乌梅之类，泡水润润嗓子。你可愿替我跑一趟？我叫大萍陪你一起去，好不？"王娡和颜悦色地说道。

"当然。不过要烦夫人代我看着这个药笼，里面都是太医给小王夫人开的保胎安胎药。"黄云很巴结地说。

"好，我就在这里等着，你们快去快回。"王娡提过药笼，在路边的一座凉亭中坐了下来。看看二人走远，她揭开笼盖，里面是几只药盒。她打开一只药盒，将蜡丸中的粉末倒入盒中的草药里，和匀后将盒子盖好，放入药笼的最下层。整个过程为时极短，以至于此后的等待，让王娡感觉很漫长。大萍等取药回来，王娡赏了黄云一串铜钱，黄云欢天喜地去合欢殿送药，王娡则与大萍回了漪兰殿。

整整一个下午，王娡都沉浸在报复的快意和抉择后如释重负的感觉之中。但随后而来的就是忐忑不安、焦虑紧张和大祸即将临头的预感。三日过去了，合欢殿那边还无任何异常，期待与担忧所引发的焦虑开始折磨她。出了什么变故？用药剂量不足？让儿妁发现了？抑或是儿妁根本没有服药？王娡不停地猜测可能出现的各种情况，又没有任何人可与之商量，心理上的紧张得不到释放，急火攻心，竟浑身发热，大汗淋漓地病倒了。

太医为王娥把完脉，欣慰地舒了一口气，道："夫人之脉浮而紧，病在太阳；自汗不止，时时发热的症状则是荣卫不和所致，不要紧的。"

他低头写方，然后对王娥说道："医家大法，春夏宜发汗。下官为夫人开一服桂枝汤，服后佐以热粥，卧床歇息，待微微汗出，内热就会散出。中病即止，汤药不必尽剂。"

王娥笑笑，有气无力地说道："三日前只觉得喉头有些不适，派人去太医署取了些双花、乌梅泡茶饮，不想又发热出汗不止，真不知是怎么的了。"

"不要紧，不要紧，夫人服过这服汤剂，定会好起来的。我过会儿派人把药配好送来。下官马上要去合欢殿会诊，不便耽搁，请夫人安心静养，下官就此告辞了。"医官拱拱手，转身欲走。

"先生慢走一步。"王娥喊住太医，吃惊地问道："先生说要去合欢殿会诊？合欢殿那里出了什么事？"

"合欢殿的王夫人几日前胎气不宁，陈太医开了些安胎的汤药，服后原本已经见好。昨晚最后一服，不知何因，入夜即腹中疼痛，下体出血不止，征象凶险。胎儿眼看要保不住，皇帝知道了这个消息，十分震怒，责令北宫大人传召御医会诊，查明原因呢。"

"查明了吗？"王娥的心猛烈地跳动起来，额头沁出汗珠，面色也苍白起来。但医官以她正在病中，并没有在意。

"还没有。太医署检查了方子，并无任何峻烈伤身之药，服过的药渣都已被倒入圊厕，无从查验；查问侍从，昨日也未进食过任何不适的食物。王夫人还在昏睡之中，亦无法询问。所以北宫大人召集众人，要再次会诊。"

王娥的心稍稍放下，她用丝帕擦了擦额上的汗，满面悲痛之色，抽噎着说道："我就这一个妹妹，如有意外，可怎么是好！先生与众医官务必费心诊治，救她母子性命，我一定会重谢各位的！"

"不敢，夫人放心，下官等定会竭尽全力的。"

"会诊时，只北宫大人一人主持吗？"

"起初只北宫大人一人，后来皇帝又加派了郎中令周大人、赵谒令和郭舍人，说是务必要查明原因。王夫人怀的是龙凤胎，皇帝非常在意的。"

　　王娡的心里又如压了铅般沉重起来。送走医官后，她写了封密信，嘱咐大萍一定要在当天交给郭舍人。之后太医署的药送过来后，她也并未立即服用。她躺在床上，听任病痛的折磨。"害了三条性命，你躲不掉的！"远远传过来的人声，愈来愈近。昏睡中的王娡怕得要命，似乎看到四面鬼影憧憧，披头散发，嘶叫和狞笑着的女鬼们在四周飘动。她拼命地奔跑躲避，腿却软得挪不动步，终于，一个披着斗篷的女鬼飘到她面前，猛地抖开遮面的长发，露出的是儿姁狞厉的面容，随之而来的是那只灰猫的狞叫和女鬼令人毛骨悚然的笑声，王娡大声惊叫着跌入黑暗之中。

　　醒过来半天，王娡还觉得手脚麻痹得不能动弹。大萍、蔓儿等正在为她抹汗擦身，更换衣被，她服下汤药后，便又沉沉睡去。夜半醒来时，高热已退，王娡头脑清醒，感觉好多了。她找出那枚蜡丸，装入随身的香囊中。是福不是祸，是祸躲不过。她心里做着最坏的打算，一旦合欢殿的事发，蜡丸中剩下的药粉足够自尽用了。一切都是冥冥中命运的安排，随它去罢。义姁既坚信她的命相贵不可言，她或许真的能够逢凶化吉，成遂大愿的吧。这种心境使她的焦虑一扫而空，心神通泰地重新入睡了。

十七

再次会诊之后，北宫、周仁、赵谈和郭彤回到正堂，大家面面相觑，好半天没有人开口。

"周大人如何看待这件事情？"北宫揖揖手，恭敬地问道。周仁任郎中令，宫内所有的郎官都由他管辖，是皇帝身边的亲信官员。

"在下是外官，后宫里的事情不甚明白，只想听听各位大人的意见。"周仁拱手笑笑，他很明白皇帝派他来的意思，不是查案，而是督责。

"那么赵谒令看呢？"北宫转而征询赵谈的看法。

赵谈的心里很复杂。儿姁病得蹊跷，但就目前的人证物证，又很难查明突然发病的起因。起初，他也曾怀疑过王娡，但听说王娡也在病中，已数日没有到过合欢殿，而且儿姁没有服用过任何外来的食物。他又否定了这个想法。或许，有人收买了合欢殿的人下毒？他不敢肯定。

"这件事情，如果有蹊跷，一是在药上，但药方无错，药渣已倒掉，无从查起。二是在食物上，无可疑之点，也不像。三是有人收买了夫人身边的人，暗地下毒，眼下虽无证据，但不是没有可能。总之，要么是太医署用药上的事故，要么是有人暗害，二者必居其一，无论哪种，只要彻查，总能真相大白吧。郭大人，你说呢？"

郭彤冷冷地望着赵谈，心里认定这是个借端生事、唯恐天下不乱的人物。对这种人，绝不可胆怯退让，而要反客为主，先发制人。你想把事情搞大，我偏不怕把事情搞得更大。于是，他对赵谈笑了笑，很谦恭地说："赵大人言之有理，应该彻查。在下只想补充一点，如果药物和食物上无疑点可寻，会不会有人背地厌胜祝诅，施放蛊毒①呢？目前中宫虚位，免不了有人觊觎这个位置，这个可能，在下以为更大。"

北宫和周仁都吃了一惊。果真如二人所言，无论是下毒，还是巫蛊，报上去的后果只能是兴起大狱，无论结果如何，都会动摇国本，天下不安的。周仁望着赵谈和郭彤，语气沉重地问道："事关重大，二位所言，是有所根据呢，或只是一种猜想呢？"

"目前虽并无任何证据，但夫人病得蹊跷，总不会事出无因吧，查不出结果，如何向皇帝交代呢？"赵谈仍旧坚持自己的主张。

郭彤看出周仁并不赞成扩大事态，心里有了数，决定见机而作。

"周大人，在下所言，不过是顺着赵大人的思路所作的揣想，只是一种可能，并无任何根据，我收回。在下的真实想法是，夫人之病，其实更可能是食药不调，情志不舒所致。我细问过给夫人处方的陈太医，他说夫人之病就起自情志不舒，他还曾劝告过夫人，要她静心养气，不然会伤胎气的。"

北宫与周仁会意地互望了一眼，北宫刚想开口，合欢殿的侍者惊慌失措地跑来报告，说是儿呴小产了，很危险。北宫要周仁和郭彤马上回前殿报告皇帝，自己和赵谈留此照应，然后命令御医们尽力抢救，整个合欢殿里又忙乱成一团。

由于失血过多，儿呴面色惨白，人已经昏死了过去。陈太医急忙煎了碗浓浓的独参汤，灌下去后，她的知觉虽略有恢复，可又随即进入了谵妄状态，浑身高热，嘴里谵语不断。御医们又指挥侍女们用冷水擦身敷头，好一阵子，高热渐渐退去，她才平静下来。看到儿呴入睡后，赵谈低声对北宫说道："北宫大人，请借一步说话。"

北宫与赵谈重新回到正堂后，赵谈问道："北宫大人刚才可曾听到夫人

---

① 厌胜祝诅和巫蛊，是古代尤其是汉代极为流行的一种迷信，认为通过巫医在暗地里作法，可以使自己仇恨的人患病、神志昏迷甚至死亡。被人认为是极为阴毒的做法，也是一种大罪。汉武帝时，宫廷内外曾发生过多起巫蛊事件，最终导致父子反目相残的人伦惨剧——巫蛊之祸。巫蛊之信仰尚可见于今日西南偏远的少数民族聚居的村落之中。

的谵语？"

北宫摇摇头，道："谵语？好像有，可是我人老耳背，听不清说的是什么。"

"夫人说的是：'是她，是她。王娡害我。'说了好几遍呢。"

"哦？有这种事。还有其他人听到吗？"北宫故作狐疑地问。其实，他也听到了，但他绝不愿事态扩大，所以故作不知。

"那几个在旁服侍的侍女，应当也听到的。"

叫那几个在场的侍女问话时，却只有一人承认听到过，余者都说自己忙于做事，没有注意女主人说了什么。北宫和赵谈单独询问那名侍女时，她又把数天前女主人与王娡吵闹，并将王娡所送补品全数扔掉一事讲了出来。

侍女退下后，赵谈颇为兴奋地对北宫说道："看来，有人暗害的可能很大。夫人和这名侍女的话都是证据。"

"我看，算不得很硬的凭据，充其量不过是一面之词。直接的人证、物证还是没有，凭个婢女的证词，是不足以定人之罪的。"北宫冷冷地答道，一副毫无兴趣的样子。

"可是，只要查……"

"赵大人是否想要在宫里兴起一场大狱呀？"北宫打断了赵谈，面色肃然地问道。

"大人何出此言？在下不明白。"

"此事如周大人所言，事关重大。无论是你所言的下毒，还是郭大人所言的巫蛊，报到皇帝那里会引起何种后果，赵大人认真想过没有？皇帝一旦震怒，会牵连多少人？又会死多少人？赵大人就算一时风光，在宫城内外又会树多少敌人？万一不如赵大人所言，皇帝迁怒于大人，说你兴风生事，赵大人个人固不惜一死，牵连到无辜的族人受戮，又于心何忍？想不到赵大人在宫里这么多年，见识反不如后进的郭大人。"北宫边说，边在心里叹息，这个赵谈，在宫里伺候了这么多年，做事竟还这样冲动，不计后果。

"北宫大人，事态竟会如此严重吗？还望明示于我，在下谨此受教。"

北宫感到，若想不让事态扩大，最好向赵谈剖明利害，让他知难而退。于是，他作出推心置腹的样子，郑重地说道："你既然诚心问我，我亦不妨开诚相告。赵大人觉得自己在宫内的地位，足以与大长公主和太后相抗了吗？"

"这是甚话，赵谈哪里会有如此僭越犯上的念头，大人莫厚诬于我！"赵谈愤然作色。

"我谅大人亦不敢有此念头，可大人所想要做的，却正是与长公主和太后作对之事。请问，漪兰殿那位夫人是长主的亲家，她儿子是长公主的女婿，太后唯一的亲外孙女婿，一荣俱荣，一损俱损的道理你难道忘记了不成？你告发王夫人，就是向大长公主、太后挑战，你能有多少成算！怕只能是家无噍类的下场吧。"

望着赵谈惊惧的面容，北宫继续说道："何况，说王夫人下毒，大人并无过硬的证据。她有病，已多日未到过合欢殿，并无机会下毒。况且她们是亲姊妹，骨肉相残为的是什么，总要拿出一个让人信服的道理来，大人有吗？退一万步说，即使真是她做的手脚，你没有证据能奈她何？把疑似的事情上报，兴起了大狱对赵大人你又能有什么好处呢？你在皇帝身边伺候的年头也不少了，皇帝的仁孝你是知道的，若由此事伤害了上边母子姊弟间的感情，事后上边会不恨你挑唆生事？那时，就谁也救不了大人了！"

赵谈听到这里，已经是一头的冷汗。

"北宫大人所言极是。赵某鲁莽了！那么依大人的意思，这件事如何向上边交代呢？"

"天下本无事，我们又何必自扰？就以太医处方不妥，夫人动了胎气，不慎早产，我看就是一个过得去的理由。息事宁人，甚时都是上佳的处世方式。赵大人，老朽所言可对？"

"是，是。可陈太医未必服气，还有那个侍女又怎么办？"

北宫冷笑道："不服气？那他得证明夫人早产有另外的原因，你我都办不了的事情，他又怎么能够办得到？至于那个多嘴的侍女，可以马上罚她去暴室①服役，料她也活不了几日。在宫里最要紧的就是闭紧嘴巴，管不住自己的嘴巴，她是咎由自取。"说到这里，北宫平日总眯着的双眼忽然圆睁，目

---

① 暴室，秦及西汉时后宫永巷中洗涤晾晒衣物之处，附设有暴室狱，有罪或重病的嫔妃、宫人往往被送到此处服役受刑，折磨至死。汉初的戚夫人即死于此地。

光灼灼地盯着赵谈，像是在对他发出警告。赵谈不由打了个冷战。

等到周仁与郭彤返回，儿姁也已醒了过来，于是周仁传达了皇帝的诏命。皇帝要御医们尽力救治。要她安心静养，孩子既然已经不保，她自己保重身体要紧。儿姁提出要见皇帝一面，周仁笑笑说，皇帝近日忙于公务，心情又不好，夫人还是安心养病，病好了自然会蒙皇帝召见的。

四个人重又回到了正堂。北宫问周仁："皇帝没有问到起病的原因吗？"周仁道："当然问到了。事先我与郭大人计议过了，觉得既无确实的证据，我们也不必庸人自扰，就以身体违和，损伤了胎气上陈，皇帝悲伤叹息，也没有多问。北宫大人与赵大人是不是还有新的发现和意见呢？"

"当然没有。我与赵大人计议的结论，与二位大人竟是不谋而合呢！"四人相视会意，不禁相与拊掌大笑起来。

到了晚间，儿姁的病况再次恶化，下体流红不止，身体已极度虚弱。在昏睡中，她仿佛飘浮于空中，回首下望，朦胧中似乎看到了儿时的家。一个人站在自家的屋脊上，边向北方挥动着非衣①，边长声呼号着什么。

她继续飘升，远远看到一道栅门，门前有虎豹盘踞咆哮，栅内则有骑着怪兽的豸首人身的怪物往来奔突着。"魂兮归来，君无上天些！虎豹九关，啄害下人些！"远远传来下界招魂人的呼号声，这怕就是把守天门的虎豹九关了吧？

她又向下界飘去，四周愈来愈暗，只远处有几星亮光，她向亮光处飘去，身后传来招魂人渐弱的呼声。"魂兮归来，君无下幽都些！土伯九约……"亮光愈来愈近，到了近前，儿姁才看出是一庞大怪物的三只眼睛，怪物是一肥人，头上生着牛角，肩宽背厚，肚腹膨大，怪物双腿踞蹲，随时想要扑上前来的样子。这就是传说中的土伯了。她害怕地转身向上飘去，渐渐离开了阴间，眼前也明亮了起来。

依稀间，她仿佛走在槐里的街道上，但四面茫然，什么也看不清楚。"儿姁，

---

① 非衣，即招魂幡，又称忦；因形状像衣型，故称非衣，如马王堆出土的帛画，即是一件招魂所用的非衣。

怎么是你，你这是上哪儿去呀？"她转过头，看见父亲王仲远远地向她招手，她刚想往回走，又听到前面的呼喊声，"母亲大人，母亲大人，不要丢下孩儿们呀！"她向前看去，原来是越儿他们站在自家的门前呼唤她。

她惊喜地迎上前去，但却突然被人挡住，抬眼看去，竟是王娡。"你在此作甚？我要我的孩子！你把他们还给我！"她扑上去以性命相搏，王娡闪身躲过，冷笑着消失了。儿子们没了踪影，出现在面前的竟是土伯那张贪馋丑陋的嘴脸！怪物喷着粗重的气息，张开胳膊欲把她搂进怀里，儿姁惊得转身便跑，可父亲的身影愈来愈远，而身后追赶她的沉重脚步声，愈来愈近。她双腿一软，大叫着倒了下去……

醒过来的儿姁遍身冷汗，头脑却格外清楚起来，她吩咐侍女将四个儿子都找了来。望着面前幼小的儿子们，儿姁潸然泪下。她挨个唤过儿子，拉住手细细端详着他们，怎么也看不够。自己平日把精力都用到了邀宠和勾心斗角上面，濒危之际才觉出亲情的可贵，平时漠视的时日如今竟是如此宝贵、短暂，现今欲同儿子们亲近，竟是多一刻而不可再得了！悔恨之情咬噬着她的心，另一个世界中自己将会面对些什么，是与阳间一样的妒忌、仇恨与不甘，还是豺狼虎豹和土伯怪兽的包围窥伺，及由之而来并永无尽头的恐惧的折磨？自己这些幼弱的儿子们怎么办？托付给谁？此刻，这是她唯一放心不下的事情了。

之前，她沉浸在报复心理所能带给她的巨大亢奋中。揭穿、打击敌手，看着她屈膝、求饶，而自己冷酷地掐断她的任何生机，直至敌人被消灭，她一遍遍地在想象中重复着这一过程，身心亢奋，沉浸在报复的快感之中。但几次大出血后，儿姁知道自己挺不过去了，她以全部意志力支撑着的仇恨和斗志也随即崩溃了。这辈子的冤仇还要带到下辈子去吗？不！不能。黑暗世界中怕只有亲情能带给自己慰藉和温暖了，况且自己还有这些孩子，除去王娡，在宫中还有谁能更好地照料他们呢。

"越儿，你年纪最长，娘不在了，你要照顾好弟弟们，长兄如父啊。"她拉着刘越的手，泪如雨下。

"娘不在了，你们四个要靠住大姨娘，对大姨娘一定要恭敬听话，一切都要小心，不可像从前那样任性，娘这一辈子就吃亏在任性上。对胶东王也要恭顺，要讨他的好，讨大姨娘的好，听清楚了？记住了？"刘越等伏地称是，哭成一片。

亢奋与激动耗竭了儿姁的体力，她呼吸困难，气息愈来愈不够用，精神也委顿下来。"你们记住娘的话，一定要听话。将来就是封了王，也一定要谨慎小心地做人，平平安安地活着，娘在阴间才能放心啊。"她泣不成声，断断续续地说道，摆手示意侍女们带他们下去。

刘越等退下后，儿姁吩咐侍女明日一早就去漪兰殿请王娡。"告诉她，我自知不起，行前有些事情要向她交代，请她一定领着胶东王过来，我想见他们最后一面。"

十八

　　王姞和刘龁简直不能相信自己的眼睛，数日不见，儿姁竟然憔悴成这般模样。她闭目躺在床上，面色苍白，双颊凹陷，形容委顿不堪。王姞坐到床边，握住儿姁的手。好凉啊，真像是死人的手，父亲入殓时的情景又出现在王姞的脑海中，也是这么苍白、冰冷、毫无生气的手，她拉着父亲的手，摇啊，摇啊……一种亲人逝去时的哀伤油然而生，她不禁泪眼模糊了。

　　"阿姊来啦。"王姞抬起头，儿姁已经睁开了眼，正注视着她。

　　"阿姁，怎么会这样！"

　　"是呀，怎么会这样？我也想不透。天作孽，犹可逭；人作孽，不可活。管他呢，算我命不好……我认命了。"说着，儿姁剧烈地咳起来，说话有些上气不接下气。她招手让刘龁到近旁来，像初识似的端详他了许久。

　　"太医，再给我些汤药，让我有点儿精神和力气。"

　　她很虚弱，一小杯药，啜饮时看上去也很费力。良久，她摆摆手，示意其他人都退下，寝室中只剩下姊妹两人。

　　"阿姊，我不行了，我要死了。"儿姁潸潸泪下。

　　"不，不会的。你放宽心，身体会养好的。"兔死狐悲，物伤其类，终究是同胞姊妹，即使对方曾是威胁最大的对手，王姞也还是难过地落下泪来。

　　"好不了了。我见到了父亲！"民间流行的说法是，梦见已故的亲人，是不祥的征兆。

　　可能是药力起了作用，儿姁的两颊泛出了红色，说话也有了气力，她盯住王娡，目光灼灼。"阿姊，我想死个明白。告诉我，你怎么干的？"

王娡一下子警觉起来，刚才的悲悯心情一扫而空。她迎着儿姁的目光，神色很冷静。

"你是疑心生暗鬼。就像我以前说过的，你毁就毁在你的任性上头。死到临头，你还是执迷不悟，从不想在自己身上找找原因！"王娡的声音冷冷的，像刀锋般锋利。

"这才像你的本来面目。我原来还不敢肯定就是你做了手脚，但他们昨天把我身边的侍女打入了暴室，我才肯定了是你。为何？是她说出了你我不和争吵之事，说出了她的怀疑，才会落得这个下场！他们为甚不敢查，为甚替你遮掩？欲盖弥彰，这还不明白吗？"

"你太高看我了！我凭甚支使皇帝身边的人，我根本没有见到过他们，即使见到过，他们又怎会听我指挥，你真是匪夷所思！"王娡既愤怒，又疑惑。

"你莫忧心，我不是指责你，反而我很佩服你。我一向不服人，可今日我服了你，真的从心里服了你。你做得对，就是要斩草除根，不留后患。换了我，也会这样做的。"

她停下来，深吸了几口气，将呼吸调匀，继续说道："阿姊，我最大的过错是什么。你知道吗？"

王娡摇摇头，没有答话。

"我最大的过错就是轻敌，就是小看了阿姊你！我自以为知道你的隐私，就像握住了一把利刃，随时可以置你于死命，你只能屈服，所以我没想过下毒。没料到你抢先下了手，而且下得这么狠……"

"胡说！你疯了，你……"

"我是没有证据，可证据不重要，我早就知道，你恨我！从小我哪儿都比你强，现在又比你得宠，你怕争不过，就为这个……"

"是你逼的！"王娡愤怒了，眼中射出了凶光。

儿姁深吸了几口气，继续说道："你不要打断我，让我把话说完，我的时间不多了。我不是责备你，我是佩服你。我低估了对手，就要付出代价，就该死，我没甚可抱怨的。

"不过告诉你，如果我的身体不坏，我还会同你争下去的。可我不再想告发你了。告发了你，皇帝就是废黜了你，杀了你，对一个注定会死的我还有什么用！我想通了，我们姊妹，无论哪一个成功，都是臧家、王家的成功。阿姊的命相比我好，胜出也许是命中注定的，我没甚话说。但有一事，阿姊必须答应我，否则，我到阴间也不会放过你的！"

"甚事？你尽管说。只要是我能办到的。"

"我死后，孩子们要托付给你。阿姊要善待他们。将来阿彘若正了大位，永远也不许加害于他们！"儿姁盯着王娡，尖利的目光像是要穿透她，看到她心里去。

"你莫讲这么伤人的话……"

"你只说答应不答应，只说可还是不可！"她抓住王娡的手，紧紧地攥着。

看到王娡点头，儿姁松开手，"那好，叫孩子们都进来吧。"

儿姁把儿子们叫到跟前，一一审视着他们，指着王娡道："阿越，带弟弟们给大姨娘行大礼。娘若不在了，大姨娘就是你们的亲娘！你们要孝敬她，听她的话，像待娘那样待她，听清楚了？！"

刘越等跪在王娡面前，行伏地稽首的大礼。王娡赶忙将他们扶起。儿姁又指着刘彘，说："阿彘与你们是中表兄弟，今后就是你们的亲兄弟。你们要顺从他，恭敬他，绝不可违拗阿彘的意愿，你们听明白了！给阿彘行大礼！"

四个孩子赶忙转向刘彘，伏地稽首。刘彘不明就里，吃惊地看着眼前这幅景象。儿姁向他招招手，示意他到自己身边来。

她握住刘彘的手臂，凝视着他，道："阿彘，越儿他们我就托付给你们母子了。你一定要好好待他们，也一定能好好待他们的，对不？"刘彘似懂非懂地点点头，他想抽回手臂，但却被儿姁攥得更紧了。

"你不要杀他们，你发誓不会杀他们！"

刘彘又惊又怕，儿姁那苍白扭曲的面容和含有恨意的目光使他害怕，他极力想挣脱她的掌握，但她就是扭住不放。她望着王娡，说道："我听说仇恨能使人死后魂魄不散，也见到过阴间的那些魑魅魍魉！你们答应下的，就要做到，不然我会天天托梦给你的！"说罢，她笑起来，声音嘶哑、凄厉。

直至王娡上前掰开她的手指，刘彘才脱身出来。儿姁似乎气力耗尽，躺下来不住地喘息，冷汗又开始冒了出来。

王娡悄悄把医官叫到外间，问儿妁的病情到底如何。医官摇摇头，告诉她说，从昨日起就已险象不断了，止血无效，人已越来越衰弱，只能仗着独参汤的药力苟延维持而已，顶多一半日，经血耗尽，人就会虚脱亡阳，太医院已经束手无策了。

王娡带着刘彘回漪兰殿，一路心事重重。

"小姨娘得的甚病？怎么怪怪的？"刚才的一幕，给刘彘的刺激很深，他边走边问母亲。

"她的孩子小产了，血止不住地流，神志也迷乱了，说的都是胡话，你莫放在心上。"

"她要我发誓不杀刘越他们，我干吗要杀他们？她是甚意思？"

"她说胡话，你莫理会她。娘会照顾好阿越他们的。"

"小姨娘真的要死了吗？"

王娡停下脚步，怔怔地站着，她强自抑制自己，仍止不住泪流满面。良久，她扶着刘彘的双肩，轻声说道："小姨娘不会死，她是要去另一个世界，天上的世界。那里的人长生不老，永远都不会再争斗，永远都不再有烦恼忧愁。"

"没有了争斗、仇恨，对她是种解脱。"王娡把刘彘抱在怀里，附在他的耳边说："可也说不定阴间里全是鬼魅，到那里去的人会怎样，谁也说不准。就像你小姨娘一样，那么美的人，死后只会留下一堆白骨。藏在人里面的是甚？是可怕的骷髅！美好的外表背后，藏着的都是欲望、妒忌和仇恨，谁都是这样，都是这样！谁也不比谁更好，有的只是生死胜负罢了。"

王娡渐渐平静下来，她放开刘彘，看着他，说："我会看顾越儿他们的，你小姨娘会安心的。"

"小姨娘为甚会死？"刘彘让姨娘和母亲的表现搞糊涂了。"我看她心里憋着一口气，是谁害她了吗？"

"是她自己害了自己。你小姨娘心高气傲，一心想登上皇后的位子，不给别人留一点儿余地。死，是她失败的代价。她不给别人活路，别人也不能给她活路。宫里就是这个你死我活的世界，你小姨娘说得对，死，就是失败的代价！"

"小姨娘与谁争皇后位子，是娘吗？娘也想做皇后吗？"刘彘仿佛意识到了什么，紧紧地盯着母亲。

"当然不是。她是与太子的娘，与栗夫人争宠，也就是争皇后之位。可是她争不过，败了。"

"那是栗夫人害了小姨娘？"

"不，也不是。是她自己争不过，气怒交加，伤了自己的身子，怪不得别人的。"

"那娘也想争皇后吗？争不成也会死吗？"刘彘很紧张地盯着母亲问道。

"不，娘不想争。况且皇后不是争得到的，是要由你父皇来选的，选中了谁，就是谁。栗夫人的儿子已经是太子，她也住进了椒房殿，可你父皇册封她之前，她仍旧不能算作皇后。"

"那么父皇会册封谁做皇后，是娘吗？"

"不知道。"刚才用来搪塞刘彘而随口说出的话，突然点醒了王娡，看来，在儿姁之死上面，很可以借栗姬做些文章。想到这里，她很郑重地望着儿子，说道："彘儿，你想娘做皇后吗？"

"想。"

"那好。你愿意帮娘的忙吗？"

"怎么帮？"

"你要多接近阿娇和大姑母，讨她们的喜欢。娘与你大姑母说好了，给你和阿娇定下了娃娃亲，听说你父皇也允准了，那你与他们接近就名正言顺了。处好了这层关系，就像娘告诉过你的，长公主和太后就会站在我们一边，宫里就没人敢害我们。也许，你父皇最后会选中娘做皇后的。这一切，就看你讨不讨阿娇和大姑母的喜欢了！"

"我会的。"刘彘忽然感到了一种责任，他绝不能看着母亲落得小姨娘那般下场。"可是，我绝不讨好她们。我喜欢阿娇，她们也喜欢我，我知道她们会帮娘的。"

望着儿子坚毅的神色和稚气未脱的面孔，王娡的双眼湿润了，心里像乱麻纠结着的复杂情感一下子释然了。她紧紧搂住儿子，她不会退缩的，为彘儿和自己的将来，她还要去搏、去争、去斗，她既然跨过了最艰难、最痛苦的一步，就不再有畏惧，不在乎使用任何手段，只要能够取胜，她都会毫不犹豫地去做的。

夜交子时，合欢宫传来了儿姁薨逝的消息。长久以来一直被王娡压在内心的情感，如决堤的洪水般释放出来，关在寝室里的她泪如泉涌，大放悲声，阖殿上下的侍女们，包括参与部分密谋的大萍，对王娡失去亲人时那种深深的伤痛，都感同身受，留下了极深的印象。如果众人从前对姊妹间的关系有所猜疑的话，那么除去极少数洞悉隐情的人外，猜疑已经从所有人的心头一抹而空。

儿姁因是凶死，留在宫里不吉，要尽快入殓送出宫外安葬，郭舍人稍后来到漪兰殿，前来征询王娡的意见。他报告了昨日诸人息事宁人的处置办法，今日官员们也都主张以病故上报，王娡如释重负，自然没有意见。

"那么，灵柩是送至槐里王家祖茔安葬，还是送到长陵臧夫人那里，请夫人示下。"郭舍人恭敬地问。

"我听说凶死之人，常会化鬼为厉，危害生人，此事可真？"王娡问道，很注意地看着郭舍人。

"是的，凶死为不祥，戾气不散，常会化为鬼魅害人。"

"那么就不要放任她为害人间。灵柩出宫后，找个地方焚化，骨殖送到槐里我兄长处安葬，就说是宫里的规矩。这些钱你捎给他作丧葬的用度，这件事请公公亲自去办，我感激不尽。"

郭舍人点头称是。王娡想了想，又问道："前殿那里有甚事吗？皇帝的心情如何？"

"不好。合欢殿王夫人的小产和薨逝，上边很是痛心。还有就是关东梁王那里传来的消息，让上边心烦。听说，梁王的使者这一半日就会来京。"

"喔？梁王那里有甚消息，使者进京何事？"

"下官不晓得细情，不敢妄猜。上边把这当成自己的家事，从来不向臣下提及，只对太后和长公主说。听外间传言，说是梁王奢靡逾制，起居出行拟于天子。"

"喔，是了。公公以后听得甚消息，务必告知我。这里的五十金你收下，公公宫内外都有场面上的事要应酬，花费大，我有力量自然要帮补些。公公助我，我定践前约，自己人就莫再外道了。"

郭舍人收起金子，匆匆而去。王娡倚在榻上，琢磨梁王与皇帝的关系，但一天来情感上的起落激荡，使得她心神疲惫不堪，不久就昏昏睡去了。

十九

刘武皱着眉头,在室中来回踱步,适才的好心情一扫而空,听着外间筵席上传出的哄笑与喝彩声,他转过头问伏在地上的那名使者:"皇帝、太后不见,你就不会到大长公主那里探探口风吗?"

"臣当然去过。可陈府上说大长公主去南山游玩,要几日后方回。臣怕殿下着急,故先回来禀报。"

"那么皇帝、太后不见梁国的使者总该有个原因吧?与寡人交好的内外廷臣满朝皆是,怎么至于连一条确实的消息也打探不来,真是白养了你们这些不中用的东西!"刘武眼含怒气,心中的焦躁不安一望可知。

"臣无能。可臣无门籍,没有皇帝、太后的诏命,根本进不了宫。外臣我也走了十余家,可没人知道发生了甚事……"

"好了。你下去吧。"刘武不耐烦地示意使者退下。今日他邀集了廷臣宾客到竹苑平台的忘忧馆雅集,饮酒作赋,弋猎垂钓,本来想要好好地乐一乐,不想酒酣兴发之际,派赴京师的使者却带回了败兴的消息——皇帝又没有接见自己的使者。

刘武是文帝的次子,与当今的皇帝刘启是窦太后所生的同胞兄弟,自幼兄弟母子感情深笃。刘武初封为代王,不久就徙封为淮阳王。文帝十一年,幼子梁王刘揖病逝,刘武又被徙封为梁王,至今已经十八年,而刘武也已年过而立了。举国的皇亲诸侯,没有哪个像刘武,在血缘和感情上与太后、皇帝有着如此亲密的关系,他所拥有的特权和待遇,也是其他诸侯王根本不能比的。

吴楚七国之乱前，各诸侯国除丞相、内史而外，两千石以下的官员，均可以自行聘用。七国之乱平息后，为防止诸侯国谋逆，自丞相、内史以下所有长吏① 全部由朝廷委派，诸侯王只能享用封国内的租赋，完全失去了行政治理的权力。而梁国则不然，丞相、内史并非由朝廷委派，而是由梁王提名，朝廷任命，这是大汉立国以来所绝无仅有的；而王国所有大小官员，仍由梁王自行选用。汉制，诸侯王就国后，若想再到京师，必须经过皇帝的批准或征召，往往数年乃至十数年方能有一次朝请的机会；梁王则可随时借探视太后之名进京，有时竟接连几年地奉朝请，皇帝并赐予他天子所专用的旌旗和乘舆。诸侯的朝请通常在腊月进行，年关过后即须归国，只能谒见皇帝几面，前后不过二十余天；而梁王进京往往一住就是几个月，最多时超过半年，出入皇宫大内毫无限制，与皇帝常常是入则同辇，出则同车，如影随形般侍从于左右。

作为幼子，刘武受到母亲特殊的宠爱，而他对母亲也极有孝心，每当听到太后身体不适的消息，他都忧急得食不甘味，寝不安枕。即使在平时，也月月派出使者到京师向太后、皇帝请安问起居，每次都有礼物献上。太后、皇帝对他的赏赐也不可胜计。所以这次使者连太后也见不到，尤其令他不安，这在他可是从来没有过的事情。

刘武对皇帝不快的原因，若说是毫无感觉，却也不尽然。梁国北界泰山，西至高阳，地扼中原的要冲，所辖四十余城，全是物产丰盛的膏腴之地，也是人口众多，赋税充盈的大县。梁国府库所藏的金钱数以百亿计，珠玉宝器的数量也多过了京师。有太后、皇帝平日格外的优容，有富庶的领地和自己一手操纵安排的人事，梁王可以说是要风得风，要雨得雨，在封国以内可以随心所欲，这也养成了他骄奢无度的习性。

他大肆营建宫室园囿，将国都睢阳城围扩大成七十里，大治殿堂宫室；

---

① 长吏，汉代县令、长及下属的尉、丞，官秩二百石以上者，均为长吏。七国之乱后，除个别例外，长吏均由朝廷选拔任命，诸侯国不再有自行任用长吏的权力。

又在睢阳城东北三十里另建离宫——竹苑，内中建有平台、曜华等宫观楼台，架设假山，挖掘水池，种植树木百果，驯养奇禽异兽。自睢阳至平台三十余里，宫观相望，并建有长安才有的那种相互通连的复道。他还下令仿照长安的上林苑，修建供自己游猎的园囿——东苑，方圆达三百多里。

他广为延揽四方的豪杰为宾客，将山东①的游说之士全都吸引到了睢阳。如文名出众的司马相如、枚乘，齐地的游士羊胜、公孙诡、邹阳等，全是梁王的座上客。其中最得梁王宠信的就是公孙诡。此人好出奇计，初次谒见梁王，不知说了些什么，大得梁王的欢心，赏赐千金，官封中尉②，呼之为"公孙将军"。这座忘忧馆，就是梁王为了招待宾客，专门模仿未央宫沧池中的渐台而建造的，位于雁池中的鹤洲之上。洲上遍植奇花异卉，有大群白鹤蓄息其中，池中野生水禽穿梭浮游，碧水蓝天，映衬着岸旁的茂林修竹，景色之幽美，比之沧池渐台，有过之而无不及。

他又爱好排场虚荣，出行巡游或围猎时，竟像皇帝一样出警入跸③。不仅如此，每次出行，他还张挂天子的旌旗，乘坐皇帝所赐的车马，随从卤簿④的规模，也是千乘万骑，与皇帝不相上下。中大夫韩安国曾多次劝谏他，虽是太后与皇帝的至亲，在事关体制尊卑的事情上也不可大意。僭制逾礼必会引人侧目，久而久之难免会传到朝廷中去，引起皇帝的猜疑。但梁王以为兄弟情好无间，又有太后的庇护，全不放在心上。况且，天子的车马旌旗全是皇兄所亲赐，不用，难道任其在库中朽烂嘛！或许真如韩安国所言，自己的所为引起了皇兄的猜忌和母后的不满，这倒真是要想办法化解的呢。

外间的筵席仍在热闹地进行，刘武从里间出来，重行入席。他望望众人，

---

① 山东，古代山东所指的地理范围与今天大不相同。古时"山东"所指，即今华山和肴山以东的广大地区，泛称（函谷）关东；非今日以太行山分界的山东、山西。

② 中尉，秦汉时官名，为九卿之一，职掌京都的卫戍治安。各诸侯国亦设此官职，执掌国都的治安。汉武帝时更名为执金吾。

③ 出警入跸，古代皇帝出行或归来，预先都有侍卫警戒道路，清赶行人。出称警，入称跸；警跸为皇帝所专用，擅自警跸，多被视为僭制越轨，有野心的表现。

④ 卤簿，即帝王出行时扈从的仪仗队列。

微笑着，问道："诸卿比赋赛酒，进行得如何？寡人会一秉大公，赏罚分明的。"

作为筵席司令的国相轩丘豹拜手陈奏道："来宾酒赋已过一巡。枚先生以岸旁垂柳为题，作成《柳赋》一篇。路乔如以白鹤为题，作《鹤赋》一篇。公孙将军以苑中麋鹿为题，作有《文鹿赋》。邹阳先生以酒为赋，公孙乘先生以月为赋，羊胜以屏风为赋，均已作成。惟独安国大夫以几为赋，作不出来，竟请邹阳代作，二人通同作弊，俱应罚酒。如何发落，请殿下明裁。"他示意一旁的侍从将写有辞赋的帛书呈交梁王，梁王略看一过，颔首笑道："好。枚先生、路先生等如约成赋的，每人赐绢帛五匹；韩、邹二位大夫，罚酒三升！"

来宾们全都大笑着喊好，有人更是起身筛酒，准备看韩、邹二人的笑话。梁王摆摆手，道："诸位爱卿，权且寄下这一罚，寡人与韩大夫有要事商谈，还请各位留给他一颗清醒的脑袋。"众人大笑。梁王揖手致礼道："各位继续饮酒还是游园垂钓，请随意尽兴。长孺你随寡人来一下。"

二人走入内室后，分主宾入席见礼。梁王沉默良久，叹口气道："长孺确有先见之明，如今果真言中了。"

"殿下有甚烦心之事吗，安国愚昧，敢请殿下明示。"看到刚才匆匆从京城赶回的使者，韩安国已猜到几分，只是他为人谦退谨饬，不愿给人以自矜的印象，所以仍故作不知，一脸茫然的样子。

"皇兄不见寡人派去京城请安的使者，这是第二次了。或许如你所言，皇帝听到了甚风言风语，心里不快。可太后这次也不传见使者，这可是从来未有过的事情。寡人实在想不通。爱卿试为寡人剖析其中的委曲，如何？"

韩安国早想切谏梁王，一直不得机会深说，难得他虚心求教，于是侃侃而谈，将久已憋在心里的话，全都讲了出来："梁国地处中原，辐辏关中，由吴越、齐鲁、淮阳往来长安者，无不经由梁国。好事者以逸言为晋身之阶，即无事亦难保不生是非，殿下不拘小节，正是给了小人以机会。皇帝主宰天下，本应大公无私，可兄弟逾制，碍于亲情，又不忍责备殿下，可不责又不足以服天下众人之心。这种烦恼不足为外人道，只能向太后诉说。太后虽爱大王，却怕皇帝误会自己偏心，故不能不站在皇帝一边，采取同样的立场。

"大王作为皇帝、太后的至亲，本来已享有其他诸侯所没有的富贵荣华，暗中妒忌怀恨者不会少。朝廷中的大臣，为了表现自己对皇帝的忠诚，也难免有人借大王的过失进谗。众口铄金，积毁销骨，人言可畏呀！皇帝耳旁若总有不利于大王的消息，时间久了难免不起疑心。皇帝、太后不见大王的使者，正是种无言的警告：大王若长此不知谨慎，约束自己的行为，即亲如母子兄弟者，也会变得疏远和冷淡的。"

"有道理，有道理。"刘武连连颔首，不自觉地膝行前席，靠近了韩安国，急切地问道："那么何以化解皇兄的不快，敢请先生有以教我！"

"化解皇帝的怒气，还是要从太后着手。太后偏爱殿下，殿下有再大的过错，太后也能包容。而皇帝仁孝，从不违拗太后的心意。太后肯为殿下说话，皇帝的怒气就不难化解。更为要紧的是，望殿下克制自己的心性与欲望，不贻人以口实，渐渐改善在皇帝那里的印象。如此，臣敢言，殿下与皇帝定可和好如初。"

"对，对。先生说得对，寡人会记住的。可是吃过两次闭门羹，眼下又如何进行呢？先生可为寡人拿个主意。"

韩安国思忖片刻，肯定地说道："还是要派使者再去，一定要面见太后皇帝，解开他们心中的疑虑。误会的时间越长，就越不利于大王。"

"好！就按先生说的办。但要劳动韩大夫亲自走一趟京师，一定要把此事办理妥帖。前番去的使者遇事懵懂，没有一点机变，办不成大事！请爱卿务必为寡人分忧，面见太后，旋转乾坤。"

梁王的虚心和推重，使韩安国心里颇为感奋，暗自觉得这是自己在梁王与朝廷面前有所表现的难得机会，于是慨然自任，接受了这份困难的折冲使命。当日午后便乘坐梁王特派的驷马传乘，出发前往长安。一路上晓行夜宿，五日后终于抵达了长安。

梁王在京城有奉朝请时专用的宅邸，位于北阙之外的戚里。戚里可算是长安城内的贵族居住区，里面大都是皇亲国戚和诸侯王的宅邸，鳞次栉比，装饰华丽，似乎争相炫耀其权势与富贵，但都比不上梁王宅邸的堂皇富丽。韩安国住进王府后，略作盥洗，便吩咐府丞安排了一辆轻便的轺车，乘车在长安城内转了一圈。他是第一次来到京城，帝都的壮阔宏伟令他大开眼界。晚餐后，他推掉了王府留守官员们为他准备的接风宴乐，早早睡下，蓄积精力以应付明日的任务。

他人虽在床上，但使命的压力却使他辗转反侧，久久不能入睡。明日会怎样？顺利，或不顺利？太后若再是拒见，自己该怎么办？皇帝和太后若是召见，自己该如何奏对？以何种方式代梁王辩白，化解天子的猜疑？瞻前顾后，不由得思绪万千，直至夜交三鼓，他才心怀忐忑地沉入梦乡。

次日一早，他由府丞陪同前往长乐宫西阙宫门，将梁王与自己的名刺和礼单交给了宫门的谒者。府丞告诉他，若蒙召见，通常会在次日，他可以利用这一日的闲暇，逛逛长安城的市场，也可以拜访熟人和朋友。王府的同事们打算午间为他接风，他推辞不过，也怕别人说他矫情，就答应了下来。

他未曾想到的是，这次饮宴他还是无缘享用，等待着他的是一场始料不及的风暴。

二十

  午间的宴席十分丰盛，百珍罗列，爆炙杂陈，非万钱不办。据府丞告诉，梁王月月派使向皇帝、太后请安，每次使者都要住五六日，往来应酬，接风送行，这类的酒宴几乎每日不断。为此，他们专门备有长安与梁国的名厨，梁王府宴会的酒肴在京师也是出名的。

  王府众官推韩安国上座，他略作谦让后入席，府丞等官员作陪。府丞刚要举杯祝酒，一名门谒者神色慌张地跑来报告说，长乐宫的人已进了大门，要梁国的使者马上接受太后的案责。席上众人无不色变，立刻赶到前堂，韩安国为首，王府众官员在后，呼啦啦在来使面前跪到了一片。

  来人是地位很高的宦者——总管长乐宫事务的大长秋①邓忠。邓忠年逾半百，鬓发斑白，满面皱纹，面相严厉。他望望面前匍匐着的人群，倨傲地问道："你们哪一位是梁国来的使者啊？"

  "臣韩安国，受梁王之命，特来向太后、皇帝请安问起居，愿太后福寿安康，长乐无极。"韩安国膝行向前，再拜稽首。

  "你先不忙着请安！"邓忠冷冷地看着他，随手将一扎木简摔在他面前，原来是早间送至宫门的名刺和礼单。

---

  ① 大长秋，汉初后宫官名，相当于少府，为皇太后、皇后身边地位最高的侍从官员，多由宦者充任。

"太后不会见你,更不会接受你带来的礼品。非但如此,太后还有诏命,你留心听好了。"他清了清嗓子,开始大声宣读诏敕。

皇太后诏问梁国使者,梁王无状,僭越礼制,出警入跸,滥造宫室园囿,出行以天子旌旗,扈从千乘万骑,拟于天子,有悖臣子之道。尔梁国诸臣,职在辅佐,梁王不能忠孝尽责,尔等罪过尤重!敕命该使者,将梁王所为,一一写出呈上,尔等为臣子者,不能谏阻匡正,道理何在,亦须讲明。若敢欺瞒,罪在不赦!钦此。

韩安国伏在地上,边听边觉得背上冷汗涔涔。他知道,所谓"案责",就如狱中的审问一般,限地限时,是十分严重的查问方式。而从诏敕的口气上看,太后很可能会迁怒于自己,闹不好自己会有牢狱甚至性命之忧。怎么办,怎么办!他不由得埋怨起自己好胜,抢着来触这个霉头。但无论怎样,到了这个地步,只能想办法挺过去。

他接过诏敕,恭敬地对邓忠说道:"大人请到里面用饭歇息,下官这就按太后的吩咐,书写呈报,恐怕要费些时间,但请大人放心,决不会耽误大人的公事。"说罢,他示意王府官员们陪邓忠一行入席用餐,并暗示他们尽可能拖延时间。

他回到住处,绕室彷徨,好半天不知如何是好。派大长秋亲自案责,可见事情的严重,这个呈奏不是好写的,搞不好就像是坐实了梁王的过失,这是万万不行的。情急生智,他忽然冒出了一个想法,急忙赶回前堂,差人将府丞唤出。

"里边怎么样?稳住他们了吗?"

"还好,面色和缓多了,再饮过几巡,我看话就好说多了。"

"不成,此事单靠他解不开。你马上备一辆轺车,领我去大长公主府上。"

"前次来的使者也去找过大长公主,可她去南山野游多日,不知道回来了没有。"

"不管他,事情急,顾不得了。你只管吩咐备车,我们碰碰运气看。"

堂邑侯陈午的宅邸也在戚里,与梁王府相距不远。陈府的门房管事都与府丞相熟，轺车未受阻拦，直接驶进了陈府的院中。知道刘嫖刚刚回府，韩安国心里的石头方才落地。但听说二人要面见刘嫖，管事却面有难色："长主午前方回府，旅途劳顿，正在歇息，二位明日再来不成吗？"

"不成。"韩安国递上名刺，焦急地说道："事关紧急，片刻不能耽误，请即通报长公主，就说梁王使者韩安国有急事求见。"

管事踌躇了片刻，还是进去通报了，但很快就转了回来。"长主吩咐你们明日午前过来……"

韩安国急了，不等管事的说完，推开他，径直跑向内宅，边跑边大声呼喊着。"公主殿下，救救梁王，救救梁王啊！"这下子惊动了陈府上下，众多的家人、使女跑出来围观。几个家人拦住他，架着他往外走，他挣扎着，嘴里仍不停地大声喊叫。

"放开他，我倒要看看是谁这么没有规矩！"

家人们放开了手，韩安国回身望去，只见一位丽人站在内宅的门前，宽袍大袖，头发松松地绾着，显然刚刚沐浴过，这就是大长公主了。

韩安国俯身行礼，涕泪交流地说道："殿下怒臣鲁莽，可事情紧急，臣不得不昧死上陈，只要救得梁王，随殿下怎样处置臣，斧钺不辞。"

"有那么严重吗？你把脸擦洗一下，进屋里说话。"刘嫖吩咐过后，径自入室。下人们则端来一盂清水供韩安国盥洗。

进到室内，刘嫖已经补过妆，正倚在榻上品茶。

"阿武有什么事情？你说吧。"她瞄了他一眼，不很在意地继续品茶。

韩安国将皇帝、太后拒见梁王的使者，今日又派大长秋到府案责等事讲了一遍。刘嫖听着，面色严重起来。

"太后责问的那些事情，阿武真的做下了吗？"

韩安国不由得悲从中来，一下子伏在地上，哽咽失声地说道："臣安国昧死敢言，知子莫若母。梁王做儿子的孝心，为人臣的忠诚，太后怎么能够没有一点儿省察？产生如此之大的误会呢！"

看着韩安国痛心疾首的样子，刘嫖不觉好笑，看他这个认真劲儿，好像比自家的人还要上心。

"这么说，是太后冤屈梁王喽？"

"臣不敢。臣是说太后与梁王之间不该有误会。"

"那你给我说说，阿武哪点儿像忠臣孝子？"

"七国之乱，梁国首当其冲，关东七国，合纵西向，兵力十倍于梁。棘壁一战，梁国独当吴楚联军，死伤数万人，那时的梁国孤悬关外，处境真的是危如累卵。梁王是皇帝、太后的至亲，知道梁国是关中最后的屏障，再难也要挺下来。臣亲眼所见，梁王每当念及太后、皇帝和国事的艰危，哪一次都是泪流满面！梁王拜张羽等六人为将，臣亦厕身于其中，带军出征那天，臣清楚地记得，梁王以亲王之尊，竟然跪送吾等出征。六军感奋，人人争先杀敌，以寡御众，叛军终不能西进一步。最终坚持到朝廷大军到来，共同破敌，梁国杀伤的敌军几乎与中央相当。危难之际，为国干城，难道还不足以表明梁王的大忠么？！"

刘嫖颔首道："忠，这倒是可以当得了。你接着往下说。"

"若说到梁王对太后的孝心，殿下应该比臣知道得更清楚。可以说梁王无时不在惦念太后，每当有太后身体不适的消息，梁王都会食不知味，寝不安枕，那副失魂落魄的样子，好像心已经飞到长安，飞到太后身边去了。孺慕之情，为臣和梁王身边的人，没有哪个不被感动。说梁王不忠不孝，臣万死不敢苟同！"

"那么，阿武干么要做那些僭制越礼的事情呢？"

"臣以为，梁王不过是高自标置，表现一点儿小小的虚荣，夸示其他诸侯，让天下之人都知道太后、皇帝对他的关爱而已。殿下试想，父亲是孝文皇帝，母亲是皇太后，兄长又是当今的皇帝，地位如此尊贵，从小就见过大世面的梁王，有这点儿小小的虚荣，难道不是很正常的吗？梁王出入警跸，乘坐御赐的车马，张挂天子所赐的旌旗，巡游封国内的边鄙小县，虚荣之外，不也彰显了朝廷的声光？为了这些礼制上的小错，就苛责不已，太后怎么不恤念梁王的忠孝大节？这对梁王公平吗？梁国的使者月月来京城请安，动辄受到案责，梁王为此惶恐不安，日夜涕泣，不知道如何是好。为臣等没有不为此忧心的，害怕长此以往，梁王悲恐伤身，愁坏了身子啊。"

一番情理毕至的话，令刘嫖动了容。她思忖片刻，道："难得你有这份忠心。太后当然知道阿武的孝心，案问你们不过是做做样子，倒是皇帝的不快可能是真的。这样吧,你随我面见太后,把这些话当面讲给她听。她心疼儿子,不会不管的。"说罢,她起身吩咐备车,带着韩安国等一同进入长乐宫,来到太后居住的长信殿。

听过韩安国的陈述,窦太后郁闷了多日的心情也好了起来。

"我想阿武也不会乱来的。皇帝看来是多心了。阿嫖,等下你去一趟未央宫,把使者的这些话告诉给他,做兄长的要有肚量,要他别再难为阿武了!"

看到母亲高兴,刘嫖指着伏在地上的韩安国,凑趣地说道:"母亲没有看见他刚才那副模样,挺大个男人,不管不顾的,哭着喊着要救阿武的命,一脸的鼻涕眼泪,想起来就好笑。"

"好,好!难得你对梁王有这份忠心。你名字怎么称呼,哪里人,在阿武那里任什么官职呀?"

"臣韩安国,字长孺,祖籍梁国成安,后来移居睢阳。少时曾随鲁国邹县的田生学过韩子与黄老杂说,后为梁王宾客,现任中大夫之职。"

"喔,好。你今日所言,化解了我们母子间的误会,功劳不小,我会告诉皇帝和梁王奖赏你的。你回去后,要好好辅佐阿武,要他收敛一些,别再做那些让皇帝不快的事情了。"

一场天大的祸事,就这样化险为夷了。韩安国与府丞满心欢喜地回到王府,却见到大长秋邓忠正在中庭大发雷霆。原来,酒足饭饱之后,邓忠要回宫复命,却哪里也找不到韩安国的踪迹。后来问出他去了大长公主那里,邓忠以为是藐视自己,气急败坏,不免有意生事。

韩安国将邓忠请进前堂,致歉后向他讲述了刚才的经过,见到他仍有悻悻之色,韩安国一面示意府丞,一面正色说道:"梁王与太后、长公主的关系,大人在长乐宫多年,知道得应该比我清楚。我们做臣子的,对母子君臣间的误会,是行同路人,漠然置之,还是想尽办法化解,这中间的利害和道理,邓大人想必与在下一样的想法。太后既已释怀,大人已无须复命,何不做个顺水人情,大家交个朋友,彼此都多一份照应呢?"

府丞捧出五十金,邓忠推托不收。韩安国笑道:"这点儿心意,是下官代梁王略表心意,难道大人就这么不给面子吗?看来大人是有意与下官过不去,给梁王难堪了!"

口气中隐然有威胁之意，邓忠不觉凛然。于是堆出满脸的笑容，很见情地说道："韩大人哪里话？午间本官乃奉命行事，唐突了大人，还望韩大人海涵。既是梁王的心意，下官却之不恭，只能收下了。韩大人回去后，梁王面前还请代下官致谢。"

邓忠走后，府丞跷起拇指对韩安国说道："大人今日的机变和口才，鄙人真是服了。"说罢，他向聚拢在庭院中的众人，讲述了韩安国急中生智，游说长公主与太后的过程。说者绘声绘色，听者眉飞色舞，在众人钦佩的目光中，韩安国也不觉得意起来。他拍拍府丞的肩头，道："两顿酒宴我都无福消受。今日幸能不负梁王的嘱托，化解了太后母子间的误会，我心里高兴，烦老兄再治一席酒宴，我们今夜尽欢痛饮为贺，如何？"两人相与抚掌，大笑起来。

次日，刘启召见了韩安国，显然，长公主和太后已说服了皇帝。皇帝、太后不仅接受了梁王的礼物，而且回赐了大量礼品。太后与长公主还再次召见了韩安国，殷殷垂问，并专门赐予他大量物品钱财，所值超过千金。

韩安国此行，化解了皇帝、太后与梁王母子君臣间的误会，两兄弟重又情好无间。他也由此显名于朝廷，受到太后和梁王的器重。一个月后，梁国的内史出缺时，刘武没有坚持以他所爱重的公孙诡接任，而是按照太后的意思，任用了韩安国。他由六百石的小官一跃而为两千石的封国大吏，在当时，这是极为难得的际遇。

二十一

"富贵人家出身的姑娘到底不一样!看那眉眼,长大一准是个美人。小小年纪,你看那势派,天生是做主子的料,殿下真是有福。"蔓儿边向食案上摆放杯盘,边喋喋不休地说着。

"听说,贾夫人也为中山王提过亲,人家连眼支都不抬就回绝了。也不拿镜子照照自己,呸!"想起从前受到的惊吓和羞辱,蔓儿不由得狠狠地啐了一口。

"萍姊,怎么不说话?"蔓儿扭过头,大萍正向盘中摆放果品,一副心不在焉的样子。

"咦?你不对劲儿啊。萍姊,出了甚事?"

大萍怔愣了一下,摇摇头,道:"没什么,我在想阿宝现在会怎么样了。"

蔓儿也沉默了下来,她知道阿宝是大萍的同乡,一同入宫,感情最好。前不久永巷的宫人们传说,平日最得信任的阿宝,不知为了什么得罪了栗夫人,被捶笞半死后关入了暴室狱,自打听到这个消息,大萍就郁郁寡欢,说话做事都是无精打采的。

大萍当然知道阿宝为什么出的事。栗夫人失宠后必然会怀疑到阿宝身上,那些对大长公主和皇帝的不敬之语,她只在阿宝面前发泄过,泄露出去的只能是阿宝,她的震怒、仇恨与报复无疑会集中在阿宝头上,一想到阿宝为此受到了怎样的惩罚,大萍的心就会痛楚地抽动起来。

听到阿宝出事的消息后,大萍立刻就求王夫人设法营救。但王夫人很平静,告诉她不要急，太急反而会露了形迹，眼下要紧的是避嫌，要做出与此无关的样子。等到事情过去了，人们都淡忘了的时候，才有可能救她出来。大萍苦苦哀求，她才勉强答应，但却没有什么行动。她想求郭舍人想办法，但一直见不到他。阿宝在狱中怎样？是死是活？一想到这里，深重的歉疚感就会攫住她，是她害了阿宝的性命。她开始后悔没有听郭舍人的劝告，不该卷入到宫廷的阴谋中去。

一阵嬉闹声打断了她的思索，抬眼望去，一群孩子正跑出正堂。为首的是刘彘，跟在他身边的是陈娇和韩嫣，身后则是平阳、南宫、隆虑三位公主与儿姁的四个儿子。儿姁死后，王娡接手照看这些皇子，多一半的时间都花在了合欢殿，宫人们都说，论起细心周到，王夫人比起他们的亲娘，还要尽心得多。

"萍姊、蔓姊，一起去呀？"一群人蜂拥着穿过院子向外走去。路过大萍她们身边时，韩嫣笑着向她们打招呼。

"韩公子，你们这是去哪儿呀？"蔓儿笑着问道。

"去明渠抓喜蛛，晚上织网用，要是不怕，就一起去呗！"

"不行，夫人吩咐晚间要在院子里乞巧，我们得提前安排好。"

"韩嫣，难怪都说你专会讨巧，不分甚人，见面就叫姊姊，不觉得肉麻嘛！"阿娇斜睨了蔓儿一眼，不屑地说。韩嫣伸伸舌头，扮了个鬼脸，随众人一同走出了院子。

七月初七，是阴历的七夕，对女人们来说，又是一个重要的节令。七月正值酷暑，炎夏的热浪欲过未过，夜间的星空却格外明朗。每年七夕，隔天河而对的织女与牵牛两星分外明亮，民间称之为"牵牛织女会天河"。是夕，家家妇女都会以彩线穿针，在庭院中陈设果品，观看两星相会。如果当夜有蜘蛛在供品上织网，就是神仙受供的祥瑞，所以各家往往会提前捕捉一些蜘蛛，晚间在食案上点起灯火吸引蚊虫，诱使蜘蛛结网捕捉，以求吉祥。穿针、观星和供奉喜蛛的活动统称为乞巧，今日正逢七夕，王夫人命大萍等人布置供品，以备晚间乞巧之用，刘彘等人去抓喜蛛，当然也是为了同一目的。

七月初七，也正是刘彘的生日，王娡操办了一席丰盛的午宴，把侄儿们都邀到漪兰殿，又请了韩嫣，一同为刘彘上寿。尤其令她高兴的是，长公主刘嫖领着阿娇，不请自到，一是亲自登门贺寿，二是让阿娇亲自拜见未来的婆婆。

午宴进行到一半，孩子们就吃饱了。刘彘提议到明渠去抓喜蛛，孩子们群起响应。王娡正愁不得机会与刘嫖深谈，对此当然不会反对，嘱咐了一番，就放他们去了。

"几年不见，阿娇快出息成大姑娘了，我真是没有想到，阿娇能出落得这么姣好，像天女一样！彘儿能娶阿娇为妇，真是他的福气。"

"你这几个女儿也不错嘛。平阳、南宫眼瞅着就要到及笄的年岁了，用不用我为她们在宫外物色几个好人家呀？"

"那敢情好，我这里先向亲家母道谢了。"王娡亲自斟了一杯酒，殷勤地递给刘嫖。

"曹丞相的曾孙曹襄承嗣了爵位，是个万户侯，封邑也在平阳。他的夫人死了几年，现在正在物色继室，就是年岁大了点儿。可他家的声望、地位、富贵，朝廷上没有几个能比，我看说给平阳不错，你看呢？"

刘嫖的兴致很高。曹家的声望资财都足够，只是女儿嫁给一个鳏夫未免委屈，可想到拂逆刘嫖的后果，王娡还是做出喜不迭的样子，连连颔首道："这当然好，这当然好，一切全凭她大姑做主，我是绝对信得过亲家的眼光的。"

"好，这件事就包在我身上。今晚太后也在长乐宫乞巧，各殿的夫人都会去助兴，皇帝也会到场。晚间你带上阿彘、平阳她们，随我和阿娇一同过去吧。"

"这么多孩子，年岁又小，带过去太闹人了。儿妁早夭，我心情、身子都不好，这次就不过去了，太后若问起，还烦亲家母代我告罪。"儿妁死去一月有余，宫里的熟人们见到王娡，还是不免就此问短问长，搞得她心绪不宁。人多的场合，她总是能躲就躲，何况皇帝亲莅，保不准会有所询问，更得避开。

刘嫖摇头叹息道："难得你把合欢殿几位皇子的教养也承当起来了，不容易。亏了有你这么一位大姨，不然这些个孩子还不知会怎么遭罪呢。八个孩子，够你的呛吧？"

年少的皇子们丧母，按例都会交给宫人养育，母爱既失，皇帝又难得一见，他们儿时的命运多数孤独凄惨，大多未成年便会夭折。儿妁的儿子们有一位亲姨母照管，毋宁说是件很幸运的事。

"嗨，亲家母，你说我能怎么办？阿姁临死前把我叫过去托孤，亲娘家侄子，我不管谁管？越儿大点儿，在承明殿进学，三个小的，我这里又住不下，只好两边跑着。唉，没了娘的孩子，我真怕屈了他们。"王娡说着，眼圈不觉红了。

"是呀，你这里地方太小，不如干脆搬到合欢殿去，那儿有这里几倍大，全都能住下，照顾起孩子们也方便。这件事永巷令干什么吃的？我一定得对皇帝说说。"

"不，他大姑，千万别！你的好心我领了，可我听说阿姁是凶死，那儿晚间闹鬼，不太平。我怕吓着阿彘他们。"

"喔？真的吗？也是，生过四个儿子的女人，轻易不会小产，死得好没来由。儿姁这对龙凤胎没能保住，皇帝真是很痛心，郁闷了好久，可又查不出什么。听说冤魂才会夜间出来祟人，你听到过甚吗？"

"阿姁死前对我讲过，她疑心有人背地里诅咒她，可又抓不着真凭实据。"

"哦，是谁？"

"椒房殿的那位。阿姁说，有一次路上遇见，两个人擦肩而过。刚走过去就觉得身后不对劲儿，她猛一回头，看见栗夫人正对着她往地下啐唾沫，嘴里还念叨着甚，也听不清是甚。打那儿以后，她身体就不适。阿姁还说过，栗夫人嫉恨她，因为皇帝前一向总是召幸她。"

"对，有道理。她想做皇后，醋劲又大，谁得皇帝的宠，谁就被她当作威胁，她恨儿姁是当然的。"

"还有件事，更让人怀疑。亲家母还记得上次我对你讲过的事吧？她有个贴身侍女叫阿宝的，与我这里的大萍是同乡。她背后对皇帝和大姊的诽谤与不敬，就是阿宝告诉大萍的。"

"对，对，我记得，我也告诉了皇帝，听说就是为了这个，皇帝才不再要她侍寝。"

"也就是为了这件事，她向阿宝下了毒手！"

"喔？下了毒手！下了甚毒手？"

"你想，这件事只有她与阿宝两人知道，泄露出去的人，不是阿宝还能是谁？听说是把阿宝杖笞了个半死，又找借口把她押进了暴室狱，进了那里，阿宝眼见是不得活了。她这是想要杀人灭口呀！"

"哦？杀人灭口，为甚？"

"当然是为了她对皇帝和大姊不敬那桩事情。阿宝死了，这件事就死无对证，她就可以反口，来个死不认账。心地这么狠毒的妇人，甚事做不出？现在我相信，背地里祝诅阿姁的就是她。"

"嗯，嗯，有道理。我早觉着她不善，将来弄不好会是宫里头的大患。我定会再向皇帝进言，决不能让她得逞。不然我们姑嫂就没有宁日了！"

"是呀，我也总有一种担心。亲家母你想，刘荣是太子，早晚还不得登了大位，到时候栗夫人得了志，会怎样对付她的仇人？真是想想都怕……"

"我早就向皇帝说过，她若得志，必会再现'人彘'的惨祸！也不知皇帝怎样想的，不过，她总归是痴心妄想。我上次跟你交过底，我是想要帮阿彘做太子的，难就难在，现在阿彘与阿娇结了亲，我跟那位老弟，反而更难开口了。"

"为甚？"王娡惊疑不定，心一下子沉了下去。

"你看皇帝表面上是个很沉静的人，对人也还算宽厚大度，其实，心里对这种事情忌刻着呢。谁要是提到这种事，他马上就会疑心是背着他搞鬼，不仅达不到目的，反而会坏事。从小一起长大的姊弟，他的脾性我最了解。不说别人，就是亲如梁王，有点儿虚荣，用了他赏的车马仪仗，他还要耿耿于怀，若不是太后出面，兄弟俩还不知道要别扭到什么时候呢。"

"可我听说，皇帝可是说过要传位给梁王的话呢……"

"那是酒后失言，做不得数的，后来还不是立了自己的儿子做太子。做皇帝的人都懂得黄老那一套，有时应许给人点什么，不过是一种试探，看看臣下作甚反应，当不得真的。"

刘嫖呷了口酒，接着说道："所以立阿彘做皇储这件事，在皇帝那里提也不要提，一提，反倒坏事，他一定会认为你我在搞什么名堂，他若存了这种成见，那阿彘可真就是一点儿希望也不会有了。"

"那么，我们只能静观其变了？"王娡心有不甘地摇了摇头。

"当然不是。我们要做的是扳倒栗姬和刘荣，他们一倒，储位空出来了，以刘彘的资质,机会要大得多。"

两人又议论商讨了许久,直到儿女们从明渠返回,王娡才招呼大萍等人收拾筵席。日昃之后不久,宫门就要下钥,刘嫖携阿娇去长乐宫太后处乞巧,韩嫣不情愿地出宫回家,王娡则带着刘越等人回合欢殿。漪兰殿的小院一时安静了下来。

七夕在朔望之间,漫天的星斗布成一道天河,夜空如洗,银光烂漫。刘彘、平阳、南宫、隆虑和大萍、蔓儿等围坐在事先设好的席上,开始乞巧。

首先比赛穿针,每人七根彩线,规定是最先穿完者为胜,可随意选食点心、水果,最后穿完者为败,罚酒一盏。蔓儿取出事先备好的七彩丝线和铜针,每人一份,众人公推刘彘司判胜负,他一声令下,女孩子们开始飞针走线。大萍、蔓儿的动作最为麻利,只见她们一手拈针,一手捋线,将线头略捻,在唇间轻轻一抿,对准针孔一送,便穿好一根丝线,片刻之间,七根丝线就都已穿针完毕。平阳的速度也不让侍女们,位居第三,而隆虑最慢,用时几乎是大萍她们的一倍。连比三轮,大萍拔得两次头筹,最后一轮的胜者是平阳,但刘彘看得出,侍女们有意放慢了速度。隆虑最惨,三轮皆负,一盏酒下去已经是满面绯红、不胜酒力的样子了,后两盏罚酒,分别由刘彘和平阳代饮。大家胡乱吃了些点心水果,又观了一阵星星,平阳、隆虑等酒后困倦,各自回屋睡了。只有大萍、蔓儿等侍女陪着刘彘继续观赏夜空。

此时夜漏更深,星空也更亮了。夜色中的木兰树影婆娑,习习凉风将日间的暑气一扫而空。刘彘望着星空,问道:"你们谁认得,哪颗星是织女,哪颗星是牵牛?"

"喏,天河西边那三颗,就是织女三星。"蔓儿边指划边说。

"是对等三边,看上去像是鼎足而三的那三颗星吗?"

蔓儿点点头。"对,就是它们。中间最亮的那颗,就是织女星。"

"难怪《诗》里,会有'岐彼织女'的句子,这织女三星的排列还真像是鼎足而立呢。"

"殿下请看,与织女隔河相对,也有并排着的三颗星,中间的那颗亮星稍微高起,有些像条弯曲的扁担。中间的那颗亮星又叫河鼓二,就是牵牛星了。"

"这些个星星年年在此,为甚要说牵牛织女七夕才能相会呢?"刘彘不解地问。

"七夕的晚上,这两颗星特别的亮呗。"蔓儿笑着说道:"传说天帝将织女许给牵牛,两人整日相守,耽误了劳作,天帝一怒,平时就不许他们见面,只在每年的七夕,允准他们相会一次。牵牛和织女天河相会,殿下与阿娇在人间相会,真是好福气呢!"

刘彘的脸一红,佯作不闻地转问大萍:"蔓儿说得对吗?你看见过神仙吗?长得像人一样吗?"

"神仙都住在天上、海上和山里,我上哪儿见去?反正民间的老人们都是这么传的,说是神仙有时候也到人间来,齐鲁那边和海边上的人经常能遇见。"

"董永的事,殿下没有听说过吗?他就遇见过织女。"蔓儿插嘴道。

"是吗?董永是谁?怎么回事?"刘彘兴趣盎然,连连追问。

"董永就是齐地的人。家里穷,父亲死后无钱安葬,董永就自己卖身为奴,那家主人被他的孝心感动,给了他一万钱,要他回去服丧。服完三年之丧,为了报答主人,他又欲回去为奴,路上遇见一个女子,自愿从他为妻,他就带着那女子一同到主人家。主人不肯收他为奴,但又推辞不过,就允那女子十日之内为他织缣百匹作为报答。那女子果然于限期内织出了百匹缣绢,其实,她就是织女。换了凡人,十年也织不完的。"董永遇仙的故事在民间流传很广,大萍自小就耳熟能详,于是侃侃道来,把刘彘听得心驰神往。

"后来呢?他们两人真的成亲了吗?"

"没有。替董永报完恩,那女人就要走,临行前告诉董永,她就是织女,是天帝的外孙女,因为董永至诚至孝,天帝命她助他偿债。说完,就凌空而去,不知所在了。"

"那这个董永还在吗?"

"当然不在了,听说后来也得道成仙了。"

刘彘啧啧称羡,神往得不得了。他索性仰卧在席上,望着漫天的繁星出神。这神仙的世界是太广大,也太神奇了。真恨不能马上出宫,到齐鲁去寻仙访道。他闭上双目,神游物外,想象着自己穿山越岭,浮舟海上,眼前恍恍惚惚似有人影在晃动,但却怎么也看不清他们的面目。唉,宫里的日子真是太乏味、太无趣了！他真羡慕能够每日进出宫禁的韩嫣，自由自在，想去哪儿就去哪儿，想同谁交往就同谁交往。森严的宫禁、华丽壮阔的宫苑，这一切似乎都变得可厌可恨，成了束缚他的桎梏。不知何时自己才能有一个自由之身！哼，早晚我会长大，摆脱这一切的。

大萍、蔓儿在案上燃起两盏灯，招呼刘彘起来送喜蛛。他拿起封有蜘蛛的竹筒，拔开塞子，作出要甩到她们身上的样子，大萍和蔓儿连跑带叫，三人在院中追逐笑闹，直到王娡从合欢殿返回。

"夜深了，你们怎么还不服侍阿彘去睡？"王娡眉头微蹙，不快地责问大萍和蔓儿。

"不关她们的事，我不困，我还没放蜘蛛呢。"

刘彘边将竹筒中的喜蛛倒在食案上，边问王娡道："娘，牵牛是不是就是董永？"

被他没头没脑这么一问，还真把王娡给问住了。想了一会儿才回答说："牵牛是牵牛，董永是董永，根本就不相干的。你莫胡思乱想了，赶快回屋睡吧。"

说罢，她命侍女们送刘彘回居室安歇，示意大萍随她进了寝室。侍奉她卸妆、盥洗完毕后，大萍想要退下时，她拉住大萍的手，说："我知道你心里着急，我又何尝不急？阿宝的事，我今日对长公主说了。阿宝能不能得救，我不敢讲。可她的仇，我们一定能报的。我答应你，阿宝若死在暴室，害她的人也要死在暴室的。"

大萍又惊又怕，在院中伫立了许久。她望着星空，记挂着阿宝和故乡的亲人们，浓浓的乡愁涌上心头。荫蔽在一片黑暗中的宫城阴森可怖，陌生、孤独的感觉也从没有如此强烈过，大萍泪眼模糊地向自己的居室走去，经过食案时，恍惚看到喜蛛已结成了蛛网，这或许是个好兆头吧。"老天保佑阿宝、保佑家人平安。"她点燃香炉，闭目默祷着。哐当一声，好像是风刮开了门的声响。她睁开眼时，惊喜地看到，远远地仿佛是阿宝在向她招手。她急急赶过去，却什么也没有，只有风中摇曳的枝条在沙沙作响，其中隐约夹杂着人的痛苦嘶叫声，若有若无，令她毛骨悚然。忽然，四周一下子万籁俱寂，大萍惊出了一身冷汗，大叫一声，蓦地醒了过来。

灯光中,大萍看到同室的侍女们正围在自己身旁。"萍姊,做噩梦了吗?"蔓儿正在为她擦汗。她紧紧抓住蔓儿的手,泪水潸潸而下,一种强烈的、无可置疑的预感告诉她,阿宝已经死了。

二十二

刘嫖带阿娇赶到时，长信殿的酒宴已经过了三巡。筵席设在殿门与花坛间的空场上，以家人聚会的方式布置。太后东向，太后两侧的坐席分别留给了皇帝和长公主，以下依次是后宫的夫人们，除皇帝外，全部是女眷。太后今晚的兴致很高，正在讲述幼时七夕遇到的奇迹。

"那会儿我还小，不知得的是甚病，头发脱得稀稀拉拉，连头皮都遮不住。一个女娃子家，秃着个脑袋，丑死了，不包头都不敢出门。七夕那天，所有的女娃子都在外面看牵牛织女会天河，就是不准我出屋。大家都在外面乞巧，唯独我自己在屋里头憋屈。心里头那个难受啊，眼泪水不知掉了多少。我这个人自小就刚强，遇到这种事，我死的心都有。快半夜的时候，忽的有一道强光从窗棂里照进来，照在我头脸上，晃得我睁不开眼，后来困得不行就睡过去了。可是怪了，那天晚上明明没有月光，这光又是从哪儿来的呢？打那儿以后，没有多久，新头发又长出来了，又黑又密。家人都说是织女显灵，也不知真假，反正托天之福，到现在五十年了，头发还都是好好的。"

"太后是贵人之体，当然会得上天的眷顾。愿太后康健，长乐无极。"坐在皇帝下首的栗姬抢先一步站起，奉酒齐眉，极为恭敬地为太后上寿。太后的心情好，高兴地饮了一杯。随后，程姬、贾姬、唐姬等纷纷抢前上寿，刘启怕母亲醉倒，代饮了数杯。随后，便开始彩线穿针的比赛，栗姬提议由太后司令，皇帝监罚，酒宴的气氛一下子热闹了起来。

见到姗姗来迟的刘嫖，太后蹙眉，嗔怪道："知道家里人今夜聚会，为甚不早些来，让大家等你！阿娇，坐姥姥这边来。"

刘嫖向太后、皇帝行礼后入席。她的坐席在太后右侧，与刘启相对，抬头看过去，栗姬的坐席在她斜对面，栗姬望着她，正微笑着向她致意。

"阿娇，你娘把你领到哪里去啦？是不是该让舅舅罚她一盅酒呀？"太后将阿娇揽在怀里，笑着问道。

"到胶东王家里去了，阿彘领我们抓了好些喜蛛呢。"

"噢，原来是去亲家母那里串门了呀，我说今儿个怎么没看见王夫人呢。可也是的，阿嫖你干什么不带她过来聚聚，一个人过七夕不孤单得慌嘛。"

"她还在妹妹的热孝之中，不方便来。正巧今日也是阿彘的生日，我带阿娇过去为的是给这孩子上寿。我倒是想带她过来，可她哪儿顾得过来呀！算上儿妁的四个，八个孩子，摊在谁身上都够受的。"

"儿妁的那些孩子可还好吗？"刘启有些伤感地问道。

"有至亲的大姨照管着，当然错不了。今晚他们都在漪兰殿过七夕。漪兰殿就是太小了点儿，王夫人得两头跑着照看这些孩子，后宫不少人说，她对那些孩子，比亲娘还上心。陛下，不能赐给王夫人大些的住处吗？那样她照顾起孩子来就不用那么辛苦了。"

"难为了她，你提醒得好！此事朕明日即会吩咐去办的。"刘启频频颔首，颇有感触地说。

"陛下，不如就请王夫人搬到合欢殿去住，那里足够大了。阿荣与阿德都大了，我也没甚可操心的了。王夫人若忙不过来，臣妾倒是很愿意为她分担些教养的责任。"栗姬边为刘启酌酒，边望着刘嫖，脸上带着示好的笑容。很明显，她想消解过去的嫌怨，可刘嫖却并不领情。

这女人又在使甚诡计？无非是讨好皇帝，邀宠固位罢了。刘嫖冷冷一笑，道："儿妁死得不明不白，都传合欢殿是凶宅，晚间闹鬼，谁敢去住？你莫不是想她们姊妹都不得好死吧！"

"你这是甚话！我一片好心，你……"栗姬的脸色一下子变得很难看。她刚欲辩白，刘嫖却不容分说地打断了她。

"你一片好心，是吗？笑话！好心你干甚在背后啐人家？你背地里诅咒别人的事，你以为就没有人知道？儿妁死得蹊跷，难保你没在当中捣鬼！"

"你血口喷人！你得拿出证据来。"栗姬面色铁青，极力压制着自己不要发作。"我怎么得罪了？大姊就如此信口雌黄，竟以这样阴毒的罪名加在我身上。请太后、皇帝明察，为臣妾做主！"

"你以为儿姁死了，就可以死无对证，是不？看来你倒是惯于杀人灭口，毁灭证据的了。"

"够了！都给我住嘴。你们不看看这是甚地方，甚时候，在太后和朕面前如此放肆。尤其是阿嫖你，本来太后欲与众人同乐，你迟到不说，还无来由地大放厥词，好好一个七夕，让你搅得不成个样子！"刘启满面怒容，他指了指栗姬，"你既说她杀人灭口，就要拿出证据来。否则，诬陷是要反坐的，你莫忘记汉法无情！"

"我诬陷她？陛下可以问问她，她那个叫阿宝的贴身侍女，现在何处？她为何把她关入暴室？不是想要杀人灭口，是甚？前不久，她背地里诽谤陛下与我，陛下还没有忘记吧？她也不承认，是吧？这件事只有阿宝知道，杀了她，就可以死无对证。陛下若是不信，到永巷的暴室查查不就清楚了！"

"你们都给我住嘴，好好的一大家子人，连个节都过不到一起去，吵吵嚷嚷，让儿女小孩子们看笑话，还怎么为天下臣民的表率！"窦太后面色阴沉地扫视着众人，筵席上顿时鸦雀无声。

"真是悖兴！就到这里散席，你们都回去吧。"说罢，太后起身回殿。

刘嫖几步追上，扯住太后的袖子，道："娘，真的生女儿的气了？女儿绝不是故意搅局的。娘心里不痛快，就责骂女儿几句吧。"

"你这么大的人了，怎么还跟孩子一样，心里一点儿搁不住事情？多喜兴个场合，让你这张嘴给搅了。况且就为个儿女婚事不谐，就值得把栗姬恨成那样？你这脾性也得改改了！"

"是。可是阿宝那件事情可是真的！"

"你不要再说了，我还不糊涂。你回去吧，叫你兄弟进来，我有话要问他。"

刘启进殿后，太后屏退侍从，要他坐到自己身旁。

"今夜的事情你都看到了。"

"阿嫖她们说话这么不管不顾的，扫了大家的兴，朕有管教不严之责，请母亲息怒。"刘启赔着小心说。

"我还没有死,不劳你管教阿嫖。"太后冷冷地看了他一眼,继续说道:"做皇帝的,做事要有决断。当断不断,反受其乱。"

"请母亲明示。"

"阿嫖说的事你要查问一下,不管是真是假,我看阿嫖与栗姬的这个结,是难得解开了。她们两个人中,皇帝要做个抉择了。"

"娘这话是甚意思?"

"一边是你姊姊,至亲骨肉;一边是太子之母,侍候了你几十年的栗姬。按常理,太子之母应为皇后。可是皇帝想想,她们如此水火不容,阿嫖是得理不让人的脾性,栗姬也是个刚强性子,阿嫖伤她伤得这么深,你我千秋万岁之后,她儿子是皇帝,自己做了皇太后,会发生甚事,皇帝难道就从未想过吗!"

"娘的意思是……"

"我不管你怎样想,皇后是绝不能让栗姬做了。阿嫖与阿武,与皇帝一样是我亲生的骨肉,我活着一天,就绝不允他们受到一点儿伤害!"

"可栗姬一心是想与阿嫖和好的,这样对她未免不公。是阿嫖拒人千里。人家笑面相迎,她却怒目相对,动辄发难,心胸也忒褊狭了些。"

"阿嫖毛病当然不少,日后你我可以多提醒她。可是皇帝你要记住,侍候过你的嫔妃多得是,亲姊姊你只有一个!"

"朕当然不会伤害阿姊。可这件事绝不只是立谁为皇后这么简单的事,还牵涉到太子。阿荣是太子,他娘早晚还不是太后?儿子以为,还是化解双方的嫌怨更为妥当,长远。"

"那就连太子一起换掉!你是个男人,哪里懂得女人的心思!这种结是解不开的。栗姬表面上向阿嫖示好,心里未必如皇帝所想。忍辱负重,为的都是将来的扬眉吐气。你十几个男儿,还怕选不出一个好太子?"

"可皇储的废立,事关国本。阿荣并未失德,大臣们不会赞同的。"

窦太后逼视着刘启,冷笑道:"这天下是我们刘家坐呢?还是大臣们坐呢?皇帝糊涂到主次不分了吗!立谁为太子,是我们自己的家事,外臣何容置喙?况且,阿荣的资质并非上乘,每次来我这里请安,考问他的课业,多一半都是阿德代他回答。"

"兹事体大，还望母亲容我与大臣们商量斟酌。"

"当然，我也不是要你马上行废立之事。阿荣是长房长孙，你以为我就忍心？可你要思虑内争的后果！今晚这件事在后宫里头传开，很多人会蠢蠢欲动。皇帝越早决断，人心愈早安定。七国之乱的大祸我们都挺过来了，还有甚事可担心？你若实在难以决断，可以随时来我这里商议。"

回到未央宫后，刘启连夜传来了郎中令周仁和永巷署的令、丞与暴室管狱的啬夫，查问关押椒房殿侍女之事。阿宝当日夜漏初更时才断气，皇上马上就得知查问，事情显见得不简单，永巷令彭仲十分紧张，小心翼翼地回答着。

"是。上月既望，椒房殿栗夫人知会奴才，她那里的侍女阿宝散布谰言，大不敬，责罚之外，送暴室劳役。奴才等收治阿宝时，她伤势颇重，食药不进。现已瘐毙于狱中了。"

"喔，恁巧嘛！她在狱中说过些甚，如实讲来。"

永巷令彭仲示意啬夫亢冲回答。亢冲五大三粗的身个，一望而知是个粗人。他略微踌躇了一下，边回想边说道："她送进来时就带伤，伤口都恶犯了，发热昏睡，谵语不断。要么呼痛，要么说胡话，求夫人饶命，叫爷娘的名字，还呼一个叫甚'大萍'的名字，可能是她的个姊妹吧。今儿下晚临死前，她清醒过一阵子，说是死后请我们把她埋在朝东的方向，她才能找得到回家的路。然后再怎么问，她都一声不吭，直到咽气。"

"这孩子多大了？哪里人？"

"不满十五岁，赵地人，入宫后就分在栗夫人处，有三年多了。"

刘启仔细回想了一阵，栗姬每次来前殿时，身边似乎是跟着这么一个侍女。

他叹了口气，吩咐道："好好安葬了她，再捎笔钱给她的家人。还有，彭仲，小王夫人的几位皇子现在由漪兰殿她姊姊养视，漪兰殿地方逼仄，合欢殿又是丧处，睹物伤情，也不方便住，你去安排个大的住处，让他们都搬进去。"

"是。"至此，彭仲悬着的心才放了下来。

刘启摆摆手，示意他们退下。看来背后詈骂诽谤、杀人灭口都是实有其事了，对一个十几岁的女童都能痛下狠手，那么背地里诅咒儿妁这种事情，她也是做得出来的。想到夭折了的那对龙凤胎，刘启就痛惜不置，一股愤懑之气渐次在胸中扩展翻涌。看来，母亲的话有道理，皇后是不该也不能让她做了。

栗姬的事情好办，太子的事情则难办。而太子不更换，母亲所担心的隐患就会一直存在下去。可阿荣并无失德之事，无端地废长立幼，大臣们肯定会反对，而刘启心里很清楚，他之所以在这件事上委决不下，完全没有了自己处事果决的作风，根本的原因并非大臣们可能的反对，而是自己所不愿正视的心结。

刘启当年之所以能被立为太子，可以说是运气使然。窦姬被吕后赐给代王刘恒后，虽受宠幸，但地位只是王妃。代王王后也有三个儿子。所以无论以嫡以长，王太子本来没有他的份儿。但天命靡常，王后早死，而她的三个儿子也都先后夭折了。这样窦姬被立为王后，子以母贵，刘启也有了嫡长子的身份。吕后病逝，诸吕被诛后，大臣们将代王迎至长安，公推为皇帝。文帝即位四个月后，在周勃等朝廷重臣的请求和坚持下，年方十岁的刘启被立为太子，根据的就是以嫡以长的原则。

但父皇心目中的继承人就一定是自己吗？不见得！母亲年长色衰，父皇自然另有新欢，很快又有了两个儿子，刘叁与刘揖。父皇对这两个异母兄弟的爱幸，超过了自己。文帝前元三年，刘武、刘叁、刘揖同时封王，刘武封为代王，刘叁封为太原王，刘揖封为梁王。但不久后阿武就被徙封为淮阳王，原有的封地全部被赏赐给了刘叁。刘揖是幼子，其母是得宠于父皇的慎夫人，更是备受宠爱。最受父皇器重的才子贾谊，被派给梁王做太傅，加意培养的意图不问可知。孝文皇帝当国二十三年，窦皇后刘启母子也在戒慎忧惧中生活了二十三年。好在这两个弟弟也短寿，尚未成年俱已夭折，他们母子才稍稍松了一口气。亲身的经历，使刘启深知太子地位的脆弱，能够作为保障的只有"立子以长"的传统与制度。如今要亲手破坏这个制度，在理智与情感上，都不是他所情愿的。

薄氏无出，刘荣就是长子，若栗姬继立为皇后，他便是嫡长子，所要面对的，是与自己当年一样的局面。他们母子的心境，刘启是完全理解的，这也是他迟迟不愿作出决定的原因。拖一拖，看一看，事情是不是会有转机，阿姊与栗姬的关系或许会向好的一面发展？但是今天的场面，使他看清楚了，这绝不可能。既然如此，确如母后所言，不宜再拖，是该做出决断的时候了。

"周仁，朕有件事要你去办。"刘启思忖了很久，将等在一边的周仁叫到身边，细细吩咐了很长时间。

二十三

例行的早朝早早就散了。周亚夫与窦婴退出宣室殿,互相看了一眼,摇了摇头,正要揖手告别,郎中令周仁赶了过来。

"二位大人是要回府吗?今日散朝早,大人们若无紧要事情办,可否枉驾到下官那里坐坐。下官有事情请教。"

周亚夫、窦婴当然知道他是皇帝的心腹,急慢不得。于是由周仁陪同,一路向郎中令署走去。

郎中令署位于未央宫东阙门内,占地仅次于少府,机构大,属官多。郎中令虽仅位列九卿之一,权势却非同一般。首先,皇宫的禁军门卫均归其掌握,有拱卫天子之责。而内廷的多数公事亦由所属的众多郎官办理。皇帝出入随行护卫的文武侍从,多是郎中令署的郎官。由于日常在皇帝身边办事,总领宫内一切事务,郎中令历来被视为"天子近臣",权势熏灼,即使贵如三公,也不能不以敌体①相待。周仁则谦抑自守,绝无一点儿桀骜张扬之态,故极得皇帝的信任。

三人进入官衙内舍后,周仁要侍候的属官们退出,关严内外门户,请周、窦二人入席后,亲自煮茶待客。

"周大人如此劳动,想来是有重要的事情了?"周亚夫呷了口茶,笑着

---

① 敌体,意思是地位相等,无上下尊卑之分。

问道。

"正是。二位大人可觉得今日的朝会有甚异常吗？"

"皇帝看上去闷闷不乐，在公务上打不起精神，与平日迥异。周大人可知道其中的缘由吗？"窦婴放下茶杯，关切地看着周仁。

"皇帝有很重的心事，曾对我吐露一二。为臣子者当为主上分忧，这也是下官请二位大人来此的原因。"

周亚夫与窦婴相互望了一眼，二人会意地笑了起来。周仁的嘴紧，是朝廷上出了名的，为此皇帝格外信用。能够出入寝宫卧内，甚至深宫秘戏都不甚避讳的，外官仅周仁一人。他会主动透露皇帝的心事，谁也不会相信。不用说，今日这番谈话，一定是皇帝授意的。

"周大人有甚话，不妨说出来听听，丞相与我不会泄露半点儿的。"

"好。薄皇后移宫后，中宫虚位，后宫里头有儿子的嫔妃，大多有觊觎之心。明里和气一团，暗里不免于争斗。皇帝为此心烦得很，二位大人可有良策，为天子分忧吗？"

周亚夫沉吟不语。窦婴看看他，略为踌躇后说道："立何人为皇后，是皇帝的家事，本非为臣子者所宜言。但事情所关非细，倒是不能置身事外了。我以为，皇帝既已立刘荣为太子，不妨尽快册封太子之母为皇后。立子以长，母以子贵，按礼制传统办，谁也难以反对，孰论再争呢？君侯①以为如何？"

"太傅所言极是。《春秋传》有言，'立嫡以长不以贤，立子以贵不以长'，这是周公制礼作乐传下来的制度。皇后所生为嫡子，在嫡子中选立太子，只能是长子，为的就是防止君主以爱憎行事和嫡子们对储位的觊觎和争夺。有嫡子，则庶子无论排行如何靠前，也不得立为太子。周公当年立下的这个制度，防的就是对储位的争夺。皇后的册立也是如此，'子以母贵，母以子贵'，皇后之长子必为太子，即'子以母贵'，太子之母亦必为皇后，即'母以子贵'。这历来是安定国家的大经大法，违背了就会引来灾祸，周大人当然晓得的。"

---

①君侯，汉代官员对丞相的专称。"君"为对地位高于自己的人的尊称，而丞相均封爵为侯，故有是称。

太子之母早已住进了椒房殿，与皇后之位只一步之遥，皇帝此时提出这个问题，用意何在？在没有弄清皇帝的真实意图之前，周亚夫觉得还是谨慎小心为好，于是引经据典，出之以堂堂正大的态度。

周仁见他二人瞻顾不前，决定还是将真相透露给他们。

"二位大人所言当然是正论。问题是，栗夫人嫉妒成性，背后腹诽怨望，难以副中宫之选。不立她做皇后本来不难，难在她是太子之母，皇帝担心自己千秋万岁之后，她会如吕太后般兴风作浪，动摇匡本。为此，皇帝宵旰不安，二位大人请务必为皇帝着想，找一条妥当的办法出来。"

周、窦二人面面相觑，知道事情十分棘手。立谁为皇后之事隐隐变为太子废立之事，事情关乎国家的根本，何去何从，责任重大。窦婴作为太傅，觉得有必要为太子争一争。

"栗夫人如不配母仪天下，皇帝尽可以立其他贤惠的嫔妃为后，但不宜以此牵动太子。太子为人仁厚，又无任何失德之处，无故废立，会使民心骚动，天下不安的。"

"周大人，难道皇帝真的有废立之意吗？"周亚夫满脸庄重，语气十分严肃。

"皇帝的担心是，百年之后，会出现当年吕后诛除宫人、宗室的惨事。并没有一定要改立太子的意思。"

"那么，多作防范便是了。《春秋》左氏传云：'王后无嫡，则择立长，年钧以德，德钧以卜①。'今太子的择立正与此同，虽为庶子，但排行最长，诸位皇子中，并无年龄与品德与之相侔者，当然也无待蓍龟。皇帝正富于春秋，大可不必为此烦恼，更不可坏了祖宗的家法。秦弃长子扶苏而立幼子胡亥，国灭身亡，前车可鉴！"

周仁又与二人反复辩难了一阵，见二人坚持反对废立的立场，谈不出什么结果，只好送二人出宫，自己回到宣室殿复命。丞相和太傅之反对废立，

---

① 全句大意为：王后若无嫡子，则选立庶子中最年长的；若年纪相等，则以德行高低选立；若德行也相等，则以卜蓍来决定立谁为太子。参见《春秋左氏传·昭二十六年》。

早在刘启的意料之中，有了这个反对意见，足可以搪塞太后一阵子了。刘启决定将此事放一放，使自己有时间从容斟酌利弊，最终做出一个妥善的决定来。

午后，与少府官员一同奉派去关东采办宫内用品的郭彤回到了长安。当晚，他并未进宫，而是回了自己在宫外购置的私宅。这私宅是用王娡送他的那笔钱买的，与寓所一同购进的还有一个来自西域的女奴，已在关内多年，年岁虽稍大，却很懂得风情，侍奉人也很体贴。有了这栋房屋和女人，郭彤才真正知道了什么是人过的日子，一有机会，他便会溜回私宅，享受温柔乡中的旖旎风光。一些外官知道他是皇帝身边的人，每逢他出宫，都会有人来访送礼，打探消息，他的宦囊也渐渐地丰厚起来。每念及此，对王娡与臧儿的感激都会在郭彤心内涌起。

次日，他回到宫内复命，才知道王夫人也已搬入了新居——合欢殿北面的鸳鸯殿。午后他不当值，于是前往鸳鸯殿恭贺王娡的乔迁之喜。

进得殿门，王娡正在与一群孩子游戏，看到郭彤，她吩咐蔓儿等领着孩子们继续玩，自己上前迎客。

鸳鸯殿是一处三进的院落。见礼后，王娡引郭舍人入中厅落座，大萍奉上茶点，王娡亲手为他斟茶，笑问道："郭公公，好久不见了，一向可好？"

"谢夫人存问。下官被派去关东采办宫里头的用品，将近一个月，故此未能常来请安，请夫人见谅。"

"这件事我知道，没有怪你的意思，你莫放在心上。"

她呷了口茶，接着问道："你从前殿过来，没有听到甚消息吗？"

"下官昨日晚间方回，今日早朝，只听说匈奴的使者已到了京师，此外尚未听到甚特别的消息。"

"阿宝死了，你不知道吗？"

"什么，死了？甚时候死的？为甚？"郭彤心一沉，不觉连声追问。

王娡朝一边伺候着的大萍努努嘴，"你问她吧，她与阿宝感情最好，为了救朋友，这些天来，她找了多少次找不到你，心里不知多难过呢。"

郭彤再看大萍，人果然消瘦了，眼圈也红红的。大萍讲过栗姬如何惩治阿宝，阿宝如何瘐死暴室的经过后，郭彤不觉叹息道："不想栗夫人如此狠毒！大萍，你莫要难过了，恶人总会有恶报的。"

"话虽是这么说，可事情还是要由人去做。我答应过大萍，这个仇早晚得报，害得阿宝进暴室的人也得进暴室。公公与大萍、阿宝是同乡，这件事情上，想必也会尽力的吧？"

"那是当然。如有用得上的地方，郭彤愿效犬马之劳。"

"我听说，你在宫外置了房子？"

"是的，才买下不久，在宣明里，离尚冠里不远。感谢夫人的恩德，下官才能有此产业。"郭彤再拜顿首，感激之情，溢于言表。

王娡笑笑，说道："这算不得甚，公公切勿如此客气。休沐之日，公公是不是都要回私邸呀？"

"只要上边没有特别的盼咐，下官自然是回私寓。外间自在些，不像宫中这般拘谨。"

"你是皇帝身边的人，访客想必不少吧？"

"是的，有一些。"

"你们都谈些什么，可以说给我听听吗？"

"无非是拉拢应酬，打探宫里的消息而已。"

王娡淡淡一笑，道："公公不方便谈，就算了。可是有件事，公公不能不帮我。"

"夫人请讲。"

"依公公看，栗姬在椒房殿还能住多久呢？"

郭彤思忖了片刻，摇摇头，道："难说。上边的心思，做臣子的琢磨不透，也没有人敢在上边面前提这种事，天威难测呀。"

"那么，若是有人在皇帝面前提这种事，又会如何？"

"皇帝乃雄猜之主，一定会疑心有人交通宫禁，内外勾结，谁这么莽撞，一定会大祸临身的。夫人再恨她，也千万不能出此下策呀！"郭彤以为王娡要他向皇帝进言，心里十分紧张，额头上竟冒出了冷汗。

王娡点了点头，从长公主和郭舍人的话中，她觉察出皇帝对权位有着高度的敏感和忌讳，你所想要的东西，若直接向他谋取，只会适得其反。但这里面也隐约预示着一种机会，利用得好，或可以成为置敌手于死地的契机。而对手的失败，不用说自有助于自己的成功。

"公公莫要担心。若可以反其道而行之，又会怎样呢？"

郭彤望着王娡，真觉得她有些莫测高深了。"何为'反其道而行之'？下官愚昧，还望夫人明示。"

"譬如说，休沐日到你那里拜访的朝臣，为的不就是拉关系，探消息吗？他们这样做，所为何事？"

"当然是探察上边的好恶、朝政的风向，所为当然是自己的仕宦升迁。"

"这不就得了。"王娡笑笑，好整以暇地呷了口茶，继续说道："公公想，他们巴结你，为的是探消息，以揣摩皇帝的喜怒好恶，投皇帝之所好。为了升官，他们甚事做不来！我们自己不方便讲的话，可以借他们之口讲出来。你所要做的，就是给他们一个似是而非的消息，当然，要做得像是不经意间失口泄露出来的秘密。这，并无任何危险，公公想必是做得来的。"

"夫人的意思是……"

"我的话说得很明白了。你自己回去再琢磨吧。你只记住'反其道而行之'就可以了。皇帝目前迟疑不决，再推栗姬一把，火候可能就到了。但行事不可操切，人，一定要合适。"

"是。"郭彤揖手再拜，心里想，这女人的头脑真是不简单，自己竟不能不刮目相看了。

"赵谒令最近怎样啊？"王娡问得漫不经心，但郭彤知道，对儿姁之死，她还是放不下心来。

"最近下官出外差，知道不多。但自小王夫人薨逝，赵大人收敛了许多，不再那么好事了。听说，他也出了外差，押运太后与皇帝赐给梁王的礼物去了睢阳，听说是梁王生日的贺使。"

"噢？是这样。梁王和赵谒令那里有甚消息，公公一定要及时告我，莫要大意了。"

郭彤告辞出来，一路走一路想着刚才王娡所说的那番话。栗姬已是只死老虎，并不可怕，也绝无可能正位中宫。上边之所以迟疑不决，肯定是如何处置太子这件事，上边主动征询意见，大臣们多半会反对，而大臣主动上书劝进，则必会触及皇帝的忌讳，天心震怒，栗姬母子危矣！所谓的"推一把"，就是这个意思吧。想到这里，郭彤不禁心中凛然，最毒不过妇人心，真是一点儿不假！由王娡他又想到栗姬和阿宝，阿宝那么天真憨厚的一个孩子，竟落得如此下场，栗姬对贴身侍奉了她几年的孩子都能下得去手，可见也是个狠毒之人，她的失败也算得上是罪有应得了。

自己莫不是有些妇人之仁？想到刚才心中的厌憎和不忍，郭彤猛然警惕起来。既然受了王夫人的好处，入了她的圈子，好恶就由不得自己了。胜为王侯败为寇，自己所要做的，是竭全力为己方的成功效力。一损俱损，一荣俱荣，什么礼义廉耻忠信道德，在事关生死成败的争斗面前，都是那么无力、苍白。切不可再如此婆婆妈妈，存什么恻隐之心了！

当郭彤走出宫门，招呼了一辆辎车，乘坐回家时，心境已全然不同，脑子里想的已是以什么方式、由谁来实现王娡的嘱托了。

二十四

  立秋过后，暑热消退，气候一天比一天凉爽，太子宫的授课也由夏季的半日延长为整天。对于刘彘，这正中下怀；而在韩嫣那里，就有点儿苦不堪言了。最近这些日子里，他简直就成了师傅们的出气筒，动辄得咎。汲师傅甚至威吓他，若再不用功，就要奏报皇帝取消他的侍读资格，不许他进宫了。为此，他课余不再外出与朋友们斗鸡走马，窝在家中用功，课业竟也渐渐追了上来。

  这日，黄老学的授读告一结束，汲黯与郑当时对两名弟子进行了考课，刘彘不用说是优，韩嫣也得以及格。师傅们心情很好，看看天色还早，就吩咐二人，学业上还有什么疑难不解之处，尽可以提出，由师傅答疑解惑。

  "师傅，黄老之学与儒学有何不同？那日辕固少傅赞成儒学，太后为何动怒？难道儒学就没有可取之处吗？儒学不好，朝廷为何还要设立儒学经典的博士？"趁着师傅们心情好，刘彘将憋在心中多日的疑问一股脑问了出来。

  "黄老与儒学的不同嘛，黄老主张简易、自然，在治国上以清静无为为鹄的。儒学则踵事增华，人为地干预自然的进程，处处有为，处处过犹不及，乱了天地自然万物之理，事情反而会南辕北辙。"

  郑当时看着弟子们似懂非懂的神情，笑笑说道："这么讲，你们可能觉得玄一点儿。我们打个比方，黄老学就如家家日常所食的青菜豆腐、粟米汤饼，乃度日养生而不可或缺的东西。儒学则不然，看似华丽，有如海味山珍，非常人所能享用，且肥甘厚味，不仅不利于养生，反而是致病之源呢。"

  "山珍海味有甚不好，百姓们若能饱飨美食，谁还会吃青菜豆腐？"韩嫣很不以为然地说道。

"韩嫣不可放肆。"汲黯瞪着韩嫣,目光严肃,不怒而威。

"不学无术,执拗褊狭!你怎能随意曲解郑师傅的话?儒学当然有儒学的功用,其中也有合乎自然之理的地方。譬如孔子所言'节用而爱人,使民以时',就与黄老相合。再如,'导之以政,齐之以刑,民免而无耻;导之以德,齐之以礼,有耻且格',这种格言,也很合乎黄老之道。

"大汉天下的太平、富庶,就是来自黄老的无为而治。朝廷与民休息,轻徭役,薄赋税,开国以来实行十五税一,比暴秦不知轻了多少倍!今上又将赋税降到三十税一,而府库充实,国泰民安。百姓丰年可以饱食,荒年朝廷开仓放赈,亦不致流于饿殍。孝文皇帝时,全国狱中待决的囚犯,不过数百名。关不设传,路不拾遗,民风朴实,鲜有干律犯禁者。朝廷打击豪强,抑制商贾,奖励耕战,为的就是造成这样一种安居乐业的环境,百姓可以勤劳致富,看似无为,实际上无所不为,收到了天下大治的效果。本朝的富庶繁荣,难道还不足以证明黄老之学的效用嘛!

"儒学则不然,特别是儒学中的一支,也就是所谓申韩的'刑名之学',主张编织一张天大的法网,时时处处把人监管起来。暴秦的皇帝和丞相李斯信用此说,结果如何?'法令滋彰,盗贼多有',老子所言真是一点儿不错。弄到百姓动辄得咎,赭衣遍地,人人都感觉到活不下去,只能起来拼命。君主随便动一个念头,实行起来要耗费多少民力?太后将黄老列为皇子们必修的学问,为的就是要大家记住暴秦的教训,遵循大汉政清刑简的传统啊。"

"师傅,弟子仍有一事不明。都说民富国强,无为之治可以富民,何以不能强国?匈奴何以动辄侵我边境,掠我子女玉帛,杀我百姓,而朝廷何以无能为,只能以和亲委曲求全。无为就可以免除匈奴之害吗?!"刘彘的不服之意溢于言表。

这孩子的头脑果然厉害,竟给老师出了道难题!汲黯思忖了一会儿,郑重地说:"抗击匈奴,在我大汉,非不能也,是不为也。为何这样说呢?匈奴倾其人力,不过当我一大郡,之所以不与之较量,在于所费不赀,代价过高。匈奴为马上民族,逐水草放牧而生,食膻饮酪,无须粮秣。而我若击之,则千里转运粮秣,耽误农时不说,人吃马喂,所余无几,代价太大。匈奴尽人皆兵,一人数马,来去飘忽无踪。我军多步军,难于追踪,故费力多而杀敌少,得不偿失。与其狮子搏兔,莫如满足其嗜欲,所费少,而边境得以平安。"

"那么朝廷为何不多练骑兵,以抗击匈奴呢?"

"骑兵所不可缺者,马也。朝廷在陇西、关中与朔、代诸郡都设有马苑,已经养了几十万匹马,且奖励民间饲马,为的就是建置骑兵。将来总会有与匈奴决战的一天,但绝不是目前。时机不到而强与匈奴交战,只能疲敝大汉自身的国力,得不偿失。"

"师傅,匈奴何物,得以如此强大,讲讲好吗?"匈奴使者来到长安已经多日,成为京师街谈巷议的话题。韩嫣从家中和朋友处听到不少传闻,今日既然谈及这个话题,他觉得不能错过机会,将平日的疑问求证于师傅。

"是呀,考课已毕。师傅还是给弟子们讲讲匈奴的事情吧。"刘彘也附和道,神情极为殷切。

汲黯与郑当时相视一笑。"好吧。郑师傅做过将军,深通军事,就请郑师傅为你们讲讲匈奴。"

"匈奴之事,说起来就太久远了。总之,商周以前就生存于大漠南北的草原之上,无文字,食肉衣革,居于旃帐,逐水草畜牧而生。其风俗野蛮,贵壮健,贱老弱;父兄死,妻后母兄嫂,无人伦羞耻心,是中国四裔的蛮夷之一。"

"如此蛮子,怎可以我大汉公主与之和亲呢?"刘彘不解地问道。

"殿下莫乱插言,好好听郑师傅讲。"汲黯不满地瞪了刘彘一眼。

"说来话长啊。匈奴自称为胡,战国以前,分散不定,对于中国不过是癣疥之患。以后其部落渐强,统于一个叫头曼的单于。秦灭六国,始皇帝命蒙恬率大军数十万北逐匈奴,尽收河南之地,筑长城以防胡。那时,匈奴东有东胡,南有强秦,西有月氏,全都是强国,匈奴无能为也。可是始皇帝一死,中国内乱,给了匈奴新的机会。

"光有机会还不够,关键在于有无善于把握利用机会之人。就在此时,匈奴中出了一位雄才大略的君主,统一了诸胡部落。此人狡诈凶狠,擅用诡计,匈奴从此成为中国的劲敌了。"

"是冒顿单于吧?"韩嫣问道。

"对，就是他。他原是头曼单于的太子。头曼宠爱少子，想要废冒顿而立少子，故意派冒顿出使月氏做质子，冒顿前脚到了月氏，头曼后脚就攻击月氏，欲激怒月氏，借他人之手除掉冒顿。冒顿盗马亡归，头曼无奈，拨万骑归其统领。冒顿对父亲的心思心知肚明，但表面不做一点儿声色。他制作了一种响箭，称作鸣镝，在训练所部时，命令以他的鸣镝所向为鹄的，万箭齐发，迟疑违令者，尽斩不赦。之后在围猎野兽时，又命所部以其鸣镝所向而射，不从者辄斩杀不赦。再以后，冒顿以自己的爱马、宠妃为的，发射鸣镝，左右侍从有迟疑不敢射者，也立斩无赦。就这样，他的部下被训练成为绝对服从于他，能收如臂使指之效的一支铁军。于是，在从猎头曼单于时，冒顿突然以鸣镝射其父，左右皆随之而射，射杀头曼后，冒顿尽数诛杀后母兄弟及不顺从的大臣，自立为单于。"

"郑师傅，这等事讲给小孩子们听，恐怕不好吧。"汲黯有些不安，想要制止郑当时讲下去。

"不妨，长孺①不必过虑。兵法云，知己知彼，百战不殆。匈奴乃我大敌，孩子们早些了解他们将来所要面对的敌手，有益无害。"郑当时不以为然地笑笑，转问刘彘道："殿下还想往下听吗？"

"当然。师傅请讲下去。这冒顿真够狠毒狡诈的！"

"他的狠毒狡诈还不止于此。匈奴东边的强国东胡，听到冒顿杀父自立，派使节来要挟他，索要头曼单于心爱的千里马。群臣都反对，冒顿却说：'怎么能因一匹马就与邻国交恶呢'，将马送与了东胡。东胡以为冒顿畏惧胆怯，不久又派使前来索要冒顿的阏氏。阏氏在我们汉语相当于妻子的意思，这不仅是轻视，简直是侮辱了。左右群臣皆怒，请求出兵击东胡，而冒顿不动声色地说：'怎么能为了一个女子而交恶于邻国呢？'反而挑了他最宠爱的一位阏氏送与东胡。冒顿连连示弱，东胡王由此骄狂，不把他放在眼里。于是得寸进尺，又派使者索要匈奴与东胡之间的一块弃地，这块弃地相当广阔，

---

① 汲黯字长孺，古代直呼人名为不敬，呼字为长辈对晚辈，上司对下属，平辈及官阶相当者之间的尊敬表示。

有千余里，双方均无人在此居住放牧。你们猜，这次冒顿如何回答？"

刘甕与韩嫣摇摇头，期盼着师傅继续往下讲。

"冒顿再征询群臣的意见，有人说，这不过是弃地，可以与之。冒顿却大怒道：'土地，乃国家之根本，怎能轻易放弃！'于是尽杀赞同放弃者，并立刻发兵奔袭东胡。行前下令，凡出击在后者，得命迟疑，未即刻拔刀格战者，杀无赦。故其所率战士，个个奋勇争先，以一当十。而东胡被其麻痹而轻敌，猝不及防，遂破败灭亡，其民众畜产，尽归匈奴，而匈奴亦以此强大起来。后来西击月氏，杀月氏王，剥其头骨做酒器；南并楼烦、白羊，尽收复蒙恬所占据的河南地①。而此时，高祖皇帝正与项羽相持不下，无力外顾，冒顿遂得以坐大。"

"后来高祖皇帝统一了中国，为甚还打不过匈奴呢？"

"这当然还是由于冒顿的狡诈啊。说到这件事，还离不开韩嫣你的高祖呢！"

韩嫣当然知道这段家史，脸一下子红了，嗫嚅着说不出话来。

郑当时笑道："你莫紧张，都是过去的事了。之所以要提此事，白登之围，起因还是在你的高祖韩信。"

"哪个韩信，是那个名将韩信吗？"刘甕问道。

"非也。此韩信不是彼韩信。郑师傅所说的韩信，是韩嫣的高祖，被封为韩王的韩信。他对高祖皇帝将他徙封到代郡怨望，且又与匈奴勾结，所以高祖皇帝率三十万大军亲征，在铜缇、晋阳、广武连败韩信，一直追击到马邑、平城一线。"汲黯解释说。

"好呀，原来你祖上还与我高祖做过对头！"刘甕笑着拍了一下韩嫣的肩膀。韩嫣也难为情地笑了。

"你们莫要吵闹，好好听郑师傅往下讲。"汲黯正色道。刘甕、韩嫣相互做了个鬼脸，低头称是。

---

① 河南地，即黄河以南之地，现今内蒙古河套以南和陕西中北部地区，秦汉时，此地还是极为优良的草场，是匈奴楼王、白羊王的驻牧之地。蒙恬将匈奴驱逐后，秦始皇在此处设立郡县，又称为"新秦中"。

"高祖皇帝是久经战阵的人，作战行军一向谨慎。但连战皆胜，遂有乘胜一举击败匈奴，扫除边患之意。高皇帝接连派遣细作间谍深入敌后，又派刘敬往使匈奴，目的全是为了窥察敌情。冒顿则将其壮士和肥牛壮马匿避起来，以老少不齐的士卒和羸弱的牛马示之于外。汉军的探子回报的均是匈奴窳弱可击的消息。刘敬出使，看到的也都是这些情景，但复命时提出了自己的怀疑。他说，两国对峙，按常理应虚张声势，夸示自己的强大；而匈奴却好像故意让人看到自己的窳弱，这里面肯定有阴谋，劝高皇帝不可以盲目出击匈奴。但高皇帝求战心切，反而认为他临阵胆怯，沮败军心，把刘敬关押在广武城。结果果然中了冒顿诱敌深入的奸计，在平城附近的白登山被冒顿的三十万精锐骑兵围困七日夜，粮水不继，形势危殆，幸而靠陈平以奇计解围，高祖皇帝遂不得不与之和亲，输帛币以图安宁，从此我大汉便处于下风，迁延直至今日。"

"那么，冒顿死后，匈奴的国势也一直不衰吗？"刘彘问道。

"冒顿之后的两代单于都是英主，冒顿死后，其子老上即位，连年掳掠我边境，几次深入我腹地，京师震动。他死在孝文皇帝后元四年，接位的是他的儿子，就是当今的军臣单于，也是个极为强悍的头领。这次他派使前来和亲，也不知谈得怎样了。"

"我大汉就没有能够让匈奴胆寒的战将吗？"刘彘不服地问道。

"当然有。周丞相就是有名的大将。又如李广，出身将门，祖上是秦国的名将李信，逐杀太子丹，灭燕国，他是首功。其家世代善射，李广更是双臂如猿，力开百钧，射技天下无双。七国之乱时，李广以骑郎将随周太尉，也就是当今的周丞相出征。昌邑一战，威震关东。当时我正在梁国，得与他结识。梁王极为赏识他，军前赐予他将军的印信。可也就是因为擅自接受诸侯王的任命，虽立有大功，却因违制不得封赏。此后他被调往边郡任太守，先在上谷①，以攻为守，日率守军与匈奴合战，屡战屡胜，威名远播，匈奴丧

---

① 上谷，秦汉时郡名，在今河北中、西北部，郡治在沮阳，即今河北怀来县东南。

胆。朝廷担心他轻于出击,怕出意外,损伤大将,遂将他调任上郡①太守,那里边境冲突较少,为的是保全这位战将,以待来日。"

"什么时候能亲眼得见李将军的风采,就好了。"刘彘不胜向往地感叹道。心已经飞到了塞外的战场上。

"好了,匈奴就讲到这里吧。明日起开讲《尚书》,是历代圣帝明王治国的宝训,你们要认真……"汲黯话没说完,门被推开了,一脸焦急的河间王刘德走了进来。

"二位师傅,告罪了。鸳鸯殿派人传话过来,要胶东王马上回去。"

"何事如此急切?我们正在布置明天的功课。"

刘德再拜道:"详情孤也不清楚,只听说是与匈奴和亲之议已定,皇帝答应将南宫公主嫁与军臣作阏氏。几日之内就要成行。"

刘彘头嗡的一声,他一跃而起,匆匆向师傅们行了个礼,疾步出宫,随着来接他的大萍,赶回鸳鸯殿去了。

---

① 上郡,秦汉时郡名,在今陕西延安、榆林一带。

二十五

皇帝以真公主和亲匈奴的决定，震动了朝野。消息传入后宫，更如投入巨石的深潭，激起了层层涟漪。早朝甫过，谒者令赵谈就来到鸳鸯殿，对王娡和南宫公主宣读了皇帝的诏命。

王娡听过诏命后，脑中一片空白，她双目失神，嘴中喃喃自语："为甚，为甚是南宫？她还小呀！"

"皇帝本来打算以平阳公主和亲，可平阳已经许嫁在先。这样，年龄相当的公主自然就是南宫了。下官临来前，皇帝还吩咐，请夫人尽速准备。匈奴使者近几日就要奉迎公主归国。"

"娘，儿不愿出嫁！娘跟父皇求求情，不要把儿嫁到匈奴去！"南宫泪如泉涌，扑在母亲怀中，放声大哭。

"赵公公，我要面见皇帝，请代我陈奏。"王娡强自镇静，边抚慰南宫，边对赵谈说。

"是，下官一定把夫人的话带到。"赵谈揖手作别，走出几步，又回头说道："这件事，是今日早朝廷议时定的，要更改怕是很难，夫人还是以国事为重，抓紧为南宫准备吧。"

消息很快传遍了整个后宫。平日极少来往的嫔妃，如披香殿的贾夫人、飞翔殿的程夫人都赶来探问。劝慰之外，都鼓动她面君，坚决要求皇帝收回成命。

午前十刻，久未谋面的栗姬竟也来访，实在是大出王娡的意外。双方见礼坐定后，栗姬示意侍女们退出，要单独与王娡说话。栗姬端详了她许久，王娡心里警惕，但面上纹丝不露，仍是如常般的平静。

"你与我想象中的大不一样！"栗姬感叹道："有城府，沉得住气，难怪阿嫖那么张狂的女人也能与你投契，我不如你。"

王娡心里有事，无心搭讪，淡淡地说："夫人有事就请讲，我心里很乱，不能陪夫人多坐。"

"你是说和亲那件事？大汉立国以来，都是以宗室女出嫁，皇帝这是怎的了？可惜我已难得见到皇帝，不然我会劝他的。"

"谢谢夫人的好意，我已乱了方寸，南宫那里还须我照应，不能再陪夫人了。"王娡再拜，起身欲招呼侍女送客。

"乱了方寸？可怎么一点儿看不出来，真是服了你的定力！"栗姬抢前一步，挡在王娡身前。"你莫急，我说句话就走。打从阿嫖求婚不遂起，我就觉得有人在暗里使坏，离间我与皇帝的关系。我苦思不得其解。起初，我以为是儿妁使的坏。直到发觉阿宝那丫头与你这里的一个侍女来往甚密，我才想到你的头上。是你乘虚而入，你们从阿宝那里刺探消息，再利用阿嫖到皇帝那里中伤我，对不？"

"夫人说甚，我不明白。"

"不明白。你会不明白？可是人算不如天算，晦气今日终究落到你头上了！"

两人相互对视，目光阴冷，但谁也没有示弱的意思。

"皇帝是甚样人我最清楚。你今日遇到的算不了甚，日后你还会更失望，你会有报应的！到头来，你谋划的一切不过是一场空，一场空！你记住我的话。"栗姬恨恨地说罢，径自去了。

栗姬走后不久，郭彤匆匆赶来报告消息。从他那里，王娡才知道了整件事情的来龙去脉。

军臣单于是位极为强悍的君主，在文帝晚年曾多次侵袭中国边境，杀掳甚重。七国之乱时，赵王刘遂与之勾结，阴谋联兵深入中原。但吴楚赵等很快败亡，此阴谋搁浅。近些年来，漠北风调雨顺，牧草丰茂，匈奴家给人足，较少侵扰边境。军臣专力经营北境，不断驱逐高车、丁零等部落，将北海①一带广袤的牧场囊括为己有。今年秋高马肥之际，匈奴举办蹛林大会②，校课人畜。降臣中行说③唆使军臣派使与议和亲，说汉廷以前屡次和亲，都是以假公主顶替，无异于蔑视匈奴；此次必要娶真公主，汉廷如果不允，则可就便统领聚会于蹛林的各部精骑，大举进犯，肆意掳掠。所以此次匈奴国书的口气十分狂妄，称如不允其所请，请于一月后会猎于塞北。皇帝对此又急又怒，连日召集文武大臣会议办法，最终以为匈奴国势正盛，而汉内乱平息不久，尚需休养生息，不宜与匈奴对抗，赞成和亲者众，皇帝亦无可奈何，遂下达了遣嫁南宫和亲的诏命。

明了了起因，王娡的心也沉到了底，知道此事难以挽回了。而南宫想到从此要远离亲人，与面目不知何等狰狞的番王成婚，在语言不通、四面膻腥的地方度过一生，心里就害怕得发紧。但她眼泪已经哭干，嗓音也嘶哑得发不出声音，只能蜷缩在自己的床榻上抽泣了。

王娡心乱如麻，又不能不强自镇定。刘嫖闻讯赶来，听她讲述过事情的原委后，也感觉到事情难办了。

"亲家母，事既如此，以我之见，争亦无益，只能按照皇帝的意思办了。办了，还能给皇帝一个识大体、顾大局的好印象；反之，难道朝廷还能为了南宫一人，与匈奴开战不成？南宫照样得远嫁不说，皇帝对你会作何感想？贾姬等人居心不良，所言绝不可行。"

"我当然知道她们别有用心。可是不对皇帝说一说，我又怎么好向南宫交代？说过了，皇帝不允，我一个当娘的也算尽过力了。果真连句话都不肯

---

①北海，即今西伯利亚的贝加尔湖，古称北海。

②蹛林，匈奴秋社会祭之处。匈奴各部平时分散驻牧，一年两次大会，五月大会龙城，祭拜天地、鬼神、祖先；秋高马肥时节，大会蹛林，校课（即统计）一年来人畜财富之增减，同时举办祭祀和武功、马术等赛事。届时数十万匈奴铁骑会聚，对汉的边防构成重大威胁。

③中行说，燕人，汉文帝时宫中宦者。冒顿单于死后，其子老上嗣位，与汉重开和亲之议。文帝以宗室女为翁主出嫁老上，派中行说侍从。中行不愿，朝廷强使其从行。中行说被迫随入匈奴，发誓报复。到后即降，频频献计对付中国，极得匈奴单于信用，屡屡鼓动匈奴犯边，是历史上著名的汉奸。

对皇帝说，儿女们会怎样看我？"

"儿女婚嫁之事，向来是由父母之命而定，哪里容得小孩子们挑三拣四？况且军臣也是大国的君主，嫁给他，也不失南宫皇家公主的身份。皇帝做此决定，是以国事为重，你以为把女儿送出去，他就好受？心里肯定憋着一股气！这会儿你去问他，明摆着要触霉头。"

看着王娡痛苦的面容，刘嫖心中悯然。叹了口气，道："既是要说，也不能你出头，我去对皇帝说好了。"

正在计议间，刘彘赶回来了。看到刘彘，刘嫖眼睛一亮，自己去不如带着阿彘去，童言无忌，话反而好说。

刘彘在回来的路上，已经听大萍讲了事情的大概。回来后。他先去看过了南宫，南宫绝望的神情使他心痛如绞。

"娘、大姑，不能让父皇把二姊嫁给匈奴蛮子！"见到王娡和刘嫖，他顾不上施礼，就大叫起来。

"这件事，得你去与皇帝说。"刘嫖把他拉到自己身边，盯着他的眼睛说道。

"娘和大姑为甚不去说？"

"大姑与你娘都是大人，大人讲这个话，皇帝会怪罪我们不识大体。阿彘就不同了，阿彘是孩子，说了就说了，皇帝不会介意的。怎么，愿意随大姑去前殿见你父皇吗？"

刘彘点头答应。刘嫖与王娡又计议了一番，便带着刘彘去了前殿。

散朝后，刘启心情很坏，原本吩咐谁也不见，但刘嫖不经禀报就闯了进去，侍卫也未敢认真拦阻。她领着刘彘，一直进了宣室殿皇帝起居的内室。

"怎么是你们？不是王娡要来见朕吗？"刘启看着伏在地上稽首行礼的刘彘，放下手中的奏牍问道。

"还不是为了他姊姊的事？非缠着我带他来见陛下，他娘怎么拦都拦不住……"

"请父皇收回成命，不要把南宫嫁给匈奴蛮子！"不等刘嫖解释完，刘彘昂起头大声说道。

刘启的脸沉了下来，目光阴冷地盯着儿子，好半天没有讲话。屋子里静得仿佛能够听得到人的心跳。

"你一个小孩子知道个甚！怎么？你想朕为了一个女儿，将整个国家带入战争吗！"

"儿臣年纪虽小，可也知道，陛下送出去的是一个公主，换回来的却是大汉洗不尽的耻辱！"

"你大胆！放肆！"刘启额头青筋暴起，抓起案上的简牍，狠狠地摔向刘彘，险些砸到他的身上。

看到皇帝真的动了怒，刘嫖开始后悔此行，她赶忙伏地求情道："陛下息怒，小孩子不懂事，为姊姊的事着急，说话口无遮拦，请陛下宽恕。阿彘，还不快向皇帝请罪！"

"儿臣惹父皇生气，罪在不赦，随父皇怎样处置。可儿臣不以为自己的话有错。这样迁就、退让下去，到何时是个头？匈奴全体，不过当我中国一大郡，如此逼迫欺凌我们，四裔的蛮夷会怎样看？天下的百姓又会怎样看？"

"你这个孽障，还敢犟嘴，马上从这里给我滚出去！"刘启怒声呵斥。刘嫖见势不妙，起身拉起刘彘退向室外。刘彘边挣扎边回身喊道："高祖皇帝提三尺剑取天下，父皇何以不能以三尺剑驱逐匈奴？如此受欺于匈奴，儿臣死也不能甘心……"

回到鸳鸯殿，刘嫖将刚才的事情讲给王娡听，劝她打消要皇帝收回成命的念头。她看看赌气站在一旁的刘彘，心有余悸地对王娡说："这孩子胆子也忒大了，还没有人敢对皇帝这么大喊大叫过。皇帝若真动了怒，废黜或圈禁了阿彘，我们可就难办了。真是的，想想都后怕。"

"我要是皇帝，决不会这么窝囊，一定要击垮匈奴！"

"我的小祖宗，可不敢这么说话，你不要命啦！"王娡脸色刷地白了，一把揽过刘彘，用手掩住了他的口。

"可你不是皇帝！就这么沉不住气，你也永远别想成为皇帝！不但成不了皇帝，你还会拖累你娘、你大姑和阿娇。"这孩子如此鲁莽灭裂，会坏大事，看来不讲明利害是不行了。刘嫖这样想着，口气一下子严厉起来。

"你想驱逐匈奴，好啊，有志气！可你不是皇帝，甚事也做不成，很无奈对不？"话虽是对刘彘说的，刘嫖却望着王娡，她的话其实是针对他们母子的。

"想不让南宫远嫁？想驱逐匈奴？那么你先得是皇帝，因为做这个决定的大权在皇帝那里。要做皇帝你先得做太子，先得能忍，让你父皇觉得你有人君的涵养和器量，可以将国家托付给你。阿彘，你今日的莽撞，无助于你日后的事业，小不忍则乱大谋，这个道理还用我多讲吗？"

王娡心中一震，觉得自己真是糊涂一时，险些把从前的种种努力断送掉。她顿首再拜，振作起精神，说道："是了，亲家母的话拨云开雾，我知道怎么做了。越是为难的时候，我们越是要体谅皇帝，皇帝能为国家舍去一个女儿，臣妾又怎能执迷于母女私情！我这就去为南宫打点行装。阿彘，姑母的教诲，你要牢牢记住！"

王娡离开后，刘嫖拉着刘彘的手，又好言抚慰了他许久。临离去时，她拍拍刘彘的头，嘱咐道："你娘和姑母对阿彘有大期望，会助你成大事的。阿彘正当气血不定之年，要练练养气的功夫，动心忍性，劲气内敛。想到做不到的事，就不要说出来，为甚？因为做不到，说了也是白说，徒然招人忌讳，是不智。做大事的人，言必信，行必果，一言九鼎，掷地有声，响当当的，没有不作数的，就像你父皇。可是在这之前，他得能忍，得学会不讲话。阿彘是聪明孩子，这些你慢慢会懂的。"

刘彘在后宫游荡了一个下午，满腔的愤懑消退后，心里空落落的。鸳鸯殿上上下下都忙着为南宫出嫁和亲准备行装，没人顾得上他。晚餐后，他回到住室，展开《尚书》，预备明天的功课，可满脑子想的都是匈奴，怎么也集中不了精力。师傅、姑母所言虽然在理，但他却无论如何咽不下这口气。他凝视着闪烁的灯光，暗自立誓，将来自己若能做成皇帝，一定要与匈奴周旋到底，绝不与之再行和亲。

金戈铁马，旌旗蔽日，他仿佛全副披挂，立在帅旗之下。远远看过去，战场上马匹往来奔突，扬起漫天的烟尘。战场正面，敌我已短兵相接，刀剑铿锵，杀声四起。但侧翼的山包上突然出现一支伏兵，向汉军迂回包抄过来。周围的将士开始骚动，马匹也惊躁不安，打着响鼻，四蹄踢踏欲奔。他焦急地大呼："李将军何在？"身后应声走出一员大将，他拉开一张大弓，屏气凝神，瞄准向我军帅帐奔袭的匈奴骑兵统领。只见他猿臂轻舒，敌将应弦而坠。他连发皆中，匈奴骑兵不断中箭坠马，队列开始散乱、停顿甚至退却。而李将军大呼一声，飞身上马，如离弦之箭一般向敌军冲去。他双腿紧夹马肚，一手张弓，一手搭箭，校射的动作如行云流水，而矢发迮珠，发必中的。一名扬臂挥动李字军旗的旗手与数百名骑士紧随其后，张弓苔箭，呼啸着冲向敌阵，如蝗般的箭雨中，匈奴骑兵纷纷落马，余者掉转马头逃跑。李将军追奔逐北，绕至主战场后方，将骑兵一字排开，从后方发矢猛射，敌军腹背受敌，阵脚大乱，开始崩溃奔逃。汉军鼓勇合围，杀声震天，匈奴军被分割成小股，整个战场变成了屠场，眼前只见在日光中闪烁飞舞的刀光剑影、翻飞的血肉与哀号挣扎着的马与人。

　　不知何时，身边的侍卫都不见了，难道他们都不肯放过这难得的立功机会，到敌阵中掳取首级去了？这时他听到身后传来不祥的马蹄声响，是匈奴人，他们一言不发地将他围住，他想呼救，可怎么也喊不出声来。马匹的包围圈越缩越小，马蹄几乎就要踏到他身上，这时他看到了一双精工缝制的皮靴，抬眼向上，身着华丽的织锦镶边皮袍、头戴水獭皮帽的匈奴单于正对他阴阴地冷笑。"月氏王被我斩杀后，骷髅头骨被我制成了酒器。你们汉人的说法，叫作好事成双，今日我要借殿下的这颗头，配成一对，就顾不得我们甥舅之间的亲情了！"说罢，他抽出弯刀，只见一道刺眼的白光掠过，刘彘大叫一声，惊醒过来。他满头冷汗，心急剧地跳荡着，浑身如失去知觉一般，动弹不得。许久，他才意识到这不过是个梦，而匈奴，也绝非轻易可灭，未来大汉朝所要面对的，将是旷日持久的战争。

二十六

九月初九这天，秋高气爽，天气清朗，因为是重阳节，停学一日。太子刘荣于宫内举行酒会，邀请师傅们共度佳节。刘彘、韩嫣因在太子宫附读，也被刘荣点名请来陪酒。

刘荣东向坐主席，师傅们南向，刘德、刘彘、韩嫣北向。太子家令①司酒，另有几位主司太子宫饮食的宦者往来席间布菜添酒。主宾入席后，刘荣带领兄弟们，面向师傅们顿首三拜，然后双手奉杯祝酒，神态极为恭敬："此酒为家母自酿，特为要我带到宫里，与师傅们共度佳节。师傅们授读辛苦，请满饮此杯，以表弟子们的谢意。"

众人纷纷举杯，一时间觥筹交错，席间气氛热闹了起来。

酒醇厚甘洌，微苦中带有的菊花的清香，若有若无，回味不绝。刘彘、韩嫣都是初次饮用这种酒，很觉得新鲜。

刘彘问坐在上首的刘德："这就是菊花酒吗？酒的味道好醇好怪。"

"酒的味道醇，那是当然的。我娘总是在头一年菊花盛开时，采下花朵，

---

① 太子家令，为太子宫詹事府下属官员，秩八百石，主管东宫仓谷饮食，下辖有食官令、丞等属官。西汉太子宫官员分为两大系统：二傅（即太傅少傅）系统，下辖太子门大夫、庶子、洗马、舍人等属官，主要负责太子的学习、图书、公文等事宜。太子于二傅执弟子礼。詹事系统，由詹事府詹事一人为首（秩二千石），下辖率更令、家令、仆、卫率等属官，负责东宫的生活和保卫。

还要配上一些花茎和菊叶，与黍米掺在一起酿制，装入坛中，埋在地下。地气阴凉，发酵慢，直至来年重阳，酒方酿熟，味道当然与普通的酒不同了。"

"难怪呢？民间的菊花酒，多是临时采摘些花朵茎叶，泡在酒中，味道自然不会这么好了。"韩嫣感叹道，忽又想起了什么，开口叫道："殿下，民间过重阳还要佩茱萸，登高，食蓬饵①呢！"

"宫里无山可登，想登高怕只能上石渠阁了。不过茱萸与蓬饵，我这里是预备下了。"刘荣挥了挥手，侍奉酒宴的宦者们马上捧出了一盘盘饼饵，并在每人的面前放置了一只织锦香囊，里面散发出茱萸特有的香气。

望着逐一向师傅们敬酒的刘德、刘彘和韩嫣，刘荣的心里既忐忑，又紧张，昨日的一幕，萦绕在脑中，总也摆脱不开。

昨日午后，栗姬将刘荣召到椒房殿，告诉说已为他准备好了过节用的一应物品，嘱咐他重阳节一定要宴请师傅。交代一番之后，栗姬要太子的侍从将节用送回太子宫，自己把刘荣带到寝宫，单独说了一番令他魂飞胆裂的话。

"阿荣，刘彘可还在太子宫读书？"

"在。"

"明日的重阳节，他也在你那里过吗？"

"不晓得。也许会去鸳鸾殿他娘那里过吧。"

"你一定要留住他，要他在你那里过节。他平日不是很尊重师傅们嘛，就说请他陪酒，他不会推辞的。"

"是。可孩儿不明白，为甚非要请他陪酒呢？"

栗姬紧紧盯着儿子，默然无语，最后叹了口气，道："有些事情，是该让你知道的时候了。"

她拉过刘荣，紧紧攥住他的手，泪水一下子涌了出来。刘荣不明就里，心也慌乱起来。

"娘，你这是……"

---

① 过重阳节的风俗据说起自汉初刘邦。是日家家登高饮菊花酒，佩戴茱萸，食用掺有蓬蒿的饼饵，据说可以祛病除邪。流传至今，重阳赏菊食蟹，还可略见古时的流风余韵。

"天大的祸事，也许就要落到我们头上了！怪都怪娘意气用事，没有马上答应你大姑的提亲，让王娡，也就是刘彘的娘钻了空子。她让刘彘与阿娇结亲，与阿娇她娘勾结在一起，在皇帝、太后那里诽谤中伤我们母子，现在，皇帝疏远了娘。可她们还是不会罢手，她们盯住的是皇后和太子的位子。为了这些，她们会想方设法毁了我们！"

刘荣惊得目瞪口呆，一句话也说不出来。

"娘是宁折不弯的性子，不能由着她们算计！我要她们付出代价，要她们的阴谋落得个一场空。阿荣，明天你要为娘办一件事，办好了，既帮了娘，也帮了你自己。"

"甚事？"

"除掉刘彘。"

"啊？"刘荣几乎不相信自己的耳朵，他吃惊地看着母亲，好像不认识了一样。

"没有了刘彘，她们所谋划的一切，就都成了泡影，什么太子、太子妃、皇后的想头，统统会落空！到时候王娡这个害人精，怕是哭都哭不出来了吧。"说到解恨处，栗姬不由得笑出了声，把刘荣看得呆了。

看到儿子畏懦的样子，栗姬不觉心头火起，大声呵斥道："到了这种关头，你还是这么副不争气的样子，亏你还是要继承大位的人！你给娘一句实话，你到底能不能为娘办这件事？"

"可阿彘是个孩子，他娘不好，关他甚事？况且在大庭广众下杀人，杀得成杀不成不说，父皇追究起来怎么办？儿子不能……"

"谁说要你动手杀人？娘都想好了，你只要照着娘的安排去做就可以了，不会留半点儿形迹，没有人会疑心你的。"

栗姬指着几上的一盘蓬饵，说道："这是我特意做的，里面掺了药，食后数日才会发作，没有人会怀疑是你干的。"

她拉着刘荣的手走到几旁，说："你认真看好了，这些饼饵里加的蓬蒿更多，比刚才送去你那里的颜色更重。明天会饮时，把这些饼饵送至刘彘的食案中，事情就算办完了。事后，你把他吃剩下的饼饵替换掉，就万无一失了。"

她又从几上一堆锦囊中挑出一只，锦囊口用丝线扎着，她小心拿起它，递给刘荣。"你看好了，仔细记住这只锦囊的不同处，这只是专为刘彘预备的，防备万一用的。"

"这里面装的不是茱萸吗？"

"是茱萸。不过这里面放了一只毒蛛，让它咬到，必死无疑，无药可治的。你要小心，千万莫让袋口松开。"

她拉刘荣坐下，用手抚摸着儿子茫然若失的面孔，不由一阵辛酸，眼泪又落了下来。"儿啊，不是娘的心地恶毒，是他们逼得娘非这样做！我们与其坐以待毙，莫如拼个鱼死网破。人活得就是一口气！"

"这件事，我可以同阿德商量吗？"

"不可以。阿德被那些儒学搞昏了头，整天想的都是仁孝礼义这些东西，快成书呆子了！告诉他，只会坏事。"

看到刘荣畏葸为难的样子，栗姬冷冷地说道："没想到你这么不成器！也罢，不用你了，我明日亲自去安排。可你必得把刘彘留在太子宫过节。"

想到母亲因愤怒而扭曲了的面孔，想到她那幽幽的、充满着仇恨的目光，刘荣的心一下子又抽紧了。但愿娘不要来，但愿不要发生这种逆伦的谋杀。刘彘到太子宫读书以来，对他和刘德十分恭敬，兄弟间的感情很好，他无论如何下不了这个手。他真希望酒会早早结束，大家相安无事地度过今日。

可随着太子舍人的通报声，栗姬还是来了。

"师傅们都到了？阿彘也在？真是太好了。"栗姬走了进来，大家纷纷避席行礼。她一面还礼，一面端起刘荣食案上的酒杯，笑着说道："听说阿荣兄弟请师傅们共度佳节，匆忙间准备不周，还望师傅们原谅。我今日过来，为的是感谢师傅们几年来对阿荣他们的教诲。家酿的薄酒，不成敬意，我代孩子敬师傅们一杯。"说完，栗姬将杯中酒一饮而尽，师傅们也举杯向她敬酒，筵席又热闹了起来。

应酬了一气，栗姬走到刘彘案前，关切地问道："阿彘，在太子宫可习惯？阿荣他们待你还好吗？"

"嗯，好。比承明殿好多了，兄长对我也好。射谢大娘。"

"咦？这儿还有位少公子呢，是韩嫣吧？"

"是，是韩嫣。"

"大家都尝了我做的蓬饵吗？"栗姬边问，边招呼跟从自己的侍女过来，她从侍女捧着的盘中拣起饼饵，分送到刘德、刘彘与韩嫣的食案中，然后示意侍女将余下的饼饵分给众人食用。她顺手拿起刘彘食案上的锦囊，打开嗅了嗅，摇摇头，道："枝叶都干枯了，香气也淡，大娘给你换一只。"说罢，从怀中摸出另一只锦囊，放在刘彘面前。

　　栗姬又到对面席上，逐一问候了众师傅，之后推说有事，招呼刘荣、刘德好好招待客人，就告辞回椒房殿了。

　　之后，酒筵上的气氛又随便起来。韩嫣拿过那只新的锦囊观看，发现锦囊上所绣的吉语与众人所得的不同。众人锦囊上都绣着"康乐永年"，而栗姬所送的这只，上面所绣的是"长生无极"。他将这点指给刘彘看，刘彘并不在意，转过身与刘德继续讨论儒学上的问题。韩嫣嗅了嗅这只锦囊，并不觉得味道比自己的那只更浓。他解开扎口的丝线，想看看里面的茱萸有什么不同，不想一只蜘蛛蹿了出来，险些咬到他的手。好险！自己若直接用鼻子去嗅，肯定会被蜘蛛咬个正着。他用酒杯碾死那只蜘蛛，把锦囊中的茱萸倒出来看，并没有看出什么不同。正疑惑间，猛一抬头，发现刘荣正紧张地盯着自己，面色苍白、慌乱。韩嫣猛然间想到了什么，他又看了看栗姬拿给他们的饼饵，发现刘彘食案中的两块饼饵的颜色似乎更深。他又抬头望了望刘荣，刘荣正侧身与左首的汲师傅说话，似乎在回避自己的目光，他赶忙将那两块深色的饼饵换下来，藏入自己随身佩带的锦囊中。

　　酒筵一直进行到日中才散，刘彘已经有些醉意，韩嫣却十分清醒，生疑后的他便很少饮食，而是密切关注着刘彘的状况。二人走到明渠边上，坐在一处凉亭里乘凉，韩嫣遂将自己的怀疑告诉了刘彘，刘彘却大不以为然。

　　"笑话！那蜘蛛可能原来就藏身在茱萸中，不小心被装进了锦囊。况且一只蜘蛛有甚了不得，能害人命？我不相信。"

　　"那么这蓬饵呢？你看这颜色，不是明显与其他饼饵不同吗？"

　　"颜色是深些，那又怎么样？你能证明它有毒吗？"

　　"你娘嘱咐过我，让我们小心。反正小心无大错。"

　　"栗夫人为甚害我？阿荣为甚害我？你不能证明这蓬饵有毒，我是不会相信你的。"

"好，就试试。"韩嫣想到东阙门卫的宿舍旁总拴着一只巨獒，于是领着刘彘来到那里。韩嫣每日出入宫门，那巨獒自然认得他，眼睛只是瞄着刘彘，低声咆哮着，把铁链挣得叮当作响。韩嫣掏出锦囊中的蓬饵，扔过去，巨獒一口一个，都吞了下去。两人在旁边坐了半天，那狗则趴在地上，悠闲地晃着尾巴。

刘彘笑道："怎么？还疑神疑鬼吗？！"

他们回到鸳鸯殿，刘彘把此事当作笑话讲给人听，却引起了王娡的高度警觉。她单独询问了韩嫣，很仔细，一点点细节都不放过。

"那蜘蛛甚样子，你看清了？"

"看清了。小豆粒大小，浅黑色，腿又细又长。"

听上去像是"黑寡妇"蛛，有剧毒，人被它叮咬致死的事时有所闻。这女人使出这样的手段，忒狠毒了。王娡不由得后怕起来，可脸上还是平静如常。

"酒呢？我看阿彘酒饮了不少。"

"酒⋯⋯酒没有事吧，胶东王与我的酒，与河间王饮的酒是从同一只酒尊里筛出来的。"

"你何以疑心那蓬饵，有甚特别之处吗？"

"看到那蜘蛛时，我还不觉得甚，可是看到太子盯着我看，脸色那么苍白、紧张，心里总觉得不对劲，他害怕甚呢？这才想到栗夫人身上，藏着蜘蛛的这只香囊是她换给胶东王的，再看她给的饼饵，觉得颜色比先前的和给其他人的颜色都重，我就拿它替换下来了。"

"栗夫人给的蓬饵，阿彘真的一点儿没吃？"

"没吃。可是后来我们拿给狗去试，狗却一点儿事没有。也许真的是我过虑了。可是夫人嘱咐过我，小心无大错。"

"当然没错！嫣儿，今日有你陪着阿彘，真真是天数！"王娡一把拉过韩嫣，在他脸上狠狠地亲了几下。粉白的脸上，登时印上了几道胭脂色的唇印，把韩嫣羞得满脸飞红。

王娡拿出一方丝帕，细细擦去他脸上的唇印，她的目光十分亲切，可又似乎含着更深的什么意味。

"栗夫人很鬼，你提防得对。你是阿彘最好的朋友，他的事情，我就托付与你了。嫣儿没事随时可以来阿姨这里玩，有甚不对头的事，你一定要赶快告诉阿姨，好不？"

"嗯。"想到能够经常见到蔓儿、大萍这些好友，韩嫣心里头欣喜，可又不愿意被人看出来，于是低下头，很憨厚地答应了一声。

韩嫣走后，王娡把大萍找来，命令她今后专门服侍刘彘，除授课而外，她必须随时随地跟在他身边。王娡吩咐了很久很细，大萍深感责任重大，紧张、兴奋得一夜没有睡好。

三日之后，韩嫣进宫上学时，吃惊地发现那只巨獒不见了。他问门卫，得知那狗昨夜突然发病，浑身僵直，呼吸困难，不大工夫便窒息而亡了。韩嫣心中一震，看来自己的怀疑竟是真有其事，可怕！这下刘彘可不能不信有人要害他了。

二十七

　　重阳之日，正值郭彤休沐，他与当值者办了交接，早早就出宫回了寓所。在侍女的服侍下，他美美地补了一觉，直睡到日上三竿，才懒洋洋地爬起来，一番欠伸之后，由女侍为他盥洗梳头。
　　"这几日，你过得可好？"女人的手白腴、柔软，在郭彤的头面上款款游走，那感觉很熨帖，让他心里暖暖的。他抓住她的一只手，很动情地问。
　　"托大人的福，奴婢很好。有不少人来探访大人，打听大人的消息。"
　　"喔？"他放开女人的手，让她继续梳理。自己则望着镜中的影像，思忖了片刻方问："都是些什么人呐？"
　　女人将他的头发拢好，绾成一个髻，用头巾束好。然后从屋内的书案上拿起一束竹简交给郭彤。"我记不住他们是谁，不过他们留下了这个，名字都写在上面。"
　　原来是拜客用的名谒。郭彤接过来，一支支地看着，其中的一支，引起了他的注意。正面两行隶书：

　　进　郭君季孺

　　郭彤，字季孺，名谒的起首看得出客气与恭敬，翻过来看，是三行隶书：

　　河内朝歌陈筱　　再拜　　问起居

陈筱，这名字好熟。他细细地回想着，在脑中搜索与这个名字相关的记忆。是了，想起来了，是那个新任的典客①。近来每逢散朝，这个陈筱都会与自己搭讪几句，很巴结的样子。郭彤怕引起他人的注意，就把自己在宫外的住址告诉了他，不想这么快就找上门来了。

"这位陈大人没说有甚事情吗？"他向女人扬了扬那支名谒，问道。

"他说是专程来探望大人的。午前还来过，我回他说大人昨夜在宫里值宿，正在补觉，请他午后再过来。"

郭彤心里懊丧，陈筱位列九卿，名谒却不书官职，摆明是以敌体相待，来访却被下人挡驾，他担心给人留下滥作威福的印象。可他还是语气平和地吩咐女人："今后无论甚客人，只要我在，一定要马上知会我，不可怠慢了。这位大人，官位比我可高多了，我们得罪不起的！"

正说话间，有人叩门。女侍开门后，看到的还是陈筱，赶忙将他让进室内。

看到陈筱，郭彤抢前一步迎过去，揖手致歉，道："得罪，得罪！这个蛮夷女子不谙中国礼数，怠慢了大人，望大人包涵。"

"郭大人这么说话，不就见外了嘛！"陈筱笑着与郭彤见礼，眼睛却在那女人身上打转。"有如此好女侍奉，郭大人艳福不浅呐！"

郭彤笑笑，招呼女侍上茶，两人坐定后，说了一气闲话，郭彤还是摸不透他的来意。

"足下来京城好像不久吧？"

"是。鄙人原在下面做郡守，蒙天子的恩德，前年方在朝廷上办事。"

"大人公事上可还顺利吗？"

"还好，还好，尽是些送往迎来的差事。前不久才送走和亲的南宫公主，

---

① 典客，官名。秦汉时为九卿之一，职掌诸蛮夷与诸侯朝贡事务。汉景帝中元六年更名大行令，武帝太初元年（前104）更名大鸿胪。

马上又到岁首①了，又得有一批诸侯到京城奉朝请，这不，昨日梁王请求进京视亲的文书就送过来了。"

"哦？梁王去年不是才朝请过吗？"

"梁王的身份非比寻常呗。"

"怎么说？郭彤愿闻其详。"

"其他的王爷奉朝请都是几年才能轮上一次，梁王的亲娘是太后，兄长是皇帝，身份自然不同，我到任这几年，梁王几乎年年进京，皇帝没有不允准的时候。"

"还不止于此。"陈筱饮了口茶，继续说道："按照咱们大汉的礼制，诸侯王来京城，朝见天子不过四次。刚到的时候，进宫见面请个安就得出来；到了正月朔旦之日，入宫正式拜贺新年时，能再次见到天子；三日后，天子摆酒宴请诸侯王，赏赐给他们金钱财物；两天后进宫告辞，前后见面不过四次，留驻长安不过二十日，想多待一日都不行。可梁王呢，每回差不多都要住上半年；与天子入则同辇，出则同车，三日一小宴，五日一大宴，长乐、未央两宫，出入就如自己家里一样。"

"是呀，至亲的亲情，到底不同！有大汉以来，还没有哪位诸侯王能得天子如此宠爱。"郭彤也感叹起来。

"听说，太后原来有意立梁王为储，季孺兄知道这件事吗？"

郭彤想了想，觉得这是件几年前的旧事，朝廷上下早就传开了，说给他听也没什么，颔首笑笑，说："要说这事，还真怨不得太后和梁王，要怨，只能怨酒。"

"怨酒？"

---

① 古代有所谓夏历、殷历、周历的不同，三者主要区别在于岁首之月建不同。夏历建寅（即今之农历正月）；殷历建丑（即今之农历十二月）；周历建子（即今之农历十一月）。三历又称为"三正"，认为"三正"代表了朝代的更易换，所以新朝应该"改正朔，易服色"以表示"受命于天"。秦始皇统一中国之后，岁首建亥（即今农历十月）。汉承秦制，最初也以十月为岁首尚黑。直至汉武帝元封七年（前104年）改用太初历，以夏正的建寅（即今之正月）为岁首，此后两千余年沿用至今。景帝时，岁首还是建亥，所以十月为岁首。

"对，怨酒。那会儿今上刚刚即位不久，有一次在太后那里饮宴，在场的都是家里人。太后、皇帝、梁王和大长公主，陪酒的是太后娘家的兄弟子侄。酒饮到半酣，皇帝可能是高兴，随口对梁王说，千秋万岁之后，朕的大位就传给兄弟你吧。满席的人听得真真切切，都愣住了，梁王称谢说不敢，可心里欢喜；太后更是乐得合不拢嘴，其他人没有敢持异议的。"

"那皇帝可怎么收这个场呢？"

"是呀，我当时就在边上酌酒，看得清清楚楚，皇帝话一出口，脸色就不对，知道自己失言了。可君无戏言，又是在大庭广众之前，确是不好下台。这时候，窦太傅，那时还是詹事府的詹事，借着斟酒之机，高声谏阻说：'大汉初立，高祖皇帝与众功臣约定，皇位只传与嫡亲子孙。如今陛下怎么可以传与兄弟，擅自变乱高祖皇帝的制度呢！'"

"皇帝怎么说？"

"皇帝当然松了口气，默然无语。太后的脸却沉了下去，两眼瞪着窦婴，恨不得把他吞下肚里去。"

"后来呢？"

"后来就赶上七国之乱，之后皇帝就立了刘荣做太子。太后痛恨窦太傅多事，取消了他的门籍，好久他都不能进宫朝请。可是皇帝也就是冲着他这片忠心，才特意派他担任太子太傅的。"

"我看皇帝待梁王还是很好，母子兄弟间的情感亲密无间。郭大人，你看梁王还心存着侥幸吗？"

"难说。此非为臣子者所宜言。我们还是饮茶吧。"郭彤笑着摇摇头，示意女人斟茶。

"郭大人，有些朝政上面的事，不知这里可方便说？"陈筱当然不为闲谈而来，可女侍在旁伺候，他不好说话。

郭彤挥手让女侍退下，亲自为陈筱斟茶，很恳切地问道："现在就你我二人，陈大人有甚事情，不妨直言。"

陈筱呷了口茶，身子前倾，压低声音问道："中宫虚位已久，来朝廷朝贡的蛮夷和诸侯的使者议论纷纷，郭大人身在密迩，消息比我们灵通，此事不知郭大人怎样看呐？"

"喔？他们都议论些甚呀？大人能不能说给我听听？"

"很多人都说栗夫人失宠了，不然为何迟迟未被立为皇后呢。郭大人以为如何？"

"失宠？我倒是没看出来。栗夫人还是好好地住在椒房殿，椒房殿是随便什么人住得的吗？这些人说的，全是些臆测和传言，不足凭信，大人切莫轻信了他们。"

"是，是。我与郭大人想到一起去了。栗夫人之子是太子，太子之母自应该是皇后，这是早晚的事。郭大人也这样看吗？"

原来是来探口风，为自己谋取进身之阶的。郭彤心中不由得生出几分不屑，他低下头烹茶，盘算着如何把这位讨厌的客人敷衍走。

"我们自己不方便讲的话，可以借他们的口讲出来。你所要做的，就是给他们一个似是而非的消息。""皇帝目前迟疑不决，再推栗姬一把，火候就到了。"脑中忽然闪出了王娡的话，对呀，这正是个"推一把"的机会！他既然有心攀附，我不如就成全了他。郭彤重新为陈筱斟上茶，好整以暇地笑道："大人平日看下官在上边身旁侍候，以为我一定知道皇帝的心思。其实，我们整日侍奉的是皇帝的起居，政事能知道多少？皇帝沉机默运，喜怒不形于色，心思谁摸得透！可是大人所说的，我觉得没错。皇帝也许是没考虑好，也许是等一个适当的时机，才会正式册立皇后。正如大人所言，儿子已是太子，母以子贵，做皇后不是件顺理成章的事情吗？迟早而已。这还真是个难得的机会呐！"

"甚难得的机会？望郭大人明示。"陈筱很兴奋，注意地望着郭彤。

"你想，哪位有心计的，抢先上书劝进，栗夫人能早日正位中宫，她与太子还不得感激他一辈子，仕路还不向他大开嘛！所谓'云从龙，风从虎'，风云际会，不就是这个意思？我想，有这个想法的朝臣，怕不止一个两个。"

"郭大人之言透彻！透彻！"陈筱满面喜色，击节称叹。

两人又闲谈了一阵，陈筱才满意地告辞而去。日晡①时分，女人整了一席

---

① 日晡，古代计时单位，午后三至五时。

丰盛的菜肴，她一面为郭彤酌酒，一面笑着说："看陈大人巴结的样子，哪里像个大官。"

"你懂得甚？他那是巴结我吗？他那是为了从我这儿摸上边的心思。我若不在皇帝身边办事，他会搭理我？皇帝身边的小犬，在大臣们面前就是狮子。"

"侍奉皇帝辛苦吧？"女人伏在他背上，双臂从身后搂住了他，好奇地问道。

"辛苦？看怎么说了。"郭彤放下酒杯，把玩着女人细嫩的双手。"在宫里，时时处处得担着小心，得揣摩上边的心思，知道皇上的好恶，才能不出错。还要防着别人的算计，不给他们拿到把柄。要紧的是夹着尾巴做人，以免招人妒忌，见人你得说人话，见鬼你得说鬼话，不管甚人，都得处得和气一团。心呐，没有一刻不得悬着，最累的该算是脑子了。"

他转过身子，拥女人入怀，忘情地嗅着她的发香。"哪里像在自己家里，软玉温香抱满怀，神仙也不过如此罢！"

好一阵温存之后，郭彤忽然悲从中来，潸潸泪下。他有常人的欲望，可每每激情高涨之际，他才真正意识到自己的残缺。他的心在悲泣，痛苦得浑身发抖，仿佛一下子跌入了虚空。女人取出丝帕，默默地为他拭泪，他却觉得那是种无言的鄙视，生发出要折磨那女人的恶念，可他又害怕失去她，只能把这念头压在心中。

这种日子到死都没有尽头，没有尽头！想到这里他就会意兴阑珊，为了熬过接下来的长夜，他或用痛饮麻醉自己，或借口宫内有事，不在家中过夜。他害怕与女人同床共寝，害怕面对不能人道的尴尬，害怕让女人看出自己的脆弱。他一杯接一杯地饮酒，也逼着女人一杯接一杯地陪酒，直到酩酊大醉。

二十八

　　九月的日子，已经是昼短夜长。刘启早朝时，外面还是曙光熹微，但宣室殿中的数十盏灯火还是把殿内映得一片通明。刘启坐在一座巨大的屏风前，几位重臣分左右坐成两列；谒者令赵谈在左首侍奉，随时准备按照皇帝的旨意宣付诏令，在右首的一张书案旁，舍人郭彤负责将案上的奏疏递给皇帝。

　　王娡不久前曾把郭彤召去，将栗姬试图谋害刘彘之事告诉了他。"这件事我决不能放过她！"王娡恨恨的面容和声音又出现在他的脑海中。她将韩嫣找来，让他亲口对郭彤讲述了事情的始末，还一再要他尽快将此事报知皇帝。所以，这几日他来得很早，今日终于看到了陈筱的奏牍，果然有奏请早立栗姬为后的内容。他觉得借机进言的时候到了，将这卷奏牍偷挪到了前面，打算根据皇帝的反应，决定自己进言的分寸。

　　头一件是梁王请示来京朝觐的奏牍，刘启展读后，看了看一旁侍候的赵谈，问道："你前不久到梁国上寿，梁王那里的情形如何，你拣要紧的给朕说几件。"

　　"梁王对陛下和太后的赏赐极为感戴，一再叩谢天恩。对陛下和太后非常挂心，孺慕之情溢于言表，忠孝之心可嘉！"赵谈顿首陈奏，侃侃而言。虽然知道皇帝前一阵对梁王的擅作威福不满，可二人终究是亲兄弟，又有太后在上，他认准了，自己只能尽全力化解误会，决不可妄加可否。

　　阿武春天才回的梁国，秋天却又要求进京，未免过甚，别的诸侯王必定以为自己偏心。可想到老母老来思子，想到阿武在身边给母亲带来的快乐，心里不觉又涌出一股温情。"我恁大年岁，图的就是个家人团聚，儿女长守在自己的身边。"想到母亲经常念叨的话，刘启将奏牍交给赵谈，吩咐道："奉朝请的事情朕准了，告诉驿传将朕的诏书尽速传报给梁王，不要耽误了贺岁。"

"是。"赵谈将奏牍递给等在一边的当值尚书，示意他马上草拟诏书。

郭彤递到刘启手里的第二份奏牍就是陈筱的。他偷望着展读简牍的皇帝，屏息凝神，心却依然腾腾跳动，但愿这份奏牍能收到王夫人预期的效果。

"这个陈筱不好好办他的本职，管事管到朕的后宫里来了，真是胆大妄为！"刘启重重地将奏牍摔在地上，吩咐赵谈道："把这篇东西拿给丞相、太傅看看，你们看看这个混账讲些甚，竟然过问起朕的家事来了！"刘启声色俱厉，虽是出于对陈筱的愤怒，但也含有警告众臣的意味。

在赵谈将那奏章交给周亚夫后，刘启又吩咐道："传命廷尉，马上下陈筱于诏狱，听候处分。要以儆效尤，非重重办他的罪不可！"

皇帝的发作让人摸不着头脑，周亚夫展开奏牍后，方知陈筱的上疏为的是立后之事。

粪土臣陈筱昧死以闻皇帝陛下，中宫虚位已久，四夷窃议，内外不安。《春秋经》云：母以子贵，今太子已立数年，其母宜正位中宫，请陛下早日决断，以释群疑而安四夷。如此则天下幸甚，百姓幸甚。臣筱愚憨，顿首昧死再拜以闻。

周亚夫知道皇帝已对栗姬有了恶感，陈筱此举当然会触怒皇帝。但自己既是丞相，就应像父亲当年那样起到国家柱石的作用，在事关礼义大事情上，坚持祖制不可违背的立场。他将奏牍交给旁边的窦婴，揖手陈奏道："陈筱越职言事固属不当，可臣以为，他的话不无道理。"

"哦？有甚道理，朕倒要听听。"

"皇后、太子固然是陛下的家人，可皇后、太子的册立既是陛下的家事，也是国事。皇后有领袖后宫，母仪天下之责，太子更是国之根本，所关民心风俗甚重。臣民们即使嘴里不说，心里未必不想，欲塞人口，欲安人心，皇帝宜早下决断为是。现下太子已立，皇后人选，自然由陛下择贤而定，只要合礼义，自会顺民情的。"

"何谓'合礼义'？"刘启有些不快。

"先圣制礼作乐，为的就是给天下后世树立规范。经云：立嫡以长不以贤，立子以贵不以长。难道立贤不对么？当然不是。圣人之所以不以'贤'作为择人的标准，是因为'贤'往往出于人主的好恶爱憎，出于主观，就不免于私心。而立嫡立长，为的是确立承继的秩序，杜绝有野心者的觊觎与争心。同样，皇后的择立也有'母以子贵，子以母贵'的规则。母以子贵，则太子之母因太子而贵，可得而为皇后；子以母贵，则皇后之子必为太子。废皇后无子，陛下之子均为庶子，故立子以长以防争斗；太子既立，则太子之母因之而贵是顺理成章的事情。陈筱所言合乎古礼，所以不足深责。"

"那么太子的母亲不贤，不足以母仪天下时，又当如何呢？说说你丞相的高见吧。"

"臣以为可以择贤者而立之。"

"好。那么依'子以母贵'这一条，是不是她的儿子也该被立为太子呢？"

"不然，太子已立，并无失德，断不可轻言废立。"

"难办了不是？可见老规矩也不可拘泥。窦太傅，你看呢？"

窦婴也知道皇帝的心思，但身为太傅，他不能不为太子一争。"臣也以为丞相所言极是。大汉立国以来，除孝惠皇帝无后外，高祖与孝文皇帝对诸子虽不无偏爱，但都以长子承嗣为太子，故国本安定。至于皇后，也都是太子之母，这可以说是大汉的祖制了。既是祖制，自不可轻易更动。"

"刘大夫以为如何？"刘启拿眼扫了扫御史大夫刘舍。

"臣亦赞成丞相与太傅之言。"

看来，大臣们还都拘泥于祖制，一时还难以让他们赞成自己的想法。可刘启很清楚，不废掉刘荣的太子之位，立什么人为后都没有意义。母以子贵，栗姬早晚可以凭借太子之母的地位遂其所愿。

他沉思了片刻，说道："这件事先议到这里，朕还要斟酌。但如丞相所言，立何人为后，非臣子所宜言。陈筱可恶，非重办不可！"他威严地扫视着，众臣都屏息敛容，没有人敢再唱反调。

散朝后，刘启将郎中令周仁留下，打算单独询问他的意见。他对周仁、赵谈、郭彤摆了摆手，道："你们坐下说话，朕想听听你们的看法。"

"最近宫里边有甚动静，你们都听到些甚，讲来听听。"

"是。奴才刚从梁国回来，没有听到甚。可奴才以为，立皇后之事，只能陛下自己拿主意。后宫里全是陛下的家人，孰贤孰不肖，陛下心里最为清楚。"

赵谈此次出使梁国，梁王加意笼络，私下送了他厚礼。他知道梁王在太后那里的分量，儿妁死后，他早想再找一位有力的靠山，所以一拍即合。双方虽未明言，但一切已在意会之中。他在皇帝的身边，所能做的，通风报信之外，对梁王有利之事，能够促成，他自然会尽力。他知道皇帝不惬于栗姬，也知道梁王对帝位有非分之想，而刘荣一旦被废，意味着梁王又有了机会，所以才有如是意见。

郭彤心里则暗暗佩服王娡的计算，决计再添上一把火，皇帝或许会加大废立的决心。

"臣前几日倒是听说，有人在太子宫的重阳酒宴上下毒暗害胶东王，而栗夫人干系甚重。"

"哦，有这等事，为甚不早奏报！"刘启的面色一下子严重起来。

"奴才原来也不信，以为是谣传。这几日专门询问了陪读的韩公子和守卫东阙的士卒，才敢肯定确有其事。"

"怎么回事，你快讲！"

"是。据韩公子讲，重阳那日，栗夫人曾到太子宫，特意送给胶东王一只装有茱萸的香囊和两块蓬饵。韩公子打开香囊，险些被藏在囊中的一只毒蛛咬到；他觉得栗夫人送的那两块蓬饵颜色有异，所以取下藏入囊中。事后他与胶东王将饼饵喂给东阙守门的獒犬吃，当时没有异常，可三日后，那獒犬却突然死掉了，士卒们说症状很像是中毒。"

刘启的心绪，如翻江倒海般奔涌，但他克制着自己，面容上看不出变化。看来，废立之事是非行不可的了，晚了，还不知会发生怎样逆伦的惨剧！

"周大夫，你怎么看？"刘启望着周仁，示意他讲话。

"臣以为，陛下宜早定大计，否则难遏乱萌。皇后、太子之位不定，觊觎者必不会少，争心一起，难保没有逆谋，当断不断，反受其乱。"

"以卿之见，朕当如何了断？"看到周仁迟疑不语，刘启放缓语气补充道："此为朕之征询，你但说不妨。"

"臣昧死陈言，请陛下宽谅。后宫诸多皇子年纪已长，可诏命他们就国，皇子的母亲也可以随之前往颐养。陛下若不放心他们的学业，可选派硕学宿儒做他们的师傅，如此，可避骨肉相残，宫廷亦可得以安定。即使有觊觎争夺之心者，也难以施其伎俩。"

"那么何由更换太子呢？"刘启沉吟了一会儿，继续问道。

"刚才陛下追问丞相时，已抓住了事情的关键。群臣既以'母以子贵'主张立栗夫人为皇后，陛下同样可以反其道而行之，先立皇后，后换太子。可按周丞相的说法，择立一贤良者为皇后，而以'子以母贵'的规制立其子为太子，如此，反对易储的大臣们亦无话可说。"

"嗯，那么荣儿如何安置？"

"封王，然后与诸成年皇子同样就国。七国之乱，临江王参与叛乱，自杀国除。可否将此地作为封国安置皇长子，还要陛下定夺。"

"那么皇后之位由何人接掌为好呢？"

"此乃陛下之家事，乾纲独断，非臣等所敢妄言，唯所立者应为太子之母。"

刘启闭目颔首，满心宽慰。他早已决定立刘彻为太子，所顾虑者，彻儿的排行太靠后，年长的皇子们不服，大臣们也会用"立子以长不以贤"的祖制面折廷争。周仁的这个釜底抽薪的办法，把这些难题都消解了。那个王娡，远不如栗姬等妃嫔们妒忌张扬，年长的皇子们就国后，留在宫内的小皇子均为儿妁所生，也都是王娡的侄子，她会好好照料他们的，而逆伦残杀的祸患亦可以消弭于无形，这样的安排，看来是最好的，也是唯一可行的了。他睁开眼，扫视着面前这几个人，目光十分严厉。

"周仁，你再将郭彤所言之事，复查核实一遍，要秘密进行，不可泄露。查实后马上报我，你听好了？"

"是。臣遵命。"

周仁答应着，略作思忖后，他再拜请示道："臣查核此事，应两面兼听。臣欲单独询问太子，请陛下允准。"

"可以。你对阿荣讲，这是朕的意思，让他老实交代！"

刘启严厉地注视着三人，低声吩咐道："前面说过的话，只有你们三个知道。事情怎么办，朕还要斟酌，你们要当心，对任何人都莫透露半点儿消息，若有半点儿风声传出去，朕唯尔等三人是问。"

"是。"三人稽首奉诏。

二十九

深秋九月,天气肃杀,草木摇落,关中平原早已褪去绿色,大地呈现一片苍黄。在汉初,九月是一年的岁尾,十月一到,便是周历新年的岁首了。

从关东通向长安的驰道边上,远远过来数骑人马,为首一人,年近三旬,身材魁伟,高鼻深目,略长的面孔棱角分明,浓密的虬髯更为他添加了几分霸悍之气。跟在他身后的人年纪稍长,也是长须美髯,而脸上更多的是儒雅之气。

为首的那名汉子勒住马缰,隔着道间的障墙和青松,望着极为宽阔平坦,但空无一个行人的驰道,自语道:"好平阔的大道,在上面跑马不知是甚滋味!"他两腿紧夹了一下马肚,马嘶鸣着扬起前蹄,跃跃欲试地想要越过隔离用的障墙。

"公孙大人,千万不可造次。让巡路的御使看到,就是大不敬的罪名,报到上边,就是梁王也要担干系的。"后面跟从的男人大声劝阻,看得出他心情不满而紧张。

"不过是说说而已,你还当起真来了。"那汉子哈哈大笑道。他勒住了马,等那男人赶上来并辔而行。他扬鞭指指四周,问道:"长卿,这里就是灞上了吗?"

"是了。就是灞上,当年楚霸王项羽就是在这里大会诸侯的。向前数里,过了灞桥,就是枳道亭,高祖皇帝最先攻入咸阳,秦王子婴就是在那里迎降的。"

"大风起兮云飞扬,威加海内兮归故乡,安得猛士兮守四方!"那汉子大声吟唱起《大风歌》来,旁若无人。唱罢大笑道:"痛快!痛快!无愧开国英主的气概！"

　　这一行人原来是随侍梁王进京奉朝请的人员。自从接到皇帝允准进京朝觐的诏书，梁王连夜打点行装上路，几日的晓行夜宿，昨夜赶到了霸陵县东的霸昌观，离长安只半日的路程了。今日早起赶路，路过霸陵，梁王要拜祭父皇的陵寝，大队随之去霸陵，而这队人马是先行一步，为大队打前站的。

　　那状貌类似胡人者名叫公孙诡，齐人，为人恢宏有大志，与另一好出奇计的同乡羊胜一起投奔梁王，很快便受到梁王的重用。公孙诡受任为中尉，号称公孙将军，统领梁国精锐，负责国都睢阳及近畿的防卫。此次朝觐，梁王接受既往之教训，不欲像从前一样大张声势，而是轻车简从，只点了韩安国、羊胜、丁宽、司马相如及数十名侍从随行。可公孙诡称自己从未到过京师，一定要跟来见识帝都的繁华壮丽，梁王既爱重于他，不忍峻拒，便带他同来了。

　　被他称作"长卿"者，便是司马相如。司马相如原名犬子，字长卿，蜀郡成都人。少时好读书击剑，因慕战国时蔺相如的为人，更名相如。相如家境富有，纳赀①为郎，在长安宫中为武骑常侍。相如自幼好辞赋，原想以此自见，可皇帝不好辞赋，他无所表现，郁郁不得志。后逢梁王进宫奉朝请，所带宾客，如齐人邹阳、淮阴枚乘、吴严忌夫子等均为文士，一见之下惺惺相惜，颇有相见恨晚之慨。不久，相如托病去职，东游睢阳，投入梁王门下，日昔与诸文士过从，吟诗作赋，欢洽自得。近年更是因一篇《子虚赋》而遐迩闻名，备受梁王的器重。枚乘文名也很高，但年迈不胜奔波，故凡遇进京朝请，梁王必带相如前往，以备酬庸风雅。

　　司马相如在宫中服事多年，对长安极为熟悉，梁王因此派他陪公孙诡前行。公孙诡为人慷慨豪爽，对相如也很尊重，但行事不拘形迹，而京城不比睢阳，相如不免为他揪着一把心。

　　司马相如将沿途的风景名胜一一指给公孙诡看，两人边行边说，兴致正浓，远远地看见数辆轺车迎面而来。到得近处，原来是长安梁王府邸的官员前来

---

① 纳赀，汉文帝接受晁错建议，允许富有人家（有市籍的商贾除外）以捐资方式获取官位，一般先任郎官候选。原规定家赀十算（即十万）以上者方可纳赀为官，景帝时降为四算。

迎接。于是换乘辂车，不久便驶过灞桥，来到枳道亭旁。

亭舍外面停着另外两辆驷马乘传，其中一辆的车饰与马饰极为华贵，一望而知是大内里专用的车马。两人刚下辂车，就听到亭舍中有人大声招呼，"二位大人一路劳顿，辛苦了。"抬眼望去，只见谒者令赵谈正大步走来。赵谈与司马相如是宫里的旧相识，与公孙诡则是前不久出使梁国时的新交。

三人见礼后，赵谈道："在下奉命在此迎候梁王，二位大人请先进亭小憩。"他指了指那辆华贵的马车，"皇帝对梁王到来极为重视，太后要办家宴为梁王接风，皇帝特为取消了今日的朝会。这不，皇帝赐梁王乘坐天子出行的副车，还特别允准他驶行驰道。二位可知梁王何时能到，在下要提前派人通报给宫里，皇帝怕是要亲临宫门呢。"

知道皇帝要亲迎，且可于驰道上通行，公孙诡极为兴奋，他挥手大笑道："有劳公公远迎。殿下今日一早，去霸陵拜祭先帝去了。此刻怕是已向这里来了，用不了等许久的。"

果然，约半个时辰后，随着渐次扬起的烟尘，灞桥方向驶过来一队人马，果然是梁王的大队。换乘天子所派的驷马安车后，大队改行驰道。赵谈作为使者，以骖乘的身份陪同梁王。

车队在驰道中款款前行，看看左右无人注意，赵谈向刘武倾过身子，轻轻耳语道："殿下此番在长安可多住些日子，宫里怕要出大变故了。"

"喔？甚变故，你但说不妨，车驭是孤的心腹。"刘武盯着赵谈，双目灼灼。

"今日远迎的是鄙人，殿下没觉得有什么不对吗？"

"是呀，送往迎来，是典客陈筱的职责所在，今日为何换了你呢？"

"变故就出在这里，陈筱已被皇帝下了诏狱。"

"喔？为甚？"

"陈大人不知深浅，上书皇帝请立栗夫人为皇后。皇帝大动肝火，便把他下了诏狱。由此还带出了极不利于太子的传闻，看来，储位十有八九会更易的。"

"这么严重嘛！"刘武犹如饮下一斛烈酒，气血涌动，身子不由得微微颤抖起来。他紧紧攥住赵谈的衣袖，兴奋地追问道："你快讲，太子作了甚？"

"宫里边传说，栗夫人和太子合谋下毒，欲行不轨。"

刘武不禁瞪大了眼睛，紧张得几乎喘不上气来。"甚？他们要谋弑皇兄吗！"

"当然不是，他们打算谋害的，是刘彘。"

"刘彘，哪个刘彘？谋害他作甚？"

"就是胶东王，大长公主前不久才将阿娇许给他，从这边论，还是殿下的外甥女婿呢。至于为甚要给他下毒，当然是觉着他威胁到了太子之位。"

"喔？宫里头闹成这个样子了吗？"一丝微笑，不易察觉地从刘武唇上掠过。他拍拍赵谈的肩头，道："公公给寡人说说，这到底是怎么回事。"

"自打薄皇后被废，后宫里就开始不太平。那些有儿子的嫔妃，都想着住进椒房殿。栗夫人仗着是太子的娘，先住了进去。可她太傲气，大长公主上门提亲，她却给谢绝了，由此结下了梁子。王夫人可是个有心计的人，乘虚而入，抢先一步同长公主结了亲。那个刘彘，就是她的儿子。这下，有长公主做亲家，就等于有了太后这座靠山，对太子娘儿两个都是不小的威胁。恶由恨生，就难怪他们要下狠手了。"

"那么皇帝的意思如何？请公公明示于寡人。"

"现在还看不出来，可是在下感觉着，皇帝心里头是有决断的，不过碍于大臣们的反对，暂时不动声色而已。可是上边已经派员密查，以在下之见，太子之位已朝不保夕了。"

"那么皇帝中意于哪位皇子？是那个刘彘吗？"

"我想是。胶东王自小聪颖，皇帝一直喜欢他的。"

"他年庚几何，与阿娇一般大吗？"

"过了这个年才七岁。"

"还是个孩子嘛！"刘武锁起的眉头舒展开了。赵谈凑趣地笑道："所以说大王还有很好的机会，太后一定是站在殿下一边的。"

刘武哦了一声，神思一下子又回到了五年前长乐宫的那次家宴上。也是贺岁的时节，母子姊弟四人轮番祝酒，其乐融融。皇兄酒意半酣时的神情笑语还历历如在目前，"阿武！朕的好老弟，千秋万岁之后，朕的大位就由你来接掌，可好？"这句话太出人意料，以致所有的人都愣住了。他的心怦怦直跳，仿佛就要从口中蹦出，那种感觉，如今再次出现了。母后满意的笑容、酒后酡红的双颊、笑得眯成一条缝的眼睑，又清晰地再现于脑海之中。他惶恐，他推辞,理智告诉他这不过是兄长一时的醉话,但被唤醒的欲望却再也不肯退去,对皇位的觊觎时起时伏,若隐若现,像一枚鬼火埋藏在内心最深的角落。赵谈带来的消息再次点燃了它,这是不是又一次机会呢?

好半天,刘武才回过神来,他用力握住赵谈的手,笑道:"寡人不敢有此非分之想,可还是要感谢公公的厚爱。我已吩咐了下人,将礼物装到了公公的车上。进宫之后,要避嫌疑,寡人与公公不便来往,公公有甚消息,可与公孙将军联络,他人很可靠,定会及时转告寡人的。"

"是。赵谈知道怎样做。只是这等极机密之事,知道的人愈少愈好,请殿下务必要公孙将军注意。"

"哈,赵大人,前面看得到长安城门的高阙了!"刘武大笑着,顾左右而言他。他取过车驭手中的长鞭,使劲甩向空中,鞭梢鸣出几声脆响,马匹抖擞精神,快步向前跑去。远远的,已可以看到迎候在灞桥门前的皇家仪仗了,一辆驾着六驷的华贵辂车位于灞桥门的正中,车上黄色华盖下面立着的,正是皇帝刘启。

车驭勒住马缰,刘武下车后疾步前行,伏身于皇帝辂车前铺设的锦席上,行稽首大礼。身后一应的随从纷纷跟从,跪倒了一片。紧随刘武的赵谈刚要高声唱礼,刘启向他摆摆手,示意不必,自己走下车来,双手扶起刘武,道:"快起来。我们兄弟间就免了这些繁文缛节吧。"

他细细端详着刘武,拍着他的肩头,欣慰地笑道:"你看上去不错,母后可以放心了。来,上朕的车,我们一起去长乐宫,太后与阿姊怕是等不及了。"

他对梁王的侍从们挥了挥手,要他们起来,吩咐身旁的周仁道:"跟从梁王的宾客侍臣,长吏以上,录名于未央、长乐两宫的门籍,准其随侍梁王出入宫门。"公孙诡面相与众不同,十分惹眼,刘启指着他和羊胜,问道:"此两人面生,阿武看来又招纳了新的人才嘛。"

刘武道:"那个状貌如胡人者名公孙诡,另一个名羊胜,都是齐人,现在我那里任大夫之职,不敢说有多大的才能,可才智和忠心还是有的。"

两人登上辂车,车驭抖动缰绳,一声吆喝,辂车沿着直通长乐宫的驰道飞奔而去,两旁的骑侍手执旗帜仪仗,夹护前行。车队进入长乐东阙时,阙门内外的卫士们早已列阵如仪,军阵严整,旗帜缤纷,刀戈雪亮,甲胄鲜明。

见到这种场面，刘武不禁感叹道："皇兄，还记得当年我们驱车司马门被扣之事嘛，如今真是不可同日而语了。"

原来文帝时的大臣张释之，是当时出了名不讲情面的官员，刘启与刘武一次乘公车入司马门时没有依制下车，被他撞到，竟不顾二人身份的尊贵，生生把他们扣在了司马门，并奏报给了薄太后。还是文帝以教子不谨向太后请罪，以太后的诏饬加以赦免，二人才得以放行。

"是呀，那次我们脸丢大了。当初朕对之恨之入骨，心想有朝一日，非杀了这个老儿不可。可后来慢慢也想通了，朝廷的制度，如果皇亲国戚都不能率先遵行，岂不是要乱套？张释之严格执法，不稍假权贵以辞色，正是对父皇和朝廷的大忠，无可厚非。阿武既然还记得此事，能常常以之自勉，做诸侯们的表率，朕就放心了。"

话不投机，刘武只能唯唯称是。好在不久就到了长信殿，远远看去，窦太后和大长公主正在众多宫人宦者的簇拥下，在殿门前等候着他们的到来。

"阿武，小老儿，想死娘了！起来让娘好好瞅瞅你。"窦太后喜笑颜开，扶起伏地行礼的刘武，泪眼婆娑地端详着儿子，一副怎么也看不够的神情。看到母亲与兄弟间的亲情，刘启心里有种说不出的滋味，既有些妒忌，又为之欣慰。良久，见母亲情绪平复下来后，刘启才插嘴说道："阿武就先在娘这里小憩，与娘和阿姊叙叙话。娘这里和未央宫，都可以下榻。缺甚你只管开口。朕先回去安排一下，午后就在娘这里办家宴，为阿武接风，家人团聚，好好乐一乐。"

目送皇帝的车队走远，刘武向太后逐一介绍了随自己前来的宾客和侍臣，太后吩咐大长秋领他们去客舍安歇，自己拉着刘武的手，与刘嫖一起进了自己的寝殿。寝殿中的大食案上摆放着各类零食果品，侍女们奉上盂、匜等盥洗用具，侍奉梁王栉沐之后，知道太后与儿女家人闲话家常时，不喜有外人在场，宫人们都自觉退下了。

刘武一面从食案上拣食自己爱吃的零食，一面问刘嫖："阿姊，怎么没看见阿娇，听说你已经为她定了亲，是吗？"

"是呀。这丫头知道你这个舅舅要来，今日一早就装扮起来个没完，可舅舅真到了，她人却不知跑到哪里去了。"刘嫖大声招呼在外间伺候的侍女胭脂，要她四处看看，把阿娇找回来。

胭脂刚走，帷幕后却传出吃吃的笑声，原来阿娇早就藏在里边，这时才从刘武身后飞跑过来，用两只小手蒙住了他的眼睛。刘武故作惊恐，大叫着挣扎，然后猛然回头，作出一副怪相，与阿娇碰了个脸对脸，两人一起尖声大叫，随后又都倒地大笑起来。

看着甥舅二人的嬉闹，长公主也不由得笑了起来，太后尤其笑不可遏，眼泪都笑了出来。她指着二人，对刘嫖道："你看看，你看看，甥女儿没有甥女儿的样子，舅舅没有舅舅的样子，阿武恁大的年纪，还像小孩子一样！"

笑过一阵子，刘武将阿娇搂在怀中，道："这女娃真是一年一个样，才半年，阿娇就是大姑娘的样子了！听说你娘给你选了门亲事，女婿是哪个，好不好？说给舅舅听听如何。"

阿娇脸上飞上一片红晕，低着头玩弄刘武身上的佩玉，羞涩得不肯开口。

太后道："到底是大姑娘了，知道害羞了。"她慈爱地望着刘武与阿娇，心里十分熨帖，这一长一少，一男一女，真可说是自己的心尖子了。

"她娘原想把阿娇提给阿荣，谁承想栗姬拿架子不允。你阿姊一气之下，就把阿娇许给了阿彘。阿彘你怕没有甚印象，这孩子也不错，聪明好学，搞得好将来也是能做大事的。阿娇跟了他，我和你阿姊还都是满意的。"

"娘和阿姊看中的，想必错不了。阿娇，哪日领舅舅看看你的小女婿，好不？"阿娇羞涩地点点头，大家又都笑了起来。阿娇赌气道："就知道笑，笑！有甚好笑的？不和你们玩了！"说罢，拔腿向殿外跑去。刘嫖笑道："阿武你看到了，这丫头的脾气是愈来愈大了。"随后起身追了出去。

估摸刘嫖走远，刘武膝行到母亲身前，猛地伏地，稽首再拜道："娘，皇兄不满于栗姬与阿荣，势必更易储位，五年前皇兄的话，娘一定还记得。娘的心思儿臣全知道，无奈朝廷有制度。皇兄说千秋万岁后传位于儿臣，儿臣想的是皇兄要我代他继续侍奉老亲。皇兄后来立阿荣做太子，儿臣也不再作他想，可阿荣既不孚皇兄的期望，万一不讳，国赖长君，儿臣愿承此重任，也可长此侍奉太后颐养天年。"

窦太后猛然听到爱子的这番陈辞，大出意外，她思绪万千，呆呆地看着跪在面前的刘武，半天说不出话来。

三十

　　"阿武，你起来，坐着说话。"良久，窦太后才开口，可这时的她，已由刚才的慈母一变而为威严的太后了。

　　"你老实告诉我，你在梁国那么老远，何以刚到长安，就知道了皇帝要行废立之事？是甚人为你通风报信？"

　　"并无人为儿臣报信，儿臣是在来京城的路上，听到行人传说，才知道此事的。"

　　"你胡说！皇宫大内里头的事情，外面人从何知悉！在我面前你都不讲实话，我可没办法帮你。"窦太后面色冷峻，不屑地摇了摇头。

　　刘武知道瞒不住，顿首道："儿臣实在不是故意欺瞒，实在是担心说出来坏了朋友的性命。告我此事者本是为儿臣好，儿臣若讲出来，对朋友岂非不信不义？还有何面目于世人！"

　　"你倒是振振有词，也好，先放下此事不提。好不容易消解了皇帝对你的误会，你不好好地尽臣子的本分，却又窥测起神器来了，你知罪嘛！"

　　这番话，如兜头的冰水，把刘武浇了个透心凉。原以为是靠山的太后如此绝情，是他完全没有料到的，刘武不禁悲从中来，泪如泉涌。

　　看到儿子伤心欲绝的样子，窦太后的心也软了下来。泪眼蒙眬中，她仿佛又看到了幼时的刘武。从咿呀学语、蹒跚学步到束发就国，十几年母子俩相依为命，感情非同寻常。那时，刘启在太子宫就学，刘嫖已经出嫁，而孝文皇帝当时已经移爱于慎夫人，孤寂凄凉中，阿武是她唯一的安慰。

窦太后叹了口气,道:"娘何尝不想你接太子之位,可你哪里知道娘的难处,手心手背都是肉啊!"

她将丝帕递给刘武,语气沉重地继续说道:"你兄长十几个皇子,哪一个不想做太子?你阿姊姑舅结亲的意图,明眼人不问即知,她为了女儿将来做皇后,非要帮女婿成为太子不可。还有你一个,也非要凑这个热闹。皇帝、阿嫖、阿武,你们都是娘亲生的,哪一个不是娘身上掉下来的肉!可储位只有一个,你让娘如何是好?"

"阿姊想的无非是阿娇和陈家长久的荣华富贵,就这么一个亲姊姊,她要甚我都会满足她,何苦非得捧女婿做太子。"

"阿嫖且放下不说。你兄长放着那么多儿子不管,立你做储君,你想这可能吗?他能心甘情愿吗?他的那些个有儿子的嫔妃能干吗?大臣们能接受吗?儿啊,不是娘不帮你,你自己想想,这件事情是不是太难了!"

太后看着沉默不语的儿子,摇摇头,道:"说起来,反倒是阿嫖的打算更有实现的可能,再怎么说,她的女婿也是皇帝亲生的儿子,皇帝在心里头不会有抵触。可你,是娘的骨血,但不是皇帝的骨血,终究隔着一层。儿啊,听娘一句话,你兄长酒后的醉话,你就莫再当真了。"

多年渴想的机会,如今重现,要自己一朝放弃,绝无可能!刘武血气涌动,面色绯红,顿首再拜道:"娘说的这些道理,儿臣明白。儿臣本来也不再把兄长的话当真。可皇兄不满于太子,欲重选储君,儿臣难道就不能存些希望吗?国赖长君,刘彘还是个孩子,以后有的是机会。儿臣敢对天盟誓,他日若为天子,定以兄长之子为嗣,言若不信,天诛地灭!况且人之运命祸福难测,儿臣若短寿,死在母后与兄长前面,则一了百了,再不会为此徒生烦恼了。可既有机会,娘不能不让儿臣一试,不能不帮儿臣。"

"你莫再发毒誓,说这种不吉之言了!"太后惊心,喝止刘武。望着爱子激动决绝的面容,她不由得叹道:"也罢,随你。可你要依娘三件事,娘才能帮你。"

"是。哪三件事,请娘示下。"

"头一件,你一言一行都要谨慎,好好讨你兄长的欢心。知子莫若母,皇帝平时看上去少言寡语,内心忮刻多疑着呢。"

"是。"

"你要容我些时日,何时向皇帝进言,由我择定,也由我对皇帝去说,你不可自行动作。这是第二件事。"

"是。"

"最后一件。事若不行,就放弃,好好回去做你的梁王。切莫鲁莽行事,自蹈险境。你听明白了?"

"是。儿臣谨遵母后之命。"

话音刚落,刘嫖领着阿娇走进内室。她扫了母子二人一眼,看似不经意地问道:"娘儿俩说甚悄悄话呢?可以告诉我吗?"

"还能有甚,娘查问我梁国的治绩,教诲我治国的道理呢。"

"是了。人要知足,知足常乐。"刘嫖冷笑道,"阿武,除了太后、皇帝,这大汉的天下,还有甚人的权势能有你大!可你还心有不足,僭越逾制,惹得皇兄不快。前一阵子,太后和我为你担着多大的心,你心里应该清楚。此次进京,你应该收收心,莫再重蹈覆辙了!不然,再有十个韩安国,也救不了你。"

她这是发的哪门子无名火,难道刚才的谈话被她听到了?刘武心里不快,但还是赔笑道:"阿姊教训的是。"

"阿嫖你住口。阿武好不容易进京团聚一回,你莫扫他的兴。他一个大男人,要教训也轮不到你,还有我和皇帝在呢。"

"哼,娘就是偏心老儿子,阿武就是被惯坏的。"

"对,他比你们都小,我就是惯着他了,怎么着?"

刘嫖不服气,还欲争讲,侍从女官已进来通报皇帝驾到。太后吩咐摆设筵席。母子四人闲话家常往事,阿娇和太后的娘家亲戚诸窦作陪,尽极欢娱。筵席散后,众人均已醺醺然。刘武坚持要回府邸,刘启于是命赵谈驾车送梁王回府。

回到王府,刘武要赵谈稍等,自己回到寝室,用手抠住喉咙,整整吐出了半盂酒饭。侍从们服侍他洗沐更衣,忙了好一阵子,才又精神抖擞地回到了前堂。他一面示意赵谈不必起立施礼,一面大声吩咐道:"请公孙将军马上过来,寡人有要事商量。"

公孙诡来后，刘武屏去侍从，将二人带入一间密室，满面喜色地说道："太后答应了帮我，大事有望成功。请二位来，就是想听听你们的意见。"

赵谈也很兴奋，迫不及待地问道："太后怎样说？"

"太后答应向皇帝提这件事，可时机要由她来定。再有就是要我莫轻举妄动，一切由她来安排。"

"那么殿下岂不是只能坐等静观，无所作为了吗？"公孙诡凝思片刻，满心疑惑地问："太后还对殿下说了些甚？"

刘武怕动摇二人的信心，便没有说出太后的责难和要他不行时放弃之事。"太后很为难，因为大长公主也想要她的女婿做太子。可是太后还是答应帮我。"

"殿下不可大意，大长公主那个亲家母可是很有心计之人，一点儿机会，她都不会放过的。"赵谈有些担心地说道。

公孙诡细细地问了王娡的情况，然后从书案上的博局中取出几支算筹。"臣请为殿下和赵大人代筹方略，请看……"他将算筹一支支放在席上，边放边说道："殿下请看，这支是栗姬与太子，这支是王娡与胶东王，这支是大王。太后要大王静观不动，那么实际争太子位者只此两家。王娡有长公主的支持，形势占优，栗姬与太子只能作困兽之斗。如赵大人所言，皇帝已有意废立，只不过尚未择定太子的人选而已。鹬蚌相争，渔翁得利，大王在旁静观，有如渔翁。她们争得愈厉害，愈有利于大王，更何况后面还有太后的支持。"

"栗姬母子之败必不可免，大王置身事外，她一腔的怨毒全是冲着王娡母子去的。赵大人说过，她甚至不惜下毒，可见仇恨之深。臣以为，这正是其价值所在，要在如何利用之。利用得好，她会在自毁的同时毁灭对手。果能如此，一石两鸟，大王再无对手，大事可成了！"公孙诡挥手将两支算筹拂出座席，抓起那支代表梁王的算筹，大笑起来。

刘武大喜道："好个鹬蚌相争，渔翁得利。卿所言甚得孤心。你再为寡人与赵大人讲讲怎样利用栗姬母子。"

"听赵大人之言，栗姬母子已经是死老虎，不足为虑。王娡母子则是大王的劲敌，非认真对付不可。前者虽是死灰，但可复燃，要在添一把柴火，把火燃向后者。这就要看赵大人的了。"

"是呀，赵大人在宫里消息灵通，那王娡既谋夺太子之位，必会有所动作，总会露出些蛛丝马迹来，赵大人不曾风闻过什么吗？"

赵谈略作思忖道："前数月，王娡之妹，也就是皇帝的宠妃儿姁夫人突然难产去世，死状极为可疑。当时下官主张细查，但一同办案的大人们以为我多事，硬把此事压了下去。当时曾有一侍女交代，儿姁夫人曾说过自己是被她姊姊害死的。可随后这个侍女便被发落到暴室，不久就死掉了，很像是杀人灭口。"

"看来，未央宫这潭水还真是浑得厉害，皇帝知道此事吗？"刘武问道。

"不知道。皇帝身边的人都怕兴起大狱，没有人敢于呈报。"

"真是天从人愿，这就是最好的引火之柴呀！"公孙诡大笑道。"殿下试想，此事若让栗姬知道，会发生甚事？"

"她当然会将此作为利器，向皇帝告发，置对手于死地！"刘武恍然，击节大笑道："好一个'引火柴'！鬼才呀，真是鬼才！爱卿真乃寡人之智囊也。"

赵谈却还有几分担心。"王娡的背后还有大长公主，况且，栗姬已数月不得召幸，见不到皇帝，又从何告发？"

刘武捋须道："赵大人放心，太后既已答应帮我，阿姊的力量就减去了一多半，王娡无能为也。倒是这把'柴火'，要拜托赵大人去送。至于寡人这位嫂子，性子最是刚强，王娡欲取而代之，她必以性命相搏。有了这把'柴火'，她定会在宫里燃起大火。吾等只需按太后的吩咐，静观其变就可以了。"

三人又计议了一阵子，回到前堂，刘武招呼其他宾客重开筵席。赵谈推说赶着回宫复命，匆匆告辞。刘武于是吩咐公孙诡代他送行。望着宫车远去的背影，公孙诡发了一会呆，总觉得在太子位的争夺中，梁王只作壁上观不够。他以一介布衣投奔梁王，不数月便置身高位，他知道这是难得的际遇。他听说过皇帝当年对梁王的许诺，也深知梁王一直未能忘情于此，于是暗地里下了决心，一定要助梁王成就大业，一以报知遇之恩，也含着百尺竿头，再进一步的念头。以梁王对自己的倚重和信任，他若能登大位，我公孙诡又何愁当不上丞相，成就平治天下的大业呢！他此番极力要求随同进京，为的就是在谋立太子的大事中有所表现。为此，他事先已做了谋划，但并未告知刘武。在他看来，静坐观变，图收渔人之利固然好；若能助成其事，亦不妨见机行事，大可不必自缚手脚。

正思忖间，黑暗中闪出一人，道："将军要我约的朋友到了，刻下正在后堂密室等候，是不是马上接见？"

原来是梁国有名的侠士韩毋辟。近来被他罗致入幕，公孙诡此次点名要他随行，以备缓急。"当然，马上就见。"公孙诡拍拍他的肩膀，两人一同向后院走去。经过内院时，晚宴已经开始，厅内灯火通明，听得到梁王与宾客们的谈笑与觥筹交错之声。

韩毋辟推开密室的门，室内一灯如豆，光线很暗，一个中年人双手扶膝，静气凝神地闭目端坐。听到开门声，那人睁开眼，目光炯炯逼人。令公孙诡印象深刻的是，客人那成熟内敛的气质与不卑不亢的神情。

韩毋辟抢前一步施礼道："兄长，公孙大人有要务处理，劳你久等了。"他让到一旁，对公孙诡说道："将军，这位就是我常对您提起过的本家兄长、名重长安的郏县侠士韩孺韩千秋。"

三十一

长安东市市长栗况，心事重重地登上旗亭。旗亭木制，高五层，矗立在东市的中央。顶层室内架着一面大鼓和数面铜钲，外面是用木板搭建的平台，四周围着栏杆。他望了望立在亭前的日晷，离日中还有半个时辰，市肆内的商贩已经开始卸下铺板，陈设货物，准备开业了。

往日每到此时，栗况都会站在旗亭的最上一层，凭栏俯视自己的领地。随着开市大鼓的擂响，看着涌入市场的熙攘人流，万头攒动的交易场面，他都会有一种踌躇满志的感觉。但日前进宫向少府缴纳征收的税金时，栗况感到气氛不对头。少府负责上计的官员，往常那副殷勤巴结的面孔忽然冷峻了起来，一副公事公办的样子。他有些不安，公事结束后，便直接去了椒房殿。见到姑母时，他简直惊呆了。离上次见面不过一个月，原来那么雍容华贵、俏丽姣好的姑母，竟像是老了十岁。对侄儿的问安，栗姬只是恹恹地应了一声，只是其后讲述自己近来的遭遇时，姑母才重新有了精神。那灼灼的目光，亢奋的神情，好像还在栗况的眼前浮动。

栗家要出大事了，搞不好会一败涂地，栗家不能坐以待毙，只能与对手拼个鱼死网破！姑母所有的话似乎就是为了告诉给栗况这个警讯，栗况仿佛一下子跌入了冰窖，难道栗家的运道真的要终止了吗？

栗家祖籍齐国。二十多年前，栗家的女儿被选入东宫后，很快为那时的太子今日的皇帝生了儿子，从此大得宠幸，栗家一门也叨光不小。十几年前，栗翁、栗媪相继辞世，栗氏举家迁往京师，起初住在长陵，后由栗姬出资，为他们在戚里购置了宅邸，栗氏才在长安城内落下脚来。栗姬是大姊，下面有两个兄弟。大弟名栗成，纳赀为郎，靠着大姊的运动，仕途顺利，已做到了两千石的高位，眼下任三辅都尉，负责长安城内外的缉捕治安，是个重要的职务。栗况之父就是栗姬的二弟，来长安后不久就病故了，栗况兄弟二人，少年失怙，栗姬与栗成便格外看顾这对侄儿。栗况与其弟栗猛自幼顽劣不学，长大后好勇斗狠，结交的都是些长安恶少与江湖人物。仗着叔父的庇护，二人在长安横行不法，也颇闯出些名气。刘荣立为太子后，栗家权势更盛，于是便有逢迎者将栗况兄弟安插进了京城第一等的肥缺——长安东市任职。不消一年，栗况就被晋职为东市市丞，而后又升为市长；栗猛则在其下任啬夫，负责场内的治安与收税。市长官秩仅四百石，啬夫更是百石的小吏，但却掌管着上自公侯贵人，下及贩夫走卒，无人离得开的一块宝地。说是宝地，因为它是京师中八方荟萃，百货杂陈的最大一个市场，仅登录于市籍①的商户就有上万家，因而其税金收入之多，冠于全国，甚至超过了一个大郡的收入，是个富得流油的地方。长安是所谓天子脚下，故长安市场的税入不入大农令所掌握的国库，而是给奉宫廷，入于管理皇家私财的少府。栗氏兄弟靠栗姬和太子这么硬的关系，才得以占此肥缺，栗况后来利用关系职权，又任用了不少栗氏的子侄，很快就在城内东西两市中建立起了牢不可破的势力。这些年，诸栗在市场内横行无忌，上下其手，财积如山。一般的公侯虽有封邑，也难以望其项背。所以栗成几次为侄子谋到县令甚至郡丞的职位，他都毫不犹豫地谢绝了，几百、哪怕是千石的官秩，在栗况眼中，是远远比不上这小小的市长所能带给他的财富与权势的。

西汉时的长安商贾云集，贸易繁盛。京城三辅一带，大型的市场就有九个之多。但论起规模之大，要属东、西二市。东市，按照往古"前朝后市"的建筑规制，设在宫城后面，也就是长安城的西北，西侧紧贴纵贯长安的横门大道，道西便是西市。它原称"大市"，是长安城内唯一的市场。孝惠皇

---

① 市籍，汉代商贾凡营业于市者，均须向官署注册登记，谓之市籍。有市籍者方能在市场中贩卖交易，开设店铺，所得须缴纳什一税。市籍又是一种身份，是汉代重农抑商政策的体现，有市籍者的社会身份低下，为国家赋役首先征发的对象之一。

帝六年，长安生齿日繁，贸易日盛，场地已显拥挤，于是就在横门道西再建了一个西市场，此后大市便被称为"东市"。

东市东西宽约八百步，南北长七百余步（总面积约合今日的五十二万多平方米），是西市的两倍多。西市所售，多为官工与手工制品；东市则是个四海交汇、八方辐辏的地方，全国乃至边裔四夷的物产全都荟萃于此。东市略呈四方形，周围环绕着坚固高大的垣墙①，垣墙每面开门两座，与市场内纵横交错的四条主路相连。这四条相交的主路，将整个市场划成了"井"字形，分隔成为九个区；每区之中又建有三四列市肆，肆与肆之间有隧路②相通，市肆棚户相接，分别售卖不同的货物。九区中唯有"井"字中间的一区是东市官廨所在，设在旗亭的下两层。市场四面靠墙的位置，建有众多的市廛③与店舍，远道而来的商贩可在此食宿并存放货物。古代"日中而市"，每日正午，市卒便于亭上升旗开市，同时擂响顶层的大鼓；日落前七刻，市卒又会降旗闭市，击响散市的铜钲④。

栗况看到日晷指针的影子已到日中，示意候在一旁的市卒升旗擂鼓。咚咚的鼓声，和应着剧烈的心跳，他呆呆地望着从四面涌入市场的人群，心里空落落的。这往常总能令他兴奋的景象，变得那么不真实，似乎正在成为逐渐远去的幻影。姑母的失宠，使得太子刘荣的地位岌岌可危，没有了靠山，这长安市场的肥缺还能把在自己手里几时？栗家真的就此一蹶不振了吗！想到这里，一股怨毒渐次渗透到他全身，他真想亲手扼死那想象中的对手。

"我险些要了胶东王的命！可恨被韩嫣那个鬼东西看出破绽，他才躲过了一命！"姑母恨恨不已的声音又在他耳边响起。是了，刘彘在宫里，他无可奈何，可那个韩嫣，他认识，是个时常随着几个恶少来逛市场的小白脸。从前当他是个贵公子哥，还对他客气三分，如今才晓得原来是个仇人。栗况

---

① 垣墙，夯土而成的院墙。
② 隧路，即小路，列肆棚户相连，顶檐相接，光线阴暗，有如行隧洞中，古称之为"隧"。
③ 市廛，即存放货物的仓库。
④ 钲，古时出征作战时指挥用具，形如钟，有柄，铜制。古时擂鼓是进攻信号，击钲（即鸣金）是收兵或撤退信号。市场也仿效如是，击鼓升旗是开市信号，击钲降旗是散市信号。

想到这里，怒气翻涌，手也不自觉地颤抖起来。姓韩的，今后不要落到我手里！他决定不放过这个人，是帮姑母，也是为栗家出一口恶气。他吩咐身旁的市卒，马上把栗猛与市掾屠刚找来，他有事要办。

市场既是利薮所在，又是八方人物汇聚之处，就免不了江湖中的人物混迹于其中。首先，行脚的医卜星相之徒，到了长安，多落脚于此。长安富贵人家多，南来北往，问卜算命的人也多，市场为各色人会聚之处，所以也成了此辈人物谋生敛财的风水宝地。再有长安四城及三辅的贵胄王孙、浮浪子弟，或好勇斗狠，或游手好闲，三五成群，呼朋引类，市场也是此辈招摇过市的必到之处。最多的是北往南来、长途贩鬻牟利的商贾，旅途漫长，跋涉艰辛，一到京师，往往居住于市内的酒肆饭舍，更有财大气粗者，为夸示身家，把这里当作销金窟，呼卢喝雉，一掷千金。最后一等人，平时恭谨守法，既不显山，亦不露水，暗自经营自己的生意，看似常人，却是真正的游侠。在东市最出名者，是剧孟、韩孺与朱安世。

剧孟居住于洛阳。洛阳古为周都，周人善贾，经商者甚多，而剧孟独好赌博，长安及安陵县邑均有他斥资开办的博局。剧孟幼从楚人田仲，学了一手好剑术。平昔仗义疏财，慷慨救难，事后从不张扬图报，最为人所称道，为此名重天下。

韩孺字千秋，关中郏县人，勇力非常，为人侠义重然诺，与其表弟梁国韩毋辟俱被称为壮士。他在东市，有自己的买卖，租有专门的货肆。

朱安世原为鲁人，是大侠朱家的后人。汉初朝廷迁关东豪强富户于各陵邑，朱家亦在其列，此后便定居于长安。他救人急难，甚于自己的私事；帮人，先从贫贱无助的人做起。以至于家无余财，衣不完彩，食不兼味，行不过牛车。关东豪侠因急难求救者，经朱家留藏转移而保住性命的，不下百人；至于平头百姓，就更不计其数了。最出名的，就是他解救季布一事。

季布楚人，也以任侠有名于世。楚汉争天下时，季布为项羽部将，骁勇善战，数次给予刘邦的汉军以重创。项羽兵败自杀后，刘邦以千金悬赏抓捕季布，宣言有敢于藏匿他的，夷灭三族。季布最初藏匿于濮阳大户周氏家中。一日，周氏忽然伏地顿首于季布面前，语气沉重地说道："朝廷查捕将军的风声愈来愈紧，很快就会查到我这里。将军能够听我的，我有一计可行，不然，我只能先将军一步自刭，以报朋友家人。"季布当然不忍连累朋友，遂依计而行。

周氏将他施以髡钳，装扮成罪徒的模样，置于丧车之中，连同家僮数十人，一起卖到鲁国朱家那里。朱家一见便看出这名刑徒非同常人，先将他安置在自己田庄中干活，自己则去了洛阳，专程拜见汝阴侯夏侯婴。两人是老友，互道契阔后，朱家开门见山道："季布有何罪，朝廷这样不依不饶？两国交兵，各为其主，是为臣子者职责所在。项氏的臣下杀得完吗？皇帝刚得了天下，就以私怨要一个人的命，还唯恐天下人知之不广！以季布之贤能，汉如此不容于他，我怕他不是北走于胡，就是南投于越。以壮士资敌国的后果，有伍子胥鞭尸楚平王的前车为鉴啊。这个道理，君何不找机会向皇上言明呢？"夏侯婴知道朱家是个行侠仗义之人，此番话不会无来由，季布或许就藏在他那里，于是答应他说服高祖。果然如朱家所料，刘邦赦免了季布，召见了他并封作郎中。当时朝野内外，对于季布摧刚为柔，能伸能屈和朱家冒死救人的所为赞不绝口。而朱家对此不置一词，其后终身不见季布，唯恐他人知之，尤其令世人叹服。

朱家所为，天下敬服，关东豪侠之士，没有不想同他交往的。剧孟的师傅田仲，最敬服朱家，投于其门下，像对父亲一样侍奉他。朱安世也好行侠仗义，有其祖之风，但沉稳不足。他年轻气盛，睚眦必报，遇事好强出头。因为有其祖的这层关系，剧孟与之兄弟相称，长安四城的好汉也对之礼敬有加，更助长了他嚣张跋扈的气焰，往往一言不合，即拔剑动武。他在东市并无甚真正的买卖，可几乎无日不到，有欺行霸市、强买强卖或有银钱纠纷者，他必出头摆平，俨然东市的魁首。市内的商贩和酒肆饭舍把他看作保护神，免费供张其酒食，以免浮浪子弟的骚扰。

栗况入仕之前，本也是个游手好闲的浮浪子弟，与东市这些人混得很熟。自成为掌管这里的官员后，也与三教九流的人物保持着联系，有时也利用这些人做一些自己不方便出面的事情。久而久之，东西两市便为明暗两种势力所左右，明的是以栗家为首的官府吏掾，暗的则是朱安世一流的江湖人物，前者对于后者，或限制，或纵容，或利用，完全依当时朝廷的风向而定，有时相安无事，有时则疾若寇仇。栗况现在打算的，就是使这股江湖间的力量为己所用，假手杀人。

栗猛与屠刚，就是联络这些人的最好帮手。当年栗况还在长安市面上混的时候，这二人就是帮里的小兄弟，以拳脚硬、下手狠见长。入仕后，身份所关，栗况要与道上的人拉开些距离，于是把栗猛、屠刚召辟到自己手下，继续他与江湖道上人物的联系。这次宫廷里的斗争直接威胁到了栗家的利益，一荣俱荣，一损俱损，他要调动所有的一切，拼死一搏，成王败寇，在所不计了。

"哥，你找我们？"栗况转过身子，看到了栗猛与屠刚。两人喘息急促，显然是一路小跑着赶了来的。

栗况屏退他人，好整以暇地问道："市面上还好吗？"

"当然，咱们的地盘上没有人敢闹事。"栗猛自负地说。

"朱安世来了没有？韩千秋呢？"

"没看见。怎么，出甚事情了吗？"

"阿猛，阿刚，要出大事情了，我们的地盘，可能要保不住了！"

"甚？"栗猛和屠刚瞪起两双大眼，惊疑地盯住栗况，"甚大事，谁要夺咱的地盘？他吃了豹子胆了！"屠刚攥紧了拳头，指节咔咔作响。

"你们听好了。不是有人夺咱们的地盘，而是有人要搞倒咱们的靠山。皇帝有个姓王的妃子，想整倒咱姑母，把阿荣太子的位子夺给她儿子。她现在几乎得手，姑母怕是做不成皇后了，阿荣的太子之位也不稳，他们若是倒了，咱们的地盘也难保住。我们要想办法帮姑母和阿荣一把。"

"你哪儿来的消息，准吗？"栗猛问道，神色狐疑不定。

"我前日去少府上计，那儿的人不像平时那么巴结咱了。我心里纳闷，就顺便去了椒房殿，姑母亲口告诉我这件事的。"

这番话对他们的震撼显而易见，栗猛与屠刚面面相觑，半天说不出话来。好一阵子栗猛才回过神来，问道："哥，进不了宫我们咋办？怎么帮姑母和阿荣？"

"杀人。杀了那贱女人在宫外的同党。姑母说得对，到了这个份上，只能拼个鱼死网破了！"栗况说得斩钉截铁。

"那同党是谁，住在甚地方？"屠刚问，眼光阴冷、凶狠。

"不用找，我们可以坐等他送上门来。就是那个常来逛市场的小白脸韩嫣，他是那贱女人的儿子，也就是胶东王刘彘的伴读，天天进宫陪他读书。重阳那日，姑母原想毒杀刘彘，不想被这小子看出了破绽。他处处帮刘彘，又是个重要的人证，留着他很危险。"

"这事交给我来办。前日我还见过他，今日若还来，我做掉他就是了。"屠刚恨恨地说道。

"不，咱们谁也不要亲自出面，一旦失手或漏风，会牵连到宫里。要用，就用朱家的那位，神不知鬼不觉把事情办了，若出了纰漏，连带着把他们也除掉就是了。"

栗况盯住二人，神色严厉，良久才继续说道："这件事，要办，就要快。好像有人把重阳酒会上的事报告了上边，姑母随时都可能受到查处。韩嫣一除，死无对证，贱女人那边就成了一面之词。只要姑母、太子无事，我们就可以保住目前，缓图将来。此事生死攸关，弟兄们万万不可大意了！"

两人点了点头，神情凝重。三人起身环绕回廊走着，边走边商量如何下手。

"只怕他不来，只要他来，我们把市门安排好自己人，他是脱不了身的。找个地痞跟住他，故意寻衅生事，只要一动手，要他性命不过片刻的工夫。"屠刚认为韩嫣不过是个公子哥，有点儿武艺也不过是些中看不中用的花拳绣腿，所以信心十足。

"要记住，这件事看上去要与官家不相干。寻衅生事的主，要从朱安世的手下中找，阿猛，在这上面要舍得花大钱。"

栗况皱了皱眉，继续说道："还有，还得买通个地痞，站在韩嫣一边，拔刀相助，不依不饶，死缠烂打，非逼着朱老大那边动刀子不可。"

栗猛和屠刚都笑了起来，"还是大哥想得周到，东市多久没看到这样的好戏了！"

"咱们说干就干。阿刚，你马上去找人，找得力的，别怕花钱。"栗猛等到屠刚下楼的脚步声远去，要栗况把那日姑母所言详细复述给他听。之后，他恨恨地说道："哥，宫里边的咱是没办法，住在宫外头的还有长公主和那个郭彤，不如索性做干净了他们。"

"不可！他们不是事主，与皇帝的关系又近，动了他们，皇帝会兴起大狱的。可惜重阳之事不成，那贱人反而警觉了，之后再没有让刘彘去过太子宫，不然你我可以找机会进宫除掉他。那贱女人的独子死了，她的全盘谋划就都成了泡影。现在想下手也难了。"

兄弟俩唏嘘了一阵子，忽然，栗猛惊叫了一声，随即又压低声音道："哥，你快过来，看看那是谁！"

栗况抢到栏杆边，顺着栗猛的所指向下面望去。川流不息的人流中，两位少年公子模样的人正在闲逛。两人边走边说笑着，一人背对着旗亭，看不出是谁，而面向着旗亭，指手画脚对同伴说着什么的人，正是他们算计了半天的对头——韩嫣。

三十二

重阳节后不久,王娡便不准刘彘再去太子宫,她以儿子不适为由,为刘彘请了长假,要他每日在鸳鸯殿自修。为了免其无聊,她还请韩嫣每日到鸳鸯殿来,有他陪伴儿子,王娡颇为放心,于是把精力放到那几个年幼的侄子身上去了。

那刘彘与韩嫣少年心性,没了师傅们的管束,哪里还耐得住性子读书。起初,他俩还在后宫各处闲逛,很快就将心思转到宫城之外更为广阔的天地中去了。两人一番筹划,决定寻机出宫。

韩嫣每日都经由东阙进出未央宫,与那里的守卫混得极为熟络,为了使刘彘能够同自己一同进出宫门,韩嫣又贿赂了几个侍卫。今日正逢他们在东阙当值,按照事先的约定,当乔装成书童的刘彘,跟随韩嫣步出东阙时,卫士们视若不见,他俩很顺利地混出了宫门。

自出生以来,这还是头一次单独出宫,刘彘心里头快活得犹如一匹脱缰的奔马。韩嫣则见多识广,以向导自居。宫门外排列等候着不少马车,韩嫣举手招呼了一辆轺车,二人登车直奔北城而去。

轺车先来到穷里,韩嫣本打算先为刘彘引见自己的两位朋友,义纵和张次公。但义家门上却挂了锁,问邻居方知是外出勾当去了。两人无趣地退出来,换乘了一辆安车,漫无目的地在长安的大街小巷中穿行。直到听到日中开市的鼓声,二人才相携奔东市而来。

刚进来时,市场内还显得宽敞豁亮,可随着越来越多的商贩与买家入市,尤其是不少四乡的农户，以鹿车或辇车①推着自家土产入场售卖，场内很快就拥挤起来。不少都人士女，三五成群，华服靓妆，招摇过市。商家的吆喝声，讨价还价声，招呼应答声与打情骂俏声响成一片，市场内人头攒动，摩肩接踵，把刘彘看得个眼花缭乱，京城中竟然有如此繁华热闹的所在！他兴奋不已，沿着一列列市肆看过去，觉得什么都新鲜。

市中所售，如酒、醋、茶、酱，各种食粮，如粟、黍、稻、麦、豆菽，各类熟食浆水、水果菜蔬，竹木漆器、铜铁器具，牛马猪羊、筋角丹砂、皮毛染料、帛麻细布、文彩锦绣、药材、书籍及官工作坊的出产和官营山海的物产，如盐、铁、铜、锡等，洋洋大观，可说是应有尽有。

"韩公子，韩公子！"

两人循着声音望去，看到对面一个铺面中，一个中年女子正向他们挥手致意。

"怪道家里无人，原来在这里。是义大姊，就是咱们刚才去过的那家的女主人，与你娘很熟的。走，过去打个招呼。"韩嫣边说，边带着刘彘向那家商肆走去。

"大姊，别来无恙，买卖可好？"韩嫣揖手问候道。"刚刚带了位朋友前去你家拜访，可铁锁把门，不知义纵兄作甚去了。"

"甚买卖？我不过帮主家看个摊子，搭把着卖我自采的药材。阿纵他们帮主家运货去了，过会儿就能过来。"义姁答道，目光却一直盯在刘彘身上。

"这位公子是……"

"成卫，成公子。刚才随我去你家的就是他。"按照事前的约定，韩嫣只报出了刘彘的化名。

义姁细细打量着刘彘，不由得赞道："好清贵的相貌！敢问公子府上……"

"在下家住长陵，家父在朝为官。"刘彘也揖手致礼，对自己这个新身份暗自好笑。

"义姊精通相术，她既说你有贵人之相，何不请她认真算算。"韩嫣来

---

① 鹿车，汉代民间常用的独轮推车；辇车，可推亦可拉挽双轮车。

了兴致，鼓动刘彘。

义妁摇摇头，淡淡一笑，道："天机不可泄露，有些事，不是大庭广众间说得的。要算，也要等回家再说。"

有人看货，二人告辞离去。义妁边为客人拿货，边大声招呼他们散市后到家里做客。望着他们在人流中远去的背影，义妁心中忽然掠过一丝不安，江湖中行脚多年的经历，练就了她锋利的眼风，刚才不经意之间，她已发觉有人跟踪他们。虽然仅是一瞥间的印象，但那人的面孔似曾相识，又想了想，才肯定是东市衙门里的人。为甚要跟踪这两个少年，所为何来呢？正思忖间，又见几名孔武有力的壮汉快步走过，拨开人流，匆匆向前追去。看来，今日要出事。义妁开始不安，可主家不在，她走不开，只能心焦地等着，盼着义纵他们能够早点儿回来。

逛到了一间售卖刀剑兵器的铺子时，刘彘和韩嫣又停了下来。"二位小爷，看兵器？我店里有上好的家什，但看无妨。"店主满面堆笑，殷勤地将他们让到柜台里边。

肆里摆着几排木架，上面陈列着长短不一的刀剑戈矛，板壁上还挂有甲胄头盔、弓矢弩机。主人挑出几把配有华丽剑鞘的佩剑，道："年轻人现在都讲究佩剑，看样子二位小爷还没有，尽可在鄙肆挑选，包二位满意，价钱可以商量。"

韩嫣抽剑出鞘，大咧咧地说道："只要货好，价钱可以不论。"

听口气，店主知道是碰上了大主顾，十有八九是王孙贵胄之类的人物，心里暗自欢喜，连连称是道："那是，那是！一看小爷的派头，就知道不是凡人。我这里真有好家伙，专为小爷这样的客官留着呢。"说着便从柜台下面取出一个包裹，展开数层布帛后，里面是一柄长剑，剑上套着革鞘，朴素无华，皮革已陈旧，有几处小的开裂。

"年头长了，剑鞘旧了些，可剑确是上好的东西。"店主边说边抽出那把剑，一道寒光，耀人眼目。刘彘双眸闪亮，接过剑，爱不释手地摩挲着。

"这剑，我们要了，你给个价吧。"韩嫣见刘彘喜爱不置的样子，就向店主询价。

店主张开五指，韩嫣道："五千？"店主摇头道："五万钱。小爷诚心要，我让一万。"韩嫣腰中不过万钱，刚才放了大话，却不料囊中羞涩，不觉大窘。

"不用你让，你只讲明这剑的来历，好在哪里，我自会让你满意。"刘奭接过话头，直觉告诉他，这绝对是把好剑、名剑，肯定来历不凡，再贵，他也要买下它。之所以发问，不过是要满足自己的好奇心。

店主取过剑，哈哈一笑，道："小爷是要考我？不瞒二位，我家经营兵器已经三代了。俗话说，'能观千剑则晓剑'，我干这行，过手的多了，刀剑之良劣，自然有所心得。二位愿意听，我就讲讲如何分辨这剑的好坏。"

他用手轻轻拂拭着那把剑，说道："剑之优劣，先要看其新旧，这一把，是故剑。"

"这还用说，看剑鞘就知道不是新剑。"韩嫣插嘴道。

"那么新剑好还是故剑好呢？"店主反问，又拔出一把新剑，看上去精光四射。看到韩嫣支吾着答不上来，才微笑着说道："当然是故剑好。可不看剑鞘，这两把剑又如何分得出新旧呢？这故剑又为甚优于新剑，这道理，知道的人就怕是不多了。"

"那么请主家说说看，我们洗耳恭听了。"刘奭揖手行礼，态度十分恭敬。

"这新旧剑的分别，要看剑身上有无剑格。"看到二人似懂非懂的样子，店主将手指向那把新剑的护手处道："剑柄与剑身相接之处，称为'推处'，也就是击刺用力之处，又称剑格。无'推处'者是故剑，有的则是新剑。"

"故剑何以无剑格呢？"刘奭问道。

"问得好。古来之剑，如干将、莫邪、鱼肠、巨阙等名剑都是短剑，护身而外，临战不接于敌，多用于投掷击刺，非精通剑术者不能致敌于死命。一旦失手，顿成空拳，危矣！你们知道荆轲刺秦王的故事吧，荆轲败就败在剑术不精上。

"后来剑身愈来愈长，长剑则利于短兵相接，两剑相交格斗时，极易滑动伤手，所以后来都加铸了剑格，俗称为护手。春秋以上，多为短剑，七国以来，方兴长剑。这把剑无格，所以是故剑；观其长度，又可知其必出于战国，而长剑首兴于楚，故可断定是把楚剑。

"为何故剑优于新剑？凡故剑，多出于吴越与楚国，而天下铸剑的名工巧匠也集中于江淮，所以名剑都出于此地。古人踏实，今人用巧，新剑当然就比不上故剑了。"

一番话，不是行家说不出来，二人由不得刮目相看。"辨别剑之良劣，除看新旧与推处，还有甚诀窍么？"刘彘感兴趣地追问道。四下里的游人，也有不少聚拢上来观听的。

"当然有。剑之优劣，再就要看视其刃口，白坚者必为良工打造。"店主握住那把故剑，从头上拔了根头发放在刃口，轻轻一吹，发丝一分两段。"二位看到了，这就叫'吹毛得过'，刃口是不是锋利，你们可想而知了。

"看完锋口，再视剑身，色黑湛然有光，而锋刃束腰如不见，与剑身浑然而成一体者，良工也。最后则要细看剑身上有无黍粟状的锻打痕迹，愈多者钢性愈好。"他将剑递给刘彘道："你细看这剑身底端，有不易辨识的细小铭文，公子能看出是甚字吗？"

刘彘观察了一会儿，道："好像是'百炼'两个字。"

"对了。正是百炼精工，剑才能既刚且柔。名工铸剑，除物勒工名之外，剑身上都会铭有淬打的次数，低者二三十炼，高者五十乃至百炼。五十炼以上即为好剑，这样反复锻打淬火后，不仅刚柔相济，而且经久不锈。"

说罢，他提起新旧两剑，将刃口对碰了一下，示意二人到近前细看。再看两剑的刃口，故剑毫发无损，新剑则锛出了一道细小的缺隙。"看到了？新剑锛了。为甚？就是锻打不够，钢口脆硬的缘故呀。"

刘彘从腰间的锦囊中掏出五镒金饼，递给店主，道："不愧是行家！这剑我买下了。"店主大喜过望，赶忙将故剑插入革鞘中，亲自为他佩剑上身。像这种不还价且出手豪奢的主顾，东市上还真不多见。不仅主人欢喜，围观者也都啧啧称叹不止。

刘彘也很兴奋，他手把剑柄，斜睨了一眼围观的人群，继续问道："这既是把故剑、名剑，你可说得出它的来历吗？"

"来历嘛，我所知全是从卖剑者那里听来的耳食之言，但也说得上是大有来历。此剑战国出于楚地，大汉初年为楚中大侠田仲所得，田仲死后，此剑不知何时流入济南大豪瞷氏之手。瞷氏数年前败落，被官府抄家，此剑又落入抄家的胥吏手中，后来因急需用钱，才卖到我这里。此剑我放了几年，轻易不肯示人。不识货的人，我是不会拿给他看的。当然，识货，没有钱也是拿不走它的。"听到店主这番话，围观者中有一人挤出人群，向旗亭方向跑去，但并未引起他人的注意。

刘彘与韩嫣辞别了店主，继续浏览市面。围观的人群散去后，仍有三四个人不紧不慢地跟在后面。这次，刘彘与韩嫣都看到了他们。

"这几人面相不善，是你所说的江湖上的人物吧？"刘彘斜睨着他们，问道。

"不过是市场里常见的地痞、混混儿而已。怕不是看我们有钱，盯上我们了吧。"韩嫣有些紧张。

"怕甚，孤刚买得有好剑，况且光天化日之下，大庭广众之中，他们有胆子明抢？孤倒要看看！"

刘彘手握剑柄，转身目视着他们，满脸鄙夷不屑之色。韩嫣却胆怯了，他倒不是怕动手，担心的是一旦大打出手，事情闹大，被王夫人甚至皇帝知道，这引诱皇子私自出宫闹事的罪名就严重了，自己扛不住，连家里也会受连累。他拉着刘彘的胳膊，道："几个小蟊贼，不值得大动干戈。万一泄露了身份，今后这宫门可就难出了。我们还是找家酒肆歇脚，吃些东西去吧。"

刘彘想想也是，于是不再理会那几人，两人来到南门近处的一家酒肆，招幌上绣着"河洛酒家"四个大字，十分抢眼。酒肆规模很大，占了几个铺面的位置。进得门来，里面的陈设也远较一般的小肆华美雅致。酒柜近旁立有四五只半人多高的大酒瓮，一字排开。几个伙计正在柜台中忙碌着，柜台后的板壁左方有座门，里面是庖厨，煎炒烹炸之声不断，阵阵香气从里面漾出，弥漫于店堂。

店堂由一座巨大的屏风分隔为二，大的半间又用木隔栏间壁成数个单间，里面呼卢喝雉，热闹非凡，显然是博局的所在。小的半间则由竹帘隔成若干雅座，供人饮酒用饭。

"店家，上酒！"韩嫣招呼了一声，领着刘彘到里面清静处入座，看得出他对这里很熟。

"这里是洛阳大侠剧孟开的酒肆，酒菜不坏，也还干净。再就是，有他的大名罩着，一般的地痞混混不敢进来胡闹。"韩嫣把一只坐垫递给刘彘，自己也拿起一只，正待坐下，一名胖胖的酒保端着食案和酒具，一溜小跑地过来招呼道："嘿，听声音就知道是韩公子。"他放好食案，摆放好酒具杯盘，笑容可掬地问道："二位来点儿甚？"

"酒照老样子温上一壶，吃的嘛，有甚好东西吗？"

"有哇，二位小爷算赶上了。昨日几个猎户送过来些鹿肉和野猪肉，新鲜！赶上天凉，正好做炙肉，烤着吃最好。"

"好，就是炙肉。你每样给我切几斤，肉片要薄，作料要浓，再上些葱韭醋醯。腊鸡和酱肉也各切一盘上来。"看着韩嫣点菜时的自如与老到，刘彘由不得满心欣羡。自己要是也能如韩嫣一般自由出入宫城，率性而行，该多好啊。他解下佩剑，靠在身后的墙上。惬意地盘腿坐在帛垫上。韩嫣也脱下长衫，与之箕踞对坐。两人相视而笑，没有了宫中的拘束和顾忌，心情十分畅快。

酒保将热气腾腾的汗巾递给二人净手，自己将一只大铜盘安放于食案中央，注上清水，然后放入火炭熊熊的炭床、炙架和箅子；两大漆盘肉片、冷盘、作料和酱汁等把一张食案摆得很满，以至只能另取一张小几，安放烫好的酒壶与杯盘。

"你不用伺候了，我们自斟自饮，你忙自己的去吧。"韩嫣支走酒保，将斟好的热酒递给刘彘，然后将肉片蘸上浓汁，一一铺在箅子上。瞬时间，滴在火炭上的油脂吱吱作响，和着酱汁的肉片被火舌舔得翻卷变色，散发出浓烈的香气，让人馋涎欲滴。两人食性骤起，大嚼不止，连干几杯之后，浑身暖暖的，额头都沁出了汗珠。

刘彘坐向朝着店门，埋头大嚼一阵后，抬头一望，刚才那三个跟踪他们的人，原来只在门外探头探脑地张望，此刻竟已走进店堂，围坐在靠门的一张席上，六只眼睛目不转睛地盯着这边。

酒保见这几人来意不善，赶过去搭讪。中间的一名壮汉道："不劳费心，我们不用酒饭，劳你为兄弟们烫壶茶就可以了。"

酒保道："各位知道这是谁的买卖？在此生事可是找错了地方！"

"你少啰唆，快去烫茶来，是酒肆还不许客人进来坐坐嘛！"一个瘦子口气很硬地说。

酒保哪里见得这个，回过身欲喊自己的人出来。

那个壮汉抱了抱拳，道："老哥莫怪，我这位兄弟不会说话。在下知道这家店是剧孟剧大侠的买卖，我家老大与贵东家是熟人，一会儿就过来。借地方办点儿事，搅不了贵处的生意，请放心。"

"你家老大是……"

"朱安世朱大侠，名声不在你家主人之下吧？东市的人，怕没有谁敢不给面子吧！"瘦子冷笑着说，面有得色。

"原来如此，这真是海水冲了龙王殿，一家人不识一家人了！"酒保笑着揮揮手道："各位稍等，我这就去烧茶。"

韩嫣闻声转过头去，面色一下子苍白起来。"殿下，看来这帮人势力不小。他们讲的朱安世，就是大侠朱家的后人，不好惹。我们还是避一避，趁早回宫吧。"他避开那几人的目光，压低声音说道。

刘彘端起耳杯抿了口酒，好整以暇地说道："急甚，天色还早着呢，这肉，我也还没吃够呢。"他腹中涌起一股怒气，直走丹田。大汉刘家的天下，竟有此等人物在民间称霸，是可忍，孰不可忍！他扬起头，以不屑的目光看着那几个人，那个瘦子也用挑衅的目光盯着他，二人对视，谁也无意退让。

韩嫣知道，这样的对视，江湖上称之为"目摄"，收回目光是示弱的表示，而互视不让就意味着冲突不可避免。看来这场打斗是躲不过去了。决不能让胶东王吃亏，为此，他顾不上别的了，只能共进退，豁出去了。

那瘦子果然按捺不住，向他们走过来。另外两人坐着未动，等在那里看光景。

"这位少公子听说买了把好剑，请借我一观。"瘦子阴笑着说道，伸手欲取刘彘身后的宝剑。刘彘猛地打开他的手，随即跳起，拔剑出鞘，指着瘦子，说道："堂堂长安天子脚下，你想动手抢吗？"

瘦子笑道："你个嘴上无毛的孩子，也想与我动手吗？"说着，身体一晃，抢前一步，抓住了刘彘的手腕，使劲一掰，刘彘痛得叫出声来，但仍死死握住剑柄不放。韩嫣情急之下，将盛有浓汁的铜碗迎头掷去，瘦子松开手，退后一步，侧身闪过，可溅了满头满面的酱汁，狼狈不堪。他挥袖擦了擦，倏地不知从哪里抽出一柄短剑，转身直抢韩嫣而来。

韩嫣看看不好，将食案一脚踹出，满案的杯盘食物连同炭火四下翻飞。瘦子躲闪，连退了几大步，汤水中的火炭吱吱作响，双方隔着满地的狼藉对峙着。另外两个人起身抽刀，走上前来。酒保目瞪口呆，吓得说不出话来。里间博戏的人也闻声涌出，在五人四面围了个水泄不通。韩嫣抓起那只酒壶，刘彘双手握剑，两人背倚墙壁，打算殊死一搏。

　　十目相视，店堂内静得仿佛能够听得见心跳。刘彘知道今日怕是难以幸免了，可拼一个算一个，他紧盯住瘦子，此刻，他最想要的就是取这狗贼的性命。

　　店门突然被拉开，两名壮汉手持柴刀棍棒，拨开众人，冲了进来。韩嫣长长舒了口气，大喜道："救兵来了！"

三十三

闯进来的正是义纵与张次公。他俩帮主家提货回来,听义姁说起韩嫣来过和自己的担心,便开始满市场寻找。后来听人传言,说河洛酒家出事了,立刻想到事关韩嫣,于是各自抄了家伙,匆匆赶奔而来。

看到那三个人的面孔之后,两人不觉一怔,知道事情麻烦了。于是挡到韩嫣、刘彘的身前,义纵揖手向那壮汉说道:"吴哥,大家误会了,这二位是在下的朋友,有冒犯之处,请多担待。我与次公在这里向各位赔罪了。"

壮汉斜睨着他俩,一副不屑的神情。那瘦子却忍不住了,"原来是你们这两个混混,这儿轮不到你们说话。识相的马上给我站开,不然要你们的好看!"

义纵的额头青筋暴起,面色涨红,转而由红变白,攥着柴刀的手微微颤抖,看得出,他在强压着怒气。张次公则似笑非笑地说道:"这位是李虫儿李大哥吧,干吗这么大的火气,不是炙肉吃多了吧?还是先洗洗头脸,换身衣服,把自己弄弄好看吧。"围观的人群不由得哄笑起来。

瘦子恼羞成怒,抢前一步就要动手。

"且慢。"那个被称为吴哥的壮汉拉住瘦子的胳膊,道:"义纵,告诉我,你这两位朋友姓啥名谁。"

义纵手指韩嫣,道:"这位是弓高侯家的韩公子韩嫣,另一位是成公子,韩公子的朋友。如有得罪大哥处,还请放他们一马,容小弟他日摆酒赔罪。"

壮汉道："你既然这么说，我就给你个面子。"又指着那瘦子，对刘敳、韩嫣二人说道："你们两个给李大哥赔个不是，把剑留下，今日就放你们走路。"

刘敳冷笑道："尔等无故寻衅，要我们赔不是，凭甚？想要这把剑，好哇，有本事自己过来拿。"

姓吴的使了个眼色，三个人作势一字排开，齐刷刷亮出三把环首长刀。义纵等也跳后一步，与刘敳、韩嫣并列，背靠墙呈扇形站立。刚才三对二，眼下四对三，只是受困一方中的两位是少年，且只有一剑、一棍和一把柴刀。店堂中的人各个凝神屏气，噤口钳舌；对峙的双方也都神经紧绷，掂量着最佳出手的时机。静默与紧张，生发出一股强悍的张力，笼罩着整个店堂，压得人喘不过气来。

千钧一发之际，随着店门开阖的声响，胖酒保领着一名市掾冲了进来。

"各位，各位，千万莫动手。"酒保挥舞着双手挤进人圈，他拉着那市掾走到壮汉身前，不满地说道："刚才还应允不搅我生意，老哥忘了嘛？这位是马市掾①，管着东市的治安，各位有甚解不开的，让官家的人给评评理。不行就去市署找栗大人，莫要在这里动手。"

马市掾上下打量着两造，傲慢地对那壮汉说道："你说你们是朱安世的人？我怎么看着不像呢。大汉朝有堂堂的王法在，容不得你们这些杂碎在这里撒野！赶快把刀给我收起来，都跟我到市署衙门去！"

马市掾其实认得这几个人，前不久还在一起喝过酒呢。可刚才栗况吩咐过他，要激怒朱安世的人，逼着他们动手取韩嫣的性命，做成了算是他大功一件。所以他才会摆出这么一副面孔来。

那瘦子极为恼怒，一把推开那酒保，指着马市掾的鼻子，骂道："平日那些酒肉都他娘的喂到狗肚子里去了！吴哥，这小子骂咱们杂碎，我看干脆把这个不识好歹的家伙一起做了。"

"你敢？"马市掾退后一步，也抽出了佩剑，对酒保大吼道："把朱安

---

① 市掾，汉代市场的下级管理人员，又称"都市掾"或"监市掾"，职责为"平权衡，正斗斛"，裁判买卖争议，维持市场秩序。

世找来！我倒要看看是你们老大厉害，还是朝廷的王法厉害！"

"不用找，我来了。"话音未落，一个高挑的汉子已推门走了进来，后面紧跟着几名随从，各个面容彪悍，孔武有力。围观者自动让出一条路，那三人见到那汉子，立时俯首抱拳，行参见大礼。

那汉子并不理睬他们，做了个手势，示意手下别动。然后一闪身贴近马市掾，伸脚一别，不等明白过来，马市掾已摔了个仰面朝天。汉子的随从按住他，夺过他手中的剑。

汉子蹲下身子，逼视着被惊呆了的马市掾。"朝廷有朝廷的王法，江湖有江湖的规矩，道不同，不相为谋。懂吗？"他拍拍马市掾的脸，对那酒保笑道："这道理剧孟没告诉过你吗？蛇有蛇路，鼠有鼠路，江湖与官府，各有各的道，井水不犯河水，犯不着往一起掺和。"

酒保连连称是，红着脸退到一边。

汉子站起身，朝韩嫣等人看过来，刘彘这时才看清了他的面容。汉子高挑身材，并不显得如何强壮，但从身手上看，既灵动又结实。一张瘦削狭长的脸，两片薄薄的嘴唇，喜怒不形于色；眼小无光，但幽幽地盯着人看时，深不可测，令人毛骨悚然。

一一扫视过对手之后，朱安世的目光停留在刘彘手中的那把剑上。"少公子，你手上那把剑，能否借我一观？"

"凭甚？你我素不相识，我为何要把剑给你观看？你既言井水不犯河水，我们不在江湖，跟你们不是一路人，你为甚不放我们走？"刘彘迎着汉子的目光，毫无怯色。

"凭甚？凭我是朱安世，凭那剑是我师叔田仲的爱物。我自会放你们走的。不过，你们既冒犯了我的弟兄，总得赔个不是吧？"他指指李虫儿，道："这么着，你给我朱安世个面子，向我这位弟兄赔个不是，把剑留下，花多少钱买的，我一文不少给你。然后我请你们吃酒，大家交个朋友，如何？"

义纵等意有所动，转身望着刘彘，希望他能答应下来。不想他根本不吃这套。

"你朱安世算是老几！我喜欢，才买下这把剑，不是为了跟谁做买卖。至于赔不是，他先启衅，怎么要我们赔礼？江湖上行的是这路无事生非，以势欺人的规矩吗！"

朱安世沉下脸，目光更黯淡了。他摆摆手，止住想要动手的部下，忽然一跃而前。谁也未看清他如何动作，义纵与张次公就被扫倒，手中的家伙也摔出去老远。他侧头躲过韩嫣掷出的酒壶，一滑步更来到刘彘的近前。刘彘也慌了神，挥剑猛劈过去，用力过猛，身子前倾，被闪躲过来的汉子捉了个正着。他顺势在刘彘的肘后一扣，将剑打落，随后反剪刘彘双手，将他踢倒在地。与此同时，韩嫣等人也被制服。

汉子以单膝压住刘彘的身体，解下腰带将他的双手缚住。拾起剑，用手指试了试刃口，赞道："好剑！"

屈辱和愤怒几乎炸裂了刘彘的心肺，他大叫道："狗贼，我活着，就一定找你算账！你杀了我，朝廷也会夷灭你九族，你跑不掉的。"

"好个不识抬举的小子，口气还不小。"汉子一把拽起刘彘的头，用剑身在他的脖子上蹭着，冷笑着说道："我如今就成全了你，看看你的朝廷怎么夷我的九族。"

韩嫣见此，急得大叫起来："住手！他是胶东王刘彘，是当今皇帝的皇子。他若出事，你们谁也活不了！"

众人惊得目瞪口呆，马市掾看看四下无人注意，悄悄挤出人群，跑去报信了。

朱安世也吃了一惊，他放开刘彘，走到韩嫣身旁，用两指锁住他的喉咙，问道："你说清楚了，你们到底是甚人，到东市来作甚，不然要你的命。"

韩嫣于是将他们如何偷偷出宫，如何买到这把刀的经过讲了一遍。

朱安世知道这下摊上了麻烦，正沉吟间，那壮汉凑到他身边，耳语道："大哥，这回的梁子算是结下了。栗况大人说过这两人都是谋夺太子位的对头，正巧这个甚王自己送上门来。不如索性一起做掉。既除掉了仇家，栗况又得感谢咱们，还白得了宝剑，一举三得，机不可失呀。"

朱安世也想起屠刚转告他的话，"韩嫣是个庶子，在韩家本来就没地位，就是韩家，也不过是个普通的列侯。做掉韩嫣，起不来什么大浪。办了这件事，太子和栗家都会领情。有了这层关系，你在京城和三辅是甚地位，就不用我多说了"。为栗况做掉一个仇家，在他本不是什么难事，但这样一来，就会身不由己地卷进危险的宫廷争斗之中，这是他所不愿的。可在栗家的地头上，也不好断然拒绝。正迟疑间，手下来报说韩嫣一伙买到了田仲的故剑，于是先派了几个手下盯住他们，相机行事。

现在又蹦出来个胶东王，如果下手，朝廷放不过自己；若放过他们，又会得罪栗家，自己在长安市场上的买卖就难做了。何况大庭广众之间，若连两个小孩子都镇不住，日后在江湖上怎么立足，弟兄们又会怎么看自己？再有就是不下手，那孩子也多半会记恨自己，就如吴敖所言，结下的这个梁子，将来是个隐患……反复思忖，他还是委决不下，但脸上仍是一副好整以暇的模样。

正踌躇间，人群中走出一个女子，边向他揖手致礼，边朗声说道："朱大侠，可否借一步说话。"义纵叫道："大姊，不关你的事，莫管。"围观者中有识得那女人的，交头接耳，传出一阵议论之声。

原来主家回来后，义姁便闻讯赶来，已在人群中观看了多时。听到韩嫣说出刘彘的真实身份，她也吃了一惊，心里盘算着无论如何也要救他们出险。原以为朱安世身为大侠，不会放任手下乱来，不想他却亲自动了手。她深知江湖中最重的就是面子与名声，地位越高者越甚。眼看刘彘等詈骂不绝，她担心朱安世真的会起杀心，便不顾一切地走了出来。

"你是……"朱安世迟疑着问道。

那个叫李虫儿的瘦子，指着义纵对朱安世说道："这女人是他的姊姊，常来东市卖药占卜。"

"你是要我放了你兄弟？好，看在你是个女流，我放他一马。回去好好看住他，这江湖上不是甚人都能出来混的。"

"朱大侠，你放过我兄弟，我当然感激。可我要说的不是这件事。还请借一步讲话。"

"有甚话要背着人讲？我朱安世行事堂堂正正，有甚话就讲在当面吧。"

"堂堂正正？也好，大侠是个好面子的人，有些话，我怕说出来你脸上搁不住。"义姁冷笑着说道："以大侠的身份，不该与孩子斗气。我想要说的是，请大侠放了这两个孩子。"

"你甚么来路，敢对我这样说话？"汉子脸上且看不出什么变化，可语气间已感觉得到怒气。

"我没甚来路，我只是个卖草药的女人。可江湖中的事，我知道一些。还没有听说过哪位大侠专同小孩子过不去的！"

"我阿姊是仓公和许负的弟子。"义纵插言道，不服气地瞪着汉子。

"仓公？许负？知道，当然知道。卖药、医病、看相、占卜，很厉害，是不是？"

汉子语近调侃，随后用剑指着刘彘与韩嫣，道：'这两个公子哥目中无人，动了我的人，我当然要教训他们。别以为王孙贵胄就可以为所欲为，小孩子更得从小教训，长大了才不会是害群之马。"

朱安世的狂妄令义姁吃惊，她决定杀杀他的威风，成不成也只有一试了。她直视着汉子，沉着地说："可还有件事，你怕是不知道。我师傅的面子你可以不给，他外孙的面子，我怕你不能不给！"

"喔？你哪个师傅，他外孙姓甚名谁？真是好大的面子！"汉子不屑地望着义姁，随即哈哈大笑，手下的人也跟同哄笑起来。

义姁平静地看着那汉子，直等到笑声平息后，才接口说道："许负许师傅，她的外孙是郭解郭翁伯。"

声音虽不高，却犹如天空中滚过的响雷。除刘彘而外，店堂中所有的人都惊呆了。刘彘转过头问韩嫣："这个郭解是甚人，把他们镇成这副样子？"

"是当今最有名气的江湖大侠，可义姊从未漏过半个字，这女人的嘴可真紧。"

"郭翁伯的名声，怕不在大侠以下吧？可翁伯为人的胸怀气度，大侠看起来未必清楚，那才够得上是江湖间顶天立地的男人。睚眦必报，人人如此，能忍常人所不能忍，不必忍者，才真正是英雄所为。翁伯出行，人们敬慕他，总是避路让行。有一次，却偏偏有个汉子箕踞道旁，不仅不避让，反而目摄之。随翁伯而行的朋友们哪里见得这个，拔剑就欲杀人，可翁伯不让。他问过那人姓名，知道是本地人，于是对朋友们说：'在自己的家乡都得不到尊重，那是我的德行修养不够。'不仅如此，他还私下请求县里的尉史，说那人为他所看重,希望免去那人践更①时的差役。几次轮到践更,官府都未派差,那人奇怪,到官府一问,才知是郭解所为。那汉子愧悔交加,上门肉袒谢罪。由翁伯所为,可知道以德报怨,是美德,更是江湖上的正道。朱大侠以为呢?"

义姁语气不疾不徐,侃侃而谈,带着一股巾帼英气。围观者不用说,连那汉子也不由得刮目相看。

"你认识郭解?"汉子问道。

"二十年前我随许师傅学艺时,就认识了翁伯,不仅与他相熟,还是他姊姊的闺中好友。"

汉子抱拳致礼,道:"不知大姊的来历,唐突了。我与郭大侠虽未曾谋过面,可心向往之。今日之事,竖子不知深浅,伤了我的兄弟,不知郭大侠当此会何以处之?"

"你我后来,不曾目睹先前的场面。但旁观者言之凿凿,是大侠手下的人先起的衅。本来就理亏,不该护短。更兼他们是少年孩童,以大侠的身份,未免胜之不武。大侠问我郭解处此会怎么办?我便再讲个故事。

"翁伯之姊与我是姊妹之交。她有独子,仗着舅舅的威势横行乡里。一次,与人对饮,那人不胜酒力,他却不依不饶,强行灌酒。那人酒上了头,一怒之下,拔剑刺死了他,亡命逃走。我那姊姊伤痛欲绝,气性又大,就把儿子的尸首弃置于道旁,放出话来说:'翁伯的地盘上,竟有人杀了我儿子,抓不到那贼人报仇,他外甥死也不会瞑目,就这么着暴尸于野罢。'阿姊这么做是要翁伯的好看,逼着他出头报仇。

"翁伯知道自己这个外甥顽劣不堪,个中必有隐情,当然也不容杀人者亡命无事,早已派人探察出那人的下落,牢牢地看住了他。那人知道不能幸免,于是主动到翁伯府上自首,讲出了当时的实情。面对仇人,翁伯会怎样?"

"他怎样?"汉子问道。围观者也都引颈静听,好奇地想要知道结果。

"翁伯对那人说:'是我外甥的不是,你杀他无错。'竟放过了那人,

---

① 践更,汉代军事徭役分正卒、更卒、戍边三种,践更(即更卒)即其中之一种。凡年二十五岁以上者,每年均依次调发,服郡县劳役一个月,称为"践更"。因事不能服役者,须交纳一定数目的金钱于官府,由官府代雇他人(多为贫穷需钱者)服役。

自己收葬了外甥。这件事情，地方上有声望的长者与四乡百姓，没有不赞成他所为，称扬其胸怀与道义的。我曾长年行医于江湖，三教九流的人物也见识过不少，常听人说'盗亦有道'，何况侠者。良药苦口，良言逆耳，君亦大侠，郭翁伯所为，君何为不能？为善与否，但在愿与不愿一念之间罢了。"

"好个'盗亦有道，何况侠者'，听你这一席话，不愧是仓公、许负的传人。好罢，我朱安世今日就由你这个朋友，卖给郭翁伯一个面子。来人，把他们几个都放开。"

店堂中的人都松了口气，齐声喝彩。胖酒保却挤进人堆，满脸慌张地对汉子报告说："大侠，市署衙门说各位聚众斗殴，搅闹市场，三辅栗都尉调了兵，栗况、屠刚和马市掾就要带人来了，要想脱身趁早走罢。"围观者闻言纷纷往外跑，气氛一下子又紧张了起来。

"莫慌。"汉子扫视了一下众人，道："栗家的人来意不善，义大姊、二位公子，你们随我来。我送你们出东市。"

他由怀中掏出只沉甸甸的鹿皮钱袋，扔给刘彘，道："小兄弟，这把剑原为我师叔所有，我既遇到，还是物归原主的好。这钱袋中足有六七金，偿值有余。剑，我留下了，你争也是没用的。"说罢，他一挥手，手下人都刀剑出鞘，夹护着义姁、刘彘一行，出店直奔南门而去。

刘彘欲待要争，无奈对方人多，事机又紧急，只得随众而行，可心里，对游侠生出一种既羡又惧的感情。羡慕的是，游侠那种豪放不羁、横行四海、快意恩仇的生活；畏惧的是，他们在法之外自成一格，尤其在民间，隐隐然构成了对朝廷威权的挑战。他暗自立誓，将来在自己的治下，决不容朱安世这样的人横行无忌。

行近南门，果然见到栗况、屠刚等人带着上百名市卒与三辅的卫士赶了过来。但棋差一步，竟眼睁睁地看着刘彘、韩嫣登上马车，在朱安世一伙的护卫下，绝尘而去。欲待要追，闭市的钲声已响，大群人流涌出市场，街面上拥挤不堪；而中尉府派出的缇骑[①]也已出动，巡弋于街巷之中。栗况等顿足叹息，懊悔失去了极好的下手机会。

[①] 缇骑，即秦汉时期京师的巡夜骑兵，隶属于中尉府。因服色橘红，乘马巡弋，故称缇骑。

南门外的人流中，有两人把臂旁观着这支茫然无措的队伍，心中也颇为失望，这就是梁王幕下的壮士韩毋辟与其堂兄韩孺。韩孺在东市有买卖，毋辟恰于今日来访，两人都是江湖中的人物，很快就得知栗家欲假朱安世之手剪除韩嫣的计划，后得知刘彘也意外地来到东市，原想看出好戏。诸栗若能除去刘彘，等于是帮了梁王，还可借此推倒栗氏。如此，梁王继统的道路上，可一举去掉两块绊脚石。可人算不如天算，如此难得的机会，诸栗这帮人竟轻轻放它溜了过去。看着诸栗颓丧的样子，两人相视而笑，可笑容却多少带着些苦涩。

三十四

　　正月的贺岁大典过后，刘启的心情极好。刘武此次进京，可说得上是处处恭谨谦退，朝廷上下都说梁王好似变了一个人。而母后有了阿武的陪伴，每日里笑逐颜开的模样，尤令他宽慰。他甚至有些自责，对这个唯一骨肉至亲的兄弟，自己先前是不是过于苛责求全了。心情好，兴致也高了起来。皇帝一年一度的秋冬狩猎，自前元三年爆发七国之乱后，就没再举办过。刘启知道刘武好田猎，心里也愿他在京城过得快活，于是决定自新年起恢复秋狝，兄弟会猎，尽兴游乐一回。

　　刘武进京，阖家团圆，为方便他参加未央、长乐两宫连日不断的宴会应酬，皇帝特准梁王一行居住在前殿东侧的宫室里。得知皇帝要带自己会猎上林苑，刘武兴奋了数日，昨晚又召集随行的宾客门人，计议此事，勉励众人要各展所长，取悦于皇帝。

　　天将昧爽①，刘武即起身梳洗用饭，早早来到东阙候驾。参加会猎的官员、侍卫与车马早已等候在那里，黑压压站了一大片。见到梁王，太仆②桃侯刘舍与郎中令周仁迎上来，见礼寒暄之后，刘武向阙门望过去，赫然入目的，就是皇帝专用的车驾，在曙光熹微之中，闪闪发亮。

---

① 昧爽，即拂晓。古人计时除用时辰外，亦以鸡鸣、昧爽、平旦、日中等表述时间。
② 太仆，秦汉职官名，秩中两千石，为九卿之一，掌车马及乘舆出行时的卤簿仪仗。

刘武走上前去，绕车细细地观看。皇帝的用车是所谓金根玉辂，车身远较一般车辆宽大，驾车的是六匹相同毛色的骏马。车厢纹饰华美，鎏金饰玉，耀人眼目；边厢两面安装着以玳瑁雕琢成的凤翅，是乘舆的独特标志之一；车上立有三重车盖，彩羽翠葆①、黄屋左纛②；以双木叠压制成的巨大的车轮，朱红彩绘，整座车气派非凡，显示着皇家的威重气势。

玉辂两边的厢板上铆有铜箍，斜插着一大一小两面旗帜，大旗竿首悬铃，旗面上绣有彩色交龙图案，边缘上缀着十二根飘带，是天子十二旒的标志；小旗即所谓启戟，上绣凤凰图案。这就是所谓"天子旌旗"了，皇帝曾送给刘武一副，他巡游国内时，也曾插在车上招摇过。可这天子的乘舆，就绝非他能乘或敢乘的了。他边打量着辂车，边在心里感叹着，自己这辈子不知还能否拥有这样一辆车。

他向陪在一旁的太仆刘舍问道："皇帝往年出猎都是轻车简从，这次怎么想起用这金根车来了？"

"圣上简朴，不事铺张，可这次特别诏用法驾③，怕是特为殿下预备的吧。"刘舍笑眯眯地说道。

刘武心里一热，想说些什么却没说出来，远远地已经看到皇帝乘坐着肩舆过来了，众人赶忙迎上前去，稽首参拜。

刘启兴致很高，拍着刘武的肩，道："阿武还是与我同乘一车。"又盼咐赵谈道："你安排一下，刘太仆与随驾官员，还有梁王的随从都乘坐副车。打头的轩车，留给开道的卫绾。"兄弟俩登车后，扈从卫士很快各就位置，在饰有虎皮、鸾旗④的轩车先导下，大队人马浩浩荡荡开出宫门。

---

①彩羽翠葆，皇家座车仪仗上所用的装饰，以鸟羽（如雉尾）制成，车行时，随风飘动。

②黄屋左纛，黄屋，指乘舆的车盖，以黄缯为里，为帝王所专用；左纛，乘舆的装饰物，以牦牛尾制成，设于车衡左侧，故称左纛，也是帝王所专用。

③法驾，古代皇帝出行的仪仗车队（即卤簿）分为大驾、法驾、小驾三种。大驾车队八十一乘，朝廷高官大部分从行，随行护卫千乘万骑，只在皇帝祭祀天地、封禅、出征、巡狩时使用。法驾次之，用车三十六乘，除皇家卫士外，只有皇帝的侍从或特别点到的官员从行，但也属于正式的仪仗。小驾无定制，轻车简从，由皇帝随意而定。

④鸾旗，饰有鸟羽，绣有鸾鸟图案的旗帜，是皇家出行的标志；立有鸾旗的车队一般作为天子法驾的先导。

出了东阙，数百名手执矛戈与彩旗的缇骑早已等候在司马门①前。带队的中尉卫绾参拜过皇帝，登车后一声令下，登时鼓吹②响起，钲鼓齐鸣，缇骑快马前驱，一行九辆开道轩车之后，是刘启与刘武共乘的玉辂，三十六辆副车紧随其后，车队两侧及后卫均由宫中的骑士持兵扈从。驰道早已警跸，大队人马出安门南行，经子午道③直奔上林苑。长长的队列风驰电掣，绵延数里，旌旗招展，铠甲鲜明，在清晨的雾气中留下一片嘚嘚的马蹄声。

进入上林苑后，看到道旁稀稀落落的耕地，还有有百姓模样的人在林中樵采，刘武问道："皇兄，这些人擅入皇家园囿，任意耕种樵采，少府④竟不禁止吗？长此以往，鱼龙混杂，岂不坏了朝廷的规矩？"

"本来就没有规矩，又能坏甚规矩？"刘启笑道："上林本是秦之旧苑，兵火残破之余，萧何萧相国曾奏请开放给百姓开垦，高祖皇帝没有答应，可这么大的园囿，又没有垣墙，哪里防得住进苑偷垦之人。初为小块，积久连成了大片。父皇宽大为怀，将垦荒者编为猎户，所获禽兽送太官以供奉两宫。而他们开垦的这些田地，官家也就默许其耕种了。"

"那就建一道垣墙嘛，我在睢阳的那些园子，外人根本进不来。"

"七国之乱后，国务亟待整理，朕也无心来此游乐。如今竟有些荒芜的样子了。这些农田事关小民生计，不可操切行事，将来再慢慢整理吧。"

车队从下杜转向西南，上了骆谷道。远远望去，道北阿房宫前殿的残址，在晨曦中，犹如一座巨大的金黄色土山。

刘启感叹道："再宏大壮丽的宫室园囿，没有国家的长治久安，也会毁于一旦。父皇俭省，想要建座露台，听说要花费五十金，就放弃了。五十金

---

① 司马门，即皇宫的外门，凡出入宫禁者到此均要下车步行。

② 鼓吹，即古代在出征、祭祀、典礼、宴饮等场合奏乐的乐队。

③ 子午道，长安南下汉中的大道之一。汉代自关中南下汉中的大道有三条：出长安由霸陵向东南而行，经蓝田、武关而入商洛、河南的武关道；正南方向，经杜县穿越南山子午谷而入汉中的子午道（子午谷横穿南山，长300余公里，古代以北为子，以南为午，故有是称）；出长安由下杜向西南而行，经由周至县入南山，穿越200余公里长的骆谷前往汉中及巴蜀的骆谷道。

④ 少府，秦汉职官名称，秩中二千石，为九卿之一；主管皇宫大内、园囿及皇家私产。武帝时，因皇室修建的离宫别馆越来越多，上林苑及其他离宫改归水衡都尉管辖。

不过中人之产,父皇却不敢花,不忍花,为的是给天下人做个表率,用意深远呐。"

刘武道:"那时的国力尚不充实,父皇当然要俭省。可皇兄大可不必,现今物阜民丰,有所兴作,也是壮我大汉的国威。就如这上林苑,好好修葺整理一番,皇兄朝会之余可来此休憩,也可供母后游览嬉戏,颐养天年。"

刘启看了他一眼,不以为然地摇摇头,道:"听说你建了个大苑,周回数百里。你那里富庶,有的是钱,建也就建了,可朕就不同了。你之所为,波及的不过是梁国,而朕若如此,将开恶例于天下,上有所好,下必甚焉。为人君者不可不慎!古人云:'君子之泽,五世而斩。'从高皇帝到朕,从皇位论,已经是四世,第五世就是阿荣了。阿武,对你讲句实话,朕实在忧心呀,大汉的气运会不会到此而止呢。"

"皇兄的教诲,臣一定牢记于心,洗心革面,绝不辜负陛下的期望。说到气运,大汉的国势蒸蒸日上,皇兄何出此不吉之言?阿荣富于春秋,有的是时间历练,守成应当没有问题,皇兄不必过虑。"

刘启目光茫然,似乎在想心事,随即摇摇头,道:"各家有各家的难处,各人亦有各人的难处。你我都好自为之吧。"

又行数十里,穿过一大片茂密的树林,已经可以远远地看到坐落在南山之下的蕢阳宫了。先期来此预备的少府樊神、太官令①夏侯仪、上林苑令②韩综等一应官员都在路边迎候。

樊神奏报,一切已经就绪,只需皇帝发令,田猎即可开始。用饭与寝处都安排在了蕢阳宫。

"这一围都预备了些甚?说来听听。"

"虎一只,熊两只,野彘十五只,麋鹿二百只,若不足,还可再添。陛下与梁王殿下的坐骑和铠甲、兵器也都备好了,即刻可以服用。"韩综上前一步禀报。

---

① 太官令,少府属官之一,秩六百石,掌管皇家饮食。上林厩令,太仆属官之一,秩六百石,掌管上林苑御厩饲养的马匹。

② 上林苑令,少府属官之一,秩六百石,掌管上林苑园囿、离宫、兽苑及苑内居民。

"二百只麋鹿？太多了，减掉一百只。"刘启侧头对刘武笑笑，说道："杀生太多，戾气就会重，有干天和。"

"是。"刘武恭敬地说。

刘启下车，伸臂活动着筋骨，长长出了口气："几年不出宫，浑身像是锈住了，开弓之力怕是大不如前喽。"

"哪能！"刘武也跳下车，笑道："皇兄的勇力，臣记忆犹新。当年那刘贤无礼，陛下以博局掷取其性命，好像还是昨日之事呢。"

刘启不答，一行人默默地更衣换马。他命韩综告知各兽苑，三刻以后，放猎兽入甘谷。随后起身上马，带着刘武、卫绾等人赴猎场察看地势。主猎场选在甘谷外面的牧马草场，地势平坦，视野开阔。发源于谷中的甘水经草场右侧，缓缓向北方流去。刘启吩咐韩综派猎户守候在谷中，断绝猎兽的逃路，然后将从猎的骑士分派成三队。他自领一队，正面守候；刘武与卫绾各领一队，由两翼包抄；待受惊奔逃的野兽被驱赶回草场后，三面合围，施以夹击。

一名兽苑啬夫带领十数个牵犬架鹰的猎户赶来。犬是来自西羌獒犬，各个身形硕大，被毛乌黑，面目凶悍。獒犬猖猖低吠，兴奋地挤来挤去，似乎嗅到了即将来到的杀戮。得知野兽已被放出，刘启挥动令旗，随着低沉的鼓点有节奏地响起，骑士们分队呈散兵样式排开，策马小跑着前行，很快拉成一道弧形，大网张开了。

獒犬很快就挣脱了猎户们的掌握，远远跑在了前头，被惊起的野兔、獾鼠四散奔逃，草丛中不时闪过小兽的身影，猎户们纷纷放出猎鹰，稀树草原上顿时犬吠马鸣，兔起鹘落，景况煞是好看。

随着渐弱的犬吠声，刘启策马跑上一道矮坡，只见犬群正在越过草场，散开着奔上又一道土坡，坡后就是甘谷，谷中的林子很密，可树叶已被深秋的寒霜褪尽，大群麋鹿奔跑着的身影隐约可见。两翼包抄的骑士紧随其后，高声呼啸着，随着受惊的猎兽被驱赶进谷口，合围之势已成。

谷口相当宽阔，兽群进谷之后，骑士们停止了追击，沿谷口两翼拉出两排弧线，与后方的骑队相呼应，形成了一个巨大的口袋，只等埋伏在谷中的猎户们将猎兽驱赶出来，便可以开始猎杀了。

刘武勒转马头，远远望去，他看不到皇帝，但知道一准是在那面红色的大纛下面。他扬鞭指了指那面旗帜，对近旁的公孙诡与韩毋辟说道："皇帝就在那旗的下面。要送几只好家伙给皇帝，最少要有一虎一熊，把它们往大纛那儿赶。你们记住了，要射伤，但不能杀死。亲手猎杀的活儿，留给皇帝。公孙将军、韩壮士，给我盯住了！孤就看你们的了。"

随着群犬的狂吠和猎户们尖利的呼哨声，大批麋鹿冲出谷口，在草场上四散逃命，卫绾的左队开始追逐射杀，但右队除发出啸声，惊吓鹿群外，并不出击。很快野猪也奔出谷口，随之而出的就是被獒犬追逐纠缠着的猛兽，怒吼着与猎犬撕咬成一团。公孙诡挥手示意，他与韩毋辟各带一队骑士，箭一样由两翼穿插过去，夹护并驱赶着猛兽，向北面的大队而来。

猛兽在群犬的围追下难以脱身，索性停了下来。一只狂怒的黑熊从撕咬中挣脱出来，一掌将冲到身前的獒犬打出去老远，随即狂吼着冲向侧翼的骑手。马匹受惊扬起前蹄，嘶鸣着躲闪，险些将骑手掀下马来。黑熊就势冲出包围，跑向甘水，想要入河逃命。刘武策马直追，拦住了它的去路。那熊立起，怒吼着想要发起攻击，刘武就势发弩，正中其前胸，熊愈加狂怒，猛扑过来。刘武叫声不好，就在熊掌击到马腿的同时，跃了出去。熊不理会摔倒的马，紧追不舍，知道跑不脱，刘武索性回身，抽出佩剑比划着。熊迟疑了片刻，被赶到的两名骑士分散了注意。刘武接过随从递过来的投枪，觑准后猛力投出，矛头刺穿了熊的胸膛，一声长吼，熊倒地抽搐几下，就不动了。在众骑士的欢呼声中，刘武志得意满，换马继续追猎。

北面的大队收获颇丰，迎面奔来的麋鹿已被射倒了数十头。刘启也射杀了一只黑熊、一只野猪。除二三十只麋鹿冲出重围外，其余猎兽已被牢牢围困在空旷的草场中央。

合围的圈子渐渐收拢，老虎与余下的数只野猪仍在作困兽之斗，但已被猎犬分别包围在几处。老虎被公孙诡与韩毋辟逼入刘启的射程之内，他张弓搭箭，但总碍于围攻猛虎的群犬，无法瞄准它的致命部位。公孙诡先射中了老虎的后腿，老虎吼叫着，疯狂地撕扯着一只被咬断脊骨的獒犬，四顾寻找着目标。獒犬们被它的凶猛慑住，不再敢贴身进攻，刘启乘势再发一箭，射中了虎的肩头。虎怒目圆睁，长啸一声，刘启坐骑受惊辟易，将他掀于马下。事出意外，四旁的卫士全惊呆了，竟无一人有所动作。那猛虎作势，眼见就要扑住刘启，千钧一发之际，韩毋辟一跃而起，直扑猛虎身后。他右臂死死扣住虎颈，向后猛扳的同时，左掌发力，狠命一推，只闻咔嚓一声闷响，那虎四肢瘫软，断颈而亡。

猛虎作势欲扑的瞬间，刘启的脑中一片空白，他盯着死虎，好一阵才回过神来。刘武后怕得满脸冷汗，跑上前连声问他伤着没有。刘启走上前去，踢了踢死虎，问韩毋辟道："你会手搏①？"

"是。"

刘启颔首道："好位壮士！阿武，你代朕厚厚地赏他。"

点算战果，大获成功，这一围除跑掉了几十头麋鹿和数只野猪外，余者一网打尽，而顺带猎获的野兔与野禽也不下数百只。刘启大喜，看看时近日晡，即命在草场上举办大铺。一时间架鼎起火，洗涮割烹，炊烟四起，闻讯赶来的樊神等少府与上林苑的官员也赶忙将准备好的酒菜饭食运到这里。夜色四合之后，草场上篝火熊熊，笑语喧哗，觥筹交错，热烈的气氛驱散了秋霜带来的寒意。

刘启、刘武与亲信侍从们在临时搭起的大帐内次宴。酒过数巡，酒酣耳热，刘启的心情畅快无比，竟一反平日行事的节俭，宣布明后两日再杀两围，不尽兴不回长安。众人欢呼，纷纷举杯上寿，又一轮祝酒在热烈的气氛中开始了。

司马相如觑准一个间歇，避席陈奏道："天子田猎，不可无诗赋助兴。微臣请为陛下献上新作《上林赋》。"说罢，从身边的青布囊中取出一捆竹简，双手捧给座间伺候的谒者，转交给刘启。

刘启对刘武笑道："我宫里的才子都叫你给挖跑了。"他展开竹简，问道："长卿，围猎时没有看到你，原来是写文章去了。在座者都有斩获，你猎得了甚，说来听听，不是混在这里吃白食吧？"

众人大笑。司马相如也笑道："微臣为了助兴，特撰此赋，赶到猎场时，这一围已杀至末尾。即便如此，微臣还是猎到两只兔子，足可避吃白食之讥了。"

---

① 手搏，即汉代流行的徒手与人或猛兽格斗的技巧。

众人再次大笑起来，刘启将简册展读一过，颔首道："长卿不愧是大才。昔有《子虚》，今有《上林》，这等文章，足偿酒资了。"他摆摆手，止住众人的笑声，要赵谈将简册递还司马相如，示意他吟诵给大家听。

于是相如诵读一过，声调抑扬有致，叙事铺张扬厉，辞藻文采富丽，博得满场的喝彩之声。刘启略作沉吟，要过简册再看，然后对刘武笑道："长卿明里是为田猎助兴，内里却在谏讽你我要先国事，后逸乐呢。"他指着文章结尾处，大声读道："若夫终日驰骋，劳神苦形，疲车马之用，抚士卒之精，费府库之财，而无德厚之恩；务在独乐，不顾众庶，忘国家之政，贪雉兔之获，则仁者不繇也。"

他笑道："再听听这一段，'地方不过千里，而囿居九百，是草木不得垦辟，而民无所食也。夫以诸侯之细，而乐万乘之所侈，仆恐百姓被其忧也。'阿武，这是说你呢！你在梁国建了那么多园囿，'以诸侯之细，而乐万乘之所侈'，谏得好，谏得好！"

刘武赔着笑，可面色尴尬。心想相如真是败兴。早知如此，真不该讨这个没趣。

刘启将简册交给刘武，"这篇大赋朕转赐于你，要时时诵读，莫辜负了长卿的好意。本来，我还想要长卿回长安做事，看来还是放在你那里更起作用"。

他举杯道："朕当为此赋浮一大白。不过，这上林苑，朕已数年没有来过，会猎三日，说不上是'终日驰骋'吧？"

司马相如顿首谢罪道："孝文皇帝与陛下爱民如子，圣德仁君，四海同声。此赋借前贤'独乐乐，孰若众乐乐'之义，所望者圣德无亏，皇天永明。臣之微忧，自在圣明洞察之中。"

看到司马相如窘迫的样子，刘启笑道："长卿所忧，亦朕之所忧，奖犹不及，何罪之有？明日围猎，长卿是贡献新赋，还是再杀两只兔子呀？"

众人哄然大笑。刘启平素庄重自持，喜怒不形于色，与臣下谐谑调侃的场面，实在是难得一见。刘武见此，心情也好起来，刚才被揶揄时的不快，随即消散无形了。

筵席散后，刘武赴蕞阳宫就寝，随行护卫的公孙诡与韩毋辟，悄悄将日前东市发生的事报知刘武，请示是否奏报皇帝。刘武大摇其头，道："这等事情会大坏皇帝的兴致，万万不可去触这个霉头！我们只需静坐观变，等着他们两败俱伤就是了。"

三十五

　　一夜过去，事情突然起了变化。清晨，郎中令周仁忽然赶到萯阳宫，紧急求见皇帝，车驾随即返回长安。等到刘武起身得知消息时，皇帝已离去多时了。离宫中只余下刘武一行，尽管皇帝留下话要他尽兴游猎，不必急于返回。可宫里显见是发生了大事，刘武心系长安，再也无心于此，于是取消原定的围猎，也匆匆返城了。

　　原来昨日薄暮时分，巡更卫士发现后宫有陌生人出没，周仁得讯立即派人大索，在鸳鸯殿附近抓住两人，起初坚不吐实，拷问到半夜，其中一人供认，二人均为东市掾吏，一名栗猛，一名屠刚，而栗猛乃栗姬之侄。两人午后借去少府办事入宫，随后隐匿于椒房殿内，拟夜漏后潜入鸳鸯殿，刺杀胶东王刘彘。事涉栗姬，案情重大，周仁遂连夜赶赴上林奏报请示。

　　返回长安的途中，周仁骖乘，刘启详细询问了整个事件的缘由。重阳下毒事件，周仁暗访了许久，但找不到直接的证据。这次谋刺不遂事件则证实了栗姬确有谋害胶东王的企图。又据屠刚交代，前日在东市偶遇刘彘与韩嫣时，栗氏兄弟本想下手，但未得逞。由于用心暴露，遂决意孤注一掷，入宫行刺。

　　回到未央宫，刘启即连下两道诏书，一道是传命三公九卿明日到前殿议事，另一道是即时免去卫绾中尉之职，以郅都接任，并立即召他进宫议事。郅都到后，刘启屏退所有侍从，宣室殿内只留下了周仁与郅都。

　　"昨夜之事，还有他人知道吗？"

　　"事关重大，陛下而外，臣半字未露。"

"好，这案子你就到此而止，下面的事，交给郅都去办。"

"是。"

刘启审视着郅都，还是那副黑瘦的面庞，鹰一样的眸子，锐利逼人。做皇帝的必得有随时可供使用的快刀，哪里有难办的案子，尤其事涉强宗豪右，官吏束手时，得用快刀，这郅都就是他的快刀。治理乱局，严酷必不可少，而郅都，最不缺少的就是严酷。当然还有他的忠与廉。

说到忠，郅都的眼中只有皇帝一人，三公九卿、皇亲贵戚，犯到他手里，绝无枉法曲宥的可能。说到廉，则说情不受，送礼无门，因私请托的信函不拆封就会被打回票。京师的贵戚，地方的豪强，官场的同僚，无不对其侧目而视，那双警惕的眼睛，为他赢得了一个绰号——苍鹰。

郅都原在宫内任职，文帝时任郎官。刘启即位后，拔其为中郎将。数年前，豪强瞷氏三百余家横行于济南，几任郡守无奈其何，刘启亲点郅都出任郡守。到任伊始，郅都连诛首恶数人，余者股栗胆寒，不出一年，济南郡就被治理得路不拾遗，郅都也由此声名鹊起。此次回京卸任述职，不想竟被拔擢为九卿之一的中尉。

"郅都，知道朕为何要你接任中尉吗？"

"不知，但臣想，陛下一定是遇到了难啃的骨头。"

"难啃不难啃还不得而知，可太子家的亲戚，一般人未必敢碰。可这并不重要，重要的是周仁所言的保密。这种丑闻传出去丢的是太后与朕的脸！宫里的事情不用你管，长安的市场，栗家盘踞有年，势力不小，毛病也不少。你要下力究治，名义嘛，无非是倚势横行、为恶一方这类的不法情事。你记住了，审讯者要嘴严可靠，谋杀所涉的内情，问出来由你直接报朕，对外要做到纹丝不露。"

"是。"

"你马上去中尉府与卫绾办理交接，事后由周仁向你交代案情，退下去吧。"

望着郅都的背影，刘启满腹心事地问道："昨夜之事，栗姬作何反应？"

"栗夫人态度倔强，除请求面见陛下外，对所有问话皆一字不答。"

"这倒是她的本来面目。也好，她在朕身边多年，临了，看看她还有甚说辞。"

椒房殿里里外外都已被禁兵严密把守，栗姬一身素衣，簪珥不施，孤零零坐在正殿里。见到刘启，她伏地稽首，大放悲声，哽咽着说不出话来。

"你要见朕，朕来了。有甚话，你尽管说。"说着，刘启扔下一方丝帕，示意她擦泪。

"臣妾有罪，臣妾亦认罪。可臣妾之所为，全是她们逼出来的！"

"谁逼你？你讲清楚。"

"王娡。"

"王娡？"

"对，王娡。为了谋夺太子之位，她利用我身边的侍女刺探消息；与阿嫖结亲，暗中挑拨污蔑，无所不用其极。这些个奸计得逞了，陛下疏远了臣妾……"

"可朕已数年未见过王娡，她又如何影响得了朕？你有怀疑，为何不说出来，暗中向阿彘这个孩子下手！"

"她所为恶的一切，都源于为胶东王谋夺太子之位，没有了儿子，她还能谋些甚。我并不要做皇后，臣妾做的一切，也是为了陛下的儿子阿荣！"

刘启胸中怒气奔涌，强忍着没有发作。眼前这个声嘶力竭、眼神疯狂的女人，还是那个陪伴了自己二十余年的女人吗？

"你随朕最久，你该有的，朕都给了你，不想你如此褊狭，如此狠毒！你之所为，已经牵累了阿荣。朕今日告诉你，阿荣的太子做不成了！为甚，为你，为了你的妒忌褊狭，他若还在太子位上，朕百岁之后，朕的后宫和子孙，怕是会让你杀绝了。是你让朕不得不废立太子，因为'人彘'的惨事，决不容再现于汉宫！"

栗姬呆住了，良久，忽然歇斯底里地大笑起来。"陛下怪我杀人，可我一个都没有杀成。那王娡已经杀了三个，陛下还被蒙在鼓中呢！"

"哪三个？有凭据吗？"

"就是她妹子，王儿姁和她腹中的龙凤胎。凭据我没有，可儿姁死前说过，害死她的是王娡。还有个女侍知道此事，可让皇帝身边的人送进暴室灭了口。"

"你从何得知此事，讲……讲来！"刘启又惊又怒，说话也结巴起来。

他又转向身后的周仁，"你当时在场，可有此事？"

"陛下要臣随时报告消息，臣并未始终在场。可臣在场时，并未有栗夫人所说的事情发生。"周仁很镇静，回答得也很沉着。

"你放肆妄言！"刘启气得发抖，指着栗姬，道："看在你侍奉朕多年，朕赦你不死，可活罪难逃。这椒房殿你是不能住了。来人，将这贱人发配永巷扫除！"

栗姬被两名宦者强行架出后，刘启望了望周仁，问道："阿荣、阿德没有牵扯进去吧？"

"只有韩嫣的证词，并无直接凭据。"周仁迟疑了一下，还是鼓勇问道："太子如何处分？"

"虎毒尚不食子啊！"刘启叹了口气道。"年长的皇子，阿荣、阿德在内，一律到封地就国。对外面嘛……待郅都将诸栗一案审结的爰书①报来，以纵容亲戚、横行京师等不法情事，不孚朕及天下之望的名义废黜，另封亲王，这样了结，朕觉得交代得过去了。你看呢？"

"陛下圣明。如此处分波澜不惊，极为得体。可新太子的人选？臣以为，储位招人觊觎，不宜久虚。"周仁既松了一口气，又担着一份心。他感觉得到梁王对皇位没有死心，可疏不间亲，除非皇帝问到，这个话他是绝不能说出口的。

"一错不可再错，立谁为太子，如丞相与太傅所言，关系到国本。朕须再三斟酌，还是往后放一放吧。"

刘启早间听周仁奏报时，即决定马上废立太子，新太子的人选他早已胸有成竹，就是刘彘。但栗姬所言，还是让他犹豫了起来。王娡在他的印象中，是个很内敛、很知足的女人，完全不是栗姬所说的样子，况且自己最信任的周仁也否认有这种事情发生，他相信栗姬是出于妒忌与恐惧才肆口污蔑。要说阿彘与阿娇结亲，王娡与阿嫖都存了某种想头，应该不假，可这不是过错。

---

① 爰书，即汉代司法文书，包括人犯口供、证人证言、审讯用刑记录、查抄现场的人证物证的勘验，等等，相当于现代的司法刑事案卷。

栗姬觉得此事威胁了他们母子的地位，想要剪除阿彘，是言之成理的解释，何况还有证据。

可万一栗姬所言是实，那就太可怕了。每当想到儿姁与那对龙凤胎之死，刘启的心里便隐隐作痛。强烈的排拒心理，使他不愿也不能相信栗姬的话。为甚？动机何在？若争皇后之位，她针对的应是栗姬而非儿姁。对这个有些生疏了的女人，他应再见见、再看看，观察一阵再做决定。

还有阿武，刘启当然听得出周仁话中的暗示。昨日上林会猎，他也试探过，阿武很谨慎，回答得也很得体。阿荣被废黜后，阿武会怎样想，如何动作，不得而知。他是否真的放弃了非分之想，还有待观察。刘启是过来人，知道一旦起了这种念头，是再也抛不开的。怪只怪自己当年的不慎，使阿武落入了这个难以摆脱的梦魇。

栗氏族人当日便被中尉府拘押到案，由于先已有屠刚的供词，栗氏诸人很快供认不讳，相关案卷被连夜送入宫内。之前，郅都以迅雷不及掩耳之势抄查封存了栗氏各家的财产，大量金钱财物显然是官俸之外的非法所得，虽然财物的清点造册尚须时日，但已可认定为赃证。

次日早朝，在郅都报告了这些初步的赃证后，刘启以不容置疑的态度宣布废黜栗姬的夫人位号，圈禁太子刘荣，待结案后另行处置；并颁布诏令，所有年长的皇子一律离开长安，到自己的封地就国。

丞相周亚夫与太傅窦婴当廷力谏，认为外家有罪不及于太子，太子既未失德，不宜轻言废立。皇帝沉着脸，不发一言，群臣噤口，唯郅都与二人争辩，乃至恶语相加。刘启喝住三人，随即不容分说，宣布散朝。

对于未来储君的人选，皇帝并未透露半点儿消息。可这挡不住大臣们的政治敏感，因为外出就国意味着皇帝的疏远，不再是皇位可能的继承人。而宫内所余只有王夫人姊妹的五位年纪较幼的皇子，其中已封王的只有刘彘，由于皇太子与皇后通常为母子，儿姁既已薨逝，她的四个儿子的机会很小，于是王娡、刘彘一下子成了众所瞩目的人物。

事发突然，一时朝野内外惊愕不置，议论纷纷。王娡当然暗自欢喜，由于太子只废不立，储位空缺，梁王刘武也感觉到了机会。

三十六

太子即将被废与诸王就国的消息，不胫而走。王娡喜不自胜，欢喜得一夜未能安枕。可次日见到郭彤时，消息虽被证实，喜悦却一扫而空，取而代之的是深深的不安与焦虑。郭彤的心情也很紧张，他告诉王娡，皇帝近来的行事与以往不同。往常，朝政上的事情，皇帝从不回避身旁的宦者；现今，则屏开众人，只同周仁一人商量。昨日皇帝还分别询问了他、北宫与赵谈，查问儿姁死前的情况，看样子是起了疑心。

午后来访的刘嫖，带来的消息更令人心焦。皇帝近来与刘武入则同舆，出则同车，前日还一同去上林狩猎，一派兄弟情好无间的样子。而太后那里，大有将梁王推上储位的意思，皇帝在这上面作何考虑，令人担忧。

两个女人计议了许久，还是不得要领。在立谁为太子之事上，关键的人物是太后，而太后心中的天平，早已倒向了儿子一边。在梁王这件事上，大长公主也无可奈何。

人到穷思竭虑之际，思路往往豁然开朗，王娡忽然想到了什么，问道："上次皇帝要传位给梁王，不是被窦太傅谏阻住了吗？再请他出面不行吗？"

"对，能挡住阿武的只有朝廷的老臣，这些人认死理，只知道祖制，决不会同意立阿武为储君。"刘嫖心里一亮，也兴奋起来，可转瞬之间又有些泄气。"可症结在太后那里，群臣谏得了皇帝，谏不了太后。特别是窦婴，上次他已为此得罪过一回太后，被除去了门籍，连宫都不让进了。要不是七国之乱，他带兵出征立了大功，太后怕是放不过他的。如今要他再出这个头，我看难。"

"不得非要他出头，而是请他在大臣当中折冲，发动。我想，这件事他一定肯做。你想，上次他坏了梁王的大事，梁王能不记恨他？若梁王日后真的做了皇帝，他会落得甚下场！就凭这个，他也非得站在我们这边不可。你说呢？"

刘嫖笑道："几日不见，亲家母，可真得刮目相看呢。也对，大臣们一旦反对立阿武为皇嗣，就有了脱不掉的利害关系，非得一条道走到底不可。我这几日便要我家陈午在大臣中运动，窦婴与我是姑表亲，游说他，由我亲自去做。"

有了对策，原有的忐忑与焦虑减轻了不少。两人宽下心来，又计议了一番形势，认为只要梁王的图谋得不了逞，几乎可以肯定，刘彘将被立为新的太子。谈到日晡，宫门即将下钥，刘嫖才兴犹未尽地告辞出宫。

送走长公主，王娡的心情却远没有放松下来。郭彤的话，预示着潜在的危机在悄悄逼近。那桩罪案，死无对证，她并不担心会被查出什么。可深深封锢在她心底的那份罪恶感，却是早晚要面对的。近半年来，她一直努力忘却那段噩梦般的经历，也几乎做到了。郭彤带来的消息，仿佛撕开了她脑中的封条，使她不能不重新面对自己犯下的罪恶。

夜漏更深，王娡独自掌灯，巡视了熟睡中的四个外甥。望着他们安详而稚气的面孔，一股温情汩汩涌出，渐次充满全身。作为遗孤的大姨，她所做的，超过了他们的亲娘。孩子们的衣食住行，病痛冷暖，无不在她心上，她甚至忽略了刘彘。她这样做，半出于母性与亲情，半出于良心的歉疚，却赢得了外甥们的亲近，对她如同亲娘般依偎。她曾以不经意的方式，多次逐个询问他们，想知道儿姁死前说过她什么，可甚也问不出来。最后她相信，儿姁在儿子那里没有留下不利于自己的话，也许是因为孩子们年龄尚幼，说了他们也理解不了吧。王娡最终放下心来，她相信，这罪案永远只是自己一个人心中的秘密，只要她不说出去，永远不会有人知道。

她走进儿子的寝室，将灯放置于刘彘的床头，坐下来，注视着熟睡中的儿子，静静地梳理满腹的心事。她细细回顾了一遍自己下毒前后的心理，惊奇地发现，自己竟没有一丝悔恨。事前她有过犹豫，事后也有过后怕，可在下手的那个时刻，她冷静至极，心里充满着报复的快意。有人声言要毁了你的时候,你不会心存怜悯,只能凭本能行事。栗姬不也是这样?为了保住地位,也下过狠手,差点儿就谋害了阿娙。对付这样的对手,就得心硬、手狠。

自己是个狠毒的女人吗?不是,最起码从前不是。入宫前的她,随和,知足,重亲情。可宫里不同,对欲望强烈、不甘心在无望中等待、在虚空中耗尽青春与生命的女人,皇宫就像处处隐藏着危险的丛林,迫使你释放出猛兽般的本能,伏击、咬噬、扑杀,置猎物与对手于死地。由于栗姬与儿妁的傲慢自负,重要的机会,被处于弱势但更为机警的她抓住了,她们为此要毁掉她,她先下了手,她能幸存下来就是因为她先下了手。她若不先下手,她们会放过她吗?她问过自己无数遍,答案都是不会。生死攸关的当口,没有人会手软,这个结论,使她释然。

可那份沉重,却不是能够轻易抛开的。数月来,鼓荡着的欲望与担心暴露的恐惧交织成的强劲张力,使她心绪不宁,疲累不堪,可想到即将到手的成功,她不敢也不能松懈。她屏气凝神,努力将思绪集中于目前,细细地思索那桩罪案中可能留下的破绽和疏漏。最后,她确信没有什么可担心的,唯一的隐患是赵谈,但赵谈当初不报,现在上变①,无异于自蹈罪衍;以他多年的官场阅历,是决不会冒这个险的。余者都是无证据的传言,不足为惧。

时交子夜,王娡走回寝室。仰望夜空,月华如洗,庭院中洒满淡淡的银光。沐浴在月光中的感觉很放松,初冬的寒意令人憬悟,她心里明光通透,纷乱的思绪一扫而空。重要的是,原来那么渺茫的希望正在一步步走向成功,这使她重又找回了自信。为阿娙谋得太子之位不过是第一步,来路方长,她还要争得皇帝的宠幸,登上皇后之位、太后之位,直至像当今的窦氏一样,成为至尊。这才是宫廷中女人的完满人生,与之相比,良心只会偾事,人命微不足道。她笑自己软弱。自己的人生目的,使罪恶出之于主动还是被迫的区别,完全失去了意义。事情一经发动,就难于收手,她当然得顺势而行,没必要自我辩解,自寻烦恼。

---

① 上变,汉代向朝廷出首举报阴谋、罪案与叛乱等事情,称上变。

两日后，不经任何事前的宣示，刘启突然亲临鸳鸯殿。王娡带领皇子们参拜如仪，之后，刘启示意周仁将皇子们带出，正堂内只留下了王娡一人。刘启默默审视着面前的女人，一言不发，凝重的气氛令人几乎透不过气来。该来的终于来了，可由于早有心理准备，王娡神色如常，虽有些紧张，但绝不惊慌。

事出仓促，女人显然来不及梳妆，刘启看到的是一张略觉陌生的素面，姣好的容颜已经不起细看。眼角细碎的皱纹，脖颈间松弛的肌肤……这就是自己一度宠爱过的女人吗？岁月无情，韶华难再，刘启感慨不已。后宫侍寝的年轻女人虽多，可羞怯拘谨，了无意趣。而眉眼与王娡依稀相似的儿姁，却是少见的人间尤物，娇媚可人，床笫间更是风情万种。每念及此，刘启都不觉怅然。

半天没有声响，皇帝似乎正在出神，王娡抬起头，偷觑着这个自己一生荣辱祸福系之的男人。五年来，这是她第一次与皇帝单独相对。皇帝老了，皱纹多了，数丝白发已爬上了双鬓。一股温情，如泉水般汩汩涌出心田，王娡的双眼湿润了。若能如民间夫妇儿女那般，与皇帝过着长相厮守的日子，己愿足矣。可从皇帝茫然若失的目光中，只见得到冷漠，王娡心头一凛，暗自警惕自己，切不可再有荒唐的念头。

良久，刘启方开口问话。"儿姁之死，你怎么看？"声音不高，却冷冷的，有股肃杀之气。

"臣妾也一直想知道。问过阿越他们，孩子们只知道她身体不适，心情很坏，别的甚也说不出。臣妾还问过陈太医，据太医讲，阿姁是由情志上起的病，导致孕期小产，失血过多而亡。"

"儿姁多次生育，怎会突然小产？是不是有人在药中做了甚手脚，下了毒，嗯？"

"臣妾也有这个怀疑，问过开药的陈太医，陈太医说方子不错，阿姁服后也见效。臣妾后来也查问过合欢殿的侍女，都说服药的头两日，阿姁身体已经见好，第三日忽然起病，次日就小产了。事后检查余下的几服药，与药方无任何出入。臣妾不甘心，问到了侍候过阿姁的每个宫人，却都说她发病期间，无任何外人来过。我也问过陛下派去查办的大人们，都说死因是小产引发的大出血。臣妾早想伏请陛下严查,可天颜咫尺,臣妾无由得见。果如陛下所言,有人毒害吾妹,臣妾冒死恳请陛下做主,查出元凶,莫使阿妁含恨负屈于地下,莫使孤儿永戴覆盆之冤。陛下的恩德,臣妾与母家生生世世,结草衔环以报万一!"说到后来,王娡已是涕泪交流,泣不成声了。

刘启待她平静些,继续问道:"依你看,谁会害她呢?"

"自然是嫉恨她得宠于陛下之人。"

"是谁,你说出名字。"

"臣妾不敢肯定,可阿妁对我说过,栗夫人把她看做是争做皇后的对手。"

"那么儿妁果然有争做皇后之心吗?"

"阿妁没有对我明说过,可臣妾不敢对陛下讳言,以臣妾的观察,阿妁确有此心。"

"你就没有此心吗?"刘启冷笑道。

"臣妾蒲柳贱质,早已失欢于陛下。臣妾所望,彘儿早早长成,随其就国,安度余生而已。"

"你既无此心,何以与阿嫖结亲,这不正表明你心机很深,志不在小吗?"

"彘儿与阿娇的亲事,乃长公主自己上门提亲,天潢贵胄,以臣妾的地位,是受人抬举,岂能拒绝?陛下可问长公主,是不是这样。陛下若由此怀疑臣妾有觊觎太子、皇后的居心,就请皇帝做主,取消这门亲事,恩准臣妾随彘儿就国,臣妾绝无怨言。"

刘启有些不忍,沉吟不语。周仁轻轻走进来,附在他耳边说了些什么。刘启颜开色霁,语气也缓和了许多。"朕并非多心,也许儿妁之死,确如太医所言。你不必过虑,起来说话吧。"

原来周仁逐一问话,皇子们对这个大姨竟是同声赞誉,无半点儿异议,且发自童心,决不像人为授意。刘启听到后,大为满意,原有不大的怀疑,遂一扫而空。

望着泪痕未干的王娡,刘启心生几分怜惜,问道:"怎么不见阿彘?读书去了吗?"

"不知陛下驾临,不曾留住他。自重阳之事后,臣妾就不敢再让他去太子宫,每日要他与韩嫣一起温习旧书。臣妾忙于看顾外甥们,彘儿他们两个时常偷跑出去,臣妾疏于管教,罪该万死。"

"呃。难为你照看这么多孩子,朕不怪你。栗姬可恨!朕已将她发配永巷。可阿彘的学问不可忽略,太子宫的书房已撤,即日起叫他还去承明殿读书。"

"是。"

"朕的这些幼子,就托付与你了,你要尽责照看。朕会吩咐少府,有甚要求,你尽管开口就是了。"

"阿姁已经不在,臣妾请求陛下,加恩册封这些没娘的孩子,阿姁九泉有知,也会感念陛下的恩德,为陛下祈福的。"

"此事朕自会放在心上,他们年纪尚幼,过几年封王也不迟,你就放心吧。"

临走前,刘启挨个亲了亲四个孩子,颇为伤感地说道:"人算不如天算,栗姬、儿姁都是不安于命的人,一人争其所不必争,一人争其所不能争。越争,越得不到,已有的反而也失去了。皇后领袖后宫,妇德为先,哪里容得妒忌褊狭之人?王娡,你记住朕的话,好自为之吧。"

送走了皇帝,王娡长吁了一口气,庆幸自己挨过了凶险。可皇帝离开前的那番话,仍令她不安。"越争,越得不到",难道是警告她?抑或是借栗姬与儿姁之事,给她某种暗示?争其所不必争,争其所不能争,在皇帝心目中,自己究竟处在哪一个位置上?不必争,意味着她与彘儿迟早会遂其所愿,只需静等就是了。不能争,意味着自己与彘儿毫无希望,强争只会适得其反。她反复品味,仍难以确定话中的含义。她警惕自己,不能患得患失。在如此敏感的时期,动不如静,她要蛰伏起来,消失在皇帝多疑的视线之外,等候新机会的出现。

延伸阅读

1 《曾国藩传》

本书详细介绍了曾国藩的生平经历和主要事迹,重点记述其镇压太平天国革命运动、捻军起义和处理天津教案、发起洋务运动的过程;深刻透彻地分析了曾国藩政治和学术思想的形成、发展、演变及对后世的影响;深入归纳了曾国藩的用人方略,概述了以曾国藩及其幕府为核心的政治集团的形成、发展、分化和主要特征、作用;同时,历史地科学地实事求是地总结评价了曾国藩的历史功过和历史作用。观点鲜明精当,资料三赡翔实,分析雄辩有力,观念新颖,视野开阔,是中国近代史研究和历史人物传记创作上的一部不可多得的力作。

2 《大明亡国史:崇祯皇帝传》

本书在2014年被"罗辑思维"重磅推荐。

在明朝的历代皇帝中,亡国之君崇祯朱由检的个人素质并不算太差,他好学勤政、严于律己,也非常能干。但他生不逢时,正好赶在一个最不利于实施统治的时代,登上了君临天下的宝座。作为一个最高统治者,他自作聪明、自以为是、固执多疑又刻毒残酷,性格的这些缺陷被至高无上的皇权无限放大,反过来又导致大明王朝更迅速地走向灭亡。最终,回天乏术的崇祯皇帝走投无路,吊死煤山,延续二百多年的明王朝也就此灭亡。

3 《宫花寂寞红——细说中国后宫》

翻开此书,你会看到这些皇帝身边的女子是怎样把绝色容颜、情意绵绵、千娇百媚、风情万种、才华横溢、蕙质兰心、聪明智慧、出类拔萃、长袖善舞、勾心斗角、尔虞我诈、蛇蝎心肠、费尽心机、不择手段这些矛盾的词诠释得淋漓尽致!令人不禁唏嘘:都说女子天生为情而生,为爱而存,她们却活得如此辛苦、变态、悲惨、扭曲、挣扎!看一代代女子接力棒似的投入她们逃不了的劫,所有今天的人们都该感到幸福,尤其女性更该深刻体会到幸运,因为再不用进入元稹的《行宫》:寥落古行宫,宫花寂寞红。白头宫女在,闲坐说玄宗。

4 《决战华东》

抗日战争胜利后,国共双方又展开了3年殊死的搏斗。在华东解放战场上,人民解放军创造了以少胜多的光辉范例,老百姓的独轮车推出了战争的胜利。百万雄师强渡长江,誓将革命进行到底,插上南京"总统府"的红旗,宣告了蒋家王朝的灭亡。本书是一部详实、权威的华东解放战争实录,将重点解答以下几个问题:"国军五大主力"的五分之三 即整编七十四师、第十八军、第五军是如何在华东战场全部被歼灭的?南京政府是如何覆灭的?人数明显占优势的蒋家王朝为何在华东战场全面崩溃?

5 《中国历代谋士传》

中国古代士人中有一个独特的社会阶层：他们同样是饱学之士，却不屑于寻章摘句，吟诗弄文；他们热衷于成就一番安邦治国大业，却必须择良木而栖，寻良主而仕。他们就是谋士。本书所立传的历代大谋士四十余人，大都活跃于社会动荡、王朝更替的历史时期，在风云激荡的社会大舞台上，做过翻天覆地的大事业。在封建时代，成者王侯败者贼。成，往往成于谋划，败，也往往败于谋划。由此也可以看出谋略文化的一大特点：经世致用。谋略不同于知识，在竞争激烈的时代，谋略比知识更重要。

本书展现给读者的，除了历史谋士们的事功之外，主要是他们的人格特点，归纳起来主要是：大智慧而不是小聪明，多谋善断而不是善谋无断，灵活多变而不是僵化教条，图大义而不是贪小利。

6 《黄埔军校名将传》

《黄埔军校名将传》对国共两党出身黄埔军校（包括分校）教职员和前六期学生的三百多著名将领分别列传，较为详尽地介绍他们的生平事迹、重大活动和战斗历程，是一部关于黄埔军校名将的大型传记。该书根据实事求是、秉笔直书的原则，对国共两党黄埔名将在历史上的作用、地位和功过是非，都作了客观公正的叙述，如对国民党将领，既写了"围剿"工农红军和参加第三次国内战争与解放军作战的事实，也记述了他们在东征、北伐和抗日战争中为国家和民族所立的战功。

7 《伟人的困惑》（分两卷：治国者卷和思想者卷）

《伟人的困惑》共两卷，分为"治国者卷"和"思想者卷"，两书分别遴选20位及23位中国古代历史人物，每人一篇，夹叙夹议，深入浅出，雅俗共赏，不啻是43篇各具手眼精彩纷呈的袖珍版评传。所选人物，泰半大名鼎鼎（如刘邦、李世民、朱元璋、孔子、司马迁、苏轼），也有罕为人知的（如郝经、鲍敬言）。每篇写法不同，角度各异，但大多斐然可观，且不凡杰作。这是两本有想法、有意思、有深度、有热力、有趣味——也有矛盾和困惑的读物。中国古人留下的解惑之路，在新的历史时期，可以带给人们全新的思索和启示。

8 《曾国藩集团与晚清政局》

本书讲述了一场长达数十年的博弈。在这场旷日持久的棋局中，慈禧太后、恭亲王奕䜣、当朝重臣肃顺，以及胡林翼、左宗棠、李鸿章等崭露头角手握重权的汉族大臣都粉墨登场，演出了一场场历史活剧。曾国藩集团崛起，扑灭了太平天国，创造了所谓"同治中兴"；同时又极大地改变了权力格局和结构，为清朝的覆亡埋下了肇因。

刘忆江 著

汉武大帝

之 汉宫春梦 下

—— 汉武帝系列长篇小说 ——

辽宁人民出版社

三十七

休沐之日，魏其侯窦婴，特邀了几位相好的大臣到府饮宴。

窦婴是太后娘家兄弟之子，皇亲贵戚，少年时即入宫为郎，成年后仕途一帆风顺，早早就升至两千石的高位，出任吴王的国相，文帝季年，任詹事，服侍两宫，日见亲信。七国之乱，皇帝特拜其为大将军，与太尉周亚夫一同出征平叛；战胜回朝，封魏其侯，被皇帝倚为干城。朝议大事，大臣、列侯唯周亚夫、窦婴马首是瞻，没有敢与之分庭抗礼者。自就任为太子太傅，窦婴更有了未来帝师的位望，成为朝廷中炙手可热的重臣。

窦婴任侠好客，以往休沐，总是门庭若市。今日则大为不同，朱门紧闭，来客一律被门房告之，主人已邀约三五好友，早早赴南山弋猎去了。被迎入府中的，只有事先邀约的丞相周亚夫与御史大夫陈介。自周亚夫升转为丞相后，太尉职位一直空缺，因而今日的燕饮，竟如三公①聚议，是朝堂之外的场合难以见到的。

三人见礼，分宾主就座，侍者上茶毕，正待言谈，家丞走入，交给主人一支名刺。窦婴看罢，连声吩咐道："快请他进来。"看着满面喜色的主人，不明就里的客人也好奇起来。窦婴拱拱手道："是位不期而至的关东豪客，

---

① 三公，秦汉时朝廷地位最高的三个职位：主持政务的丞相，掌管军事的太尉与职司刑律监察的御史大夫。三公坐而论道，规划政策，辅佐皇帝综理百务，其意见对朝政有重要影响。三公地位尊重，即使皇帝亦须礼敬之。

二位大人也认得的。"

话音未落，只见一条七尺昂藏的汉子，身披一袭华贵的狐裘，大步跨进堂来。主宾赶忙起身寒暄见礼，所谓"关东豪客"，原来是名重朝野的代相[①]灌夫。

灌夫本姓张，字仲孺，颍川颍阴[②]人。颍阴为开国功臣灌婴的封地，灌夫之父张孟为颍阴侯府的舍人，办事得力，被倚为腹心，后在灌婴举荐护佑下，仕途发达，升任至两千石的高位。张孟以灌氏恩同再造，主动附姓于灌氏。

七国之乱时，颍阴侯灌何（灌婴之子）以将军从周亚夫出征，灌孟被任为校尉，灌夫以军司马亦率千人从征。灌孟死于攻坚陷阵，按军法，父子同在军中，一人阵亡，一人可扶柩还乡料理丧事。

但灌夫不肯，誓死为父报仇。他募集死士十数骑，以必死之心，闯入敌阵，往来冲突，杀伤甚重，直至敌阵帅旗前沿，勇不可当。返回时跟随者仅余一骑，灌夫身受十余创，幸得军中有金疮良药，得以不死。创伤初愈，他又向灌何请战，灌何劝不住，担心折损这员勇将，便禀报时为大军统帅的周亚夫，才止住了他。在整个平叛战争中，灌夫数次摧敌破阵，勇冠三军，由此名闻天下。

灌夫为人行事更不似官场中人，个性刚直，好使酒任气。他对贵戚公侯，权势在其上者，常好凌蔑讥嘲；而对地位不如他的士人，则愈贫贱，愈礼敬，稠人广众之中，荐拔后进不遗余力。灌氏为颍川大族，灌夫亦家累千金。由于喜任侠，重然诺，三教九流无所不交，居家时食客每日都有数十百人。侠肝义胆，名传遐迩，江湖上称其有古侠士之风。

战后，灌夫以军功升任中郎将，移家长安。窦婴亦好侠，二人投契，往来密切，成了一对忘年交。灌夫外任后，每逢回京，第一个拜望的就是窦婴。

周、窦为朝廷重臣，又都是待他甚厚的老上司，灌夫顿首拜见，不失尊重，

[①] 代相，即代国国相。代国（后改代郡）在今山西东北、河北西北一带，郡治为代县（今河北蔚县）。

[②] 颍川，汉代郡名（今河南中南部），郡治阳翟（今河南禹县）。春秋为郑国之地，战国时属韩。颍阴为颍川属县（今河南许昌）。

而对不甚熟悉的陈介，只是抱拳长揖，竟是相待以敌体①的样子。

窦婴摇摇头，道："仲孺，为官这么多年，还是没有长进！御史大夫陈大人，你不认识了吗？还不重新见礼！"

陈介倒是没有在意，笑道："私人燕聚，本不必拘礼。数年不见，仲孺别来无恙，本次进京，也为的是上计吧？"

灌夫望着陈介，微微一笑，揖手道："一下子没认出来，陈大人包涵了。承大人抬问，下官家中有事，又想念故人，所以今年的上计，下官亲自前来，也算是公私兼顾吧。"

"仲孺，一路有甚见闻，说来听听。"周亚夫担心陈介尴尬，于是将话头岔开。

"见闻倒是没有，不过顺路访了两位江湖上的朋友。翁伯的母亲做寿，我赶上了。真是盛况空前，各地赶去上寿人的车马，竟有千乘之多，填街壅巷，真个是水泄不通。听翁伯说，王孙也送了礼。"

窦婴点头道："翁伯从不到关中来，无缘得见。我在朝为官又脱不开身，只好托人送去了一套楚地产的漆器，权作贺礼了。"

灌夫捋了捋长须，感叹道："翁伯一介布衣，家不过中人之产，行不出乡里，能令天下人仰慕至此，人活到这个份上，可以无憾了！"

"这样的豪杰，比我们这些官场之人，反倒要快意得多。可惜无缘得见，只能心向往之了。"周亚夫颇有同感，他忽然想起什么，问道："剧孟没在那里吗？江湖中人惺惺相惜，这种事情他绝不会缺席的。"

周亚夫于是讲起他与剧孟结识的经过。剧孟是关东洛阳人，行类朱家，也是以瞻难救急、不图回报闻名于世的大侠。当年周亚夫率大军东征，到河南第一件事就是找到剧孟，剧孟以江湖上的朋友做眼线，将吴楚联军的动向摸得一清二楚，这些情报于军事上的胜负作用极大。周亚夫曾对诸将们说过："吴楚举大事而忽略了剧孟，吾知其无能为矣。"

---

① 敌体，地位相等，无上下尊卑之分。汉制三公位秩万石，而灌夫作为诸侯国相秩二千石，以敌体相待，有无视尊卑之意。

灌夫笑道："不想君侯亦如此向风慕义，难得。我到那里时，剧孟已经离去，在翁伯处盘桓了几日，再也没追上他。他在京师有买卖，听说是来了长安。"

陈介道："既是故人，他来长安，应到君侯府上拜望才是。"

亚夫笑道："江湖中人，尤其爱惜名誉。像郭解、剧孟这等大侠，向来睥睨一世，你我只有折节下交，他们是决不会登门造访的。"

陈介不以为然，以为不过是沽名钓誉罢了。像这种在民间自成势力，隐隐然与官府分庭抗礼的游侠，实际上削弱着朝廷的威权。各郡国每年都有不少豪强横行、官府束手的公文报到他那里，是件让人十分头痛的事。朝廷每隔数年，都要下气力扫灭一批坐大的豪强，如前不久被郅都族灭的济南瞯氏、陈周肤等。可碍于窦婴、灌夫，他隐忍未发。

灌夫呷了口茶，叫道："王孙，朝廷的三公都在这里，怎的只用清茶待客？酒在哪里？肉在哪里？口中寡淡，哪里还有畅谈的兴致！"

窦婴笑道："你莫嚷，少安毋躁，还有一位远客，于诸位都是父执。酒肉早已备好，他一到，自会开席。"

"哦，远客，是谁？"

"见面自然知道，我一早派专人去请，想来就该到了。"

众人又闲谈了一阵，家丞报告客人到了，随后走进一位须髯花白、面容清癯的矍铄老者，众人纷纷起身问候，原来是致仕在家的袁盎。

袁盎字子丝，祖上是楚人，惠帝时举家迁往关中，定居于长安西北的安陵。自吕后时起，他已历仕三朝。前些年因病致仕，但三朝的老臣，阅历非常人可比，皇帝不时派人去征求他对朝政大事的意见，所以仍是个有影响的人物。

袁盎之父也曾是江湖中人，自小耳濡目染，袁盎亦好侠，由此与窦婴交好，都以侠义名闻于京师。两人常去南山弋猎，长安及周边陵县慕名跟从的士大夫，车骑多达数百乘。致仕家居后，没了拘束，所来往者多是闾里的恶少博徒，整日里斗鸡走狗，呼卢喝雉，在江湖中声名鹊起，提起安陵的"袁将军"，关中无远届弗，没有不知道的。

与周、陈及窦婴见礼后，袁盎斜睨着灌夫，朗声大笑道："我道全是熟客，没想到还有稀客。小老弟，代北这个官做得味道如何？"

"托前辈的福，这几年朝廷与匈奴和亲，塞北的胡虏很少犯边，只是闲来无事，日子寡淡得很。"

"寡淡？那是你不会找乐子。"袁盎边笑边对窦婴说道："燕聚不可无乐，老夫自作主张，请了个啁戏小班同来助兴。"

"吾家中自备有伎乐鼓吹，何劳外请。"

"安陵的伎乐别有情致，为雅乐所无。不过话要说在前头，王孙，这账可要由你会哟。"

汉初每个皇帝即位后，都要建陵，同时要从各地移民，建立陵邑。惠帝时曾将关东倡优乐人五千户迁至安陵，由是成为长安及周边陵县中逸乐场所最为集中的去处。啁戏本是流行于河东诸郡的民间小调，表现的多是些男女私情，关中人称之为"酸曲儿"；后来发展成为打情骂俏的男女对唱。京师的浮浪子弟，趋之若鹜，而富家大族，虽视其为难登大雅之堂的郑卫之音，可燕居休闲之际，也常有请到家中演出的。

窦婴笑道："子丝致仕家居，可俸禄照发，请朋友们听回戏，还要别人会账，不至于如此窘迫吧？"

"诸位哪里知道，老夫目下是寅食卯粮了。前两日剧孟到家中访我，自然要摆酒会饮，酒兴上来，自然又要呼卢喝雉，博上几局。那剧孟是此中高手，我又是个不服输的性子，一来二去，输掉了十几万，家中又无积蓄，这阵子竟是以粟蔬度日，食不兼味了。不打你们的抽丰，老夫去找哪个？"

众人都笑了起来。灌夫一下子来了精神，追问道："剧孟现在何处？没有离开长安吧？"

"此番他是来收账，一时怕不会离开。他赢了我的钱，与一般狐朋狗友，混迹于安陵的倡寮酒肆之中。老夫气不过，知他嗜博如命，请了许博昌来杀他的手气。剧孟赢我容易，碰上博昌，负多胜少，落了下风。若非王孙相招，老夫今日还要观战的。"许博昌，是安陵六博高手，有《博经》一篇传世。窦婴好博，故亦与其交好。

灌夫跳起身，向众人揖手告辞道："王孙、众位大人，在下与那剧孟有笔旧账要算，就此告辞。"

窦婴一把拉住他道："甚事这么急？用过酒饭再去不迟。"

"我前年赴代任职，路过洛阳访过剧孟，饮酒时也与之博过数局，不知他使得甚手段，也把我赢得精光。我自是不服，约好日后再战。此次来京，一路上寻他不着，今日既有了下落，岂能错过？定要与之再博，决一雌雄！"

无论众人如何劝说，灌夫不为所动，一心只想马上找到剧孟再行较量，还是心急如火地赶去了安陵。

"剧孟既为行侠仗义之人，何以在赌场上如此无情？"陈介不解地问道。

"赌场无父子，这是规矩。输赢上丁是丁，卯是卯，半点儿含糊不得的。"

陈介摇摇头，道："如此无情，这样的朋友不交也罢。"

袁盎则大不以为然，"陈大人此言差矣。剧孟虽是个博徒，可母死，闻讯自发送葬的客人、车骑千余乘，我们官场的丧礼怕都难有偌大的场面！受到如此尊重者，必有过人之处。天下人为甚仰慕季心、郭解、剧孟？缓急人人会有，一旦有人求告，此辈绝无托词。言必信，行必果，已诺必诚，虽杀身在所不计，这才是丈夫本色。我只不过不愿开口而已，若急用，剧孟可以赠我千金。"

窦婴吩咐开席，打断了二人的口角。他本来欲借饮宴，与他们商议十分机密的大事，灌夫乃不速之客，走掉正方便大家议事。

侍者在每人面前放置一张矮几，上置漆案，案中成套的精美食具中，盛有片成薄片的麂肉、鹿肉，醋醢豉酱与用作配菜的胡荽和莴苣。随后侍者又在每张矮几的中央安放了一只染炉，"染"者，即后世的涮、蘸。染炉铜制，半尺多高，由四支兽足承托着的炭炉，青龙白虎、朱雀玄武，四面透雕，精巧可爱。炭炉上置有一只铜制耳杯，耳杯与炭炉上均镌有"魏其家用"的铭文。侍者将火炭加入炉内，又将杯中注入清水，加入豉酱等调料。不久汤水滚沸，香气浓郁，氽入肉片，片刻即熟，趁热入口，鲜香嫩滑。宾主大快朵颐，不久额上就都沁出了一层薄薄的细汗。

食过一气，侍者们撤下盘盏，奉上巾帨，擦汗净手之后，开始另上酒菜。窦婴提议掷荸行令，以助酒兴。酒荸十四面，每面点数不同，以点数多少计胜负，负者加罚。另有一套酒令钱与之配合，钱一面铸有序数，与酒荸点数对应；背面则铸有"自唱自饮""禁声作舞""行酒一巡""任意请歌"等字样。负者若不胜酒力，可按相同序数的酒钱上的铭文认罚，或歌或舞，以博一粲。

头几巡，周亚夫、窦婴、陈介各负一局。亚夫歌《大风》①，窦婴歌《鸿鹄》②，陈介不能歌，执壶斟酒一巡。之后周亚夫再负，拈得"禁声作舞"一钱，于是拔剑持鬐，就席起舞，矫捷雄健，博得一片赞好之声。在这以后，竟是袁盎连负的局面，起先他还撑着，连饮数杯后，改拈酒钱，所得为"任意请歌"。此时酒酣耳热，兴致高涨，袁盎吩咐侍者招呼戏班子上堂，说是要为大家来一出男女对唱。

唰戏班子男女一行四人，低首敛眉地进来，行礼之后，端坐于席侧，听候吩咐。三个男子衣皂，所携乐器，一鼓、一筝、一琴、一笛而已。女子衣缥，不到二十的年纪。一头黑亮的长发，不施瓒饵，松松地绾成一个椎髻；鹅蛋形的脸上薄施粉黛，修得细细的长眉下，一双杏眼顾盼有情，鼻侧的几点雀斑，更添风韵，一望而知是天生的尤物。

女子名窈娘，是安陵顶尖的歌伎。她取过琴，架于膝上，一双素手，十指纤纤，勾抹挑捻，乐声如清泉般汩汩流出。窈娘檀口轻启，音色全不似柔弱女子，高亢激越，令众人精神一振。

上邪！我欲与君相知，长命无绝衰。山无陵，江水为竭，冬雷震震，夏雨雪，天地合，乃敢与君绝！

是首流行颇广的古情歌，起首与末尾两句，决绝之气与高亢的音色相得益彰，声如裂帛，内中蕴涵的张力撼动人心，赢得了满堂喝彩。

窈娘略停，轻拢慢拨，奏出另一支曲子，舒缓徘徊，哀怨之情油然而生。

迢迢牵牛星，皎皎河汉女。纤纤擢素手，扎扎弄机杼。终日不成章，泣涕零如雨。河汉清且浅，相去复几许！盈盈一水间，脉脉不得语。

---

①《大风》，即汉高祖刘邦所作《大风歌》，歌云："大风起兮云飞扬，威加海内兮归故乡，安得猛士兮守四方。"

②《鸿鹄》，即汉高祖所作《鸿鹄歌》，歌云："鸿鹄高飞 一举千里。羽翮已就，横绝四海。横绝四海，当可奈何？虽有矢曾缴，尚安所施。"

一曲唱罢，满座无语。袁盎斟了杯酒，递给窈娘，道："别老唱这些悲悲戚戚的歌子。饮罢这杯，还是唱啁调，那个……那个'俏冤家'就妙得很。双人对唱，老夫就扮那个负心郎。"

乐人颔首互视了片刻，登时鼓乐齐鸣，繁管急弦中，跳荡出活泼与欢快。窈娘起身，从布囊中取出一副竹制的响板。此时的她一改方才的端庄素重，目光流盼，幽幽的如同望不见底的深潭。她打动响板，略走几步，腰肢款摆，回眸望定袁盎，抿嘴一笑，唱道：

俏冤家，我与你恩深情厚。你为何只恋新人忘了旧？劝不听，争结怨，相见争如不见，不如狠下心肠，啐！各自丢开了手。

歌声高亢尖利，搅得人心里热辣辣的。袁盎站在窈娘对面，也舞动起腰肢，竟不像个望七的老翁，只是声音嘶哑漏风，引起满座的笑声。

要丢开就丢开，你无情我无意，水上的浮萍遭雨打，说甚么相思皆闲话。今日随我，明日跟他，竟如那，亭驿里的铺陈赶脚的马。

窈娘走近袁盎，一手叉腰，一手指着他的鼻子，柳眉倒竖，杏眼圆睁，别有一番情致。

俏冤家，我待你，金和玉；你待我，好一似土和泥！自古人言，痴心的女子负心的汉，痴心的是我，负心的是你。

两人你来我往，又唱又舞，几个来回后，袁盎词穷，败下阵来。窦婴接着上阵，那窈娘也使足了精神，舞姿袅娜，眉目传情，把这些个平日里庄重自持的大臣撩拨得色授魂与，心猿意马。

几番歌舞，伴随着推杯换盏，众人已有些醺醺然。窦婴想到还有大事要议，于是吩咐艺人们下去用酒饭，将周、陈、袁三人让至里间。

"王孙，我请来的人怎样？你钱使得不冤吧？"

"不冤，不冤。我还要留他们几日，邀些朋友尽兴。"

重新盥洗净手，一巡清茶之后，窦婴正色道："各位大人，今日燕聚，实为一件关乎国本的大事，要与诸位从长计议。"于是将前不久皇帝有意废立，专命郅都查办太子外家不法情事的经过细细叙述了一遍。周亚夫、陈介当日都在朝堂之上，这番话是说给袁盎听的。

"我身为师傅，于情于理都不能不为太子一争。可皇帝废去栗姬的名号，看来是决心已定。郅都乃出名的酷吏，自会提供皇帝所需的证供，废立之事怕只在旬日之间。王孙忧惶无计，诸位均为朝廷之肱骨，不知何以教我？"

"皇帝心意既定，吾等怕是无力回天了。"陈介叹息道。

"陈大人此言差矣！大臣乃国家柱石，事关国本，岂可畏难怯退？"想起朝堂上与郅都的争辩，周亚夫心里沉重，但口气强硬。"除非有太子失德的确证，我决不会赞同废立。王孙放心，我会与你共进退的。"

"设若保不住太子，退而求其次，以各位大人之见，皇帝属意于谁？"一直静听的袁盎，插嘴问道。

亚夫道："按长幼次序应该是河间王，以道德学问论，也该是河间王。"

陈介道："君侯差矣。太子的废立乃由栗姬而起，河间王与太子一母同胞，既能立他，又何须废立？我看胶东王有望。"

"老夫在家赋闲有年，朝廷上的消息不灵通，我听说那栗夫人原本是皇后的首选，怎的忽然被削去封号，以致牵连太子，闹到要废立的份上？"袁盎问道。

几人面面相觑，窦婴道："宫闱之事，晦暗难明，我们不去说它。可有件事出乎常情，也不合祖制，我们做大臣的，难以置之度外。"

"甚事？"三个人的眼睛盯在了窦婴身上。

"梁王觊觎储位，而且得到了太后的默许。"

"这是何处来的消息，确实吗？"陈介追问。

"大长公主前日来访，是她亲口所言。"

周亚夫恍然道："这就难怪了，堂邑侯陈午前日突然访我，我因有事，无暇详谈，他支支吾吾，搞不清他的来意。长公主既为此访你，那陈午想必为的是同一件事了。"

亚夫与窦婴对望了一眼，彼此心中已经会意。这梁王若得逞，他们的前程将会面对凶险。刘武曾被窦婴的面谏坏了大事，当然放不过他；而亚夫，也因一段旧事，曾经结怨于梁王。

七国之乱，周亚夫以太尉总领各军，顿兵荥阳，后又屯守昌邑。吴楚联军猛攻梁国，形势危急，梁王屡次派使求救，但亚夫以吴楚锋芒正盛，深沟高垒，坚壁不出。梁王上书天子，天子诏令亚夫救梁，可他以大将前敌有便宜行事之权，竟不奉诏。亚夫的战略是避实就虚，只派弓高侯韩颓当偏师一支，深入敌后，断扰其粮道。直至吴楚兵锋屡挫，补给不济，军心涣散后，才倾全力出击，一举奠定了胜局。可事后梁王却心生嫌隙，每次进京陛见皇帝、太后，都不免媒孽亚夫的短处，好在皇帝知道内中情由，护着他。若梁王当政，以他那种睚眦必报的性格，周、窦的下场可想而知。决不能以梁王为储，二人对此默契于心，乃共同的利害使然。

"长公主乃梁王亲姊，为何透露如此机密的消息？"袁盎不解地问道。

"长公主把阿娇许给了胶东王，为的就是女儿将来能登皇后之位，梁王此举会坏她的事，她自然要拆台。"陈介道。他认为皇帝既有意废立，再争无益，莫若顺皇帝的意旨而行。他看好的是胶东王刘彘，因为从态势上看，胶东王最可能被立为太子，长公主夫妇出面运动大臣，更证实了他的判断。

袁盎心里不以为然，觉得这些都不过是杞人之忧。他捋着花白的须髯，笑道："诸位大人之虑无乃太甚。有那么多皇子可以挑选，皇帝怎会甘心将皇位传给兄弟？真是天大的笑话！老夫不信。"

窦婴道："子丝是知其一不知其二。皇帝当然不愿，可问题不在皇帝，在太后。太后溺爱梁王，而皇帝仁孝，绝不愿当面违拗太后，必会推说要与大臣会议，最后还不是要我们出头谏阻。"

"做大臣的，这时候出头做皇帝的挡箭牌，有何不可？不然何以称股肱之臣！"

"子丝是站着说话不腰痛。谏皇帝易，谏太后难，我已触过一回霉头，此番再谏，太后怕是要把我从窦家扫地出门了！"

"太后历经三朝，是头脑精明，心里十分有数之人。我就不信，道理说透彻了，太后会做出糊涂事来。"

窦婴等的就是这句话,他向袁盎长揖道:"这正是吾等有求于子丝者。谏皇帝,由丞相、陈大夫与我出面,谏太后,则非子丝不能为功。"

　　亚夫、陈介亦恍然憬悟,随窦婴一同向袁盎长揖致意。

　　原来袁盎不仅以辩才知名,二十年前的一段往事,使窦太后感念在心,对他格外看重。文帝中年后,宠幸慎夫人,厚封慎夫人子梁怀王,颇有废长立幼的意思。当时的太后母子,如临深渊,如履薄冰,整日生活在忧惧不安中。袁盎时任中郎将,随侍文帝。一次,文帝携窦皇后、慎夫人同游上林苑,举办宴会时,侍从为讨好文帝,不顾尊卑次序,将慎夫人坐席与皇后等列。袁盎是日当值,见状,不由分说,将慎夫人坐席撤至嫔妃席。慎夫人恼羞成怒,坚不肯入席,文帝亦怒,起身意欲发作。袁盎毫无惧色,抢前陈奏道:"臣所闻者,尊卑有序则上下安和,如今陛下既已册立了皇后,慎夫人不过一妾,妾与皇后岂可以同坐?!陛下宠幸夫人,不顾朝廷体制厚赐于她,以为非如此不足以示爱,而以臣看来,这反而埋下了祸根,爱之适足以害之,陛下难道忘记了'人彘'之祸了么?"

　　文帝冷静下来,劝说慎夫人依礼就座。但袁盎也因此为文帝疏远,不久就调任陇西都尉①,此后迁转于各地,直至今上即位后,才得以重回京师任职。窦太后和皇帝以此心存感激,对他格外优遇,所以,劝谏太后,袁盎无疑是最佳的人选。

　　却不过众人的面子,也暗含着自负,袁盎答应按窦婴的分工,在必要时出面劝说太后。四人又细细计议了一番,斟酌了各种可能情况下的对策,不觉日已过午。窦婴吩咐张灯添酒,重开宴席。于是窦府中又是歌声妙曼,舞姿翩跹,觥筹交错,笑语喧哗;直到暮色四合,夜漏将至,主客方尽欢而散。

---

① 陇西,郡名,今甘肃东南部,郡治在狄道(今甘肃临洮);都尉,一郡最高军事长官,秩比二千石。

三十八

　　应该发生的事情就一定会发生。半月之后，诸栗一案审结，刘启不顾周亚夫、窦婴等大臣的苦苦谏阻，还是废黜了刘荣。刘荣被封为临江王①，离京就国。

　　刘荣就国后不久，栗姬不堪受辱，在永巷自刭身亡。可王娡期盼的事情也迟迟没有发生，她内心焦虑，连日夜不成寐，人憔悴了不少。偏巧皇帝不知是因为怀旧还是其他什么，召幸旧日的嫔妃，王娡的那次侍寝简直是一场灾难，她心理失常，拘谨被动，大失皇帝的欢心，竟连房事亦未能完成。整个过程持续不到半个时辰，王娡就被送回鸳鸯殿。反之，贾姬则抓住了机会，重获皇帝的宠幸，已被召侍寝五次。王娡饮泣吞声，悔恨无已，生命也仿佛天气一样进入到寒冷肃杀的严冬，她心情落寞，一时万念俱灰，足不出户，整个人都蛰伏起来了。

　　皇帝废旧而未立新，储位空虚，朝野内外议论纷纷，流言四起，人心浮动。就这样过了数月，又是冰河解冻，万物复苏的初春时节，太后终于开始过问这件事情了。

　　中元元年三月的一天，太后在长信殿举办家人燕聚，刘启、刘武、刘嫖

---

① 临江，即秦汉之九江郡，汉初很短时间内曾为临江国。景帝先封皇子刘阏为临江王，刘阏早死，刘荣被废后，亦被降封于此，四年后因事自杀，国除复为九江郡。

及诸窦陪侍,谈谑歌舞,尽极欢娱。宴席终了时,太后微醺,满面笑容地对众人说道:"我年过花甲,以贫寒人家的女儿做到一国的太后,尊荣备至,没有甚憾事了。可你们谁能猜得出让老太婆我最欣喜满意的是甚?猜出来有赏。"

众人争相说出自己的猜想,可太后一一摇首否认,末了,太后指着刘启、刘武与刘嫖道:"最让我欣慰的是儿女孝顺,儿女孝顺,为娘一生的操劳和心血才值得,才没有白费。大汉以仁孝治天下,道理尽在于此,你们要谨记这个道理。"

众人齐声称是。太后面容转为严肃,望着刘启问道:"阿荣去了临江,储位也不能老是这么空着,搞得人心不定,流言蜚语都传进了长乐宫。皇帝这么久还是选不出适当的人来吗?"

刘启没有料到太后会在这种场合问起此事,一时竟难以回答。适当的人选当然有,就是刘彘;可对是否册立王娡为后,他却迟迟拿不定主意。贾姬侍寝承欢,很当他的意,可他很清楚她绝非皇后之选,她的儿子也绝非太子之选。立太子与立皇后实在是同一件事情的两面,刘启对此委决不下,实在的原因,是拿不准要不要立王娡为后。自从再见王娡后,他对这女人便有了种异样的感觉,总觉得她身上有种让人看不透的东西,一种他不喜欢的东西。

看到刘启啜嚅难言的样子,太后摇摇头,道:"儿子多了也会挑花眼,反不如只有一个好选择。"她看了一眼刘武,摆摆手对刘启说道:"好了,为娘有个想法,你听好了,回去好好斟酌着办。我听那些博士们为你父皇讲经时常说,'殷道亲亲,周道尊尊,其中的道理是一样的',皇帝既如此为难,不如按照从前的想法,安车大驾,以你兄弟梁王为寄了。"

事出意外,刘启心里一震,可口中却不觉应声称是。刘武低头不语,刘嫖与诸窦面面相觑,但在太后严厉目光的扫视下,没有人敢于开口阻谏。

刘启有些乱了方寸,筵席散后,回到未央宫,即刻召见大臣会议,周亚夫、窦婴等借势把袁盎推了出来,于是又连夜将袁盎接入宫中议事。见到袁盎,刘启第一句问话就是:"子丝深通经术,太后所言'殷道亲亲,周道尊尊',真意何在?"

袁盎扫了一眼其他大臣,会意地点了点头,开门见山地答道:"太后的意思，是立梁王为帝太子。"

"何以见得？"

"殷道亲亲者，兄终弟及，立弟；周道尊尊者，父死子继，立子。殷道质，质者法天，亲其所亲，所以立弟；周道文，文者法地，敬其本始，所以立长子。按周道，太子死，立嫡长孙；按殷道，太子死，立其弟。"

"太后之意，于公家，于经法的道理相合与否，请各位大臣为朕剖析。"

"当然不合。"窦婴膝行向前，揖手陈奏道："汉家法周，而周道立子不立弟。《春秋》所述，皆周礼大义，是非成败剖析甚明。宋宣公死，不立子而立弟。弟死，王位由宣公之子继承，而弟之子与之争，以为当代其父为王，于是刺杀兄子，由此国家祸乱不绝。《春秋》云：'君子大居正，宋之祸，宣公为之。'①《春秋》大义不可违，梁王为嗣绝不可行。"

刘启心中满意，却仍是一脸忧色，"母命难违，太后面前如何交代？"大臣们的反对固可作为挡箭牌，但这种惹太后动怒的话，他决不想由自己口中说出来。

周亚夫奏道："太后既出之以经义，自然还是以经义说服太后。臣以为，袁大人三朝老臣，深通经术，可以胜此重任。"

陈介亦奏称，梁王早有觊觎之心，储位不可久虚，请皇帝早下决断，以定人心。

在一旁伺候的赵谈，料到大臣们会持反对态度，心里有些沮丧，但脸上却仍是一派不闻不见似的恭谨。太后那一关绝不是好过的，梁王还是有一丝希望的。

数日后，袁盎赴长乐宫向太后请安，太后果然很看顾他，把他召入暖阁闲谈。拉了一阵闲话后，太后看似随意地问袁盎，民间近来有何传闻。袁盎见机会来了，抖擞精神答道，民间都在议论"殷道亲亲，周道尊尊"。

太后的面色转为严厉，目光如炬，紧盯着袁盎道："我说你休致数年，

---

① 语出《春秋公羊传·隐公三年》，指宋宣公将君位传给兄弟缪公，而不传给儿子舆夷，引发后来篡夺君位之祸。封建宗法以传子为常道，因此把传位于子的制度称为"大居正"。

怎么偏偏此时想起请安来了！你老实给我说，谁派你来做说客，是皇帝吗？"

袁盎神色如常，语气沉着："臣身在闾里，心系朝廷，太子之位，事关国本，臣听到消息，实在不忍太后做出糊涂事，铸成大错，故昧死求见陈说，犬马恋主之情，望太后明鉴。"

"我糊涂？"太后吃惊地瞪着袁盎，好一会儿才冷冷地说道："我倒要听听你的道理，讲得明白，我会考虑；讲不明白，你虽是老臣，可知妄议朝纲，大汉的律法无情。"

袁盎伏地稽首道："老臣所论，母子兄弟间事，愿独对。若悖谬无理，臣甘冒斧钺。"

太后屏去侍从后，袁盎问道："太后听博士门讲解经义，一定听到过'大居正'之义，不知太后作何感想？"

太后笑道："你倒考起我来了！'大居正'讲的是父死子继，立嫡以长。可我要问的是'亲亲与尊尊'，道理是一样的，糊涂在哪里？在哪里？"

"糊涂在太后要立梁王为嗣。不错，亲亲可以兄终弟及，可那是君主无子嗣时方可行之……"

"你住嘴，疏不间亲的道理你不懂吗？"

"臣懂。可这不光是太后的家事，也是国事，是事关国本的大事，臣昧死陈言，请太后允准。"

"好，好，你说下去，讲不明道理再说。"

"老臣请问太后，太后欲立梁王，梁王之后，太后立谁？"

"当然还是立皇帝之子。"

"再请问太后，梁王有几子？"

"阿武有五子，如何？"

"太后可有把握，梁王之子届时甘愿让位于皇帝之子？设若不讳，届时无太后主持，会发生甚事，太后认真想过吗？"

"你说会有甚事？"

"老臣不敢妄测，可兄弟相争，乃至手足相残之事怕是免不了的。"

"手足相残，说得可怕，何以见得？讲来。"

"请太后容臣细禀，从头说起。周成王灭殷，以纣子武庚奉殷祀，武庚勾结管叔、蔡叔作乱，被周公扫灭。周公以殷纣庶兄微子开奉其先祀，立国于宋。宋为殷后，如太后言，殷道亲亲，微子死后传位于弟衍。但自衍始，改行周道，父死子继，四传至闵公，闵公又行殷道，传位于弟，是为炀公熙。而闵公子鲋祀不服，弑炀公自立，是为厉公，六传至宣公，皆父死子继。而宣公在位十九年，病，有子与夷不立，让位于其弟和，所持理由与太后相同。说：'父死子继，兄死弟及，天下通义也。我其立和。'和三让而受之，是为穆公。宣公以亲亲之义，恢复祖先兄终弟及的旧制，用意虽好，却为宋国种下了祸根。"

"怎么，那穆公又传位给自己的儿子了吗？"

"正相反。穆公感戴宣公，在位九年后病重，召见大司马孔父交代后事说：'宣公舍太子与夷而立我，我不敢忘，我死后，你们一定要立与夷为君。'孔父报告说大臣们都愿意立穆公之子为君，可穆公坚执要立与夷，说是不如此，他无面目见宣公于地下。"

太后频频颔首道："就是这个道理嘛，皇帝立阿武为嗣，阿武感戴皇帝的恩情，将来也一定会将皇位传给皇帝的儿子，这有甚不好嘛？"

"宋宣公、宋穆公当初何尝不是这样想的？可长辈们的苦心，子孙们又能领会、遵循多少？穆公为确保与夷即位，甚至将自己的儿子冯出居于郑国。可制度的变易、紊乱，往往会给乱臣贼子以可乘之机。宋太宰华督借此为乱，弑殇公与夷，迎立公子冯为庄公。此后宋国五世不宁，君之子与君之弟交相篡弑，后继为君者多不得善终，宋国亦由盛而衰。所以《春秋》以大义责备宣公云：'君子大居正。宋之祸，宣公为之。'"

"太后以亲亲为义，欲立梁王为储，当然是好意。老臣也相信梁王会如穆公那样还位于皇帝之子。可周道所行历时千载，时移世易，父子相继已深入人心，制度一旦紊乱，必为奸人所乘。太后用心虽善，可保证得了儿子，但保证不了孙子，争端一起，祸乱必接踵而至，宗室相残不可避免，大汉的国势或竟由盛而衰。如此，太后何以对孝文皇帝，何以见列祖列宗于地下！老臣风烛残年，命不足惜，昧死陈奏，所望者太后以天下社稷为重，三思而后行，则臣死之日，犹如生年……"说到这里，袁盎已是涕泪交流，语不成声，而后竟干脆伏在地上呜咽起来。

太后则被这番话震惊了，打动了。看来自己竟是被亲情所误，忘记了从长远处打算。这袁盎还真是个难得的忠臣，敢于冒险犯难，在大节上是一点儿也不含糊。想起从前袁盎对自己母子的维护，太后也动了感情，她两眼湿润，亲自扶起袁盎，道："先生请起。先生的忠悃我领会了，先生所言的道理我也明白了。这件事情我会妥善处置，先生放心吧。"

随后太后命宫人预备驷马安车，除赏赐百金外，还有大批布帛锦缎，装了满满一车，将志得意满的袁盎送至安陵的家中。刘启等听到此讯，大为释怀，知道太后已被说动，大事可以无忧了。

当晚，太后将刘武召入长信殿，命宫人整治了一席精馔，母子挑灯夜宴。太后殷殷垂问，娓娓而谈的都是刘武自幼而长时的往事，对刘武最为关心的事情却无半语涉及。夜漏更残之际，刘武忍不住问起太子储位之事，太后只是淡淡一笑，道："话我已经为你说了，这种事情只能是尽人事，由天命。武儿，莫忘记你答应过娘的话，事不可为，就放弃。"

她想了想，口气转为严厉："你在京师快好半年了，诸侯群臣侧目，皇帝虽不开口，可你得有这个自觉。尽快归国去，明日就向你皇兄辞行。回去后好好治理自己的封国，恭谨自守，多为子孙计，不要胡思乱想，再做那些僭越的事情，才可以长保富贵。"

刘武不明就里，可知道事情出了变故，心一下子凉到了底。当夜，他宿于长信殿，辗转不能成眠。次日一早，便尊母命到未央宫辞行。刘启有些意外，也有些愧赧，于是厚赐梁王，并亲自乘法驾送刘武出京，直至灞桥。一路上刘武闷闷不乐，眼看可望实现的事情，竟如此不明不白就结束了，他真是心有不甘。

送走刘武后，刘启在温室殿召见了周仁，密议立储问题。

"周仁，你以为王娡为人如何？"

"臣在外朝侍候，对后宫之事实无所知。陛下可是想以王夫人入主中宫吗？"

"栗姬性妒，贾姬张扬，让人不快在明处，唯独王娡，让人琢磨不透，像是工于心计之人，朕不喜欢。朕所以迟迟下不了决心立储，亦在于此。"

"陛下可是真心想立胶东王为储？若是，此其时也。"

"当然。否则，朕不会遣年长的皇子就国。"

"陛下英明，胶东王英睿，将来必成大器。如此，嗣皇帝长成，断不会为母后所挟持，陛下但立皇后无妨。陛下不喜欢王夫人就不召幸，责其抚育遗孤，奉养太后就可以了。事久生变，册立太子不可再拖。"

刘启沉思片刻，颔首道："爱卿所言，深得朕心，这件事就这样定了。"

由于丞相周亚夫坚持立子以长，刘启最终决定按照周仁的建议行事，先册立皇后，再册立太子。这样，可以按照"子以母贵"的正统礼制，名正言顺地选立自己中意的储君。时间，定在了四月。

三十九

中元元年四月乙巳（七日），是选定的册立吉日，早几日，少府就将皇后专用的全套妆奁服饰送了过来。册立前夕，王娡终于忍不住将妆奁开封，一件件摩挲比试，爱不释手；又命大萍、蔓儿等服侍穿戴礼服，穿上，脱下，又穿上，直折腾到夜半，方才就寝。鸡鸣时分，王娡即起身盥沐更衣。少府派来侍奉的女史早已等在前厅，开始有条不紊地为她梳妆穿衣。知道皇帝已确定册立自己为皇后，王娡喜极而泣，连日来她内心亢奋，外表却要保持如常，不免疲累不堪。上妆时她一直神思恍惚，任由那些宫人摆布，直到大长公主来到，她才回过神来。

"人靠衣妆，这话真是一点儿不假。亲家母，不．皇后这一身装扮起来，真是满庭生辉呢！"刘嫖上下前后地打量着王娡，啧啧称羡。前厅灯火通明，盛装的王娡看上去犹如天人，鸳鸯殿的女侍们把前厅围了个水泄不通，争相观看新皇后的仪容。

皇后穿着的是正式的朝服，又称深衣，宽袍大袖，用整匹的帛料裁制而成。领衽和袖口加缀有锦缘，束腰的彩带扣玉错金，服色绀上皂下①，给人以十分庄重的感觉。朝服上面用彩色丝线绣着熊、虎、赤罴、天鹿、辟邪、巨牛六种神兽的纹章，在灯火映照下熠熠生辉，庄重之外更添华贵。

---

① 绀，黑里透红的颜色，又叫绀紫；皂，黑色。

按规制，皇后在仪典上的发式为高髻，女史在她额前高高拢起的头发中插入一支金步摇①，束以黄金山题②，再用两支横簪将高高绾起的假发插牢。簪股以玳瑁甲磨制而成，长一尺，乌黑透亮，端头是黄金制成的凤鸟华胜③，饰以明珠、翠羽，显示着皇后尊贵的身份。最后为她戴上珍珠珥饰。汉宫中久已不见盛装的皇后，众人屏息凝神地看着这难得一见的场景，厅内静得像是听得见人的心跳声。妆成后的王娡雍容华贵，满头的珠翠在闪烁的灯火中流光溢彩，引起一片喝彩之声。

"阿嫖，我们成功了！"王娡直待女史与侍女们离去，与刘嫖单独相对时，才露出笑容，由于激动，声音有些发颤。

"我早知道会成功的！"刘嫖也很兴奋，她上前一步，握住王娡的手。两人对视，会心地笑着。

"几日里我都寝食不安，神不守舍，如在梦中，真不敢相信这是真的。"王娡百感交集，眼睛酸酸的，强忍着泪水才没有流出来。

"你看看身上的礼服，头上的妆奁，还有甚可怀疑的！"刘嫖将一面铜镜递到王娡手中，退后一步，笑着长揖道："今后，我们都要称你作皇后殿下了。"

"阿嫖，我宁愿你我还是姊妹相称。"

"私下当然无妨，可公开的场合，朝廷体制所关，我还是要称皇后为殿下的。"

"今日的典礼，太后会出席吗？"

"不会。典礼散后，我会陪你去拜见太后。不熟识不要紧，讨老人家欢心靠的是哄，只要恭谨孝顺，太后很快会喜欢你的。"

"一切全靠大姊成全！"刘嫖的话安了王娡的心，她长揖为礼，从心里感激这位大姑姊。

虽然在礼官指导下，王娡已将礼仪演习了几日，但仍担心事临出错，于

---

① 步摇，古代皇宫贵妇的一种头饰，上缀垂珠，行走时随步摇动，故有此称。
② 山题，汉代妇人头饰的底座，制如山形，着于额前。
③ 华胜，即簪首的饰物。古代妇女用于簪头发的簪首常制成鸟雀形状，所以又称作雀钗；皇后所用的簪，簪首的华胜为凤凰形，又称为"凤凰爵"。

是就些细节请教刘嫖，两人又细细议论了一气。随着催漏的钟鼓，出发赴前殿的时刻已到。

皇后的卤簿早已等候在鸳鸯殿外，随侍的宫人和宦者排成了长长的队列。王娡乘上皇后专用的辇车，刘嫖骖乘，大长秋一声令下，队列在仪仗引导下缓缓行进。嘚嘚的马蹄声，踏破了凌晨的静谧，数百盏宫灯犹如一条游龙，在若明若暗的曙色中蜿蜒前行。莫名的紧张突如其来，王娡深吸了一口气，紧紧握住了刘嫖的手。

到达前殿时，天色已经大亮。后宫众多的嫔妃也已朝服盛装，依品级高低，列队跪拜迎候如仪。殿前阔大的广场上，百官朝服盛装，按文、武分列成数队，持笏肃立于甬道两旁。百官后面是由宫禁卫士组成的仪仗队列，甲胄鲜明，彩旗缤纷。偌大的广场虽布满人群，但鸦雀无声，场面隆重肃穆。王娡换乘肩舆，在数位嫔妃及一队侍女陪侍下，由大长秋引导着升阶登台。

前殿位于二层，宽敞的露台中央，设有用翠羽制成的华盖，王娡一行到此止步，面向北肃立。前面不远，就是皇帝委派执行册命的正副使节：丞相周亚夫和宗正刘通。两人均服黑色朝衣，戴三梁进贤冠，金印紫绶，气象威严。汉制，册立皇后本以太尉为正使，可周亚夫升任丞相后，太尉一职至今空缺，故以丞相为正使。亚夫持节，东向肃立，刘通则与之杚对，后面则是奉常张欧、太乐令及其属下的宫廷鼓吹和一队乐舞讴者①。

三通鼓响，吉时已到。身着衮冕的皇帝走出前殿，南面肃立。谒者令高声宣告皇帝临轩，百官拜舞，山呼上寿。礼毕，谒者令宣布册封仪典开始，两名侍御史手捧皇后玺绶和册书，分别递交给周亚夫和刘通。刘通卸下封泥，展开册书，向着拜伏稽首于锦褥之上的王娡，大声宣读册文：

维中元元年四月乙巳，皇帝诏曰：皇后母仪天下，体制尊贵，供奉天地，祇承宗庙。咨尔乾坤，诗首关雎，王化之本，实由内辅。椒房无主，中宫旷位，王夫人秉性贤淑，德冠后庭，群寮所咨，佥曰宜哉。卜之蓍龟，卦得承乾，

---

① 讴者，即歌唱者；鼓吹，即乐队。

有司奏议，称宜绂组，以临兆民。今使丞相亚夫持节奉玺绶，宗正刘通为副，立王夫人为皇后。其往践尔位，恪守妇道，仪范后宫，敬宗礼典，肃慎中馈。四海皇天，维德是依，无负朕命，天禄永终，可不慎欤！钦此。

王娡拜受册文，再拜稽首谢恩后，归位于华盖之下。之后是授受玺绶的仪式。大长秋出前数步跪下，从周亚夫手中接过皇后玺绶，转交于位次较高的程姬、贾姬，转相授受后，一人奉玺，一人为王娡佩绶。皇后与皇帝绶带的颜色、质料相同，也是黄赤色，四采五百首①。程姬、贾姬为她奉玺佩绶时满面笑容，可王娡还是感觉得到笑容后面的嫉妒与仇恨。满心欢喜的她猛然清醒过来，从现在起她已被推到了众矢所指的位置上，满后宫的女人都可能是潜在的敌人，无论她收敛还是张扬，都会如此。

进行中的仪典不容她多想。授受玺绶毕，王娡再拜稽首如仪，起立，称臣妾，谢恩。宗正刘通高声宣告仪式完毕，百官再次舞蹈山呼上寿。礼讫，黄门鼓吹三通，太乐奏《安世房中歌》。钟磬叮当，笙管齐鸣。伴随着抒发婉转的乐声，上百名宫伎翩跹起舞，这是大曲的前奏，被称为"艳"。之后讴者同声高唱：

大孝备矣，休德昭明；高张四悬，乐充宫廷。
芬树羽林，云景杳冥，金支秀华，庶旄翠旌。
……

歌声徘徊往复，庄重感人。每节完后乐声转快，节奏铿锵，这是大曲歌辞间的过门间奏，被称作"解"，而舞者的动作、步履亦随之狂放而激烈。歌声、乐舞缓急错杂，快慢相间，将跌宕起伏的情致表现得淋漓尽致。

---

① 四采，四种彩锦织成的文饰；首，汉代表示织物的经缕密度的量词，一首合五扶二十系；帝、后的绶密度为500首，合10000系，根据绶的幅宽（1.6汉尺，约合36.8厘米）计算，则每厘米的经线达约217根，远远高于现代织物的密度（约25根）。所以绶的织法应为包含若干里层的提花织物。

歌毕，鸣鼓，宣告仪典结束。百官依次退出，王娡拜辞皇帝，由刘嫖与大长秋陪同前往长乐宫拜见皇太后，然后又赴宗祠告庙①，之后在椒房殿正皇后之位，接受后宫嫔妃与宦者宫人们的祝贺，贺罢大宴后宫，一直应酬到晚上，方才停歇下来。

　　王娡疲困交加，卸妆盥洗后即登床歇息，侍奉她更衣的女侍们正待退出，王娡叫住了大萍，"这么大、这么空的地方，我一个人住着揪心。你把铺盖搬过来陪我，夜里灯一直要亮着。"寝殿高大空旷，冷寂凄清，令她心生畏怯。

　　椒房殿不同于后宫其他的院落，是由一组宫殿群组成。薄氏为皇后时，王娡常来此请安，但仅止于正殿以前。如今，这里已归属于她，恍惚中，她由一群侍女陪同，挑灯巡视自己的领地。

　　长长的巷道仿佛总也走不到尽头，夜很暗，宫灯只能照出尺把远。打头宫人的身影隐没在黑暗中，万籁俱寂，只听得到细碎的脚步声。王娡觉得不安，不由得加快了脚步。就这样走了不知多久，月光终于穿透了阴霾，散射于大地，四下无人，也没了灯光。前面那个若隐若现的背影，她看着眼熟，分明就是废后薄氏。怎么，被废黜的她还没有搬离这里吗？妇人一闪身进了一座院落，王娡跟了进去。

　　院落破败，门窗漆皮剥落，院内蒿草没踝，所有的房屋都落着锁，只有一间屋门半开。王娡蹑手蹑脚地走进去。女人背向着门，正在用力做着什么。她悄悄走近，探头望过去，那女人攥着一个布制的偶人，正用手中的铜锥，一下接一下狠狠扎进偶人的穴道中。王娡险些叫出声来，拔腿向门外退去。

　　听到动静，那女人猛地转过身来，惨白僵直的面容上暴睛凸起，直勾勾盯视着她。映着明亮的月光，她看清楚了那女人的脸，这哪里是薄氏，分明是自刭身亡的栗姬。王娡心胆俱裂，拼命向外跑去。起风了，四面都是虫鸣与枝叶摇曳的沙沙声，凄厉的、若有若无的哭声夹杂于其中。她大声呼救，可侍女们已全无踪影。她慌不择路，不知跑到了何处，被一丛荆棘绊倒。身后追赶的脚步声却愈来愈近，愈来愈响，她感到窒息，浑身瘫软，绝望和恐

---

① 告庙，古代国之大事均告于宗庙，传消息于祖先，称告庙。

怖渗透进每个毛孔，心跳声如擂鼓，可大张着的口中却发不出一点儿声响……

"皇后殿下，皇后殿下！"有人在摇动她，那声音也很熟悉。王娡睁开眼，四面灯火通明，守在她身边的，却是大萍，正在用布巾为她拭汗。

她不敢再睡，起身披上睡袍，呆呆地坐了一会儿。

"这个寝殿栗姬住过，我刚才见到了她，真可怕。"

"我也梦到了阿宝。"

"喔，你也做了噩梦吗？"

"阿宝说的都是家乡的人和事，倒不怎么让人害怕。后来听到殿下的叫声，就醒了。"

"两个都是凶死鬼，阴魂不散，明天我要搬到配殿里睡。今夜不睡了，你陪着我说话。"

"是。"

"大萍，你还记得一年前，我们在漪兰殿说过的话吗？"

"记得。殿下说要争皇后之位，争太子之位，如今都做到了。奴婢恭贺殿下，为殿下高兴。"

"还不止于这些。我还说过，跟从我的人，我会为之着想，为他们争一个好的前程。如今，我可以做到了。你与郭彤，出力最多，我要报答你们。大萍，说说看，你现在最想要的是甚？"

"谢皇后殿下。奴婢最想要的是……是能早些回乡，与爷娘团聚。"

王娡有些意外，也有些不快。"想要回家，为甚？还是为了阿宝的死自责？阿宝是栗姬所害，与你我无干。栗姬心胸狭隘，害人害己，已经遭了报应。阿宝泉下有知，也会心安的。"

"奴婢不敢，实在是想念爷娘。"好友死于后宫里的争权夺势，虽为栗姬所害，但起因在自己身上，大萍一直为此自责。

"宫里头有制度，宫人年不满三十不能出宫，这件事我怕是帮不了你。你年纪还轻，在宫里大有可为，从明日起，我要少府把你的月俸加倍，你还得帮我，做椒房殿的总管，回家的事不许再提。"

"是。"

"你的心情我知道。我还不是这样过来的。谁不想与家人长相厮守？可在宫里办不到。办不到的事，想也是白想，徒生烦恼。"王娡这番话，既是针对大萍，也是说给自己的。几年来深宫孤处，总算熬出了头，身为皇后，五日一侍寝，可以定期见到皇帝。王娡想到这里，嘴角不觉露出了笑容。

"按规制，今后我每日要给太后请安，每五日一次，要上食侍奉皇帝，我想排出两宫的食单，菜式要不断翻新，尽可能不重样，这件事关系甚大，大萍，只能办好。"

"是，今日我们扫除旧物，在食窖中找出许多食单，看来是栗夫人以前侍候皇帝时用过的。"

"哦，这太好了。这女人侍奉皇帝多年，最晓得他的口味。这些食单没有丢掉吧？"

"没有，奴婢想可能有用，收得好好的。"

"真是个有心的孩子，冲这，我也舍不得放你走呢！你安心跟着我办事，将来我会出头为你寻下门好亲事，要嫁就嫁个做官的人家，爷娘的脸上也有光彩。"

大萍顿首拜谢。王娡兴起，吩咐她马上取来那些食单，开始兴味十足地研究起五日后上食时的菜式来了。

四十

"好，嗯，好味道。"刘启将王娡带来的菜式品尝了一遍后，满意地点着头。他放下匕箸，在一只错金水盂中濯了濯手，对那些侍奉的宫人们摆摆头，道："你们都退下，朕与皇后有话要说。"

"两件事。"刘启望着王娡，稍稍踌躇了片刻，问道："你可知朕为何立汝为后？"

"臣妾蒲柳贱质，本不足以承祧宗庙，陛下这样做，全为的是彘儿。"

"不错，可你只说对了一半。彘儿少年英睿，是块成大器的好材料，可他排行靠后，大臣们意见不一，所以要先立后，再立储。《春秋》有言：子以母贵。皇后之子便是嫡子，立子以嫡不以长，春秋大义，可塞众口，彘儿立为太子便不再有任何的障碍。所以，明里彘儿是借了你的光，所谓子以母贵；实际上是你借了彘儿的光，是母以子贵。个中的道理你要明白。"

"陛下英明。爱屋及乌的道理，臣妾也明白。可那另一半是甚，臣妾愚昧，还望陛下明示。"

"立你为后的另一个原因，是因为你本分。皇后有中宫之尊，必须守妇德，安本分；若不安本分，会生事祸乱后宫。栗姬为前太子之母，最有做皇后的资格，可妒忌生事，自蹈罪衍。为皇后者，切不可妒忌张扬，栗姬的教训，你要记住。"

"是。"

"那么先说第一件事。朕决意立彘儿为太子，吉日已请太祝卜定，就在丁巳日（十三日）。太子地位尊贵，阿彘是个小名，不雅。朕想了几日，为他选了个新名，单字一个'彻'，有'光明通透'之义。你是他母亲，以为如何？无异议，从今日起就传命宗正府把名字改过来，叫刘彻。"

王娡大喜，伏地顿首谢恩，可还是掩饰不住喜悦的神情。

"太子是国之储君，将来要承继大汉的基业，学业绝不能荒疏。朕将为彘儿，不，彻儿，挑选师傅。从明日起，彻儿要搬入太子宫，再不能与你朝夕相处。只能五日一次，去你那里请安。"

"国事重于亲情，臣妾明白这个道理。学业上的事全凭陛下做主，所求者，是能让臣妾选几个宫人跟去照顾彻儿的起居，都是从小伺候他的，熟悉彻儿的脾性。"

"可以，彻儿生活起居上的事，当然还是你来安排。女侍之外，你也可挑几个宦者。"

"谢陛下。"

"越儿与寄儿都到了读书的年纪，可以随彻儿去太子宫陪读，你的负担也可轻一些。儿姁那几个孩子，年岁还小，没了母亲，你这个大姨要多费心思。"

"陛下放心，妹妹的孩子，我会当自己亲生的一样看待。"王娡感伤地用丝巾拭了拭眼睛，转变了话题，问道："长公主给阳信定了户人家，是平阳侯曹时，不知皇帝意下如何？"

"子寿是曹相国的曾孙，功臣之后，食邑万户，当然是门好亲事。你有阿嫖做亲家，儿女的婚事是不用愁了。"刘启笑道。

儿姁早殇，皇帝对遗孤格外关切。自己年长色衰，比不过那些年轻宫人，有这几个外甥儿在，尚可在亲情上博取皇帝的好感。看到皇帝心情好，王娡赔笑道："越儿年纪还大于彻儿，是不是也该册封个王位？那几个小的，也请陛下挂怀，庶几阿姁可以安心于泉下。"

"朕听说孩子们都拿你做亲娘看待，难得得很！再有，南宫和亲的事上，你能以国事为重，放得开手，也深得朕心。做皇后者，就该有这种怀抱。你放心，这些孩子们的事，朕心里有数。"

刘启呷了口酒，敛起笑容，道："照顾这些孩子，已够你费神，可朕还有一事相托。太后年事已高，你要代朕细心侍奉，不必拘泥五日一请安的规制，但凡有空，你就可以过去陪她。"

"臣妾遵命。做媳妇的，本应承欢膝下，侍奉太后颐养天年，请陛下放心。"王娡把皇帝的托付，看作是格外看重自己的表示，满心欢喜地应承着。

"在朕这里也是一样，你上要伺候太后，下有皇子要看顾，朕不愿你费力分心。今后，这里的尚食与侍寝，就免了。朕若有事，会随时召你来的。"

这番话，犹如迎头泼下的一盆冰水，使王娡从头顶凉到脚底。皇帝语似关怀，实际上却剥夺了她作为皇后的最重要的权利。这五日一次的尚食与侍寝，是皇后地位的象征，没有了它，她与普通宫嫔还有何区别？消息传出，众口喧腾，自己势将成为后宫中的笑柄。想到那些幸灾乐祸者的面容，她的心抽紧了。

空气中弥漫起一种紧张，看着低头不语的王娡，刘启眉头微蹙，问道："怎么，你为何不说话？"

"这就是陛下要说的第二件事吗？皇后定时侍寝，是祖制，也是夫妇间的礼数。臣妾再操劳，也不敢坏了祖上的规矩，请陛下收回成命。"王娡的声音不大，可口气硬硬的，很冷。

这下轮到刘启吃惊了。想不到平日里那么柔顺恭谨的女人，此时竟判若两人，或许，这才是她真正的本色吧。

"朕是好意，你莫不知轻重。"

就这样轻易放弃自己的权利吗？不，一定要争！王娡鼓勇陈言道："陛下既厌弃臣妾，又何必立臣妾为后？既立臣妾为后，又何必以此羞辱臣妾，要臣妾在人前抬不起头来？陛下的好意，臣妾实在不明白。"

"你这样说，朕倒也不明白了！朕如何厌弃你，又如何羞辱你，你讲不出个道理，就是诬枉欺君之罪，你抬起头回话。"刘启面色凝重，口气中隐含着怒气，王娡不寒而栗，头脑一下子冷静了下来，可心里的话，还是脱口而出。

"陛下召幸旧宫人，贾夫人侍寝不下五次，而臣妾仅一次还半途中辍，这不是厌弃？薄氏无宠，与陛下可谓怨偶，但在位时，陛下还为她保留了起码的面子，五日一次的尚食侍寝并未取消。栗姬事败之前，也是如此，而她还没有皇后的身份。

"皇后之位，人人觊觎，我既为后，在后宫已成众矢之的。臣妾有自知之明，知道侍寝不过是个虚名，可陛下连这点儿虚名也不给，臣妾就成了那些嫉恨者口中的笑料。臣妾宁愿陛下赐死，不愿受此羞辱。"刚才还情同夫妇家人的闲谈，转瞬间竟成了这种局面，王娡一阵心酸，泪水夺眶而出。

刘启却不由笑了起来。"你就是为了这个委屈？阿嫖常夸你大度，看来也不免于女人的嫉妒。贾姬床笫功夫好，可凭这她当不成皇后。若能做皇后，她还会在乎侍寝吗？"

"皇后是甚？不过是种名分，就像宗庙中的牌位，人人都要拜，虽然只是块木头，可位置在那里，没有人敢于不敬。陪朕的女人虽多，可皇后只有一人，多少人想充这个牌位而不能，王娡，你莫不知足。"

王娡心中凛然，顿首请罪道："臣妾愚昧，望陛下恕罪。"

刘启收起笑容，道："天子言出法随，你却以为能用祖制挟制朕。今日你能挟制朕，日后是不是也要以母后的身份挟制嗣皇帝呀？"

"不，不！臣妾一时糊涂，万不敢如此，请陛下治罪。"王娡顿首再拜，身上已是冷汗淋漓。

"治罪谈不上。可你要记住朕先前的话，做皇后的要安分知足。'恪守妇道，仪范后宫，敬宗礼典，肃慎中馈'，册立诏书中的话，是朕的期望，也是朕的要求。甚是妇道？安分知足就是妇道。身为皇后者若不能谦恭退让，后宫里还太平得了嘛！还是那句话，栗姬的前车你要谨记。"

"是。"

刘启望着面前惊惧觳觫的女人，心中有些不忍。"话就说到这里，你好自为之。起身洗洗脸，回去安歇吧。"

郭彤今夜当值，看到王娡满面羞愤地出来，知道事情不妙，赔着小心送她回宫。一路默默无语地跟在辇后。直到出了前殿的宫门，王娡才问道："今夜何人在前殿侍寝？还是贾姬吗？"

"不是。"

"什么人陪皇帝？"

"都是些年轻的新人。殿下若想知道的详细，在下明日去永巷把姓名抄来。"

王娡叹了口气，道："知道了又有甚用？不必了。"

又默默走了一程，已能望见椒房殿的灯光，郭彤揖手告辞时，王娡忽然问道："公公可想换个差使？"

"甚差使？"

"到太子宫侍奉阿彘。"

"在下身不由己，要皇帝允准。"

"这不难，你只讲想不想，其他的事，由我对皇帝说。"

"当然想。殿下看得起郭彤，郭彤敢不尽犬马之用。"

"那我们就讲定了。"

看着远去的辇车，郭彤叹息道："好事难全！"摇摇头，回前殿去了。

回到椒房殿，王娡思前想后，彻夜难眠。册封为后时的欢喜已荡然无存，取而代之的是深深的失落和忧虑。以色事人者，色衰而爱弛，没有了本钱，又怎能拴得住皇帝的心！得了名分，却又奢望着夫妇之爱，看来自己还真是没有自知之明。重新获得皇帝的宠幸既无可能，皇后的位子还能够坐稳吗？

"贾姬床笫功夫好"，她想起皇帝的评语，心里酸酸的。她记起有一次闲谈，说起贾姬得宠的事，刘嫖不屑道："有甚好？不就是会叫床。"她告诉王娡，贾姬是代北人，代北的女人皮白肉细，会叫床，男人就喜欢这种骚女人，这会让他们感觉自己更有丈夫气。当年那个慎夫人也是代北人，媚惑孝文皇帝，靠的也是这个。

可这种女人不是做皇后的料，就如皇帝所言，凭这个成不了皇后。况且贾姬的年龄还要长于自己，年长色衰，她也没有多久好日子过了，构不成实在的威胁。那些年轻宫人，虽然有机会侍奉皇帝，但一时半会儿难得有儿子，小心防备，不足为患。对贾姬而言，她们的威胁反而更大，对这个骚女人可以拉一拉，必要时或许可以为己所用呢。

思来想去，王娡觉得确保自己皇后的位置，除去低首下心，在后宫广结人缘，化敌为友外，还是要从太后及与长公主的姻亲关系上下力。有了这个靠山，自己与彘儿的地位就有保障。对任何可能与现实的敌手，一经发觉，则要尽快剪除，不留一点儿后患。对于即将成为太子的阿彘，身边一定要安插上忠于自己的人，牢牢地保护住他，置于自己的影响之下。只要儿子将来能够顺利继承皇位，就不愁没有扬眉吐气的一天！

她挑亮灯焰，取出锦盒，将每日都要摩挲把玩的银环，一股脑儿倒在几上。随光影耀动的亮色，宛如月下的一汪水面，冷光潋滟，倒映出往昔的浮华岁月。曾经有过的青春、美貌、情爱，如同几上斑驳的光影，是那么的不真实、不可靠。挥之不去的，是孤处深宫时的寂寞，这么多年来一直伴随着她。而今身为皇后，反而倍增凄凉，她不禁潸然泪下了。

她的手下意识地拨弄着那堆银环，眼怔怔地盯着前面，觉得心里面有什么东西正在死去。良久，她用一方丝帕包住银环，连同皇帝赏赐自己的那面铜镜，塞入了衣箱的底部。

次日，王娡起身很晚。侍奉盥栉（guàn zhì）时，大萍吃惊地发现，一夜之间，主人头上竟生出了丝丝白发，容颜像是苍老了十岁。"伍子胥过昭关，一夜愁白了头"，她这才相信这个民间传说的真实。个中的原因，她当然知道，心里不禁暗存了几分同情。而蔓儿等不明就里者则吃惊不小，又不敢明说，于是四下里寻找镜子。王娡道："不用找了，镜子我收起来了。你们传话给少府，让他们送几面新的铜镜过来。"

子女们前来请安时，看到昨日还是雍容富丽、喜气洋洋的母亲疲惫苍老的样子，也不由得面面相觑，刘彘忍不住问道："娘，你这是怎么了？一晚上就老了这么多！"

"是吗？还不是为你们操心操的。"王娡淡淡一笑，道："我告诉你们个好消息，阿彘被你们父皇立为太子了！皇帝还亲自为阿彘取名为刘彻，你们以后都要称他为阿彻，人前则要称呼他'太子殿下'，记住了？"

"是。"

"还有，你们父皇吩咐，阿越与阿寄一起去太子宫，陪阿彻读书，今天就都随他搬过去。"

众人请过安后退下，王娡将刘彻单独留了下来。她细细端详着儿子，一年过去，儿子长高了不少，已经是一个英气勃发的少年了。

"儿啊，还记得一年前娘说过的话吗？我们做到了，我们成功了！今日你就要搬到太子宫，你要好好读书，让你父皇满意。"

"那韩嫣呢，韩嫣也是陪读吗？"想到从今日起，便能摆脱母亲的约束，自由自在，刘彻的兴奋之情，溢于言表。

"那个韩嫣，领着你偷偷出宫，我还没有找他算账。这件事让你父皇知道了，他的罪不轻！你还想要他陪读？"

"是我逼他带我出宫，父皇怪罪，由我顶着。"

"不行。今后你的身份不同了，不能像过去那样随心所欲，交友也要慎重。近墨者黑，近朱者赤，韩嫣这样的纨绔子弟，你离他越远越好。"

"韩嫣是我朋友，凭甚不能陪我读书？就出了一次宫，怎么就成了纨绔？娘说的不算，我自己去找父皇说，大不了不做这个太子。"说罢，刘彻起身欲走。

王娡一把扯住儿子的胳膊，气得浑身颤抖，好一会儿才说出话来。"你抬起头，看着娘，好好看看娘！你问娘为何老成这个样子？为甚？为了你。娘整日忧心操劳为的都是你。眼见着成功了，娘的苦心你可以不领会，可绝不能一时任性，毁了这一切！"

"韩嫣就带我出宫玩过一次，怎么会毁掉一切？娘说得也太夸张了。"

"有过一次，就会再二再三，你父皇也早晚会知道，存了你荒疏不学的成见，你这个太子，还当得下去吗？"

"父皇一直夸我书读得好，娘不必为此忧心，何况还有师傅们看着，我们想出宫，也出不去呀。"刘彻不以为然道。

看到儿子倔强的神情，王娡知道自己说不动他，于是托郭彤向皇帝进言，说韩嫣偷带刘彻出宫，不宜再入太子宫陪读。而皇帝的回话却使她始料不及。皇帝说，孩子常年关在宫里，想到外面看看，没什么大不了的，自己做太子时就没少溜出去过。他要郭彤转告王娡，要她上心侍候东宫，太子的学业用不着她费心。

皇帝难得见面，儿子看来也要脱离自己的控制，每日还得低眉顺眼地伺候太后，这个皇后当得太没有味道。她心有不甘，苦思数日后，她将贴身的侍女大萍派去侍奉刘彻。有大萍和郭彤在儿子身边，儿子的安全可保无虞，儿子的一举一动，她也会尽知无遗。

四十一

"新立为皇后,儿子也成了太子,这么大的喜事,你怎么一副没精打采的样子。有甚心事,别老闷在心里头,说出来听听。"窦太后用过餐,由王娡和长公主陪着在殿前的花园中遛弯。数日来,王娡午前都到长信殿陪侍太后。她亲自下厨,调治精致的菜式,每日不重样,带到东宫孝敬太后。尽管谨言慎行,举止沉稳得体,可太后老于世故,还是看出她不快乐。

"没,没有甚……"

站在太后身旁的刘嫖看了一眼王娡,打断她的话头,道:"还能为甚?皇上也忒不像话,宠着贾姬那个骚货不说,还把弟妹五日一侍寝的定制给废掉了。做皇后的,却不能侍寝,让后宫里头那些个人看笑话,皇后的脸往哪儿搁?娘,你该好好教训一下皇上了。"

"噢?是这样。"窦太后注意地看了一眼王娡,没有再说什么,继续向前走去。

回到宫里,太后示意宫人们退下。她呷了口茶,制止了正欲开口的刘嫖,望定王娡,问道:"皇帝怎么说?"

"皇帝要我侍奉好太后和小皇子,不必按规制侍寝,有事会派人召我。"

太后冷笑道:"男人全都是一个样。他倒挺会安排人。"

她止住又欲开口的刘嫖,若有所思地说道:"皇帝是吾儿,我当然可以教训他。可训过他,他就能回心转意了吗?就能放开那么些年轻的女子,像民间的小户人家一样,守着一个老婆过日子?"

"不可能！"她摇摇头，看着低头不语的王娡，继续说道："依我看，进了宫的女人就得认命，甭想过夫妻厮守的日子。你还是从宽处想开着点儿吧，有儿子，有皇后的身份，后宫里头那些人就算是能陪两天皇帝，到头来还不是两手空空。"

"太后说得是，媳妇不敢抱怨。皇帝也对我讲过，要安分知足。"王娡口中称是，可心里难过，眼泪还是落了下来。

"娘，弟弟这么待弟妹，就够让她难过了，你不帮她还训她，太偏心了！"刘嫖将丝帕递给王娡，愤愤不平地说。

"你懂得甚！我说说皇帝可以，可后果如何？你想过吗？皇帝老大的人了，他心里头会怎么想？皇后怨望，到母后那里告他的状，若是存了这种成见，她还会有好日子过吗？"

太后望定王娡，叹了口气，道："你的心情我知道。我也是过来人，比起你，我受的罪有过之而无不及。皇帝图清净，避开你去快活，未必不是件好事，眼不见心不烦，我当年可是想避都避不开呢。先帝与他宠幸的女人，出则同行，入则同寝，场面上还处处要我相伴，与那些贱货平起平坐，哪里还给我留半点儿体面，连大臣们都看不过去。人活一口气，以我自来的心性，拼着一死，也不会受这等羞辱。可我忍下了，心里头在流血，可外面还得做出若无其事的样子，甚至强颜欢笑。为甚？为了儿女，更为的是不让那些贱货们得逞。她们巴不得我与先帝争讲吵闹，夫妻反目，她们好乘虚而入，以售其奸。我忍了，忍到了最后，得胜的是我。"

往事牵动了心绪，太后有些激动，面色也现出了潮红。"做皇后的早晚都会遇到这种事情，应付的办法只有一个——忍。代北来的那个姓慎的骚货处处与我为难，她有个儿子，也被封为梁王，先帝宠爱至极，派了朝廷中最有才华的贾谊做他的师傅，摆明了是要加意培养他成大器。我心里别提有多怕，可表面上还是若无其事，谦恭退让，一点儿把柄也不让她拿到。人算不如天算，那梁王驰猎坠马身亡，不久，那骚货也忧伤而死，我这颗心才放了下来。想想那些担惊受怕的日子，我还真是体谅了婆婆，吕太后为甚要把戚姬做成'人彘'，让她不死不活地受罪？非如此不足以泄愤呐！我也曾动过杀心，可后来一想，让她们没有一点儿盼头地活着，看着我风风光光地过日子，是比死还难受的活罪。"

"男人都是些喜新厌旧的坏子,做皇帝的更是如此,你既是皇后,就注定要受这份罪。可往宽处想,比起皇后的名分,床笫之欢又算得了甚?只要儿子为你争气,皇帝千秋万岁之后,你还不是像老婆子我一般风光。应了民间的那句老话:吃得苦中苦,方为人上人。"

王娡顿首道:"媳妇愚昧,太后所言,令我茅塞顿开,媳妇谨遵太后、皇帝的教诲,以身作则,安分知足。"

"这就对了,你是个聪明人,该怎么做,用不着我多说。你也不用光来陪我这个老婆子,寂寞了,可以传召娘家的戚友到宫里做伴解闷,女眷还可留在宫里常住。只要想得到,甚乐子找不到?皇后是后宫之主,你有这个权力。但要记住一条,绝不可触怒皇帝,他身边受信用的小人也不能得罪,得罪了,皇帝那里就再听不见你一句好话,这种水滴石穿的功夫,很可怕!"

太后年高,每日都要午休。王娡与长公主又陪着说了一阵闲话,见太后面露倦意,便一同告退了出来。早春的天气清凉温爽,花坛上已经是一片嫩绿,在日光的沐浴下,宛如绒毯。远处的桃、李、杏树已是蓓蕾满枝,粉白相间,旬日之内,就会缤纷怒放。

王娡在正午的阳光下眯起眼睛,深吸了一口气,道:"太后真不愧是太后,看事情就是透彻,一番话讲得我神明通透,腌臜之气一扫而空。太后这么刚强的人都能忍,我还有甚说的?得作乐时且作乐,何苦自寻烦恼,我想通了。"

长公主摇摇头,若有所思地说:"母后要强,脸上若无其事,其实心里头很苦。我和皇帝那时都大了,她的心事,我们都感觉得出来。看来,女人在宫里真不如在外头自在安逸呢,我们家那口子,事事依我,哪里敢到外面寻花问柳。但愿我家阿娇将来不要落得弟妹这般地步。"

"彻儿他敢?我绝不允。大姊放心,我会派人看住他,要他安心向学,心无旁骛的。彻儿五日一次要来椒房殿请安,大姊可带阿娇过来,阿娇自己来也行,两个人常见见面,就不会生分。等到阿彻行了冠礼,就给他们完婚。大姊放心,我们这个亲家是做定了的。"

长公主闻言心喜,笑道:"我对弟妹当然放心。阿彻只要上进好学,皇帝满意,就没人能动摇你们的地位。阿彻人聪明,可也不能放松督促。"

王娡拍着刘嫖的手臂，道："大姊说话见外了，甚'你们的地位'？应该是'我们的地位'才对！我们是亲家，一家人！我们后面还有太后。可真是的，皇帝不许我过问彻儿的学业，也不知派给太子宫的师傅是谁。"

　　"太子太傅派了原来的中尉卫绾，留用了一个姓汲的师傅，还有两个不知姓名的博士，是新派的。"

　　"窦太傅德高望重，身份、名望都比卫绾高，他为甚没有留任太子宫，难道窦太傅反对废立吗？"

　　"那倒未必。我这位表兄最是矫情，说是栗太子被废，自己辅导无方，引咎请罪不说，还称病不朝，屏居南山，不知道做给谁看。难怪皇帝说他江湖习气，持重不足，不堪大用。不过，那个刘荣，对你我可是恨之入骨呢。"

　　"哦，怎么知道是这样？"王娡顿生警惕，追问道。

　　"刘荣被黜为临江王，就国前曾饮宴太子宫的旧人，席间唏嘘饮泣，发誓要为他母亲复仇。在场的有位官员与我家陈午交好，特来我家告知了此事。"

　　"怎么知道栗太子指的是你我呢？他亲口点了我们的名了吗？"

　　"名倒是没点。他说，母亲是被觊觎皇后与太子之位的恶人陷害，冤屈而死。恶人尽管得逞于一时，可不容于天地神明，久后必遭天谴，神明殛之，死罪难逃。'恶人'是谁？谁又得了皇后与太子之位？明白人一听即知是指你我。不过，他既遭皇帝的疏远，临江又远在江淮，谅他一个纨绔皇子，有何能为？"

　　王娡摇摇头，道："大姊莫小看此事，父母之仇，不共戴天。临江王既然怨毒在心，我们倒是要警惕着呢。太后对此事怎样看？"

　　"太后倒是很怜惜他，终究是长房长孙嘛。临行前，太后还专为他摆酒饯行，安慰了他好久。"

　　"太后与他说了些甚？"

　　"不知道。太后知道我与他娘不和，见他都背着我，更不会让我与宴。这件事我是事后听说的。"

　　"那太后对阿彻又是怎么看呢？"

　　"自己的外孙女婿，能怎么看？当然错不了！太后说阿彻天分比刘荣高，就是心里头主意大，不如刘荣听话。"

"太后的眼光真是厉害，阿彻就是这上面让人不放心。前些日子，他竟敢跟着韩嫣偷偷溜出宫，在长安城里到处游逛，要有个闪失可怎么办，想想都后怕。我要皇帝管教他，可皇帝却不当回事，我是真没有法子了。他大姑，这事不能求太后管管吗？"

"男孩子还不个个像野马似的，还是随他去吧。皇帝既派了师傅给他，自会有人管他。"刘嫖瞟了王娡一眼，道："太后这阵子为娘家侄女的婚事烦心，我们就别再添乱了。你忘了她刚才的话了？皇兄为人多疑，太后若提起此事，他会疑心是你在背后拨弄是非，那就坏啦。"

王娡凛然，拍拍头，道："亏得大姊提醒，我这脑子真是不开窍，你是彻儿的大姑，这件事你说说他总不要紧的，我的话，这孩子一点儿也听不进去了。"

"我的亲家母，你就放心吧，阿彻是个要强上进的孩子，我看人不会错的。孩子嘛，老待在宫里能不憋闷？闲下来时，我带他出宫，到我家去玩。"

"在你那里我当然放心。"王娡心里讪讪的，很不是滋味，于是转了话头，搭讪着问道："你们窦府哪家姑娘的婚事，让太后烦心呐？"

"是我大舅的女儿，叫窦绾。大舅死得早，留下一男一女，男的叫彭祖，封了南皮侯。我这个妹子，少年丧父，太后格外怜惜，年方及笄，早早就给她张罗婚事。可阿绾太挑，已经过了二十，还没有合适的婆家。女大不中留，几年下来，年龄相当，爵位又高的男子全都成了婚，身份低的人家，她又不干。现在已成了母后的心病了。"

"那她想嫁甚样的人，甚样的人家呢？"

"人得年轻，身份不能低于诸侯王。"

王娡在心里算计了一下，窦绾的这个条件，能够上的真是少之又少。远支的亲王多已老迈，皇帝自己的儿子，或已成婚，或订了婚，要么年龄太小，难怪太后要为难。

"除了那些小的，现在未订婚的皇子只有刘胜和刘越，刘越尚未封王；刘胜虽是中山王，可也只有十五岁，人品又差，窦绾能干吗？如果能干，我倒是愿为太后分忧。"

刘嫖吃惊地望着王娡，"甚？你是说由你做媒，与那个与你争宠的女人？

刚刚还恨得咬牙切齿，怎的一下子这么大度了？"

"听了太后的开导，我也想通了，不就是忍嘛。攀上太后的娘家亲，那女人肯定是巴不得。由这件事上化解了她的敌意，也可防她在皇帝那里生事，搅得后宫不安宁。这门亲事既解太后之忧，对我们又没坏处，为甚不做？"

刘嫖思忖片刻，颔首道："你既然肯出面，我可以探探窦绾和舅家的意思，她若首肯，你便可去做媒。成了，太后会更亲近你的。"

两人又议论了一气双方的年庚八字和属相，觉得无大碍，于是王娡回未央宫，刘嫖去戚里南皮侯府，分头行事去了。

回到椒房殿，侍女报告郭舍人来访，已经等了好一会儿。王娡径回寝殿换装，吩咐在前殿延见。郭彤今日装束一新，金印紫绶，满面喜色。见到王娡，抢前几步，顿首拜见道："下官参见皇后殿下，愿殿下福寿康健，长乐未央。"

"坐下说话吧。我也要恭喜公公高升了，皇帝给了你个甚官呀？"

"承蒙皇后举荐，陛下派任下官到太子宫任詹事，今日就要过去视事。特为来拜谢皇后，皇后对太子那里有何吩咐，也请示下。"

"喔，成了两千石的大员，难怪配挂上了金印紫绶。你来此，是皇帝的意思吗？"

"不是。可奴才能有今日，全凭皇后栽培，拜谢是当然的。奴才一定不辜负皇帝、皇后的恩德，尽心侍奉太子，万死不辞。"

"我说过，帮我的人我亏待不了他。你知道深浅，是个有良心的。皇帝说过，彻儿的衣食起居还归我照管。你记住了，太子平时做甚，与什么人来往，到哪里去，等等，大事小情，你都要随时告诉我。"她转过脸，指了指身后的大萍，道："你这个小同乡也随去太子宫，照管伺候阿彻。你们两个是我最信任的人，阿彻我就托付给你们了。阿彻的学业，自有师傅们对皇帝负责，可太子的安全，衣食起居，和甚人往来，你们要随时告我，不可大意。将来太子承继了大位，你们都是功臣，有享不尽的富贵荣华。"

她令大萍取出一个包裹，交给郭彤，道："这里有二百金，你拿去，为我在长安城买两座好房子，要大些。办好后，你从少府要车，把我娘和槐里的兄长王信接进去住，知会中尉府办理他们的门籍，我随时会召他们进宫陪我。我还有位从前的女友，叫义姁，住在长安城的穷里，你抽空送些钱与她，也为她办个出入后宫的门籍，我想要见她。"

　　郭彤、大萍离开后。王姞屏退侍女，独卧于榻上，细细地思量起自己要做的几件事来。

四十二

太子册立后两日，皇帝把免职在家数月之久的卫绾召到了宫里。数月未奉朝请，卫绾看上去苍老了不少，须发斑白，脸上的皱纹也更密了。

刘启端详了卫绾一阵，见到他忐忑不安的样子，笑笑，道："数月不见，君见老了，身子可还安好？"

"承陛下关爱，老臣还算硬朗。"

"今日召君来，朕有件大事要托付于你。"

"请陛下吩咐。"

"朕想请你到太子宫，做彻儿的太傅。君以为如何？"

事关重大，卫绾心里一紧，顿首道："老臣学问根底浅薄，实不堪此任。太子乃国之储君，非博学之人不足以辅之，还请陛下另简贤任能以成就大事。"

刘启眉头微蹙，道："学问好的人不缺，可品德厚重之人就难得了。太子年少，心气浮躁，没有一个厚重的长者在身边，我怕他落下好高骛远、予智自雄的毛病。你前些年在河间做太傅，就不错嘛！阿德学问好，人也老成，几个年长的皇子中，他最有出息。你还记得当年朕的话吗？这个太傅的作用，主要不在学问上，而在做人垂范上。你醇谨厚道，做太子的师傅，朕以为绰绰有余。"

皇帝指的是什么，卫绾当然知道。他是代郡大陵人，文帝还是代王时，他就是文帝的车夫，以安分勤谨，积功为中郎将。刘启即位之初，一次游幸上林，出乎众人的意料，专程把默默无闻的卫绾召来骖乘。在返回长安城的路上，刘启问他知不知道为何用他骖乘，他答以不知。刘启告诉他，文帝临崩前嘱咐自己，卫绾是个忠厚长者，要善待他。而刘启也已观察了他很久，有几件事，给皇帝印象很深。刘启为太子时，曾遍召文帝左右旳侍臣饮宴，称病缺席者唯有卫绾一人。后来得知，他之所以缺席，是以为自己既然侍奉文帝，就不该有二心，私下结好于太子。在众郎官中，卫绾最为谦退。有功，常让他人；有过，则自蒙谴责。刘启曾有意冷落了卫绾一年多，他却任劳任怨，更为尽力。刘启认为他的确忠厚老实，就拜他为河间王太傅。七国之乱时，卫绾统率河间国兵出击吴楚，以军功拜封中尉、建陵侯。去年废立太子时，刘启知道他是忠厚长者，难以治诸栗之罪，所以以郅都取而代之。

太傅乃未来之帝师，地位尊荣，皇帝用他，显然已经过深思熟虑，再推脱，恐怕会落下一个"不识抬举"的坏印象。卫绾于是奏称："老臣自知材力菲薄，且衰朽残年，非有意推脱，实恐有误于太子。蒙陛下不弃，臣愿为犬马，戮力而行，惟请陛下多选睿智饱学之士做太子的师傅，以补臣所未逮。"

刘启颔首，向一旁侍候的赵谈使了个眼色。赵谈匆匆走入偏殿，将早已等候在那里的刘彻领了进来。刘启指了指卫绾，道："彻儿，这位是卫太傅，自今日起，他就是你的师傅，学业上的事，全由卫太傅安排，你必得恭谨从命，克己上进。现在向太傅见礼吧。"

刘彻认识卫绾，知道他是刘德以前的师傅。他应声称是，走到卫绾席前，伏地顿首，恭恭敬敬地行了参拜师傅的大礼。

随后，其他被选定的师傅也被召入殿内，被一一介绍给太子。行礼拜师完毕，刘启举办筵席，伴以乐舞，招待众师傅，太子刘彻及在太子宫伴读的皇子作陪。酒宴散后，日已过午。刘启要他人退下，将刘彻一个人留了下来。

"彻儿，不必拘谨，坐到朕近旁来，我们父子好好说说话。"

饱满的前庭，明澈的目光，脸上虽未脱少年的稚气，可眉梢嘴角已显露出了成年人才有的坚毅。端详着面前的儿子，刘启既欣慰，又感慨。十几个皇子中，总算还有堪承大业者。为此，他废黜了长子，牺牲了栗姬。栗姬霸气，荣儿庸懦，久后必受制于母后，这是他所不愿的，而以刘荣的才能个性，守成尚不足，何能振作大汉的声威。从根本上，他是由此，而非常人以为的"宫闱之争"行废立之事的。但栗姬之死还是在他心中留下了隐痛，终究是二十余年的夫妻，后宫的宫人中，感情最深的还要属栗姬。自己疏忽了教养之责，把荣儿丢给了霸气的母亲，未必不是造成他性格懦弱的原因，养不教，父之过啊。一阵伤感随着酒意涌上心头，刘启的眼睛湿润了，对眼前的这个儿子，他要亲力亲为，尽到父亲的责任，绝不再放任自流。

"你娘被立为皇后，你就是朕唯一的嫡子。你可知朕对你的期望吗？"

"父皇立儿臣做太子，是期望儿臣承继祖宗的基业。"

"不错。太子是嗣皇帝，也就是将来的皇帝。彻儿，你知道皇帝如何做么？"

刘彻摇了摇头。

"皇帝要做的第一件大事，就是用人，责成、监督百官勤于职守，使天下的百姓安居乐业。百姓安居乐业了，国家才能富强。从高祖皇帝起，直到如今，朝廷以无为而治，与民休息，为的就是这个。你明白了？"

刘彻似懂非懂地点了点头。

刘启站起身来，牵着儿子的手，道："你随我来。"两人轻车简从，出未央宫，来到尚官街北侧一处警卫严密的官署。刘启拉着儿子的手，径直向后面的库房走去。得知皇帝突然驾临，大农令仲惠带领属下，急急赶来，紧跟在后面。刘启对惶惶不安的仲惠笑笑，指着刘彻道："这是新立的太子，想要见识一下我们大汉朝的库藏，你打开一个钱库让他看看。"

仲惠带领一干官员赶忙向刘彻施礼，之后命属下开库。库房以块石砌筑，坚实无比，也远较一般房屋高大。厚重的木门挂有两把铜锁，大农丞与掌管钱库的都内令各执一把钥匙，各启一锁。数名差役用力推开库门，赫然出现在眼前的，是一贯贯堆积如山的铜钱，仰头望去，几乎到了屋顶。刘彻走上前，使劲从中抽出一贯，不想年深月久，串绳糟朽，断成三四截，铜钱散落了一地。刘彻拾起一枚，青黑色的铜钱上已生出了斑驳的绿锈，拿在手中感觉厚重，是前秦流通至今的半两钱。

"这样的钱库，还有二十余座，每座都能储钱巨万①。可朝廷的岁入与支出相抵，年年都有节余，所以库房还是不够用，每年还要加筑数座。此外，

---

① 巨万，汉代计数词，即万万（亿）。

盛装金银的库房亦有十数座。"看到皇帝与太子兴致很高的样子，仲惠的心才放下来，他指着一排排高大的库房，自豪地为刘彻介绍着，最后，又向刘启长揖请示道："北面的空地所余已经不多，再盖一排，就与武库①的南墙相接了，此事臣已具文上报丞相，望陛下早做决断，划出块新地，另建府库。"

刘启点头应允，兴致勃勃地拉起刘彻的手，道："走，我们再去太仓转转。"一行人在仲惠陪同下，直奔长安城东南的太仓而去。

太仓占地极广，由栅墙围着，进入栅墙不远，就是仓储的所在。远远看去，密密麻麻的全是棕灰色的粮囤。不少的工役正在砌筑新的粮囤，粮囤圆柱形，半处于地下。工役们在夯实的地基上埋设础石，架立梁柱，再以荆条编成的圆形围墙，以竹爿环墙加固，然后在栅墙两面厚厚地抹上和有细草的泥巴。粮囤顶部，搭建有圆锥形的梁檩，上面缮有厚厚的茅草排。

众人下了车，太仓令带着属下迎上前来，刘启指了指正在修建的粮囤，问道："怎么，粮仓还是不够用吗？"

"太仓之粟陈陈相因，去冬今春漕转②来的新粮，大都堆积在京师仓③的中转库房中，若不尽快转移到太仓，恐怕会耽搁今年的漕运。"

"长安周围其他的仓库腾不出地方了吗？"

"这几年水旱不兴，年成大好，百姓家给人足，又没有边事，朝廷已数年未曾平籴，是故太仓、嘉仓、细柳、籍田、常满诸仓，无不是府库充溢，年年须加盖新仓。"仲惠赔着小心奏道。

刘启摇摇头，道："只进不出，库房盖得再多也难得够用，这不是办法。你等打开一库让朕看看。"

太仓令命人开了一个粮囤，一股冲鼻的霉味扑面而来，底层的粟米已变了颜色，刘彻抓起一把，变色的粟米已结成团块，握在手中微觉潮热，用手指一捻，尽成粉末。他摇摇头，道："这粮，人不能吃了。"

---

① 武库，即汉代皇家的兵器库。
② 漕转，即经水路转运的漕粮。
③ 京师仓，又称华仓，是西汉时关东漕粮的中转口岸仓库，位于今陕西华阴市渭河南岸，距渭河与黄河交汇处不远。

刘启思忖了片刻，对仲惠吩咐道："刘太仆出使匈奴近日便会回来，回来后你与他商量个办法，去年以前的陈粮要尽快出仓，由太仆分派到关中各苑作马料。腾出的库房要多收些民间的余粮，把粮价抬上去，谷贱伤农啊。"

他拍拍刘彻的肩头，道："你看到了，官家府库充实，百姓家给人足，有了这个底儿，国家才称得上富强，一个君王才能成就大业。你看到了大汉朝的'富'，可这'富'从何而来，你不可不知。"

刘启指着仲惠对刘彻说道："仲卿掌管天下财赋二十余年，最清楚这里面的变化。我们到里面坐坐，你要虚心向仲大人讨教。"

一行人进了太仓令署。入席后，仲惠按皇帝的吩咐，正准备为太子讲述国家财赋收支的知识，刘彻却先开口提问了。

"仲大夫，五口之家，一年温饱要多少粮食才够用？"

仲惠显然是个行家，他不假思索地答道："五口之家，可耕百亩，若每亩产量一石半，则全年收获一百五十石。朝廷三十税一，不过五石，可余百四十五石。食用人均每月一石半，五人全年须粟九十石。余者五十五石，现今粮价石三十钱，共折合一千六百五十钱。去除穿衣所用年人均至少三百钱，尚余百五十钱，而乡社间里四季节庆祭祀，一家所费，亦不会少于三百钱，故百亩所入，仅勉强温饱。若有灾病丧葬，或国家因边事加赋，则全家饥困，须靠朝廷平粜放赈，方可渡过难关。故农事，是个丰年仅只于温饱，灾年辗转于沟壑的产业。殿下刚才所见府库充盈的景象，乃圣朝列祖列宗与今上体恤下情，与民休息的结果，实在是得来不易呀。"

"那我们皇家的用度，也取给于百姓吗？"

"朝廷的用度与官吏的俸禄取赋于民，自天子以至于王侯公主的封国汤沐邑①之赋税，则为各自奉养的收入，不从国库支出；再有就是各地山川池沼、市肆租税的收入，也归于此项。皇家的收支统于少府，不归臣管理。"

"不够用怎么办？"

"全靠天子节俭，孝文皇帝与今上全是俭省的表率，天下翕然从风，才

---

① 汤沐邑，指国君、皇后、公主等收赋税的私邑。

有今日富足的景象。二十余年前,京师的大库,还常是空空如也呢。"

"仲卿,你为他讲讲秦末汉初的景象,有个比较,太子的印象才能深刻。"刘启摆摆手道。

"是。"仲惠看了一眼刘彻,略作思忖后,道:"秦始皇灭六国,天下一统,本应息甲兵,兴农作,与民休息。但他内修宫室,外攘夷狄,财力不足,则盘剥百姓,滥用民力。秦赋税之重,三分取其二;力役、戍卒,连年征发。民不堪命,人心思乱。他不思改弦更张,反而以严刑苛法镇压之,致使赭衣半路①,海内愁怨。所以陈胜等揭竿而起,天下响应,而强秦竟就此土崩瓦解了。"

刘彻插言道:"《尚书》中说,天聪明自我民聪明,民为邦本,本固邦宁。民心一转移,则天命也随之转移。得民心者得天下,失民心者失天下,这就是强秦覆亡的道理吧?"

"殿下聪明睿智,真是一语中的。"仲惠赞道。

"说得对。你要记住,治天下者,民心向背不可不察,这是最重要的。"刘启也连连颔首,手捋须髯,面露出满意的笑容。

略停了片刻,仲惠又继续往下讲。"高祖力克群雄,扫平天下。可兵火之余,天下户口减半,人民流离失所,田地荒芜,跟下来的就是大饥馑。那时的米价,一石竟卖到五千钱,民间人相食,死者过半。高皇帝不得已,下令允许饥民卖子女求生,并将大批饥饿的流民迁往巴蜀与汉中就食。天下安定之后,仍是举国空虚,连天子的车驾也配不齐同样颜色的马匹,那时的王侯将相,所乘多是牛车,百姓更是衣不蔽体,一无所有。

"高皇帝起自布衣,最知晓民间的疾苦,于是躬自俭省而外,轻赋税,省徭役,缩简官吏数目,那时候朝廷每年漕运供应京师用度的粟米,年不过数十万石,而百姓的田租,十五税一,比前秦减轻了十倍。

"就这样过了四十多年,虽略有复苏,但国家与百姓、公家与私人还都是年吃年用,一年到头攒不下甚。没有积储,遇到荒年、边患,仍不免人心浮动、

---

① 赭衣半路,赭衣,罪犯穿着的囚衣,意思是,道路上被押解服刑的人犯不断。

国势岌危的局面。"

"朝廷轻徭薄赋四十年，何以不能扭转局面呢？"刘彻不解地问道。

"这就牵涉到朝廷的政策了。没有积储遇事难免岌危，持家与治国，同样适用于这个道理。而之所以没有积储，在于民弃本逐末。以商贾技艺求利者，逸而易，风气所至，力田者渐少，逐利者转多，农民收入菲薄而供养的游惰逐利之徒却愈来愈多，本末倒置。足食方能足兵，国势亦以此方能振作富强，这又是一条治国的根本道理。"

"你还要记住，治国之道的确定，离不开人才与纳谏。"刘启打断仲惠道，"孝文皇帝力行重农抑商的大计，得力于两个人。一是中大夫贾谊，二是太子家令晁错。贾谊建言力农以厚积储在先，晁错主张抑商劝农于后，先帝从善如流，切实加强了劝农的力度，国家才逐渐富足起来。"

刘启向仲惠示意，要他接着讲下去。"圣朝六十余年来，强本抑末，一力劝农。高祖禁商贾衣丝乘车，子孙不得为官，重租税以困辱其人，而成效不大者，诚如晁错所言，在于朝廷惜农，而民间好利，上下相背，好恶乖舛。扭转风气，在于贵粟贱商。贵粟之道，又在于以粟为赏罚。入粟者，可以拜爵，可以抵罪；能买粟入官者皆富有之人，其粟必买自农民之手，众人争买粟入官，则粮价高，农民得实惠。此策损有余而补不足，而又能实行于无形之间，在于得高爵与免罪，乃人心之所欲，自觉自愿，无悖于民心，可谓良策。孝文皇帝从晁错之言，将之推广于边塞郡县，且减免农民十二年租税之半。今上即位之初，又确立三十税一，屡屡降饬郡国以下有司以农为务。二十年来，风气丕变，百姓力耕，安居乐业，终于造成了殿下适才所见的大好局面。"

刘彻喜道："重农抑商，损有余而补不足，父皇，儿臣记住了。转移风气于不知不觉之间，这法子真是高明！这晁错的名字听起来很熟，此人还在朝廷任职吗？"

仲惠有些尴尬，支吾不言，其他人则面面相觑，刘启接过话头，有些感伤地说道："晁错在朕身边多年，是朕的智囊，已死去数年了。"

刘彻忽然想到了甚似的说道："父皇，大汉既已如此富强，为何还要曲事匈奴，难道还不足以与之争胜吗？"

"府库充实，可以言富，不可以言强。大汉虽可称得上富，但还称不上强。

与匈奴角力,时机还不到。"

"为甚?"

刘启眉头微蹙道:"今日就到这里。几日后,去匈奴和亲的使节便要回到长安复命,你可到前殿旁听,到时候自会知道缘由。"

四十三

  入宫十七年，直至做了皇后，王娡才第一次有了与家人团聚的机会。远远望见阔别了多年的女儿，臧儿悲喜交集，恨不能几步走近前去相认。可想起引他们进宫的宦者一路嘱咐的礼仪，却也不敢造次。于是带着儿子们在预设的席上跪下，俯身顿首，行参见皇后的大礼。

  碍着众多的宫人宦者，王娡虽有着相同的心情，也只能耐着性子受礼如仪。之后，她挥挥手道："这里无事。孤与家人要在一起说说话，你们可以退下了。叫阳信、隆虑和各位皇子过来，再派个人告诉太子，要他来见外婆。"

  侍从刚刚退下，王娡抢前几步，搀起母亲。"儿啊，你可想死娘了！"臧儿紧紧握住女儿的手，四目相对，泪眼盈盈，千言万语却不知从何说起，竟自唏嘘不止。良久，母女俩止住泪，细细端量起对方。王娡惊奇地发现，母亲几乎没有白发，皱纹也少，丰腴如旧，全不像个年逾半百的老妇。而臧儿眼中的女儿，虽然佩有假发，穿戴着华丽的皇后常服，眼角的鱼尾纹和略见憔悴的面容，还是透露出身心的疲惫。她拍打着女儿的手，道："阿娡，你受苦了。娘知道你不易，可毕竟还是熬出来了，真的做了皇后，应了天命。"随即又感伤道："儿姁的命苦，年轻轻的就没了。"说罢，泪水潸潸而下。

  看来，母亲并未怀疑到儿姁死于非命。可王娡的心却揪紧了，像是打翻了的五味瓶，很不是滋味。她无话可说，只是面无表情地看着母亲。好在臧儿的感触来得快去得也快，很快又转悲为喜，她拭干泪水，转过身指着后面的男人们说道："可真是的，光顾着咱们母子说话了，来，见见你哥和你兄弟。"

长兄王信的模样未大变，可农家劳作辛苦，已经须发斑白，面相竟比母亲还显老。王娡走上前，拉住兄长的手，道："兄长受累了。半生辛苦，今后可以享福了。房子可还合意吗？"

王信久在民间，哪里见过皇宫里的势派，进宫后就一直手足无措，此刻只呆呆地站在那里点头，拘谨的笑容，不免于几分僵硬与勉强。

臧儿将田氏兄弟领过来，笑道："这是你后添的两个兄弟。大的叫田蚡，十六了。蚡儿人机灵，会说话，他爹死后没少帮我的忙。小的叫田胜，今年十四。"她把两人推到王娡面前道："见过你姐。平日在家总猜你姐的模样，今日见到了，还不快叫大姊！外人面前你们要守朝廷的规矩，称大姊为殿下。"

田蚡五短身材，面相精明强悍，有种与年龄不相称的老成。王信与田胜拘谨局促，田蚡则要从容得多。他前行一步，俯首长揖道："大姊，娘在家总提到你，小弟不知多少次梦到大姊，可总也记不清面相。今日得见大姊，真真比那梦中的丽人姣好可亲多了，小弟真是打心里喜欢。"

尽管知道这是奉承话，王娡心里还是很欢喜。娘家人就是自己今后的依靠，田蚡头脑机灵，是个可造之才，假以时日，将来或许是自己与阿彻在宫里的得力帮手。她微笑着招呼众人就座，不必拘礼，又拉田蚡坐到身边，问道："阿蚡一向读书不？说给阿姊听听。"

"娘从小教我和弟弟识字。如今在读黄老学，叫甚盘盂之书，归于杂家，里面儒墨名法各家的学问都有。娘说以后要帮大姊和阿彻，在朝廷做事，这些学问一定要懂。"

"有出息！"王娡满意地点点头，对母亲说道："阿蚡、阿胜的学业要抓紧，请最好的师傅授课，钱由我这里出。"

说话间，儿女们走进殿内，王娡逐一报明公主与皇子们的姓名，臧儿喜不自胜，不待外孙们行礼，便都拉扯到自己身边，亲亲这个，摸摸那个，对没了娘的两个小皇子，更是疼爱怜惜，揽在怀里，心肝宝贝地叫个不停。

王娡要女儿们坐到自己身边，冷冷地看着，直到母亲停口，才说道："彻儿与阿越、阿寄都在太子宫读书，师傅对功课抓得紧，平日里不回来。已经差人去请，马上就能见到了。"

"娘，哪个是外婆？"话音未落，刘彻已经跑进殿中，刘越、刘寄紧跟其后，三个人都气喘咻咻，一望而知是跑着赶来的。

"这就是阿彻吗？快过来让外婆看看。"臧儿站起身，张开双臂，把刘彻揽在怀里，仔细端详过后，笑道："不愧是龙种，就是精神。"又拉过刘越和刘寄，挨个端详，欢喜得不住流泪道："我说过臧家的气运绝不了。当年只有一个燕王，如今可好，嗣皇帝而外，又有了四个王。"

王娡蹙眉道："娘，宫里边讲话莫要随意，让人听了去不好。阿越他们还没有封王呢。"

臧儿不以为然道："那还不是早晚的事！皇帝的儿子，太子的兄弟，他们不封王，谁还能封王？"随即又叹道："你们的娘地下有知，不知道有多高兴呢。咱家今日的大团圆，差的就是一个俗儿了。"

王娡一惊，大声喝止："娘，除了南宫，全家人今日都到齐了，你胡说个甚！"

看到女儿恼怒的样子，臧儿猛然察觉到自己失言了，连忙赔笑道："你看娘这记性，对，缺的是南宫啊。可真是的，有南宫的消息吗，她还好吧？"

王娡难过地摇了摇头。南宫走了快一年，一直没有消息，每逢想到女儿孤身一人生活在异族人中，心里的痛楚和惦念之情便会油然而生。

"送南宫去匈奴和亲的使者，这一两日就要回到长安，父皇要我随他接见，孩儿到时会细细打听阿姊的消息，回来讲给娘和外婆听。"

"真是个懂事的好孩子。"臧儿搂住刘彻，笑得合不拢嘴。

看来，皇帝还真是看重彻儿。王娡凝视着与臧儿说笑着的儿子，心里既满足，又不免有几分嫉妒。她猛然自警，怎么竟妒忌起儿子来了？真是庸人自扰，徒乱人意。她深吸了口气，宽慰地观望着儿女与娘家的亲人们说笑，觉着心里亮堂了不少。太后说得不错，生活里确实不能没有亲情。

郭彤走了进来，悄声告诉王娡她邀的客人到了。臧儿见到熟人，高声招呼起来，郭彤赶忙过去见礼。

"好久不见，公公可好？"

"托皇后和夫人的福，下官现在被皇帝派到太子宫做詹事，伺候太子殿下了。"郭彤微笑着，恭恭敬敬地向臧儿和刘彻等人施礼。

"公公，我当年讲给你听的话没错吧，你实心帮阿娡办事，她如今做了皇后，没有亏待你吧？今后你好好帮阿彻，好日子还在后边呢。"臧儿满面得色，郭彤则连连揖手称是。

"娘，还有位你想都想不到的贵客，被我请来了。"王娡点头示意，郭彤快步走出殿门，引进一位衣着朴素的中年妇人。妇人面含微笑，俯身施礼道："皇后殿下，臧夫人，一别十数年，不想今日于此相见。义姁向殿下和夫人道喜了。"

臧儿大喜过望，站起身走过去，拉住她的双手叫道："真的是你？嗨嗨，简直像做梦一样！"她转过身，对好奇的儿孙们说道："都来见过咱家的大恩人！要不是她，有没有咱家今日的风光，可真说不准呢。"

臧儿绘声绘色地讲起自己当年请义姁卜筮的经过，众人都聚精会神地听着。刘彻借机凑到义姁身边，悄声道："东市之事，千万别对我娘说。"义姁心里明白，却假作不解："出宫的事，你娘不知道？"看到刘彻窘迫，才故作恍然道："殿下放心好了，我不会说的。"脸上闪过一丝不易觉察的笑容。

午间，王娡设家宴款待戚友，互道契阔，自有一番欢喜与感伤。宴席散后，儿女们簇拥着外祖母与舅舅们去宫中游览，王娡则将义姁领到寝殿，上茶后要侍女退下。义姁知道王娡一定有要事相托，她多年行走江湖，经多见广，胸有城府，所以只是好整以暇地饮茶，静等着王娡自己开口。

王娡取出个沉甸甸的包裹，送至义姁的席前，道："义姊，如母亲所讲，你是我家恩人。这区区百金，不足以报恩，就算是我的一点儿心意吧。说句实在的话，自小到大，与我情同姊妹者，唯义姊一人。十七年前那番夜谈后，我就认定义姊是我唯一可讲心里话之人，今后还要请你帮我呢。"

义姁将包裹推开，笑道："殿下有今日，是天命，与人事无关。臣妾于此无尺寸之功，不敢受此重礼。殿下有事，尽管吩咐，义姁愿意效劳。"

王娡移席到义姁近旁，神色肃然地看着她，"义姊，你一定要帮我拿个主意，指条明路。"

见到她如此郑重，义姁也敛容问道："殿下有事但讲无妨，只要可能，臣妾一定帮殿下。"

"你我私下不必拘礼，还是姊妹相称。'殿下，殿下'的，太生分，也太见外了。"

义姁摇摇头，道："现在已不比当年了。皇后尊贵，不可以私情坏了朝廷的体制。殿下的心我领了，以卑达尊的规矩臣妾可是一定要守的。殿下若有心事，不妨说来听听。"

王娡不知道该如何向义姁诉说心里的烦恼，"你不知道，我在宫里头的处境很难"，她字斟句酌，觉着很难找到适当的词句表达自己心境。"这么说吧，皇帝立我为后，为的是让阿彻做太子，而非有爱于我。我虽贵为皇后，可想见皇帝一面都很难。在皇帝那里，我只是个摆设，连侍寝的机会也没有。后宫里头的那些嫔妃，还有被废掉的栗太子，在心里恨我，算计我，不知哪一天被他们寻着个短处，也会落得薄皇后和栗姬那般下场。我竟日难安，心里真是怕呀。"

她摘下假发、笄簪，披散开略显花白的头发。"你看看我这头发，白了多少！我娘还是满头青丝，比起她，我不像女儿，更像是姊妹……"王娡泪光盈盈，双颊涨红，伤痛与屈辱攫住了她，她语声凝噎，说不下去了。

义姁有些吃惊，沉吟着说道："真想不到殿下在宫里是如此处境，可皇帝既中意于太子，殿下的地位，没有人能够撼动。"

"我担心的就是这个。那些人心怀嫉恨，我敢说，他们无时不想对彻儿下手，万一他有个闪失，我命休矣。"

义姁想起东市发生的那桩事，觉得王娡的担心并非杞忧，于情于理，自己都应该帮她。"先发制人，后发制于人。既是这样，莫不如先动。殿下以为，何人对太子的威胁最大？"

"宫里头有个贾姬，眼下也还得宠，不过皇帝不甚喜欢她那两个儿子，况且她年岁已长，得宠不了几时了。我打算为她儿子提门好亲事，化解她的妒忌。我思前想后，觉得还是废太子可怕，一是彻儿取代了他的位置，他肯定不甘心；二是其母因废黜而死，诸栗因图谋行刺被诛，深仇大恨，他全都记在了我们母子的账上。去临江就国前，他亦曾扬言报复。他是太后的长孙，虽失欢于皇帝，可仍为太后宠爱，这最令人忧心。此人在，则隐忧在，我难以心安。义姊说要先发制人，如何做，还望给我一个明示。"

"臣妾所言先发制人，非指直接除去对手，尤其像临江王这样显赫的人物。那样做，皇帝会严查，最终不免于暴露，牵连到殿下。所谓先发，是指设谋于先，使之入我圈套，自蹈罪衍，弭患于无形的意思。"

王娡大喜，道："如此甚好，义姊何以教我？愿闻其详。"

义姁沉吟了一阵，神色毅然道："殿下当我知己，我亦以知己报殿下。如何做，我尚未想好，就是想好，殿下也不必知道，由我交给江湖上的朋友去做。这样万一出了纰漏，也绝无牵连。"她取回那包裹，笑笑说："这种事情非钱不办，这些就权作经费吧。"

王娡握住义姁的双手，有些哽咽地说："有你为我分忧，我就有了主心骨，一切就都拜托了。义姊既愿帮我，就帮到底，我还有一事相求，你一定要答应。"

"何事，但说不妨。"

"椒房殿内要配个御医，义姊是仓公的高徒，又是个女人，我觉得最为合适，所以没要太医署派的人，虚位以待，等的就是阿姊。有你在身边，有事，缓急也有个商量。阿姊有了御医的身份，进出宫门已方便。义姊要强，义不图报，我不勉强。御医有皇家俸禄，就职后衣食可以无忧，义姊凭的是医术，并非仰给他人，又是帮我，请莫再推辞了。"

义姁略作思忖，点头道："我有一事，殿下应允我，臣妾愿受此职。"

"请讲。"

"我记得曾对殿下讲过，家中有一幼弟，自幼失教，好勇斗狠。父母亡后，由我带大，可他不成器，一直不务正业。殿下若能允准我分心看顾他，我愿就此职。"

"这绝无问题。俸禄虽由太医署出，你却是皇后的御医，平日根本不用去那里，家中有事，你尽管去办好了。你这个兄弟现今多大了，不能进官里做事吗？"

义姁叹口气，道："二十六七的人了，不事生产，整日里伙着一帮人横行闾里，怎能进官？至今也成不上个家，爷娘九泉之下不知会怎样想。我这个做大姊的没能尽到责任，于心难安，这个兄弟，真成了我的心病了。"

王娡笑笑，没再说什么，可心里觉得这倒是个笼络住义姁的机会，去了她这块心病，义姁自会感恩图报，为己所用的。

义姁告辞。王娡派车相送，又取出百金相赠，说是供她办事用，义姁亦不再推辞，乘车绝尘而去。

回到家中,义纵不在家,义姁知道不到宵禁时他不会回来,正好一个人静静地想心事。自己年纪已长,不能总在江湖上讨生活,入宫做御医,有份稳定的收入,不必再为衣食奔波,且能兼顾兄弟,是再好不过的归宿。王娡如此,是报答,也是交换。将如此性命交关的事情托付于她,信任期望之重,令她意外,她本不想搅入宫廷争斗中去,可皇后堪忧的处境,又令她同情。最后还是侠义的心肠占了上风。

江湖上最重然诺,既慨然自任,就要把事情办好,祛除隐忧,又不落痕迹,兹事体大,出不得半点儿纰漏。临江她去过,熟人不少,那时的临江王还是刘荣的兄弟刘阏,已在前年崩逝。义姁反复掂量,竟寻不到一个适合的人,看来自己非得亲赴临江一行,把刘荣目前的景况摸清,方能计出万全。

但自己一介女流,难于抛头露面,办事很不方便。非得找个帮手不可。由此很自然想到了义纵与张次公,两人混迹江湖,很知道些道上的规矩,兄弟年龄也不小了,正可借此带他历练一番。皇后赠金颇丰,办事而外,足够三人此行的盘缠。想到这里,义姁完全推翻了原来的打算,决定自己亲手来办这件事。

主意既定,义姁去东市打酒割肉,烹制了一席丰盛的菜饭,在宵禁的鼓角声中,等候着那对浪荡子归家。

四十四

去年八月护送南宫公主赴匈奴和亲的太仆刘舍,刚刚回到京师,脚还未踏进家门,就被召入宫内。皇帝在宣室殿的东暖阁见他,在座的大臣只有丞相一人,在皇帝侧旁,坐着一位英气勃勃的少年,这应该是新太子了。

还在回来的路上,刘舍就听说朝局起了大变动。新太子是南宫公主的兄弟,去年送别南宫时见过,那时还是个稚气未脱的孩子,姊姊的出嫁远行,看得出他很难过,在车队后面跟出老远。令刘舍印象深刻的是,这孩子很内敛,有股子说不出来的劲儿。送别时,王夫人、南宫与其姊妹,无不双泪涟涟,泣不成声,而他竟然没落一滴眼泪。

刘舍呈上单于致皇帝的书信,然后详细叙述了送亲的历程。因为这是大汉第一次以真公主与匈奴和亲,军臣单于极为满意,亲自带队迎亲,在单于台①举行了盛大的接亲仪式,左、右贤王以下大小名王贵族都参加了仪式和后来的成婚典礼,仪从的骑士约在十万人上下。对于送亲的使节,此次匈奴方面没有盛气凌人,算得上客气,也允许他们随同进入匈奴腹地。在返回时,军臣赠送了大批皮毛和畜产作为礼品,还派楼烦王与白羊王一路护送直到边塞。

---

① 单于台,位于代郡与云中郡北百余里处,为单于游猎时的行宫,位置大致在今山西大同以北的阴山北麓。

刘启启开书信，里面虽不过是例行的问候之辞。但字里行间隐然含着的一种傲慢，令他不悦。他放下书信，问道："还是中行说那叛贼为他们撰拟文书吗？"

"此行臣未见到那老贼。听说是老病衰朽，已不再为单于所宠信了。"

刘启见儿子满脸疑窦，解释道："这个中行说，原是个宫里的宦者，孝文皇帝六年，朝廷派他出使和亲，他不愿去，未曾想规避不成，他竟怨恨在心，投降了匈奴。此后便为单于出谋划策，为虎作伥，二十余年来，处处与我大汉作对，可恶至极。南宫去年的和亲，也是他挑唆的结果。"

"我二姊在那里可还好吗？"刘彻忍不住问道。

"公主殿下被封为阏氏，单于对殿下还算尊重，可不甚宠幸。殿下与胡人言语不通，习俗上又格格不入，不免有孤独之感。尤其是漠北苦寒，肉食酪浆，公主十分不适，臣等亦为此在漠北多住了数月。离开单于庭①时，公主精神尚好，只是饮食不适，身体单薄了些。临别时要臣带话，祝皇太后、皇帝长寿无极，祝家人康健安好。"

"就君等见闻，匈奴那里的情况怎样？"刘启对女儿心怀愧疚，于是转移了话题。

"军臣为夸耀其国势强盛，去年秋后的蹛林大会，亦曾邀臣等与会。从其校课的数字看，人畜确比往年有所增加。回国时沿途所见，景况也可说是不错。这几年漠北风调雨顺，草场繁茂，牛羊牲畜大增，马匹也很多，称得上膘肥体壮。一路伴送臣等回来的匈奴骑兵，每人都配有五六匹坐骑。"

刘启看了刘彻一眼，叹道："彻儿，前几日你问本朝何以不能与匈奴角力，朕说过大汉朝国虽富，可还称不上强。匈奴之人众，不过略过我朝一大郡之数，它强，就强在这马上。"

"马？儿臣不明白。"

刘启指了指周亚夫："周丞相做过统兵的大将，你可向他请教。"

---

① 单于庭，匈奴单于王帐所在地，在今蒙古国鄂尔浑河畔，杭爱山之东麓（从黄文弼说）乌兰巴托附近。

周亚夫揖手道："匈奴之强悍，一在往来迅疾飘忽，善于乘人不备；二在酪浆膻食，征战无须粮草辎重。它的这两样长处，如天子所言，全在马的身上。以刘太仆所言，匈奴骑兵一人五马，长途行军时随时换乘，千里奔袭，便可以速度不减。匈奴来犯，我军多为步兵，赶到战场时，敌军早已远去，疲于奔命，劳而无功。我军出征，粮草辎重随行，行军速度缓慢，远程作战时，给养尤为艰难。而匈奴则不然，屯师数万，可以不举烟火，原因还在马上。马奶可直接饮用，亦可搅拌后去其油脂，晾干后装入皮囊，挂在马背上，注入清水，行走颠簸而成酪浆，既充饥，又解渴。一匹马日产奶数十斤，可饱食数人，紧急时还可宰杀用作军粮。"

"那我们为何不多养马匹，多建骑兵？"

"朝廷已在各边郡放养马匹，也鼓励百姓养马，养马一匹，可免三人军役或赋钱。问题是塞内没有足够的草场，也不安全，胡人当然明白我朝养马的用意，经常突袭马苑，掳掠马群。欲与匈奴争胜于塞外，若配备十万铁骑，马匹最少也不能低于四十万匹。以目前繁殖的速度，尚须时日。"

"可匈奴也并非无隙可乘。近年来，单于用兵的重点在北边，与在北海一带游牧的丁零、坚昆等种落争夺水草牧地，连年征战。军臣尚武，且为人严苛寡恩，待匈奴诸部有远近亲疏之分。就臣等观察，不少人暗怀怨恨，有背叛之心。"刘舍插言道。

"哦，此事当真？"刘启兴奋起来，看定刘舍，一副急切求证的神情。

"蹛林大会时，各种落名王大会于王庭，臣等连日与之周旋应酬，颇有暗地向我大汉输诚者。臣等虽不敢擅自应许，但好言抚慰，殷勤结交，以为他日预留地步。"

刘启大喜道："好，好。君等可与之联络，告诉他们，归依者一律封侯，所部可迁至边塞安置。"

周亚夫却不以为然，认为这是不智之举，很可能会破坏和约，招致匈奴的报复，破坏这几年来之不易的和平局面。于是揖手陈奏道："老臣以为，此事暗通款曲可以，彰明较著不宜，封赏降胡更会刺激匈奴。我弱敌强，难得有几年和平时间休养生息，不宜过早与敌结怨，望陛下三思。"

刘启心中不悦，但面色如常。他笑笑，说道："丞相所虑自有道理，可两雄不并立,匈奴绝不会坐待我强盛,我与匈奴,早晚会有一战。当年晁错建言,降胡义渠①蛮夷之属,饮食长技与匈奴同,置之边塞,可收以夷制夷之效。先帝受之,以为国策;故凡有助于削弱匈奴实力的事情,我们一定要做。当然,要暗中行事,切勿张扬。刘太仆,你等与之联络,要不落形迹。"

"是。"

周亚夫还欲陈言,刘启视而不见地对刘舍说道:"太仓陈粟甚多,可供饲马,你可尽快与大农商量个法子,把它出清用作马料。君出使远行,一路劳顿,朕不再耽搁你,早些回府与妻子团聚吧。"

散朝后,刘启带刘彻回到正殿,在满是卷册的书案上找出两卷简牍,交到儿子手中:"这两封奏章,你抄去用心研读,不懂处可问师傅。对付匈奴,这算得上朝廷中最有见地的筹策了。"

简牍边缘光洁平滑,显然是皇帝时时展读,以手摩挲所致。刘彻打开浏览,乃晁错上言兵事的奏牍。

"父皇,为何要杀掉晁大夫?"

"哦,你从何得知此事?"

"上次父皇带儿臣去大农,说过贾谊、晁错是难得的人才。回宫后,我问过汲师傅,汲师傅说晁错原是父皇身边的智囊,尽忠谋国,死得可惜了。"

"晁错尽心谋国不假,可做事操切,激起七国之乱,亦有取死之道。"晁错之死,刘启几年来心怀愧疚,自己为七国叛乱的声势所慑,一时间乱了方寸,拿他做了替罪羊。可天子圣明,言出法随,是绝不可认错的。

"杀了晁错,七国也还是要造反,他死得太冤了。"

"也冤也不冤。晁错固然是被七国用作了叛乱的借口,可他的死,也使叛乱者失去了蛊惑人心的借口。继续作乱,他们的居心就大白于天下:其'清君侧'是假,谋逆叛乱是真。失道寡助,加速了他们的败亡,由此言之,晁错是死得其所。"讲到这里,刘启觉得不妨借此为儿子灌输一些帝王权术。

"为帝王者,不能存妇人之仁。有时候,明知是忠臣,可格于大局,亦

---

① 义渠,古西戎国名,在今甘肃一带,此处泛指羌戎。

不能不加罪乃至诛杀之，为的是潜消反侧，争取时间。"

晁错之死，有朝廷大臣间的政争和个人恩怨的背景。晁错入仕后，就职于太子宫十数年，从太子舍人、门大夫直做到太子家令，一直在刘启身边，其才能德行，刘启最清楚。晁错是颍川人，自幼学习申商刑名之术，后又从学于济南伏生，精通《尚书》，以此为朝廷征为博士。他如贾谊一样，学养深湛，足智多谋。极受孝文皇帝器重，所建言多被采纳。木秀于林，风必摧之，他们少年得志，当然会遭到元老重臣的嫉恨、排挤。贾谊屡遭僭毁，三十多岁就郁郁而终。晁错性褊急，为人锋芒毕露，更易遭嫉。亏得在太子宫办事，得以与朝臣相安无事。刘启承继大统后，任其为内史①，对之言听计从，法令多以其策更定，幸倾九卿。

丞相申屠嘉等一干老臣对此侧目而视，太常袁盎与之更是积不相能，晁错在，袁必避之；反之亦然，二人若不共戴天一般。内史府位于太上皇庙外的陵园空地之中，门在东墙，出入不便；晁错乃命人穿南墙造门出入。汉制，私自占用、毁坏陵园设施者，弃世。申屠嘉得讯，欲以此奏请诛杀晁错。晁错得到消息，先一步进宫禀告刘启并获得允准。申屠嘉奏请抓捕晁错时，却被皇帝以事先获准而拒绝。申屠嘉懊悔自己没能先斩后奏，恨恨不已，竟以此致病而死。

刘启后来又拔擢晁错为御史大夫。晁错掌管了司法，亦开始报复与之不和的老臣。首当其冲的就是袁盎。他派人查办袁盎在任吴国国相时收受吴王财物之事，抵罪后袁被赦为庶人。吴楚造反的消息传来，晁错又捡起这件旧案，对下属丞史说，袁盎多次收受吴王金钱，专为吴王说话，说吴王忠于朝廷，不会谋反；现今吴王果然谋反，应该将他抓起来查办，了解他们谋反作乱的内情。可袁盎在朝廷内人缘极好，丞史均反对查办，并暗地将晁错的打算通知了袁盎。袁盎又惊又怕，连夜去了窦婴家，两人思谋了一夜，最后窦婴进宫见皇帝，说袁盎知道吴王所以造反的内情，愿当面陈奏。于是奉召入宫，刘启当时正与晁错商讨筹措兵食给养，见到袁盎，便问他对吴楚发难的

---

① 内史，秦时为京师最高长官，汉因之，掌管长安三辅，为九卿之一。汉武帝时更名为京兆尹。

看法。袁盎回答说不足为忧,很快会平息。刘启当时则极为忧心,认为吴王即山铸钱,煮海为盐,富可敌国,以此引诱天下的豪杰,直到头发白了才起事,不是有了十足的把握,怎么可能发难,你怎么说他成不了事呢。袁盎回答说,吴得铜盐之利不假,可招诱到的不是豪杰,就算是其中有一二豪杰,也只是希望辅佐吴王为义,而不会跟随他造反。吴王招致的大多是亡命无赖之徒,只有这些人才肯随他作乱。晁错在旁冷笑道,袁大夫既知底细,想必有破敌的好办法。刘启急忙追问有何良策,袁盎知道这是自己最后的机会,情急生智,说事关重大,要求屏去左右。左右退下后,晁错仍在座,袁盎则说自己所言,不能有人臣得知,刘启乃命晁错退出。晁错恨恨而去,袁盎方陈奏道,吴楚两国约定说,高祖皇帝分给刘氏诸王的封地,晁错擅自削夺,他们反叛是被迫而为,一旦清除晁错,恢复故地,他们便会罢兵。方今为计,只有先斩晁错,派使节大赦七国,恢复其原有的封国面积,则可以兵不血刃地平息叛乱。事起突然,刘启当时忧惶无计,对自己同意晁错操切行事,激起了天大的乱子,颇有悔意。沉默了许久,方应许说,无论如何,吾不会为了一个人而使天下陷于祸乱。于是拜袁盎为太常,连夜南行安抚吴王。对于是否斩杀晁错,刘启心里还是委决不下。合该晁错命绝,十几日后。他又主张群臣不可信,天子应亲征,由他留京师镇守。朝臣原多痛恶之,于是由丞相陶青领衔,奏称晁错欺罔,大逆不道,应予族诛。刘启为稳住朝局,顺从了多数大臣的心愿,晁错竟身着朝衣被押往东市腰斩。

　　事后,派去前线为将的谒者仆射①邓公还朝,奏报沿途见闻,刘启问他吴楚得知晁错的死讯,是否有罢兵的意思。邓公回答说,吴王酝酿谋反已数十年,借削地起事,不过以诛晁错为名。晁错担忧诸侯强大不可制,所以请陛下削夺其封地,意在尊崇天子,以为皇家万世之利。计划刚刚实行,却遭受显戮,内杜忠臣之口,外遂了那些诸侯的心意。臣私心里觉得陛下失策,恐怕天下之士从此对国事要箝口不言了。刘启承认他说得对,但斯人已死,悔之无及。

　　刘启为儿子讲完事情的始末,喟然长叹道:"当时形势凶险,朕即位不

---

① 谒者仆射,官名,为谒者令的副手。

过三年，朝局的维持要靠众大臣的合作，晁错与众臣积怨甚深，朕必须考虑多数大臣的意愿，做个平衡。若一意孤行，变起肘腋，身命不保，遑论其他！邓公说得对，可时势如此，吾不得不做此决断，牺牲晁错。你记住了，形势比人强，就是贵为皇帝者，也要忍一时之委屈，绝不可因小失大。"

"只可惜了这个人才。"

"以天下之大，何愁没有贾、晁这样的人才？但在发现、招揽而已。况且晁错虽死，可其筹策，朕并未废弃不用，而是时时展读，视同拱璧。朕将此筹策交与你，有深意在内。将来国力充实后，恐怕与匈奴一较短长的担子，要落在你身上。"

"父皇的教诲，儿臣记住了。"刘彻动容，恨不能立刻长大，一展宏图。

刘启摇头，道："光记住还不行。你要多读书，多观察，多琢磨。做皇帝外面风光，内里更多的是孤独和恐惧，是高处不胜寒的感觉。"

"父皇的话，儿臣不明白。"

"做皇帝的，不能与人交心，心思不能够让臣下摸透，让人摸透了很危险。所以会孤独。"

"为甚？"

"大臣们会察言观色，千方百计地揣摩朕的心思。为甚？为了投朕所好，迎合朕，获取朕的欢心。往好了说，是为了他们自己的仕路前途、荣华富贵，若是居心不良者，则可借势蒙蔽，行其奸恶。所以做皇帝第一就要深藏不露，喜怒好恶不形于色，要让臣子感到莫测高深，才能制人而不制于人。你记住了？"

"是。"

"做皇帝第二件要紧的事，是察识人才，是知人善任。人与人材质不同，大臣也是如此，不可一概而论。尺有所短，寸有所长，要紧的是把合适的人放在合适的位置，不必求全责备。郅都你知道吧？"

"是新任的中尉，宫里人都说他严苛无情，一点儿也不顾及亲贵的面子。"

"对，郅都是个酷吏，可这样的人放在中尉的位子上最为合适。"

"为甚？"

"京师多的是皇亲国戚、世家大族和各地迁京的豪杰，多为非不法之事，郅都是个恶人，不吃权势这一套，不法之徒落到他手里，断无生理。酷吏如同打人的鞭子，执法除乱必不可少，是所谓以毒攻毒。中尉管领京师卫戍治安，朕用郅都，正可以才尽其用。反之，卫太傅忠厚长者，可为人师表，朕派他去你那里，也是因材施用。"

"知人善任而外，第三件要紧之事呢？"

"要体恤民情。也就是你在《尚书》中读到的'民为邦本，本固邦宁'。做法是轻徭薄赋，抑制豪强，使升斗小民能够安居乐业。足食足兵，大汉方能强盛，而这都得取之于民。百姓平日耕织，战时服役，是大汉的根本。豪强兼并，商贾盘剥，都会动摇这个根本，朝廷在这上面，必得为民做主。"

看到刘彻聚精会神听讲的样子，刘启感到欣慰，"一国之君，有外忧，亦有内患，明于此，读书方有目的，方能通晓治国的道理。"

"外患是匈奴，内忧呢？"

"当然是那些不安分的诸侯王。高祖皇帝分封子弟为诸侯，本意是要他们屏藩朝廷，巩固大汉的基业。原以为自己的子弟最靠得住，给他们的封地大，权力也大。可一两代之后，有些诸侯王自恃位高权重，藐视朝廷，骄恣不臣，甚至勾结匈奴和朝臣，潜谋帝位。先帝时有济北王、淮南王的谋反，本朝有吴楚七国之乱。每一朝皇帝都要分封子弟为王，这种事就难免一代代重演。"

听到这里，刘彻也觉得事情严重，问道："有吴楚七王身死国除的前车，还不足以吓阻他人吗？"

刘启摇摇头，道："没有比人心更欲壑难填的了，总会有人图谋不轨。消解隐患，还是要从制度上着手。七国之乱后，朕已下令诸侯国相以下各级主官一律由朝廷任免，对朝廷负责，诸侯王只能坐食俸禄，不得干预政事。可这目前只能行之于远支的亲王，对至亲子弟，如你二叔梁王，这样做会落下刻薄寡恩的名声，有伤亲情，且有太后在，朕投鼠忌器。贾谊倒是提出过一个法子，可如何实行，朕还没有想好。"

他又取出一卷简牍，交给儿子。"这是贾谊上书先帝的《治安策》，他的法子是'众建诸侯而少其力'，无分嫡庶，诸侯王子均可承继王位。如此，则一国可分为数国乃至十数国，诸侯尾大不掉之势可潜消于无形。你也有十几个封王的兄弟，日后也会遇到相同的难题。这卷简牍你也抄一份去用心研读，琢磨出一个不伤亲情而又能弭患于永久的法子来。"

刘彻很快抄完三件奏章,见父亲已有倦意,便起身告辞。

"不忙,朕还有一事问你。韩嫣曾私自带你出宫吗?"

刘彻觉得头嗡的一声大了,心里又怕又恨,怕的是父皇的责难,恨的是母亲居然告了自己的状。

见到儿子红头涨脸的窘迫样子,刘启心里好笑,语气却愈加严厉:"做就是做了。怎么,敢做不敢当?"

"当然不是。儿臣确曾要韩嫣带着出宫。父皇要儿臣不读死书,多观察,多琢磨治国的道理。可宫里的小天地,除了女人就是宦官,能观察个甚?民间的隐情只有宫外才能见到。"刘彻索性硬起头皮畅所欲言,倒也理直气壮。

"噢嚄,你倒有理了?你们去了哪里,观察到了甚?说给朕听。"

"儿臣等去过东市,见识了民情百态。"

"感想如何?"

"百姓富足,生业兴旺,不好的是豪强横行,不把朝廷的禁律放在眼里。"

"你见到甚?讲来。"

刘彻本想说出与朱安世那次遭遇,可担心父皇知道自己遇险,会严禁他再出宫门,于是轻描淡写地说道:"市场上有人三五成群,横行无忌,众人避之不及,很害怕他们的样子。"

"这正是朕用郅都的原因,现在,怕是没人敢在长安横行了。"刘启沉吟片刻,觉得儿子说得在理,不识稼穑辛苦,不知民生艰难,锦衣玉食,长于妇人之手,闹不好真会成为纨绔子弟,应该允许他到外面见见世面。于是面色转缓,说道:"你如今是皇储,身份不同于先前,出宫要向卫太傅请假,告诉郎中令周大人与卫尉知道①,由他们安排,身边也要带上些侍卫,以防意外,不要让朕与你娘担心。"

"父皇是允准儿臣出宫了?"刘彻喜出望外,几乎不敢相信自己的耳朵。

---

① 卫尉,秦汉时官名,为九卿之一,秩二千石,掌管内禁卫军(又称南军)之兵卫,负责宫门之内,殿门之外的禁卫。殿门之内则由郎卫禁卫,属郎中令管辖;皇宫以外京师地面的卫戍治安由中尉负责,又称北军。

"出宫可以，可前提是功课不能耽误。你可能做到？"

"儿臣准定做到。还有一事，请父皇恩准。"

"甚事？说。"

"父皇刚才说过，大汉与匈奴必有一战，请父皇赐给儿臣几匹良马，准许儿臣等骑马习武，以备将来。"

儿子既有此志向，刘启自然答应，当即派人去宫中的马厩选马，又召见卫尉，吩咐每日派人到太子宫教练骑射。尽管选来的是身量矮小的果下马，刘彻还是喜出望外，既可习武，又能出宫，海阔天空的日子，似乎就在眼前了。

四十五

椒房殿正殿前的空场上,两名仅着短绔、赤身露体的胖大汉子,正在做角抵之戏。两人均汗流浃背,看得出已搏斗多时了。最终着蓝绔的汉子捉住了对手的绔腰,借势伸腿一别,着红绔的汉子失去了平衡,被对手由身后倒提了起来。汉子五短身材,腰身粗大,虽还手脚并用地挣扎着,可使不上力气,那样子活像只氽水的蛤蟆,引逗得观者席上的贾姬格格地笑出了声来。

这女人靠甚迷住了皇帝?与贾姬同座的王娡,心思并不在角抵上,她冷眼旁观着忘情欢笑的贾姬,心里不由得生出一丝嫉妒。就是眯起眼笑时,贾姬的眼角上也看不出几道皱纹。这女人大自己厌岁,却满头青丝,年逾四十,面容却依旧细腻白嫩,真是驻颜有术。女人三腴,饱满,大笑时,宽大的深衣竟也遮掩不住一对丰乳的抖动,尤其是那顾盼流转的目光,迷倒皇帝的,恐怕就是这双会说话的眼睛。

着蓝绔的壮汉终于将对手牢牢压在了身下。王娡吩咐颁赏,然后领着贾姬进殿叙话。贾姬还沉浸在方才的兴奋中,笑道:"从打进宫,就再没看到过角抵,算起来,快有二十年了。"

角抵自先秦以来,一直兴盛于宫廷与民间。秦二世尤好角抵、俳优之戏,以致荒废政务。汉初天下残破,高祖刘邦禁游戏,故只在民间春秋社祭时有角抵表演。这对力士,是田蚡为给王娡解闷,才买通少府和卫尉官员,悄悄带进宫来的。

王娡摇摇头,伸出食指,贴在唇上。贾姬连连点头,笑道:"是了,是了,莫声张，莫声张。"稍停，又道："其实皇帝知道了也没甚，闷在宫里头的滋味不好受，我们无非寻寻开心而已。"

贾姬入宫前，家住代北，是一酒家女。早王娡四年入宫，生有二子，就是曾与刘彻交手打斗过的赵王刘彭祖与中山王刘胜，去年均已就国。贾姬早岁受宠，王娡姊妹入宫后，渐被冷落。儿姁、栗姬相继死后，贾姬才又开始得宠，近期尤甚。王娡被立为后，看得出她十分嫉恨，王娡原也将她作为新的对手，担心她会吹枕头风，时时在皇帝面前说自己的坏话。皇后领袖后宫，嫔妃们须依时到椒房殿请安侍奉，贾姬自不例外。接触一段时日后，王娡发现，贾姬是个胸无城府之人，心里的事全都挂在脸上，这样的人好对付。贾姬原也想要为儿子争太子之位，可在知道皇帝心意已定，僭毁皇后只会招致皇帝的反感与疏远后，也就认命了。王娡加意笼络，双方的敌意竟自化解开来，贾姬一改从前对她的敌视，转而讨好起她来了。今日请贾姬来观角抵，笼络之外，王娡的另一个目的，是为窦绾提亲。

"赵王、中山王可好？有信来吗？"王娡好似不经意地问了一句。

"承皇后记挂，都好着呢。彭祖上月刚来过信，这孩子上进，勤于公事，不治宫室，不好鬼神，专好律法，说是比朝廷派到封国的官员都精通呢！至于胜儿，还不是那副德行，整日扎在女人堆里，天生就是个急色儿。"

随即扑哧一笑，"其实男人还不全都是这个样？不过别人外表做出个正人君子的模样，胜儿表里如一，这点儿还真是像我。我这不是夸他们，孩子都是自己的好，殿下，是不是这个道理？"说罢，又止不住笑出声来。

王娡也微笑起来。这女人没心没肺，心里装不住愁事，怪不得不见老。她待贾姬止住笑声，继续问道："那么中山王也立了王后了？"

贾姬摇摇头，蹙眉道："阿胜那里倒是不缺女人，走的时候，他从我宫里带走了四五个宫女，听说在那儿又从民间选了不少女孩子充后宫。可王后比不得别的，阿胜好歹是皇子、诸侯王，王后的身份太低了不行。托人提了几户封侯的人家，可一个个惺惺作态，好像我家阿胜的人品有着多大的亏缺一样。伪君子！这样人家的女儿，就是白给做媳妇，我们也不一定要呢。"

"中山王年庚几何？生肖属甚？"

"阿胜今年十五，属小龙的。按说年纪还轻，等得起。我们慢慢寻，总能寻得个出色的人家。"

王娡故作沉吟，良久方说道："我来给中山王做个媒如何？有户好人家，论地位绝对配得上阿胜，属鸡的，一个小龙，一个凤，属相也合。差的是岁数，女的比阿胜大五岁。不过女大知道疼人，对夫君错不了。"

"皇后的大媒，人当然是好的。这可真是给我们阿胜面子，臣妾巴不得呢。敢问殿下，是哪家的女儿？人长得如何？"贾姬惊喜不置地追问道。

"南皮侯窦彭祖的女儿，窦太后的娘家侄孙女，名窦绾，今年才过二十。人的相貌虽说不上出众，可你想想，这样的亲事哪里寻得到？可遇而不可求啊。姑舅亲，辈辈亲，阿胜有了太后做靠山，不光在诸侯中硬气，连夫人你在宫里也脸面上有光呢。"

贾姬已经喜得合不拢嘴，连声应许道："就是，就是。年岁、容貌算得上甚？要紧的是皇家的血统不能乱！请殿下一定做成这门亲事。"她膝行数步，来到王娡近旁，顿首称谢道："殿下如此为臣妾母子着想，我们真是从心里感激。臣妾愚昧，刘胜顽劣，以前对皇后和太子殿下多有不敬之处，殿下不计前嫌，诚心待我，臣妾虽死不能报于万一！自今日后，臣妾甘为犬马，供殿下使唤。"

不过是个顺水的人情，却轻松赢得了对头的感戴，王娡心中暗喜，她赶忙扶起贾姬，道："莫要如此，起来说话。儿妁殁了，你便是我的姊妹，从前的误会，日后谁也不许再提了！"

时近正午，王娡留贾姬用饭。席间她煦煦和易，没有半点儿皇后的架子，使贾姬颇为感动。酒过三巡，二人都有了几分酒意，拘谨全无，竟真像是一对情好无间的姊妹了。

"夫人你说说，女人最能迷住男人的是甚？"王娡本想探听皇帝的近况，不想鬼使神差，脱口而出的却是这样一句话。

"皇后问甚？"那女人乜斜着眼，暧昧地笑着，黑色的眸子波光盈盈，因为喝酒，面若桃花，双颊泛起了红云。可真是个尤物，难怪皇帝宠她。王娡心里自愧不如。

"孤是想，皇帝对侍寝的那些个宫人，贪图的无非就是年轻貌美吧？"

贾姬不以为然地摇摇头，道："不见得吧。皇后想知道皇帝怎么说她们吗？"

"当然。"

"皇帝说她们全是些生瓜蛋子，没有味道。皇后听听，有甚可贪图的？"

"生瓜蛋子？皇帝当真是这样说的？"王娡也不觉笑出声来，心里觉得很解气。

"臣妾岂敢在皇后面前胡言，皇帝他确实这样说过。"

"那么，皇帝并不迷那些年轻的宫人了？"

"依我看，他不迷。皇帝召幸新宫人，不过是想换换口味，再好的东西也不能顿顿吃，是不？见异思迁，喜新厌旧，哪个男人不这样，有机会他们就会偷上一口。更何况皇帝这种要甚有甚的男人。其实，男人最迷的，还是女人的风情。"

"好东西也不能顿顿吃，是这么个道理。你说的风情，指甚？"

"怎么说呢？"贾姬难为情地笑笑，一副羞赧的样子。"男人心里都视自己作男子汉、大丈夫，占有、征服女人，都为的是证明自己。若是觉得女人被他摆弄的……死去活来，如痴如狂，满足了他那点儿虚荣，要他着迷其实很容易。"

"你是说……叫床？"

"也不全是，还有迎合，抚慰。男人有时粗暴得像头野兽，有时又软弱得像个孩子，得哄。"她笑笑，"其实，皇后也是过来人，男女间的事情当然都是明白的，用不着臣妾班门弄斧。"

"不，孤不如你。你对男人怎会知道得这么透，能说给我听听吗？"王娡好奇地问道。

"我爷娘在参合陉镇上开了家酒店，我十几岁就在店里做活，再大些就当垆卖酒。参合陉在代北，离边塞近，来往的要么是去北边与匈奴互市交易的商贾，要么是戍边的军士，还有犯罪发配到代北屯垦的农夫，南来北往，甚样的人都有。这些个男人，见了好点儿的女人，没有不动心思的。我们那里自古就是战场，不少人家男人战死了，家里孤儿寡母，为着贴补生活，就以家为店，提供过往客人的食宿，男女间的风流事自然也少不了。那些个臭男人，整日聚在酒店里，互相显摆自己炕头上那点儿事，唯恐别人不知道，想不听都不行。听的、见的多了，男人那点儿事也就都明白了。"

"阿姊那会就没有相好吗？"王娡打趣道。

"打我主意的，想占我便宜的从来就没断过，也有几个真心想和我好的。爷娘找人占卜，说我命中富贵，就不让我在店里做了。之后就被选送到宫里来了。想想可真快，一晃就过去二十年了，以前那些事还像是昨日一样。"贾姬呷了口酒，不胜怅惘地感叹道。

岁月催人，青春难再，自己何尝不是如此？王娡亦觉得悲从中来，她强打起精神，端起酒杯道："论年岁，阿姊还要长于我，可容颜姣好如昔，又得皇帝宠着，比那些独守空床的人，命可是好得太多了。我尽饮此杯，为阿姊贺。"说罢，举杯一饮而尽。

贾姬的兴致又高了起来，也将杯中之酒一饮而尽，照照杯道："皇后当我作姊妹，我自不能见外。我也借皇后的杯酒，祝愿皇后与太子康健无及，长乐未央。"两人又对饮了一杯。

接下来，两人又为各自的亲人子女、为太后、为刘胜与窦绾的亲事频频干杯。两人醉意渐深，贾姬蒙眬着双眼，摆着手，说："皇后说我命好，我的命哪里有皇后的命好？独守空床？其实皇帝也不比从前了。"稍停片刻，又道："我告诉你个大秘密，你可千万不要对人说。"

"甚事？你说，我绝不会说出去。"

"皇帝的精力已大不济了。每次行房，累得满身是汗，可就是办不成事，伏在我怀里，沮丧得像个做了错事的孩子。我说陛下是累着了，要节劳，多歇息些日子就会好的。可皇帝是大男人，要脸，已经有些日子不再召幸那些年轻宫人了。"

"当真？"王娡有些不信，但随即内心一阵狂喜，仿佛见到了皇帝那副无奈的模样，心里竟隐隐生出一丝快意。尤其令她释怀的是，房事的无能，意味着皇帝再不可能有子嗣，也再不会有威胁自己和阿彻地位的新人出现了。

"皇帝不愿更多的人晓得这件事，最近召我陪寝的时候最多，每次都是如此，假不了。太医们也上了不少方药，可没有甚效验。皇后还说我命好？最好也不过是将来随儿子就国，享享清福罢了，哪里比得上殿下。"

两人一直喝到日晡时分，才尽欢而散。自被册封为皇后以来一直悬着的心终于踏实下来了，为此，王娡很感激贾姬，决心做成那门亲事。她来往奔走于两宫之间，还在长公主的陪同下一起去了趟南皮侯家，最终说定了这门亲事。送亲那天，窦太后在长乐宫设宴，皇帝和诸窦也到场。席间，太后、长公主、贾姬均盛赞王娡，推她为首功，皇帝也刮目相看，勉慰有加。宴后，太后命人取出自己寝宫中的一座镏金宫灯，送与窦绾；然后带着众人一直将窦绾送至宫门，方才挥泪而别。

此后，王娡与贾姬时相过从，竟成了好友。通过贾姬，她不仅能及时了解皇帝的心境，也改变了皇帝前些时候对自己不佳的观感。有时候，皇帝也会将她召去吃顿饭，说说话，甚至就后宫事务征询她的意见。王娡终于有了安全感，觉得皇后与太子的位置总算是坐稳了。

四十六

中元二年的早春分外寒冷,人们的心情也像阴霾的天气一样沉重。数日来,前太子、临江王刘荣因罪被征召进京,下入诏狱自尽身亡的消息不胫而走,震动了整个长安。人们窃窃私语,都说这是个凶兆,朝廷怕是要从此多事了。

事情还要从一年多前义妁赴临江说起。一路上,她将此行的目的告诉了同行的义纵和张次公,得知是为有过一番遇合的太子出力,二人摩拳擦掌,跃跃欲试。到了临江,三人扮作行脚的商贾,在王府所在的街上租住了一处房子。义妁每日在街上行医卖卜,打探消息。她为义纵等置办了行头,要他们整日里鲜衣怒马,出入酒肆勾栏,专门结交王府里的官员。这样一住数月,却寻不到什么机会。方方面面的消息都表明,临江王为人宽厚,不大过问政事,在封国中口碑不错,很难找到甚错处。

江湖中人最重然诺,义妁混迹于其中多年,不用说也把信用看得如同性命。既已自告奋勇为王娡祛除隐患,事情便一定要办成,绝无退路。正在无奈为难之际,机会却不期而至。一日,张次公回来后,讲起酒宴上听到的消息,临江王府丞透露,刘荣嫌府邸狭小,欲扩建王宫。前任临江王是刘荣的同母弟刘阏,在位仅三年而崩,王宫尚未建完便停工了。刘荣做过太子,这个王宫在他眼中,自然逼仄不堪,等不到与尚未到任的内史、国相商量,他便自作主张,提出要把王宫面积扩大一倍以上。

临江国的都城江陵,只有两条交叉成十字的街道。王府坐落于城北,三面环绕民居，只有西面有片极大的空地，数里之外，则是封国所立高庙①的所在。据王府府丞讲，若迁动民居，所费不赀，以封国的岁入作偿，尚有不足，为此，临江王亦踟蹰不决。

义姁怪道，既有空地，为何不用？次公说他也问过同样的问题，府丞说那是供高庙祭祀所需物品，如酒、粮和牺牲的生产用地，轻易动不得，动了就是大不敬的罪名。听到此，义姁有了主意。三人分头依计行事，一个月后，王府开工扩建，整块空地被新王府占用。随后，义姁兄妹悄然离去，只留下次公，以包工人的身份，在那里监督工匠们大兴土木。

去年年底，工程尚未竣工，朝廷派来的内史到任，知道高庙祭地被占是件非同小可的事情，一面责令停工，缉拿涉案人等，一面奏报朝廷。文书传送至长安，刘启得知儿子胆大妄为，十分恼怒，下诏征召刘荣进京，打算好生教训一下这个儿子。刘荣到京后，刘启并不接见，而是传命要他到中尉府报到，接受查问。

中尉府设在北军营垒之中，刘荣的车马随从一进府便被扣押，他也失去了自由。刘启对郅都的指示是，此子忤逆不肖，无须假以颜色，要他好好反省，知道皇子诸侯犯法与庶民同罪的道理。郅都吩咐手下将刘荣下入诏狱，他此刻所深虑的，是刚刚到访的一位内官的传话。

由临江内史报上来的案卷看，事情很简单，是件官商上下其手，勾结牟利的案子。一名叫李路的富商以巨资贿赂王府与高庙官员，以城外荒地对换高庙空地，解决了用地的难题，以此包揽了王宫扩建工程。事发后，受贿官员一名饮药而死，一名在追捕中投江自杀，而那商贾则渺无踪迹，无从追捕。临江案卷中说那商贾关中口音，可郅都遍查三辅的户口名籍，却并无李路其人，难道用的是假名？为何要用假名，除非他预先就料到事情一定会败露，可既知会败露，为何又以巨资行贿，做这等得不偿失的买卖呢？事出蹊跷，殊不可解。

至于临江王，在这件事上头，似乎并不知道多少内情，至多是个失察的

---

① 高庙，各封国中供刘氏皇族诸侯祭祀高祖刘邦的庙宇。

责任；处罚也不会很重，无非是训诫、罚金乃至削减临江国的封地。以郅都的理解，皇帝的意思，不过要震慑一下儿子，使他知道戒惧而已。这案子要深查，非待抓住那逃亡的化名商贾之后，迁延无期；或就事论事，给临江王一个教训了事，郅都原本打算如此。可听过那名宫里内官的话后，他的心思，一下子沉重了起来。

"本官从不受人请托，大人若也为临江王说情而来，就不必了。若是公事，请报姓名，出示诏令。"他将那宦者带入内室，冷冷地说道。接连有位高权重之人探视刘荣，令郅都烦心。丞相周亚夫被他挡了驾，前太子太傅窦婴打着太后的旗号前来探视，也被他挡了驾，最后竟硬闯诏狱，守军未敢硬拦从前的大将军，放他见了刘荣一面。窦婴前脚才走，这位宫里的内官又到了，说有要紧事，请屏人单独密谈。这人去年郅都调任中尉时见到过，是皇帝身边的宦者，可叫不上名字。皇帝有事，总是当面吩咐，从不要人传话，莫不是又一个为刘荣说情来的？

那人笑笑，道："郅将军误会了。下官确为此案而来，可关心的不是栗太子，而是将军的安危。"

"你是谁，竟敢危言耸听？"

"我是谁不重要，可我带来的话，将军要听好了。栗太子之母、外戚诸栗全死在将军手上，刘荣也由此丢了太子之位，深仇大恨，他可能忘之须臾？如今他落入将军掌握，生死全在将军一转念之间，绝此后患，或任其脱罪，将来反噬将军？何去何从，将军好自为之。只是莫忘记，刘荣是太后的长孙，自幼格外得太后宠爱，至今不衰。"

郅都闻言凛然心惊，厉声呵斥道："临江王罪不至死，我郅都做事不欺暗室，从来堂堂正正。你为何人带话？遮遮掩掩，又是何用意？快说。"

"刘荣前年就国，宴请太子宫旧人，有怨望之言，发誓复仇。将军顺这条线索去查，刘荣难逃死罪。至于带话给将军的人，我不说将军也不难猜得出，当然是与将军休戚相关之人……"

话未说完，属下的司马季心来访，那人就势告辞。"这不是太子宫的郭大人吗，也是来探视临江王的吗？"两人擦身而过时，季心认出了他，那人不答，匆匆拱手作别而去。郅都这才知道，来者乃太子宫的詹事郭彤。他恍然大悟，所谓休戚相关者，栗太子同样是当今太子的威胁。可太子尚未成年，做不出这等事，这个主使人，应该是皇后。派人带话给自己，无非是想借刀杀人，除掉栗太子。皇后虽居心不善，可想想她的话也对，自己与栗太子已结下了不共戴天之仇，欲防反噬，这正是个机会。转念至此，如何办这件案子，他已胸有成竹。

季心所来，是受窦婴之托，为刘荣送刀笔。入狱之初，郅都吩咐属下禁予刘荣刀笔，季心此举，显然是同自己作对。郅都心下不悦，但季心振振有词，说既是对簿，案犯自应有刀笔可用。季心乃季布之弟，以侠义名震关中。郅都为官多年，对下属心存忌惮者，一是宁成，二是季心，季心的话在理上，他不好公然不允，可心里更下了不放过栗太子的决心。于是连夜布置，抓捕太子宫的旧人。

在酷刑逼供下，案犯无一例外都开了口。郅都认为证据已经足够，便在次日传刘荣对簿。为了加重压力，郅都将对簿地点设在一间潮湿阴冷的刑室，污渍斑斑的墙上挂满刑具。刑室很暗，壁上一灯如豆，四面鬼影憧憧，不时传来受刑犯人的惨叫和呻吟。被带进刑室的刘荣，平生第一次见到如此阴森恐怖的所在，不觉毛发直竖，心口发紧，好一阵才定下心来。室内很空，暗影中一张书案依稀可见，后面坐着个瘦子，看不清脸面，可刘荣感觉得到他犀利逼人的目光。书案两旁各站着一名身躯粗壮、面目凶恶的狱卒。

"你知罪吗？"许久，那瘦子方冷冷地掷出一句话来。

刘荣涨红了脸，屈辱和愤怒包裹住了他。"下属谋私，寡人最多有失察之过，何罪之有？！"

"你放明白了，这里是审决重犯的诏狱，不是你称孤道寡的地方。你也休想用临江的事蒙混搪塞，你如何怨望皇帝，图谋报复皇后太子，最好从实招供，免得皮肉受苦。"那人的声音不高，可内中透着一股阴狠。

"大胆！你一个狱吏，竟敢如此问话，诬陷本王。寡人的事情，自能向父皇分辩清楚，哪里轮得到你来问。"

"诬陷？你母亲没有下毒谋害过太子？你栗家外戚没有混入宫中图谋行刺？你在就国前的酒宴上没有放话报复？你一个诸侯王，狂的个甚？淮南、济北，还有作乱犯上的七国，身首异处的哪个不是王？到了这里，你就是个犯人，拿得甚臭架子！我还可以告诉你皇帝吩咐下来的话：皇子诸侯犯法，与庶民同罪。"

刘荣的一颗心，像一下子落到了冰水里，口气不觉软了下来："你肆口污蔑，说孤怨望报复，有何凭证？"

瘦子摆摆头，一个狱卒出去，很快带了两个人进来，匍匐在案前。刘荣认得，是曾在太子宫服侍过自己的旧人。两人身系重械，步履蹒跚，面目肿胀，看得出受过重刑。

"你们两个把各自的供词，向临江王重复一遍。"瘦子指指刘荣。

"你，你这算得甚？是……是屈……屈打成招，罗……罗织构陷！寡人要面见父皇，辨……辨明真伪。"刘荣气得发抖，说话也结巴起来。

瘦子示意将人证带下，笑笑说："皇帝若肯见侬，也不会请你到这等地方来。你还是识相点儿，早早招认，否则死罪不免，活罪更有你受的。念你曾经尊贵过，我再宽待你一夜，窦太傅既然派人给侬送了刀笔，你就把你种种谋逆的情事，原原本本写出来。明日若见不到供词，我一定会用刑，到时莫怪律法无情。"

说罢，那瘦子径自离去。两名狱卒将书案抬到刘荣身前，又将一盏灯注满油，放置案上点燃，备齐刀笔纸墨后，准备离开。

"且慢，刚才那问话者是何人？"

"自然是中尉郅都郅大人，落到他手里，不死也要脱去三层皮。你还是老实交代，免受皮肉之苦吧。"

"二位放我出去，我定重谢二位的大德大恩。"得知自己落入郅都的掌握，刘荣又恨又怕，竟有些慌不择言了。

那两个狱卒对望了一眼，张口噤舌，几乎不能相信自己的耳朵，"你说甚，放你走？亏你想得出！我二人的脑袋还要不要？你老实交代，莫再异想天开了。"

"那么我修书一封，劳二位连夜送到窦太傅府上，府上必重谢二位，日后寡人得脱厄运，亦当厚报二位，如何？"

"想不到大人物也这么难缠！"一个狱卒摇摇头道。另一个粗鲁地搡了刘荣一把。"你别做梦了，我们都有妻儿老小，犯不上为一个阶下囚送命。"

言罢，两人狠狠撞上室门，加锁后离去。

完了，完了，今番落到仇人手中，吾命休矣。刘荣绕室彷徨，惊惧愤恨，心乱如麻。他知道从前一时的愤激之言，虽无实际，可只要被坐实了有此居心，仍旧脱不了谋逆的罪名。想到郅都方才那副阴毒的面目，自己绝无生路，只可惜冤沉海底，大仇难报，如何面对阴间的母亲和亲人呢？一念至此，他已经是涕泪滂沱，泣不成声了。

宣泄之后，他的头脑反而冷静了下来，天潢贵胄，绝不能任由那些卑贱的狱吏摆布，屈打成招。既不免一死，就要死得尊贵，向父皇表白自己的冤屈。他拭干泪水，正了正衣冠，倚案奋笔疾书。之后，他解下绶带，悬结于梁上，伏地南向拜了几拜，吹熄油灯，蹬倒书案，径自悬梁自尽了。

刘荣之死，直至次日清晨，方被来探监的季心发觉。他一面差人通知郅都，一面携遗书赶到窦婴府上报信。窦婴闻讯，既吃惊，又痛心，嘱咐季心回去看护好临江王的遗体，自己则连早餐也顾不上吃，径直奔长乐宫而去。

那日，正是皇帝向太后请安的日子。刘启也刚到长信殿，窦太后正问起征召刘荣进京之事，孙子的死讯，不啻晴空霹雳，把窦太后与刘启全惊呆了。众人敛气屏息，大殿中顿时安静下来，静得似乎可以听到人的心跳声。良久，窦太后铁青着脸，对伏在身前的窦婴吩咐道："阿荣的遗书，你读来我听。"

儿臣荣顿首再拜上疏皇太后、皇帝陛下，昧死以闻。儿臣初至临江，宫室狭小，下属占用高庙空地，臣失察，有违孝道，不敢辞其咎。父皇征臣，臣绝无怨望。中尉郅都，诬我谋逆，臣欲见父皇，不允，又以严刑威逼，呵斥侮慢，百口莫辩。臣闻刑不上大夫，礼不下庶人。在东宫时，所习贾谊疏云：臣有过，帝令废之可也，退之可也，赐之死可也，灭之可也；若夫束缚之，系绁之，输之司寇，编之徒官，司寇小吏詈骂而榜笞之，非尊尊贵贵之化也。臣皇家骨血，宁可死，不可辱，逼臣死者，郅都也。儿臣死不足惜，所憾者从此天人永隔，再不能尽孝于祖母父皇，心诚痛哉。儿臣死后，愿葬于南山之阴，陪伴于母亲墓旁，恳请父皇恩准。儿臣荣昧死再拜以闻，顿首顿首，死罪死罪。

读到最后，窦婴念及从前师生的情分，禁不住悲从中来，语气哽咽，泣不成声了。刘启没承想会是这样的结局，也难过地流下泪来。太后更是哭得声嘶力竭，对着刘启大叫道："你们害死了荣儿！那个郅都对阿荣做了甚？你还不快下令捕人？你若放过他，吾绝不允！"

"母后息怒，儿臣一定查明此事，还阿荣一个公道。"说罢，刘启吩咐窦婴留下来抚慰太后，自己匆匆赶回未央宫，召见郅都，查问此事。

刘荣之死，也大大出乎郅都的意料。他坚不承认有刑讯逼供之事，说自己将临江王置于刑室，只是想震慑之，使之有所戒惧。至于查问刘荣怨望谋逆之事，郅都的回答是，太子宫有人举报，不得不问，并未认定，也未打算深查。他知道，郭彤来访带话之事绝不可坦白，否则就成了结交内官、通同谋逆的大罪，那样可真就是罪无可逭了。

见到太后震怒，王娡却暗自忧心，唯恐郅都说出真相。她盘算了数日，终于想到十几年前的一件旧事，可以用来说动正在得宠的贾姬，由她向皇帝施压，早早除去郅都，以免后患。

原来郅都在宫内任中郎将时，一次陪侍刘启与众宫嫔游上林苑。贾姬如厕，不料一只野猪随后跟进，贾姬大呼救命，刘启示意郅都救援，郅都却视如不见。刘启抓过一杆长戟，想要亲自救贾姬，郅都却挡在前面，跪下来抱住皇帝的双腿劝说道，失去一姬还可复进一姬，天下难道还缺女人吗？陛下万乘之尊，就是不看重自己的性命，难道宗庙、太后都不顾了吗！刘启冷静下来，退到安全地带。最后野猪离去，贾姬也毫发未伤。窦太后听说后，赏赐郅都百金，刘启也赏赐他百金。唯独贾姬，恨之入骨，只是碍于太后，隐忍不发而已。如今见太后动怒，皇后推波助澜，她也自然不会放过报复的机会，每每在侍寝时，在皇帝面前添油加醋，但刘启不为所动。

验尸证明了郅都的话，刘荣身体上没有任何用刑或虐待的痕迹。真正为难的是刘启，是他有话在先，对簿时态度要严厉，郅都所为可说是他的授意。而郅都，忠诚廉洁，不畏权势，是难得的治乱能臣。可不杀郅都，太后那里难以交代。最后，以玩忽职守，诛杀数名狱卒抵罪，郅都连带罢官回乡。不久，刘启又以边防要紧，重新起用郅都，悄悄派他至雁门做太守。中尉的职位，由他推荐的宁成接任。宁成是郅都任济南郡守时的部下，也是出了名的酷吏。

郅都虽然是首次出任边郡，其声名却早已远播匈奴。都传说他有神力，可以百里之外，取人性命。胡人迷信，对此深信不疑。以至于干草扎成的郅都人像，似乎都有了莫名的魔力。匈奴骑射，以郅都偶人为靶，可心存畏惮，竟无一人射中。如此，他出任太守的两年中，匈奴骑兵竟一次也未袭扰过雁门。

但郅都最终还是未能逃出太后的雷霆之怒。两年后，太子宫的旧人翻供，说太子并无报复怨望之言，他们的口供，是郅都严刑逼供，屈打成招。宁成与郅都有旧怨，故意将此事透露给了长乐宫。太后大怒，亲自拿着汉律到未央宫见皇帝。

"大汉的律法，诬陷者反坐。郅都诬阿荣谋逆，反坐也应是谋逆的死罪！阿荣死得冤屈，吾今日特来看皇帝要怎样还他个公道。"太后目光灼灼，紧盯着刘启。

刘启噤口不言，但经不起太后一再催问，嗫嚅道："人死不能复生，郅都是忠臣，也是边郡难得的将领，姑且免其一死吧。"

太后阴沉着脸，厉声喝道："郅都是忠臣，难道临江王就不是忠臣吗！你身为皇帝，就可以枉法了吗？"

刘启无奈，传诏派专使冯敬赴雁门接任太守，缉拿郅都，就军前处斩，传首长安。

四十七

　　由长安城东出霸城门三十里，过灞桥转向东南，就是可以直达蓝田的大路。由蓝田再前行二三十里，就进入了南山的支脉——蕢山，蕢山有道隘口，名尧关。再向前，就进入横亘陕南的南山主脉秦岭，灞水与丹水，一北一南，均发源于此。山道沿丹水蜿蜒南下，沿途层峦叠嶂，丛林密布，山重水复，形势险要，这就是著名的武关道了。关中自古所谓"四塞"①之地，武关即其一。出武关，地势豁然开朗，陆路可通南阳与江汉平原，所以武关如控扼关中的咽喉要塞，历来是兵家必争之地。

　　鸡鸣未爽之际，武关道上，一行八骑人马向尧关疾驰而来。空山静寂，马蹄嘚嘚的声音也格外响亮。平明时分，这群人已到了尧关。关吏勘验传文②，传为梁国中尉府发放，写明的目的地是京师，可从梁国赴长安，最近的路线是经由贯通关东的驰道，入函谷关，这些人为何舍近求远，由武关绕道进京？关吏有些疑惑，为此，他仔细打量着这些人，看得出，是些江湖上的人。可印鉴封泥，反复核对，确实无误，于是开关放行。这伙人在关旁传舍内打尖，略事休息后，上马绝尘而去。

　　清明三月，南山上的积雪尚未融化，山腰以下已是满眼春色。新草萌发，

---

① 四塞，即关中盆地东面的函谷关、西面的大散关、西北的萧关和东南面的武关，是进出关中的天然险隘，设有关塞，并称"四塞"。

② 传文，即汉代吏民出入关塞亭障时的身份证明文书。又称"传"，东汉以后称"过所"。

雀鸟啁啾，和风吹拂中，层林已隐隐有了绿意。北去的灞水宛若一条银带，在阳光下熠熠生辉。此时，周边的山间，开始升起缕缕青烟，这是赶早上坟的人焚烧祭品所致。尧关近旁的一块山间台地上的祭扫，尤其排场。一前一后排列着的新旧两座坟茔前，一行人正在焚香烧纸，烟火缭绕，纸灰飞扬，魂幡飘动，招魂人的呼叫声在空旷的山间格外悲凄响亮。

一名面容清癯的老者，望着山下一行飞驰而去的人马，捋了捋花白的胡须，催促道："王孙，辰时①已过，若赴昆吾亭访友，好动身了。"

"子丝说得是，人死不可复生。王孙送死尽哀，临江王地下有知，亦可含笑了。"另一老者看着茔前拈香沉思的窦婴，边说边将最后一沓奠纸投入火堆，火舌舔着纸张，窸窣有声，和着冉冉的青烟，灰白的纸烬飘飞散落了满地。

窦婴将燃香插入灰池，噙泪叹道："师生数年，不料竟是幽明异路的结局。人言世事如烟，祸福难测，这个道理我算是明白了。"他退后数步，对新坟再次深揖施礼道："殿下虽无子嗣，可只要太后在，窦婴在，就是不能亲至，殿下母子春秋年节的祭扫和血食，无虞短缺。"说罢，与那两位老者，缓缓下山。

窦婴受太后之托，将刘荣的遗体安葬在蓝田南山栗姬墓侧。可事后却并未回长安，而是住进南山窦氏的别馆，纵情声色，已多日没有进宫奉朝请了。诸窦与众多好友纷至沓来，劝他尽早还朝，他却托病不行。直到日前，老友袁盎、季心等来访，携同前来的有一梁国辩士高遂，他的一番话，方使之豁然警醒。

挚友来访，窦婴设酒宴，张丝竹，推杯换盏，兴致极高。可说到返京之事，却顾左右而言他。袁盎使了个眼色，高遂笑道："久闻大将军侠肝义胆，今日得见，不过如儿女子，扭捏作态而已。真所谓盛名之下，其实难副了。"

窦婴心里恼怒，可面上还是一副不以为然的样子，问道："先生此话怎讲？我倒想一听究竟。"

"当真？"

"当真。"

---

① 辰时，古代计时单位，相当于现在上午七至九时。

"将军能有今日之富贵，靠的是皇帝吧？"

"不错。"

"最亲近将军的人，是太后吧？"

"当然。"

"能做栗太子的师傅，可见太后、皇帝对将军的倚重。栗太子被废，是他辜负了皇帝的期望，也是将军的失职。而进，不能谏争；退，不能殉死，将军不反躬自省，却意气用事，托病不奉朝请，私下里却宴乐无虚日。摆明了是对今上处置临江王的做法心怀怨望，消息传到长安，两宫的怒气一旦发作，恐怕将军将家无噍类了。"

窦婴矍然而起，揖手谢过。袁、季等人此来，一是劝窦婴回京，二是约他顺道拜访一位江湖上的朋友，于是众人议定，清明祭扫刘荣母子墓后，回程时一同前往昆吾亭访友，然后返回长安。

昆吾亭位于蓝田至长安的大道边上。窦婴等人所乘的数辆安车，从昆吾亭拐向左面的小路，小路伴着汇入灞水的一条小河，弯弯曲曲地伸向远方。又行过数里，穿过一片树林，远远望去，是一座庄院，庄前田地数亩，周边果木扶疏，花蕾满枝。小河潺潺，至此已分支成数股溪流，漫衍为大片的湿地。湿地上生长着茂盛的芦苇，白色的芦花衬着枯黄的枝叶，摇曳生姿，在早春单调的景色中，别有一种苍凉的美感。

几个孩童看到驶近的车队，大呼小叫着向庄院房后跑去。房后亦有青烟高高冒起，显然主人家也在扫墓。这就是他们要访的朋友，长安大侠韩孺的家了。

韩孺字千秋，颍川郏县人。少时好勇斗狠，声震一郡。韩氏世代业商，家赀豪富，后举家迁至京师，在此置地建房。父母去世后，韩孺承继家业，往来关东贩粜，成为长安东市的大贾。为人慷慨嗜酒，喜交游，与灌夫、季心、袁盎等是多年的好友。郅都任中尉后，侦缉豪强甚严，长安豪侠纷纷走避。韩孺亦敛迹于关东，平日难得一见。可韩孺是孝子，袁盎等算定他清明必会还家祭扫先人庐墓，故相约于今日来访。

一行人的车马尚未在庄前停稳，便听得有人朗声大笑道："我道是谁，原来是你们二位老哥。"只见两条大汉，在一群孩子簇拥下，快步走来。为首那人身长八尺，长头大鼻，状貌甚伟。他抢前一步，搀住正在下车的袁盎，又大笑着对其后的季心道："季司马，有子丝在，今日的酒喝起来就热闹了！"

看到从另一辆车上下来的窦婴，汉子的眼睛一亮，叫道："稀客，稀客！我说起早喜鹊叫个不停，原来还有贵人来到。"他边揖手施礼，边招呼后面那汉子过来见礼。

"毋辟，过来见过诸位大人。这位是窦婴窦大将军，当朝太后的侄儿。这两位是季司马季心、袁大人袁盎，个个都是朝廷上响当当的人物。这位是下走的堂弟韩毋辟，是今日一早赶来扫墓的。"

韩毋辟身量与韩孺相仿佛，人瘦削了些，可面目精悍。听到袁盎的名字，他一怔，随即恭恭敬敬地向众人施礼。从第三辆车中跳下来的高遂，见到韩毋辟，也欣喜地叫道："真是巧了！他乡遇故知，毋辟老弟，别来无恙？"韩毋辟笑笑，抱拳见礼，随即恭敬地退后几步，站在互道契阔的众人圈外，悄然打量着袁盎。

韩孺挥开围观的孩子，先领众人到父母坟上上香祭拜。之后吩咐庄人安顿车马，准备酒饭。窦婴道："不劳叨扰，吾等少时还要赶回长安。"

"到得这里，还想走？王孙也忒见外了！既是扑我来的朋友，哪有刚来就走的道理？况且一喝上酒，你们还能走到哪里去？！"

"有酒喝，老夫当然不走。要走王孙自己走好了。"袁盎笑呵呵地说道。

"酒不喝好，哪个也莫想开溜。"韩孺取过一把手锤，边说，边敲出三辆车轴上的车辖①，随手丢进院中的一口井内，大笑道："我看哪个走得了！"

众人也不觉大笑起来。韩孺是喝大酒的人，往年聚饮，每当宾客满堂之际，他都会锁闭大门，将客人座车的车辖投入井中，有再急的事情，客人也休想脱身，非喝到玉山倾倒，一醉方休而止。

他拉住窦婴的手，向众人道："这一向难得与京师的朋友聚首，叫人想念得紧，今日我们好好乐一乐，到时候各位怕是撵都撵不走呢。来，各位请

---

① 车辖，固定车轴与车轮的铜制部件，即插入车轴顶边穴孔处的销钉。拔去车辖后，行走时车轮会脱落。

入鄙舍。"

袁盎道："我看酒席莫不如就设在这门前。春风和煦，景色也好，看着心里都敞亮。"

"也好，就按子丝的话办。没有了车辖，不怕你们跑掉。"韩孺笑着盼咐庄人在外面设席。

推杯换盏，酒过三巡。韩孺举杯道："蒙各位兄长厚意，专程由长安访我，我以杯酒上寿，先干为敬了。"

袁盎叫道："且慢，哪有请客主人先饮的道理？况且吾等非自长安来，而是由南山来。王孙奉太后之命，安排临江王的丧事。今早刚在尧关上完坟，算准了你这孝子也非得还家扫墓，故顺路来访。"

韩孺笑笑，看了眼窦婴，放下杯，道："那么子丝说说，该如何饮？"

"汉家敬老，自该以年齿为序。"

"好，就请子丝先饮。"

"干喝哪有味道？还请主人歌舞一回，以助酒兴。"

"事先不知各位兄长会来，没有准备。不过我有个义妹歌舞俱精，此刻正在庖厨助内子烹饪，过会儿可来助兴。子丝不弃，我便献丑了。"

韩孺提起剑，走到席前的空场中央，向众人抱拳致意，将剑平伸，摆了个架势，深吸了口气后，舞将起来。起初动作舒缓沉郁，但很快就如旋风骤起，寒光耀日，衣袂飘飞，步履顿挫，凤舞龙翔，剑气逼人。正在酣畅淋漓之际，却猛然收煞，四下无声，如雷霆远去，江海清光。好一阵子客人们才缓过神，齐齐发出喝彩声来。

袁盎起身，奉上一巨卮酒道："壮士！壮士！当浮一大白。"韩孺一饮而尽，照照杯，转身望着远处的群山。青山永在，而人生倏忽，父母亡故，自己亦届中年，一种复杂莫名的感慨萦绕于心。他转身揖手道："独乐乐，不如众乐乐。我先起个头，请各位和歌。"

彼黍离离，彼稷之苗。行迈靡靡，中心摇摇。知我者，谓我心忧；不知我者，谓我何求。悠悠苍天，此何人哉！

是《黍离》之歌，歌声苍劲沉郁，有股撼动人心的力量。袁盎第一个起身，举着一杯酒，边舞边和道：

彼黍离离，彼稷之穗。行迈靡靡，中心如醉。知我者，谓我心忧；不知我者，谓我何求。悠悠苍天，此何人哉！

窦婴、季心亦加入歌舞，众人齐唱：

彼黍离离，彼稷之实。行迈靡靡，中心如噎。知我者，谓我心忧；不知我者，谓我何求。悠悠苍天，此何人哉！

歌舞毕，众人抚掌欢笑。袁盎一眼看到，在席上布菜的韩孺之妻与一年轻女子，正望着他们掩口轻笑，而那女子不是别人，正是啁戏名伎窈娘。"好你个韩孺，竟敢将京师的好女拐带到这里！王孙、季将军看看，这不是窈娘嘛！"

众目灼灼之下，窈娘满面绯红，笑着与众人见礼道："袁大人就会说笑话，须发都白了，一点儿都不自尊重。"

"嘿嘿，老有少心嘛，若非须发皆白，老夫还要做一回新郎。当今太子金屋藏娇，老夫钱少，有窈娘这样的可人，却也要茅屋藏娇呢。"

"子丝莫再调笑了，还不与韩夫人见礼！"窦婴拉过袁盎，感谢韩夫人的款待，互道问候之后，宾主重新入席。

"千秋所言歌舞俱精的就是窈娘吧，她何时成了你的义妹？"窦婴问道。

原来，窈娘所在的戏班子年前应邀赴关东几户大姓人家巡演。路过颍川时，窈娘偶感风寒，病倒于客舍，适逢韩孺夫妻。韩夫人亲侍汤药，体贴关心，无微不至。窈娘便拜韩夫人为姊，对二人兄嫂相称。清明韩孺夫妇返乡扫墓，窈娘便也一路相随进关，打算在韩家小住一阵再回安陵。不想与众人不期而遇。

有这样一位色艺俱佳的女子在场，气氛便大为不同。又饮过一巡，经不住众人请求，窈娘取出一架琴，略调了调音道："今日清明，这么多位大人前来，情谊可感。我自幼父母双亡，流落在外，连庐墓也不知在何处。义兄的父母，就是我的义父母，借一曲《蓼莪》，为父母、义父母祭。"

窈娘一手抚弦，另一手五指翻飞，勾拢拨挑，一段激烈跳荡的快板过后，乐声变徵，层叠舒缓，如水波徐来，漫漫无际，而后波声渐息，若有若无，细若游丝。正当众人屏息凝神，驻耳静听之际，忽而铮然一声，随后高亢的歌声陡起，直刺云天。

蓼蓼者莪，匪莪伊蒿。哀哀父母，生我劬劳。
蓼蓼者莪，匪莪伊蔚。哀哀父母，生我劳瘁。
父兮生我，母兮鞠我。拊我畜我，长我育我。
顾我复我，出入腹我。欲报之德，昊天罔极！

歌声凄婉哀怨，把浓浓的亲情灌入人的心头，久久徘徊不散，听者如饮甘醇，仿佛又回到儿时与父母相依的时光。酒席上的大男人们，一个个鼻子酸酸的，有的竟至潸然泪下。于是轰然和唱道：

南山烈烈，飘风发发。民莫不穀，我独何害！
南山律律，飘风弗弗。民莫不穀，我独不卒！

"窈娘的歌，动人心，泣鬼神，大有进境。当得起'余音绕梁，三日不绝'了！"窦婴赞道。而季心与韩孺夫妇，眼中还泛着泪花。

袁盎拍手道："太悲，太悲了！老夫望七之人，心如古井，竟也大恸。我们换个调子。窈娘，你看那果树上已有数朵桃花绽开，就以它为题，歌一曲《桃夭》如何？"

众人齐声喊好。窈娘接过季心递过的一杯酒，一饮而尽。一手打起响板，一手向众人招摇示意。这次唱出的声音，柔媚撩人。

桃之夭夭，灼灼其华。之子于归，宜其室家。

众人和唱道：

桃之夭夭，有蕡有实。之子于归，宜其家室。
桃之夭夭，其叶蓁蓁。之子于归，宜其家人。

歌声刚落，袁盎大叫道："《芣苢》《芣苢》，接着来，接着来！"窈娘笑笑，脚步轻移，俯身做出采撷野菜的动作，歌声一转为欢快活泼：

采采芣苢，薄言采之。采采芣苢，薄言有之。
采采芣苢，薄言掇之。采采芣苢，薄言捋之。

窈娘满面喜色，犹如走进了茂盛的芣苢丛中，采摘的动作愈来愈快，开始似成把地捋摘野菜。而后又作出将衣襟别成个布兜的样子，仿佛在大把地搂装采下的菜叶。袁盎紧随其后，模仿着窈娘的动作，磕磕绊绊，十分好笑。众人亦纷纷起身，跟在袁盎之后，有节奏地踏歌起舞：

采采芣苢，薄言袺之。采采芣苢，薄言襭之。

围观的孩童们也加入了进来，歌声、笑声、叫声此起彼伏，乱成一团，欢乐的气氛达到了高潮。

从头至尾，只有一人安坐于席上未动，自斟自饮，冷眼旁观着这一切。他，就是韩毋辟。窈娘的歌舞也深深打动了他，梁王宫中的饮宴几乎无日不有，凡饮宴必伴有乐舞。他经常与宴，宫中的乐舞虽然华丽耀目，却远不及这来自民间的歌舞真挚感人。他暗自倾慕，心中对窈娘的好感愈深，对袁盎的反感就愈强。言语轻薄，举动佻挞，全无朝廷大臣的庄重，难怪梁王对他恨之入骨。

刘武运动储位不成，回到睢阳后不久，就收到赵谈的密函，告之太后态度的转变，全在于袁盎的谏阻，而朝内大臣对立储的意见亦多与之相同。刘武得讯，大病了三天，认为袁盎毁了自己的一生，亟意报复。公孙诡、羊胜等极力劝谏，才没有马上派出刺客。公孙诡向梁王保证要取这些大臣的性命，为他出气，但要假以时日。一年多过去了，公孙诡经不起梁王的一再催促，也觉得立储之事过去已久，此时刺杀这些大臣，皇帝可能不会怀疑是出于报复，便着手安排实施。他挑选了十名武士，两名已在一月前潜入长安卧底，其余八人，则交由韩毋辟带队，由武关道绕行赴关中行事。临行前，王宫设酒宴为众人壮行，每人赐赠百金。公孙诡代梁王传话说：养客千日，用在一时。此行务须万全，达成目的。万一出了纰漏，不成功，则成仁，绝不可牵累他人。亡故者梁王会看顾其全家，背叛者严惩不贷。韩毋辟一行日夜兼程，今早过尧关后，他将人马分成三组，一组赴安陵，目标是袁盎；一组赴长安，目标是力主立刘彻为太子的御史大夫陈介；另一组策应。路过昆吾亭时，他吩咐众人先到长安接头等候，自己则顺路过访堂兄，祭扫祖墓。原打算用过午饭后赴京师与属下会合，不想天从人愿，袁盎竟自己送上门来了。

他盯着跟在窈娘身后手舞足蹈的袁盎，心中冷笑道：老匹夫，你死到临头了！问题是何时下手，在哪里下手。在堂兄家中肯定不妥，季心武功了得，堂兄看来也是这老家伙的好友，而江湖规矩也绝不允客人在家中受人伤害。看来，在袁盎返回安陵的路上动手最为妥当，他要先一步在路上埋伏，窦婴等人骑从虽多，但暗算一个人终究是容易的。

"壮士为何独坐，不起来与诸位大人共舞？"韩毋辟抬眼，却是窈娘站在席前，笑盈盈地看着他，不觉大窘，支吾着不知说些甚好。

袁盎大笑道："看看，看看！吾等老朽终难当美人之意。窈娘，一人向隅，举座不欢，何不发扬蹈厉，再歌一曲，邀韩壮士起舞！"

窈娘故作嗔怒地瞪了袁盎一眼，一甩长鬃，动作由柔媚一转为刚劲，若双手执兵，英气勃勃。舞步的进退旋转，竟不离韩毋辟之前后左右，毋辟大窘，不得不起身和舞。

伯兮朅兮，邦之桀兮。伯也执殳，为王前驱。　自伯之东，首如飞蓬。岂无膏沐，谁适为容！

是《伯兮》之歌，表达的是女子对心仪男人的爱慕。韩毋辟没有料到窈娘在情感上竟是如此大胆、投入，在女人直露不羁的爱慕与众人的注视下，这个八尺高的汉子，也禁不住心跳脸红了。窈娘双手合拍示意，众人随之踏歌和舞：

其雨其雨，杲杲出日。愿言思伯，甘心首疾。 焉得谖草？言树之背，愿言思伯，使我心痗。

窈娘含情的目光，不离他的左右，如脉脉秋水，动人心旌，韩毋辟一时竟难以自持。可猛然想起梁王交托的大事，此行吉凶难料，怎可有儿女私情的牵挂？他恨自己如此没有定力。有了这个念头，他便硬得下心了。办完君王交托的大事，后命如何，生死难测，这等沉重的心事，又能向何人道出？家乡一首歌谣，倒是很合他此时的心境，也可以婉拒窈娘的情感。于是向众人揖手道："毋辟鲁钝，扫了各位的兴，愿歌一曲补过。"

园有桃，其实之肴。心之忧矣，我歌且谣。不我之者，谓我士也骄。彼人是哉，子曰何其？心之忧矣，其谁知之？其谁知之，盖亦勿思！

他感觉得到那女人的目光，但他执意避开，望着眼前的桃林，继续唱道：

园有棘，其实之食。心之忧矣，聊以行国。不我之者，谓我士也罔极。彼人是哉，子曰何其？心之忧矣，其谁知之？其谁知之，盖亦勿思！

歌声激越，但又吞吐含蕴，给人以长歌当哭的感觉。众人面面相觑，适才欢乐的气氛一扫而空。

"'投我以木瓜，报之以琼琚'，你这后生不识好歹，辜负人家女子的情义，你有多重的心事，唱这种扫人兴致的歌子！"袁盎满脸不快，拉起神情黯然的窈娘，离开了呆站着的韩毋辟。众人都没了兴致，直至酒阑人散，窈娘再也没露过面，原本热闹的酒宴，竟草草收场。

四十八

"兄弟,你告诉嫂子句实话,你喜欢窈娘不?"

韩毋辟父母早亡,由兄嫂抚养成人,此后出入江湖,投奔于梁王。年近三旬,犹如飘萍,迄未成家。韩孺夫妇早将此事挂在心上,邂逅窈娘后,得知她未嫁,便存了撮合二人,做成一头好亲事的念头。以是韩夫人邀窈娘同行,而韩毋辟也不期而至。窦婴等来到之前,两人只匆匆照过一面,可韩夫人以女人的细心,马上觉出了窈娘对自己这个英俊小叔的好感。在庖厨打下手时,窈娘兴致极高,问这问那,话头总是往韩毋辟身上引。适才的表现,爱慕之心更是一览无余。可恨毋辟竟如不见,伤了窈娘一片痴心。她细细问过窈娘的心思,之后,将韩毋辟叫到后屋,打定主意要讨出小叔的实话。

"木头人吗?说话呀!"看到毋辟埋头不语,韩夫人恨恨地捶了他一拳。"我与你兄长出入江湖,阅人可谓多矣,窈娘的人才,真正是千里挑一了。风尘女子中,有如此真感情的,更是少之又少。我问过她了,如你不弃,她愿托以终身。你到底怎样想,给人家一个回话!"

"我,我……请嫂嫂告诉那姑娘,她的情意毋辟心领了,容过一时,或可论嫁谈娶,眼下前实在不能给她甚承诺,还请她卋谅。"

"那你说,为甚眼下不能论嫁娶?嫂子从小养你到大,你有甚心事不能对我说?是她不当你的意?嫌她是风尘中人?"

韩毋辟摇摇头。

"那为的是甚?你倒是说话呀!"看得出,韩夫人有些恼了。

想想实在不能道出心曲,韩毋辟索性不再说话,双手扶膝,做出一副垂头挨训的样子来。

"你是大男人了,我说不了你了,是吧?那好,你和你哥说去。"韩夫人站起身,气哼哼地走了出去。阵阵闹酒声从前屋传来,午后众人小憩了一个时辰,又开始长夜之饮,看来兄长不把这些人灌醉不会罢手。他有些羡慕起兄长来了,无拘无束,快意人生,不像自己,为求事功上的出路,寄身豪门,却从此失去了自由之身。

"兄弟,有甚心事,说出来,咱们一起理出个头绪来。"韩孺掀开门帘走进来,在他对面坐下,目光平静,但却一直看到他心里。

"哥,我绝不是难为嫂子,也不是看不上窈娘。实在是身不由己,不能有所承诺。"

韩孺笑笑,"看得出你心事很重,有事情,说出来,莫憋在心里。这趟来,怕不是专为扫墓而来吧?"

"江湖上最重然诺,应许了的,定然要做到。我不像兄长是自由之身。梁王以国士遇我,我自当以国士报之。交托我的大事未了,我若应了婚事,万一不谐,岂不是耽误了那姑娘的终身。"

"哦,你所言的大事指甚?"

韩毋辟摇摇头,"哥,我受人之托,忠人之事,这个规矩你该知道的。"

韩孺的面色严重起来,他沉吟了片刻,低声道:"莫不还是潜谋皇位的事情?毋辟,现今不比从前,储位已定,梁王所为是谋逆,你若参与进去,便是灭门的大罪。你莫忘记诸栗的下场,梁王待你再厚,这种事情,你也要三思而行!"他握住韩毋辟的手,继续说道:"我不问你何事,也绝不会向外人露一个字。你若想退出,现在还来得及,以后的事情我来安排。"

韩毋辟摇摇头道:"箭在弦上,不得不发。此去生死难测,我宁肯辜负窈娘的情意,不能耽误她的一生。哥,你自幼教我,男子汉活人,要有担当,要做顶天立地的大丈夫。我之作为,你应该明白!我若能平安归来,一定托兄嫂的大媒,与窈娘结百年之好。可现在,万万不成。"

韩孺不再说什么,只是用力握了握兄弟的手。两人心情沉重,默默相对,一时竟无话可说。又一阵闹酒戏谑传来,袁盎的声音尤其突出。

韩毋辟蹙眉道："哥，那位袁大人如此放浪形骸，全无一点儿朝廷大臣的庄重，你怎会交这样的朋友？"

"你是说子丝？"韩孺捋髯笑道："放浪形骸，沉浮于闾里，没有一点儿官架子，难道不好？！子丝到哪里，哪里热闹，交这样的朋友，有甚不好。"

"我听人言，此人巧舌如簧，惯于拨弄是非，专以谗言动摇人主。从前的晁大夫，后来的梁王，全都栽在他手里，是个奸佞的小人。"

"看来你对子丝的误会很深了。"韩孺看着堂弟，心中猛然一亮，莫不是梁王欲借毋辟之手报复？可他面色平静，好整以暇地把玩着须髯，好一会儿才接着说道："你听到的，要么是耳食之言，要么是恶意中伤。我与子丝相交二十年，他的人品我最清楚。你涉世未久，阅人不多，不可妄评人事。"

不容韩毋辟争辩，他又说道："江湖与朝廷，本来是两股道上的车，互不相干的。不少做官的愿意结交江湖中人，大多图的是声光，叶公好龙而已，比如窦大将军。可袁子丝、灌夫和季心不同，称得上是真朋友。你说他佻佻，我却以为他不用官僚的面具对人，正是我辈性情中人呢！"

他逼视着韩毋辟，低声问道："你此番进京，莫不是冲着他来的？"

韩毋辟摇首否认。韩孺心里却起了极大的疑问，他知道硬逼行不通，思忖着用个什么方法说动这个老弟。

"若有人想要害你，你会怎样？"

"我？当然自卫。"韩毋辟一怔，不知兄长何以这样问他。

"子丝建议诛晁错以平七国之乱，也是自卫。晁错欲害他在先，不去晁错，他必被陷害诛戮无疑。谁处在他的处境，要么反击，要么坐以待毙，怎么是拨弄是非？"

韩孺叹了口气，继续说道："至于建储之事，本来就是梁王非分觊觎。臣子事君以忠，子丝献议，无非协调两宫的意见，为的是朝廷的安定，怎么是谗言！你站在梁王的立场上，当然为梁王抱屈；可站在朝廷的立场，子丝所言，难道不是大臣所应做的吗？况且，皇帝有那么多皇子，就是子丝不进言，你以为皇帝会舍弃自己的骨肉，以梁王为皇储嘛！"

兄长振振有辞，句句都讲在理上，韩毋辟竟无反驳余地，垂首不置一词。韩孺拍了拍他的肩头，道："再说子丝的为人，也大有过人之处。我有位江湖上行商的朋友,原来在子丝手下做事,他所亲历的事情,最能说明子丝的为人。"

原来,皇帝虽以袁盎之议诛杀了晁错,却因他做过吴国的国相,指派他出使吴国,要刘濞罢兵。"清君侧"只是个借口,刘濞当然不会罢兵。非但如此,他还要袁盎出任叛军的将领,袁盎不肯,刘濞便派一都尉以五百人将袁盎软禁在军中,准备阵前杀他祭旗。生死之际,是那都尉部下的一个军司马放他逃生。那天天寒,那军司马搞来两石酒犒赏众军士,及至夜半,多数军士醉倒。那人唤醒袁盎,放他逃生。

起初袁盎不信,怀疑那人的动机,直至那人道出原委,他才恍然大悟。原来那军司马,就是他任国相时手下一名从史。袁盎有一侍女,与从史勾搭成奸。事为袁盎所闻,但他佯作不知,并不声张,对那从史一如从前。有人悄悄告诉了那从史,其私情已泄,从史惊惧,连夜逃亡。袁盎发觉后亲自追他回来,并将那名侍女赐给他,仍用他为从史。以后袁盎调任长安,但这人一直存心报答,适逢巧遇,故有此举。袁盎走后,那人亦举家逃亡。吴楚之乱平息后,转而从商。韩孺贩枲江南时,与之结识,亲耳听到这段故事。

"待人以善,必有后报。袁子丝之仁,闻名遐迩,提起他,江湖上没有不竖大拇指的!"

"看来,这袁大人倒真是个值得结交的朋友了!"韩毋辟赞道,像是颇为倾倒的样子。看着兄长宽慰的神色,他心里矛盾万分,不杀袁盎,是背信弃义;杀掉袁盎,是善恶不分。何去何从?委实难以决断。更何况箭已出弦,又怎样收回?就是收得回来,梁王、公孙将军能放得过他吗!

韩孺还想说些什么,可前屋传来酒客们大呼小叫的喧哗声,要主人出来比酒。他拍拍韩毋辟的肩头,道:"好了,莫对客人失礼,你也来做个陪客吧。"走过中庭的天井时,韩毋辟觉得黑暗中隐约有个女人的身影闪过,可定睛细看,什么也没有。他叹了口气,跟着兄长向前屋走去。

没有了成见,看人的观感也随之不同。在韩毋辟眼中,此时的袁盎,须发皤然,和蔼可亲,言谈举止中,别有种矍铄脱俗的风骨,令人起敬。

韩氏兄弟落座后,窦婴摆手,止住筵席上的议论,看着韩孺道:"千秋,我听季将军说郅都已放贬雁门,这个酷吏一去,京师地面安定不少。老弟可回长安重操旧业，朋友们也可以长相聚首了。"

韩孺摇首道："前门去狼，后门进虎，长安更非吾等居处了。"

众人不解，都用探询的目光盯着韩孺。

"新任的中尉可是宁成？"

季心点头道："不错，是叫宁成，听说是郅都从前的部下。这人你知道？"

韩孺道："此人也是个酷吏，其狠毒有过于郅都，其廉洁则远远不及。谁落到他手中，绝难幸免。行商中有句谚语，叫作'宁见乳虎，无直宁成之怒'。如此苛暴之人，吾等避之唯恐不及，谁会去触这个霉头！"

窦婴叹息道："人言'治乱世，用重典'，方今太平盛世，不知朝廷缘何喜用酷吏？用一个郅都，逼死了临江王；再用这个宁成，不知又会出甚事，国家怕要从此多事了！"

袁盎笑道："王孙差矣！长安八方辐辏，多的是宗室权门和大族豪强，最称难治，朝廷若不放上几个厉害角色，汝等还不翻了天！就如人家养犬以守门户，郅都、宁成之属，不过是朝廷用来看守门户的恶犬罢了，有甚大惊小怪的呢？"

韩毋辟用肘碰了碰身边的高遂，"这老儿总是如此呛人的吗？"

高遂笑道："他就是这脾性，说话一向口无遮拦的。"

窦婴则面色怫然，"子丝致仕闲居，自然可以说这样的风凉话。请问宗室豪门，如何翻天，你可举出证据来。"

看看二人要起口角，韩孺连连摆手，笑道："王孙、子丝，莫要意气用事，较不得真的。此事怪我，不该议论朝廷的人事，传出去，人家不说咱们酒喝大了，而会以为我们心怀怨望，私下诽谤朝廷，这可是大不敬的罪名呢！来，我们不谈国事，饮酒为先。"

话不投机，又默默饮了两巡后，窦婴推说明日要起早赶回长安，先自退席，众人意兴阑珊，亦各自告退安歇。令众人疑惑的是，主人一反从前，没有坚持尽醉而欢，晚宴就此草草而终。

韩毋辟走出庄院，静静望着星空中那弯残月。夜凉如洗，消去了不少酒意。他再三思忖，仍难以决定明日的取舍。情感上他已不愿再杀袁盎，可理智告诉他，放过袁盎将使自己陷入险境，公孙诡为人险狠，对背叛者定会追杀不止，等着自己的将是终身亡命的生活。他觉得心中燥热无比,到庄院前的小河中洗了把脸,慢慢走了回去。

走到自己住室门前,屋里灯火通明,推开门,韩孺夫妇正在等他。

三人默默相对,一时不知说什么好。过了一会儿,韩孺才道:"兄弟,明日送走客人,我们也要赶回关东。这一别,不知何时再见。我和你嫂子,最放不下的还是你。你年届而立,该成家了。不孝有三,无后为大,父母先人的血胤要由你传下去,不可再耽误了!窈娘是个好女子,既肯托付终身,你要有个态度,莫辜负人家的心意。"

韩毋辟顿首道:"毋辟自幼失怙,全靠兄嫂抚养成人。长兄如父,长嫂如母,毋辟本该遵命。可我受人之托,办成了,要躲避朝廷的缉捕;办不成,则难免于事主的追杀。从此漂泊无定,生死难卜。我若应了这亲事,等于害了窈娘,又于心何忍?"

韩夫人吃了一惊,韩孺依然沉着,接着说道:"你我刚才所言,窈娘已听到了。她的心迹,也对你嫂子表过了。现在就看你了。"

"是呀,窈娘要我说给你,她愿意等,也不怕风险。只要你一句话,此次回安陵后,她便收束不出,只等你去接她。"韩夫人目光灼灼,紧盯着韩毋辟道。

"那,那……"韩毋辟胸中涌起极大一股热流,悲喜交集,竟是嗫嚅难言的样子。

"那,那甚!这等坚贞的女子,真正是世间少有。你若还拿不定主意,我是再不能管的了!"

"她不计较,我,我当然愿意。只怕辜负了她!"

韩夫人大喜,韩孺也露出了笑容。"有你这句话就行!我去叫她,你俩当面说定。"她站起身,欢天喜地走了出去。

"这件东西你收好了,遇事用得着。"韩孺从怀中掏出个物件,交到韩毋辟手中。原来是件行路过关用的空传。"这是季司马从前送我应急用的。你也会用得上的,需要时临时填写即可。"

他拍拍毋辟的手,接着说道:"万一出了事,莫走函谷关,你们要走小路,渡去河东,投郭解郭翁伯。我与之有旧,你提我,他一定会帮你们的。"

此去天各一方，关山阻隔，江海飘萍，音问难通，不知何日才能再见，兄弟，你保重了！"语音沉重，韩毋辟抬眼，看到兄长的眼圈红红的。

韩孺又拿过一包东西，"这里有百金，做男家的聘礼，我与你嫂子早就为你预备下的，你收好了。你是男人，顶门立户，不可委屈了媳妇。"

韩毋辟喉头哽咽，再也忍不住，泪水潸潸而下。"兄嫂抚育成立的大恩，毋辟没齿不忘。兄长的教诲，我记住了。窈娘，我会好好待她的，请兄嫂放心。"

韩孺递过一方手帕，道："把眼睛擦擦，不可让女人看了笑话。"门外已听得到脚步和女人的低语声，是韩夫人与窈娘来了。

四十九

次日，窦婴、季心等一早便赶往长安。袁盎年高，不胜酒力，起身时天已大亮，由韩毋辟和窈娘陪送他返回安陵。此刻的他，蜷缩在车中，双目紧闭，神情委顿，一副宿酒未醒的样子。窈娘同乘一车，照看袁盎。

三月阳春，地气转暖，荠麦返青，沿路望去，满眼都是暖融融的绿色。窈娘的心情就像这天气，她双眼不离韩毋辟，目光中充满着喜悦。昨夜当着兄嫂的面，两人约定，先送袁盎回家，然后窈娘回住处收拾等候，待他办完公事，两人一同远走高飞。

韩毋辟骑马跟在车旁，看着闭目养神的袁盎，心里大起波澜，早间的一幕又浮现在眼前。送走窦婴等人后，兄弟俩在庄院前踱步话别，走到苇塘边时，韩孺忽然握住他的胳膊，神色严厉地问道："你此行是为梁王做刺客，对不？"

韩毋辟一怔，知道瞒不过兄长，就点了点头。

"要刺杀的是袁盎，对不？"

"杀袁大人！为甚？"他心里吃惊，脸上却故作糊涂。

"你以为瞒得住我？我身在江湖，可有的是做官的朋友，朝廷上的事情还知道一些。子丝说动了太后，梁王谋位不成，衔恨于子丝，杀人泄愤，难道不是这样子嘛！"

他惊异于兄长料事之准，但绝不愿泄密，还是连连摇头否认。

"你为梁王尽忠办事，我无话可说。可袁大人，你绝不能动他！"

"为甚，就为了他是你的朋友？"

"不，为的是江湖道义。他是你家的恩人，救过你父母的命！你若杀他，就是背恩负义，天道不容！"

"你说甚？他是我家恩人！此话怎讲？"

"我昨晚对你说过的那个从史，那个救了袁大人的军司马，就是你的父亲。"

"这，这……兄长为甚不早说？那袁大人知道吗？"

"当然知道。我原想说破，可子丝讲，他为人处世原本不图名誉和报答，嘱咐我不可泄露此事。可昨晚看出你的意图后，我若再不挑明，会铸成大错，悔之无及！"

韩孺的话如晴天霹雳，极大地震撼了韩毋辟。现在他所考虑的，已与此行的目的完全相反，他要做的，是如何保护袁盎逃脱刺客的追杀，然后带着窈娘，躲避梁王和公孙诡势在必来的报复。

按分手时的约定，同伴们正在京师等他前去会合。如果由窈娘陪送袁盎直接去安陵，自己先到长安，改变原定的安排，只刺杀京师的目标，而后同伴们回梁国复命；自己则间道赴安陵接出窈娘，转赴河东，投奔郭解。从时间上看，还来得及。

思忖已定，一路无话，日中时袁盎一行已到长安市郊。他们在霸城亭旁的客舍打尖，袁盎宿酒已醒，用饭时饮了杯回龙酒，兴致又高了起来，称韩毋辟与窈娘为他的一对"小友"，说是要带他们去长安会会朋友，今日不回安陵了。上车后则嘻嘻哈哈，不停拿这对"小友"打趣。韩毋辟主意已定，并不理会。

车过灞桥，在通向长陵和安陵的一处路口，韩毋辟四顾无人，策马赶到前面，掉转马头，拦住了安车的去路。他抽出佩剑，指点着通向安陵的路口，胁迫车驭改道。

袁盎大怒，喝道："你这后生好没道理，老夫要去长安，你却偏要去安陵。也罢，你护送窈娘回安陵，我自去长安。"

韩毋辟拱手笑道："袁老伯，长安去不得，还是让窈娘送你回安陵吧。"

"长安为甚去不得？你是甚意思，难道想要胁迫老夫不成？"

看来，不说出真情，难以要袁盎听从自己的安排。韩毋辟翻身下马，伏地顿首道:"恩人,请受毋辟一拜。"

袁盎一怔,随即笑道:"韩孺背诺,下次见面我放不过他!"他下车扶起韩毋辟,"你父亲也救过老夫一命,也是老夫的恩人,一命还一命,互不相欠,不要再提甚恩人不恩人的事了。"

"话不是这么说。袁老伯,你若不是我家恩人,此刻你已没命了。"

"哦,这话怎讲?"

"老伯,你看我是作甚的?"

"你,你不是韩孺的堂弟吗?"

"不错。可我也是梁国派来的杀手,刺杀的目标,就是老伯你。"韩毋辟猛地抽剑出鞘,寒光指处,逼得袁盎倒退了几步,也抽出了佩剑。窈娘大惊,跳下车,拦在袁盎身前,道:"袁大人是好人,你莫伤着他!"

韩毋辟退剑还鞘,笑道:"我若想要动手,也不用等到这时候。老伯是我家恩人,江湖中无人不称老伯是忠厚长者,赞誉不容于口,我岂能为此不义之事!可梁王恨你入骨,此番来的刺客,不止于我。我请老伯回安陵,为的就是避开刺客。他们正在京师等我会合,老伯执意去长安,是自投死路。"

"你放过了我,那梁王难道会放过你?以老夫看,你莫若跟我去报官。"

"不,绝不可报官。坏了兄弟们的性命,我岂非成了背主卖友之人?袁大人应该知道江湖上的规矩。"

"这……那你打算如何?"

"我们就此分手。我先去京师安顿弟兄,尽量拖住他们。窈娘陪老伯回安陵,不要回家,先到朋友家避一避再说。"

袁盎心情沉重。他劝谏太后的那番话,极为机密,自己从未对他人讲过,梁王又从何得知呢?既然知道了,以梁王的为人,这个怨,怕是难以化解了。是福不是祸,是祸躲不过。看来也只有如此了。他决定先去长陵一个朋友那里,占卜一下吉凶。于是揖手与韩毋辟道别:"你这个后生,为搭救我这条老命而得罪梁王,不值得。老夫感铭五内,更多的话就不说了,就按你说的办,我先带窈娘去长陵看个朋友。你也要保重,万一事情办不顺利,你可找昨日一同饮酒的季心将军,他会有办法的。"

韩毋辟解下背上的包袱,交给忧心忡忡的窈娘,笑笑说:"这个你为我收好,照顾好袁大人,我会很快去接你的。"窈娘点点头,随袁盎登车而去。看看车子远去,韩毋辟回身上马,向长安疾驰而去。

进了长安城,韩毋辟马上感觉到气氛不对。城门的卫士明显增多,街上行人很少,且面色惊惶。大天白日,却不时有小股缇骑巡游街市,像是出了大事。他按约定直奔会合的旅舍,可远远看去,那里已被大批军士团团围住。事情败露了?一股不祥的预感笼罩了他。他策马绕行,直奔城北戚里的梁王府,见到府丞,才知道出了大变故。

昨日午前,同伴们就到了长安,与梁王府接头之后,便住进了事前约定的客舍。原定刺杀袁盎的三人,为了提前熟悉地形,也为防人多引起他人的疑心,当日午后便去了安陵,余者在卧底的带领下,熟悉了陈介上朝回家时必经的路线。韩毋辟当晚未到,众人就有些担心,及至午前还没有他的消息,遂决定尽快下手后撤离。恰好早朝后,陈介归家时只有两名僮仆随行,埋伏在陈家附近的刺客一拥而上,结果了三人的性命。立即离开了长安城,只派一人来王府通报得手,要府丞转告韩毋辟,他们会在函谷关外等他会合。陈介位居三公,声名显赫,他的死讯,很快传遍了长安。目前中尉府已开始全城大索,长安十二座城门,只许进,不许出。

"安陵那面如何?"韩毋辟闻讯,如入汤火。这个局面与自己原先的想法大谬不然,已无法控制,他真后悔没有陪袁盎同赴安陵。

"报信的人随后就去了安陵,想必是要那面马上动手吧。风声太紧,你最好早早离开。"府丞拿出一只木传交给他:"你马上用这个出城,或许还追得上他们。"

尽管有梁王府颁发的传,韩毋辟出城时仍然受到严格的盘问,好在他灵机一动,提起了季心,守门的士卒才放他出城。他故作悠闲地缓缓而行,走出二三里后,方才夹紧马肚,向安陵飞驰而去。他满脸是汗,脑中一片空白,只有一个念头萦绕不去:上天庇佑,袁盎能在长陵耽搁一时,让自己抢先一步赶到安陵!

此时,袁盎与窈娘所乘的安车,已到了安陵城外。两人都是安陵出名的人物,把守郭门的士卒停止了闲聊,远远地向他们招手致意。车驭掉转马头道:"大人请稍等,挂个马掌,马上就得。"随即将安车停在郭门北侧的一排茅草屋旁，这是间维修车马具的铺子，两名工匠一把钳，一抡锤，正在打制蹄铁；另一个汉子正在为一匹黑马挂上最后一只后掌。

车驭跳下车，招呼道："老弟辛苦。烦你给挂个前掌。"

"好说。"汉子抬头，眼睛一亮，赶忙敲进最后一枚铁钉，拍了拍那黑马的屁股，扭头看着屋檐下蹲着闲聊的四个汉子，说："巧了，真是说谁谁到，这不就是你们打听的袁将军嘛。"说罢，挥手向袁盎致意。

听到他的话，四人有些意外，都站起身来。为首那个虬髯、面色黧黑的矮个子走过来，问道："多少钱？"

"六个马掌，每个铜钱两枚，你给十枚好了。"

矮个子斜睨着袁盎，打开钱袋，边将钱数给那汉子，边问："哪个袁将军？"

"我们安陵还有哪个袁将军？当然是袁盎袁大人。"汉子接过钱，神情颇为自傲。

车驭发现四人面色不善，想到韩毋辟午间的警告，一下子警觉起来。"你们是干甚的，打听袁大人作甚？"

矮个子并不答话，向另外三人使了个眼色，未等众人反应过来，四人已经长剑出鞘，矮个子逼住了车驭，另外三人站成扇形，围住了马车。

袁盎也拔出了剑，冷笑道："是祸躲不过，真是一点儿不错！你们就是来杀我的刺客喽？"说罢，用剑猛击马臀。马受惊嘶鸣，奋蹄狂奔，转身向来路疾驰而去，刺客们猝不及防，险些被撞倒。窈娘大声呼救，惊呆了的郭门守卫这才回过神来，挺着兵器冲过来。

矮个子一剑刺倒车驭，与另一壮汉翻身上马追过去，看看追近，那壮汉扬手一掷，袁盎翻身落马，短剑洞穿了他的胸腹，血顺着剑柄汩汩而出，很快浸透了他的衣衫。两名刺客跳下马，默默地看着这个濒死的老人。

"你，你……们救救那女子，她，她是……韩毋辟的……新妇，莫……莫伤害她……"袁盎大睁着双眼，艰难地喘着气，血夹杂着泡沫，随着他说的每一句话冒出来，白色的长须被染成殷红色，情景十分吓人。

"你说甚？"矮个子有些不相信自己的耳朵，蹲下身子问道。

"救救那女子，她……她……是，是韩毋辟的……"袁盎的声音愈来愈弱，随着嗓子眼里的一声咕噜，气绝身亡。

矮个子看了看仍在疾驰的马车，对那壮汉说道："我去追那马车，你接应弟兄们跟上来。在长陵道口会合，明日无论如何要出函谷关。"壮汉点点头，向着杀声大作的郭门方向疾驰而去。

韩毋辟赶到安陵时，一切已经结束，郭门前陈放着十几具尸首，一大群人在围观议论，叹息不止。他混入人群，一眼便看到了袁盎和两名同伴的尸身。完了！他使劲吞咽着满口的唾液，心跳得厉害，浑身冷汗涔涔。他辨不清自己现在是种什么感觉，好一阵子，才把持住自己。在确信尸首中没有窈娘和另外两名同伴后，他问身旁的一位老者，这里出了什么事。

"罪过呀！不知哪里来的刺客，就在青天白日下刺杀了袁大人。袁大人这样的忠厚长者，不知得罪了谁，怎么下得了手？作孽呀！"

"这是甚时候出的事情？"

"就是刚才嘛，不过半个时辰。"

"刺客都抓到了？"

"只抓到个受伤的。狗日的好身手，人少了还真摅捉不住他们。这不，干死了两个，可官军死得更多。听挂马掌的说，还有一个奔长陵跑了，说是去追唱曲的窈娘了。那姑娘好本事，人也长得好，要让他给祸害了，罪过啊。"

"官家没派人去追吗？"

"追甚追！本事不行，十几二十个人对付不住人家三个。你瞧这地上，死的大都是兵。抓住的那个，被绑到县衙报功去了。"

韩毋辟悄悄退出人群，牵着马向长陵道慢慢走去。确信没有人注意，他才翻身上马，疾驰而去。跑出十里，他见到了那辆被遗弃的安车。一匹马已被卸走，想必是挟持窈娘所用了。

又前行数里，远远已看得到长陵，正欲加鞭赶过去，忽听得身后有人喊他。

"仲明，仲明，我们在这里！"

韩毋辟勒住马，回头看过去，从路旁一片松林中牵马走出来的，正是自己一伙的堂邑生。

堂邑生就是那虬髯的矮个子，字甘父，河西月氏胡人。文帝时匈奴数侵月氏，堂邑生父亲从军战死，母亲携带他兄弟逃难，被人掠卖至关东为奴。堂邑生兄弟长成，学了一手打铁的绝活，又善弓弩，平日弋猎鸟兽，从不空手而归。主人欢喜，竟允母子三人赎身。后梁国中尉府招募力士，堂邑生入选，练成一身绝好的功夫。此番进京，被韩毋辟派为第一组的头目。原来昨日赶到安陵之后，他们便连夜踏勘了袁盎宅院四周的地形道路，准备与韩毋辟会合后下手。可次日才知道，袁盎早几日外出访友未归，大感懊丧；又从赶来报信的老四那里得知，长安已经得手。是走，还是继续坐等，踌躇不决之际，却在安陵郭外意外遇到了袁盎。送上门来的机会，容不得多想，他们便动了手，于是便有了袁盎伏尸郭门那一幕场景。

"怎么只你一个人？老四他们几个呢？"堂邑生问道，神色颇为焦灼。

韩毋辟极为懊丧，长叹一声道："我赶到时，一切都晚了。他们被官军围住，两个弟兄格斗而死，老四受伤被擒。"

"我们怎么办？赶去函谷关与其他兄弟们会合吗？"

"他们或许能够抢前一步出关，我们肯定来不及了。长安已经戒严，朝廷肯定已通令缉捕，函谷关是出入关中的要冲，必会严密盘查。得走别的路。"

"哪条路？"

"栎阳道。我们绕过长陵，转向东北，过高陵、栎阳、临晋，从蒲阪渡河，去河东。"

"好，我听你的。对了，有个与袁盎同车的女子，怎么处置她？"

"在哪儿？"韩毋辟心中一喜，急切地问道。

"在林子里。她一路叫闹不休，我把她绑在了树上。她是你甚人？"堂邑生好奇地问道。

"一时讲不清。你在这里照望着，我去接她。此地不能久留，咱们得马上赶路。"

林子很大，也很暗，像是大户人家的墓地。韩毋辟走进去不远，便看到了被绑在树干上的窈娘。他解开绳索，扯出塞在她口中的汗巾，紧紧地将她抱在怀里。"袁大人被他们刺死了……"窈娘泪如泉涌，好一会儿才停止了抽噎，她鬓发散乱，形容紧张，看得出受了不小的惊吓。

他抚着她的头发，"要怪，就怪我吧。没想到弟兄们先到了安陵，我只迟了一步，就成了这种局面，是我对不住袁大人！原以为你们要在长陵耽搁几时，或可避开他们的。"

听过窈娘叙述分手后的经过,韩毋辟开始觉得,袁盎之死,冥冥中若有定数,非人力所能挽回。原来,袁盎携窈娘到长陵之后,所拜访的朋友是个名叫培生的术士。连问三卜,皆为大凶。袁盎不快,又为窈娘着急回安陵,就谢绝了培生当晚把酒话旧的邀请。事后想来,袁盎若在长陵留住一晚,原可以逃过这一劫的。

"窈娘,时机紧迫,我们得马上赶路。我已是朝廷缉捕的命犯,转徙逃亡,死生难测,迄无宁日。我们一同行路不便。你先回安陵,待我安顿之后再来接你,如何?"

"不成。我既许嫁于君,自当甘苦与共。你到哪里,我到哪里,生死相依,绝无怨言。"窈娘目不转睛地盯着韩毋辟,神色坚毅,是一点儿没有商量的态度。

韩毋辟胸口一热,握紧窈娘的手,道:"兄嫂赞你是个奇女子,果不其然!我若辜负了你,天地不容。"他拉着她向林外走去,向着路上徘徊瞻顾的堂邑生喊道:"甘父,过来见过你嫂子。"

五十

辇毂之下,一日之内,朝廷两名大臣被刺杀,是大汉建国以来从未发生过的大案。皇帝极为震怒,限期破案,这副重担,就压在了主管京师治安的新任中尉——宁成的身上。案发已经三日,根据各关口汇总来的消息,案件终于有了突破,可以给皇帝一个交代了。

宁成轻轻吁了口气,望了望百级台阶上面巍峨的大殿,一面疾步趋登,一面斟酌利害,盘算着如何拿捏奏报的分寸。他以前曾在宫中为郎,以谒者的身份侍奉过皇帝。皇帝城府很深,喜怒不形于色,可用心很深,是个很无情的人。郅都调任京师,他接任济南太守;郅都去职,皇帝又点名由他接任中尉之职,无非希望他也能像郅都一样,不畏强御,管住京师三辅的强宗豪右。上任不久,就遇到这样的惊天大案,正对他的胃口,他要抖擞精神,把案子办得干净利落,压倒郅都,让皇帝见识自己的真本事。

宁成字伯坚,南阳穰县人。他五短身材,方头大耳,一脸横肉,似笑非笑,眼中总似有股杀气。为人好气张扬,早年为官下僚,必凌其长吏。后来官做大了,使任起下属来,严紧而不留情面。案发以来,接连数日他没有睡过一个整觉,眼睛也熬出了血丝;中尉府的书吏捕役趋奉奔走,更是寝食不时,不得片刻的闲暇。可查明了案由,他却没有了最初的亢奋,反而心事重重起来。郅都因逼死临江王而得罪了太后,被贬黜到边郡。这件案子更棘手,所涉及的人物,与太后、皇帝的关系更胜于临江王,搞不好,自己欲做郅都第二怕也难。

召见安排在温室殿,看看已到了门前,宁成深吸了口气,把要上奏的事项又在脑中过了一遍，决定相机行事。皇帝诛杀反侧要用快刀，他要做的，就是证明自己就是把锐利无比的快刀。如何使用，进退取舍，是皇帝的事情，他无须多虑。

温室殿的四壁均涂有椒泥，和着熏炉炭火，散发出暖暖的香气。刘启近来四肢畏冷，腰背酸痛，御医诊断为气血不足，要在善自颐养调摄，所以尽管是阳春回暖的季节，也还是住在温室殿。

宁成稽首请安后，退后跽坐。他偷眼四顾，在场的只有丞相周亚夫与郎中令周仁两位大臣。而皇帝侧近，坐着一位英睿少年，面容虽未脱稚气，却有种不怒而威的气质。这应该是太子了，宁成任职中尉以来，这还是第一次见到刘彻。

看到宁成一双眼睛只在刘彻身上，刘启道："这是太子，出了这种前所未有的案子，朕要他也来听听，长长见识。说吧，案子查得怎样了？"

宁成边向太子顿首施礼，边回奏道："臣连日查办，已经有了眉目。"

"喔？说来听听。"

"据当日目击者言，刺杀陈大夫的凶手有六人，得手后即出城逃遁。臣闻讯，即命人携缉捕文书，火急驰报三辅各关卡加倍警戒，进出关中四塞者逐人盘查，并派大批缇骑沿路搜寻。昨日午后，刺客尚未出函谷关，即被缇骑追获。匪徒极为凶悍，三人格斗至死，两人伏剑自刎，无一降者。可刺客出关的传牍被缴，还是露了破绽。"

"不是六人吗？那么还应该有个活口了。"

"据北城厨城门守军所报，出事后不久，有一壮汉由此出城向安陵方向去了。袁大人不久后在安陵遇害，刺客有四人，两人被杀，一人逃逸，一人负伤被擒。经厨城门守军辨认，被抓的壮汉就是由此出城之人。由此可知，两宗谋杀实为一案。凶徒住过的那家旅舍主人亦供认，这伙人初来时七人，可住下的只有四人，另外三人，无疑是去了安陵。那个壮汉，就是那四人中的一个，他去安陵是通知同伙下手刺杀袁大人。"

"那人招供了？"

"没有。押到长安后，尚未及问讯，此人竟自绝亢①而死。"

"如此刚硬强梁，这都是些甚人？"

刘彻忽然记起在东市的遭遇，忍不住插言道："看他们的所为，倒像是江湖剑客一流的人物。那些人当中，有个朱安世么？"

"殿下所言甚是。是江湖中人的做派，可是其中没有朱安世。"

刘启狐疑地看了儿子一眼，问道："朱安世是甚人？"

"朱安世原是长安东市的大骶，江湖上名声很响，可自郅都主政以来，其踪迹少见，可能是离开了京师。"

"朕问的是太子！"刘启扫了宁成一眼。"彻儿，这些江湖人物，你由何得知？"语气中听得出不满。

刘彻脸一红，低头道："儿臣所闻，乃宫里的传言。"

刘启冷笑道："听听，好大的名声！都传到宫里来了。宁成，说来说去，你还是没有实在的证物，你说的眉目在哪儿？"

"不然。现今虽未抓到人犯，可刺客的人数、由来已经清楚了。"

"讲。"

"这些人出关传牍上注明的目的地是东海郡，封泥上盖的是内史的印章。经查对，内史根本未曾发过此传，显系伪造。可传文注明的出关者是十人，可见，这伙人打算与安陵的同伙会合后一同出关，这就是说，尚有两人在逃，而且很可能要在函谷关与他们会合。臣已安排停当，候其落网。"

"这些人……是哪里来的，受甚人指使？"刘启问得有些迟疑，似乎极想戳破谜底，可又怕得知真相。

"人来自梁国，受梁……梁国中尉指派。"宁成原想说的是"受梁王指派"，可看到皇帝面色难看，临时改了口。

"证据呢？"

"臣有两条证据，确凿不移。据尧关尉所报，这批刺客是由武关道进的关中。他当时就纳闷这些人为何舍近求远，故而暗自记下了传牍上的姓名。

---

① 绝亢，汉代成语，亢，喉咙；绝亢，扼喉而死。

这件传牍封泥上盖的是梁国中尉府的官印，注明进关的也是十人，传文书有为首者的姓名，叫韩毋辟。这个韩毋辟，经查乃梁国中尉麾下的将军。"

刘启猛然扬起头，蹙眉道："这个人朕知道，是位壮士。另一条呢？"

"是一把短剑。刺客留在袁大人背上未能拔出。此剑新铸，上面勒有工名，是京师西市的剑坊所打制。经工匠辨认，日前来他炉上铸剑的，正是那自尽的壮汉。此人绰号老四，是梁王府的郎官，曾多次在他炉上打制兵器，故而相熟。"

刘启面色发红，沉吟不语。

刘彻直觉到案件内中一定有重大的隐情，可还是禁不住好奇，问道："你是说王叔命人刺杀朝廷大臣，他干什么要这样？他们得罪了他吗？"

宁成故作踌躇，随后揖手道："现有的证据，还不足以定论。可此事确非一般之仇杀，经旅舍主人指认，死于函谷关内的五人中，有二人早在半月前就住进旅舍。显然，他们是卧底。如此周密布置，兴师动众，不似江湖中人所为。若能捉住那两名逃犯，内中的关节，当可明了。"

"若捉不住那两人呢？刺客不傻，会想不到朝廷在关塞布卡，自投罗网？"周亚夫问道。他早已疑心此事出于梁王的报复，痛惜于陈介、袁盎两位老友之死，他很想看看皇帝如何处置这件棘手的案子。

宁成傲然道："下官之权限，不出于京师、三辅。朝廷若能布告天下，缉拿人犯，不难为功。"

他略作停顿，决定以进为退："若陛下授臣以诏书，臣愿持节赴睢阳，查办此案直至水落石出，将所有人犯一网打尽。"

宁成带来的消息证实了刘启的怀疑。接到凶案的奏报，尤其是袁盎的死讯，他马上就疑心这是阿武所为。袁盎致仕在家，与世无争，无端被刺，肯定有着重大的缘由，非有深仇者不会出之以此种手段。陈介、袁盎都曾极力反对梁王继嗣，袁盎更是说动了太后，破灭了阿武继嗣的想头。这在阿武，是不解之仇。阿武的胆大妄为令他震惊，其策划实施谋杀的能力令他恐惧，今日谋刺大臣的利剑，谁知明日会不会指向自己？

他有两种选择：一查到底，还是适可而止？一查到底，势必暴露此案的元凶——梁王；适可而止，则只需剪除阿武的羽翼，使其日后不能为恶。派宁成为使，意味着彻查，这等酷吏，会先意承旨，无所顾忌，办案不遗余力。如其所言，会查得"水落石出，一网打尽"。可水落石出又如何？拿阿武怎么办？投鼠忌器，太后那里怎么交代？临江王之死，太后至今提起仍恨不绝口。想到此，刘启矍然心惊。阿武自幼贵盛无比，恣意骄横，这种脾性不用说下狱，就是薄责也会被其视为奇耻大辱，万一如临江王般寻了短见，杀弟之名，百口莫辩，真不知如何面对母后与长姊了！可是若置之不问，不给梁王以惩戒，使之有所戒惧，刘启又心有不甘。就这样轻轻地放过阿武，日后他还不知会做出何等谋逆的事情来。

　　刘启又气又恨，可就是委决不下，身心倍感疲惫。他摆摆手，道："先缉捕在逃的人犯。周丞相，你与宁成先办理通缉布告，传送各郡国，布置查捕。派使的事情朕还要斟酌，你们先退下吧。"

　　望着宁成远去的背影，刘彻赞道："这个宁成看上去很能干。"

　　刘启捋须沉思道："是很能干，可也很可怕。"

　　"可怕？为甚？"刘彻不解。

　　"朕告诉过你，天子要有实施惩罚的利器。郅都、宁成之属，就是朕的皮鞭、快刀和恶犬，这难道不可怕嘛！"

　　"可二叔那么有权势，他能斗得过吗？"

　　"斗不过？他身后靠着的是朕，你说他斗不斗得过！"

　　"儿臣悟出的正是这个道理。酷吏诚如恶犬，可他咬人越多，树敌越多，越要死心塌地地为陛下卖命奔走。失去陛下欢心之日，就是身死族灭之时。与其说酷吏可怕，不如说他们是狐假虎威，借着陛下的威势，使人觉得可怕。故儿臣以为，他们能干而不可怕，要在善为利用而已。"刘彻近日读《韩非子》，颇有心得，不觉借题发挥，侃侃而谈起来。

　　刘启既惊异，又欣慰，看来，儿子近来的学问识见是大有长进了。他笑着对侍坐一旁的周仁道："看看，仲仁，这孩子不读死书，才能悟出这样的道理来，孺子可教，孺子可教呀！"

　　周仁亦笑容可掬，额手称庆道："太子殿下的学问大有进境，可喜可贺！"

　　"所以我说，宁成斗不过二叔，二叔的背后有太后，陛下也要投鼠忌器的。"

儿子的话提醒了刘启。他略作思忖,问道:"仲仁,案子查到了这个份上,不能不继续。可如何继续,朕颇难决断。派宁成为办案的专使,你以为如何?"

"臣以为不妥。"

"哪里不妥?"

周仁避席顿首道:"臣愚昧,愿冒死为陛下坦陈利害。"

"当然。你有甚说甚,不必忌讳,朕不会怪罪。"

"陛下若要梁王死,自可派宁成前往,可这样做,陛下置太后于何地?梁王乃太后爱子,太后春秋已高,若加以丧子之痛,万一不讳,陛下以何面目见先帝于地下!况且陛下与梁王乃一母同胞,手足之情,得无念乎?人死不能复生,臣恐陛下后悔无及,难道临江王之死,陛下已忘记了么?"周仁言下,十分痛切。

"朕岂愿阿武死?可他闹得太不像话,不严查,他怎知戒惧?姑息迁就,朝廷的法度又置于何地?将来犯下谋逆犯上的大罪,又有谁救得了他!"刘启越说越气,面色也涨红了。

"梁王无视法度,擅行诛杀,当然是死罪。可念从前其平乱有功,也为了宽慰太后之情,还请陛下法外施恩。大汉以孝治天下,宽贷梁王。俾使母慈子孝,兄友弟恭,正是孝道的精神所在。望陛下三思。"

刘彻插言道:"周大夫,话虽是这样说,可有甚法子,可以既惩戒了二叔,又使父皇避开骨肉相残的恶名呢?"

"殿下聪明,正说在了点子上。"周仁笑笑,揖手陈奏道:"臣以为,陛下可以给案子划一道界限,只查到梁国中尉府为止。这样既保全了梁王,又可免于枉法的议论。对参与阴谋的梁国高官则严惩不贷,明正典刑。这么办足以震慑梁王,又可借机从根本上剪除他的羽翼。此后梁国官员一律由朝廷派任,与其他诸侯国一视同仁,梁王今后只能坐享荣华,无权干预国政,不会也没办法作乱了。"

刘启不语,良久才点头道:"这个办法可以,就命宁成照此办理吧。"

"不可。梁王骄傲,宁成酷烈而无顾忌,必多株连,折辱梁王,由他办案适促梁王以死。臣所言是让梁王活的法子,自应由宽厚长者来办。"

"那么仲仁以为派谁去好呢?"

"陛下可还记得田叔田伯恭？"

"当然。他还在汉中赋闲吗？你的意思是派他去？"

"正是，办这个案子，田叔是最合适不过的人选。"

刘启思忖了片刻，颔首道："你说得对，办梁国这件案子，非田叔不能两全。你马上去尚书台，要他们马上拟诏征召田叔进京。"

周仁起身，又被刘启叫住，吩咐道："不必征他进京陛见了。事情急，伯恭年事又高，还是诏命他安车就道，直接去睢阳办案，专使的符节，由传诏的使者带给他。"

周仁举荐的田叔，字伯恭，赵国陉城人。其先祖是齐国的王族田氏。田叔少好剑术，喜任侠，为人廉直，从乐钜公学黄老之术。学成之后，以此干谒诸侯，赵国相赵午荐之于赵王张敖，任为郎中，颇受赏识。

张敖之父名张耳，随汉高祖刘邦击项羽，因功被封为赵王。在位一年薨逝，张敖嗣位，尚高祖长女鲁元公主，立为王后。高祖七年，刘邦被匈奴单于冒顿围困于白登，被迫订立城下之盟，铩羽而归。归程路过赵国，张敖以子婿之亲，亲自上食侍奉，早晚不辍，态度极为谦卑恭敬。可刘邦此时的心情，要多坏有多坏，这个女婿便成了出气筒，箕踞骂詈，无所不及。

这就激怒了赵国的国相赵午、贯高，两人是已故赵王张耳的宾客，都已是六十多岁的年纪，义不受辱。于是游说张敖，请求刺杀刘邦以报其辱。不想张敖断然拒绝，他啮指出血说，君等所言大误，先王亡国，全赖皇帝才得以复国，德流子孙，孤有今日，秋毫都离不开皇帝的助力，这种话你们再不要出口了。赵午、贯高等十余个宾客退下后，贯高叹道，我们搞错了，吾王乃忠厚长者，受汉之恩惠，义不背德；吾等为臣子，主辱臣死，义不受辱。今皇帝辱我王，杀之可也，何苦拉王下水？此事成则归王，败则吾等一身承受罢了。众人歃血为盟，暗自准备。

一年后，刘邦击败韩王信，回程再次路过赵国柏人县境。贯高等事先安排了刺客，匿身于厕中。刘邦原想在此留宿，却忽然心动，问此处地名，得知为"柏人"后，认为不吉，竟连夜离去。刺杀的阴谋再次落空。

又过了一年，贯高的仇家探知此事，举报出首。与谋之人依前约皆自到，独贯高随张敖槛车诣长安，为王脱罪。田叔等没有参与密谋的宾客，冒着族诛的风险，也都自行赭衣髡钳①，一路跟随到了长安。贯高屡经酷刑，为王辩白，终于洗刷了赵王的罪名。刘邦颇壮赵国宾客之所为，认为他们与田横五百士一样，有古烈士之风，特为召见了田叔等人。接谈之下，竟觉得个个都是人中翘楚，满朝的廷臣无出其右者。刘邦大悦，全都拜任为郡守、诸侯国相等两千石级的大吏。田叔为汉中太守，守黄老治术，与民休息，百姓安居乐业，汉中郡的治绩，数十年名列前茅。刘启即位后不久，田叔年高致仕乡居，而今算来，应该有七十好几的年纪了。

听皇帝讲述过田叔的经历，刘彻不解地问道："以宁成那么能干的酷吏，还怕压不住二叔，派这么个老者办案，能够得力吗？"

"周大人才说过的话你忘记了吗？要放你二叔一条活路，当然要用田叔这样的宽厚长者。"看着刘彻似懂非懂的神情，刘启觉得不妨就此向儿子传授一些驭人之道。

"同一件案子，适用同样的律条，由不同的人去办，结果会全然不同。宁成是能干，也肯干，不过他是个以苛察为明，又残忍无情的人，案子交给他办，他会死抠律条，把人犯往死里办。他办案的宗旨就是要人犯脱不出法网，别说有罪，就是无罪者，他也有办法叫人服罪，所谓'有错抓无错放'，就是这个意思。

"田叔这样的长者，是完全不同的一种人。说他宽厚，不是说他会枉法，也不等于他不能干，关键是居心不同。这种人做事推己及人，所以才会悲悯为怀。以同样的律条，可死可不死之罪，在宁成之属必把人往死里办，在田叔之属则以全生为上。你二叔私蓄刺客，杀害朝廷大臣，是谋逆的死罪。可他又是你皇祖母与朕的至亲，朕亦不愿意他死，而朝廷又不能枉法不治，这种局面，由田叔去办最好。不用为他划甚界限，他也能体会朕的用心，把事情办妥帖。"

刘彻恍然道："父皇的意思是，法不可枉，而执法因人而异，可以变通？"

儿子颖悟可喜，刘启满意地笑道："不错。律条是死的，可人是活的，

---

① 赭衣髡钳，古代赤褐色的囚衣；髡，剃去头发；钳，以铁索加颈，均为刑徒的装束，泛指罪人。

运用之妙，存乎一心，要在知人善任而已。这里面的分寸，你要用心体会，日后有大用处。"

"是。"

总算找到了妥当的人去办理这件棘手案子，刘启大为舒心。可谒者匆匆报来的新消息，又如巨石般压在了他的心头：梁王犯事的风声已传到了长乐宫，太后大恸，饮食不进了。

五十一

袁盎被刺三日后，韩毋辟一行三人渡河到了蒲阪。此后便避开大路，穿山越岭，风餐露宿，半月之后，进入河内轵县①境内。轵县背山面河，境内的轵关，是太行、王屋两山夹峙而成的山口，在太行八陉中号称第一。由此北去，便是纵贯太行山的轵道，轵县即由此得名。

一路奔波，三人形容均已憔悴不堪，出山之前，他们先在一条小河边盥沐梳洗。河水清澈如镜，窈娘望着水中倒影，惊叫一声，随即又开心地笑出声来。

"怎么？"韩毋辟问。

"哥，你看我这样子，像不像歌里面唱的'首如飞蓬'？"

韩毋辟会心一笑。十数日跋涉劳顿，窈娘所为不让须眉，非但无怨言，心情倒比两个男人还好，不时拿他们打趣，辛苦郁闷的旅程，因此平添了快乐。原把她视作累赘的堂邑生，也不由得刮目相看。韩毋辟则于爱慕之中，更增了几分敬重。

堂邑生草草洗过脸，走到韩毋辟身旁，抱膝而坐，心事很重地说道："送你们到地方后，我要回乡安顿老母兄弟，顺带打探其他兄弟的消息。风平浪静后，我还想回梁王府。"

---

① 河内，汉代郡名，在今河南省黄河以北及河北省西南部一带；轵县，河内郡所辖县，在今河南济源市南。

"这件事怕不会轻易了结,还是听听风声再作定夺为好。"

看看日头已高,他们动身下山。山下一马平川,是由黄河与沁水两条大河冲积而成的平原,道路宽阔平展,三人策马疾驰,到达轵县时,天将过午。他们不敢贸然进城,决定先找个地方打尖,然后再打探郭解的住处。

郭门不远处有家专供进城赶集者歇脚的饭舍,午间打尖的客人不多,只有两席。他们进来后,寻了铺空席,环几而坐,然后招呼仆庸安排饭食。舍内光线昏暗,可窈娘还是引起了众人的注目。原在酒垆旁猜枚赌酒的两名后生,也停了下来,两双眼睛,只是呆呆地盯在窈娘的身上。在逃之身,绝不可多事。韩毋辟等压住不快,视如不见,只想尽快用完饭,一走了之。

"朋友,一路辛苦!"一个后生走过来,不容分说便坐到了窈娘身旁。他人瘦瘦的,满嘴酒气,看上去不过十七八岁。"赶路的人该喝些酒,解乏!"他大大咧咧地说,然后挥臂大声招呼仆庸上酒。

"这位弟兄。承蒙厚爱,我等还要赶路,不饮酒。"堂邑生厌恶地看着他,揖手谢绝。

"赶路就不能饮酒?笑话!我们交个朋友,这酒,算在我账上。"

韩毋辟道:"这酒账,我来会;可酒,既是以朋友相称,似不宜强人所难。"

后生冷笑道:"饮杯酒的面子都不给,还说得甚朋友!二位不饮也罢,我敬这位大姊一杯。"说罢,斟满一杯酒,送到窈娘面前。窈娘眼观鼻,鼻观心,镇静如常,并不看他一眼。后生笑嘻嘻地斜睨着她,竟欲伸手拉扯她的袍袖。

堂邑生大怒,拍案欲起。韩毋辟按住他,对那后生揖手道:内子从不饮酒,请你放尊重些。"口气很冷,很硬。

后生也冷下了脸,两眼直勾勾瞪着韩毋辟。生人对视,江湖上称之为"目摄",谁先移开视线,意味着示弱。韩毋辟本不愿生事,可也绝不愿当着窈娘的面向个乳臭未干的少年示弱。饭舍中的气氛陡然紧张了起来,所有的客人都转过身来,屏息凝神地看着他们。

后生眼露凶光,问道:"你们是干甚的,到此作甚?"

"路过。"

"路过?去向哪里?"

"你既非亭长,又非啬夫①,我们去哪里,干你何事?"韩毋辟将一串铜钱丢在几案上,示意大家离开。他站起身,向那后生笑笑,揖手告辞道:"小兄弟,我们要赶路,就不陪你了。这酒账,由我会了。"

后生恼羞成怒,也站起身,冷笑道:"想溜,怕没那么容易!你也不问问这是谁的地界!"说罢后退数步,豁楞一声,长剑出鞘。堂邑生见状,也跳出一步,抽出了佩剑。

饭舍中的客人纷纷起身,退向墙边,舍内自然空出一片场地。有人跑了出去,像是去报信。主人则把臂旁观,并不惊惶,显然,类似的冲突在他这里并不少见。另一个后生也欲拔剑相助,是二对二的局面。

"各位少安毋躁,"韩毋辟将窈娘挡在身后,拱手向四下的围观者致意。无论甘父还是自己,都能轻而易举地收拾这两个恶少年。可他绝不愿在此时生事,惊动官府;尤其又是在郭解的家门口,闹不好会生出误会,若再得罪了江湖上的人,他们可真就是无处可逃了。

他又转向那两个后生,揖手施礼道:"鄙人初到贵乡,人地两生,不懂这里的规矩,有言语冒犯之处,还望海涵。二位大人大量,高高手,放我们赶路。老话讲,山与山到不了一起,人与人总有相遇的时候。有缘再会,我们真就是不打不相识的朋友了呢。"

见到对方赔礼,后生们气焰更炽。瘦子用剑指着韩毋辟道:"看不出你倒有副好口齿!怎么,怕啦?你们敬酒不吃,罚酒总得吃。摆上一席请罪,由你媳妇陪酒,小爷们甚时满意,甚时放你们走。"说罢,两人狂笑不止。

韩毋辟扯住堂邑生,冷笑道:"敢问二位,这里是轵县吗?"

"当然是轵县,怎么,你还有甚话讲?"瘦子傲然逼视着对手。

"我听说江湖上的豪杰,志在扶危济困,救人急难。从未闻有仗势欺人,淫邪放辟者敢称侠士。这里竟有如你等样人,真令人不敢相信,这轵县会是天下景慕的大侠的乡里。"

---

① 亭长,秦汉时每十里设一亭(类同于驿站),亭长负有接待、巡查、诉讼之责;啬夫,秦汉乡邑的基层官员,主管赋税、稽查巡捕诸事。

"好个狗贼，竟敢口出不逊，在郭大侠的地盘上撒野！汝等的狗命难过今日！识相的延颈受死，尚可留个全尸。"瘦子面露凶光，跃跃欲试地想要动手。

"我等一忍再忍，委曲求全，就因为这里是轵县，有受人敬重仰慕的郭翁伯。口出不逊，在大侠乡里撒野的是你们！翁伯在此，我不信会容汝等恶徒逞凶，败坏他的英名！"

"说得好！" 一个身材矮壮、方头大耳的人，不知何时站在了门口，低沉的语声厚重有力，吸引了满室人的目光。三位外来者而外，几乎所有人，都惊喜不置，纷纷上前施礼问候。原来，是郭解本人到了。

郭解与众人见礼，面色熙熙和煦。轮到那两个后生时，二人狂态尽消，一副觳觫不安的样子。

"黄三，汝等又使酒闹事了？"不容分说，郭解将二人带至韩毋辟面前，轻轻一按，两人竟如木偶般跪倒在地。郭解紫膛脸，双颊有数道凹凸不平的疤痕，这使他略显丑陋；而炯炯的双目，却有种不怒而威的气象，令人心生敬畏。他直视韩毋辟，嘴角露出笑意，揖手道："鄙邑的黄口小儿，愚昧无知，得罪了各位，也败坏了乡誉。客人教训得对，郭解代乡里谢过各位。"

说罢，扫视着那两名后生道："还不向外乡的客人请罪！"后生们连连顿首，谢过请罪。

韩毋辟边揖手还礼，边扶起他们，笑道："山不转水转，今日得遇翁伯，果然英雄气象。二位公子年少，不打不成交嘛！以后经得事多了，自会明白事理的。"

"滚吧，回家多帮爷娘做活，少来这里丢乡邑父老的脸！"郭解摆了摆手，后生们诺诺而退。

"各位是路过？"打发走黄三等人，郭解面色凝重，上下打量着韩毋辟与堂邑生。

"是路过，也是寻人。"

"寻甚人？敢问姓名，鄙人或许能帮上忙。"

韩毋辟笑道："正是有事求翁伯相助。这里人多不便，可否请翁伯借一步说话。"

郭解会意，将他们带出饭舍，要三人在后面慢慢随他而行。"乡邑无人不识我，与我同行，会招人注目。"郭解笑笑，乘牛车绕城前行，韩毋辟一行则牵马远远跟在后面。行过数里，来到一座小小的庄院，这就是郭解的住处了。百无聊赖的少年，三五成群，箕踞在门前，看上去，个个都像是好勇斗狠的角色。见到郭解回来，少年们纷纷跳起，迎上前问候，态度极为恭敬。郭解大声呵斥笑骂，视同家人子弟。一阵挥斥过后，郭解延客入门，少年们方才各自散去。

众人入席，分宾主重新见礼。"二位壮士，一定是韩将军和堂邑先生了！"郭解揖手施礼，面色庄重。

见客人大感不解的样子，郭解道："我今日入域办事，朝廷的通缉布告已下传到县尉处，描述的形容与二位相像。布告一两日内就会张贴出来，情势很紧，各位做何打算？"

"家兄嘱我投奔这里，正是想请翁伯指一条出路。"知道事态严重，韩毋辟亦不免于紧张，可事已至此，生死祸福，全系于郭解一身，他只能相信兄长的话，郭解一定有办法。

"哦，令兄是……"

"郏县韩孺，这几年在关东行商。"

"原来是千秋的弟兄！这样说，我们是一家人了。"

"郭大侠，我家中尚有老母和兄弟，放心不下，望郭兄能助我赴梁国一行。"堂邑生揖手道，眼中是很恳切的神色。

郭解摇摇头，"现今哪里都去不得。你走不出去百里，就会被逮住。就算你到得了梁国，也是自投罗网。我听到的消息，朝廷追查主谋与凶犯的饬令急如星火，往来梁国办案的使者，相望于道。睢阳宫里上上下下人心惶恐，全乱了套。朝廷此次的动作非同一般，天子动了真怒，贵如梁王者，怕也救不了诸位了。"

他为客人斟满茶，继续说道："你们少安毋躁，容我想想，总会有办法的。"

众人各怀心事，默默饮茶。郭解看了眼窈娘，问道："韩将军，这位是与你一起的？"

"见笑了。如今成了逃犯，还称得甚将军！大哥称我仲明好了。这是窈娘，是兄嫂前不久为我聘定的女人。"

郭解揖手道："失敬了。如此红颜，肯随郎君涉险亡命，可敬可佩！千秋到底好眼光，仲明你要珍惜了。"窈娘闻言含羞，面色飞红，韩毋辟心里一动，接言道："我所放不下心的，正是内子，请翁伯兄务必代为设法。"

郭解不答。他蹙眉颔首，沉思了片刻，盯视着面前的客人，问道："袁大人江湖上的口碑很好，前些年曾随灌夫、剧孟到过敝舍，为人爽直率真，是个好老头。甘父，是你杀的他？"

"不是。"

"那么仲明，是你？"

韩毋辟叹了口气道："就算是吧。"

"为甚？"

"梁王和公孙中尉，平日礼敬弟等如国士，于我辈有知遇之恩。梁王有事，我等自当以国士报之。江湖道义，本该如此。事前我并不认识袁大人，后来在兄长那里见到，也有好感，本不想再动他。怎奈还是迟了一步，责任在我身上。"

"郭大哥，这事怪不得仲明，他没有杀袁大人，而是想要救袁大人！"见到韩毋辟满脸的沉重愧疚，窈娘忍不住了，于是将那日韩毋辟如何向袁盎表露身份，如何阻止他去长安，二人又如何相约，韩毋辟如何劝他暂避一时，她与袁盎如何去长陵访友，又如何在安陵遇刺的经过，细细讲述了一遍。堂邑生也证实，实在是他们先韩毋辟一天赶到安陵预备，扑空后，原已打算撤离，出城后却巧遇袁盎，方才意外得手。阴错阳差，似有定数。宾主心情沉重，唏嘘不止。

"既是这样，对朋友总可交代得过去了。"郭解松了口气。原来，对于有难投奔而来者，他从来不吝相助。可袁盎遇刺后，官场里的朋友，如季心、灌夫等知道他好收逋客，均来信嘱他遇到刺客，一定要抓住送官，为袁盎复仇。

望门投止，将性命安危托付于自己，这种信任，不容辜负。可实现好友的嘱托，亦是江湖道义所在。这种两难的局面，起初还真令郭解难于取舍。知道了事情的经过，他觉得可以对朋友交代得过去，心情宽松了不少，于是专心思谋如何助韩毋辟等脱险。

自己收容逋客的声名在外，官府一定会注意这里，而且早晚会找上门来，藏身于此，绝不安全。中原一带，正在严查密捕，通缉布告很快会传至县乡亭邑，他们一露面，就会落网，所以南方绝不可去。眼下尚未张网的，只有北方了。想到这里，他忽然有了一个主意。

"仲明，"他示意客人们聚拢到身旁，郑重地说道："朝廷认为你们会回梁国复命，眼下查捕的密网布在中原，往那里去绝无侥幸。我思忖再三，只有一条路可行，但会受苦。"

"哪条路，请兄长明示。"

"去北方。"

"北方？"

"对，北方。"郭解取出幅帛卷，展开后乃是幅地图。他一面指画图上的地理，一面为客人讲解，"你们看，由轵县北上，向东，沿太行轵道可达雁门、代郡乃至幽州；向西北沿河北上，可一直通往上郡、北地、朔方。北方地旷人稀，气候荒寒，朝廷数年以来，为防匈奴侵掳，一直鼓励移民实边。每年都有大批中原人，举家北迁。边郡兵民一体，由都尉辖理，为招揽流民，治理极为宽松，很少查问移民来路，即便查问，也无法核对他们的身份，故其中多杂有遁客。你们到那里落脚后，隐姓埋名住上一阵，等待朝廷大赦，相机行事，可以再返中原。"

"办法虽不错，可我家中尚有老母兄弟，两相牵挂，可怎么办！"堂邑生连声叹息，一脸的焦灼。

"兄弟，若信得过郭解，就交给我办。你先与仲明夫妇一同北上，你的家人，待风声过后，我一定派人送过去。"

堂邑生想想，也只能如此了。解决了这个难题，三人继续商量北上之事。窈娘提议去东北方的幽并，一是地方较为富裕，二是她在那里有不少熟人，缓急可以援手。

"灌夫在那里，不妥。"郭解连连摇头。

此人她曾在窦太傅家的筵席上见过，何以他在就不妥？窈娘不解，望着郭解，希望他能给出个答案。

"灌夫兄事袁盎，感情极深。他现任代国国相，最想捉到刺客，为袁盎报仇者，就是仲孺了。所以，你们离他愈远愈好。"灌夫来信要他协助缉凶之事，郭解原想告知他们，可想了想，还是忍住未说。

他盘算了一会儿，指着帛图，道："西北上郡、北地一带，古称河南地，原是极好的草场，为匈奴南下牧马之地。秦始皇驱逐匈奴后设立郡县，改称新秦中，汉胡杂处之地，最便于藏身。朝廷这些年一直在那里招垦屯田，现在去正是时候。轵县位当南北要冲，每年春天都有应招的流民由此经过，你们随同前往，最为妥当。"

最终，大家都认可了郭解的办法，主客又把北上的路线推敲了一番。看看暮色四合，已是用晚餐的时间，郭解一声吆喝，早有数位乡里少年赶进来听候吩咐。不多时，鸡黍麦饭，摆满了食案，简单而丰盛。郭解招呼客人用饭，解释说，非常之际，随时可能有事，就不备酒招待了。

饭毕上茶，主客闲坐说话。一少年进来，附在郭解耳边说了些什么，郭解无语，只是微笑颔首。适才晚餐，郭解一声吩咐之下，嗟咄立办，又想到麇集在郭家门前的众多少年，韩毋辟不免好奇，问道："翁伯乡里的少年，每日里都是这样子，等在门前听兄长吩咐吗？"

"是了。龟儿子的！赶都赶不跑，生生黏着人不放。"郭解口里骂着，可掩不住脸上的欢喜之情。"也有远地方来的，适才那几个弄饭的就是，赶也不走，只好让他们在家住些日子。"

"这些后生平日打着兄长的旗号在外招摇，没少给郭兄惹事吧。"堂邑生想起午间的事，不快地摇摇头。

"你是说黄三？"郭解淡淡一笑，神色大不以为然。"人小，血气旺，性子野，使酒任性，负气杀人，哪个人少年时不是这样过来的！可他们有一样大好处：没有机心，不讲利害。佩服了你，恨不得把性命都交给你。江湖上都说我郭解能帮朋友，殊不知离不开这些孩子！"

郭解呷了口茶，继续说道："黄三这后生是恶，可还算听说。仲明说得对，以后经得事多了，就明白事理了。"

郭解又问起韩孺的近况，由此又说起江湖朋友中的许多趣事，不知不觉，已至深夜。韩毋辟等均有倦意，奇怪的是，郭解虽也哈欠频频，却绝口不提就寝之事。直至院外响起轻轻的敲门声，他才敛容揖手道："舍间不留客，为的是各位的安全。住处已安排停当，请门外乘车。"

他领着客人们走出院门,黑暗之中,隐隐可看到等候在外面的数辆马车。郭解将他们送上一辆车,揖手作别道:"各位安心住下,只要不外出,就绝对不会有事。北上的流民就在这几日内过境,到时候我会安排各位离开。"说罢,打了声呼哨,车驭一声吆喝,马车疾驰而去,隐没于暗夜之中。

　　一路无语,行约八九里的样子,到了处所在,庄院比郭解处大得多。夜深人静,庄院里一片漆黑。他们随车驭进到后院,两侧各有一排厢房。车驭打开门锁,示意客人进去,然后点燃屋内的灯烛,就着亮光,三人不由矍然而惊。这一路接送他们来这里的人,正是日间与他们大起冲突的黄三。

五十二

　　次日早起，宾主重新叙礼，经主人说明，韩毋辟等方才解开了满腹的疑惑。原来，黄三得知他们是前来投奔郭解的逋客，对日间所为大感愧悔，于是力争迎客人至自家藏身，以赎前衍。黄氏官宦人家，住地又远离县城，是个藏留亡命的安全所在。郭解将客人安排到这里，也是为了给黄三一个将功补过、消释嫌怨的机会。

　　黄三名轨，字公路，因排行第三，远近都称其为黄三。黄轨父母已故，两个兄长皆从军多年，在边塞任职，家眷也都跟去了。黄家是座两进的宅院。黄三自住前院，后院空闲，除兄长偶尔回乡时居住外，平日锁闭。黄家有地千亩，佃租取值，衣食无忧。黄轨以是不事生产，整日在县城游逛，庄院平时很清静，只有家仆数人。

　　黄轨欲行大礼致歉，韩毋辟等赶忙扶住，笑道："日前之事，乃是误会。我说过不打不相识，再会便是朋友，竟不料恁快就到贵府做客，这就是缘分呐，兄弟！"众人于抚掌大笑之中，尽释前嫌。

　　于是黄轨吩咐摆酒为客人接风。不多时便水陆杂陈，筵席之丰盛，远过于郭家。

　　"各位尝尝这牛肉，特别鲜嫩。"烤炉上摆着一排三齿肉叉，滴下的油汁，在炭火中吱吱作响，散发出诱人的焦香。黄轨拈起烤熟的炙肉，蘸上酱汁，逐一递给客人。

　　入口的感觉，果然鲜香滑嫩。堂邑生赞道："硬是不同！我少年时放牧河西，牛肉吃得多了，如此香嫩的炙肉，还是头一次吃到。"

"这是本地的小牛肉，筋少，切成小块，用细藕粉喂上，再滚上一层蜜油，汁水和鲜味就不会外流。这炭，是用老松的枯枝烧制，里面富含松脂，有股特别的香气。"

听过主人的讲解，再品味炙肉，更觉出内中细致入微的鲜美。于是纷纷下箸，大快朵颐。黄轨频频敬酒布菜，极为谦恭有礼。数番酬酢之后，宾主都不再拘束，彼此兄弟相称，觥筹交错，谈兴愈增。

"公路，昨夜翁伯门前，候着那么多辆车，都是作甚的？"韩毋辟呷了口酒，好奇地问。

"都是等着接各位到自家藏身的弟兄，可郭叔还是把活儿派给了我。"黄轨道，言下颇为自傲。

"素昧平生，你们怎知吾等是逋客？"

"各位随郭叔回家，他门前可是扎着伙少年？"

"不错，怎样？"

"被他们看见，就知道郭家又来了亡命客。"

原来，远近如黄轨之属的好事少年，倾慕郭解者大有人在，每日麇聚在郭家门前，无所事事。有能与郭解接一言，或为之奔走办事者，在这些少年眼中，是极有面子的事。郭解家赀不富，却好赈人急难，投奔他来的，十有八九是逋客，他家亦因此为官府所注意。奉郭解为偶像的少年，亦效其行事，每见他家来人，皆自愿登门分劳，争相接送客人到自家藏身。他们昨夜所见车辆，就是专门等在那里接送亡命客的，黄轨做这种事，已不止一次。

郭解在乡里有如此威望，韩毋辟等大感钦佩，于是借着酒兴，细问起郭解的出身为人。

讲起郭解的事迹，黄轨娓娓道来，如数家珍，敬佩之情溢于言表。郭解的父亲就喜任侠，孝文皇帝时，因报复杀人，入狱诛死。郭解自幼禀赋了父亲的气质，好勇斗狠，睚眦必报。平日呼朋引类，啸聚乡里，藏脱亡命①，

---

① 亡命，逃亡之人，意为藏匿和帮助犯人逃脱追捕。

作奸剽攻①，稍不快意，即动手杀人。对朋友则慷慨仗义，身命在所不惜。郭解不事生产，常以私铸铜钱、掘墓盗物为生。可与其他恶少年不同的是，郭解人虽强悍，头脑却极冷静，也从不饮酒。故其杀人为恶虽多，却如有天幸，危急关头总能脱身，一次也未被抓住过。

年长后的郭解，为人处世就像变了个人，待人谦恭有礼，以德报怨。排纷解难，已诺必诚。尤为江湖称道的是，厚施于人而不求回报，往往隐匿姓名，暗中帮救别人，事后亦绝口不提。由此，郭解不但得到了乡里父老的赞誉与敬重，也名重天下，王公贵戚无不愿折节下交，而郭解淡然处之，从不为家事请托公门。

在好事少年心目之中，郭解更是英雄偶像，颇有事事模仿其为人行事者。不相识的人冲撞得罪了郭解，往往身为事主的郭解谦恭退让，而崇拜他的少年们不忿，暗中代他寻仇报复，事后也不让他知道。许多人命案子，官府怀疑与郭解有关，可就是抓不到证据；而郭解亦从不武断乡曲，对官府保持着足够的尊重。久之，双方井水不犯河水，倒也相安无事。

说者眉飞色舞，听者津津有味，不知不觉时已过午。酒醉饭饱，各自休息。黄轨嘱咐他们只可待在后院，不要外出，又吩咐家人们小心伺候，自己则又驾车匆匆奔赴县城去了。

此后两日，黄轨踪影全无，家人虽侍奉殷勤，韩毋辟等得不到外间一点儿消息，不免有些焦躁起来。黄三到底是个浮浪少年，疏于待客之道，想来收留逋客，为的是多与郭解接近，说不定现在整日泡在郭家，早把客人丢在脑后了。

又过了一日。夜深人定，三人绕室徘徊，烦闷无计之时，院外忽然车马嘶鸣，步履杂沓，似乎是主人回来了。再倾耳细听，前院有人低语，似在商量着什么事情；随后，脚步声向后院而来，韩毋辟等迎过去，推门而入者不是黄轨，却是郭解。

"仲明，抱歉，有位不速之客要见你，有些事，你们最好自己当面说清楚。"

---

① 作奸剽攻，汉代习语。作奸，指走私非法之事。剽，劫。攻，盗，意为抢劫偷盗之事。

郭解面色凝重。说罢，闪开身，月光下，站着位须发斑白的老者，目光紧盯在韩毋辟脸上，面相既威严，又冷淡。

韩毋辟先是一怔，可随即认出，面前站着的是中尉府的军司马季心。他心里一沉，恨自己大意。季心名重江湖，当然认识郭解，找到这里，不用问是为袁盎之死而来，一场恶斗怕是在所难免了。可他脸上仍很从容，揖手致意道："是季将军！别来无恙？请进屋叙话。"

原来，季心早年任侠，曾因杀人而逃亡到吴国，袁盎时任吴国国相，将他藏于府中，于季心有救命之恩。此后，季心兄事袁盎，弟畜灌夫，三个人称得上是过命的朋友。得知袁盎遇害的消息，季心之痛，如丧考妣。中尉府查明刺客来自梁国，为首的是韩毋辟后，他便暗下决心，要亲手缉拿案犯。他朋友多，对江湖内幕了如指掌，知道郭解是脱藏亡命的行家，定会有人犯的线索。于是，借奉派赴梁国办案之机，径直找上门来，要郭解助他捉拿案犯。

多年不见，一朝来访，不用说郭解也知道其来意。都是朋友，袁盎又非韩毋辟所杀，郭解觉得有义务解开这当中的误会。于是不等季心提起，便将案子的整个经过讲了一遍，末了说道："刺杀子丝的真凶已经伏法，主谋是梁国的中尉。毋辟食人俸禄，奉命从事，而且本意是想救子丝，整件事情阴差阳错，冥冥中自有定数，怪不得他。"

季心闻言，知道案犯就在郭解处，不然他不可能详知内情。他也知道袁盎非韩毋辟所杀，但郭解说韩毋辟想救袁盎，他绝难相信。"翁伯怎知这不是一面之词？他受命而来，不杀子丝，回去如何复命，他不想活了吗？不可信！"

"单凭他自己说，我也不会全信。可他有人证。"

"哦，是谁？"

"与子丝同行的有位女子，对吧？"

"对，叫窈娘，安陵人讲，看见她被刺客劫持而去。你说的人证是她？"季心与窈娘很熟。窈娘与袁盎同住安陵，袁盎没有女儿，极喜欢窈娘，两人情同父女。与好友聚会时，袁盎常邀其助兴。她若作了证，无疑是可信的。

郭解点了点头。

季心仍旧不信，"她被刺客胁迫，怎知不是违心之言。"

"她非但不是被迫，反而是自愿。你可知她是甚人？"

"甚人？"

"是千秋为韩毋辟选定的新妇。"

季心记起来，昆吾亭聚会时，韩孺和袁盎确曾有意撮合。以郭解的为人，也绝不会对朋友撒谎。季心提出要亲自与韩毋辟与窈娘见面一叙，果如郭解所言，他便放过他们。

得知了季心的来意，韩毋辟悬着的心才放了下来，与窈娘从头细细叙述了事变那日的经过。季心唏嘘叹息了一番之后，起身告辞。公事在身，众人留他不住，送出庄院。上马之前，季心回身道别，郑重其事地叮嘱韩毋辟道："事情解释开了，我放得过，别人未必放得过，官府那里也绝不会放松。宁成已向关东派出了不少眼线，翁伯名声在外，官府自不会放过，这里是危地，各位还是早作打算。"

回到屋内，郭解告诉他们，明日会有一批前往朔方的移民由此过境，他们得赶这批人一起走。"确如季将军所言，朝廷缉拿得紧，此地甚危。县城左近，今日已有细作模样的人出没。"

"那个黄三，这两日全无踪影，不知是在县城游荡，还是在郭兄那里？"韩毋辟问道，言下颇有抱怨之意。

"仲明，你们误会他了。"原来，黄轵在县城见到了缉捕韩毋辟与堂邑生的告示，知道家中客人竟是刺杀朝廷大臣的要犯，非但不怕，反而钦佩得不行。得知逋客要北上，便找到郭解，自告奋勇要一路护送他们北行。

"黄三的两位兄长，都在边塞出任军职。这两日，他一直与县衙中的熟人应酬，为的就是办一封通行边塞的传牒，他借口探亲，各位扮作随从，路上要方便得多，也安全得多。"

韩毋辟大惭，自己竟以小人之心度人，实非壮士所应为，脸也不自觉地红了。好在灯光很暗，看不出来。

左等右等，仍不见黄轵回来，看看夜已交子，众人又不免心焦。郭解要众人放心，黄轵若办不成，他也早有预备。他取出两封传牒，解开束带，取下封检，将写有文字的传分别交给韩毋辟和堂邑生过目。

"巧得很，这批移民来自汝南郡，与你们口音相近。我在汝南有陈去病和鲁强两位朋友，你们就冒他们的名字走，仲明，不，陈去病是夫妇同往。记住，有人问起，就说是阳城县下颖乡人，是同乡，所以才结伴而行。"

传，由两支一尺五寸长的木牍组成。一支是传，上面写明持传人的姓名、籍贯、起讫地名、出行目的等事项。另一支空白，被称作封检，是用来覆盖传文的。合并到一起，以布绳沿木槽处缠紧，然后将封泥按入槽中，加盖上发传官员的印章，便是吏民出行时的身份证明文书。每行经一座县城或要塞关口，传都要交由当地官吏勘验无误，重新束封，加盖新的封泥印信后予以放行。

孝文皇帝十二年，曾一度取消用传。刘启即位第三年，发生了七国之乱，朝廷便于次年恢复了以传通行的制度。

待客人记住内容后，郭解收回传牍，扎紧后按入封泥，然后由腰间的布囊中取出一枚方寸大小的铜印，加盖印信。韩毋辟取过细看印文，是"轵县丞印"四个字。

看到他纳闷的神情，郭解笑道："印是假的，印文却一般无二，绝对分辨不出来的。"原来，他的印，是以废弃的封泥为模重铸而成，印文可以乱真。这类封泥，他收集的极多，故能帮助南来北往的逋客顺利通关过卡。

正闲谈间，有人咚咚地狂擂大门，家人开门，原来是黄轵与素常与他混在一处的少年，叫郑山。那日饭舍冲突时，他也在场。看到他们气喘吁吁，满面惊慌的样子，众人便知道一定是出事了。郭解拍拍黄轵的肩头，要他沉住气慢慢说。他俩上气不接下气，好一阵子才讲清事情的始末。

原来，黄轵探亲的文书没能办下来，原因是郡里下令，缉查要犯的非常时期，传牍文书一律改由郡上颁发。见到黄轵一脸沮丧，与之交好的县丞为他摆酒释憾，席间不经意透露了一个重大的消息：上面认为逃犯肯定会投奔郭解，特派下来能干的细作，已经暗中布置了人手，监视他的住处。一旦案犯露头，便可一网捕获。县丞知道黄轵这般少年崇拜郭解，警告他近日要小心，免得受牵连。黄轵闻讯，心急如火，恨不能马上通知郭解。可又怕引起县丞的疑心，不得不好整以暇地继续应酬。好容易等到散席，叫上郑山便一同去了郭解的家。郭解不在，两人等了许久，悻悻而归。走到半路，却发现有人在后面跟踪。

二人商量了一下，驾车拐上了岔路，在一僻静处，两人下车埋伏在两侧。不多时，果然有一人骑马从后面跟了上来。他伫立在远处观望了一会儿，下马走过来，绕着空车转了一圈，转身欲回时，两人一拥而上，将他扑倒在地。不想那探子身材很壮，反身将黄轨扳倒压在了身下。看看危急，郑山抽剑猛刺，探子受伤，大叫一声，放过黄轨，连滚了几个滚，翻出去老远。他跳起身欲跑，可腿伤跛行，很快被他们追上。探子见此，索性抽出长剑，且战且走。几个回合的格斗下来，看得出那探子的剑术很精。若不是受伤，他们决非对手。那探子也不想恋战，退后几步，翻身上马而去。两人这才一路驾车狂奔而还。

　　说完已是鸡鸣时分，事情有变，郭解决定不等天明便送客人上路。三人打点行装，黄轨又为他们准备了满满一大袋食物，并写了一封荐书，缓急可持此找他兄长帮忙。出得门来，天色尚黑，空中晨星寥落。郭解、黄轨与三位客人，五人五马，直奔西北而去，不久就隐没在夜色中。郑山则被郭解派去通知那些相好的少年，要大家近日小心，不要再去他家扎堆了。

　　天色微明时，众人来到一条小河边，估计已走出了数十里地。郭解示意停下，众人下马休息。郭解望着不远处的群山，为他们指示路径。

　　"此河名沈水，就发源于前面的王屋山。你们溯河前行入山，走小路约十里处就可以上大路，这样可以绕过轵关。北上的流民走的是这条大路，你们抄小路在关外等候，在中途混进去，不会有人注意。然后随大帮走就是了，遇到关卡，再用轵县的传牒就无碍了，这样一站站下去，估计不会有甚事。"

　　河边芦苇丛生，雾气很大，白茫茫的一片。荒野无人，只有水禽的鸣叫声，偶尔打破黎明时分的寂静。黄轨从马上取下一卷毡毯，在河边的平地上铺开，摆上食具酒盏，招呼众人入席。

　　郭解端起一杯酒，看看众人，道："识我者都知道，我郭解不善饮酒。各位北去数千里之遥，山高路远，雨雪风霜，我帮不了更多，仅以杯酒为君等饯行，一路珍重了！"说罢一饮而尽，照照杯，人已经是满面通红了。

　　韩毋辟等亦端酒称谢，然后一饮而尽。

　　郭解拍了拍黄轨，道："后面由阿三代我陪各位，我只能以水代酒，不成敬意，望各位包涵。"又看看窈娘，笑道："听季将军讲，弟妹琴曲俱精。分别在即，可否鼓一曲助兴？"

窈娘敛衽为礼，随即解开琴囊，取出一只七弦琴来。坐下略调了调弦，双手并抚，指法抑扬徘徊，一串串珠圆玉润的乐音如流水般溢出。清正相合，沁人心脾，听者无不心驰神往。

郭解兴起，揖手致意道："千秋与我情好如兄弟，各位就都是郭解的亲人。我歌一曲，代千秋与各位送行了。"说罢，气运丹田，以极为沉郁的低音唱道：

悲歌可以当泣，远望可以当归。思念故乡，郁郁累累。欲归家无人，欲渡河无船。心思不能言，肠中车轮转。

低回婉转，忧思不尽，一曲歌毕，歌者、听者的眼圈都是红红的。

韩毋辟站起身，揖手还礼，这是欲和歌的表示。黄芦飒飒，白雾如霜，即刻他们将要离开中原，背井离乡，不知何时能够重返故里，再见亲人。此情此景，由不得悲从中来，歌声荡气回肠，闻之令人鼻酸。

秋风萧萧愁杀人，出亦愁，入亦愁。座中何人，谁不怀忧，令我白头。胡地多飚风，树木何修修。离家日趋远，衣带日趋缓。心思不能言，肠中车轮转。

歌毕泪眼蒙眬，羞于被人看见，极目远眺，久久望着远处的王屋山。众人无不垂泪，黄轵更是泣不成声。良久，韩毋辟等收拾起身，双方注目揖手而别，终无一词。郭解与黄轵，默默望着远去的三人，直至他们的身影消失于群山之中。

五十三

  君命召，不俟驾而行。田叔接到皇帝的诏命与符节，收拾了一下，次日一早便动身赴职。他推辞了郡太守为他提供的仪仗侍从，只要了一个人，名吕季主。他在任时，吕季主在他手下任尉丞，办案极为得力。

  从汉中乘船，沿汉水顺流而下，两日便抵达了襄阳。然后登陆北上，经南阳、汝南、淮阳诸郡国，一路晓行夜宿，十日之后，终于抵达了睢阳城外的商丘亭。进入梁国后，驿递不断，消息早已传开，得知朝廷专使到来，国相轩丘豹、内史韩安国一早便到了亭驿，与先期到达的季心一起，迎候专使的到来。

  田叔须发皆白，可精神矍铄，步履朗健，并不像年届七旬之人。他是当时著名的循吏，轩丘豹与韩安国虽也是两千石的长吏，均以晚辈自居，十分礼敬。互致寒暄后，轩丘豹满面堆笑，告诉田叔，专使下榻处安排在竹苑离宫，梁王已摆下酒筵，正恭候在那里，为他接风。

  田叔笑笑，很沉着地说："这趟来并非履新，而是办案。皇命在身，不敢叨扰。请代老臣致意，大王的盛情老臣心领了，朝廷有制度，彼此都要避嫌，就不见面了。我们住宾馆，烦劳二位大人引路。"他面色蔼然，却是不容商量的口吻。

  从汉中到睢阳这一路，田叔一直在琢磨这件案子的办法。刺杀朝廷大臣，刺客又出于诸侯国的中尉，摆明了是件谋逆的大案。诏命授予他办案的全权，可要他做的只是缉拿查办一个公孙诡，为什么？他反复思忖了几天，终于领悟了皇帝的用心。朝廷有的是郅都、宁成这样的酷吏，偏用以宽厚著称的他，意思已很清楚。皇帝赋予他全权，是担心梁王掣肘；把目标定在公孙诡身上，实际上是在示意他控制查办的范围，避免牵连到梁王。总之，案子要办，梁王也要保全。明于此，案子如何办，他心里有了数。不见梁王，便是他预定的一步棋。自己引而不发，要对方去猜去想，使之心虚慌乱，这种无形的压力，比起簿责或面对面地询问，更难于把握和承受。

安顿下来后。他先召见了季心，详细询问了京师方面掌握的案情与证据，并听到了一个意外的消息：不知何人走漏了风声，公孙诡已在数天之前，不知去向了。

"他的去向，就没有一点线索吗？"主犯失踪，田叔大感沉重，可脸上仍是好整以暇的样子。

季心摇摇头。

"京师的缇骑，你带来了多少？"

"一百人。"

田叔略作思忖，吩咐吕季主取节①授予季心，断然下令："季将军，我奉皇帝诏命办案，有便宜行事的全权。既已漏风，必得计出万全。你即刻持节接管梁国中尉府并属下全军，全部由京师来的人节制。然后封堵睢阳四门，所有进出人等皆严密盘查。行文各属县与相邻郡国缉拿公孙诡。在城内与王宫、竹苑四下，要加意巡查。"

季心走后，田叔又叫过吕季主，细细地吩咐了一番，然后与等候在前厅的梁国官员，重新叙礼相见。坐定后，田叔扫视着环坐着的人，似不经意地问道："轩丘相国，梁国千石以上的官员都在这里了吗？"

轩丘豹看了看在场的人，忐忑不安地说道："只有公孙中尉与羊胜羊大人未到。"

"羊大人所任何职呀？"

---

① 节，又称旄节。古代使者所持象征权力与身份的标志；以竹为干，饰以牦牛尾。持节者的身份类似于后世之钦差。

"尉丞，是公孙中尉的副手。"

"哦？"田叔的面容一下子严重起来，随即揖手道："各位请便。轩丘大人、韩大人请留一下。"

田叔取出诏书，递给二人传阅，然后语气沉重地说："二位大人怎么看？"

轩丘豹、韩安国面面相觑，心跳得如同擂鼓。听说京师出了谋杀大臣的大案，事牵梁国，可案情到底如何，两人并不清楚。得知刺客出自中尉府，诏书点名缉拿公孙诡，事情远比预想的严重。两人知道坏了，出了这种谋逆的大案，作为梁国地位最高的大臣，难脱干系。想到这里，两人的额头都冒了汗。

田叔西向揖了揖手，道："皇帝责成老臣办理这件案子，指明要拿问公孙诡。这个当口，他的副手羊胜也不见了。看来，案子的关键就在这两个人身上。二位大人是本国的首辅，更是大汉的臣子，这件事情的干系利害想必都是清楚的，何去何从，总该有个态度，对吧？"

"对，对。"二人诚惶诚恐，连连点头称是。

"那就好。这件案子，朝廷追我，我要追二位大人。二位大人怎样做我不问，我只要公孙诡、羊胜二人，抓到这两人，老朽可以复命，二位也可以解脱，是不是这个道理？"

"是，是。"听出朝廷不欲广为株连，两人大感宽慰。随后三人议定，即日起封堵梁国所有关津道口，向所有县乡驿亭下达缉捕文告；睢阳城内外由季心统驭中尉府的军士，梁国全境由轩丘豹与韩安国布置，逐户大索。

"案子的情况，要不要对殿下讲？"轩丘豹一番迟疑后，问道。

"当然。"早等着有这一问，田叔心下窃喜，揖揖手道："梁王乃一国之主，这样的大事，岂可不报！就劳二位将案情随时通报殿下。"

撒开了天罗地网，可半个月过去，仍未抓到案犯。此后，几乎三数日，便有一名朝廷派出的专使，来到睢阳，向轩丘豹与韩安国催促查问案情。听到案情没有进展，专使每每面如寒霜，厉声叱责。如同数日必有一次的苦刑，搞得轩丘豹与韩安国心惊肉跳，如坐针毡。

原来，这也是田叔布下的一着棋。他早就派吕季主去了趟京师，上表皇帝，请求朝廷隔几日派来一名使者，督促办案。目的是虚张声势，敲山震虎，造成一种危机迫近、大网日渐收紧的紧张势态，通过轩丘豹和韩安国，将这种紧张传递给梁王。同时，吕季主招募了众多细作，四下追踪案犯的下落。

又过了一个月，根据细作们由各地传回来的消息，终于有了线索，田叔于是请韩安国过来一叙。

"长孺，案犯就在睢阳城内，一二日内，便可以结案了。"一个多月来的朝夕相处，韩安国为人老成中庸，言辞辩给，很得田叔的好感，称呼上已亲近了许多。

安国大喜，额手称庆道："天幸如之！天幸如之！"

"不过，处置这二人，非借重长孺之力不办，望莫推辞。"

看到韩安国不解的样子，田叔微笑道："长孺可知，公孙诡与羊胜藏身何处？"

"何处？"

"就在梁王的后宫之中。"

韩安国的心一下子提到了嗓子眼，方才的喜悦一变而为巨大的焦虑与恐惧。藏朝廷要犯于后宫，则谋刺重案出自梁王主使，不言自明，也证实了他起初的怀疑。如此，则株连必深，自己作为内史，有辅佐梁王之责，绝对难脱干系。

"确实？"

"确凿无疑。这个公孙诡确实够'鬼'，就藏在我们眼皮子底下，这叫灯下黑。"田叔看了一眼侍候在旁的吕季主，"吕尉丞殖我多年，办事一向牢靠，他说藏在那里，不会有错的。"

"那……那就是惊天的大案了！如何是好，还……还望大人指教。"韩安国已经乱了方寸，说话也结巴起来。

"长孺莫慌，我这把年纪，既已致仕山林，本无意于事功，更不想搞出个惊天大案来哗众取宠。朝廷要的是公孙诡、羊胜，我要的也就是公孙诡、羊胜，活要见人，死要见尸，我好向朝廷交代。可眼下事情有点儿难办。我身份不同，是皇帝亲点的专使，出面要人，梁王若不承认，一下子就成了欺罔的大罪，

403

那时想要不惊天也难了。长孺出面则不同，晓之以理，动之以情，申明利害，在长孺是尽为臣者的言责，而出自忠臣的谏言，梁王不会抵触。如此，我可以向朝廷交代得过去，惊天大案可以化解于无形，上可以保全天子的手足亲情，下可以免于株连无辜。办好这件事情，非长孺不可！"田叔捋髯相视，是期望甚殷的神情。

韩安国似信非信地摇了摇头，"交出案犯又如何？还不是要押解京师审问，落到宁成手里，想不株连，可乎？！"

"所以，要劳长孺进宫向梁王进言，讲明利害，一定要殿下知道，若想免祸，交出来的，最好是两具尸首。"

韩安国一喜，问道："这样，田大人可能向朝廷交代得过去？"

"这是我的事情。你们要做的，就是交出犯人的尸首。"

"还有件事"，韩安国走后，一直默默无言的吕季主开口道："派去河内郡的细作报来了消息，京师逃出来的刺客，很可能藏身在那里。"

"很可能？他们见到了人？"

"没有。但前些日子，郭解家中来过两男一女，听上去很像脱逃出来的刺客，有个细作循迹跟踪时受了伤。"

"既无真凭实据，就不必望风捕影。一动不如一静，搞大了，未必是上边的意思。我们要做的，就是把网收紧，只要主犯跑不掉，案子就算办得圆满。你把河内的人撤回来，毋节外生枝。"

田叔反复思量后，吩咐派出重兵封锁王宫四门，只许进，不许出，并派吕季主放出风去，扬言只等皇帝的诏命一到，便要进宫大索。这样的压力，梁王会坐不住的，余下的事，就要看韩安国的了。

王宫被围的次日，韩安国进宫，立刻被带进了刘武的寝殿。

"田叔那老儿胆大包天，竟敢围困孤的王宫！他想要造反吗！长孺，你去把这老儿召来，孤要当面问罪。"刘武额头青筋暴起，血脉偾张，如困兽般在室内踱来踱去。

韩安国免冠稽首，埋头不语，可肩头却在不停地抽动。

"长孺，你这是……"

"臣安国供职无状，不能使殿下近贤臣，远小人，致使天子震怒，大祸将临。

臣闻主辱臣死，此来特请大王赐死，就此永诀了！"说话间已是语不成声，泣数行下。

刘武诧异道："何至于此？爱卿过虑了。"

"专使已查知公孙诡、羊胜藏在殿下的后宫，围困王宫，为的就是提防二人潜逃。据说已经上表请求皇帝下诏，允准他进宫搜索。若在宫中抓到案犯，殿下就是谋逆的大罪，汉法无情，那时会怎样？臣不敢想，唯有一死以殉殿下。"

多日来，风声虽愈来愈紧，可刘武并不怕，他知道，人藏在宫里，外面是搜不到的。如今行迹已露，万一皇兄绝情，下达了入宫搜查的诏令，如何应对？他不敢想下去，心里一片虚空，神不守舍地摇摇头道："孤与今上手足之亲，何至于此！"

梁王的固执，全在自己近支亲王的身份。要说动他，非由此下手破解他的自负不可。韩安国略作思忖，问道："大王自度，与今上之亲，比起当年高皇帝与太上皇之亲，哪个更亲？"

"太上皇与高皇帝是嫡亲的父子，自然更亲些。"

"那么，殿下与今上，今上与临江王，孰亲？"

"他们也是嫡亲的父子，孤比不上。"

"嫡亲的父子，可高皇帝说，是朕提三尺剑取天下，置太上皇于栎阳，终身不得干预朝政。也是嫡亲的长子、太子，只因栗姬说错的一句话，就被废为临江王。而为了宫垣占地这种小事，临江王竟自杀于中尉府，为甚？大王想过没有。"

"为甚？你说下去。"

"皇帝治理天下，绝不会因私乱公。民间有句谚语，'虽有亲父，安知不为虎？虽有亲兄，安知不为狼？'如今大王位列诸侯，却惑于邪臣的引诱，上干国法，下藏亡命。殿下自言亲不过临江王，而乱法干禁远过之，臣云大祸将至，难道有错么？"

刘武焦虑非常，沉思了片刻，问道："如你所言，元子真的会严究此事吗？"

"人犯没有归案，臣不敢臆测。即使天子以太后的缘故，不忍致法于大王。大王扪心自问，难道就没有愧疚？臣听说，太后为此日夜涕泣，希望大王改过自新，主动认错，可大王始终不觉悟。万一不讳。太后一日宫车晏驾①，那时还能依靠谁，大王就从不想一想吗？"

韩安国语声未落，刘武已是泪流满面，顿首称谢道："若非爱卿，孤险些辜负了太后、天子的苦心。吾今日便将案犯交出是了。"

"殿下莫孟浪行事，还是斟酌个万全的法子为好。"于是，韩安国将田叔的话转告梁王，他只要交出二人的尸首，田叔自有办法了结此案。

公孙诡、羊胜所为，乃刘武授意，若下令二人自尽，于情于理都是件不义的事情。见到刘武为难，韩安国再献一策。

当晚，刘武在后宫便宴韩安国，请公孙诡与羊胜作陪。酒过数巡，刘武推说不适离席，余下的三人喝了一阵闷酒，公孙诡望着韩安国，微微一笑。"长孺，今日这酒，有鸿门宴的味道。有话尽管直说，莫再打哑谜了。"

"大王待二位如何？"

"没得说！吾等一介匹夫，得遇梁王，一言既合，以布衣而跻身高位，知遇之恩，誓以身报。"公孙诡紧盯着他，双目灼灼，似乎看到了他的心里。

"既如此，二位派人谋刺朝廷大臣，惹下了大祸，而大王不避嫌疑，藏二位于后宫，置自身于险境。现在王宫已被围数重，插翅难飞，一旦被擒，必牵累大王。这样的局面，敢问二位何以善后？"

羊胜看了眼公孙诡，大笑道："长孺把吾等看作懦夫了！"

公孙诡道："吾等为大王刺杀仇人，报答了知遇之恩，生死可以无憾了。苟全性命，无非欲再效力于大王。如今事急，我们投案便是了。"

"不可。"

"为甚不可？敢请长孺有以教我。"

韩安国略作踌躇，狠狠心道："如今最大的事，是解脱大王。如此只有一条路可走。"

"甚路？"

"行赵午、贯高故事。"

---

① 宫车晏驾，皇帝、太后等死亡的隐喻。

羊胜看了看公孙诡，大笑道："长孺怕吾等熬不过毒刑，转相牵累吗？"

公孙诡止住羊胜，双目熠熠，直视着韩安国道："惭愧，让长孺误会吾等贪生！"

他摆摆手，止住欲开口辩解的韩安国："你先听我说。古有豫让、聂政，今有田横五百士、赵午、贯高。大王以国士遇吾等，吾等自当以国士报之！吾等共事大王，道虽不一，可主辱臣死的道理义无二致。长孺，当真不用吾等自投诏狱为大王脱罪么？"

韩安国肯定地点点头。

公孙诡取下自己与羊胜的佩剑，以酒酹剑，然后斟满三杯酒道："长孺，大王的事就拜托了。我们满饮此杯，就此永诀。"

饮罢，二人掷杯于地，揖手北向拜辞梁王，随即伏剑自刎。殷红的鲜血从二人身下汩汩流出，浸透了地上的蒲席。

韩安国目瞪口呆，好一阵才回过神来。田叔、梁王交托下来的大事已了，他心里轻松了不少。可眼前的一幕，也深深震撼了他、感动了他。他含泪举杯，以酒酹地，心里暗自起誓：安国无论如何要帮大王洗刷，一息尚存，定不负二位将军所托。

五十四

田叔与吕季主还京复命，走到长安东三十里的霸昌厩打尖，用餐之际，吕季主见田叔郁闷不乐，问道："案子办完了，大人缘何闷闷不乐？"

田叔指指身边的箧匣，道："这些日子，查问梁国的臣子的反辞爰书，多与梁王、公孙诡等有牵连，且欲谋杀的大臣多达十数人。回去如实交上，皇帝震怒，恐怕多有株连。其实，为人臣者不过是食禄做事，吾等为梁王脱罪，下面的人却不免于枉死。想起来不免难过。"

吕季主道："大人居心仁厚，既有此不忍之心，何不付之一炬？"

田叔吃惊地看着吕季主，好一会儿才问道："烧得？"

"烧得。"吕季主肯定地点了点头。"爰书所记，并非事实，报与不报，全在于大人。大人既以为皇帝有意保全梁王，那么所有事情尽可推到公孙诡、羊胜身上，死无对证，今上不会追究的。"

田叔沉吟了一会儿，领首道："你说得有道理。"于是招呼店伙取火，将箧匣中的文书尽行烧尽。看看日晡，两人策马疾驰，在宫门落钥前赶到了未央宫。

得知田叔回到长安，尽管天色已晚，早已等得心焦的刘启还是即刻召见了他。在宣室殿的一间密室中，刘启屏退侍从，不等田叔参拜礼毕，便急切地问道："案子查清楚了？"

"谨遵陛下诏旨，查清楚了。"

"主谋是谁？"

"梁国中尉公孙诡、尉丞羊胜。"

"抓到了？"

"梁王交出来的是他们两人的尸首。"

"杀人灭口？"

"不，二人为报梁王，伏剑自刭。"

"死无对证，案子怎可说查清楚了？"

"谋划行刺时，有其他大臣在场。他们讲出了真相。"

"甚人？"

"邹阳、严忌和枚乘。邹阳以为不可，切谏，亦因此下狱。枚先生与严夫子俱不敢谏。"

"真相如何？"

"梁王愤懑，公孙诡等为主报仇，不得已而为之。"

"怎么说？"

"太后爱梁王，欲梁王为皇太弟，有这回事吧？"田叔想了想，问道。

刘启点点头。

"袁盎等大臣谏阻，太后不再坚持，胶东王被立为太子。梁王的想头落了空，愤懑非常。去年梁王曾上表，请陛下赐以容车之地，由梁国自己出钱出工，为朝觐太后，筑一条从睢阳直通长乐宫的甬道。此事亦为袁盎及陈介所阻。梁王以为朝廷大臣离间骨肉，气不能平。公孙诡等遂设谋报复，刺杀了他们。事情的真相，就是如此。"说罢，田叔屏息凝神，静候皇帝的反应。

刘启沉默了片刻，问道："你给朕句实话，梁王到底参与了此事吗？"

"参与了。"

"如何参与的？讲来！"刘启的声音不高，可面色阴沉，隐含着杀气。

田叔强自镇定，眼观鼻，鼻观心，鼓勇陈奏道："陛下的诏书，老臣愚昧，以为要查办的只是公孙诡之属，故办案时有意回避了梁王。一是要避嫌疑，二是为了保全梁王。"

"喔？事情既牵涉到他，你不问如何知道他参与的深浅？"

"梁王乃陛下手足，自幼贵宠无以复加，无论面讯还是簿责，老臣怕他天潢贵胄，不堪折辱。万一如临江王一般，白冠牦缨，盘水加剑，造请室而自裁①。那时，臣与陛下皆悔之无及了。"

"你不与他见面，案子怎能问得明白？"

"梁王心里有事，愈不见面，他心里愈慌。老臣等只要日日鞭策梁国的大臣，他们自会苦苦劝谏梁王，这样既保全了梁王的脸面，又迫他交出了主犯，也明了了案情。"

看来由田叔办理此案，自己是用对了人。刘启既感宽慰，又心有不甘。"那么阿武是幕后的主使了？"

"是。"田叔觉察到了皇帝的心思，揖手陈奏道："望陛下到此结案，不要再追究梁国的事情了。"

"怎么？"

"梁王不伏诛，是废了朝廷的法度；若行法伏诛，太后食不甘味，卧不安席，忧在陛下。"

田叔此语，刘启心里大为赞赏。疏不间亲，母子兄弟之间，外人绝难插言。田叔实际上是在用"孝道"开解自己的心结，居心仁厚。

"伯恭不愧忠厚长者，就依你的意思结案吧。你等马上到长乐宫谒见太后，太后为梁王的事食不甘味，听到儿子无事，心气应该可以平复了。"

"是。"

案子虽可了结，可母子兄弟间的关系如何转圜，刘启徘徊近月，仍理不出一个头绪来。此时，谒者令赵谈忽然自杀，案情亦由此有了新的突破，宁成查出，将袁盎等谏阻立梁王为嗣的绝密消息及事变后与梁国暗通消息者，正是刘启身边的谒者令赵谈，他可能以为风声走漏，畏罪自杀。想到刘武竟敢交通宫禁，在自己身边收买坐探，刘启怒不可遏，下令戮尸示众，将赵谈属下的谒者全部减死罚为鬼薪②。周仁、北宫伯子因失察受到严厉申斥，北宫也因此去职致仕，只有郭彤，因派任太子宫而免祸。正在刘启重新考虑如何惩戒刘武时，前来为梁王游说缓颊的，不期而至于长安者已有两人。

---

① 白冠牦缨，古之丧服；盘水加剑，指以剑自裁；请室，请罪之室。古代刑不上大夫，王公贵戚义不受辱，在受到传讯后，往往身穿丧服自杀。全句意为，穿戴丧服请罪后自裁。

② 鬼薪，秦汉时刑罚名称，刑期三年，罚为皇室宗庙采伐薪柴。

先到者是曾被下狱的梁国中大夫邹阳，后来者则是内史韩安国。

邹阳字子曦，齐人，为人有智略，言辞辩给，慷慨而不苟合。少习纵横之学，与公孙诡、羊胜同学。吴王刘濞招揽贤才，邹阳与严忌、枚乘等共投吴国。吴王谋逆，诸人屡谏不听，邹阳等遂弃吴投梁，做了刘武的文学侍从之臣。

邹阳听到羊胜等欲为梁王泄愤，献刺杀朝廷大臣之策，以为不可，抗言直谏。羊胜说他有二心，梁王在气头上，便将他下狱。他从狱中上书自辩，梁王虽释放了他，但敬而不任，不再要他与闻机密。直到公孙诡、羊胜事败自杀，梁王自危，这才想起邹阳的谏言，于是召见谢过，赠之以千金，托他想个办法化解这个危机。见到梁王悔过，邹阳慷慨自任，毫不犹豫地接下了这个重托。

及至回家后细想，却无论如何想不出个妥当的办法，一夜彷徨之后，想起一个人来，于是乘车到了睢阳城郊的王先生家。王先生也是齐人，虽已届耄耋之年，须发皆白，可耳聪目明，步履矫健，一点儿也不像八十余岁的人。没有人知道他的来历，只听说此人多奇计，当年身手了得。邹阳偶遇于市集，乡音亲切，接言之下，谈吐不俗，遂往来不断，久之，二人竟成忘年之交。

王先生正在菜园中浇水，望见邹阳，示意他进屋，又大声招呼家人烹茶待客。二人扯过一气闲话，王先生道："子曦形容憔悴，目带血丝，何事愁苦？不妨说给老夫听听。"

于是将案件始末细细叙述了一遍，末了讲起梁王对他的托付，问计于朋友。"难怪前些日子风声恁紧，我这里来搜过好几次，硬说我是齐人，应该知道公孙中尉的下落，真是岂有此理。"

他呷了口茶，迎着邹阳期待的目光，连连摇头，道："难，难啊！人主若是有了成见，存了诛杀泄愤的心，这种私怨深恨，要想开解真是太难了！以太后之尊，骨肉之亲，尚无可奈何，你想臣子能够办得到吗？！"

"可成功的故事也是有的。先生可还记得帝太后之事？"邹阳不以为然道。

帝太后乃赵人，美艳善歌舞，为阳翟大贾吕不韦的爱姬。秦国王子异人，庶母所生，被遣到赵国做人质，郁郁不得志。吕不韦一见，却以为奇货可居，倾心结交，遂将已有身孕的赵姬相赠，李代桃僵，生下一子，名嬴政，也就是日后的秦始皇帝。

吕不韦为异人设计，改名子楚，结好秦太子妃华阳夫人，被立为嫡嗣。太子安国君即位为王，子楚亦成为太子，秦王在位仅一年便薨逝，子楚竟以嫡子身份继承了王位，也就是秦庄襄王。吕不韦的谋划大功告成，被封为丞相、文信侯，食邑洛阳十万户。而赵姬亦被立为王后，嬴政自然成了太子。

庄襄王短寿，三年后薨逝。嬴政以太子即位，可年仅十三岁，难以亲政，遂尊吕不韦为相国，号"仲父"，代行国政，以此出入后宫不禁。赵姬虽是王太后，可正当虎狼之年，耐不住深宫寂寞，于是旧情复燃，每每借垂询国政，与不韦私通。嬴政年纪渐长，不韦担心漏风贾祸，于是私下寻觅了一个名叫嫪毐的人作为替身。嫪毐人极壮实，尤为特别的是阳具忒壮，纵起可以挑起桐木做成的车轮。不韦使人告发嫪毐，罪名将够腐刑，然后重贿行刑者，拔去须眉，诈作阉人入宫，与太后私通后，大受宠爱，封其为长信侯，宫室车马衣服苑囿驰猎恣嫪毐所欲，乃至干预国政，势焰甚至压过了吕不韦。

秦王九年，嬴政十七岁，开始亲政。一次，嫪毐与宫内左右侍中贵臣博弈赌酒，屡博屡负，醉后大言自称为秦王之"假父"①，且一旦不讳，自己就是新王的太上王。众人惊走，遂有人告发嫪毐非真宦者，与太后私通淫乱，生有二子，匿于后宫，且欲取秦王而代之。嫪毐酒醒后，自知失言，连夜矫诏，以太后玉玺征发军卒，欲攻袭秦王所在的蕲年宫。嬴政已有所备，发大军迎战，双方战于咸阳，嫪毐战败被擒车裂，夷灭三族。他与太后所生的二子被扑杀②，吕不韦亦被牵连自杀，其族人被流放于蜀地。此事秽声四扬，嬴政恨极，遂囚禁太后于旧都雍城的棫阳宫，并声言有为太后事谏言者，杀无赦。后来还是被一个齐国来的辩士茅焦说动，嬴政才将太后接回咸阳，奉养于甘泉宫。

"可子曦莫忘记了，茅焦之前，劝谏秦王者死了多少，二十七个！即便秦始皇采纳了茅焦的谏言，可他心里真就释怀了吗？不过勉强接纳，茅焦只是侥幸逃得性命罢了。"

话虽这么说，王先生脸上却很平静，他捋捋须髯，若有所思地继续说："所

---

① 假父，异姓父子，即义父。
② 扑杀，即捆入麻袋中摔死。

以这件事情难得转圜。子曦，你如今作何打算？"

"我已计穷。不过邹鲁齐楚韩魏一带，人才颇众，我打算走访一遭，或许还能请到茅焦那样的辩士也未可知。"

王先生点点头，道："你去吧，事情紧急，就不留君盘桓了。回来西去长安时，到我这里坐坐再走。"

一走就是一个多月，遍访关东，还是未能觅到能人。归来再访王先生，主人备酒小酌，几杯过后，王先生问道："此行可有收获？"

邹阳闷闷不乐，摇首道："还是计无所出。世无茅焦，在下只能硬着头皮西走京师，王命所托，无可奈何啊！"

王先生哈哈笑道："谁说世无茅焦，眼前即有，就是子曦你啊。"

"先生打趣了。"邹阳也自嘲地笑笑。

"非也。"王先生敛容，一脸庄重，指指盘中烹得酥烂的牛筋道："就如这道菜，事情难办而欲办成，关键还是在火候到不到。茅焦之前那二十七人，哪一个不是以大义谏言？你上次离开前，我觉得你去寻访一遭，或许能得高人指点，愚计浅陋，且时机不到，故不敢自道。目今情况又有所不同，你进京运动，或许正是时候。"

"怎么讲？"邹阳不解。

"专使回朝复命，都以为天子会震怒，只要追查下来，梁王必有不测之祸。可你走后这一个多月，京师那里全无动静，既不查，亦不赦。这其中的消息大可玩味，天子既犹豫斟酌，事情就有转机。子曦若行，便速去，到长安后必去见王长君，转圜此事，非此人不办。"

王长君就是王信，王皇后之兄，迁居长安后，尚无封爵，京师人尊称其为"长君"。邹阳猛然发寤，王氏方贵盛，最要紧的就是固宠，以此游说之，必能为他所用，对母子兄弟间关系的转圜，外戚远比身为外人的他管用得多。当年吕不韦为子楚运动，正是通过华阳夫人之姊进行的呢。

于是，连夜西行，竟不过睢阳再见梁王。到了长安，邹阳因门客往见王长君，留住于王府数日。王长君整日在宫里应酬，很晚才归家。这日，长君在家休沐，邹阳趁空自行谒见，道明身份，说自己并非为求任使来做门客，而是为了一件关系皇室和睦安宁的要事求见。王长君原是个农人，憨愚质朴，很得太后与皇帝的好感。尤其是太后，闲时总愿意听他摆摆民间的闲事。可近来太后总是面色阴沉，时不时大发无名之火，搞得他也揪着颗心，整日赔着小心，担心罹祸。他在王娡那里听到过此事的原委，得知邹阳是梁王所派，登时屏退闲客，长跪揖手为礼道："幸甚，先生有话尽管说，鄙人洗耳恭听就是了。"

邹阳还礼，恳切地说道："我私下里听说，足下因女弟得为皇后，位冠六宫而腾达，不知可想过居安思危的道理吗？"

"我是个粗人，先生有话还是直说。"

"也好。"邹阳深吸了口气，款款而言道："如今袁盎被刺之事已明，如果穷原竟委，再查下去，梁王恐怕难免被诛。梁王死，则太后必怫郁泣血，怒气无由发泄，必切齿侧目于身边的贵臣，稍有不慎，太后以为故意冒犯，必死无疑。长君虽贵，日日在长乐宫侍候，可危如累卵，在下实在是为足下担忧啊。"

邹阳此语令王长君而惊，想起太后近日所为，忧惧之心油然而生，于是长揖道："先生说说看，在下应为之奈何？"

"足下可能见得到天子？"

"当然见得到。这一向太后不适，皇上几乎日日到长乐宫请安。"

"这更好！长君若能说动皇上，不再追查梁国的事情，梁王得以保全，太后感念长君的厚德，必刻骨铭心。由此不仅长君固结于太后，王皇后亦会得两宫之青睐。地位有如金城之固。况且保全梁王，长君有存亡续绝之功，德布天下，名传百世。长君自计，是不是这个道理？"

王长君连连称是。略停，他又好奇地问道："我还有一事不明，请先生开解。皇上明明是个大孝子，太后只要开口，皇上肯定会听从。可太后为甚把话憋在心里，不为梁王求情呢？"

"这正是长君的机会呀！太后不言，一是梁王谋逆，本应依律处置，自己不便带头枉法；二是不愿皇上以为自己偏心。太后若枉法徇情，皇帝会更恨梁王，就算保得住梁王一时，后患会更大。太后是极聪明的人，所以绝不肯自己出面，而臣下又不明白太后的心思，没人出头为梁王缓颊，心里一定愤郁非常。长君此时做太后想做而不能做的事情，最能见情。"

一席话说得王信连连点头，末了答应一定相机进言，为太后分忧，要邹阳安心住在府中，听候消息。

韩安国到长安，已在数日之后，自然还是走长公主这条路子。细细讲过事情始末，韩安国稽首请罪道："闹出这么大的乱子，是安国无能，供职无状，愿听凭处分，可殿下一定要劝劝太后和天子，想办法帮梁王度过这一关，以全姊弟骨肉之情。"说罢泣下如雨。

"大男人莫老哭哭啼啼的，你起来回话。"大长公主道，面色冷淡。"你来这儿为阿武说情，可是第二回了。阿武的大毛病就是不守本分！皇上有的是儿子，皇嗣是轮得到他做的吗？明明不可能的事情，他还争得个甚！这下犯下了谋逆重罪，知道怕了？韩大夫，我告诉你句实话，除非皇帝赦免他，谁也没有办法。"

"梁王铸此大错，刻骨铭心，今后定会洗心革面，痛改前非。臣愿冒死面谏太后、天子，敢求殿下带我入宫。"

刘嫖摇摇头，道："你以为还能像上次那样？请罪求赦非阿武亲自出面不可。你莫触这个霉头，皇帝正在气头上，说不好就真的以供职无状的罪名下你于诏狱，落到宁成手里，想要活着出来可就难了。"

韩安国再拜顿首道："性命攸关，请殿下一定为梁王指一条明路。"

"性命攸关？"刘嫖摇摇头，笑道："皇帝顾念太后和亲情，已经赦免了他。你们梁国有位叫邹阳的大夫吗？"

"有。怎么？"

"这个邹阳不简单，运动了皇后的哥哥作说客。皇帝当着太后的面，已应允不再追究。可是这不等于皇帝心里没有芥蒂，解开这个结，要靠阿武自己。"

韩安国闻言，如释重负。这邹阳貌似平常，关键时行事大异常人，他心里暗自佩服。正欲再问详情，神色紧张的府丞匆匆进来，附在刘嫖耳边低声说了些什么。刘嫖亦神色大变，随即起身看着韩安国道："真是鬼使神差，说谁谁到！阿武真是给宠坏了，想起甚，说做就做。上书奉朝请，不待朝廷诏准，人已经悄悄进了城，你随府丞接他进来吧。"

韩安国大惑不解，跟随府丞赶到门前，吃惊地看到，端坐在一辆白布丧车中的，正是梁王刘武。

五十五

原来，田叔回京复命后，朝廷迟迟没有处置的诏命，睢阳朝野流言四起，弥漫着大祸将至的恐慌。刘武起初还强自镇定，可渐渐地，惶悚不安的心情也日甚一日，邹阳一去音讯渺茫，尤其在得知赵谈自杀的消息后，他更加杌陧不安，竟至于寝食难安起来。韩安国走后，他召见司马相如问计，司马相如的意见是，天子嫌怨已深，非臣子所能开解，只有亲奉朝请，面陈认罪，而且愈快愈好，赶在天子决断之前，或可开释误会，否则，凶多吉少。

于是，连夜上书奉朝请，文书发出的次日，刘武即启程，一行直奔长安而来。到得函谷关前，随行的侍中茅兰建议，既是去悔罪，用惯常的诸侯仪仗不妥，遂改易白衣素装，换乘丧车，单车入都。茅兰先去梁王府打探消息，他则径直奔堂邑侯府而来。

刘武往年奉朝请，都是住在宫里太后处或皇帝处，连梁王府都难得下榻，刘嫖这里，更是难得一顾。此番落难到了这里，也还是贵客。堂邑侯大张筵席，为刘武接风，席间商定，梁王就在这里悄悄住下，等候陈午和茅兰打探来消息，再定行止。

可茅兰已无由打探消息了。宁成早已在王府周围布置了细作眼线，他进入梁王府不久，中尉府的缇骑即将王府团团围住，随即强行入府搜查，将茅兰拘押于中尉府的囚牢之中。这种情势可以说是在茅兰预料之中，甚或是他所希望出现的情境。在宁成提讯时，他绝口不提梁王已经到了长安，只是说梁王奉朝请入都，大队已到函谷关前，自己是被派来打前站的。宁成得知梁王擅自入都，很有些吃惊，不敢耽搁，连夜派缇骑赴关堵截。

次日一早，宁成入宫禀报。刘启已接到了梁国的表册，正在踌躇要不要允准，闻讯后怒由心生。这个阿武，不待允准就擅入京师，竟不把朝廷的制度放在眼中，简直无法无天了。于是，他下令宣召丞相与宗正、太常与廷尉等九卿会议未央宫，决定将此事付诸廷议，要求众巨议出一个法子，严谴以震慑之。各位大臣正在讨论诏书的措辞时，却传来了一个惊人的消息：梁王的车驾被挡在函谷关，而梁王已经入关，可下落不明。

这个消息传到长乐宫后，太后当即晕厥过去，救醒后，太后时而大恸哭泣，时而恨声不断，一口一个"皇帝杀了吾儿""皇帝杀了吾儿"地叫着，状貌十分可怕。由于是请安的日子，王娡、刘彻、王长君等均在长乐宫伺候，见到太后这个样子，众人伏了一地，面面相觑，可谁也不敢劝谏。

"太……太后息怒，莫急……急坏了身子。梁王只是不见了，未必不是在路上。皇……皇上孝友，断不会做出那样绝……绝情的事儿。太后急……急坏了身子，皇上、梁王和奴才们可都要伤心死了。"最后，还是王长君开了口。刘启闻讯赶来时，正听到他期期艾艾的话语。

本来，田叔、吕季主奏告说皇帝已应允不再追究梁王，就此结案，压在窦太后心上数月的这块重石才落了地。不想今日一早，就听说皇帝召集三公九卿会议处置梁王的办法，而后阿武失踪的消息，使她怀疑皇帝已派人将阿武秘密下入了诏狱。一入诏狱，落入宁成那样的恶吏手中，会怎么样？她不敢想，临江王是个现成的例子。看到王信那觳觫不安的神情，窦太后的心情稍稍平复了下来，可一眼看到刘启进来，一股心火又冒了上来。于是视如不见地冷笑道："难为你还为皇帝开脱！孝友？孝友在哪里！我还没有死，他就欲作这种手足相残的事情，杀吾儿就等于是杀我，杀干净了，他就痛快了！"

"母后息怒，儿臣绝不敢存这样大逆不道的心思，也绝没有不利于阿武的想法。"刘启从未见到母亲动这么大的怒，刘武又下落不明，若是真出了事，自己会是百口莫辩。心里一急，额头上竟冒了汗。

"你还敢强辩！你叫田叔他们告诉我，阿武不涉案，案子结了。可三公九卿会议，会议个甚？阿武的下属犯下了大案，他一个做主子的，心里能不害怕？想来当面解释误会，迫不及待，犯了规制，你却小题大做，还三公九卿地会议，会议甚？还不是怎么给你兄弟定罪！你敢说不是这样吗？"

刘启忧恐之下，颞颥难言。刘嫖匆匆赶到，见状刚要开口，却被窦太后厉声喝止，"你给我住嘴！我在教训你弟弟，没有你插嘴的份！"此时的太后，已全然为情绪所控制，面色涨红，额头青筋暴起，她站起身，指着伏身于席上的刘启道："你养的那么些杀千刀的恶狗，平日里专挑皇亲贵戚的毛病。阿荣是你的亲儿，让那个郅都给逼死了。逼死儿子还不算完，如今又想逼死自己的亲兄弟吗？！"

"儿臣不敢。"

"你敢顶嘴？阿荣死了，你不叫郅都以命抵命，反而将他派出去做两千石的边郡太守，这种亲者痛仇者快的事情你也做得出！我前世做下了甚孽，老天要我活着看自己的儿杀自己的儿，我怎不早些死了啊！"说罢，太后呼天抢地，涕泪交流。

"娘，一切都是儿臣的不是，请母后息怒，莫气坏了身子。"刘启连连顿首，泣下如雨。

"请太后息怒。"其余的人皆长揖顿首，应声附和，长信殿中响起一片唏嘘之声。但各人的观感，大不相同。眼前的这一幕，王娡入宫近二十年，还是初次见到。平日里敬畏如神般的皇帝，此刻竟俯首帖耳地聆训不迭，皇太后的威势竟可以如此之大么！自己多年在宫中千般的委曲，似乎随着太后一声声的呵斥，宣泄而出，一种莫名的快意油然而生。她悄悄瞥了一眼跪在身旁的太子刘彻，这种威势不知何日才能轮到自己？她有些神思恍惚，似乎在那里发威的是自己，可马上警惕自己不可忘形。于是拉回思绪，眼观鼻，鼻观心，俯首屏息，静待事态的收场。

刘彻虽也为太后的盛怒所慑服，可暗暗为父皇不平。明明是二叔刺杀朝廷大臣在先，按汉法是谋逆大罪，必死无疑。父皇不深究，已经是恩出格外。太后不辨是非，一味指责父皇，绝对是偏心二叔。看来女人全凭个人之喜怒好恶行事，难于理喻，他偷眼看着刘启，父皇泣下，他也是初次看到，心里既同情，又不平，几次想要开口，都被身旁的王娡以眼色制止住了。

刘嫖终于忍不住了，大声说道："娘、陛下，你们这是怎的了？阿武好好的，没有死！刻下就在未央宫东阙等候陛下召见呢。"

这个消息，大出众人的意外，太后挥涕而喜，刘启如释重负，一叠声地吩咐备辇，一行人急匆匆直奔未央宫而去。原来，听到皇帝宣召三公九卿会议的消息，刘武再也坐不住了，一面要长公主进宫通报消息，一面解衣负质，舆榇相随①，直至未央宫伏阙请罪。

　　见到跪在阙门前的儿子，太后早已是老泪纵横，叫了声"我的儿"，下辇急走几步，将刘武抱在怀中，大放悲声。

　　母后的到来，使刘武真正感到了安全，可看到跟在母后身后的皇帝，惶悚、羞愧、屈辱，种种感觉如同翻倒的五味瓶，奔泻而出。看着泣下如雨，连连叩首请罪的兄弟，刘启心中老大不忍，俯身向前，扶起梁王，也不禁落下了几滴眼泪。兄弟安然无恙，心里的一块石头落地；面缚请罪，也消解了他心中的愤懑。阿武既知错，他当然会不为已甚，放过他，上以慰老母，下以全亲情。

　　方才剑拔弩张的气氛至此一扫而空，母子兄弟相拥而泣，原先的隔阂猜嫌，似就此消解。太后命刘武穿好衣服，随自己回长乐宫，并吩咐晚间在长信殿饮宴，为梁王压惊接风。

　　刘启自无异议，吩咐谒者速将等候在函谷关外的梁王仪仗侍从召入长安，传令中尉府释放茅兰，撤除包围梁王府的缇骑。望着远去的母后与兄弟，他既释然，可心头又有一种说不出的郁阿。

　　"父皇，皇祖母是不是偏心，向着二叔？"

　　刘启回过头，原来太子刘彻并未随大队回长乐宫，他站在那里，若有所思地看着远去的人群。

　　"朕得了皇位，阿武有母后的偏爱，鱼与熊掌不可兼得，怕就是造化弄人的道理吧。"刘启苦笑，解嘲似的说。

　　"父皇大，还是太后大？"刘彻仍旧执拗地问。

　　"你先告诉朕，母亲大，还是儿子大？"

---

①　解衣，即袒露上身；负质，即背负着象征诛杀刑具的斧钺；舆榇，舆，车子；榇，桐木制成的棺木。袒身背负斧钺，棺木相随，古时意为认罪服法。

"当然母亲大。"

"这就是了。朕贵为天子，可也还是父母生养。《诗三百》里那首《蓼莪》你念过了吧？"刘启拉起儿子的手，向候在一旁的辇车走去。

"前日才念过，王师傅说是感念父母恩德的歌诗。"

"那么能够诵读了吗？"

"当然能够。"

"后面那段'父兮生我，母兮鞠我'会背诵了吗？"

"当然。'拊我畜我，长我育我。顾我复我，出入腹我。欲报之德，昊天罔及！'"刘彻一口气背出了全段，语声虽不脱童稚，可抑扬顿挫，别有情致。

刘启连连颔首，露出了难得的笑容。"背诵得好！你能细细体会其中的意味，就可以明白朕何以将顺于太后了。"他心情好了起来，带着刘彻一同回到温室殿，遣开侍从，决定为儿子好好讲解一番"孝道"。

"你问皇帝与太后哪个大，从礼制上说，当然是皇帝大，所以才有'予一人''朕'这样的称号。可你皇祖母是朕的亲生母亲，没有你皇祖母的坚忍克制，就没有朕今日的地位，更轮不到你来做太子。太后是明事理的人，虽溺爱梁王，并未以私情乱政。皇祖母人老了，人老了更顾念亲情，顺着她，让她舒心顺气地颐养天年，是人子的本分，是孝道，也是大汉治国的根本。这个道理，你要牢记于心。"

刘彻顿首受教，可脸上还是不甚明白的神情。

"大汉以孝治天下，为何要以用孝道治国的道理，你可说得明白？"刘启问道。

刘彻摇摇头。

刘启取出一卷简牍，交到儿子手中，说道："这是《孝经》，拿去让师傅为你认真讲解。人为父母所生养，即如歌诗中所唱，'拊我畜我，长我育我'，做儿女者发乎自然，也会有反哺之情。所以孝道始于事亲，中于事君，终于立身。父慈子孝，兄友弟恭，才能长幼有序，一家如此，家家如此，进而扩充至全国，上下皆循孝道，天下方能有序，方能大治。本朝以孝治天下的道理就在这里。"

刘彻若有所悟道："王师傅讲《论语》时说过，齐景公问政于孔子，孔子回答说'君君臣臣父父子子'，讲的就是上下有序，各守本分的意思。"

这孩子不读死书，能够举一反三，确实大有长进。刘启满意地捋着须髯，问道："彻儿，你说的这个王师傅叫甚名字，他辅导有方，朕要奖励他。"

　　听到皇帝欲奖励师傅，刘彻欣喜不置。"王师傅叫王臧，还有个赵师傅叫赵绾，书都讲得好。"

　　这两个人刘启知道，都是鲁国大儒申公的高徒，在诗学和《论语》上造诣很高，是石渠阁的博士，兼做太子宫授课的师傅。自辕固生得罪太后被罢归，刘荣罢废后，太子太傅一直由卫绾兼任，刘启一直想为太子觅个专责学业的少辅，这个王臧看来是个合适的人选。

　　"好，传话给你师傅，让他们好好辅导功课，太子学业有成，他们自会简在帝心，早晚会有不次之擢用的。"

　　"是。"

　　刘启叫儿子坐到自己身边，打开《孝经》，指着其中数行，道："此篇名《广至德》，你听这几句：'教以孝，所以敬天下之为人父者也；教以悌，所以敬天下为人兄者也；教以臣，所以敬天下为人君者也。''君子之事亲孝，故忠可移于君；奉兄悌，故顺可移于长；居家理，故治可移于官。'这也就是孔子所言推己及人的意思，忠臣必出于孝子之门，在家事亲，出仕事君，叫作移孝作忠。为天子者，应作天下人的表率，所以朕宁可自己委屈，也不违拗你皇祖母的意愿。"

　　"可皇祖母所为有违汉家的法度，难道就枉法不成？"

　　"法也要顺乎人情事理。一家、一国乃至于天下，都得有个规矩管着，没有规矩，家不成家，国亦将不国。这个规矩是甚？就是朕讲的孝道，周公制礼作乐，为的也是贯彻这个孝道，所谓'君臣上下父子兄弟非礼不定'。冠、婚、丧、祭、乡饮等礼仪，国家的舆服典章制度，无不依人之贵贱、尊卑、长幼、亲疏等身份的不同，有着不同的礼数，自庶人以至于天子，都得遵从，否则就是僭越。你皇祖母在汉家为尊长，在朕为至亲，尊尊亲亲，是礼义的大要，谈不上枉法。况且你二叔面缚①请罪，也称得上洗心革面了，朕宽恕他，

---

① 面缚，双手反绑着当面请罪。

上慰太后之心，下全兄弟之情，这种合乎礼义的做法，也算不得枉法。当然，你二叔若怙恶不悛，自弃于礼义，那就只有刑罚一途了。"

刘彻若有所悟道："父皇的意思，行法当先衡以礼义，合乎礼义者，按礼义办。出乎礼义，方可入于刑罚，是这样吗？"

"你肯用心就对了。汉家于王、霸之道杂用之，不可拘泥。总之，刚柔并举、宽猛相济是大要。如何运用，要视情势而定。"

父子俩又议论了一气，谒者禀报，太后请皇帝早些过去叙话。刘启带着刘彻走出前殿，远远地看见梁王刘武，正候在肩舆前。刘启走近时，他恭恭敬敬地长揖道："皇兄请，母后命儿臣迎陛下一程。"

刘启淡淡一笑，道："朕与彻儿同乘，你坐后面那乘吧。"

刘彻瞥了一眼爽然若失的梁王，悄声问道："父皇往常总与二叔同舆，这次不带他，二叔很难过呢。"

刘启冷笑道："他怀恨谁，就敢遣刺客杀了他们；与他同乘，朕还能放心嘛！"

肩舆走出去很远，刘彻回过头，刘武还是呆呆地站在原地，一副失魂落魄的样子。

五十六

　　中元三年夏四月,刘启册封四名少子为王:刘越为广川王,刘寄为胶东王,刘乘为清河王,刘舜为常山王。一日,刘启前往太后处请安,说起此事。太后心情不错,领首道:"多亏了皇后,这几个孩子总算都长成了,往后该为他们每人配个好师傅,小树若不勤加修理,长成也是歪歪巴巴成不得材料。"

　　"母后教诲得是。儿臣想先要他们在太子宫随彻儿就学,那里几位师傅的学问很好,阿彻的学业最近大有进境。"

　　太后漫应了一声,神情上却是不以为然的样子。"阿彻那孩子是聪明,就是心太大。儒学强调事功,铺张扬厉,净是些华而不实的东西。祖宗靠的是黄老学,清静无为,与民休息,才有了今日的局面。这些事情你要常对他讲讲,太子宫的师傅要偏重用那些懂得黄老的学者,小心别让太子走偏了道。汲师傅还在吗?这个人还是正道。"

　　"还在。"汲师傅即汲黯,丁忧守制期满,才回到太子宫。太后话里有话,似乎是对自己任用王臧为太子少傅不甚满意。刘启赔着小心,不再多说一句。

　　陪在太后身边的王娡,却也借着这个话头,诉起苦来。"彻儿最近的心思全都放到了习武上面。整日里拉着个韩嫣舞刀弄剑,校练骑射。臣妾说了几次,全被他当作了耳旁风。陛下得管他一管了。"

　　"儿大不由娘,哪个不是这样?翅膀硬了,还能听进为娘的话!"太后的话皮里阳秋,分明指的是自己。刘启瞪了王娡一眼,淡淡地说道:"为天子者,文武之道不可偏废。况且还有匈奴这个边患,彻儿习武没有甚不好,是朕允准了的。"

见皇帝不快,王娡敛容称是。殿上气氛尴尬,好一会儿太后才开口道:"好了,别把心思全用在你儿子身上了。我说的那件事,这么些日子了,如何办,皇帝斟酌出个法子了吗?"

窦太后问到的这件事情,发生在梁王面缚请罪后的那次家宴上。几巡酒过后,太后兴致极高,大大夸奖了田叔、吕季主,说他们办案识大体,之后又盛赞王信居心仁厚,为排解皇帝与梁王间的误会出力不少。随后话锋一转,说王信既是皇后的兄长,于理应该封侯,要刘启斟酌。汉兴以来,尤重孝道,出于"亲亲"之意,皇帝之母舅,例应封侯。如薄太后之兄薄昭,窦太后之弟窦广国等。可是并无封妻舅为侯者。刘启以是婉拒说,先帝时南皮与章武①均未封侯,而是儿臣即位后才封的侯。由祖制上说,王信要等到彻儿即位后方能封侯。

不想太后大不以为然:"祖制、祖制,哪里来得那么些讲究!规矩都是人定的,先帝是先帝,你是你,规矩也该因人而异。既然总要封侯,早封与晚封有甚区别?长君是你大舅,在世时不封侯,该得的皇家恩泽得不上,心里能不憋屈!想起这件事,我心里就恨。王信年岁也不小了,难道也像长君一样,到死也等不到个封爵吗?皇帝快些封个侯给他,人情事理上说得通。"

刘启颇为难。若封王,是刘氏宗亲内的事,他可以做主;可封侯,涉及的是臣属,按常规应议及三公,而丞相周亚夫是个认死理的人,他这一关就难于通过。果然,这个封王信为侯的提议,被周亚夫正色拒绝了。

"这件事,儿臣与丞相等议过了。大臣们以为不可行。"刘启本不想更改祖制,周亚夫的话正可用来塞太后之口。

"你是说周亚夫?他怎么说?"太后满脸不快,目光灼灼地盯着刘启。

"周丞相说,高皇帝当年与众臣立过誓约:'非刘氏不得封王,非有功不得封侯。不如约,天下共击之。'如今王信虽为皇后之兄长,可无寸功可得封赏,封侯,是违背高祖之约。"

---

① 南皮,即南皮侯,为窦太后兄窦长君之子窦彭祖;章武,即章武侯,为窦太后少弟窦广国。

"听听，你们都听听，真不知道这汉家的天下，是我儿子坐着呢，还是这些个大臣坐着呢！皇亲国戚，以恩泽封侯，要甚功劳？七国之乱也不是他周亚夫一个人平的，竟然居功自傲到了这个地步！难怪阿武总说他跋扈，全不把朝廷放在眼里。皇帝，你要当心了呢。"

刘启唯唯。王信封侯之事不了了之。可太后的话也提醒了刘启，周亚夫居功自傲，虽还称不上跋扈难制，可近一二年来，在一系列朝政大事上，总不乏违拗自己意志的事。如太子的废立、谋刺大臣案件的查办等，尤其是后一件事，他可以清楚地感觉到周亚夫目光中的怨怼不平之色。一年后发生的另一件事情，使刘启开始认真考虑如何处置周亚夫了。

太仆刘舍联络策反匈奴贰臣的事情进行了一年多，颇著成效。单于与左右贤王之下的名王八人，决心降汉。刘启得知后十分高兴，将刘舍擢任为御史大夫，接替被谋刺了的陈介。中元四年十月，这起集体叛降进入实施阶段。八部匈奴，陆续进入北方边郡安置，总计达一万落以上。十二月，刘启召集三公九卿会议，打算封赏各部归降的匈奴王为侯，又是周亚夫出头反对。

"臣以为不可。这些人背主而降陛下，本身就是不忠不义之举。陛下封他们为侯，今后又如何责人臣以守节呢？背乎大义之事，断不可行。"

"封匈奴降者为侯，非朕首倡，有故事可循。韩颓当、韩婴之属，先帝时就封了侯，如何又成了断不可行之事呢？"刘启心中大为不快，可神色如常。

"韩颓当、韩婴原本就是大汉功臣之后，弃暗投明，本该奖励，况且韩颓当平息七国之乱立有大功，自当封侯。"

刘舍道："丞相此言差矣。封侯乃劝善之举，大汉厚待降虏，会招致更多的匈奴归降。而且这八人之中，卢巳之也是燕王卢绾之子，也是功臣之后，弃暗投明的呢。"

"丞相之议不可行。"刘启大声说道，"朕意已决，来降的八人一体封侯。"

周亚夫还想再说些什么，刘启已拂袖而去。众至侧目而视，窃窃私语着散去。不久，大殿中便空无一人，窦婴走到还在发怔的周亚夫身边，拍拍他的肩膀，道："上意既定，君侯毋再固执了。又不是甚大事，为这事得罪皇帝，不值得的。"

周亚夫冷笑道："王孙知道权变，我却行不得乡愿。君臣之道，合则留，不合则去。最多是不做这个丞相罢了。"说罢，也径自拂袖而去。窦婴目送着他的身影，无可奈何地摇头叹息道："这个犟脾气！不可理喻，不可理喻！"

果然，次日周亚夫便上表称病。刘启也不客气，即日免去周亚夫的丞相，任命刘舍接任丞相，卫绾接任御史大夫之职。

转眼又是正月，按例百官朝会，共贺新春。周亚夫罢职以来，这是首次上朝。由于是做过三公高位的元老，与现任的三公九卿一起，被安排在未央宫前殿，与皇帝一同飨宴。新春飨宴，照例要赐肉。上林苑早已预备下了十数头野猪，头一日便屠割涮洗，加入香料，连夜烹煮，至天明时肉已熟透，改刀成块，分赐群臣，以示皇家与臣子同贺之意。

百官就位后，皇帝携太子驾临。在谒者大声宣导下，众臣按朝仪依次行礼上寿。轮到周亚夫时，刘启问道："条侯有恙，可安好了吗？"

"老臣卸职家居，一身轻松，大安好。"周亚夫再拜顿首，可话语中明显有负气的意味。刘启虽不快，只是摇了摇头。

随后，侍者将赐肉分送群臣。送到周亚夫案上的肉块分外巨大，足有二三斤重。周亚夫呆呆地看着香气扑鼻的卤肉，面孔渐渐涨红。食盘中既无切肉之刀，又无夹肉之箸，面对着美食，他竟无从下手。

原来，这竟是刘彻搞的恶作剧。他见到周亚夫负气的样子，十分好笑，遂悄悄吩咐尚食撤去刀箸，将大块卤肉送与周亚夫，成心看他的笑话。

看着四下默默取食的大臣们，周亚夫终于忍无可忍。士可杀，不可辱，他也不再顾及皇家的礼仪，大声招呼道："尚食，无刀箸如何取食？取箸来！"

这一声四座皆惊，大殿中鸦雀无声，众臣屏息敛容，不知皇帝会怎样处置这个局面。尚食悄没声地趋近刘启身旁，附耳说了些什么，刘启看着周亚夫，不以为然地笑道："赐君大肉，君倒不满了吗？侍者偶失刀箸，怕也不值得你如此意气用事吧！"

周亚夫满面通红，免冠顿首谢罪。刘启要他起身后，周亚夫一言不发，疾步躬身退出了大殿。刘启面色阴冷，目送着他出殿，自言自语道："看他这副快快不乐的样子，不像是能够臣服少主的人呢。"在座的大臣们俯首屏息，都为周亚夫捏着一把汗，只有一人不时偷觑着皇帝的脸色，听到皇帝这番话，他似有所悟，阴冷的眸子也死死盯住了周亚夫的背影。

一场飨宴，不欢而散。回到暖阁后，刘彻谢罪，刘启倒也没有深责他的意思，语气平淡地嘱咐他，朝廷大臣的身份尊贵，不可滥于玩笑。

"至于周亚夫，倒是个现成的例子，看到他的所为，你便可以知道'使功不如使过'的道理了。"刘启捋着胡须，若有所思地说。

"父皇，何谓'使功不如使过'？"

"'功'，指有功之臣，像周亚夫这样的，立过大功，又是开国功臣的后人，行事居功自傲，不好驾驭呢。必要时得给他些颜色看，让他知道利害。为政不可姑息，姑息足以养奸，这一条你要记住了。"

"是。'过'是指那些犯有过错之人吗？"

刘启笑笑，"正是。有罪之人、归降之人，往往心存戒惧，更为卖力从事，人主不用扬鞭，他们也自会奋蹄向前，驾驭起来要比功臣省不少力。周亚夫这样的人，谏议不被采纳，就托病不朝，迹同要挟，再姑息下去，或真如你皇祖母所言，会跋扈难制了。"

"父皇打算拿周亚夫怎么办？"

"他已无权位，以列侯身份坐食俸禄而已。但愿他能知道戒慎，好自为之吧。朕若非念他有大功，定从严治罪。《周礼》，你读到了吗？"

"师傅近日所授是《诗》与《论语》，还没有讲到《周礼》。"

"那朕预先提示你，以后读到时再留心体会。《周礼》中讲到驾驭群臣的'八柄'，也就是'爵禄废置，生杀予夺'八个字，归结起来就是赏罚二道，赏所以劝善，罚所以惩恶。赏罚之权，是人君手中的利器，须臾不可以放松。这你也要记住了。"

刘彻唯唯受教。本以为这场风波就此平息，不想没过多久，另一桩事情却将周亚夫送上了死路。

汉代供奉皇室的衙门——少府，为九卿官署之一，位于未央宫内西北。出北阙沿华阳街北行，可直通西市。西市名为"市"，其实是皇家工官作坊。少府在其中设有制作明器的专门作坊，一应出殡殉葬的器物，均由此制造，如皇族下葬时服用的玉柙（即金缕玉衣、银缕玉衣）、棺木，殉葬所用的兵马俑、兵器等，被统称为东园秘器。按规矩，东园秘器只有皇室与诸侯王可以使用，其他人等购用，要奏请皇帝特许，否则为违制。由于制作精良，不少达官贵人私下购买家用，东园和少府的官员，也乐得由此多得些收入。久而久之，这已是公开的秘密，民不举，官不究，没有人把这看作什么严重的大事。可恰恰是在此事上面，周亚夫受了牵累。

周亚夫有子周彗，得知东园工官为阳陵制作了一批兵俑穿戴的甲盾，做工精良，有剩余五百余披。周彗全数购入，说好一月之内给付价款。不想钱不凑手，又不愿老父垫付，于是迟迟不能结账。索钱的庸役几次上门，要不到钱，后来干脆吃了闭门羹。庸役知道回去免不了上司的责骂，忍不住在门外大呼小叫起来。这事，被中尉府的一个眼线看到，将他拉过一边，问明缘由，径直将庸役领到中尉府上变。

宁成传讯过庸役，眉头一转，下令书役以购置甲盾，图谋不轨上报。他故意不提这些甲盾乃人俑服用，由庸役画押后，竟上报到皇帝那里。刘启阅后，心里根本不信，可又觉着正可以此事杀杀周亚夫的傲气。于是下诏中尉府传讯簿责。

不想周亚夫竟是宁折不弯的性子，无论狱吏如何开导案问，竟无一言答对。此事报到刘启那里，刘启觉得这是在藐视自己，不由得无名火起，大骂道："也好，他不供，朕还不用他供了呢！"吩咐削去封爵，下入诏狱，按寻常案犯般鞫讯。

几日后的一个晚上，季心携带酒菜，进诏狱看望周亚夫。下狱不过数日，周亚夫须发皆白，皮肉松弛，人已经脱了形。季心吩咐去掉刑具，握着周亚夫的双手道："君侯就向皇帝认个错，何苦如此啊！"言罢心酸泪下。

"莫再称甚君侯了，我已是一介庶人，所欠一死而已。"周亚夫神色疲惫，声音却依然铿锵有力。他斟满两杯酒，招呼道："季将军，来，我们满饮一杯，权作诀别，日后怕再无对饮的机会了。"

两人对饮后，默默无言，相对而坐。季心盘算了一会儿，还是想要说服周亚夫向皇帝服软。

"君侯，还记得家君下狱那件事吗？"

"当然记得。我当时在河内任职，听说家君出事，心急如焚。事后问到家君，他却只说是个误会。个中的缘由，怎么也不肯告诉我们。"

季心当时已在中尉府任职，熟知此事的经过。后受周勃之托，没有对任何人讲过。如今为了救亚夫一命，可也顾不得那么多了。

"家君大人之事，我所熟知，君侯可愿一听？"

"明日廷讯，生死难测，长夜漫漫，与故人作竟夜之谈，又有酒菜，老夫何乐而不为！将军但讲不妨。"周亚夫呷了口酒，兴致不错地注视着他。

周勃与陈平等设谋，诛杀诸吕，扶立代王刘恒为帝，是为文帝。文帝初立，以周勃为右丞相，赐五千金，食邑万户。不过月余，经人讽谏，周勃自请归还相印，一年之后，陈平去世，文帝再用周为相。可不过十个月，文帝忽然要他率先就国，周勃不得已回到河东郡绛县的封邑。过起乡居的日子来。说到这里，季心问道："君侯可知，孝文皇帝何以忽然变计，对家君大人有了猜防之心？"

周亚夫摇摇头道："不详细，传言好像与子丝有关。"

"正是。家君大人质朴，无城府，居功意甚自得。孝文皇帝礼敬甚恭，散朝时，常亲自起立相送。子丝觉得如此下去，家君大人早晚会落下跋扈的罪名。于是乘间进言，说：'陛下以为丞相何等样人？'文帝答言：'社稷之臣。'子丝摇头说：'绛侯是所谓功臣，而非社稷之臣。社稷臣主在臣在，主亡臣亡。吕太后时，诸吕用事，丞相王侯全由吕氏包办，刘氏之危亡系于一线。那时候绛侯身为太尉，握有兵权，却不能匡正。吕太后死，大臣们相谋共叛诸吕。太尉主兵权，适逢其会，侥幸成功。所以丞相只能说是功臣，而非社稷之臣。如今臣骄主谦，是主次颠倒，违背礼制，臣私心为陛下担忧。'孝文皇帝由此严君臣之分，而先朝的功臣也收敛了不少，不再敢居功自傲了。"

周亚夫叹息道："好个子丝，老夫为他被刺，皇帝放过梁王，还日日为他不平，却不料他当年也谗毁过家君呢。人，真是看不透呢！"

季心示意他继续往下听。周勃就国后，心怀戒惧，每逢郡守都尉巡行到绛县拜望他时，都披甲陈兵相见。久之，便有传言，说他欲图谋反，更有人上书，事情闹到朝廷，下诏廷尉查办，竟拘押至长安案问。

周亚夫苦笑道："不想今日吾亦罹此祸，家君大人地下有知，不知作何感想！"说话间，眉头颇有愤懑不平之色。

"家君大人从未经历过这种场面，面对簿责，竟颞颡难言。狱吏如狼似虎，呵斥骂詈，根本不拿家君当人看。我看事急，传话给家君家里，送致千金，狱吏们才客气起来。案问时在案牍的背面书写提示，要家君大人以公主为人证，为的是牵连皇室，以求解脱。"

"我记得此事，胜之夫妇为此担惊受怕了多日。"

"子丝虽对家君大人居功自傲不满，但到了这种关节眼上却当仁不让。他得知家君曾将益封之地尽数让给了薄昭，就连夜赶去游说，请他代为缓颊。薄昭倒也仗义，将此事向薄太后剖白。太后在先帝请安时，问起此事，说：'绛侯当年绾皇帝玉玺，提兵于北军，他那时候不反，今日居一小县时，倒要造反了吗？！'孝文皇帝闻言语塞，才马上派使持节开释家君大人，复其爵邑。"

周亚夫举杯，一饮而尽，叹道："难得太后如此见识！痛快，痛快！"

"我送家君大人出狱，走出狱门时，家君的一番感叹，我至今记忆犹新。你知道他怎么说？"

"怎么说？"

"他说，'吾曾经统帅过百万大军，却不知道一个狱吏比我尊贵得多呢！'这是老人家蒙羞后的伤心之语，嘱咐我不要对任何人讲。可事到如今，我却不能不讲了。"

再看周亚夫，已是双泪长流，哽咽着说："将军莫以此劝我。这是冤案，我宁死不能委曲求全。"

季心也潸然泪下，良久方开口道："这当然是冤案。可你也要给皇帝一个台阶下。你不答言，皇帝会以为你心存藐视，把你交给宁成这类酷吏，为此受辱而死，不值得。"

"'死生有命，富贵在天'，孔子之言，我少时不信，事到临头，方知不谬。我认命了！"

"此话怎讲？"

"我在河内任太守时，轵县有个出名的相士，想来你一定晓得，叫许负，是郭翁伯的外婆。"

"当然。翁伯我不久前还见过，许负似已作古了。"

"这个许负，当时我还真是看轻了她。我自幼不信占卜，属下怂恿，全当游戏。你猜这老妪怎么说？"

"怎么说？"

"她说我三岁之后当封侯；封侯八岁之后出将入相，持国柄，贵重之极，人臣无二；此后再过九年，我会饿死！"

"她算得准吗？"

"我当时大笑不止，告诉她，长兄已承袭家父的封爵，如有不测，也当由家兄之子承继，轮不到我了！且既然如你所言，我富贵已极，又怎么会饿死呢？请指示缘由。她却极为自信地说，你两颊有纵向的纹理伸向口内，从相法上看，这是饿死的征兆。"

两人相与抚掌大笑，引得狱卒们走近观看。季心斥走众人后，两人干了一杯。周亚夫放下酒杯，直视季心，脸上是豁然开朗的神情。

"现今回想起来，许负所算，除了这最后一件，竟是无一不准，事事应验，如今我算是信服了她。天命若此，与其效家君受辱蒙羞，终不免于一死，莫不如做个大丈夫，堂堂正正地自应天命。如此，可无愧于先人，余于愿足矣。"

季心还欲再劝，但周亚夫绝口不肯再谈案子，只是一味劝酒，饮至夜半，季心无奈，只得告辞出来，知道周亚夫已存必死之志，再劝无益了。

果然，次日鞫讯者改换了中尉宁成与廷尉邹福。面对不久前还是势尊权重的周亚夫，邹福还略显拘谨，很客气地问候了几句。宁成冷着脸道："邹大人，你面前的这个人现今既非丞相，也不再是甚侯了！皇上交代下来的诏命是查明案由，案子涉嫌谋反，怕不该这样客气吧？"

邹福唯唯称是。宁成狞笑道："周亚夫，看在过去同朝为臣的份上，下官还尊称你为'君侯'，你识相些，吾等君命在身，颇不得罪大人了。"

周亚夫闭目凝神，充耳不闻。宁成示意邹福发问。

"君侯想要造反吗？"

周亚夫并不作答，只是摇了摇头。

邹福责问道："君侯若非要造反，买那么些甲盾作甚？"

周亚夫忽然睁开双眼，目光灼灼地盯着邹福，冷笑道："臣所买乃葬俑服用的明器，尺寸赶不上实物的一半。殉葬用的器物，也可用来造反吗？"

邹福语塞，一时竟无话可说。

"君侯纵然阳间不反，必是想在阴间造反了。"宁成语声不高，可含着种阴冷，给人的感觉好似用刀刃在你的肌肤上擦拭。

"欲加之罪，何患无辞，随二位说去吧！"周亚夫闭上眼睛，一脸不屑的神色。

"君侯可真清白！盗买皇家御用之物，其罪一；不付价款，其罪二；纵子为非，其罪三；抗拒诏命，不服案问，其罪四；居功不逊，骄蹇不臣，其罪五。你还敢称自己无罪，笑话！你老实招供，不然死罪难逃，活罪也够你受的。还要累及家人、亲族，你仔细思量，好自为之吧。"

其后，无论宁成等如何呵斥骂詈，周亚夫竟如目盲耳聋一般，绝不作半点儿反应。没有皇帝的允准，宁成等也不敢擅自用刑，只是调集来一批恶吏，轮番鞫讯羞辱。周亚夫则闭目端坐，不发一言，而且拒绝饮食。五日之后，狱吏们再行鞫讯之际，周亚夫忽然双眼圆睁，大口呕血，不过半刻工夫，就气绝身亡了。

消息报到宫中，刘启大感意外，既丧气，又感伤，原想打掉周亚夫的傲气，不想却成这般结局。在这场意志的较量中，自己竟是输家。

五十七

中元五年，似乎注定是个多事之年。周亚夫绝食死后不久，六月，又传来梁王刘武患病身亡的死讯，瞬时间震动了整个朝廷。

去年腊月，梁王再度入朝。刺杀大臣的事件过后，刘启下令宗正府，梁王留住京师的日期，今后按诸侯王规制一体从严掌握。因而二十日后，宗正府催促其归国。梁王上疏，以陪伴母后为名，欲多留数月，刘启不许。刘武意颇怏怏，不得已而归国。窦太后虽不悦，亦不便多说什么。不料仅过半载，梁王竟患热病不治而亡。听到梁王的死讯，太后连声长呼："皇帝果然杀了我儿！"随即昏死过去，经御医救醒后，连日哀哭，饮食不进，双眼视物昏花，竟辨不清近处的人物了。

见到母亲悲伤成这个样子，刘启悔之无及，绕室彷徨，不知所为。刘彻每日赴未央宫请安，见到父皇哀惧的样子，建议道："父皇何不与大姑母商议，总能想出办法，开解皇祖母的悲情。"

刘启已经乱了方寸，摇首道："你姑母日日守候在长乐宫，她的话管用，太后也不至于如此了。"

刘彻忽然想起了什么，问道："二叔子女多少，父皇晓得吗？"

"五子五女。怎么？"

"儿臣想到一个法子，或可开解皇祖母的心情。"

"当真？讲来！"

"父皇曾要儿臣熟读贾谊的《治安策》，贾大夫献议的那个'众建诸侯而少其力'的法子，正可用于此时，一举两得，既可慰皇祖母之情，又可削梁国尾大不掉之势。"

刘启双眼一亮，"你是说，把你二叔五个儿子统统封王，梁国一裂为五？"

"是。不仅二叔的儿子各个封王，女儿也都赐予封君之号，皆食以汤沐邑。人死不能复生，可子女不分嫡庶长幼，人人受封，这是汉家从未有过的恩典，如此，足以报梁王于地下，皇祖母心疼二叔，知此应可释怀。"

刘启抚掌道："彻儿不负朕望，学而能用，是成大器的材料。"

父皇如此称赞自己，这还是第一次，刘彻喜动颜色，揖手道："不过，皇祖母现今不怿于父皇，这个法子还要由姑母献议为好，父皇届时允准便可。"

于是，刘启带儿子起驾出宫，亲赴戚里的堂邑侯府，与大长公主刘嫖计议妥当后，一起赴长乐宫参拜太后。

太后数日不食，形容支离，人已有些脱相。刘启等人进去时，太后裹着头巾，仰面抬头，正由御医点眼药。听到声音，怔怔地望着前面，一时竟没有认出是谁。

刘启跪在母亲面前请安，一阵辛酸，不觉泣下。

太后听出了他的声音，面如严霜，冷冷地说道："不敢当。杀了阿武，不亲眼看我这老妪入土，你不甘心不成？你好狠，就这么一个亲兄弟，也不肯放过，我真是看错了你！"

刘嫖忍不住插言道："娘说皇上杀了阿武，怎么可能？梁国派了专使报信，娘也不听听，无凭无据地乱讲，也不怕大臣们笑话。"

窦太后冷笑道："是阿嫖？你少来凑这个热闹。你那脑袋瓜里的心思，瞒得住别人，瞒不住娘！怕阿武夺了你女婿的皇位，你也盼着他死不是？你们全是一丘之貉，我没能早看出你们的嘴脸，老天才要我瞎眼！"

太后双手捶胸，愤愤地说道："我已风烛残年，还能有几年的活头？见一次少一次，阿武是孝子，想多陪陪我，你就是不准。阿武心里难过，又不敢说，就是这么憋出的病！什么热病？根本就是由情志上得的病！杀人无须动刀子，伤人的心便是。你对阿武，就是如此。你……你安的是甚心哪！"或许是身体太虚，又太动感情，说话用力太猛，太后猛烈地咳嗽起来。几个侍女赶过来为她捶背，好一会儿才喘过气来。刘启顿首泣下，不断谢罪道："一切都是儿臣的过错，请母后息怒。"殿内的人跪倒了一片，齐声吁请太后息怒。

窦太后又饿又乏，满脸疲惫，已没有气力再发泄。良久，刘嫖凑到太后近前道："娘，人死不能复生，还是安排好阿武的后事，让他安心升天要紧，对不？"

见太后侧耳静听，没有反感的表示，刘嫖继续说道："娘可要皇兄赐给阿武一个好谥号，朝廷为阿武办个盛大的葬礼。阿武不在了，可娘的那些孙儿孙女们还在，朝廷应该打破常规，将阿武的五个儿子都册封为王，五个女儿都赐食汤沐邑，儿女们安置好了，阿武泉下有知，也会安心的。"

太后冷笑了一声。"你想得倒美，你那做皇帝的哥哥，可能允准？！"

刘启赶紧陈奏道："儿臣当然允准。在阿武的后事上，一切如母后所愿。儿臣只求母后早进饮食，保重身子。"

"好，皇帝答应我三件事，答应了，我自会重进饮食。"

"是。哪三件事，请母后吩咐。"

"第一件，如阿嫖所言，阿武的儿子全数封王；女儿全数封君，赐汤沐邑。"

"是。"

"次一件，阿武是最孝顺娘的孩子，他的谥号，要用'孝'字，就谥为梁孝王。"

知道太后是在揶揄自己，刘启脸色发红，可还是毫不犹豫地答应了下来。

"这最后一件……"太后取出一卷简牍，道："那个杀千刀的郅都，在雁门做太守，交结匈奴，图谋不轨，应该逮回京师。连同从前逼死临江王的案子一并问罪。"

刘启心里一沉，他知道这件事。郅都被派到雁门出任边郡太守后，其清廉和酷烈，竟使他的威名远著于漠北。在雁门一带边塞活动的匈奴骑兵，一改往昔侵扰不断的做法，迁移到几十里外的地方驻牧。他们仿照郅都的模样，用泥土烧制成偶人像，作为校射的靶标。骑兵环偶人驰射，竟难得有中靶者。对郅都的忌惮和畏惧，可见一斑。匈奴为患最烈的雁门一线，近几年没有发生过大的边衅，功在郅都。刘启对此十分满意，只是碍着太后，没有公然嘉奖而已。

太后手中的这卷文牍，是郅都属下呈递上来的密报。密报说是胡虏中传言，郅都巡边时，曾与边外胡虏骑兵相遇，接受过匈奴首领的宴请，怀疑他有与匈奴勾结的情事。刘启根本不信，以为那是匈奴的反间之计，即便真有其事，郅都为维护边塞上的平静，与胡虏有所酬酢，也算不得过失。因此，他根本未曾放在心上，阅过后就将事情丢到脑后去了。太后则时常调阅奏章，抓到了郅都的毛病，当然不会轻易放过。刘启心里暗暗叫苦，说道："郅都在边郡这些年，很做了些事。北边各郡，属雁门安定，匈奴畏其如神。交结匈奴的说法，母后决不可听信。"

太后满脸怒气，高声道："噢，倒是我这个老妪轻信啰？他被贬到边郡，你如何知道他没有心怀怨望。大汉立国以来，派到边郡上的功臣，卢绾、韩信、臧荼，勾结匈奴作乱的人还少么？非要等到造反成了真，你才认账吗！"

"儿臣不敢。可儿臣深知郅都的为人，他是忠臣……"

不等说完，太后便厉声打断了刘启："临江王反倒不是忠臣了吗！"

刘启还欲张口，跪在身旁的刘彻，使劲拽了拽父亲的袖子，摇头示意不可再争。刘启沉默了一会儿，道："一切全凭母后处置。"

"好。即便他没有勾结匈奴，逼死阿荣也还是罪在不赦！你传诏给刘舍他们，要朝廷派专使持节赴雁门，就地诛杀，传首京师。"

"是。"

"还有，阿武的丧事不用梁国的钱，赙仪加倍，由朝廷来办。你若舍不得，就由长乐宫出。阿武的封谥和子女的册封要先办，也要派专使，专使要有三公的身份。出殡时有五个王与朝廷重臣相伴，阿武或可安心。我若不是这副样子，是一定要亲送阿武上路的……白发人送黑发人，我前世做了甚孽？要受这种罪呀！"说罢，太后又忍不住悲痛失声，引发大殿内一片唏嘘之声。

刘启顿首不迭，连声称是。随即吩咐跟随的谒者即刻传命丞相刘舍等人照办。等这一切安排妥帖后，太后方传令尚食开饭。刘启等喜动颜色，小心陪着太后用餐。刘彻则乘着乱哄哄的当口，悄悄溜回了太子宫，吩咐侍读韩嫣去梁王府，将来京报丧的梁国大夫司马相如请过来。

原来，刘彻这一向学诗，有着极为浓厚的兴致。早听说司马相如才情卓越，一直不得一见，得知他来长安公干，几日来就想寻个时机，与之一晤，求教诗赋的文理。这几日因梁王死讯和太后绝食，宫里乱成了一团，皇帝、皇后和整个皇宫的心思全都在长乐宫那里，没有人关注他，反倒有了闲暇。

王臧当值，本欲温习近几日的旧课，却被刘彻止住，告诉他说，过会儿要为他引见大名鼎鼎的司马相如，可以一起听听他论诗。王臧不以为然，说司马相如文名虽高，未必有实在的学问，否则，当年也不必入赀为郎了。

司马相如年逾而立，眉目疏朗，美须髯，一副恂恂儒雅的样子。见礼过后，刘彻先问起梁王起病身亡的过程，司马相如娓娓道来，言下十分伤感。原来，刘武正月归国后，心情一直不好，为了散心，北猎良山。属下有捕获野牛呈献者，此牛背上生有一足，显见是个怪胎。请卜者占卦，云牛为丑畜，足出背上，是背主干上之相，大不吉，冲在六月。梁王大恶之，意忽忽不乐。六月中果然发热病，针药罔效，六日后竟一病而亡。天命无常，众人咨嗟感叹了一番，谈话渐渐转向了文学。

"先生的大名，久慕于心。孤目下诵读《诗》，还望先生有以教我。"刘彻揖手道，言下极为恭敬。

司马相如也揖手还礼，笑笑，说道："承蒙殿下错爱，臣于大赋略有心得，于《诗》，枚叔在上，臣实在不敢班门弄斧。"

"枚叔，是枚乘吗？"

"正是。在睢阳宫里，他德齿俱韶，枚叔是大家对他的尊称。"

"枚叔的大名，孤也仰慕很久了，惜不得一见。枚叔可好么，有无新作？"

"梁王既薨，门下客卿风流云散。臣来长安报丧之前，枚叔即致仕返乡。在送别的酒席上，他当众赋诗告别，这首诗，堪称佳构。"

"哦，请长卿先生即席一诵，吾等洗耳恭听。"刘彻满面喜色，倾慕之意，情见乎辞。

司马相如凝思片刻，随即轻声吟诵起来。"行行重行行，与君生别离。相去万余里，各在天一涯。"

首句便连用四个叠字，果然脱俗。刘彻一振，眼前仿佛看得到渐行渐远的离人，四下亦似乎弥漫起淡淡的离愁。

"起首四句，朴实平淡，其中实蕴含有深挚的别情。关山阻隔，人海茫茫，枚叔年高白头，自觉再见无期，所以接下去吟出'道路阻且长，会面安可知'二句，悲郁之情，至此已极。可接下来的两句，以比、兴的笔法，一笔宕开：'胡马依北风,越鸟巢南枝',正所谓同声相应,同气相求。故土之思,乃万物之物性,鸟兽如此,人亦复如此,所以接下去便有'相去日已远,衣带日已缓'两句。相去愈远,再见愈难,友朋间的故人之思愈重,悲慨愈深,故身形为之消瘦,衣带为之松缓。'浮云蔽白日,游子不顾反'二句,乃以逐臣自况,诉说自己难于反顾的情愫。"

"以逐臣自比,苦衷何在?"刘彻有些不解地问。

"梁王之薨,做臣子者均不能免于自责。王遇诸臣极厚,王死,诸臣无以报答。风流云散,天各一方,乃自我放逐以求心安之举。当然这只是臣之猜测,枚叔是否真作此想,只有他本人知道。"

刘彻边听边记,提笔问道:"下面几句,还请先生接着吟咏。"

"收尾一落一起,跌宕起伏,于生离的悲戚中,鼓励友朋努力加餐,期于来日的重逢。'思君令人老,岁月忽已晚',愁思损颜,岁月销蚀人生,这是落;而'弃捐勿复道,努力加餐饭'二句是起,犹如漫天阴霾中泻出一道霞光,意境、色彩到此判然如变。有此一念,不见如见,万水千山,情思悠悠。当时在座的诸人情不能已,皆一掬泪下。"

"枚叔的诗,朴实深厚,直白而又不失含蓄,百转柔肠,浑然天成,绝无雕凿,俱如神来之笔。殿下学诗,一定读过国风了。枚叔之诗,得风温柔敦厚之旨,是难得的好诗,千载之下,其光彩定然不灭。"

刘彻听得痴了,好一会儿才回过神来,连连叹息道:"能作如此好诗的人,只可惜难得一见!"

见到刘彻神往不置的样子,司马相如道:"其实枚叔的诗,多得益于民间的歌谣。民间的歌诗,多真情实感。枚叔平日,常去睢阳四郊踏青采风,回来后反复吟咏润色,故多佳构。"

"民间果真多好诗吗?"

"果真。古之诸侯均有乐工专司采风,所谓《国风》者,即采风所得的歌诗。"

刘彻不由心向往之。他知道父皇不好歌诗,大规模的采风,只有俟诸来日。他暗下决心,将来一定要办一个乐府,将天下的好诗尽收于宫中,编成一部诗歌总集,以弘扬大汉的声教。

"枚叔还有'青青河畔草'一首，孤极喜欢，不知由何感发而作，先生可能为孤譬解？"

看得出来，太子的兴致极高。于是，司马相如亦抖擞精神，侃侃而谈："那还是在数年前，枚叔与臣一同在睢阳城中买醉，席间一弹筝女伎极美。枚叔睹物思人，有感而发。诗成，不胫而走，当时就轰动了睢阳，街头巷尾，皆可闻歌咏之声。就是梁王殿下，亦不时在宫廷燕乐中点唱此曲呢。"

两人还想谈下去，可暮色已深，又快到宫门下钥之时了。看到坐在一旁的少傅王臧一脸的不耐，司马相如遂揖手道别。

"长卿先生今后作何打算，可愿到太子宫做师傅吗？"

"殿下的厚意，臣铭感五内，可自臣出仕，已多年不闻乡音，故想先回西蜀一游，拜望乡梓，祭扫先人。"说罢，长揖作别，飘然而去。

走出司马门，他回望着未央宫高大的城阙与宫墙，威严壮丽之中不知隐藏着多少骨肉相残的悲剧。皇帝刻薄寡恩，随时可能把臣子当作替罪羊。晁错、周亚夫、郅都……甚至至亲骨肉如临江王、梁王者，亦难幸免。出仕建功，非其时也。他叹了口气，慢慢走向等在门外的安车。在返回梁王府的路上。他决心已定，一俟梁王丧事完毕，就回蜀中老家，尽快离开这个险恶的是非之地。

五十八

七月热辣，炎夏当头。刘彻、韩嫣从北军校场中出来，都已是汗湿重衫。两人来到明渠，脱去袍服，跳入水中，尽兴洗沐了一回。岸边绿草如茵，凉风习习，刚才的燥热一扫而空，两人躺在树荫下，伴着蝉鸣，漫无目的地闲话起来。

"云谁之思，美孟庸矣。期我乎桑中，要我乎上宫，送我乎淇之上矣。"韩嫣长伸双臂，高声吟咏。比之六年前，他已长成为一英气勃发的青年，仪容秀美，眉目含情，一副玉树临风的佳公子模样。每逢进宫，身后总拖着宫人们热辣辣的目光。

"王孙近日在《诗》上用力，连师傅都刮目相看。吟咏《桑中》，莫不是有了相好的女子？"看到韩嫣怅思神往的模样，刘彻吐掉口中嚼着的一棵草茎，打趣他说。

韩嫣望着蓝天的深处，目光迷离，一副情不能已的模样。"魂牵梦绕，依稀在我梦中，望之神似，即之全无，搞得我神不守舍。相思的滋味，殿下目下还体会不到呢。"

刘彻也已是十三四岁的少年，在男女情事上，颇有一种朦朦胧胧的神秘感。闻言大感好奇，于是缠着韩嫣，非要他把心中的情人公开出来。

韩嫣面色微红，似有几分羞涩，刘彻觉得意外，看来他是动了真情。"其实，这个女子殿下也知道。几年前我们还为她打过一架，还记得与赵王和中山王的那场恶斗吗？"

"你是说蔓儿？"刘彻眼前马上现出了椒房殿皇后身边的那个侍女。也是，如今的蔓儿，已是年届二十的成人，如花朵般正当盛开的时节，是皇后身边很抢眼的女侍之一。

　　韩嫣点了点头，双目怅怅，回味无穷的样子。

　　刘彻转身趴在韩嫣身边，以手托腮，好奇地问道："王孙与她真有桑中之约了吗？快，讲给我听听。"

　　"前些年彼此年少，略无猜嫌，如今年长，反而显得生分了。可眉目之间，还是感觉得出她的心思。前日，我下学出宫时，也是在明渠边上，遇到她一个人。我百般央求，她才肯坐下来同我说话。这女子的柔肠，全藏在心里，可红晕的面色，迷离的眼神，还是泄露了她心中的秘密。最终，还是让我得亲芳泽。可惜难得相聚，'云谁之思，美孟庸矣'。"

　　"要想见蔓儿还不容易，多去椒房殿跑跑不就成了？"韩嫣的感叹，刘彻颇为不解。

　　韩嫣的眉宇间掠过一丝忧色，他摇摇头，道："皇后殿下近来总是板着副脸，冷冰冰的，不知道怎么不如她的意了。我若多看哪个宫人一眼，皇后那眼光，就像要吃人一般，怕人得很，我都不大敢去了。"

　　"哈，怕是母后看出你是登徒子，忧心你拐带坏了后宫的宫人吧？"刘彻看到韩嫣的窘态，不由大笑起来。

　　"殿下取笑。我对蔓儿是真心。"

　　"那好办，将来我把她要来太子宫，你们就可每日相见了。不过，你得给我说说，你是如何得亲芳泽的。"

　　韩嫣连声称谢，绘声绘色地将两人缱绻的光景，细细讲了一遍，直听得刘彻面红耳热，心旌摇曳。

　　两人分手后，刘彻回到太子宫。今日原定习武，骑马校射，所以停课一日。师傅们都去了石渠阁校书。正午时分，宫人大都已回室歇息，太子宫内阒无人声。刘彻在路上捉了只甲虫，想要吓唬一下大萍，他蹑手蹑脚地走进寝殿，四顾无人，正打算将甲虫扔掉，忽听得东室方向有撩水的声音。他悄没声地走过去，轻轻撩起帐幔，却是大萍正在洗沐。

　　大萍披着黑瀑似的美发，光身坐在浴盆中，一点儿也没有发觉有人偷窥。

随着洗浴摩挲,那白净丰腴的身子,凹凸毕现。刘彻痴痴地看着,腹中猛地冒起了一团火,他口干舌燥,浑身燥热。韩嫣刚才讲述的种种,一下子浮满了脑海,他强抑住莫名的冲动,悄悄退回到西室自己的寝室,边在卧榻上翻覆,边竖耳静听东室的动静。《关雎》诗中所吟的"辗转反侧"的滋味,如今是真真切切地体味到了。

良久,似乎是大萍的脚步声,向刘彻的寝室走来。他赶忙侧身向内,做出睡着了的模样。见到太子睡在卧榻上,大萍有些吃惊,看见他面色潮红,用手摸了摸,额头很热,不觉有些着慌。她用手推了推刘彻,问他哪里不适,要不要请御医诊治。刘彻心慌得厉害,竟不敢正视大萍的眼睛,只推说是身子乏,可能是暑热的关系,歇息一阵就会好了。大萍端来碗绿豆羹汤,亲手喂他服下,又手执纨扇,坐在榻边为他扇凉。凉风送来了大萍衣衫上的薰衣草香,刘彻的心平静下来,渐渐进入梦乡。

刘彻绮梦不断,醒来时欣快异常,可随即觉得下身胯间有摊凉凉的、黏黏的东西。他又惊又怕,招呼大萍更衣。摸到那摊东西,大萍也吃了一惊。可作为成年女子,她多少知道些,于是飞红着脸为他更衣。

大萍自幼照顾刘彻,二人情同姊弟。刘彻被立为太子,王娡更是点名要大萍照料儿子的起居。通常,每晚服侍刘彻睡下后,大萍自己在寝室门外铺一领睡席,夜间有事可随时起来服侍。可今日晚餐后,刘彻大异寻常,说是害怕,非要大萍在寝室内陪伴,睡在自己的卧榻旁边。

夜半,全无睡意的刘彻还是按捺不住,从卧榻上悄悄下来,躺到了睡梦中的大萍身边。室中极静,可以感觉到大萍轻微的鼻息,他一动不动,好久,撞鹿般的心跳声才渐次弱下来。可一探究竟的欲望反而更为强烈,他轻轻撩开被角,将身子挨了进去。

大萍惊觉,紧抓住刘彻的双手,两人一声不响,在黑暗中撑持了许久。最终,她放开了他,转身背对着刘彻,始终未发一言。刘彻紧贴在她身后,大萍的发丝搔着他的颜面,感觉痒痒的;他忘情地嗅着女人的发香,依照韩嫣讲述的方式,轻轻揽住大萍的身子,手指一点点在她的臂背上温存地游走。渐渐地,两人的呼吸都变得粗重起来,仿佛听得到增快的心跳声,一股热流在两人的肌肤间传递着,他感觉得到大萍的身子在微微抖动。她终于动了情,转过身来,一把将刘彻揽在了怀中,温暖、柔软和一种好闻的味道包裹了他,他将头紧紧埋在大萍的怀里,嗅着女人的体香,他觉得自己在沉向黑暗,一种销魂夺魄、飘飘欲仙的感觉攫住了他,这就是温柔乡了。

次日便是七夕,刘彻一整天魂不守舍,就盼着夜间缱绻的时光。给太后与母后上过寿,他推说不适,早早回到了太子宫,与宫人们共度七夕,一起观看牛郎织女会天河。大萍到底老练,举止一如平日,可言谈笑语间的神采焕发,还是绽露出有了爱人的女子特有的娇羞。经不住年轻宫女们的一再鼓噪,大萍终于答应唱一支歌。

迢迢牵牛星,皎皎河汉女。 纤纤擢素手,扎扎弄机杼; 终日不成章,涕泣零如雨。 河汉清且浅,相去复几许? 盈盈一水间,脉脉不得语。

歌喉婉转深沉,带着种怨而不悱的意蕴。大萍的目光有一两次扫过刘彻,目光的相接,虽只是极短的一瞬,可已传递了她的爱意,深印在刘彻的心底。印象中的大萍有种忧郁的气质,平日不苟言笑,不想竟有如此出色的歌喉。刘彻时时偷觑着心爱的女人,心中漫起的千般柔情似乎要将他淹没,若非众目睽睽,他几乎难以自持了。

嬉闹至夜半,释放了喜蛛,众人兴尽而散。大萍侍奉刘彻睡下,又自去盥沐。然后躺到了刘彻身边。这一夜,在经久不衰的温存缱绻中,手忙脚乱地尝试了几番,刘彻终于第一次行了人道,大萍也成为刘彻生命中的第一个女人。两人相拥而眠,却兴奋得久久不能成寐,直说到鸡鸣一鼓,还兴致不减。

刘彻取出一对玉佩,是他托韩嫣在长安的市场上高价购来的。玉佩雕工极精,一为勾龙,一为朱雀,合起来如同一物,天衣无缝。刘彻将那支朱雀交给大萍,作为定情的信物。"萍姊收好了它,看见了它,就如看见了孤。"

"阿彘",大萍接过玉佩,依偎着刘彻,轻柔地抚摩着他的臂膀,悄声唤着他的小名。

"嗯?"

"今后你我怎么办?"大萍很兴奋,可想到王娡,顿生不安,有种冷森森的感觉。

刘彻正沉浸于欣快后的放松之中，听到大萍的问话，满心涌动着对心爱女子的责任感。他抓起大萍的手，抖齐五指，然后一一按下去，道："孤若即位，先封萍姊为美人；生子后，晋封夫人；儿子长成，封王就国，萍姊就是当然的王太后。不过，孤不会放你走的，萍姊要日日在身边陪我。"

大萍喜极而泣，紧紧抱住刘彻的臂膀。良久，方低声问道："皇后和长主那里怎么办？"

这件事真的难住了刘彻。很显然，母后绝不肯为了一个宫女得罪姑母。她的地位，甚或自己的地位，都在很大程度上取决于他与阿娇的这桩婚约。他不可能为了自己心爱的女人而不管不顾，一念至此，万般豪情瞬时消散。他也有了种不祥的预感，母后重实际，肯定会千方百计拆散他们，这使他更为珍惜眼下这初恋的时光。他拥紧大萍，伏在她耳边道："我们不说，不在外人面前露形迹，就没人知道。等将来孤即了位，就没有人能够阻止我纳萍姊于后宫。"

"可若有了身孕呢？肚子大了，想掩饰也不行的。"

大萍的问题很实际，可在年方弱冠的刘彻这里，却是个他想不明白也搞不懂的难题。他只不断叮嘱大萍，两人间的情感一定要做到不露形迹，只要能将秘密保持到他即位，一切当可迎刃而解。为了转移大萍的不安，刘彻将话头转移到了韩嫣身上。

"萍姊，最近见到蔓儿了吗？"

"怎么？"大萍很警觉地问道。

"能不能私下约她到太子宫来？"

"你是甚意思？"有了爱人，女人的心会马上敏感起来，蔓儿虽是大萍宫中的女友，可这一问还是撩起了她的醋意。

"韩嫣知道吧？蔓儿是他的情人。苦不得见，想借这里一会。"

"我试试看。"大萍松了一口气，答应了下来。蔓儿能有韩嫣这样风流倜傥的公子做情人，足可夸耀，可也免不了众宫人的嫉妒。她不觉又为朋友担起心来。

几日后，大萍以请教针黹技法为名，数次将蔓儿约到了太子宫与韩嫣会面。两情相悦，恋人们全都沉浸在巨大的喜悦与欢情之中。尽管百计掩饰，可他们那通身洋溢着的幸福，那因幸福而放光的脸庞，无不在明示他们的情爱，绝难长久瞒过他人。实际上，从刘彻与大萍的初欢起，一切事态，就在太子宫詹事郭彤暗中的注视之中。

郭彤感到很难抉择。大萍是他的小同乡，从入选进宫时起，他就时时关心着她，视之如同女儿。刘彻是当今的太子，未来的皇帝，他的富贵前程乃至身家性命，全系于他的喜怒好恶，更是没有半点儿得罪的余地。可他也忘不了，王娡派他任职太子宫的目的。太子是大长公主的女婿，这段私情若泄露出去，大长公主会作何反应，他想都不敢想。若是危及了两家的亲事，对皇后与太子的地位会有极大的不利。说不准又会像六年之前，出现朝局的大变动。

可若视而不见，任其所为，或迟或早，一准会酿成大事。皇帝、皇后乃至太后与大长公主都会责怪他失职，未能防微杜渐。追原祸始，拿他做个替罪羊，死罪难逃。若出首告变，太子会恨自己入骨。大萍固然难逃一死，自己又能多活几日？太子登基即位之际，就是自己人头落地之时。最好的办法，是将大萍调回椒房殿，将二人拆散。可皇后对大萍信任有加，无故提出此议，定会招致王娡的疑心，结果与告变无二，况且刘彻又岂能容大萍离开？

皇家的私情，搞不好会演变为动摇国本的大事。郭彤深知此事的干系，连日徘徊，忧惶无计，竟自一日日拖了下来。像刘彻一样，他也心存侥幸：若能拖到太子即位，一切当可迎刃而解，动不如静，此时戳穿此事，哪里都讨不得好。于是，郭彤竟坐视不问。

直至一个多月后，大萍现出饮食不适的样子，反应之剧烈，竟像是有了妊娠。郭彤暗自查看了尚食监供奉的食料清单，近日太子宫索要的果然多是酸性果蔬。大萍若有了身孕，瞒是瞒不住的，自己若再不上变，性命堪忧。危机的逼近，反而使他有了决断。他调来伺候寝殿的宫人，连夜拷问，少年女子，哪里经得住恐吓，三木之下，乖乖招供。郭彤反复斟酌，盘算了一夜。次日一早，便押解着宫人，直奔皇后居住的椒房殿而去。

五十九

　　郭彤押着人证到达椒房殿时，王娡正由女侍们服侍梳妆。在蔓儿为之梳头绾髻时，王娡的心思正在皇帝身体欠安的消息上。听到郭彤求见的禀告，只是不经意地吩咐说，让他等着。

　　消息来自贾姬。近来皇帝身子不适，常由贾夫人侍寝。她告诉王娡，皇帝在房事上是越来越不济事了。现在全靠着太医寺配制的丸药，方能勉强行事，服药后往往性体大变，十分暴躁易怒，有如患了场大病，数日都恢复不过来。

　　这个消息，从任职于后宫的御医义姁处也得到了证实，她暗自查看过太医寺配药的方子，里面含有金石燥烈之物。义姁讲，此药虽可起效于一时，但久服必会伤身，每况愈下，最后会耗干精血，衰竭而亡。她劝王娡找机会劝说皇帝，节劳静养，或可延寿于一时。

　　王娡外表忧虑惶惑，内心里却颇感畅快。皇帝的薄情好色，令她深恶痛绝，早先那种重温旧好的想头，已对她不再有任何的吸引。相反，皇帝贪恋女色，被那些个骚货耗得油干灯尽，正是自作自受。她所关心的，是公车晏驾之前的这段时日，绝不要出任何足以危及彻儿即位的事情，只有儿子顺利继承了大统，她的整个安排，方可说是大功告成。梁王既死，她心里的最后一块石头落了地。她只要坐观事态的发展，静等着水到渠成的那一日就可以了。每念及此，她郁闷不乐的外表下面，都会涌起一阵夹杂着仇恨的快意，出头的日子毕竟不远了。

　　郭彤进来请安时，王娡就是这样好整以暇的心态。她瞟了一眼郭彤，悠闲地欣赏着新修的指甲,漫不经心地问道:"公公请坐,太子那里一切都还好吧?"

"奴才有要事独对,请殿下屏退从人。"郭肜顿首再拜,声音不高,可语气严重,使王娡感觉到一定是出了什么的事情。她挥手要侍从们退出,盯着郭肜道:

"甚事?你快讲来!"

"太子……"

"太子怎样?快讲!"

"太子情窦初开,通了人道,有宫人怀了身孕。"

"你说得甚!"郭肜的话犹如晴天霹雳,王娡猛然间乱了方寸,目瞪口呆,好久才说出话来。

"你说甚?"

"太子宫的宫人有了身孕,是太子的种。"

"那宫人是谁?姓甚名谁?"王娡感到自己有些失态,强抑住怒气,口气也缓和下来。

"大萍。"

"甚,大萍?"

"是,大萍。"

王娡在心里骂自己糊涂,太大意。大萍已是二十岁的大姑娘,儿子也到了通人事的年纪,整日里厮守在一起,早晚会出这种事情。随即一股怒火直蹿上来,这丫头枉负了自己的信任和托付,乘虚而入,竟敢偷自己的儿子,还怀了孩子,心机好深呐!明摆着是想造成既成事实,把持太子,太可恶了。她压下内心的怨毒,冷冷地责备道:"派你在太子宫作甚?连这种事都看不住。事情做出来了,往我这里一报了事?该死!"

"是。奴才该死,可大萍责在服侍起居,床闱密勿,奴才等外间人又从何能够得知?"郭肜顿首谢罪,言语中却甚感委屈。

王娡站起身,在前厅踱步彷徨。怕事,事情还是找上门来了。眼下的这个当口,万万出不得差错。这件事若传出去,刘嫖与陈娇,必生恶感,说不好两家的亲事就会……她不敢再想下去。阿彻即位的前景忽然蒙上了浓密的阴影，变得不确定起来。事态严重，她绝不能允许这种事情发生。

她停住脚步，盯着郭彤，"这件事情，还有谁知道？"

"除奴才与押来作人证的两名宫女外，尚无他人知道。"

消息没有扩散，王娡略感慰藉。现在斩断线索，尚为时不晚。她冷静下来，安抚郭彤道："你说得也是。这种事我本该料到的，是我大意了。消息既未走漏，还来得及处置。依公公之见，这件事当如何了断？"

"奴才愚昧，奴才以为，可以用太子的性命前程说动大萍，要她自愿离开太子，再许以丰厚的嫁妆，或遣之还乡，或尽快在宫外找户人家嫁出去。两名知情的宫人，或封禁于永巷，或也资遣出宫。这样，即使太子不能忘情，可茫茫人海，难觅踪迹，时日一久，也会慢慢淡忘的。与其扬汤止沸，莫如釜底抽薪。"

"釜底抽薪，好！就这样办。彻儿整日与那小贱人厮守在一起吗？"

"今日太子与宫禁的卫士们一起去上林苑会猎，怕是要很晚才会回来。"

"得，这件事就在今日办，当断不断，反受其乱。你马上传备肩舆，随我去太子宫。"王娡面如寒霜，眼中隐含着一股杀气，郭彤不由得暗暗心惊，大萍看来凶多吉少。

"殿下。"

"你还有甚事？快讲！"王娡急欲赴太子宫，言语间颇不耐烦。

"椒房殿的侍女蔓儿，曾数次去太子宫与韩嫣会面，此事不知她是否晓得。"

"也是大萍牵的线，对不？"

"奴才实在不晓得。"

王娡此时的感觉，就如自家珍爱的宝物被人窃走了一样，心里好似翻倒了五味瓶，说不出是种什么滋味。可她明白孰轻孰重，当务之急是斩断儿子的情思，并且神不知鬼不觉地打发走大萍，确保儿子与阿娇的亲事不出变化。至于韩嫣、蔓儿这对冤家，她可在以后慢慢收拾。

王娡止住欲行通报的太子宫宫人，吩咐郭彤看住寝殿大门，不许任何人进入，自己直奔刘彻的居室。大萍坐在卧榻上，正哼着一支小曲，满面柔情地缝制着一双小鞋。猛然见到皇后，吃了一惊，手中的童鞋也掉到了榻上。

王娸捡起童鞋看了看，皮笑肉不笑地说道："手工不错嘛，你要蔓儿教你的针箾活儿，就是这个？"

大萍满面通红，伏地请安。

王娸把玩着手中那双童鞋，"这么小小的童履，是给谁预备的呀？"

大萍张了张嘴，颤颤难言。

"我问你话呢，怎么，敢作不敢当了吗！"王娸提高了声调，话语中透着一股狠毒。

大萍知道躲不过去，索性一言不发。王娸陡然火起，走上前抓住大萍的头发，狠狠甩了她两个耳光。

"贱人，孤厚待于你，拿你做心腹，把彻儿托付给你，为的是甚？你倒会见缝插针，偷我儿子，你好大的胆！你还想活命吗？"

"我没有偷，是阿彻先找的我，两情相悦，望殿下成全！"大萍脸色惨白，昂起头，一副死生置之度外的样子。

"你还有脸说这个？我选你侍奉彻儿，是瞎了眼。孤待你如何？不想你狼子野心，反噬于孤，害我，害太子！"王娸气得满面通红，厉声斥责着大萍。

"我没有害殿下，更不会害太子。"大萍竟直视王娸，大声抗辩。

王娸怒不可遏，又接连甩了大萍几个耳光。一缕鲜血顺着大萍的嘴角流了下来。

郭彤走进来伏在地上，连声道："殿下息怒，莫跟这孩子斗气，气大伤身呢。"

"孩子？都是妇人的身子了，还称得上甚孩子？难道是她肚子里的那个小杂种？"

"我怀的不是甚杂种，是太子的骨血。"大萍昂首道，竟是副不甘屈服的神情。

王娸气得浑身颤抖，四下寻摸家什，打算置大萍于死地。郭彤见势不好，急忙拦住王娸，轻声道："殿下息怒，莫误了大事！"

王娸猛然省悟，打死大萍事小，过后如何对儿子交代？况且后宫中还有那么多双眼睛盯着自己，风声泄露出去，所关非小。她在卧榻上坐下，指着跪在地上的大萍，道："郭彤，这贱人是你的同乡，你好生开导开导她。"

"阿萍，对太子，公公知道你是真情。太子殿下情窦初开，于男女之事懵懂无知。你侍奉太子，怎可放任自流？这么做，确如皇后殿下所言，你是害了皇后，也害了太子！"

看着鬓发散乱、鼻口流血的大萍，郭彤暗自心痛，苦口婆心地劝道："阿萍，你我是同乡，公公从家乡领你们出来，总想着将来能好好地送你们回去与爷娘团聚。你可不能这么任性，伤了爷娘和家人的心呐。"

大萍掩面泣下，痛哭失声。

"阿萍，你想想，你们私下做下的这件事，传扬出去。太子与阿娇的婚事怎么办？万一吹了，太子和皇后的地位还能保得住吗？大长公主是好相与的嘛！栗姬就因为得罪了她，儿子被废，她自己与阿宝都死于非命，这你都是知道的呀。不是说你有意害皇后和太子，可你的不谨慎，事实上是不是起了害人的作用呢？皇后殿下难道说得不对吗？"

王娡也放缓了口气，道："我恨你，我打你，为甚？你忘了我从前对你说的话了？我把太子交给你照看，你却不成器，这么做，对得起谁？若是这么多年的辛苦，因这件事付诸东流，你莫不如直接要了我的命呀！"

大萍不答，唏嘘不止。

郭彤见气氛有所缓和，便语重心长地劝道："大萍，这件事，你看这样好不好？为了皇后殿下和太子的名誉，这件事一定要保密。你既有了身孕，在宫里早晚会被人看出来。离家这么多年，也该看看爷娘，回乡探亲，皇后一定会恩准的。"

王娡道："这件事我可以允准。我再送你一笔钱，足够在你家乡过活。将来找户好人家嫁了，也算我们主仆一场，好合好散。"

大萍泪如雨下，知道万无留下来的可能，只能服从，否则，必有性命之忧。可想到刘彻，想到腹中的胎儿，她又心有不甘。

"可我身上有太子的骨血，请殿下开恩，让我见太子一面再走。"

王娡又欲发作，郭彤连忙使了个眼色，劝道："大萍，你想想，若是大长公主知道了你与太子做下的事，会怎样，你还活得了命吗？太子年轻，见了面不允你离开，事情一定会闹大，太后知道了还得了！是能够善罢甘休的吗？大长公主、太后闹到皇帝面前，皇后、太子何以自辩？万一皇上动怒，不仅你命休矣，你腹中的孩子，连带着皇后、太子都被你牵累，那时候局面万难收拾，你就真的害惨了大家！你不想这么干吧？"

大萍拭干眼泪，无奈地说："我明白了。我按殿下和公公的话做。今日就离开大内。"

"这就对了。"王娡走上前，拉住大萍的手，道："孤刚才气极，打了你，心里也是痛的。你侍候我这么多年，我也不忍要你走。若不是与长主定过亲，宫人生养个一男半女的，也算不上甚大事。可偏偏是阿娇，阿娇的后面其实是太后和皇帝。你抢了阿娇的先，长主和太后绝不会甘休。如郭彤所言，不走不行，孤母子的身家性命，全在你这一走上。你莫怨恨我啊。"

于是，大萍收拾了些衣物，随王娡等回了椒房殿。郭彤早已安排下了车辆，大萍含泪与众宫人告别，说是爷娘有病，皇后特恩准她还乡省亲，众宫人惜别，围住她问长问短。

内室中，王娡递给郭彤一盒丸药，吩咐道："到了宫外，给她服了这丸药，把那孽障打下来。记住，一定得打下来。若她拒服，就干脆结果了她，不能留这个后患！你若放过了她，唯你是问！那两个同谋的宫女，发送暴室，要不留活口。"

王娡面有杀气，令人胆寒。郭彤唯唯称是，背上已经渗出了冷汗。他陪送大萍出宫，当晚便连哄带劝地逼大萍喝下了药。次日，他安排大萍乘上一辆安车，直送到长安城东的灞桥。望着蜷缩在车内面色惨白疲惫的大萍，郭彤含泪道："大萍，你莫怪公公狠心，事已至此，一切都是天命。孩子，听公公的话，逃命去吧，逃得愈远愈好，永远不要再回来。宫里，不是我们这等人待的。公公没办法，只能老死在这里，阿萍，你还年轻，找一头好人家嫁了，莫再做傻事了！"

大萍有气无力地点点头。车驭抽了个响鞭，随着嘚嘚的蹄声，安车很快变成了路上的一个黑点。郭彤久久望着飞驰而去的安车，直到在视线中消失，方才摇头叹息着，乘传回宫去了。

六十

　　灞桥送别之际，刘彻也回到了太子宫。此次出猎，所获颇丰，他满心欢喜地招呼大萍，寝殿中却阒无人声。见到应声前来的并非惯常侍奉他的宫人，他才觉出不对头，大声喝问道："大萍哪里去了？"

　　几个宫人面面相觑，在刘彻的逼视下，一个年长些的宫人赔着小心说道："皇后殿下昨日来过，大萍姊说是家乡来信，父亲病重，皇后恩准她回乡探视，收拾了自己的东西，午后便出宫了。"

　　"郭彤呢？叫他来见我。"

　　"听说是送大萍出宫，郭公公还没有回来。"

　　如同兜头一盆冷水，刘彻此前的好兴致一泻而空。他回到寝殿，前思后想了一回，事情发生得如此突然，越想越觉得不对头。他又细细盘问了宫人们一回，得知另外两名侍奉于寝殿的宫人已被下入暴室，他知道，他最为担心的事情，还是发生了。

　　心里一急，也顾不上等郭彤回来问个究竟，吩咐备辇，径直奔椒房殿而来。王娡刚刚询问过回来复命的郭彤，听到刘彻来见，吩咐郭彤先到侧室回避。

　　刘彻请过安。王娡如惯常般地问这儿问那儿，从学业到这次行猎，唯独大萍离宫还乡这件事，一字不提，竟如没有发生过一样。

　　"儿臣宫里的大萍，母后究竟拿她怎样了？"刘彻终于忍不住开口问道。

　　"大萍？拿她怎样？你问得好怪。她家乡捎来信儿，孤准她回去探望病重的父亲，以全人伦，难道不对嘛！"王娡仍旧是好整以暇的态度。此刻的大萍，已在百里之外，堕胎的丸药也已逼她服下，儿子即使不甘心，也无可挽回了。

"母后说的不是真话。为甚单在我外出时送她走？我寝殿的另外两个宫人哪里去了，难道也还乡了不成？"刘彻又气又急，口气重了许多。

"彻儿，不许用这种口气对娘说话！这件事情，我还没有问你，你倒好意思问我？你做下的事情，娘替你善后遮掩，你倒怪起娘来了？"

"可萍姊已有了儿臣的骨血，娘不能就这样打发她走。"

"你还有脸说出来！那个小孽种留在宫里，会招来怎样的风险，你想过没有？一个宫女抢了阿娇的先，你姑妈会怎样想？皇太后会怎样想？你父皇会怎样想？万一这门亲事因这件事吹了，你以为你还能保得住太子之位吗？得罪了大长公主，会是甚下场？你忘记栗姬和栗太子了嘛！娘千辛万苦争来的这个地位，就这么让个小贱人给毁了，娘绝不允！"

"父皇也不止一位夫人，皇子十几个。大萍怎么就不能留在儿臣身边，为儿臣生儿育女？难道儿臣就不能有自己喜欢的女人！"

刘彻与王娡四目对视，没有一点儿退让认错的样子。看来，就事论事还真没法子让他死心，看到儿子对大萍那份痴情，王娡暗生妒意。她记起皇帝常称赞刘彻有大志，或可以此说动儿子，于是呵斥道："住嘴！真做了天子，才轮得到你自己做主。大萍要紧，还是皇位要紧？你以为这是儿戏嘛！皇帝说你有大志，必能有所建树，可娘看你不像。眼下这么点儿女私情，你都难于自拔。汉家的基业，放在陷溺于私情的人身上，不要说兴国的大任，就是守成，怕也难呢。你父皇若看到你现在这副样子，怕会寒心死了。"

刘彻语塞，王娡趁热打铁道："彻儿，娘做的一切，都是为的你好。你父皇身子欠安，说不上还能支撑多久，眼下这个时候，我们出不得半点儿差错。后宫里多少双眼睛在盯着，就盼着咱们有事。把大萍留在宫里，肚子越来越大，难保不露了形迹。到时候必会有人摇唇鼓舌，煽风点火，把事情告到大长公主、太后和皇帝那里去。娘做不成皇后也罢，若丢掉太子之位，你的抱负与宏图，会皆成泡影。孰重孰轻，彻儿你要三思！"言罢，王娡已是泣不成声。

刘彻的双眼也湿润了。是呀，与自己的抱负宏图相比，儿女私情又算得了什么？他开始理解了母亲的用心，可对大萍，还是不能忘情。

"可就这样子把萍姊遣出宫去，太无情了！儿臣求娘，萍姊把孩子生下来后，接她回宫。"

儿子不能忘情于大萍，这很危险，要彻底打消他这个念头。念及此，王娡大声吩咐道："郭彤，你出来见过太子。"

郭彤满心惶恐，快步趋近刘彻身前，顿首参见。刘彻心中陡然火起，恨恨地问道："是你告的密？！"

郭彤再拜顿首。"奴才死罪，实在是忧心殿下，才担着天大的干系，禀告了皇后。这么着，殿下与皇后可以安然置身于事外，大萍也可以保全。"

"大萍目下如何，你把她送到哪儿去了！"

"大萍回乡了，奴才亲自送她过的灞桥，这会儿估摸着快过函谷关了。"

"郭彤，告诉太子，孤如何处置的大萍。"

"皇后殿下赐给大萍千金，要她在家乡寻一门好亲事，她不会回来了。"

"我不信！她怀着孤的孩子呢？难道她会带着身孕嫁人？"

郭彤汗如雨下，并不回答，只是连连顿首请罪。

"你们到底把她怎么了？"刘彻怒不可遏，起脚把郭彤踹到了一边。

"放肆！"王娡厉声喝止。"这不关郭彤的事。大萍是个明事理的孩子，不愿拖累你，自己堕了胎。一个女子能够明白的事理，你一个将要继承大汉基业的人，反倒不明白了嘛！娘告诉你句实话，今生今世，再也没有甚大萍了！"说罢，拂袖而去。

暮色降临，大殿内一片昏暗，刘彻绝望了，他放纵地流着眼泪，心头像是长满了野草，根本理不出个头绪，眼前只是不断浮现着昨日大萍送他出猎时的音容笑貌。就这样不知坐了多久，忽然发现近旁有一团黑色东西在动弹，原来是郭彤膝行上前，恳请他节哀回宫。刘彻虽恨他告密，可事已至此，就杀了他，大萍也追不回来了。

回太子宫的路上，悻悻的刘彻对小心陪在一旁的郭彤问道："你给我句实话，大萍真如皇后所言，是没了吗？"

"殿下安心，大萍人好好的，可胎儿，确实是没了。"

"事情起自你，你得把大萍给我找回来！如此，可以将功折罪。"

不料郭彤竟一口回绝，没有一点儿商量的余地。"殿下要了奴才的命，奴才也做不到。事情既已过去，殿下就当大萍没了。她在外面，反而安全；越找，大萍的性命越危险，杀人灭口，宫里头这种事情多了！殿下爱之，实不啻杀之，望三思而行。"

刘彻不得不承认，郭彤的话对。以自己的身份，爱之适足以害之。他点点头，不再说什么。可心里仍在琢磨着如何打探到大萍的消息。

次日一早，王娡突然造访了堂邑侯府。自被立为皇后以来，她还是第二次出宫，对她的来访，大长公主还真有几分惊喜，亲自携阿娇到府门前迎接。相比于六七年前，及笄的陈娇已出落得美艳非常。王娡细细端量着向她行礼请安的阿娇，啧啧称叹道："亲家母，能有阿娇这样的美人做媳妇，我家阿彻真是好福气！"

昨晚刘彻走后，她一夜未眠。儿子既通了人道，就免不了男女之事。打发走一个大萍，远不能杜绝类似情事的发生。必须想一个万全的法子，防微杜渐，以绝根株。思忖了半夜，觉得最根本的法子，还是尽快为刘彻与阿娇完婚，方能真正祛除隐患。刘彻虽未到行冠礼①的年纪，可否从权，她要与刘嫖商量一下此事。如若不妥，今后也要让儿子与阿娇多多接近，增进两人间的感情，使这桩亲事更为牢固。

探视过卧病的堂邑侯，王娡被让到陈府的正厅为室。主客重新见礼，一名年纪约莫十五六岁的少年走进来，恭恭敬敬地为王娡奉茶。

"皇后还记得他吗？我为阿娇提亲时，跟我去尔那儿的那个叫董偃的小厮。如今也长成个翩翩少年了。"刘嫖指着那少年说，面上不无得意。

岂止是个翩翩少年，这个董偃简直称得上是个璧人，品貌风度都不在韩嫣以下，所差的也就是在气质上。韩嫣是贵家公子，这董偃不过是个受宠的奴才，身上有种天生的卑顺气质。都说长公主不守妇道，眼下竟不避嫌疑，公然以自己的男宠陪客，可见传言不虚。

"董君果然好人才，大姊的眼光当然没得说。"王娡笑笑，像是发自内心似的赞叹不止。

---

① 冠礼，即古代中国男子的成丁礼（成年礼）。古时男子年届二十时，由父亲在宗庙里主持冠礼，成礼后即为成人，可以娶妻成家；女子则十五岁时举行笄礼，以示成年；又称加笄或结发，即将头发在头顶盘成发髻。及笄意味着女性成年，从此可以许嫁结婚。

董偃退下后。刘嫖的眼光还追随着他的背影。王娡打趣她道:"大姊身边总跟着这么个人,姊夫他就不闻不问吗?"

刘嫖柳眉竖起,不屑地说:"他有甚资格管我?长年拖着个病身子,近来愈甚,根本行不得房事,就是个废人。我们这个年纪的女人,夜夜守着空房,是甚滋味,皇后也该清楚的。说白了,董偃就是个面首,可他知道疼人,知冷知热,不瞒你说,我还真是稀罕他呐。"

看着刘嫖肆无忌惮的样子,王娡真是打心里羡慕。可在深宫之中,上上下下有无数只眼睛在窥伺着自己,她绝不敢有半点儿轻举妄动。她心里早就喜欢上了韩嫣,长久以来,为了能见到他,她一直借故差遣韩嫣为自己办理各种私事。随着韩嫣年纪渐长,她在心与身两方面对他的渴求,也愈来愈强烈了。那日听到郭彤禀报韩嫣与蔓儿在太子宫幽会,她嫉妒得几夜难以成寐,可她最终还是忍下了,决定暂不惊动这对鸳鸯。她要以蔓儿为诱饵,牢牢拴住韩嫣。总有一日,她会让韩嫣成为自己的董偃。

看到王娡面色飞红,痴痴地呆想心事,刘嫖神情暧昧地笑了起来。"皇后深宫寂寞,怕也是春心难耐吧?"

王娡被人看破心事,满脸羞红,忙将话头岔开,"皇帝身子欠安,我真有些担心呢。不知大姊怎样看?这次就是专程请教大姊来的,请有以教我。"

这是个要紧的话题,刘嫖的神态也庄重起来,问道:"皇后听到甚消息了吗?"

"贾夫人私下里告诉我,皇帝近来常服食丹药,都是些金石燥烈之物,身子一日不似一日。可又没有人敢于谏阻,长此以往,真令人忧心呢。"

刘嫖叹息道:"皇上是忒好女色了!劝亦无用。好在太后健在,就算不讳,阿彻的地位,应该是高枕无忧的。"

王娡心中大喜,可脸上还是忧心忡忡的样子。"大姊,我想阿娇已经及笄,到了出嫁的年纪了。阿彻虽未冠,可也不小了。我们可否从权,先把婚事给办了。这件喜事若能让皇帝开心,病体或有转机,也说不定呢?大姊以为如何?"

刘嫖拍手笑道:"真是想到一起去了,我也常琢磨这件事呢。太后那里,我看没有问题,早成亲,早得子。太后想早点儿抱上重孙,皇帝又何尝不想早点儿抱上孙子?我看这件事,行得通。"

刘嫖当然盼女儿早早嫁入宫中做太子妃，这样，刘彻即位后，阿娇自会顺理成章地成为皇后。名位既定，就不易出现变数。在这上面她与王娡完全一致，一拍即合。两人又细细计议了一回，决定由刘嫖出面说动太后，由太后提出此事，皇帝多半会遵从，况且这桩婚事还有祈福冲喜的作用，对皇帝的病体不无好处呢。

王娡满意而归，盖侯王信和田蚡正候在椒房殿。周亚夫死后不久，刘启遵从母亲的意旨，首开先例，将妻舅王信封了侯。两人是请安来的，闲话了一回，王信告辞，王娡将田蚡留下来问话。

"最近外朝①有甚传闻吗？"

"有。周亚夫死后，朝廷大臣颇以为冤枉，多以为是宁成折辱所致。传说宁成贪贿，倚势在长安各市索贿抽头，虽行法不避权贵，而苛酷过于郅都，屈打成招者比比皆是，冤狱遍地。朝廷大臣与宗室亲贵恨之入骨，四下里收集其劣迹，准备相机行事除掉他。"

王娡对宁成也无好感，母亲臧儿等外戚迁居京师后，有数次因张扬而为宁成所窘辱，一直心存芥蒂，在王娡面前哭诉过不止一次。可皇帝信用他，谁也无可奈何。如今他树敌过多，动了众怒，她倒是乐观其成。由此她又有了个新的想法。

义姁、义纵与张次公，在构陷临江王一事中为王娡出了大力。王娡视同心腹，一直想要有所酬庸。义姁被安排做了椒房殿的御医，而义纵与张次公，因自幼失学，难以学问仕进，可二人敢作敢为，对权势豪杰不稍屈服，是硬汉子式的人物。王娡曾出赀为他们求得郎官之职，张次公以勇悍从军，义纵则积劳外放至上党郡做县令。义纵治理的路子一同酷吏，豪杰百姓虽然震恐，可举县安居乐业，盗贼不作，治绩为全郡第一。义纵眼下迁升为长陵县令，是培植自家势力的得力人选。若宁成不久于位，义纵若能够取而代之，王家

---

① 外朝，即以三公九卿等大臣组成的朝廷（中央官僚系统），相对于"中朝"而言。中朝由皇帝身边的侍从宦者及后宫系统构成，又分为以皇帝为中心的"西宫"系统和以太后为中心的"东宫"系统，"东宫"又称为"东朝"，因皇帝所居的未央宫在长安城西侧，而太后所居的长乐宫在长安城东侧而有此称。

在长安的势力可望得到有力的护佑。她于是告诉田蚡，要留意朝廷人事上的动向，结交有才能之人，有机会时把亲友推上去，对本家的富贵尊荣，会大有助益。

"你近来还出入窦太傅家吗？"王娡问。

原来，臧儿携田蚡、田胜迁居京师后，为培植母族的势力，王娡煞费苦心。她一面授意兄长王信讨窦太后的欢心，一面以门荫为田蚡办了个郎官，嘱咐他勤在官场走动，尤其是豪门贵戚之家，一可多知道朝廷人事上的消息，二可树党结援，为将来的发展做铺垫。田蚡生性机灵，日日出入于窦婴府上，极致殷勤，跪起侍酒如窦家子侄，大得窦婴的欢心。

"小弟一直在太傅家走动，太傅待小弟亦厚，称得上是忘年之交了。"

"好，好。"王娡连连颔首，对田蚡的颖悟，极为满意。"窦家有太后在那里，在朝廷中是最有势力的。你结好太傅和诸窦，他们自会于太后和皇帝面前为你延誉，你日后的前程取决于此。皇帝最恨妇人干政，阿姊身在后宫，在人事上帮不了你。全要靠你自家的努力，你肯努力，阿姊就放心了。"

"阿姊，我们有一日也会如窦家一样吗？"

"当然。阿彻将来要接续汉家的大统，他做了皇帝，阿姊就是太后，你与阿胜，以母舅的地位，封侯没有问题。你长兄已经封了侯，你几个甥女，作为公主所尚自然也都会是诸侯。如此一门贵盛，绝不会比今日的窦家差。眼下，阿姊与大长公主正在谋划早早把阿彻与阿娇的婚事办了，办了，皇位就铁定是阿彻的了。"

想到自己与娘家未来的前景，想到过往多年含忧忍辱的日子，王娡真盼着出头的日子早些到来。可她没有料到的是，借刘嫖之口提出的那件事，不仅未被允准，反而惹得皇帝大动肝火。

"太子未成年，你们这么急着为他行冠礼，为得个甚！以为朕不行了？盼着朕早死，你们好操纵朝政？这哪里是操心儿女婚事，分明是催朕早死嘛！"

刘启暴怒，面色灰败，边发怒，边剧咳不止，模样十分吓人。刘嫖知道自己犯了错，触动了皇上最不愿人触及的大忌讳，她连连顿首谢罪，赶快退了出来。几日后当面向王娡诉说时，还心有余悸。

成婚不成，王娡心里懊丧，怪自己糊涂，误判了形势。看来，只有促成儿子与阿娇私下接触这条路好走了。可刘彻一片心全在大萍身上,又如何能够使其移情别恋,钟情于陈娇呢?看来,接下来的几个夜晚,自己又得穷竭心力,辗转难眠了。

六十一

　　韩嫣一行，越过故秦长城边外的匈归障，直奔塞外广袤无垠的草原而去。河套以南的这片草原，横亘千里，水草茂盛，是极好的畜牧地。秦统一中国之前，这里是匈奴楼烦王与白羊王驻牧之地。秦始皇时，派将军蒙恬率领大军三十万，将匈奴逐出此地，置县三十余，移民垦牧，沃野千里，被称作"新秦中"。秦末天下大乱，匈奴趁乱收复河南地；汉兴，沿秦旧塞重置防线，沿边障塞与匈奴人的牧地犬牙交错，经常发生小规模的冲突。匈归障一带，由匈归都尉管领，安置着数年前归降的匈奴种落。这些沿边安置，亦成亦牧的各族部落，被通称为"保塞蛮夷"，匈归都尉所管领的这一部，归属于上郡太守李广。

　　七月盛夏，繁茂的牧草已将草原织成了绿色的绒毯，鸢尾、紫菀、苜蓿、野菊和各种不知名的野花将草原点缀得五彩缤纷，空气中弥漫着草和花的香气，好几种颜色的粉蝶在花草丛中翩翩起舞。碧草晴空，鹰翔蓝天，极目远眺，天地相接的尽头，不知是绿色化入了蓝色之中，还是蓝色隐没在绿色之中，浑浑一片苍然，观者心胸如洗，无不赞叹其壮阔。

　　微风拂荡，牧草起伏，炎夏的灼热在草原上化成了惬意的凉爽。韩嫣吩咐属下驻马歇息，他卸下铠甲，四脚朝天躺倒在草地上，吮吸着微风送来的花草清香，耳边鸟啭虫鸣之声亦令他陶醉。真是不出来走走，不知道外边的天地之大，如此景致，岂是长安人所能得见的？他心里感激刘彻为他争得了这次出巡的机会，又为太子不能亲临边塞一行抱屈。看来，只能回去细细讲述此行的经历了，可再细也难有身历其境的感受。

上个月，周亚夫担心的事情果然发生了。由于汉廷策反并接纳了匈奴部落的降人，军臣单于认定汉朝违背了和约，遂施行报复。匈奴骑兵分两路入边，一路突入雁门，兵锋直指武泉县，但未深入，带有试探性质。一路则由上郡大举入境，在北部都尉和匈归都尉辖地与汉军和归降的"保塞蛮夷"展开了激战。这支骑兵直属军臣单于，战斗力极强，兵锋指向由"保塞蛮夷"围建的马苑，其中牧放着约上万匹军马。经过拼死抵抗，马匹是保住了，可伤亡惨重，吏民死伤超过了两千余人。

朝廷得到边报后，以为匈奴绝不会就此罢休。刘启决定派专使赴沿边各郡巡视边防，督促各郡加强防卫，以备匈奴。得知此讯，在北军校练骑射一年多的刘彻和韩嫣大喜，主动请缨巡边，理由是实地检验一下校练的成果。刘启虽然允准了，但以关系国本为由，不许刘彻前往，只许韩嫣以太子舍人的身份代太子巡边。这样，韩嫣的身份登时贵重了许多，被各地官员视为"中使"。刘彻与韩嫣对名将李广心仪已久，为了一觇颜色，特意选定了刚刚遭受的入侵的上郡作为目的地，李广正在那里任太守。

数日前，韩嫣率领五十余名大内侍卫来到上郡郡治的所在——肤施县城①。却未能得见太守，原来太守正在匈归障处理善后。他们赶到匈归障，在匈归都尉临时搭起的大帐中，韩嫣终于见到了名闻遐迩的李广。

李广四十余岁，眉目疏朗，美须髯。除去那双长臂和骨节突出的大手，并无令人印象深刻的特征。韩嫣盛陈仪仗，李广对中使自不能怠慢，可态度不卑不亢，以军礼相见。对随侍韩嫣的这批衣甲鲜明、神气活现的大内骑士，他只是扫了一眼，唇吻间似有淡淡的笑意。韩嫣以为他意存轻视，心中十分不满。于是晚间在李广为他接风的酒会上，他坚持提出，自己与京师来的这批人马，要出塞行猎，顺带或许能捉回几个匈奴的探子。

李广摇摇头道，边警尚未解除，匈奴骑兵大队并未走远，出塞很危险，中使不可造次。可韩嫣不退让，坚称这是皇帝和太子的意思。李广无奈，只

---

① 肤施，汉代县名，在今陕西榆林县南，当时为上郡郡治所在。

得同意他们出塞一行。韩嫣眼中的李广，远没有预想的威严与风采，很令他失望。木讷寡言，恂恂然一谨厚的儒者模样，这难道就是孝文皇帝赞其"令当高祖世，万户侯何足道哉！"的李将军吗？还真是看不出来。

次日巡边，韩嫣的印象大为改观。在陪中使巡视边防时，李广介绍了边塞防卫的态势与措置，一涉及军事，李广一改木讷寡言的形容，娓娓道来，如数家珍，听得出他对边塞的军事与敌情了解得极为透彻。难怪此次军臣以主力来袭，竟未能达成掳走军马的目的。汉军损失不小，匈奴亦伤亡惨重，可以说没有占到便宜。

"李将军，我问句外行话。单凭这长城，挡得住匈奴的铁骑吗？"看到沿途障塞的军民正在紧张地修缮旧障，夯筑塞墙，韩嫣问道。

"这话看怎么说。百密一疏，单靠城墙是挡不住匈奴的。看上去边塞虽只是道城墙，可实际上是有纵深的层级防御体制。"李广指了指塞墙之外分布着的一座座烽燧，道："匈奴来犯，首当其冲的是这些烽燧。发现敌情，白日点狼烟，夜间举火，敌情即被及时传递出去。而且烽燧可各自为战，迟滞敌军前进的速度，这是第一层防线。塞上敌楼和沿边侯官障城的驻军接到烽火警报后，得以提前警戒，调集军力，随时赴援，这是第二层防线。侯官障城后面是边郡各县，兵员和补给可由此输送到前线，这是第三层防线。边郡则为指挥与辎重粮秣之中心，除驻有可随时出动的重兵外，还可协调全郡的军事。同时敌情烽传障，障传县郡，逐次转递，消息送达京师，不过一二日之内。朝廷得讯及时，可以制敌机先。"

李广扬鞭指着不远处被毁坏的一处塞墙，道："即使匈奴打破几处缺口突进来，塞墙也还是有威慑作用，有这些塞墙在，突进来的匈奴铁骑就不能不有所顾忌，万一残墙很快修复，岂不被断了退路，身蹈危境？所以，边墙以内，敌军轻易不敢深入，塞内居民，也免受了不少的掳掠杀戮。"

"可总这么着坐等挨打也不是办法，有甚一劳永逸的法子吗？"韩嫣问道。

"当然有。要看我大汉马养得如何，有马，方能与匈奴在草原上角逐胜负。中原的步战与车战对付不了匈奴，只有骑兵，才能对付骑兵。胜负之道，全在速度上，兵贵神速，速度快，就可以制敌而不为敌所制，古今在道理上是一样的。军臣这次冲着这批马来,为的就是不让我们有足够的马匹装备骑兵。"

"李将军,大汉的骑兵虽少,可就一对一而言,我们也弱于他们吗?"韩嫣自负地指了指随侍在身后的大内骑士,"将军看见他们了,太子与我,隔日即在北军教练骑射,迄今已逾二年,可当得上士马精强了吧?"

李广笑笑,道:"大内的骑射,想必是好的。若真正与敌接战,靠的是勇气与经验。"

韩嫣觉得李广心存偏见,还是小看他们,心里大不以为然,于是按原议出塞巡边。李广见其执意如此,也不再劝阻,吩咐匈归都尉黄晓派人随行护卫,可韩嫣竟轻蔑地拒绝了。出关后一路射猎,所获颇三,只是没有遇到并掳获匈奴人,使韩嫣心有不甘。

"韩公子,你看,那是不是匈奴人?"韩嫣躺在草地上,身心舒泰,昏昏欲睡之际,听到属下的话,一跃而起。远远看到前方一个缓坡上站着三个人,从服装上看,正是匈奴人。

看着从三面围拢上来的汉军,三人并不惊慌,也无丝毫退却之意。一名矮壮的汉子似乎发了声号令,匈奴人不慌不忙地取下肓上的大弓,扣弦搭箭,瞄着愈来愈近的汉军。韩嫣下令,汉军众弩齐发,无奈距离尚远,距匈奴人数丈远便纷纷落地。而匈奴人弓大力强,箭无虚发,头一箭便射倒了韩嫣的坐骑,将他兜头摔将下来。由于匈奴弓箭的射距远,汉军虽人多势众,但弩箭的射距够不到匈奴,根本靠不了前,一进射距,必中箭落马。不多工夫,已死伤三十余人,而那三个匈奴人毫发无伤。众人见势不好,将受伤的韩嫣和士卒扶上马,狼狈而还,直奔李广所在的中军大帐。

听过韩嫣的叙述,李广蹙眉道:"这三人必是射雕者,在这一带活动,很可能是为匈奴大军做斥候,不能让他们跑掉。"于是点起百余骑人马,追击射雕人。韩嫣摔下马,只是皮肉受了些擦伤,带领余众,也跟从李广追了下去。

射雕人无马,可脚程很快,不过一个时辰,已走出四十里开外。远远望见匈奴人,李广挥手示意,骑兵迅即驰向左右两翼,远远地拉开了一条散兵线。那三人原想分散逃逸,见去路被封,遂张弓搭箭,欲做鱼死网破之争。李广见状，大喝一声："取我的大黄①来！"一名亲兵将一张黄色桑柘木制的大弩递给了他，他试拉了一下紧绷的弓弦，弓弦由五根牛筋绞缠而成，訇然有声，看得出力道非比寻常。李广目测了一下距离，挥旗止住了跃跃欲试的军士们。匈奴三人呈"人"字形站立，无论从哪个方向突击，只要进入其射程，必会遭到杀伤。这个僵局能否打破，显然全在李广这张弓弩的劲道上。

李广以双脚踩住弩臂，运了口气，轻舒猿臂，将弓弦紧扣在弩机的牙上。随后取出一支弩箭，顶在双牙之间的弓弦上。他端起弩机，觑了眼望山，已测度出匈奴射手的位置，随手扳动悬刀②，弩箭铮然而出，瞬时间，那矮壮的匈奴射手已应弦而倒。再射，再倒。为留个活口，第三人被射中臂膀，被冲上前去的军士活捉。整个过程，不过半刻，把个韩嫣看得目瞪口呆。

"李将军，好箭法，我今日算是开了眼界！"韩嫣由衷地赞叹道。

李广笑道："射雕者所用均为匈奴的强弓，力道大，射程可达千步以上。中使们所用擘张弩，射程不过数百步，而强弩蹶张，杀人亦不过千步，自难以制胜。大黄的力道在二十石上下，其射程可达千二三百步，故可制敌而不制于敌。"

说话间，军士将受伤胡人押解过来，一问，果然是射雕者；再问，则闭口不言，微微冷笑，一副桀骜不驯之态。李广下令将其缚在马上，带回去细审，忽然又警觉到什么，命人以皮绳勒住其口舌。果然如李广所言，射雕人左近，必有匈奴大军活动。李广一行刚刚上得一座草丘，就发现了对面不远处的数千匈奴骑兵。韩嫣不得不佩服李广的经验，若没有勒住那射雕人的口，一旦他大喊起来，汉军的虚实将暴露无遗。

几乎在同时，匈奴人也发现了这一小股深入草原的汉军，由于是突然遭遇，匈奴人如临大敌，随即在对面的草丘上排开了阵势。敌众我寡，汉军大为恐慌，骑士们纷纷勒转马头，只待主将下令，便返身奔逃。李广面色如常，估量着目前的态势，随后挥挥手，示意众人少安毋躁。他面色凝重地望着部下，沉

---

① 大黄，汉代一种弩机的名称，因用黄连木或桑柘木作弩臂，呈黄色，故有是称。大黄是一种强弩，其强度通常为十石，射程可达 600 米以上；李广所用"大黄"为二十石的超强弩。

② 悬刀，即弩机上的扳机；望山，即弩机上瞄准测距用的标尺。

着地说:"我们现在离大军数十里,若就这样逃走,匈奴见我畏怯,明白我们是孤军深入,必会全力追射。这百十号人,片刻就会被收拾净尽。若留驻在这里,匈奴人反而会起疑心,以为是我们的诱敌之术,我大军就埋伏在左右,必不敢轻易攻击我们。现在听我号令,违令者斩。"

他挥动令旗,全军前进,直至距匈奴阵地约有二里远的所在,他再次挥旗,全军停止行进。他随即下令,全体下马解鞍歇息,至无定河边饮马。随行的骑都尉忍不住谏阻道:"两军对峙,间不容发。我们解鞍下马,胡虏虎视眈眈,一旦发动,我军猝不及防,怎么办?"李广道:"这些胡虏原以为我们要逃走,解鞍歇息,就是要他们看到,我们有恃无恐,不仅不走,更不把他们人多势众当作一回事。如此,胡虏会更加怀疑我们是诱敌之兵,不敢轻易出击。"

不时有匈奴的小股骑兵环绕奔驰,侦测汉军的动静。众军士皆色变自危,唯有李广一脸的闲适,对近在咫尺的匈奴大军视如不见。稍后,一骑白马的匈奴将领出阵号令汉军周围的逻骑,驰骋包抄,渐次逼近,距李广一行已不足一里。汉军无不惴惴战栗,韩嫣更是紧张,一颗心仿佛要从胸口中跳出,背上已经有了冷汗。李广觉得时机已到,点了十几名亲兵,飞身上马,直奔那白马将而去。一阵飞矢,白马将与几名匈奴骑士翻身落马,李广随即带队回阵,仍旧下马解鞍,甚至纵马食草打滚,一派好整以暇的样子。

对峙了约两个时辰,暮色渐起。匈奴始终摸不透汉军的意图,最终也未敢进击。僵持到夜半,匈奴人开始发慌,以为汉朝的大军会乘夜包抄,于是趁着夜色,悄悄撤离。天明后,李广派出逻骑四下侦伺,在确信匈奴人远去后,方率队返回匈归障。

这一番化险为夷的经历,使韩嫣对李广的观感大变,其箭术、谋略、镇定和勇气无不令他心折。回到长安,他绘声绘色地讲述了这番经历,作为听者的刘彻也眉飞色舞,心向往之。大汉若能多一些李广这样的名将,何愁匈奴不灭!李广的名字,深深印在了他脑中,他即位后任用的大臣中,李广是必在其选的。而他所以考虑未来的人事,是因为皇帝的病愈来愈凶险,势将一病不起,这在宫中已经是公开的秘密了。

六十二

刘启的病，时好时坏。窦太后开始忧心，亲自主持太医会诊，一致的结论是，皇帝房事过劳，阴虚阳亢，心火上炎，又服食内含金石燥烈之物的丹药，犹如火上添油；一旦阴液耗尽，很可能虚脱亡阳，有性命之忧。但在面陈太后时，太医令却颇费斟酌，既要说明皇帝病情的严重，又不可使太后心焦，其间的分寸，颇难拿捏。

窦太后将王娡、刘嫖召到长信殿，一同听取皇帝病情的奏报。

窦太后面色凝重，可仍难掩饰内心的忧戚："今日召你们过来，为的是皇帝的病，这既是件家事，也是件国事。一是听听太医们诊治的法子，赶紧为皇帝调理好身子。万一不讳，朝廷里得有人主事，不能乱。太子尚未成年，就算是即了位，几年内也难以亲政。咱们得合计出一个法子来，以防不测。"

王娡、刘嫖应声称是。刘启的病情，王娡早已通过义姁了解得一清二楚。皇帝已是油干灯尽之人，行将就木。她所关心的只是儿子即位，承继大统之事。可她还是做出极为痛苦忧心的样子，双眸滢滢，似有泪光。

"太医令，你讲讲皇帝的病状，是怎么样，就怎么样，不得隐瞒。"

"是。"太医令略作思忖后，颇费斟酌地说道："《素问》上有言，'行年四十则阴气自半'，皇帝已经四十有七，精气、血脉都已不足，这本是人之常态。精气、血脉的不足，医书上称作阴虚，阴虚则阳亢，虚火上炎，证上的表现是热燥等实症，可实际上病由虚起。"

"甚虚呀实呀的，莫扯这些说辞，你就直截了当地说皇帝的病情吧！"

"是。皇上一向以来就觉着身子虚,阴虚生内热,所以总有脉数、手足心热、颧红、口燥咽干、易怒、易疲倦等症状,本该滋养肾阴,不想又服食了不少丹药,里面多含金石燥烈之物,不唯不能收滋养之效,反而耗劫真阴,致使每况愈下。为今之计,只有静养一途。臣等为皇帝配制了黄连阿胶汤,育阴清热,或可起效于一时。"

"你说的起效一时,是甚意思?"窦太后问。

"皇帝的身子亏欠得太多,药虽有效,可难以从根本上弥补。"

"那么皇帝的年寿,依你们看,还能延续多久?"

"臣等不敢妄测,若是调养得好,一二年应该可以维持。"

太后的额头上青筋暴起,厉声喝道:"你下去马上传令卫尉,把那些进献丹药的人给我圈禁起来,皇帝若是有个三长两短,这些家伙全得埋进阳陵做陪葬。想不到新垣平之类的妖孽再现于今日,皇帝真是糊涂啊!"

太医令唯唯退下后,太后泣下如雨,"老天爷干吗不让我早死!连个养老送终的儿子也不留给我……"刘嫖、王娡陪着垂泪,三人唏嘘不止。

不知是否是汤药的作用,后元元年春正月,皇帝的病情有了起色。似乎知道自己来日无多,皇帝格外关注国事。他接受大臣们的建议,平冤狱以化解戾气。周亚夫的一个兄弟周坚被封为平曲侯,以奉功臣之祀,无形中平反了所谓周亚夫谋逆的冤狱。为此,皇帝免去了宁成的中尉之职,下诏令日后治狱务宽。三月,大赦天下。七月,桃侯刘舍病故,在由谁继任丞相之事上,太后数次提到窦婴,刘启认为窦婴为人自我标榜,反复无常,不够持重,坚不为动。八月,任用太子太傅卫绾为丞相,直不疑为御史大夫。

后元二年春,匈奴再入雁门,太守冯敬战死。刘启诏令征发车骑材官①,增援各边郡。由于内地上年歉收,民间多食用官府配给的马料。刘启下令禁止,偷食马料者,其马没入官府。四月,诏令天下务从俭朴,务农耕,备储积,以防灾害。责成各级官吏,抑强扶弱,除暴安良;严禁官吏货贿为市,侵渔百姓。告诫两千石勤于职守,渎职者,由丞相请示定罪,并布告天下。五月,降低

---

① 材官,秦汉时对力能拉动十石强弓劲弩的勇武之士的称呼,又称"材官蹶张"。

入赀为官的门槛，以利于廉洁之士入仕，同时严申不许有市籍者为宦的禁令。

可到了秋凉时节，刘启宿疾复发。这一次病势凶险，群医束手。太卜经卜蓍后奏告，冬令日行北方之宿，北方大阴，恐招恶鬼，提议作大傩以扶阳抑阴，除旧布新。太后召见丞相、御史大夫等重臣商议后，决定于今年腊日前举办大傩仪式，以驱除疫疠，为皇帝祈福禳灾。

腊日，大致在每年十二月二十八日，是祭拜祖先、百神的日子。所谓大傩，原是传承久远的一项古老仪式。传说上古颛顼氏有三个儿子，生而夭亡，化为厉鬼。一居江水而为疟鬼；一居若水而为魍魉；一居宫室人家的犄角旮旯而为疫鬼，专门惊吓小儿。后世每逢腊日的前一日（二十七日），宫廷民间都要举办大傩仪式以驱除疫鬼。流传到汉代，已渐渐演变成为年终岁尾的一项风俗节令，兼有驱疫禳灾，除旧布新的意味。

每逢大傩之日，宫廷民间都会举办盛大的游行狂欢，参与者人人佩戴假面，由扮成方相氏、十二神①等神怪的巫觋打头，男女巫觋执帚紧随其后，宫内由少男少女扮成的侲子②一百二十人（宫外则多达万人），面戴红色面具，手执桃木弓和棘矢，四下游行射击，布撒神丸和五谷，以驱除厉疫。刘启即位以来，不好神怪，崇尚俭朴，宫中已多年未曾举办此项仪式。而今身陷沉疴，不能自已，经不起太后与众臣的一再劝说，同意一试。

对于刘彻、韩嫣和阿娇及宫廷内外的少男少女而言，大傩则不啻一年一度的盛大狂欢，听到今年宫中要行大傩为皇帝驱疫禳灾，各个都兴奋得不得了，要求加入游行的侲子队列。

大萍离宫后，刘彻怅然若失了许久。事情既难以挽回，时间一久，也只能把这份情感封存在心里，渐渐恢复了常态。王娡与刘嫖有意让他与阿娇多接近，阿娇正值豆蔻年华，美艳而外，兼有一种高贵娴雅的气质。刘彻情窦已开，又在心猿意马的年纪，自不免为之倾倒，心思便渐渐放到阿娇身上来了。

十二月二十七日，夜漏上水时分，刘彻、阿娇、韩嫣等与获准参与大傩

---

① 方相氏，古代传说中驱疫辟邪之神，大傩时由巫觋担任，戴有极为狰厉可怖的假面，以吓阻疫鬼；十二神，均为上古神话传说中专门捕食各种疫鬼的神祇。

② 侲子，即童子，亦佩戴假面，是大傩仪式中追随方相氏等驱逐疫鬼的助手。

仪式的少男少女一百二十人，身着黑衣，头戴赤色头巾，面蒙红色面具，齐集在未央宫正殿前的广场上，期盼着仪式的开始。侲子们的心情既兴奋，又紧张，刘彻抓住阿娇的手，紧紧握住，轻声说道："你跟住我，别走散了。"四下戴着假面的侲子，穿着一律，看上去都是怪怪的，难以分辨。他觉得阿娇的手心很热，微微抖动着。

广场上早已有朝臣、宫内的谒者、尚书、各类郎官、禁军卫士等列队于陛前，也都是黑衣赤帻，静静地候在那里。良久，远远看到，皇帝倚在一架腰舆上，被抬出了前殿。坐定后，谒者令高声奏报道："巫觋、侲子齐备，请逐疫疠。"听不清皇帝说什么，只听谒者令一声高喊，鼓乐齐鸣，众巫觋领头，侲子和应，唱起了驱疫歌：

甲作食凶，胇胃食虎，雄伯食魅，腾简食不祥，揽诸食咎，伯奇食梦，强梁、祖明共食磔死寄生，委随食观，错断食巨，穷奇、腾根共食蛊。凡使十二神追凶恶，嚇汝躯，拉汝干，节解汝肉，抽汝肺肠。汝不急去，后者为粮！

载歌载舞，反复三遍。歌毕，方相氏与十二兽挥戈作舞，动作夸张而激烈。方相氏身着黑衣朱裳，背上披一张硕大的黑色熊皮，黑色的面具上绘有黄金四目，狰狞可怖。他左手执盾，右手扬戈，汹汹然似与众疫鬼作激烈搏斗状，每次获胜，众侲子都齐声欢呼起舞。反复三遍后，疫疠鬼怪似不敌而逃，方相氏挥戈打头，十二神、男女巫觋与面戴红色面具的侲子大队，紧追不舍。十二神张牙舞爪，作各种扑咬吞噬状；男女巫觋则尖声呼号，挥动扫帚作驱赶状；前排的侲子抬着一面巨鼓，六名鼓手挥槌猛击，发出惊天动地的轰鸣声；对于想象中有可能藏匿有恶鬼的角落，大队侲子或执弓猛射，棘矢纷纷；或从布袋中掏出一把把药丸和谷粮，四下抛撒。一时间，鼓声，怒斥呼号声夹杂着少男少女们情不自禁的尖叫声欢笑声，响成一片，整个未央、长乐两宫，人声鼎沸，与宫外的游行驱疫队伍遥相呼应，长安城中，火炬如游龙般蜿蜒舞动，预示着一个不眠之夜。

整个大傩逐疫的游行要反复进行三遍，深入宫中的各个角落。游至第二遍时，阿娇已气息咻咻，体力不支。前面就是太子宫，刘彻拉着阿娇的手，悄悄逸出杂乱的队伍，三拐两拐，便进了平日授读的书室。刘彻插上房门，猛地将阿娇揽在怀里，两人相拥着一动不动，耳中满是急促的喘息和怦怦的心跳声。不久，侲子们也呼啸而至，大呼小叫的驱鬼声声震屋瓦；门窗上响起一片沙沙声，是侲子们在抛撒五谷；伴随着杂沓的脚步声的，是韩嫣的声音，"太子殿下，太子殿下在这里吗？"刘彻搂紧阿娇，并不作声，脚步与喧哗声渐渐远去，刘彻放开阿娇，两人扯下面具，相互打量着，开心地笑起来。

　　阿娇吹气如兰，衣衫上散发出一股幽香，两人在师傅午休用的卧榻上，相拥而坐。刘彻在阿娇的脸上、脖颈间不停地嗅着，阿娇闭着眼，满面飞红，娇羞不胜的样子。可阿娇又不同于大萍，大萍温婉和顺，给人以宁静愉悦的幸福感；阿娇更主动、更热烈，犹如躁动不安的精灵，每每在刘彻的心中搅起热得发烫的激情。一番长久的缱绻温存之后，两人并头躺在卧榻上，阿娇依偎在闭目喘息的刘彻身旁，充满爱意地问道："阿彻，我们在长乐宫的初见，你还记得吗？"

　　"当然记得。"

　　"你许过甚愿，还记得吗？"

　　"记得。我说若娶阿娇为妇，当以金屋贮之。"

　　"如今还这样想吗？"

　　刘彻侧过身子，脸对脸盯着阿娇，豪气干云："孤一旦为天子，即立阿娇为后，绝不负心。那时候，天子富有四海，别说一座金屋，就是十座金屋，又算得了甚！"

　　阿娇盈盈的目光，充满着爱意，可嘴里却娇嗔道："男人只会说好听的，后宫里那么多女人，你不会像大舅那样，见一个爱一个吧？"

　　女人天性嫉妒，这个说法没错。刘彻摇摇头，轻轻捋齐阿娇散乱的鬓发，转移了话题："阿娇，你身上用了甚，闻起来这么香？"

　　"是麝香，听娘说是由巴蜀的客商从身毒国①贩运来的。"

----

① 身毒，古时中国对印度的称呼，又说是"印度"一词的音译。

远远又传来舞傩大队的喧哗声。两人爬起身，略整衣衫，戴上面具，重又潜回到了行傩的队伍中。在大内宫室内外，骑隽旮晁巡行了三遍后，大队载歌载舞，人手一支火炬，开始向北阙的端门进发。想象中的疫疠鬼怪已无路可逃，将最终被从宫中驱除。早有卫士千人候在端门外，另有五千骑士分成三队，分布在从长安通往渭水几十里长的大道上。这是接送火炬，最终完成大傩仪式的最后一程。

　　卫士们接过宫内传出来的火炬，传递到长安城外的骑士手中，然后更相传递，直至数十里外的渭水之滨，将火炬投入水中，宫内外整个大傩仪式至此全部完成。此时，曙色熹微，长安城内的人家纷纷在大门上更换新的桃符，桃符上绘有神荼、郁垒两位门神，为的是防止被驱走的疫疠鬼怪溜回来。

　　此番大傩，对皇帝的病体并无明显的效验，一入正月，刘启的病情急转直下，他知道大限将至，于是连日召见大臣，安排后事。太子刘彻亲侍汤药，太后、皇后、长公主等一干人也日夜守候在未央宫，谁都明白，皇帝这一次是再也挨不过去了。

　　后元三年春正月，刘启最后一次诏令劝农：

　　农者，天下之本也。黄金珠玉，饥不可食，寒不可衣，以为币用，不识其始终。近年年成隔一年便歉收，朕意以为是从事末业者众，务农者寡所致。现下令各郡国务劝农桑，多多种树，可资衣食。官吏若有征发民夫，聚敛民财开采黄金珠玉者，坐赃为盗，两千石听之任之者，与之同罪。

　　次日，刘启召见皇后、太子，命宗正主持，于病榻前为儿子举行了冠礼。礼成，刘启叫过儿子，拉着他的手，道："加冠后你就是成人了。朕疾大渐，已经挨不了几日。你要记住父皇平日对你讲过的那些治国的道理，勤于政事，将高皇帝开创的基业发扬光大，朕所寄望于汝者甚厚，你要努力。"

　　刘彻泪流满面，哽咽不能成声，只是连连点头。

　　刘启伤感地说："太后高寿，我一个做儿子的不能尽养老的孝道，反而累她老人家为我难过，朕心里甚为愧疚。彻儿，朕有一个要求，你务必答应我做到，否则为父于九泉之下，亦不得瞑目。"

"父皇尽管吩咐，孝敬皇祖母，是孩儿的本分。"

刘启紧紧捏住儿子的手，道："你听好了。你皇祖母年寿已高，动不得气，无论遇到何种事体，你一定要遵从她的意愿，不要违拗她，让她老人家快活、舒心，安心颐养天年。兴革的大事，一定要计出万全，一时行不通者，不妨缓办。有时拖一拖，事情反倒容易办。你要记住，逢大事尤其要镇定，欲速则不达，切忌操之过急。"

"儿臣记住了。"

"你发誓。"

"儿臣发誓。"

刘启费力地喘息着，好一阵方重新开口。"还有……就是你大姑和阿娇，你做了她的女婿，就要善待她，善待阿娇。我们是一家人，你做了皇帝，要照顾她们。"

刘彻一一答应了下来。刘启嘱咐他，朝政上的事情若有不甚明白者，可请教丞相卫绾。"卫绾是个忠厚长者，三朝元老，这样的老臣，要倚重。不可滥用少年新进，要观察考量，做到心里有数，喜怒不可在臣下面前显露出来，臣子们窥视到你的嗜欲，会投你所好，利用了你，你还不知道……"

望着泣不成声的刘彻，刘启拍拍他的肩头，苦笑道："人生难免一死，却都执迷于不死。只是死到临头了，真的明白这个道理了，一切又都迟了，你莫学朕，迷信甚长生的丹药，到头来全是一场空。"

他剧烈咳嗽起来，脸色发紫，开始大口吐血。御医们急忙上前救治。他的目光渐渐暗淡下来，可视线却一直不肯离开儿子。他口唇翕张，似乎还有话说，可只有呼噜呼噜的痰饮声。刘彻再也忍不住，放声痛哭起来。侍从的谒者们急忙向等候在殿外的太后、皇后与朝廷大臣们报讯。太后等赶忙进殿探视，不久，殿内便响起一片哭声。皇帝驾崩了，死时四十八岁，在位十六年。

国不可一日无君，皇帝宫车晏驾之后，按规制，太子随后就要在大行皇帝的柩前即位。在太后的主持下，下达禁令，关闭城门与宫门，内外一体戒严，内侍卫持兵器宿卫，京城驻军戒严，昼夜巡查。然后由丞相卫绾宣布大行皇帝的遗诏，太子刘彻即位为皇帝。等候在殿外广场的百官闻讯山呼称贺。随即，新皇帝提议为太后、皇后上尊号，尊窦太后为太皇太后，尊母后王皇后为皇太后。事毕，刘彻、窦太后、王皇后及百官皆免冠，白帻，加服白色单衣（丧服），哭踊如礼，百官则哭临于殿下。窦太后过于悲痛，哭踊时晕厥了过去，险些再出一起大丧。

长安通向各地的大道上，派往各郡国告哀的专使们驷马飞驰，皇帝晏驾的讣闻，如野火一般蔓延开来，传向四面八方。

六十三

　　皇帝升遐之际，太子宫门大夫赵绾正在书室中踱步徘徊，焦急地等待着前殿那里传过来的消息。大内已戒严，不准人走动，太子能否柩前即位，只有等到昨夜赶赴前殿与百官一同问疾的王臧回来，方能知道究竟。太子是储君，承继大统顺理成章，可窦太后迷信黄老，厌憎儒术，认为太子宫的师傅辅导无方，最近刚逼迫皇帝免去了王臧的太子少傅职务。太后的这种成见，就可能寓含着某种危险的变数，每念及此，赵绾都会紧张。"千万莫出意外……"他喃喃默祷，绕室彷徨，尽管正月的室温相当寒冷，可身上还是冒了汗。

　　赵绾，字子芝，代人。青年时师从鲁中大儒申公学《诗》，人既颖悟，学亦刻苦，很快就在申公众多弟子中脱颖而出，成为申公最为得意的门生之一。二十五岁时游学长安，以对《诗》的造诣，成为石渠阁校书博士中的一员。赵绾满怀儒者辅佐圣王、兴礼乐以致太平的抱负，在石渠阁一干就是十年。直至被派往太子宫授《诗》，成为刘彻的师傅，才时来运转，得以一展长才。八年来，他由太子洗马而庶子，一直做到门大夫，成为少傅以下地位最高的官员。事业上的际遇还在其次，尤为令他欣喜的，是太子对他的欣赏和倚重，堪称东宫第一，不仅赞同他的政见，而且对他所提出有关未来兴革的建议，可以说是言听计从。这样的君臣际遇，古今罕见。学以致用，致君尧舜的人生志愿有望实现，儒者立身扬名，以显父母乡梓的荣耀可期，赵绾这份踌躇满志的感觉，既使之身心鼓荡，恨不能早日乘风破浪，一展宏图；又使之不安，隐隐有种不祥的预感。王臧的免职，内含的消息是，主张黄老之治的窦太后，对朝政仍有着不容置疑的影响，独尊儒术的大政方针决非一蹴可就。可只要太子即位，成为天下独尊的皇帝，就再不会有甚力量能够阻挡新政。每念及此，赵绾都会勇气大增。

直至下午百官哭临过后，王臧才从前殿赶了回来。看到满脸焦虑、在宫门前迎候他的赵绾，他连连摆手，道："到里面说。到里面说。"进了书室，他小心地关闭门窗，落座后，满脸的兴奋才绽露出来。他是东海兰陵人，字仲凯，与赵绾同学，同在申公门下，是申公另一位高徒。原来也在石渠阁任校书博士，后为刘启看中，擢为太子少傅。他与赵绾，在授读《诗》时，将儒家之理想与治国理念灌注于其中，对刘彻有很大影响。刘彻越来越倾向于儒术，引起窦太后的极大不满，王臧为此失去了少傅之职，但仍被刘彻留在太子宫授读。王臧握住赵绾的手，道："子芝，太子已经柩前即位，承继了大统。我们成功了！"二人抚掌大笑，多日来的不安与忧虑一扫而空。

赵绾道："太后那里，没有甚训示吗？"

"太后，不，如今已上尊号为太皇太后。太皇太后因悲伤过度，当场就晕厥了过去，几乎未能成大丧之礼。听太医院的御医讲，太皇太后自梁王薨逝以来，一直郁郁寡欢；先帝不豫后，太皇太后日夜焦忧涕泣，身子已大不如前了，视力尤差，恐怕会有丧明之痛。"

孔子的弟子子夏，因爱子之死痛而失明，后世便称这种因丧子之痛而起的失明为丧明。二人唏嘘感叹了一番，可心里却另有一种窃喜。太皇太后若失明，则不便干预朝政，对于新政的推行，无形中便少了许多窒碍。

"太皇太后未能坚持到终礼便回长乐宫歇息了。原以为嗣皇帝与三公计议今后的人事时，有太皇太后在跟前，颇多掣肘。这下皇帝得以畅述己意。卫绾等老臣虽有异议，可皇帝不为所动，由殿内侍从传出来的消息说，看皇帝的意思，人事与朝局，怕要有大变动。"

说到这里，王臧敛容长揖道："子芝，据极可靠的消息，你我不久都会得大用，据说三公的高位，也都要换人。我没想到，皇帝更张人事的魄力会如此之大。有这样的明君和君臣际遇，你我就学时的抱负，可望伸展了！"

赵绾也兴奋得不能自已，连声叹道："辅佐明君成就三代之治，大兴礼乐，造就太平盛世，是先师孔子的理想，若能成于你我手上，不啻为名传百世的伟业！这样的际遇，千古难逢。仲凯，我们要努力啊！"

赵绾急切地摊出他对于新政措置的想法，认为最先要做的就是召集天下通儒，会议明堂制度，制度一立，百事循序渐进，国事可运之于掌上，提纲挈领，纲举目张。

王臧内敛，看到赵绾得意忘形的样子，摇了摇头道："子芝，我们莫太乐观了。有汉七十年来，朝廷一直奉行黄老治术，若想改弦更张，怕不会那么容易。况且太皇太后还在，贸然行事，搞不好我们会蹈辕固少傅的后尘。这次的机会、时运均极难得，慎重行事，方可收效于长远。"

赵绾揖手道："仲凯提醒得是，我喜极失态了。依仲凯之见，新政当从何下手，你我可先议出个大概，作为皇帝施政时的参考。"

王臧不假思索道："最先办理的当然还是人事，皇帝欲大用儒者，肯定会遭到太皇太后及先朝老臣们的反对，化解此种阻力，乃当务之急。路得一步步走，争取同情，化解阻力，将拥护皇帝行新政者安排在中枢，改变我们势单力孤的局面，我看是重中之重，子芝以为如何？"

赵绾沉吟不语，良久，忽然喜动眉梢地说道："仲凯，我有个想法，你听听可行与否？先帝崩逝，对嗣皇帝最有影响的是谁？"

"当然是皇后。"

"对，是王皇后。拉住了王皇后，就能分太皇太后之势。眼下正有一个机会，新皇帝嗣立，按规制可以加恩于母家的外戚。王皇后之兄王信已封为盖侯，可她的隔山兄弟田蚡、田胜身为皇帝母舅，却还是白身，我们可联名上一个条陈，奏请加封他们为外戚恩泽侯，皇后、二田都会感念我们的好意，于朝政的施行上，应该可以有潜移默化的影响。"

王臧击节叹赏道："好法子，子芝不愧是智囊。你这么一说，倒启发了我，田蚡之用还不止于此！我听说，田蚡数年来奔走于窦婴门下，二人均好儒术。田蚡有野心，颇想在朝廷中出头。此人内有皇后的支持，外恃母舅之亲，早晚定得大用。莫不如由我们推他上去，必会引吾等为同道，在新政上，就又多了一份助力。"

赵绾连连颔首，"你提到窦婴，我倒想起一件事来。前年丞相桃侯刘舍死后，窦太后数次提议先帝以窦婴为相，都为先帝所婉拒。如今举之为相，太皇太后必不会反对，由她信任的大臣辅佐皇帝，东朝即使有意见，也好化解。窦、田同在中枢，且都好儒术，则皇帝在三公这一层上，决策与推行新政，均会得如臂使指之效。中枢都是赞同新政的人，太皇太后就是反对，也难有作为了。"

两人愈说愈兴奋，觉得自己的成功，应光耀师门，于是决定人事大定后，及时议立明堂制度，届时召集天下通儒，自己的老师申公年至耄耋，学齿俱尊，为全国学士所景仰，一定要奏请皇帝以驷马安车迎至长安，目睹门生所促成的前无古人的盛事，立身扬名，以彰显师门，如此之荣耀，千载之下，亦将传为美谈。

赵绾与王臧的献议，被刘彻全盘采纳。三月，封太后同母弟田蚡、田胜为列侯；封太后之母臧儿为平原君。六月，卫绾、直不疑等老臣被免职；魏其侯窦婴就任丞相，武安侯田蚡被任为太尉，太子宫门大夫赵绾升任御史大夫，朝廷三公的高位，尽为赞同新政的新人所占据；郎中令周仁致仕家居，这一皇帝身边最为重要和亲密的顾问职务，被授予了王臧。

人事的更迭顺利实现以后，下一步便是议立明堂，以复兴古礼的方式开创新朝的气象。可古礼该如何恢复，明堂该如何建置，在这些具体问题上，无论是刘彻，还是窦婴、田蚡，乃至最热心提倡的王臧、赵绾，均力不从心，道不出个所以然来。于是，征请熟悉三代制度的硕学耆宿来京师规划明堂，被提上日程。刘彻原想请致仕乡居的辕固生主持此事，但为王臧、赵绾谏阻。理由是，辕固生是被太皇太后逐出长安的，现在请他回来，太皇太后可能会认为是故意向她示威。于是王、赵的老师申公成为首选。

申公名培，号申公，鲁国人。汉初传授《诗》学的大学者有三家，即鲁国的申公，齐国的辕固生和燕国的太傅韩婴，被学子们称之为鲁诗、齐诗与韩诗。申公少年时与楚元王刘交同学于齐人浮丘伯门下，后元王之子刘郢客与申公一道完成浮丘伯门下的学业，申公为博士，刘郢客被高后任用为宗正，封上邳侯。刘郢客继嗣楚王后，聘请申公做儿子刘戊的师傅。刘戊生性顽劣，不好学，对申公的严格管教，怀恨在心。继承王位后，故意怠慢诸儒。当时以儒学为王府宾客者有穆生、申公、白生三人。穆生窥知王意，对申公等道，是我们离开的时候了。醴酒不设，王有意怠慢吾等，若迁延不去，终不免陷吾等于罪衍。申公、白生却不以为然，劝他说，你难道把先王待我们的好处都忘掉了吗？主上偶有失礼，又何至于此！穆生道，《易》称"'知机其神乎！机者动之微，吉凶之先见者也。君子见机而作，不俟终日。'先王礼敬我三人，是王道尚存，如今忽视吾等，是王道已失。失道之人，不可与之久处，我岂是为了小小一点失礼呀！"于是托病辞职，而申公、白生留了下来。

刘戊淫暴，申公等屡谏，不仅不听，反而加申公等以胥靡①之刑，穿戴赭衣、枷锁，劳作于市。直至七国之乱失败后刘戊自杀，申公等才得脱缧绁。蒙此羞辱，申公甚愧悔自己不听穆生之劝，从此归鲁从事教学，终身不出门，谢绝宾客，唯独奉朝廷的诏命。申公的弟子，在朝廷做博士者十余人，另有孔安国等做到各郡国二千石以上的大吏者十数人，其中最为出名者当推王臧和赵绾。

二人奉诏，亲迎申公于鲁，申公驷马安车，束帛加璧，王、赵乘坐轺传侍从。从齐鲁至关中，沿途数千里，见者无不称叹。到京后刘彻召见，见申公已届耄耋之年，须髯皆白，望之如神仙中人，心中颇为敬惮。可接谈之下，不免失望。刘彻想问的是天下治乱之事，申公的回答是，为治者不在多言，致力于力行就可以了。所言颇似孟子见梁惠王时的问答，文不对题，在急于开创新局面的刘彻看来，迂阔而不切于实际，令他哭笑不得。于是授以太中大夫的闲职，安置在鲁王在京的宅邸，议论明堂之事，以备顾问。

在最初的兴奋过后，刘彻感觉到了不满足。新的班底虽按照自己的意愿组建起来，可除了外戚亲贵，就是太子宫的旧人，王、赵学识虽渊博，可坐而论道有余，真正拿出切实可行的治国方略，仍嫌不足。他最需要的是如先朝晁错、贾谊那样的智囊，再就是有一技之长，或军事，或庶政，或理财，或刑律，能够独当一面，而又尽心贯彻朝廷意旨的能臣。议立明堂制度，在他看来，并非当前的急务，且易招致太皇太后的反感，可丞相、太尉与师傅们对此极为热心，他起初也很投入，但很快就觉得，用人行政方为治国的关键，可看到中枢众臣意兴正浓，不忍拂逆大家的意愿，便放手不问，私下里考虑的却是如何效法高皇帝，不拘一格，从民间草野拔擢人才的办法。早在五月，

---

① 胥靡，古代以枷锁相连示众的一种徒刑。

他曾下诏丞相、御史、列侯、中两千石、两千石、诸侯国相举荐贤良方正、直言极谏之士，但为卫绾等守旧老臣所沮。卫绾奏告说，所举的贤良，全是操纵横之术，学申、商、韩非、苏秦、张仪学术者，只会淆乱国政，建议全数罢斥。刘彻虽不以为然，仍不免违心允准。事后，他以年高为名免去了卫绾丞相的职务，代之以窦婴，决心在适当的时机，再次从各郡国拔擢人才。

建元元年冬十月，刘彻已即位十个月，新年岁首，此前仍算孝景皇帝后元三年，此后则为新皇帝元年，新旧易代之际，刘彻重颁五月间的诏令，下令三公列侯及诸郡国守相举荐贤良方正、直言极谏之士。正当他满怀期待，等候新一批人才聚拢于朝廷之际，朝局却变生肘腋，不仅使他汇聚人才的期望再次落空，也威胁到了新皇帝本人的地位。

六十四

"听听，听听，他们这是在作甚？皇太后也未免太放纵他了。阿武、阿启脚前脚后地去了，我难过，身子不安逸，眼睛又瞎。心说有你这个当娘的和那些个大臣在那里，总不至于出甚乱子。不曾想这才几个月工夫，就搞成这副样子！阿彻还是个孩子，怎能由着他的性子来！议得个甚明堂？祖宗的法度难道不好，大汉能有今日的强盛，全靠的是祖宗的法度，他才做了几日的皇帝，就这么不知天高地厚，都是些甚人在背后鼓惑他？你这个做娘的，难道不管不问！"

窦太后打断正在诵读奏章的大长秋邓忠，转向侍坐在一旁的王娡，做着愤怒的手势。她已几乎完全失明，王娡在她眼中，只是一团灰暗的、影影绰绰的轮廓而已。王娡却不敢怠慢，太后的目光在她眼中，依旧那么咄咄逼人。她俯身揖手，恭敬如仪。

"太后教训得是。媳妇与阿嫖，这一向的心思全在彻儿与阿娇的婚事上边，倒是没有过问朝廷上的事，以为有大臣们帮衬着，该不会出甚乱子。媳妇一定教训彻儿，遵从祖宗的法度，不允他由着性子乱来。"

"还有窦婴、田蚡这些个大臣，都是本家的亲戚，原以为用着放心，不想全是些没有心肝的人！阿彻他一个小孩子不懂事，他们这些个做大臣的难道也不懂事？皇帝身边没有老成可靠的人，整天由着那些别有居心的小人鼓惑，能不走邪路？看来，我们不出面不行了，不能这么由着他们的性子乱来。"

三朝的老太后，势尊威重，对朝局具有举足轻重的影响。刘彻刚刚即位，根基未稳,在这个当口,千万不能惹恼了太皇太后。否则变生肘腋,什么事情都有可能发生。想到这里,王娡更为谦恭,低眉顺眼地唯唯称是。

"议得个甚明堂?说是效法三代,其实还不是那些一心猎取功名富贵的人的骗术。我就纳闷,孝文皇帝、阿启还有这个阿彻,怎么一个个都像是呆子?让些个骗子玩得团团转!孝文皇帝时那个大骗子新垣平你知道吧?我看这个明堂与新垣平的那套邪术没有甚两样。"

王娡知道这件事,点头称是。新垣平是赵人,通望气①之术,为求富贵,文帝十六年夏四月,他赴长安上书言事,说是长安东北出现了神气,呈五彩之色,好似佩戴冠冕的人形,主天子之象,大吉。上天降此祥瑞,宜立祠祀上帝,以应符瑞。文帝大悦,于是在渭阳建造五帝庙,其殿堂屋宇门窗,皆依新垣平所言,漆成五色。庙成,文帝亲临郊祀,据说有光辉直通天际,新垣平由此被拜为上大夫。九月,为了进一步讨好文帝,他购置了一只玉杯,在上面刻下了"人主延寿"四字,悄悄埋在了宫城的阙门之下。然后谎称皇宫阙下有神玉之气,派人掘出后献给皇帝。文帝大喜,下令天下大酺,以示与民同乐之意。翌年,新垣平的作伪为人举发,以大逆不道的欺君之罪夷灭三族。

"所以说,未央宫那边的事情,长乐宫这里还真是不可放手不问。今后朝臣上的折子,邓忠,你要随时给我调过来!皇太后也要找皇帝说一说,凡事要两宫计议后再办,这样,那些个歪歪心眼的小人,就难以利用皇帝的少年无知,以售其奸。"

太皇太后的这个主张,正合王娡的心意,于是痛快地答应了下来。可一向刘彻提起,却立刻遭到儿子的断然拒绝。

"皇祖母年高丧明,还问得甚朝政?母后管领后宫,已不得闲,况且父皇交代妇人不得干政,太皇太后与太后不好好地颐养天年,倒有闲心操心朝政,朝政要你们操心,立我这个皇帝作甚!"

王娡大窘,被噎得说不出话来。儿子翅膀硬了,眼看着就要摆脱她的控

---

① 望气,古代的一种占卜之术,以观望云气附会人事,预言吉凶。

制，她心有不甘。于是，她将儿子的原话告到了窦太后面前，打算借着窦太后的威势杀杀儿子的锐气。窦太后倒并没有动气，只是冷笑道："当初可真是看走了眼，让阿启立了这么个不孝的儿子做太子。"王娡听了，暗自心惊，后悔激怒了太后。

窦太后到底老辣，她不动声色地每日调阅奏章，直到建元元年十月，她认为抓到了足以致命的证据时，才赫然发难，一下子将刘彻等打了个措手不及，乖乖就范。

原来，窦太后每日调阅奏章，犹如悬剑，搞得大臣们惶惶不安。赵绾实在忍不住，便上了一道表章，建议今后事关朝政的折子，不必再送太皇太后、皇太后处阅看，俾使皇帝有亲政之实，太皇太后、皇太后也可以安心颐养天年。听邓忠读过这件表章后，窦太后冷笑一声，吩咐通知王娡，到未央宫前殿会面。

王娡得讯，匆匆赶到前殿时，看到眼前的景象，知道出了大事。窦太后正襟危坐于宣室殿正中皇帝的位置上，面若冰霜。刘彻及大臣们屏气敛容，俯首跪拜在下首。听到王娡的声音，窦太后吩咐道："皇太后也到了，这回当着你娘的面，好好给我们个交代！"

刘彻与大臣们正在宣室议事，忽见太皇太后在侍从的搀扶下走进来，其势汹汹，刘彻不明就里，急忙搀扶祖母坐于上位，自己带领众人顿首请安。窦太后冷冷地不发一言。刘彻进退失据，正尴尬间，见母亲来到，连连以眼色示意，无奈王娡也不知窦太后所为何事，两人面面相觑，不知窦太后因何动怒。

窦太后猛击身前的御案，喝道："怎么，做下了的事情，反倒不敢承认了吗？"说罢，从袖中取出一卷奏牍，摔在地上。

刘彻上前，打开那卷奏牍，心一下子沉了下去。这是赵绾昨日上的表章，奏请今后事关朝政的奏章，不必再送太皇太后阅看。刘彻心里虽赞成，可担心窦太后动怒，并未允准。却不知奏牍如何这样快便落到了太皇太后手中，看来，今日的这场风波小不了。

"皇祖母息怒，请容儿臣解释。"是福不是祸，是祸躲不过。这件事，赵绾等人是扛不住的，只有自己硬起头皮揽过来了。"臣子们的本意，为的是皇祖母能够在朝政上息肩，节劳静养，安康延寿……"

"看不出来汝等还有这般的孝心。还说甚息肩？甚节劳静养？汝等变乱祖宗的法度，议甚明堂，朝廷里头马上要出第二个新垣平了，却要吾等静养？给你出这等主意的人是何居心，难道祖宗的天下就由着你们随意糟蹋不成！"太后怒不可遏，边说，边用手杖连连顿地。

"太皇太后误会了。明堂乃三代圣王传下来的制度，国家兴盛太平，方能举行。大汉承列祖列宗的运势，民富国强，皇帝怀抱大志，欲光大祖宗的基业，即位伊始，与时俱进，议明堂制度为的就是祭祀先祖，朝见诸侯，效法周公制礼作乐，为我大汉开一新局面之举。与新垣平滥言数术，欺诳朝廷全然是两回事。"赵绾见祸由自己引起，太皇太后当众训斥皇帝，不留一点儿余地，担心皇帝推动新政的信心动摇，遂不顾一切，抗言陈述，即便激怒太后，也顾不得了。

"你是甚人呐？"太皇太后打量着赵绾，冷冷地问道。

"臣赵绾，现任御史大夫之职。"

"哦，你就是赵绾，那个离间我们娘母子的小人？就你这样的小人居然也做到了三公的高位？皇帝，这个人你用他作御史大夫，凭的是甚呀？"

"赵大夫本是太子宫的师傅，学问很好，对朕忠实，不是甚小人。"刘彻不满于祖母的武断，语气中有了顶撞的意味。

"看不出皇帝还真很欣赏此人。学问好，甚学可呐？怕不是儒学吧？明堂之类的东西，除去那些个儒者，朝廷上恐怕没有几个人搞得明白呢。"

"正是儒学。臣少时于先师孔子故里就学于申公门下，年方弱冠，即由朝廷试录于石渠。儒学各经，朝廷既列于学官，就承认了它是有益于世道人心之学，不然先帝也不会挑选吾等到太子宫授读。周公制礼作乐，先作明堂。先师孔子一直仰慕周公的事业，一生颠沛，克己复礼，为的就是有一日天下太平了，复兴三代的伟业。大汉承列祖列宗护佑，现今国泰民安，正是重兴先圣伟业的大好时机。臣等议立明堂，为的是汉家制度声教上的长治久安，出于至诚，望太皇太后、皇太后明鉴。"

窦太后冷笑道："好个巧舌如簧的东西，难怪皇帝会被尔等蛊惑！那个叫王臧的在这里吗？"

"臣王臧在，恭请太皇太后圣安。"王臧顿首，额上已满是冷汗。

"卫尉何在？把这两个蛊惑人君、变乱朝政的小人圈禁起来！皇帝，你下诏吧！"窦太后满面严霜，逼视着刘彻，样子十分怕人。

刘彻心急如焚，抢前一步再拜，顿首道："皇祖母息怒，一切都怪孙儿好事莽撞，与臣下无干。高祖皇帝当年经过鲁国，也以太牢飨祭过孔子。儿臣以为现今天下太平，故议立明堂，皇祖母觉着不妥，不议便是。请皇祖母开恩，赦免了王、赵二位师傅吧。"

见到刘彻出头辩护，窦太后更为光火起来。她顿着拐杖大声叱责道："看起来你们还真把儒学当了真，把孔丘当成了个圣人。阿彻你去读读庄子，听听他是怎么骂这个孔丘的！'摇唇鼓舌，以迷惑天下之主，所以谋封侯富贵者也。'你如今做了皇帝，不成还这么幼稚？做臣子的哪一个不是为了谋官谋权？儒家那套东西说得漂亮，为的还不是遮掩自己的小算盘！你父皇难道没有教过你吗？"

窦太后用手杖指着赵绾和王臧，说："他们两个若真是崇奉儒学，应当是孝字为先，居然如此阴险，上奏离间两宫，其心可诛！单就这一件事，就罪在不赦！皇帝，今日当着我和你娘的面，当着百官众卿的面，你把这两个东西给我圈禁起来，如何处置，三日内，你要有个切实的交代！"

刘彻四下环顾，大臣们各个屏气俯首，再无第二个人敢于出头谏阻。刘彻无奈，只得向候命的卫尉示意照办。卫尉率领数名侍卫，将赵绾、王臧二人带出宣室殿，押往北军内监候命。

可事情并不算完，窦太后指点着面前跪伏的群臣，恨声道："窦婴、田蚡，你们两个贵为丞相、太尉，干吗躲到后边？给我跪到前面来！"

窦、田二人应命向前，叩首请罪。

"你二人从辈分上讲，是皇帝的母舅，朝中外戚亲贵，身份没有如你二人更尊贵的了。可你们如何辅佐的皇帝？由着皇帝受小人蛊惑不算，你们还倒极力提倡，唯恐落到后边。三个月前，皇帝提出更换三公的人选，我看你们两个在内，就没有反对，不想你们两个皇家的至亲大臣，也跟着一帮儒者胡闹！王太后，皇帝身边的这些个人，我看要换换了。还是先帝的话对，要着实选拔一批老成本分的人，你看呢？"

"太皇太后说的是，大主意当然要太皇太后拿。"王娡唯唯称是，打心里佩服窦太后的果断,有她在,儿子算是遇到了对头。窦太后对朝政的影响,竟如此之大,让她开了眼界。

"那就这么着,窦婴、田蚡,你二人就此罢职归第,好好给我闭门思过。丞相吗?我看就让太常令、柏至侯许昌做,御史大夫就让严青翟做。至于郎中令,是宫里头的要职,王臧有罪,不能再任此职,就改用万石君家的石建,皇帝以为如何呀?"

刘彻无奈,只得点头应承下来。至此,窦太后完全颠覆了朝局,尊奉黄老治术的老臣重据要津,明堂之议废止,一切又都回复到数月前的状态。刘彻尽管不愿,可势单力孤,难以得到多数朝臣的支持。他也曾动过与太皇太后硬顶的念头,可是想到父皇临终前的嘱托,还是委曲求全了。

太皇太后颠覆了朝政,再次确立了自己的权威,临回长乐宫时丢下了一句话,皇帝三日内最好对赵、王二人以离间宫闱、蛊惑人君的罪名断然处置,不然,三日后,她将召集宗室诸侯、外戚亲贵与三公九卿和百官会议处置的办法。这是个明显的威胁,届时刘彻若不能按照她的意旨办事,太后很可能会以忤逆不孝之名提出废立,满朝的官员都是父皇时代的老臣,几个拥戴自己的心腹大臣或圈禁、或罢黜,太皇太后若真想要废黜他,在这些个老臣那里是可以收如臂使指之效的。

散朝后,王娡没有离开。局面凶险,她无论如何要劝说儿子服从窦太后的意旨,否则,多年谋划得来的一切,她与儿子的地位,会于转瞬间崩塌。刘彻静静地坐着,一言不发,紧闭着的嘴角透出一丝倔强。王娡要侍从们退下,坐到儿子身边,拉起他的手,道:"彻儿,不是为娘的不帮你。刚才的那个架势,娘若袒护你,咱娘母子与太皇太后立时就成了决裂的局面。满朝都是你父皇时的老臣,有几人能站在我们一面?太皇太后一怒之下,或许就会有废立之议,搞成那种局面,不要说你的抱负志向会成为泡影,我们母子的身家性命,怕也难保。儿啊,形势比人强,你就服个软,向皇祖母认个错,顺了她的心。你父皇那么厉害的人,有些事还得让着她,你认个错,不丢人。"

刘彻紧闭双唇,一言不发,仍是一脸倔强的样子。

"儿啊,娘不懂得朝政大事,可有一句话,欲速则不达,娘知道错不了。你才十六岁,还有的是时间,太皇太后年逾七十,还能支撑几年?你顺着她,由着她过几年舒心的日子。一旦不讳,以后再议你们那个明堂不就行了吗?"

王娡的话,刘彻当然明白。时机不利,行韬晦之计,史书中的事例屡见不鲜,父皇耳提面命的教诲,也早已深印在其脑海。可在感情上,他就是觉得在窦太后的横蛮面前低头服软,是奇耻大辱,作为皇帝的他,向一个强词夺理的老妪屈服,皇权岂不威风扫地。可他又能怎样?母亲说得不错,满朝的文武,都是父皇时代的老臣,早已认同太皇太后的权威,能有几人干冒风险,与自己站在一起?他贵为皇帝,可没有自己的人,这种权势便虚弱得如同风中的芦苇。没有忠实于自己的人,即便设立了明堂,新制度也难免流于形式。他最大的错处,在于把握了中枢的人事后,没能抓住时机,大量引入任用认同自己的权威,为己所用的人才,彻底分化、削弱、破除官场原有的格局,而去从事明堂之类的不急之务,激怒了崇奉黄老的窦太后,却没有意识到自己在新旧之争中,远不具有与旧势力抗衡的力量。一句话,没有人,是此次朝局被轻易颠覆的原因,同样,没有人,自己也难以抗拒太皇太后的意志,否则无异于以卵击石。他唯一的选择,就是服从窦太后,把眼前的危机化解过去,而后慢慢经营,直到有把握取胜的那个时刻。一念及此,他猛然憬悟,心气也平和下来。

"娘教训的是。儿臣知道错了。儿臣今夜便处置赵、王二人,让太皇太后舒心顺气。"

王娡大喜,儿子肯认错,这场危机便不难化解。她凝视着儿子,觉得既欣慰,又隐约有所不安。儿子面色安详,一点儿看不出他内心的波澜。小小年纪,就有了城府,喜怒不形于色,儿子有了人君应有的成熟,却仿佛离她愈来愈远,变得陌生了。

送走母后,刘彻直接乘辇前往北军监所,他要与二位师傅道个别。他的心境平静,没有不安与歉疚。权力斗争是冷酷的,容不得半点儿温情。他记得当年问起为何诛杀自己心腹智囊晁错时,父皇那无奈与冷酷的神情。"为帝王者,不能存妇人之仁。有时候,明知是忠臣,可格于大局,仍不能不加罪诛杀,为的是潜消反侧,争取时间。"父皇的话言犹在耳,是呀,自己目前最需要的不就是时间嘛,有了时间,与窦太后的较量,他就胜算在握。而这时间,值得用两位师傅的人头去换,他大可不必为此良心不安,师傅们向往的大业,最终会由自己完成,为此,他们会含笑于九泉的。

看看快到北军监所,刘彻吩咐跟在身旁的郭彤道:"传知御厨整治一席酒菜,送到北军监所,朕要与两位师傅诀别。"

六十五

建元元年秋十一月，秋凉初起，金风送爽，正是一年当中最佳的狩猎季节。日晡时分，打从未央宫南面的西安门，出来一行十数骑人马，沿着长安通往上林苑的大道，疾驰而去。

打头的两名少年，英气勃勃，虽然一身民间普通装束，却难掩天潢贵胄的气质。后面跟从的人，也全是英俊少年，身佩弓矢刀剑，神情警惕地紧随在两人身后。近来每日午后，不当值的侍卫都应皇帝之约等候在宫门之外，随同出城行猎，久之，皇帝微服出猎已是大内尽人皆知的秘密。这些轮流陪同出猎的卫士也因此被称为"期门郎"。

行至奉明路口时，大道分为两岔，一条向南直通连接汉中的子午道，一条拐向西南，通向户县和周至。"陛下，今晚奔哪儿，走哪条路？"身材略高些的少年勒住马头，开口问道。刘彻蹙额道："说好了在宫外变称呼，称我刘郎。你如此称呼，怎能不露行藏！"

韩嫣笑着吐了下舌头，"臣，不，我该死。请问刘公子，今晚何处行猎？"

"还是前日去过的老地方。"刘彻向西南挥鞭一指，众人策马，直向昆明池方向而去。

自从太皇太后干政，逼迫他赐死两位师傅以后。刘彻在朝政上十分消极。一应大事全委托丞相许昌、郎中令石建等奏报太皇太后议决。太皇太后却也安之若素，乐此不疲。皇帝则好似变了个人，耽于逸乐，尤其钟情于歌诗与狩猎。汉宫的规制，皇帝五日一朝太后，请安后，除朝政而外，时间可由刘彻自行安排。因而他每每利用两次请安的间隙，与韩嫣带上一些期门郎，悄悄潜出宫，赴上林苑行猎。

前日在户县近旁的一个村落，他们猎获了不少野兔和雉鸡，拿到一家猎户开的旅舍打尖。旅舍主人的女儿年方及笄，眉眼颇似大萍，娇憨可人。刘彻心动，借着酒意，与那姑娘调笑了许久。直至客舍主人怒目相对，下了逐客令，他才恋恋不舍地离开。日来无聊，他又想起那女孩，于是叫上韩嫣，带着十余名惯常跟随他的期门卫士，绮梦重温。

那家旅舍所在的昆明池一带，虽也属于上林苑的范围，可其中居住着许多猎户，为皇家贡献猎物而外，猎户们开垦了不少荒地，种植谷物菜蔬。此地离南山甚远，没有大的猎物，野鸡、野兔最多，偶尔也有野猪、狍子出没。皇家田猎，通常都在南山猎场，刘彻等行猎，既不事先通告地方，又是便装出行，逐猎兔雉之际，每每会践踏猎户们的庄稼，搞得地方上啧有烦言。百姓告到宫里，户县守令虽不明猎者的身份，可知道一定是长安城中的贵游子弟，不愿去触这个霉头，后又听说是宫里出来的人，便更不敢过问了。

猎户们愤怒已极，遂结伙联防，一经发现，便鸣锣示警，众人各执兵器，驱逐追赶。好在他们的马快，每次都能脱险，事后谈起，竟成了比狩猎更富于刺激性的趣事，刘彻等由是乐此不疲。

天色渐渐暗下来。刘彻勒住马头，示意众人驻足静听。四周满是密集的粟稷，秋收已过，穗头都被剪掉了，只余秸秆立在田里，被猎户们留作冬季的马料。晚风把秸秆拂得沙沙作响，不时可以听到里面野雉咕咕的叫声。刘彻做了个手势，被撒开的两条猎犬，极其敏捷地钻入田中，随着一阵扑棱棱振翅的声响，不远处飞起十余只野雉，斑斓的羽毛在落日的余晖中闪烁不定。早已等候着的猎手们纷纷放箭，不久，每个人的马鞍上都挂上了猎物。一只受惊的野兔冲出田地，慌不择路地狂奔，韩嫣一马当先撵过去，看看追及，野兔猛然转向，再次钻入田中，韩嫣兴起，掉转马头狂追不舍，将田中的秸秆踏倒了一片，最终在猎犬的围堵下，抓获了那只野兔。

远远地可以看到火把，猎户们发现了他们，大呼小叫着围了上来。刘彻吩咐了一声"走"，一夹马肚，向着一条侧路直奔昆明池而去，很快就将追赶他们的猎户远远抛在了后面。行了十余里后，天色已大黑，前方隐约可见几缕光亮,那就是他们今夜的目的地——柏谷村了。

刘彻推开门,一行人把不大的店堂占得满满的。众人把猎获的雉兔扔到地上,韩嫣向着阴着脸站在柜旁的主人笑道:"老翁伯,着人收拾起来,洗涮割烹,今夜吾等要好好乐一乐。"

老翁不动,冷眼扫视着众人。韩嫣道:"那位好女如何不见?老翁伯,你呼人抓紧烹煮,好生侍候我们主人,只要主人欢喜,价钱可以不论。"

老翁问道:"你们是何等人,何以专在夜间活动?我听说上林苑近来有伙盗贼,呼朋引类,为非作歹,糟害百姓的田地。这里是皇家禁苑,柏谷亭舍就在附近,识趣的马上离开,惊动了官府,你们可知道汉法的厉害!"

众人互相看看,做出紧张害怕的样子,随即哄堂大笑起来。

老者让他们笑得摸不着头脑,悻悻地说:"我看你们各个相貌堂堂,身高体大,若勤于稼穑,应该是庄稼上的好手。为甚带剑群聚,夜行动众?如此作为,非盗即淫。汝等还年少,就算不顾惜自身的名誉,就不怕牵累父母嘛!"

韩嫣不耐烦道:"你既是开店的,不快快为客人准备饭食,在这里啰唣个甚!马上去叫前日里那个女子来侍候,不然要你的好看!"

刘彻止住韩嫣,和颜悦色地说道:"老伯,我等逐猎辛苦,到舍下打尖,不过欲向你老讨口浆水解渴,没有旁的意思,老伯莫误会了。"

老翁显然认出他就是前日与女儿调笑的后生,他冷冷地打量着他,那眼神如同利刃,似要将他切碎一般。

"我这里只有尿,没有浆水。"说罢,老翁大步跨入里间去了。

受此窘辱,刘彻尚能自持,韩嫣和几个侍卫则怒由心生,拔出刀剑,欲与主人理论。刘彻止住众人,吩咐一名卫士悄悄跟进去,觇视后面的动静。卫士跟过去片刻即返,神色张皇地说,那老翁在后院,正与十数个身佩弓矢刀剑的壮汉计议着什么,其意不善。

一种熟悉的感觉又从腹中涌上来,紧张、焦虑与兴奋兼而有之,十年前在东市遇险时,刘彻就体验过这种感觉。灰溜溜地离开,这绝不是他的作风,双方人数相当,真的动起手来,谅寻常百姓也不是大内禁军的对手。于是,他吩咐两人护卫舍外的马匹。其余人各就搏击的有利位置,自己则倚在柜台旁,好整以暇地静观事态的发展。

有顷，一老妪带着两名仆妇走进来，老妪提着壶热水，边为客人斟水，边吩咐仆妇们将猎物带到庖厨中收拾。老妪斟水之际，已将屋内形势尽收眼底。她向刘彻笑笑道："各位先喝口水，稍等片刻，酒菜就上来。"说罢，转身回里间去了。刘彻使了个眼色，韩嫣随后跟了进去。老妪掀帘进了后屋，韩嫣悄悄凑过去，听到老妪正在说话。

"我观察那为首的丈夫，绝非寻常之辈，况且他们已有准备，不可图。莫如以礼相待，两下里相安无事。"

"不过是些个后生小子，好对付！不行咱们就鸣鼓召集邻近的猎户，围击这伙盗贼，不信收拾不了他们！"正是方才那老翁的声音。

"若是这样，也先要安顿好他们，候其酒醉入睡后，方可动手。你叫小安子到附近几户人家送个信，待他们喝得差不多时，咱们的人也就该聚齐了。"

"就这样办。"

韩嫣一溜烟回到前屋，满脸忧惧地将老翁夫妇的谋划讲给刘彻听，末了道："长杨宫离此不过十里，我看今夜莫不如宿在长杨，明日调集长杨的侍卫，剿灭了这伙胆敢谋逆的反贼。"

刘彻淡淡一笑，道："我们微服出行，人家倒以为我们是鸡鸣狗盗的歹徒呢，不知者不为罪。可我们若现在离开，摆明了是心虚害怕，他们路熟，四下趁黑追杀，我们必会吃亏。不如就宿在此处，看看到底会出甚事，万一事急，亮出朕的身份就可以了。都是大汉的子民，不会为难我们的。"

正说着，老妪端着装满酒具的食案走了进来。她一面逐个为客人酌酒，一面不停偷觑着刘彻。而两人一旦目光相接，她却面如止水，绝难看出她内心中的半点儿波澜。

"朕，朕！"什么人敢于如此自称？难道这少年竟是当今的天子嘛！老妪在众人饮酒时，注意观察着刘彻，果然风骨非凡，像是王孙贵胄的模样。她走上前去为刘彻筛酒，问道："这位公子贵姓？年庚几何呀？"

刘彻不答。坐在刘彻对面的韩嫣笑道："阿婆问他？这位是刘公子，长安大户人家的子弟。"

"喔，那倒是当今大汉天子的本家喽！真是贵客到了，刚才那老翁有眼无珠，识不得贵人，得罪了，还望公子宽恕。"老妪惊喜不置地说道。至此，她已肯定在座的客人是当今的天子与大内的侍从。

这样一来,原来的想法全变了。她亲自下厨,不久便整治出一席爆炙杂陈的山珍,作料虽不及宫中齐备,但鲜美异常,别有一种风味,众人胃口大开,狼吞虎咽起来。老妪站在刘彻身旁,频频为他酌酒。刘彻微醺,问道:"敢问阿婆,前日我等来此,酌酒的那位姑娘是谁?今日怎不见她出来?"

"是吾儿的新妇,过门不过几日,今日携吾儿去娘家回门了。"

刘彻怅然,随即说道:"那日唐突失礼,惹阿翁怪罪,我没有别的意思,只觉得你儿媳长得像一个熟人,愿意同她说话而已。二老莫误会,我这里赔礼了。"说罢,揖手谢罪。

老妪连连摆手,道:"使不得,使不得。老妪原也是宫里出来的人,今日得在家中邂逅贵人,是老妪的福分。"

"哦,阿婆也在宫里住过吗?"

"住过二十多年呢,在后宫的庖厨做过。我是在孝文皇帝大丧那年出的宫,家在三辅,后来嫁到这里的尹家,算来也十六七年了。"

"看阿婆这家里,还生活得不错嘛。"

"托孝文、孝景皇帝的福呗。先帝从前也不闲着到上林苑田猎,不过通常是去南山猎虎熊野猪等大猎物。先帝体恤这里的猎户,允准他们开荒种地。猎户们贡献猎物,每次都得到先帝的赏赐。先帝路过这里时,还特意吩咐随行的侍卫,千万不要践踏民户的庄稼。听说梁王有一年建议清丈、收回这里的田地,孝景皇帝顾惜民户开垦不易,凡不得不占用的田地,都厚给所直。这里的百姓日日念叨先帝的好处,为之祈祷冥福呢。"

老妪面色平静,可话中又像是有所指,把刘彻羞得满面通红,好在是在酒席上,可以借酒盖脸。想到父亲的俭朴和要他勤政爱民的教诲,他心里如同针刺,对自己这一向的行为颇有悔意。说话间,老妪又拉出老翁,扯到刘彻面前,道:"刘公子他们是宫里来的贵人,咱们是误会了,快向刘公子赔个不是!"

老翁嘟嘟囔囔地解释着什么,刘彻没有听清。两人举酒对饮,算是消释误会,老翁很快就醺醺然了。老妪又将埋伏在后屋的人喊过来,众人呼卢喝雉,掷色猜枚,输者饮酒,很快就醉倒成一片。老妪带着几个仆妇,将那老者连同同伴们缚了个结实，之后向着满面惊愕的刘彻等人道："诸公子请宽谅主人翁适才的无礼，这老翁好酒，酒醉后忘乎所以，狂悖不足与计。如今公子等放心高卧安眠，再不会有甚事了。"说罢与仆妇们将老者抬到后屋去了。

刘彻等人饱啖一餐，尽兴醉卧，直睡到次日天明，方才起身。老妪杀鸡煮黍，又盛情招待了他们一番，众人方才懒洋洋地上路。在返回长安的路上，刘彻沉思了许久，方才对韩嫣与侍从们说道："记住，今后狩猎去南山猎场，不能再做糟害百姓、令父皇痛心的事了。"

韩嫣道："若去南山，来回需要数日，搞不好耽搁了去长乐宫奉朝请，太皇太后和皇太后怕又要挑礼了。"

"不会。太皇太后有朝政可议，精神好着呢！近来反而比皇太后更为开通。昨日午前请安时，居然就朝廷的人事问朕的意见。我举荐李广回京任卫尉之职，她竟然也同意了。反倒是母后，动辄指责我嬉游无度，荒疏朝政。也不想想，我若勤政，还有她们问政的理由吗？"

"太后是挺怪，做了太后，反不如从前乐观通达。每次我去椒房殿，太后的神色都是怪怪的、阴阴的，看得我发毛。可为了蔓儿，还不能不去。"韩嫣闷闷不乐地说。

"我要你打听的事情，近来有消息没有？"

"大萍的事？当然，凡是去赵国的人，我都托他们打听大萍的下落。可是她家搬了，没人知道去了哪里，都没有准信。"韩嫣知道刘彻一直不能忘情于大萍，连日行猎柏谷，为的就是那个眉眼有些像大萍的酒家女。他也打听到大萍嫁到了河间县一家姓赵的人家。可慑于皇太后的警告，不敢告诉刘彻。

刘彻叹了口气，道："居常怏怏，日久会生心病。明日就是皇太后的寿诞，要想个法子让母后开心才好。"

韩嫣忽然想起了什么，拍了拍头，道："有件事情，陛下只要做了，太后必会欣喜异常。以前先帝在世时，只能憋在心里，如今虽不碍了，可要太后主动提出，还真开不了口。陛下有此孝心，何不送皇太后一份大礼。"

"甚事，讲来，莫卖关子！"

韩嫣望望周围的侍从，摇头道："此事事关太后的隐私，不便公开，还是回宫后讲吧。"刘彻也领悟到什么，不再追问。眼前已望得到长安城高大的城墙和开启的城门,新的一日又开始了,不知还要过多少日夜,自己才能成为实至名归的皇帝,推行心中酝酿了多年的伟业!眼下,他却只能以退为进,行韬晦之计。可昨日的遭遇,也提醒了他,切不可玩物丧志,抛弃了本来的职责。空闲的时候,他要多读书,多接触些贤人,悄悄地为将来的亲政做好准备。

六十六

　　王娡吩咐郭彤和石建等在外面,自己悄没声地走进长信殿,向太皇太后请安后,静静地坐在一旁。窦太后眯着双眼,正在听丞相许昌诵读奏章。自十月以来,朝廷议政的规矩有了变化。皇帝早朝时与大臣们议过的重要事项,都要送到长乐宫征询太皇太后的意见。经太皇太后认可的,下达施行;有异议者,退回未央宫重议,直至两宫一致,方可施行。王娡心里焦躁,可脸上仍是恭恭敬敬的神情,不露一丝烦躁。

　　公事办完,许昌退下,王娡再拜顿首请安。窦太后兴致不错,问道:"皇太后还好吗?有事情就说吧。"

　　王娡吩咐召郭彤与石建入殿,忧心忡忡地说:"皇帝近来屡屡微服出游,我怕他荒嬉朝政,说过他几次,他全不放在心上。只好请太皇太后出面,或许管束得住他。"

　　"荒嬉朝政,有那么厉害?"窦太后眉头微蹙,似乎不信。

　　"郭彤,皇帝昨晚又没有在宫中过夜吧?"

　　"是。"

　　"石大夫,皇帝昨日几时出的宫,最近都去了甚地方?你讲给太皇太后听。"

　　"是。皇帝昨日午后晡时出西安门,向西南方向去了。入秋以来,除早朝和赴长乐宫请安而外,皇帝常微服出宫,大多去了长杨宫一带,夜出昼归,一般次日便回,在外面最多不超过两日。"

"似这般日事嬉游,哪里还有个做皇帝的样子!太皇太后再不能坐视了。"王娡对儿子最近的表现,真的很失望。儿子的翅膀硬了,正在挣脱出自己的怀抱,似这般微行嬉游,若被窦太后知晓,会不会再起废立之心,毕竟这是个不错的借口。她主动提起此事,也含有试探的意思。

"荒嬉朝政?怕不是这样吧。每日我这里处置的,全是皇帝当日送过来的公事,看不出有甚耽搁延误。至于微服出游,皇帝他终究还是个十七岁的孩子,整日价在宫里,觉得憋闷,想出去走走,也没甚了不得。当年孝文、孝景皇帝年少时,都没少微服出行。对这种事情,莫太认真了。"窦太后慢慢呷了口茶,脸上是不以为然的样子。

"可皇帝这一向,是愈来愈不听劝了。除了请安时露一下面,平时难得见到他,好像有意躲着我们。这个样子下去,越来越生分,我忧心哪。"

窦太后摇摇头,笑道:"皇帝这哪里是冲你,他是冲着我来的。我分了他的权,处置了他的师傅,不许他建明堂,他心里有气,无从发泄。他躲的是我,借着游猎,行的是韬晦之计。我打从孝惠皇帝时入宫,经历过四代人主,他算是第五个。这点儿伎俩,还瞒不过我老婆子。"

王娡与郭彤的心一下子被提到了嗓子眼,太皇太后若真存了这种成见,刘彻的地位堪忧。王娡前趋顿首道:"彻儿如太皇太后所说,还是个孩子,不懂事,净做些个让人不快的事情,望太皇太后宽恕。"

窦太后笑道:"你说阿彻不懂事?我看最懂事的就属他了。你做娘的看不透自己的儿子,难怪他不听你的。那日我在宣室大发雷霆,你们以为我要行废立之事?我老婆子眼瞎,可心里明白,再气也不至于做出这种糊涂的事来。废了阿彻,谁来接这个皇帝?谁又有资格接这个皇帝!孝景皇帝选嗣的眼光没有错,阿彻这孩子有大志,天生是做大事的材料,大汉的前程在他的身上。我挫辱他,为的是历练他,磨一磨他的锐气,让他晓得,就是皇帝,也不是想怎么着就能怎么着的。少年得志之人,最容易猖狂。更何况他是皇帝,背后有那么些人撺掇他、蛊惑他,难保不走歪路。孝文皇帝一大把年纪,还让新垣平给骗了呢,阿彻他年少,心气虽高,可经的事情少,不随时敲打敲打他,保不准会出甚事。那日当着那么多大臣的面,我杀了他的威风,他能不恨?可他忍下了,不跟我赌气,他知道这次的输赢是一时的,时间在他一边,最终的赢家还是他。所以他不跟咱们计较,而是行韬晦之计,你还说他不懂事?"

窦太后呷了口茶,敛容正色道:"可我绝不容他乱改祖宗的法度。儒学我知道得不多,制礼作乐,多是些浮华夸饰的东西。儒家讲有为,有为就免不了造作生事,就会扰民,虚耗国家的资财。大汉的家底是列祖列宗攒下的,祖宗立国以来,行的是黄老,是清静无为,与民休息,这才有了今日富强的局面。我活一日,祖宗的法度便不容更改,我死了,管不了了,皇帝他爱怎么闹腾,随他。"

见窦太后有些伤感,王娡接口道:"太皇太后放心,千秋万岁后,媳妇也要效法婆婆,对彻儿严加管束,不许他乱改祖宗的法度。"

"你?"窦太后摇摇头,笑道:"你不成。为甚?你不是我,阿彻也不是他父亲。物有各自的物性,人有各自的人性,不一样的!阿启是个守成的皇帝,阿彻是个做大事的皇帝,这样的皇帝,绝不是皇太后所能管束得住的。你若识趣,还是力所能及地管好后宫的事情,朝廷上的事情,由着皇帝去做吧。那时候他的年纪也长些了,行事该不会如今日这般冒失了。"

王娡亦喜亦悲。喜的是,太皇太后交了底,不又没有废立的意思,言下还很看重彻儿,一直以来压在心头的石头总算落了地。悲的是,太皇太后说得没错,她没有窦氏的能力与威势,儿子看来也难以像孝景皇帝侍奉窦氏那样孝敬她。

回到椒房殿,王娡百无聊赖地四下察看。明日就是自己四十五岁的寿诞了。母亲臧儿早就张罗着要为自己上寿,可她却没有兴致。小时候盼着过生日,老来反而怕过生日,岁月催人老啊!儿子已过了热孝期,过一阵子,就能够与阿娇完婚了。届时阿娇将会以皇后的身份入主椒房殿,她将移居长乐宫,与强势的窦太后做伴,低首下心地侍候太皇太后到死,真不知还能不能过上自己盼望的那种扬眉吐气的日子。

殿门外忽然车鸣马嘶,人语喧哗,似乎有大队的仪仗在外。王娡等驻足观望,大门启处,却是儿子刘彻走了进来,跟着的是韩嫣,再后面则是众宫人搀扶着的一个女子,二十五六的年纪,一脸怯生生的模样,可那眉眼看上去,又似曾相识般地熟悉。

"娘,看看谁来了?"刘彻将韩嫣拉到一旁,露出身后的女子。

王娡与那女子四目相接，心头一阵悸动，难道是她？那女子也反复端详王娡，脸上却是一片茫然。

"明日就是娘的寿诞，阖家大团圆，是儿臣奉献给娘的寿礼！娘还记不起她是谁吗？"

王娡心头一酸，失口叫道："是俗儿吗，二十余年了，你把娘给忘了？"言罢泣下，泪如泉涌。那女子呆呆地望着王娡，仍是一脸的惶惑。父亲自幼便告诉她，她母亲早已死掉了。而今忽然冒出个母亲，而且还是当今的皇太后，她一时还转不过这个弯子来。王娡走上前，一把将女儿揽在怀中，心肝宝贝地叫着，大放悲声。到底是母子天性使然，金俗很快也动了感情，涕泪交流，一声声叫起娘来。

众人陪着大喜大悲过一阵，王娡拉着女儿进殿叙话，这才想起问儿子何以得知他有个异姓的姊姊，又何以找到并载入宫来与她相认。刘彻将韩嫣推到她面前，笑道："娘托王孙去金家送过东西，难道忘了吗？"

原来，金家自王娡入宫，便从臧儿处索回了金俗，从此与王家断绝了关系。臧儿后来嫁到了长陵田家，几次欲去金家看望外孙女，均被金家拒之门外，臧儿母女送去的所有物品都被扔了出来。王娡尽管伤心，但景帝在世时，她只能绝口不提。只是在听到金俗即将出嫁时，密托韩嫣冒充贺客，送去了一笔钱。韩嫣因此知道皇后在民间尚有个女儿。

今早回宫时，知道皇帝欲在母后寿诞时送上一份厚礼，韩嫣就想到了金俗。孝景皇帝驾崩，这件事情可以不再遮掩，于是将事情的本末原原本本讲给刘彻听。刘彻又惊又喜，叫道："王孙何不早言！"于是先不回宫，换乘车驾，领着一干侍卫，顺华阳街北出横门，直奔长陵而去。皇帝出警入跸，中尉府得知车驾要去长陵，早已派出缇骑，沿途警戒。到达长陵时时间尚早，乘舆自小市西路直达金家的所在里居，里门尚未开启，卫士门一通暴擂，砸开门后一拥而入，将金家围了个水泄不通。金家不明就里，阖家惊恐，东躲西藏。卫士们在床下搜出了金俗，将她扶持出大门，拜谒皇帝。刘彻跳下车，搀扶起金俗，泣下道："大姊，为何要躲藏那么深呢？"然后载乘副车，一同返回长安，与王娡相认。

韩嫣正与蔓儿耳语，王娡以异样的目光盯着他俩，说道："难为韩公子如此用心，孤要酬赠你百金为谢。"韩嫣顿首辞谢，王娡却不给他机会："孤知道你打得一手好弹弓，特意为你预备下了这些。你这些年来没少为孤奔走办事，得着这些也是应该的。"侍女打开一只锦箧，里面满满装着的竟全是黄金制成的弹丸。

"这太贵重了，小臣不敢当。"

"贵重？你好好为孤办事，比这贵重的赏赐还多着呢！"说罢，她不再理睬韩嫣，径自向金俗问起金家的近况。

王娡入宫后，金王孙伤痛欲绝，一直没有再娶。四年前患病，久医无效，死前为女儿招赘了一个男人，靠着父亲留下的家产，金俗一家过得还算富裕。成婚三年，金俗生有一女一子，全都从金家的姓，女儿名金娥，儿子名金仲。听到金王孙终生未再婚娶，女儿又为自己添了外孙，王娡既感伤，又欢喜，遂同意刘彻的建议，明日在未央宫大宴王氏全族姻戚，为自己贺寿。

刘彻与韩嫣掰着手指计议明日大宴要请的宾客：太皇太后、刘嫖和窦氏家族，王氏家族、臧儿改嫁过去的田氏家族，自然还有新认了亲的金氏家族。看着儿子那副认真张罗的样子，王娡的眼睛湿润了。儿子无疑是孝顺的，自己的心血没有白费，窦太后以为只有她能够驾驭皇帝，未免忒看轻了自己。明日的寿宴，是儿子孝心的表示，窦太后见了，也该无话可说了吧。

次日的酒宴，果然盛况空前。窦太后、长公主、阿娇及窦氏宗亲，平原君臧儿、田蚡、田胜全家，盖侯王信、王娡的长女平阳长公主夫妇、少女隆虑公主夫妇、儿妇尚未就国的两名幼子，及金俗携其子女，全都亲临椒房殿，为皇太后贺寿。刘彻祝酒时，还当筵宣诏，加封金俗为修成君。并以母亲的名义，以钱千万，奴婢三百人，公田百顷，长安城内的甲第一座，赐予大姊。刘彻此举，窦太后也十分赞赏，称赞他有孝心，无形中，太皇太后与皇帝间的关系大为缓和。刘彻也答应母亲，今后用心于朝政，不再微服出游。

有生以来，家族姻亲的聚会，人来得如此多，到的如此齐，在王娡的记忆中，还是第一次。望着济济一堂的亲友，她泪眼盈盈，激动得不能自已。儿子正同阿娇说笑，撇开助成儿子即位的因素，他俩也是极般配的一对。阿娇人虽高傲，同她的关系却很好，称得上是个孝顺的儿媳。

母亲臧儿正在向金俗叙述着什么，怕是解释当年为何要强行拆散她们的道理吧。自己与长女一别二十四年，亏欠女儿的太多了，今后一定要好生看顾她与一双外孙，尽己所能地补偿他们。

韩嫣正与董偃热烈交谈，恐怕不外乎公子哥们呼卢喝雉、斗鸡走狗的玩经吧，刘嫖坐在近旁注视着这对璧人，喜爱之情溢于言表。近来长公主走到哪里，将董偃带到哪里。自陈午病重瘫痪以来，她与董偃出双入对，越发没有顾忌了。奇怪的是，如此有损门风的事，窦太后竟视若不见。王娡久久注视着他们，心中不由生出一丝嫉妒。

金俗的儿子金仲，正在倾听清河王刘乘与常山王刘舜间的谈话，看他那副痴呆神往的样子，两位皇子怕正在向他炫耀什么。看到儿姁的儿子，她总有一种不自在的感觉。可也绝无愧疚，她成功了，重振了臧氏的家声，她也将妹妹的遗孤抚养成人，都加封了王位，她对得起儿姁和家族姻亲中的任何人。

她应该感激而不在座中的只有义姁。不知怎的，义姁前不久坚决辞去了御医之职，辞别时对王娡说，义纵已经做到了县令，可以供养全家生活了。她一生未嫁，全是为了这个兄弟，如今义纵尚未成家，仍需要她为之操持家务，所以不能再效力于宫中。无论王娡怎样挽留，她坚不为动，竟放她去了。自己一生的命运变化，都出自这个女人的一次占卜与关键时刻对自己的帮助，可义姁淡泊名利，看来只好以关照她兄弟作为报答了。

以往与目前的一切，似梦如烟，在王娡的头脑中交叠起落。她成功了，可喜悦、满足与骄傲后面，仍有一种空荡荡的缺憾，生命对于她似乎并不真实。儿子已经是皇帝，即将娶妻生子，有自己的事业宏图；平阳、隆虑均已出嫁，南宫远在异国，生死莫卜；金俗虽与自己团圆，可也有家人儿女；就是母亲，也有室家之欢。唯独自己，无夫妻之爱，无室家之欢，虽然坐在皇太后的高位上，可世俗平头百姓所能享受的福分，她都不易得到。自己为之付出的一切，值得吗？成功后的失落，满足后的空虚，深深攫住了她。为了强抑住落寞的心情，她放怀饮酒，有生以来头一次真正放纵自己，不再自我约束。

六十七

　　王娡一觉醒来，已经是午后，仍觉得宿酒在头，有种恍惚迷离的感觉。她接过侍女奉上的茶水，发现奉茶者不是随身的侍女蔓儿，于是问道："蔓儿呢？"

　　"蔓儿随皇帝、阿娇、二位王爷和韩公子陪着修成君母子，去大内游览了。平原君和诸位舅爷都已告退出宫了。"

　　蔓儿这个贱人，觑着个机会就往外溜。王娡自打知道韩嫣与蔓儿相好后，不动声色，故意将蔓儿紧锁在自己的身边，将这对恋人的一举一动，置于自己的视线之下。看着有情人咫尺天涯，却故作生分、冷漠的样子，这样的精神折磨，每每使王娡的心头感到一丝快意。不料今日寿诞，略一疏忽，竟给了她一会情人的机会，王娡恨恨不已。

　　"太皇太后与长公主甚时走的？"王娡有气无力地问道。

　　"太皇太后年高，不胜酒力，早早就回长乐宫了。大长公主与陈府的人在偏殿休憩了一会儿，此刻正在前面的花园中漫步，说是等殿下醒过来告辞再走。"

　　这位大姑子怠慢不得，王娡急忙起身，洗沐更衣后，匆匆赶到椒房殿的花圃中来寻刘嫖。可见到刘嫖时，却又由不得止住了脚步。花圃中已是百卉凋零，甬路上满是落叶，唯有一大片竹林仍未褪去绿色，在风中摇曳生姿。刘嫖与董偃正在那竹林边上携手漫步，喁喁低语，全然是一对情人的样子。

　　王娡轻咳了一声，刘嫖扬起头，微笑着向她示意，握着董偃的手却并没有松开。董偃的脸红红的,问了声好,便低头不语了。王娡将二人让入前厅,看到董偃机陧不安的样子,刘嫖道:"我与皇太后说说话,董君若觉得不便,可径去园中走走,只是不要走远了。"

董偃起身告退,毕恭毕敬地退了出去。王娡望着恋恋不舍的刘嫖,笑着打趣道:"董君?一个小厮,却如此相敬如宾嘛!"

"怎么?只要我喜欢,当然可以不把他当作小厮看。亲家母,我告诉你句实在话,在董君身上,有女人所想要的一切。与堂邑侯做了那么多年夫妻,却不知温情的滋味,只是在董君身上才有了这种感觉,令人不能自持。"

王娡的心中掠过种异样的感觉,既熟识,又陌生。是呀,男人的温情,自己有多少年不曾领略过了?她抑制住心头的躁动,语气平静地问道:"你如此待他,太皇太后难道不怪罪你们吗?"

"太皇太后也是女人不是?独守空房是甚滋味,她知道得最清楚。董君人她见过,也知道我们的事,可她从来不过问。陈午瘫在家里,比死人就多了口气,守活寡的日子,她耐得,我却耐不得。"

刘嫖呷了口茶,打趣王娡道:"别光说我们,殿下与那意中人走到甚地步了?也该告知我一二。"

"阿姊说的甚?孤不明白。"王娡正色道,可脸颊却微微有些发红。

"不明白?韩公子是怎么回事?听说殿下昨日赐给他的金弹丸足有百金之多,他与皇帝用之射鸟,金弹散落得四下都是,引逗的长安闾里的少年跟在他们四周,满处捡拾金弹。目下京师最新流行的一首谣谚,殿下知道怎么说?"

"怎么说?"

"'苦饥寒,逐金丸。'现下韩公子走到哪里,京师的儿童便跟到哪里,据说他这两日来丢失的金丸已有数十枚,拾到一枚,寻常人家可食数月。韩公子是阿彻的近侍,又蒙太后之赐,已成了京师最得宠的人了呢。"

"她大姑莫乱说。我赐其金丸,不过是谢他为我们母女相认牵线搭桥而已。"王娡有些后悔,前日不该当众将那些金丸赏赐给韩嫣。他不仅不知珍惜,反而四下张扬,难免引起人们的猜测与怀疑。

"乱说?赐金赐银就罢了,难为你想得那么周到!不是提前预备下的,哪里拿得出？再说太后看韩公子时那眼神，把甚心事都说出来了。"

"眼神，眼神怎样？"

"太后看韩嫣时的眼神，与我看董君时的眼神是一样的！女人动了情，唯独看心上人时的眼神是掩饰不住的。其实，独守空床的那份凄凉，哪个女人不晓得？太后又何苦拿我当外人，有些情愫，说出来，比借酒浇愁，一个人自己在心里苦着，不好吗？"

王娡叹了口气，道："我何尝拿你当外人？不过你我处境不同罢了。你在宫外，自然没有约束。我身份不同，得顾及皇帝的面子和皇家的体面。"

"既然有那么多顾忌，你莫不如就成全了韩公子。今日酒宴上，你那贴身的侍女，得空就与韩公子眉来眼去，那眼神与你我一样，一望而知是动了真情。你将此女赐予韩嫣，我看他比得着那些金丸，还会欢喜得多。"

"成全他们？谁又来成全我！"王娡反问道："阿姊，若有人要你放弃'董君'，你会作何想？你舍得吗？"

王娡的面色惨白，嘴唇也有些微微抖动。被压抑过久的感情一旦释放出来，是种可怕的力量。刘嫖注视着王娡，摇摇头，心里知道她是绝不会放过韩嫣的。

"那么索性将其收为己用好了。将那侍女打发掉，韩公子死了心，太后厚待他，他感情也许会慢慢转移的。韩公子天潢贵胄，出身比董君高得多，人又风流倜傥，早听说后宫里的宫人都迷着他，有这样一个璧人做相好，也不辱没了皇太后呢。"

是呀，一个璧人。韩嫣那玉树临风的形象占据了她的脑海，那么英俊，那么年轻。近来王娡每每觉得光阴似箭，生命如水一般流逝。她的颜面愈益松弛，皱纹似乎也更深，连敷粉也盖不住了。不戴假发，几乎难以掩饰头发的稀疏与花白，每次对镜梳妆，这种感觉就分外强烈。她从心里羡慕蔓儿、韩嫣的年轻，嫉妒啮咬着她的心，若能占有韩嫣那年轻的身体，会不会留驻生命，让它走得慢些呢。起码长公主有董偃相伴，心情与容貌都比她好得多，虽然长她六七岁，可面相比她显得年轻而滋润。

景帝驾崩，窦太后丧明，这长安大内已不再有真实的威胁，她是该放纵、满足一下自己了。不然，辛苦谋划的这一切，为的是甚？成功如果不能带给人快乐，成功的意义何在！可怎样得到这个璧人呢？年长色衰，即使贵为皇太后，也难以打动男人的心，更何况韩嫣这样风流倜傥的公子哥。也许真如阿嫖所言，自己的眼神暴露了心事，韩嫣觉察到了甚，最近愈少到椒房殿来了，像是在躲她。若不是有蔓儿拴着他，王娡想见他一面都难。

见到王娡痴痴地出神，刘嫖笑道："妹妹的魂去哪里神游啦？是不是去会了韩公子，说给我听听。"

王娡猛然回到现实当中，不好意思地笑笑，说："大姊说得容易，我可是没有一点儿主意。要收作男宠，也得看人家韩公子敢不敢，愿不愿呢。"

"太后如此厚待于他，他本该感恩图报的。只要太后示好，有甚不敢的。在女色上，男人全都是馋猫，妹妹你说，有没有不吃腥的猫呢？"

王娡的心让刘嫖说得痒痒的，信心大增。是呀，以皇太后之尊，收个年轻人做面首，应该不是什么难事。她不能再亏待自己，从明日起，她便要着手安排这件事。

送走刘嫖之后，王娡的心情好了许多。原想好好教训一顿蔓儿的打算也放弃了，在韩嫣入彀之前，她还是个有用的诱饵。

翌日午前，刘彻早早阅完奏章，吩咐许昌送到长乐宫太皇太后那里议定，自己带着韩嫣和郭彤，一同到沧池边散心，顺带练习投壶。投壶原为一种古礼，到汉代已成为富贵人家宴会上常见的助兴游戏。刘彻近来游幸大姊平阳公主、三姊隆虑公主府上时，几次投壶，都负于姊夫，觉得很没有面子。郭舍人自告奋勇代他出赛，刘彻又不愿。既已答应母亲不再微服出猎，公事之余，便以练习投壶来打发时光。郭舍人是宫内出名的投壶高手，经其细心调教，刘彻投壶的命中率，已高出原来许多。

投壶的场地设在沧池边上的一块空场上，紧靠着一座凉亭。投壶所用的矢，以坚硬的灌木梏或棘的茎秆制成，重且直，不剥皮，底平头尖。矢有三种规格，以"扶"①为计算单位，分为五扶、七扶、九扶三种，相当于汉尺二尺、二尺八寸与三尺六寸，依场地不同而用。室内地方狭窄，多用五扶矢，厅堂中可用七扶矢，庭院宽阔处，可用九扶之矢。刘彻五扶、七扶之矢已经练得很准，

---

① 扶，汉代一种计算长短尺寸的单位，四指并拢的宽度为一扶，合汉制四寸。

于是特意在沧池边上开辟出一块空地，以练习既重且远的九扶投壶。

韩嫣被刘彻指定为司射（如今日之裁判），他吩咐近侍在场地上九尺开外处，安放好一只广口大肚、颈部细长的铜壶，壶内装满了小而滑的豆子。然后取出一只精美的兽头漆盒，打开后取出八支算筹，算筹是计算胜负的筹码，长一尺二寸。投壶一局每人四矢，相应地每人也应备四算。今日投壶者只有刘彻与郭彤两人，韩嫣于是取出八只算筹，分作两份。又命近侍摆好酒具，笑道："今日练习，非正式筵宴，无宾主之分，繁缛的礼节与奏乐都去掉了。可酒，还是要饮。每次胜负决出，胜者都要罚不胜者一杯。"

刘彻道："郭彤乃此中高手，如此这酒岂不都曰朕包了！"

"那么这样好了，陛下如负，可将此酒赏赐侍从，有人分劳，当不至于醉酒。"说罢，韩嫣一挥手，早已备好的鼓手们开始擂鼓。隆隆鼓声由缓至急，由小至大，节奏愈来愈强烈、急切，似乎在催促投手。刘彻接过侍从递过来的长矢，觑准远处的壶口，用力投过去，可力量过大，棘矢擦着壶口飞了过去。

擂鼓声再次响起，轮到郭舍人，他抱着四支投矢，不慌不忙地取出一支，略作比画后，扬手而出，那棘矢不疾不徐地在空中划了道弧线，直入壶口，略微弹动了两下，稳稳落在了壶中。四下的人齐声叫好，韩嫣在郭彤身侧放下一支算筹。一轮下来，刘彻只投进一支，而郭彤四发全中。韩嫣将第四支算筹放在郭彤身侧后，高声喊道："郭舍人立一马①。胜饮不胜者！"

刘彻故作不快地命令侍从，将罚酒赐给韩嫣，韩嫣笑着一饮而尽。郭彤道："九扶之矢中的诀窍，在力道上面。陛下莫心急，心急则喘息不匀，力道便难于把握。屏息凝神，全神贯注于矢与壶口，均匀用力，则可一发中的。陛下可按此要领多练几次。"

按照郭彤所说的练习，刘彻很快就掌握了九扶矢的要领。之后的比赛中，刘彻连赢两局，韩嫣大叫道："陛下立二马，郭舍人负，所胜一局归于至尊，罚酒三杯！"在场的侍卫们齐声欢呼。

"这是他让我。这样，朕，郭彤、王孙各饮一杯，算是扯平了。"

---

① 立一马，投壶时所用的术语，意谓一局获胜。

稍停，刘彻吩咐郭彤为众人表演投壶。郭彤打起精神，从壶中拔出棘矢，走到九步开外，调匀口气，觑准壶口，不知用的什么巧劲，只见那棘矢飞也似的穿入壶口，随即被壶中的豆子弹出，沿着原来的弧线弹射回来；郭彤用掌一推，棘矢再向壶中飞去，又再次激射回来。如此循环往复，那支棘矢如同灵物，穿梭于郭彤和投壶之间，就是不落地。观者眼花缭乱，鼓掌喝彩之声，此起彼伏。郭舍人兴起，正待打足精神，为皇帝和众人表演反身背投等技巧，却被椒房殿的宫人打断了。

听说是皇太后传召韩嫣，刘彻笑道："王孙又可见到心上人了，还不快去。"

韩嫣则颇为迟疑地问道："太后传我何事？蔓儿也在吗？"

宫人笑笑点头，道："太后想问问金家的事，蔓姊在宫门候着，太后要你早些赶过去呢。"

金家的事，人都见到了，有什么事情不能当面问清？韩嫣心里狐疑，他自少声色犬马，是温柔乡里过来的人，女人的心思瞒不过他。近来太后目光中蕴含的意味，他虽不愿承认，却很清楚那当中的渴求。他惶悚不安，既不愿去，可又说不出不去的理由。秋凉时节，额头上竟急出了薄薄一层汗。

刘彻见他迟疑不决，挥挥手，道："朕另派司射，王孙莫让太后久等，去吧。"韩嫣不得已，将手中的漆盒递给郭彤，郭彤默默接过去，轻声道，"公子好自为之。"韩嫣看得出，他的目光中有着深深的忧虑。

到得椒房殿，却不见蔓儿的身影，不待他发问，宫人已将他引入了寝殿。虽是白日，殿内却挂着重重帷幕，光线十分昏暗，只有食案两侧的宫灯，将一席水陆杂陈的肴馔映衬得异常精致、华美。殿内的两只博山炉内飘出木犀的浓香，馥郁袭人。殿内的四角都有暖炉，散发出火炭的热气，寝殿虽大，却无一丝寒意，宫人禀报了一声"韩公子到了"，便悄然退了出去。殿内静悄悄的，没有一点儿声息，闪烁的灯焰，袅袅的熏香，弥漫于四周的黑暗，给人一种一定会有什么事情发生的诡异感觉，韩嫣觉得呼吸困难，自己的心仿佛凝固了。

不等他的眼睛适应四周的黑暗，王娡悄没声地从屏风后闪身出来。太后此刻的装扮，使韩嫣吃了一惊。太后显然才沐浴过，头发松松地披散着，用一条红丝带拢住。身着一袭龙凤对纹的信期纱绣睡袍，衣料轻薄露透，里面的红抹胸、织锦内裤与太后白皙的胴体皎然可见。一股奇香随之而来，是麝香。韩嫣觉得喘不过气，他顿首请安，眼观鼻，鼻观心，不敢再看太后一眼。

王娡走到近前，竟以手相扶，随即把韩嫣的手握住。她的手心灼热，很有力量。这亲昵的动作令韩嫣颤抖。可听到太后随后的话语，他的心几乎要停跳了。

"王孙不必拘礼，你我该如家人一般。孤一向不把你做外人看待，这里面的心思，韩君会不明白吗？"她拉他到案前坐下，偎在他身旁，在灯下细细地观看抚摩着他的手。"这么修长细腻，韩君的手，真像室女的一样呢。"

她亲手从案旁的酒缸中酌酒，递给韩嫣一杯。"韩君，我们先对饮此杯，之后，孤还有满腹的情思，要对你坦白呢。"

韩嫣心头撞鹿，又羞又怕，连连后退顿首。"小臣不敢。太后母仪天下，万万不可如此！"

"啐，母仪天下？在人前装装样子罢了。哪个女人耐得住深宫的寂寞，太后也是人呐，是有血有肉的女人，不能没有男人的爱呀。王孙莫怕，有孤在，没有人能对你怎样的。"

她端起酒，自顾自地一饮而尽，双目灼灼地逼视着韩嫣。"董偃你是知道的，孤所想要的，也就是大长公主所有的。宫里除去皇帝，只有宫女和宦官，没有男人。孤想有个男人长伴在身边，思量来，思量去，能够中意的，还是韩君你。你若答应，由孤去对皇帝讲，不会有事的。"

见韩嫣低头不语，王娡以为他动了心，用手抚着他的肩头，道："韩君可是觉得孤老了吗？"

"臣不敢，皇太后自有种成熟女人的魅力，光彩照人。"

这韩嫣说话就是讨人喜欢，王娡将另一杯酒递给韩嫣，"韩君，我已先干为敬，你莫再外道了，今后在我面前也不要再称臣，长公主称董偃为君，我们可更进一步，私下里你我相称便了。"

这竟真的是把自己当作董偃一流了。韩嫣羞怕而外，又添气恼。今日之事，看来是避不过去了。情急之下，他的头脑反而冷静下来。他捧起那杯酒，道："太后的心思，臣明白了。殿下抬爱，臣铭感五内。韩家三世受恩，韩嫣自幼为先帝选入宫中侍奉今上，汉家于我恩重如山，韩嫣万死不敢为此不伦之事。

臣还要冒死劝太后一句，太后身份尊重，切勿行遗羞于世人之事，若错行一步，太后何以面对先帝与今上，又何以面对太皇太后。"

如冰水泼头，王娡的心寒了。她盯着韩嫣，冷冷地说道："孤不怕，你又怕得个甚！莫不是你还舍不下那个贱人吧？"

这是在说蔓儿了。韩嫣故作不解地摇摇头，道："臣为至尊司射，说好去去就回，再不能多耽搁了，不然皇帝找来就不好看了。太后放心，方才的种种，臣已全不记得了。望太后三思，好自为之。"说罢，起身揖手告退。

退到门边，韩嫣转身，待要启门出去，忽然被赶上前来的王娡从后面紧紧抱住。"韩君莫走，你顺了我，我也会成全你。你喜欢蔓儿，我就赐给你。你若不愿日日来此，间日来陪我也好。深宫寂寞，王孙陪陪我，哪怕是出于怜悯，就当是我求你不成嘛！"

韩嫣惊出了一身冷汗，怕外面有人听到，既不敢声张，又不敢用力挣扎。太后动情的喘息声和浓浓的香气包裹住了他，他头晕目眩，喘息困难，几乎难以自持了。

不知相持了多久，殿外传来了脚步声，随后有人高声问道："韩公子可在？皇太后的话回完了吗？陛下还等着你去司射呢。"是郭彤的声音。太后一下子放开了他，声音也恢复了平日的威严。"既是皇帝在等你，话就先问到这里。孤的话你要认真思量，不要当作玩笑。孰去孰从，你要好自为之！"

韩嫣如逢大赦，忙不迭地跑出了椒房殿。郭彤在后面一溜小跑地跟着，皮里阳秋地笑道："公子慢走，陛下正在沧池泛舟，一时半会儿你这个司射还派不上用场。"

韩嫣掏出汗巾擦了擦额头上的汗，看看郭彤想要解释什么，郭彤摆手，道："公子莫讲，宫里头闲话传得最快，若不想祸从口出，第一要紧的就是管住自己的嘴巴。我们还是快走吧。"

六十八

韩嫣忐忑不安了数日,见椒房宫那里一直没有动静,心神才渐渐安定下来。到底是少年心性,很快他便把这件事丢在脑后,与刘彻竟日泡在北军校场,教练骑射。几个月下来,大内随侍皇帝的期门卫士,无论骑术还是射弩的力道,在新到任的卫尉李广调教下,大有长进。大多数期门郎,都可以于马上开弓,在平地上则能张动十石力的强弩。

刘彻十分满意,打算在这两千期门郎的基础上扩练出一支精兵,问计于李广。李广建议,关西汉阳、陇西、安定、北地、上郡、西河等边郡良家子中,多有父兄为国战死者,家境往往因此贫寒,朝廷念其为国尽忠,可用以补充宫中侍卫。其年幼者,可养在宫中,教以武功,俟年长后,自然可收精兵之效。刘彻大悦,遂命中尉石建按照这个意思奏告太皇太后。太皇太后欣然,还夸奖皇帝顾念为国殉死将士的遗孤,很痛快地允准了。

其实,刘彻此举,包含着很深的用心。李广之义启发了他,自己原来想从民间广招人才的想法,很可以借此落实,而又不落形迹。太皇太后把得紧的是三公九卿之类的高官,郎官俸禄最多六百石,低者仅三百石,即便多任些,大农也负担得起。将这些青年才俊置于大内之中,任使之外,他可以随时观察其才能器识,杰出者可派任地方历练,久之,治国经邦的文武人才,必会脱颖而出。精兵、人才一举而两得,又避开了太皇太后及守旧老臣的阻挠,实在是条瞒天过海的妙计。这个意图,他只向韩嫣透露过,韩嫣大赞成之,于是刘彻派任他为专使,赴各边郡征选郎官。韩嫣不遗余力,奔忙数月后,建元三年初,新入宫宿卫的郎官竟有千员之多。李广的三个儿子李当户、李椒、李敢也在其中。

此后,韩嫣奉命协同李广,教练这支新军。不过半年工夫,又一支精锐的禁军出现了,刘彻名之为羽林孤儿,又称羽林郎。韩嫣因劳绩被皇帝任为骑都尉,成为秩比两千石的上大夫,备极宠信,赏赐无算。与天子出则前驱,入则同卧,成为年轻皇帝最为亲信顾问之臣。而这一切,太后似乎从无过问,韩嫣的担心渐渐消退了。转过年,皇帝三年守制期过,与陈娇完婚,王姞则搬到了长乐宫与太皇太后做伴去了,未央宫内他又可出入无忌了。

不料,建元三年岁末,来长安奉朝请的江都王刘非,又牵动了太后的凤愿。

刘非是景帝第五子,程夫人所出。景帝前元二年封为汝南王。次年吴楚七国之乱,刘非年十五,体魄强健,有气力,上书景帝,自告奋勇愿击讨吴国。景帝派使赐其将军印信,率汝南军进击吴国。当时吴楚已兵败荥阳,一路溃败,大势已去,故刘非所向披靡。平乱后,吴国的封号被废,两年后,徙刘非为江都王,管辖吴国旧地。吴国富庶,刘非大治宫观,招纳四方豪杰,骄奢过于诸王。

此番进京,刘非已年届而立。刘彻多年未曾见到这位兄长,为表达亲亲之意,对他格外优容。小见①之后,特准他在长安多住些日子,知道他勇力非常,邀他参加秋季上林苑例行的秋狩。当日一早,刘非早早起身,夜漏未过,天色尚黑,他与侍从们已候在城南的驰道旁。

汉承秦制,驰道仍旧是主要的交通干道。其路面全由黄土夯成,宽约五十步,平整坚实,绝无杂草。每隔三丈,便植有青松。路为三车道。中央的宽道,为皇帝专用,没有皇帝的特别诏命,任何人不得妄入。否则轻则没入车马,重则送中尉府治罪。两旁的边道较窄,与主道有土堤相隔,是官员百姓往来出行的通道。刘非的车马就停在土堤连通主道的豁口处,准备迎候参见皇帝后,加入进皇家的行猎的车队中,一同奔赴上林苑。刘非少时随景

---

①小见,汉代诸侯王赴长安朝见天子,按例天子只接见四次。即刚到时单独饮宴一次,称作"小见"。正月朔旦贺礼时正式接见一次;三日后,宴请与赏赐金钱财物一次;再过二日,诸侯王最后入见(亦称"小见"),向天子辞行。刘彻留江都王多住和狩猎,均含有优容之意。

帝出行时，曾在驰道上奔驰过，依稀还记得那种快意畅适的心情。这次又能重在这条主道上跑马，他很兴奋，连那辕马也不停地喷鼻踏蹄，颇有些跃跃欲试的样子。

远远传来缇骑称跸①的呼喊声，很快就看到一长列缇骑飞驰而过，沿主路两侧拉成一道警戒线。随后而来的是大批大内的侍卫仪仗，簇拥着十数辆皇家车驾而来。曙光熹微中，五彩斑斓的旗帜飘飞翻动，雄赳赳的期门武士与羽林骑兵列队而行。当中为首一车，朱轮重牙，上立黄屋左纛，竟是皇帝专用的金根车了，车上驭手身后，依稀可见一佩饰极为华贵的青年，虽看不清面目，应是皇帝无疑了。

刘非招呼了一声，带同侍从们一同跪在道边谒见。不想一阵风驰电掣的马蹄声中，并不如刘非预想的，皇帝会停车慰问，邀他同行。刘非偷眼望去，发现金根车上的青年并非皇帝，此人满脸骄色，昂首前行，对道边拜谒的人众，一副不屑一顾的样子。刘非气恼地望着远去的车队，向道旁警戒的缇骑问道："方才那盛气凌人的年轻人是谁，竟得乘坐天子的车驾？"

"这是目下皇帝跟前一等一的红人，新任的骑都尉韩嫣，与皇帝出则前驱，入则共卧，形影不离。长安城无人不晓的'金弹子'，你会不认识？未免孤陋寡闻了！"

"何以不见至尊？"

"听说是皇帝遣韩大人乘副车前行，先去看看苪山一带猎兽的多寡与行踪，今日未必能够出猎。"

韩嫣，他记得，似乎是当年承明殿的陪读，弓高侯的庶子，连继承爵位家产的权利都没有的一个人，靠着在天子身边从事，竟有如此的威风，不把自己这个诸侯王放在眼里，是可忍，孰不可忍。刘非满面涨红，胸中怒气奔涌，他招呼众人起身回邸，决计赴长乐宫太皇太后与太后处请安，对韩嫣的张狂无礼讨一个说法。

---

① 古时皇帝出行，出警入跸，即喝止行人，宣布戒严，直至天子的车驾仪卫通过后方解严，边道的行人才能继续行路。

太皇太后近来身体欠佳，不见客。刘非只见到了皇太后王娡。看过刘非的礼单，王娡心里很满意。自从晋位皇太后以来，诸侯王觐见，还是头一次有人向她奉送如此厚礼，虽说吴国富庶，可也得这个江都王肯送。这样想着，王娡的脸色煦煦和易，对这个豪阔的藩王，格外假以颜色了。

　　"这多年不见，阿非竟出落得如此魁梧健壮，真是个伟丈夫了！可惜你娘不在了，若能见到儿子今日的样子，不知会欢喜成甚样子呢。"

　　刘非顿首道："儿臣虽没有了亲娘，可有皇太后在，儿臣仍有慈母在堂的感觉。"

　　他倒很会说话。王娡心里既受用，又警惕。"皇帝见过了？待你怎样，在长安还能住些日子吗？"

　　"禀告皇太后，皇帝待臣很好，小见之后，说要臣在长安多住些日子，还邀臣一起去上林苑行猎，亲亲之意，情见乎辞。天恩高厚，臣铭感五内。儿臣还有一不情之请，乞太后恩准。"

　　"噢？说出来听听。"

　　"儿臣甘愿放弃王位，爵位封土奉还于朝廷，所求者入于宿卫，日夕侍奉天子，沐浴皇恩……"话说到一半，刘非悲从中来，泣下难言，哽咽不止。

　　王娡吃了一惊，不知堂堂八尺的汉子，为何忽然作儿女子状。她摆摆手，道："你且慢哭。人们都说，快意威风无如南面王，况且江都是诸侯国中第一个富庶的所在。你怎么会起这样的念头！难道有甚隐情不成？"

　　刘非拭干泪水，道："太后哪里知道，诸侯王在京师，还比不上天子身边的一条狗，皇帝身边一个奴才，身份却比我们这些诸侯王来得尊贵呢！儿臣宁愿做皇帝身边的一个奴才。"

　　"竟有这等事吗？你们乃先皇血胤，贵为王侯，一个奴才也敢欺藐你们，他活够了嘛！这是个甚人，你指明白了，孤去给皇帝说，活活打死这个得志猖狂的小人。"

　　刘非暗喜，于是将早上得遇韩嫣的经过，铺张扬厉地叙述了一番。

　　听到韩嫣的名字，王娡心中便有种异样的感觉。那日自己以皇太后之尊示爱，却遭到他的婉拒，简直是奇耻大辱。她愧愤欲死，一直思图报复，尚未考虑好，就逢皇帝大婚，随后太皇太后不豫，她又得晨昏定省，亲侍汤药，这件事就放了下来。

"韩嫣？不过是从小陪皇上读书的纨绔，以此得宠。近一向孤也听说他张狂得不成样子，现今竟然敢于藐视诸侯王了？甚么东西！"她将小几上的茶杯用力摔在地下，恨恨地说道："明日皇帝来长乐宫请安时，我会当面为你讨个公道。"

次日，刘彻赴长信殿探视过窦太后的病情后，转道永昌殿向母亲请安。说起太皇太后的病情，都认为一时还不大要紧，可终究是耄耋高龄的人了，人又虚弱，能不能过得了这一关，很难说。看到祖母风烛残年，刘彻既难过，又有种隐隐的期待。他当然要依从父亲的心愿，不违拗皇祖母的意志，可此后太皇太后的身体、精力既难以有力地监控朝政，他也无妨为将来做些铺垫，招揽、储备人才，暗中开始新政的筹划。

说过窦太后的病情和皇室杂事后，王娡看似漫不经心地问道："听说皇帝拜封韩嫣做了骑都尉，是两千石的大官，是吗？"

刘彻知道母后自去年召见韩嫣后，就莫名其妙地对他有了恶感。刘彻曾问过他原因，韩嫣却讳莫如深，追问得紧了，含糊其辞地说是太后不许他与蔓儿来往。刘彻不解，曾问过母亲，不想同样不得要领。他劝太后将蔓儿赐予韩嫣，太后大怒，说蔓儿侍候了她多少年，最当她的意，让韩嫣死了这份心。刘彻于是劝韩嫣忍耐几时，蔓儿年届二十五六，按汉制，宫人年满三十者，放还出宫，届时接续前缘，不必再触这个霉头。如今见母后又提起韩嫣，口气不善，于是赔着小心道："韩嫣多年来在朕身边奔走，劳绩非寻常人可比，此次教练羽林军，成就尤其可观，赐个两千石的官职，是他该得的。"

"可是这个韩嫣，昨日竟冒用天子仪仗，在驰道上大摆威风。甚至来朝的诸侯王都将他错认为皇帝，行叩见天子之礼，他却不屑一顾。为人臣者，难道可以如此跋扈么！他过去行事还算得上谨饬小心，官做得越大，越显露出骄狂的本色。得志便猖狂，绝对是小人之流。皇帝莫再姑息他了，仅就擅作威福这一条，就应下入诏狱问罪。"

王娡面容僵硬，颜色由白泛红，很狰狞的样子。刘彻心里纳闷，从前母后那么看重韩嫣，待之如自家子侄，何至于为了个蔓儿，生出如此大的恶感。眼下语声虽不高，可听得出杀气。他揖手道："母后息怒，韩嫣如何跋扈，蔑视了哪位诸侯王，请明示。"

王娡于是将江都王昨日的哭诉细细陈述了一遍，当然也夹杂着许多自己的感想与意见。

刘彻心中生出一股恨意，这些个王侯竟是唯恐朝廷不乱了！这个江都王，平日在封国中，出入拟于天子，仗着有钱，招纳豪杰，豪奢不逊，地方上密报不断。此番进京，稍稍假以颜色，略示亲亲之意，不想他却跑到皇太后这里告刁状，居然说甚归国入宿卫，忒可恶了。他本想发作，可碍于母后，不得不敷衍，可口气很硬。

"母后误会了。韩嫣乃朕派乘副车，率领部分仪卫，先行至上林苑观察兽况，为会猎做准备。至于江都王错认拜谒，责任不在韩嫣，是他言过其实。要求归国入宿卫，尤属荒谬，平日他在封国中越礼僭制，擅作威福还少嘛！到长安却说他人跋扈了。若果真是韩嫣跋扈不逊，他为何不对朕面陈，而要跑到母后这里告状，是何居心？母后是偏信了。朕会打发他尽快归国，这件事请母后不必再问，以不了了之。"

王娡被儿子顶得瞠目结舌，可心里对韩嫣的怨恨更深了。

回到未央宫，刘彻召来韩嫣，问起昨日之事。韩嫣笑道："臣早看到江都王跪谒道旁，有意视如不见，为的就是要他知道，他在封国的谱，莫到京师来摆。此番入朝，江都王四处结纳，大肆送礼，陛下略示优容，他却四下鼓吹与皇帝关系非同寻常，编了许多望风捕影的故事，这样的人，难道说不可以给他个钉子碰吗？"

"朕当然知道他的为人，可王孙你也要谨慎，莫要张狂，这朝廷内外嫉恨你的人不少，你要好自为之。"

韩嫣唯唯。刘彻于是问起近日托他在朝廷内外打探的消息，韩嫣道："有董先生的消息了。据说目下居住在故乡广川讲学。司马相如则在蜀郡的成都。他可真不愧是才子风流，勾搭了一位寡妇，当垆卖酒，老丈人丢不起这个脸，赠钱百万，现在成都买了田宅，做起富家翁了呢。"

刘彻闻言大感兴趣，要韩嫣将传闻细细叙述了一遍，听到有趣处，不觉笑出声来，倾慕之情，愈加迫切。父皇故后，刘彻整理暖阁中的文牍，发现了一篇大赋，铺排楚王神游云梦之事，想象奇诡，文采华丽，颇得宋玉《高唐赋》的遗意，但未书名姓。如此才藻，应召至京师，得其器使。刘彻于此耿耿于怀。一次，他与韩嫣在狗监斗狗，小憩时言及此事，叹道："朕真就不能与此人同时嘛！"在一旁服侍的杨得意插言道："臣同邑之人有名司马相如者，曾经写过以子虚乌有为主人公的大赋，不知可是此人。"刘彻登时想到司马相如论诗的那番谈话，拊掌笑道，弘扬文教的大才竟被朕忘掉了！

原来梁王死后，司马相如心灰意冷，打定主意还乡，梁王丧事完毕，竟弃官而去，回了成都。到家后才晓得，父母物故后，亲友离散，家业破败，老屋虽在，可萧条四壁，不得已只能租出去大半，靠租金勉强维持。相如的老友王吉，时任临邛县令，得知他的窘况，去信相邀，于是相如赴临邛一行，居住于县治所在的都亭。司马相如的文名闻名遐迩，王吉附庸风雅，公事之余，日日相访。起初，相如还与之盘桓。日久生厌，遂自称有病，推托不见。那王吉知道他的文人脾性，不仅不怪他，反而愈加恭谨。

临邛地处成都西南，虽只是个县治，可居住的富人冠绝全蜀。如卓氏、程氏，均是富甲一方的大族。卓氏之先乃战国时赵人，以冶铁致富。秦灭六国后，迁各国大族于蜀地。各家大族，纷纷贿赂押解的军吏，以求安置在靠近关中与汉中的葭萌县①。卓氏以为，葭萌土地瘠薄，而岷山之下水土肥沃，民间又有工贸的习俗，易于谋生。于是独求远徙，被安置在临邛。得知临邛山中有铁，卓氏大喜，即山鼓铸，从事滇蜀间的铁器交易，很快重振了家业。到了卓王孙这一代，卓家仅僮仆门客就有八百人之多，其生活起居、田池弋猎之豪奢，拟于人君。程氏是从齐国迁徙来的，也以鼓铸发家，与椎髻的西南夷贸易，到程郑当家时，也有僮仆门客数百人，与卓氏并为临邛首富。听到司马相如作客临邛的消息，两家争相结纳，求县令王吉引见。于是卓王孙在家中大摆筵席，王吉致书邀宴，程郑及两家数百门客汇聚一堂，期待着能一瞻大才子的风采。

相如起初大摆名士的身价，谢病不赴约。贵客不到不能开宴进食，数百人枵腹苦等。王吉无奈，亲赴都亭迎请相如。相如却不过这个情面，勉强赴宴。

---

① 葭萌，秦汉县名，位于嘉陵江上游，今川北剑阁东北。

临邛僻处蜀中，哪里见到过这等人才，相如的风致、谈吐倾倒了一座的陪客。酒酣耳热之际，主人家捧出一架焦尾琴，请相如鼓琴。相如执意辞谢。王吉见状，伏于相如之耳，告诉他卓家有一新寡之女文君，才貌俱佳，尤好琴音。君既丧偶，莫如以音寄情，卓家女儿若闻之心动，或可成就一段佳话。相如闻言心喜，鼓起精神，连抚数曲，果然打动了文君之心。

文君寡居在娘家，父亲虽托人提过几户殷实的人家，无奈质朴无文，文君看不中，遂迟迟未能再嫁。听到父亲邀宴京师来的才子，文君早就藏在窗后将相如从头到脚打量了个遍。只觉得他雍容娴雅，全然是京都名士的气派，心意已有几分活动。及至相如鼓琴而歌，文君更是认定这是自己想要嫁的男人了。当晚，相如应卓王孙之邀，安歇在卓氏庄院的客舍。他向王吉借了一大笔钱，买通侍者，重贿文君身边的侍女以通殷勤，倾诉自己的仰慕之情。文君意不自持，竟于夜半亡奔相如的寓处，连夜乘车私奔回成都去了。次日，卓王孙得知女儿与人私奔，大辱门楣，放出话来说："女儿不成材，做出这等伤风败俗的事情，我虽不忍杀她，可我卓家的钱，他们休想得到一文！"

到得成都，文君才发现司马家已经是家徒四壁，可事已至此，只得先将就着过了段清苦的日子。日久，文君不乐，于是劝相如道："我的兄弟俱在临邛，从他们那里借贷些本钱，也足以立业为生，何苦这么苦着自己呢？"于是相如卖掉了从关中带回来的车骑，又与文君同回临邛，向卓氏兄弟借了些钱，赁下了一间酒舍。文君当垆，相如着犊鼻裤，与酒舍中的仆庸一起端茶送酒，洗刷盘碗，两人略无愧色，却轰动了临邛一县之人。

卓王孙深以为耻，杜门不出。王吉与卓氏诸昆弟轮番劝说，都说文君既已失身于相如，再生气也没有用。相如是在朝廷中见过大世面的人，倦游还乡，眼下虽贫，其人才足以依靠，决不会潦倒一生。况且又是县令的客人，大可不必耿耿于怀。卓家只有一子两女，所缺的并不是钱财，认了这个女婿，将来未必不能得济。事已至此，卓王孙虽不情愿，还是分给文君僮仆百人、钱百万及衣妆财物等作为陪嫁。文君则与相如返归成都，大买田宅，过起了富家生活。

得知司马相如的下落，刘彻大喜，吩咐韩嫣马上传知地方，征召他入京。他要在京师聚拢起一大批文人学者，编纂乐府诗歌总集，大兴礼乐声教，使大汉的文治武功，臻于极盛，乃至超迈秦皇，步武三代。先帝与列祖列宗的事业将在自己的手中，开辟出既大且广的新局面。而这一切的前提，就是以前所未有的意志与魄力，汇聚天下英才，为我所用。终究，他已经成年，已没有什么力量可以阻止他畅行己意，亲政的前景，赋予他朦胧而巨大的期望，使他的内心躁动不安，渴望着即将到来的一切。

六十九

建元五年，是个多事之秋。太皇太后的身体时好时坏，一直未能康复。四月，刘彻的外祖母、平原君臧儿病逝。八月，两位异母兄弟，广川王刘越与清河王刘乘相继薨逝。一年之中，丧事不断，差堪安慰的只有一件事，那就是朝议终于同意设置《易》《尚书》《诗》《仪礼》和《春秋》这五部儒家经典的博士员位。

转过年春季，辽东高祖祭庙起火，朝议颇认为不祥。挨到五月，太皇太后终于撒手人寰，刘彻也终于能够按照自己的意志行政了。还在大丧之中，他即罢免了守旧的老臣许昌与庄青翟丞相与御史大夫之职，拜封其母舅、武安侯田蚡为丞相，御史大夫则由大农令韩安国接任。随即由田蚡起草了诏令，自下一年起，改元元光，在全国范围内重新推举孝廉并征召贤良文学之士。

元光元年五月，诏郡国进荐贤良。七月，各地举荐的贤良文学百余人齐集京师。刘彻亲拟制书，策问诸儒。核心的论题只有一个，即古昔圣王暨三代之治，如何再现于今日，大汉之文治武功何以超迈往古，独步于天下。气魄之大，求治之急，溢于笔端。各地来的儒士，如闻惊蛰的春雷，无不喜动颜色，各呈才智，贡献治国经邦、再造盛世的意见。这当中最称刘彻之意的，还属广川国的董仲舒。

董仲舒少治《春秋》，景帝时一度征至长安任博士。后还乡以教读为生，四方闻其名辐辏而至者甚多。到了后来，则由入室弟子转相授受，后来者甚至有为学数载，不得见其一面者。原因是董仲舒沉浸于历史上天人关系与灾异的研究，竟一连三年足不出户，寒暑数易，竟连园中景色的变化亦无暇窥看，在广川乃至京师都传为美谈。至于其进退容止，更是非礼不行，为一郡人所称道。

刘彻久闻其名，谋面之心早已急不可耐，遂单独召见，当面策问。君臣二人反复问难，在宣室殿中足足讨论了三日。刘彻对于今后经国之大略，终于有了成熟的想法。起初，董仲舒借年初辽东高庙起火一事阐述自己研究天人关系的心得，大讲灾异祥瑞乃天心之表现，天心系于民心，民心一失，则天心也必会转移，这种转移必伴有符命出现，为人君者朝惕夕厉，兢兢业业，必以天道为依归，否则上天必示灾异以警告之，高庙火灾即一例。刘彻虽觉得新奇，可他所关注的，是使朝议赞同自己的新政，即以儒学取代黄老，作为今后施政的方针。于是，在后两日对董仲舒的策问中，提出了自己存疑已久的问题。

"朕所不解者，虞舜垂拱无为，而天下太平；周文王日不暇给，国亦大治。朕想知道的是，帝王之道，岂非同条共贯的吗？何以劳逸如此不同。又如大汉七十年行黄老之术，国以富强，朕欲更张儒学，得无如大行太皇太后所言，会适得其反，重蹈秦始皇帝的覆辙？主张无为者说良玉不琢，主张有为者又说非文无以补德，二者之差别如方枘圆凿，帝王之道竟如此不同吗？子大夫①请为朕答疑解惑。"

董仲舒至此方明白，皇帝欲有所作为，却在为要不要丢弃卓有成效的黄老治术所苦恼。他沉思了片刻，决心一吐多年的积愫，建议皇帝罢黜百家，独尊儒术。

"天道乃一以贯之，王道出于天道，自然是同条共贯的。陛下所言三代劳逸不同，非道不同，乃王者所遭遇的时代不同所致。时代不同，自然在制度上会有因革损益的不同，但无损于大道。所谓改正朔，易服色，不过是顺应天命而已。所以王者有改制之名，无变道之实。也就是先师孔子所言，'殷因于夏礼，所损益可知矣；周因于殷礼，其损益可知矣；其或继周者，虽百世

---

① 子大夫，为汉代对学者之尊称。

可知矣。'道之大原出于天，天不变，道亦不变。尧舜禹三圣相继，其道相因而无损益；桀纣残民以逞，故汤武文王顺应天命，起而以有道伐无道，承乱之后，于制度上不能不有所更张，所谓损益者是也。由此观之，继治世者其道同，继乱世者其道变。如今汉世继大乱之后，似宜少损周之文政，而用夏礼。"

刘彻不解。董仲舒胸有成竹，继续侃侃而谈。

"秦皇苛暴，捐礼义而任刑措，孔子曰：'导之以政，齐之以刑，民免而无耻'，故人心淆乱。汉承秦乱之后，势不能不行清静无为之政，休养生息至今七十年，应该是更张改制的时候了。"

"子大夫是说，如今正是以儒学取代黄老治国的恰当时机吗？"

"正是。陛下欲有所作为，则行事应遵循大经大法，上应天道，下合人心。"

"怎么说？"刘彻双目熠熠，紧盯着董仲舒。

"臣自少至今，一直攻读《春秋》，所悟出的心得是：春秋大一统者，天地之常经，古今之通义也。如今师傅传授的道理各异，人们所持的意见各异，百家诸子各执一词，意旨互悖，上无以维持一统，法制变乱；下不知所从，民心淆乱。臣愚以为可将众多不在六艺之科、孔子之术者，全部禁绝，勿使其与朝廷的大道并进，则邪僻之说自然熄灭。此后统纪可一，法度可明，百姓知所遵从，君民一心，上下一体，则陛下之意旨可以收到如臂使指之效，何忧壮志不得伸展乎！"

刘彻大喜道："子大夫之言，深获朕心。罢黜百家，独尊儒术，甚至黄老亦在摈弃之列，是这个样子吗？"

董仲舒意味深长地笑道："有些事情陛下不用说，只管去做就可以了。士子读书为的是入仕，陛下立儒家五经于学官，征辟贤良文学及孝廉均以儒家学问为根本，将来再为五经博士设立弟子员额，此后郎官主要由此选任，为学子开通入仕的门径，而以任子任赀①辅之。郎官为郡国两千石大吏之后备，

---

① 任子、任赀，均为汉代选任郎官的方式。所谓任子，即朝廷高官的子弟可以直接任为郎官；所谓任赀，即富有之家子弟可以捐赀入仕，任用为郎官。郎官职衔虽低，中央及地方军政要员却大多出于这个阶层。董仲舒建议任贤，打破传统录用官员的成规，从学有专才的人中选拔郎官，以期得到更多有用的人才。

读书人以富贵功名为鹄的，儒学既为入仕捷径，自可不劝而兴；学子向风，儒学不难定于一尊。政治学术之嬗代，自会转移于无形。其他学术，不必明禁，也会渐渐衰微。陛下损益三代制度，与时俱进，必能超迈往古，成就一代圣王之治。"

董仲舒所论提纲挈领，正中肯綮，王臧、赵绾等议起明堂等大而无当的谋划与之相比，相去不可以道里计。刘彻感觉心智登澈，今后何去何从，新政如何措手，全都了然于胸。对董仲舒的敬佩，油然而生。两人又议论了一阵推行新政的方略，在具体事务上，董仲舒的看法却不脱书生之见，大讲"正其谊不谋其利，明其道不计其功"。显然，作为宿学大儒，他长于指授，绌于任事。临到辞别时，刘彻改变了用董仲舒为朝廷重臣的初衷，而拜以两千石的江都国相。对刘非一类跋扈的诸侯王，他的道德学问或可起到些羁勒的作用。董仲舒心中虽不情愿，但以布衣一跃而为郡国长吏，已经是皇帝格外器重的表示，只能顿首称谢，接受下来。

董仲舒走后，刘彻仍然兴奋不已，在宣室殿外的回廊中来回踱步，思忖着下一步的举措。他忽然想到了韩嫣，韩嫣好骑射，对对策一类的皇皇大论避之唯恐不及，所以身边已数日不见其踪影。刘彻踌躇满志，急切间想把几日来的心得对挚友作一番倾吐，正待打发谒者传召他前来，却见到急匆匆地赶来的郭彤，形容之狼狈，令他大为吃惊。在他的印象中，郭彤为人处世，最为沉着内敛。他此刻面色苍白，满脸是汗，上气不接下气的样子，刘彻还是头一次见到。

"陛下，韩都尉出事啦，陛下若不亲自出面开解，他怕是过不去这一关了。"

"哦，出了甚事？你从速讲来。"

郭彤四下看看，很担心的样子。"韩嫣私会蔓儿，两人偷情被皇太后当场捉到，已被分别看押。皇太后说是淫乱后宫，必死的罪，谁说情也不管用呢。"

原来，刘彻与董仲舒对策问难这几日，韩嫣除去北军骑射，便拉着郭彤在金马门内的开阔地上比练投壶。偏巧这两日太后差蔓儿赴少府办事，每日里却由北阙出入。入北阙就是金马门，正遇韩嫣。两人已有一年多未曾相见，思念之苦，不言可知。郭彤有意成全，带人避入金马殿。今日午后，不知是否两人有约，蔓儿再入未央。郭彤觉得蹊跷，告诫韩嫣不可造次，他却如耳旁风一般，紧随蔓儿而去。及至看到长乐宫的宦者追踪而至，郭彤才察觉不妙，刚想去通知韩嫣，却见皇太后带着一批侍卫跟过来，他又想去前殿报告，却被皇太后叫住，随同去捉韩嫣。最后，韩嫣与蔓儿在明渠旁的草丛中被抓，形容狼狈。太后大怒，将蔓儿下入暴室，韩嫣关押在金马殿。随后便带着郭彤一道，奔前殿而来，说是要当面向皇帝讨个说法。郭彤一溜儿小跑，才得以先来奏报，而话未说完，不等刘彻再问，王娡一行已经到了宣室殿前了。

请过安，将母后延入清凉殿后，刘彻命侍从退下，亲自奉茶。"听说韩嫣一时糊涂，做下了错事，还望母后息怒，将此事交给儿臣处置。"刘彻赔着笑，沉着地说。

"一时糊涂？亏你还为他开脱。已通人道的少年，这么多年皇帝却还任他随意出入后宫，后宫里头这么多女人，除了皇帝可以有第二个男人出入么！大行太皇太后热孝之中，他竟敢在后宫白日宣淫，还了得么！这种大逆不道之徒，本该凌迟枭首，明正典刑，顾及皇帝、皇后及后宫的名誉，暗中处置，他也绝逃不过一死。五尺白绫，赐其自尽，算是全他一个体面。孤会代皇帝处置的。本宫来此知会一声，请皇帝好好反省一下自己，就不必为他费心了。"

放纵韩嫣出入后宫，无疑违背宫里的规制，可也并非没有先例，孝文皇帝就曾与邓通同卧起。而韩嫣在宫中，从无可以指证的绯闻。此次与蔓儿，乃少时青梅竹马的伙伴。"母后此言，儿臣不敢苟同。蔓儿乃太后的随身侍女，平日住在长乐宫。韩嫣出入未央宫这么多年，并无不轨之事。况且蔓儿与王孙早有情谊，母后也是知道的，两人咫尺天涯，难得见面，一见面难免做出糊涂事。莫不如成全了他们，既可见太后恩德，又可化解丑闻于无形，此后朕即禁止王孙再入宫闱，这样不好吗？"

韩嫣入彀，早在王娡的计算之中。蔓儿随她迁入长乐宫后，两人已一年多未能见面，相思之苦，可以想见。这时给他们一个机会，必定会上钩。得知儿子连日在前殿与征召入京的贤良文学对策，韩嫣独在后宫，王娡遂实施其报复。为了稳妥起见，她还要先给这对男女一点儿甜头，所以放过了他们的第一次会面。一切似乎都在其预料之中，韩嫣终于中了圈套，落入了她的掌握，生死就在于她的一句话，这种报复的快意，她要好好品味一番，岂是儿子所能劝解得了的！理在她一边，她倒要看看，自己的意志对于儿子，能否有窦太后对景帝那样的力量。

"皇帝可以问问郭彤，他们的丑事，后宫里头看到的人多了。即使贵为皇帝，怕也难以为他开脱秽乱后宫的罪名，他是死定了的。况且此人早就是个声色犬马之徒，娘若早将他从皇帝身边撵走，也不会有今日之丑闻。娘知道皇帝自小与他为伴，割舍不下，所以没有马上处置，留他与皇帝见一面诀别。皇帝若有心见他最后一面，可去金马殿，不然四刻之后，永巷的宫人即会结果其性命。"

刘彻心头陡然火起。难道走了一个太皇太后，又要由太后对自己颐指气使，发号施令不成！这个先例绝不能开。他沉下脸，斩钉截铁地说道："没有天子的诏命，朕倒要看看，谁敢在未央宫里杀人！"

"你，怎敢如此对母后说话！目无尊长，大汉治国的孝道皇帝忘掉了吗？"

"当然忘不掉！太后既然知道朕是皇帝，想必明白'天无二日，国无二主'的道理。大汉朝普天之下，率土之滨，只有皇帝一人可以言出法随！皇权至尊才是最大的孝道。"

刘彻面色可怕，目光凶狠，言辞绝无一点商量的余地。王娡被惊呆了，感觉自己构筑多年的世界正在脚下坍塌。

"韩嫣是朕的人，怎样处置自然是朕说了算，毋庸母后置喙。朕若喜欢，后宫的美人尽可以赐给臣下。那个蔓儿，朕马上可以下诏赐予韩嫣，不信有不怕死的人敢在背后嚼舌头！"

王娡气得浑身发抖，语不成声地叫道："你，太皇太后的梓宫才入山陵，你就要悖逆不孝了嘛！想成全那对奸夫淫妇？休想！那贱人丢不起人，已在暴室悬梁自尽，皇帝赐给韩嫣的只能是具尸首，哈……哈哈哈哈……"最后，竟歇斯底里地大笑起来。

刘彻冷冷地扫了她一眼，声音不高，却是绝对不容置疑的口吻。"朕正要告诉太后，今后不会也不允再有太皇太后了！无论朝政还是宫内的人事，做决定的只有朕一人。请母后安居长乐宫颐养天年，后宫的事情自有皇后统摄，母亲莫再无事生非，自寻烦恼了。"

随后，刘彻大声吩咐道："来人，备辇，去金马殿。"自顾自扬长而去，将瞠目结舌的太后丢在了一边。

七十

　　从北阙入未央宫，甬道两侧，排列着两组宫室，左为石渠阁，是皇家收藏秘籍和博士校书之处；右为金马殿，金马殿即宦者署，是未央宫出纳诏命奏牍的所在，门前一左一右，铸有两匹铜马，故又被称作金马门。殿内屋室众多，除宦者令、丞等内侍办公而外，还为各地来京上书言事，等候召见的士人与官员提供食宿。韩嫣就被关押在一间住室之内。

　　见到皇帝驾临，慌得一院子候命的宦者一齐跪倒请安。内中有数名体大身高、孔武有力的宦者，显然是暴室狱的狱吏，在此待命行刑。刘彻叫过永巷令，问起蔓儿的情况，永巷令连连叩首请罪，确如太后所言，此女因不堪羞辱，押到暴室狱后不久，就解带自尽了。刘彻幼时，蔓儿曾每日接送陪侍他上学，这样一个花信年华的女子竟这样香消玉殒了，心里自不免惘然。

　　关押韩嫣的屋内四壁萧然，一席一几而已。见到刘彻，韩嫣如逢大赦，面露喜色，扑到刘彻脚前，顿首道："臣死罪，陛下救我！"

　　刘彻吩咐郭彤把住门口，不许任何人靠近。看着俯在身前的韩嫣，冷冷地说道："朕告诉过你，假以时日，蔓儿早晚归你。可你孟浪从事，不仅身罹罪衍，还断送了蔓儿的一条性命，你知道吗！"

　　韩嫣已听到消息，经皇帝的口证实，难过地落下泪来。"找到我俩时，太后若非当众一味羞辱，她不会如此想不开的。"

　　"你们自己行为不检，反倒怪太后羞辱了么！"

　　"臣不敢。臣实在是一时糊涂，做下了错事，但凭陛下处置。"

"朕想放过你，无奈汉法无情，太皇太后热孝之中，你竟在后宫白日宣淫，是死罪。皇太后为皇室名誉计，不主张明正典刑，而是赐你五尺白绫，由你自我了断呢。"刘彻沉着脸说。他本不打算处置这个朋友，可韩嫣长期跟在身边，权势熏灼，朝廷内外不少人视其为佞幸之臣，对之侧目而视。此番蹉跌，正可以引为警诫，所以用母后的话，吓他一吓。

不想韩嫣闻言，却皱眉沉思起来，好一会儿才开口道："难怪郭舍人觉得蹊跷，现在看来，这竟是件阴谋，故意诱臣上钩，以置臣于必死之地了。"

刘彻大感意外，逼视着韩嫣道："王孙，你把话说清楚，有何蹊跷，有甚阴谋，何人欲置你于死地？你为朕一一道来。"

"陛下请想，那蔓儿是太后贴身的侍女，平日须臾不离身者，何以连续两日放她单独到未央宫办事？况且臣日日陪侍在未央宫，太后是知道的。太后既不愿臣与蔓儿接近，却又给我们这样一个会面的机会，自己又随后追踪而来，做成人证俱获的罪证，难道是巧合吗？"

"你是说太后做成圈套，让你们去钻？为甚！"确如韩嫣所言，这一切未免太巧了。可母后为何如此处心积虑，陷人于罪呢？刘彻想不出理由，也不愿意相信，于是连连摇头，心里大不以为然。

"太后心计之深，下手之狠，有常人难以想象者。陛下若恕臣言而无罪，韩嫣愿将所知和盘托出。"

听韩嫣的口气，母后行事似多有隐情。刘彻吃惊了，盯着韩嫣道："朕恕你无罪，你从实道来，若有半点儿虚妄，朕轻饶不了你！"

"是。"韩嫣略作思忖，语气沉重地陈奏道："太后虽是陛下的亲娘，可陛下未必真的知道太后的秉性。有谁挡了太后的路，有谁违拗太后的意志，太后必用计除之。即使一母同胞的姊妹，也不肯放过的。"

"你是说小姨娘？小姨娘死于难产，先帝派人查证过，你好大的胆！太后为何要害小姨娘，证据何在？"刘彻额头青筋暴起，一把抓住韩嫣的胳膊，狠狠盯着他问。他本能地排拒韩嫣的说法，可内心又不能不有所怀疑。小姨娘临终前紧攥着他的胳膊，托付儿子于他时所说的话，"你不要杀他们，你发誓不会杀他们"，至今记忆犹新。他记起当时合欢殿内阴沉凶险的气氛，多少年来心存的疑窦，一下子又被唤醒了。

"臣当然有凭据。陛下可还记得，我曾问陛下，漪兰殿内可曾养有母猫，陛下说只有雄猫，未有母猫，我当时还纳闷王夫人为何骗我。后来听说小王夫人难产而死，蔓儿又讲夫人曾以猫试药，那只雄猫中毒而死，我才明白，太后要我去义姁大姊处配的药，原来是为合欢殿的小王夫人预备的。"

"可太后为何要谋害自己的亲姊妹？"

"个中缘故，臣不详细。可想必与争夺皇后的位置有关。小王夫人生有四子，又怀着龙凤胎，栗姬而外，属她得宠，也是问鼎皇后位置的有力人物。"

刘彻细细回想当时情景，感情上虽不愿承认，可理智上已不得不认为韩嫣的怀疑有道理了。"你继续说，太后还做过甚？"

"临江王之死亦与太后有关，是太后使人设计为之。"

刘彻心中又是一惊，问道："怎么说？"

"臣也是听义姁大姊说的。临江王就国前曾发誓为母亲报仇，太后乃下斩草除根的辣手。"于是，他将义姁姊弟如何受王娡之托，亲赴临江，设计陷临江王刘荣于罪的始末叙述了一遍。刘彻听得背上凉飕飕的，平日里看似温顺谦恭的母后，用心如此深刻，倒是要刮目相看了。

"还有大萍……"

"大萍如何？快讲！"听到心爱女人的名字，刘彻不由自主地握紧了韩嫣的臂膀，连声催促他快讲。

"大萍被赶走，是太后怕陛下的私情被大长公主得知，坏了与阿娇的婚事，危及东宫的地位。太后的本意是杀人灭口，除掉大萍。亏得郭彤心善，放了她一条生路。大萍被嫁到河间，太后一直严厉告诫我与郭舍人，不准向陛下透半点儿消息。"

"大萍现在何处，还在河间吗？"刘彻急不可耐地追问道。

"臣不知道，只听说是与男人迁居到辽东地方去了。"

刘彻叹息良久，既痛恨母亲之所为，又不得不承认母亲为使他成为太子，继承皇位，用心良苦，甚至干犯逆伦大罪而无所踌躇退缩，这种勇气与意志，须眉男子亦不遑多让，心里竟隐隐对母后生出了几分敬意。韩嫣的坦白与揭露，使他如置身于极大的感情旋涡之中，身心疲惫，至此，一切尚属事出有因，情有可悯。他叹了口气道："还有吗？"

"臣冒死进言，实在不敢为皇太后讳。先帝的薨逝，皇太后亦有干系。"

"甚？"刘彻的头嗡的一声大了。他目瞪口呆地望着韩嫣，一时竟不知如何是好。

"义姁大姊曾私下对臣讲过，太后在先帝不豫时，多次要她去太医院查看先帝用药的方子，她见内中多有壮阳与金石燥烈之物，曾一再请求太后劝谏先帝勿再服用丹药，节劳静养。可太后不仅不以为意，反而以为药性不够猛烈，要义姊再加些'强壮'之药。义姊就是为此，为避祸计，以照顾兄弟为由，辞去御医之职的。"

刘彻血脉偾张，一种怨毒之气渐次生发于全身。难怪父皇要他警惕女人干政，没有权力，尚可以阴谋害人，一旦握有大权，她们还会干些什么？这个答案，不用问也肯定令人毛骨悚然。

"你知道的这么多，为何一直对朕隐瞒，难道你不是朕的心腹吗？"刘彻冷冷地问道，不满之意溢于言表。

"事涉皇太后，谁敢说？没有人不怕死的！现今太后既然有心杀我，总不过是一死，也就没必要为之隐瞒了。"

"朕也觉得怪，为了一个宫女，太后何以会恨你入骨，必得置你于死地呢？其中难道别有缘由吗？"

韩嫣语塞，面颊红红的，低头不语。刘彻反复劝导，许诺绝不追究。韩嫣方才期期艾艾地将太后欲收他做面首，而为他所婉拒的事情讲了出来。他分析说，太后是因爱生恨，故意以蔓儿为诱饵，陷其于罪的。

看来，母后欲杀韩嫣，一是示爱不得，恼羞成怒；二是因韩嫣所知道的太多，意在杀人灭口。是呀，一个女人，即使贵为太后，也难以承担如此沉重的心理压力，拖着这铅一样重的忧虑，又怎能颐养天年？母后的后半生，怕是会生活在耻辱和恐惧的阴影中，得不到片刻的欢乐与安宁了。作为皇帝，他绝不允许母后干政；可为人子者，若能为母亲解除这种忧虑与痛苦，弥补自己在孝道上的亏欠，又何乐而不为呢。

若要母后满意，势必得借用韩嫣的性命，而韩嫣跟了自己这么多年，罪不至死。他神情恍惚，脑海中又出现了数年前与师傅们诀别的场景。他命人安排了一席极精致的酒菜，边饮酒，边与师傅们回顾就学时的往事。夜漏更深，可他就是说不出窦太后咬定他们离间皇室，赐死的诏书已经下达，天明前即须执行的消息。末了还是王臧、赵绾劝他不可意气用事，行韬晦之计以待将来。"只要皇帝在位，兴儒的大计就有实现的一日，陛下保重，臣等死不足惜，陛下新政发动之时，臣等虽死犹生！"他还清楚地记得，两位师傅饮下鸩酒时，满面含笑的表情。那种既沉痛又放松的感觉，使他明白了父皇那番话中的深意：为人君者，为渡过难关，可以以屈求伸，但绝不能存妇人之仁。父皇牺牲了晁错，他已经牺牲了王臧、赵绾，现下又得牺牲韩嫣，今后或许还会牺牲更多的臣子与亲人。可所有这些，相对于他将要从事的宏图大业，又算得了什么呢！

他原本是来解救韩嫣的，可他的主意变了。离开前，他对韩嫣笑笑，说："朕会为你向太后求情的。"走到外院，他面无表情地向候在那里的宦者丢下一句冷冰冰的话："按太后的吩咐办。"随后又派郭彤带专人赴长陵县令义纵家中，传达他的诏命，赐义姁自尽。郭彤迟疑地问道："就这一句话吗？"

"就这一句话。不，你可以再告诉她一句：韩嫣事发。她是个聪明人，何以自处，她应该知道。"略停，他又吩咐道："义家丧事的费用由公家出，你去之前，到少府支取百金送过去。告诉她，不干她兄弟的事，只要义纵好好办差，前途无量。要她放心地去吧。"

刘彻回到前殿时，身心已全然处在即将全面推行新政的兴奋与期待之中，他下达了两道诏命，任命卫尉李广为骁骑将军，中尉程不识为车骑将军，率领新训练出的精兵分别屯驻云中与雁门两郡。他要示匈奴以颜色：如今的天子不会再委曲求全，大汉也绝不再被动挨打，匈奴人若敢于犯境，他已授权这两位将军狠狠回击。他下令宣召三公九卿入宫会议，磋商从各地举荐的上百位贤良文学之中选拔切实可任的人才，派任到朝廷与地方的关键位置上，为日后大政方针的全面转变，做好人事上的准备。

韩嫣的死讯随即被传报于太后。帝、后意志的较量中，太后似乎占了上风。可听到后面的话，王姞的欣快随即消失殆尽。

"韩都尉的尸首抬到了殿外，请皇太后过目验看。"未央宫送消息来的宦者，恭恭敬敬地请示道。

"一个死人，有甚看头，发送到弓高侯府上就是了。抬到孤这里作甚？真是岂有此理！"王姞心里诧异，不知儿子在这件事上又在做甚么文章。

"皇上吩咐说，看到韩都尉真死了，太后才会心安。皇上还吩咐奴才转告太后殿下，太后今后要把身份放尊重些，凡事要顾着皇家的体面。朝政上的事情由皇帝做主，后宫里头的事情由陈皇后做主，请太后自己个好好的，安安生生地颐养天年。"

儿子话里有话，显然是知道了些什么。王娡涨红了脸，欲待发作，却又无从发作。韩嫣的尸首被送走时，已近日晡时分，又是一日过去了，等待着她的依旧是漫漫的长夜，是独守空床的孤寂。儿子的传谕，无情宣告了她精心编织了十余年的美梦的破灭。何尝有什么扬眉吐气的一日？又到哪里去抖太后的威风？儿子获得了权力，却永远疏离了她，她为他所做的这一切，竟是这般结果，是她所始料不及的。王娡心神疲惫，潸然泪下了。翌日，宫人们惊奇地看到，一夜之间，皇太后的两鬓有了白发，形容仿佛一下子老去了十年。

在咸阳北阪的高地上，两个小黄门正在阳陵近旁的宫人墓地挖坑，旁边一口薄皮棺材中，盛殓的正是蔓儿。郭彤坐在一处岗阜上，默默地想心事。来这里埋葬早殇的宫人，在他已难得数清了。微风拂荡着青草与野花的芳香，阳光下的京师，宫城崔巍壮丽，清澈的渭河，广袤无垠的原野，一切都那么宁静、美好。可却有那么多年轻、姣好的性命埋在了三尺黄土之中。从阿宝算起，宫廷里发生了那么多事情。大萍走了，不知眼下飘落到了何方？蔓儿与韩嫣那么好的一对，双双命丧黄泉，即使避到长陵，也难逃一死的义姁，这宫里头主子们的明争暗斗、阴谋情欲，竟牵扯进了这么多无辜的性命，自己又挨到哪一日才算完呢？

远处的小黄门向他高声喊着什么，示意坟坑已挖好，是否下葬。郭彤摇了摇头，笑自己居然如此多愁善感。他站起身，拎起酒壶，慢慢走了过去。在新坟上拍实最后一锸①黄土后，郭彤拔开酒壶的塞子，一面以酒酹地，作为祭奠，一面口中念念有词道：

---

① 锸，古时称铁锹为锸。

恭祝致告，樽洁酒芳；痛乎好女，终天永诀。幽明异路，相见无期；卜兹良辰，迁柩就舆。此去黄泉，倏忽归乡；蒿里薤露，痛杀爷娘；潜焉出涕，断我肝肠。

这是他昨晚请石渠阁的一位博士，连夜赶写出来的祭文。他酹尽壶中最后一滴酒后，乘车返回长安。皇帝连日召见廷臣与各地的贤良文学，会议朝政，似乎要有什么大举动，他不能耽搁得太久。望着渐去渐远的新坟，郭彤心里祝祷，蔓儿姑娘，一路走好。若能再度托生为人，愿生生世世莫再做宫里人。这宫里虽说富丽堂皇，却不是为你我这等人预备的呢。

延伸阅读

1 《曾国藩传》

本书详细介绍了曾国藩的生平经历和主要事迹，重点记述其镇压太平天国革命运动、捻军起义和处理天津教案、发起洋务运动的过程；深刻透彻地分析了曾国藩政治和学术思想的形成、发展、演变及对后世的影响；深入归纳了曾国藩的用人方略，概述了以曾国藩及其幕府为核心的政治集团的形成、发展、分化和主要特征、作用；同时，历史地科学地实事求是地总结评价了曾国藩的历史功过和历史作用。观点鲜明精当，资料丰赡翔实，分析雄辩有力，观念新颖，视野开阔，是中国近代史研究和历史人物传记创作上的一部不可多得的力作。

2 《大明亡国史：崇祯皇帝传》

本书在2014年被"罗辑思维"重磅推荐。

在明朝的历代皇帝中，亡国之君崇祯朱由检的个人素质并不算太差，他好学勤政、严于律己，也非常能干。但他生不逢时，正好赶在一个最不利于实施统治的时代，登上了君临天下的宝座。作为一个最高统治者，他自作聪明、自以为是、固执多疑又刻毒残酷，性格的这些缺陷被至高无上的皇权无限放大，反过来又导致大明王朝更迅速地走向灭亡。最终，回天乏术的崇祯皇帝走投无路，吊死煤山，延续二百多年的明王朝也就此灭亡。

3 《宫花寂寞红——细说中国后宫》

翻开此书，你会看到这些皇帝身边的女子是怎样把绝色容颜、情意绵绵、千娇百媚、风情万种、才华横溢、蕙质兰心 聪明智慧、出类拔萃、长袖善舞、勾心斗角、尔虞我诈、蛇蝎心肠、费尽心机、不择手段这些矛盾的词诠释得淋漓尽致！令人不禁唏嘘：都说女子天生为情而生，为爱而存，她们却活得如此辛苦、变态、悲惨、扭曲、挣扎！看一代代女子接力棒似的投入她们逃不了的劫，所有今天的人们都该感到幸福，尤其女性更该深刻体会到幸运，因为再不用进入元稹的《行宫》：寥落古行宫，宫花寂寞红。白头宫女在，闲坐说玄宗。

4 《决战华东》

抗日战争胜利后，国共双方又展开了3年殊死的搏斗。在华东解放战场上，人民解放军创造了以少胜多的光辉范例，老百姓的独轮车推出了战争的胜利。百万雄师强渡长江，誓将革命进行到底，插上南京"总统府"的红旗，宣告了蒋家王朝的灭亡。本书是一部详实、权威的华东解放战争实录，将重点解答以下几个问题："国军五大主力"的五分之三，即整编七十四师、第十八军、第五军是如何在华东战场全部被歼灭的？南京政府是如何覆灭的？人数明显占优势的蒋家王朝为何在华东战场全面崩溃？

5 《中国历代谋士传》

中国古代士人中有一个独特的社会阶层：他们同样是饱学之士，却不屑于寻章摘句，吟诗弄文；他们热衷于成就一番安邦治国大业，却必须择良木而栖，寻良主而仕。他们就是谋士。本书所立传的历代大谋士四十余人，大都活跃于社会动荡、王朝更替的历史时期，在风云激荡的社会大舞台上，做过翻天覆地的大事业。在封建时代，成者王侯败者贼。成，往往成于谋划，败，也往往败于谋划。由此也可以看出谋略文化的一大特点：经世致用。谋略不同于知识，在竞争激烈的时代，谋略比知识更重要。

本书展现给读者的，除了历史谋士们的事功之外，主要是他们的人格特点，归纳起来主要是：大智慧而不是小聪明，多谋善断而不是善谋无断，灵活多变而不是僵化教条，图大义而不是贪小利。

6 《黄埔军校名将传》

《黄埔军校名将传》对国共两党出身黄埔军校（包括分校）教职员和前六期学生的三百多著名将领分别列传，较为详尽地介绍他们的生平事迹、重大活动和战斗历程，是一部关于黄埔军校名将的大型传记。该书根据实事求是、秉笔直书的原则，对国共两党黄埔名将在历史上的作用、地位和功过是非，都作了客观公正的叙述，如对国民党将领，既写了"围剿"工农红军和参加第三次国内战争与解放军作战的事实，也记述了他们在东征、北伐和抗日战争中为国家和民族所立的战功。

7 《伟人的困惑》（分两卷：治国者卷和思想者卷）

《伟人的困惑》共两卷，分为"治国者卷"和"思想者卷"，两书分别遴选20位与23位中国古代历史人物，每人一篇，夹叙夹议，深入浅出，雅俗共赏，不啻是43篇各具手眼精彩纷呈的袖珍版评传。所选人物，泰半大名鼎鼎（如刘邦、李世民、朱元璋、孔子、司马迁、苏轼），也有罕为人知的（如郝经、鲍敬言）。每篇写法不同，角度各异，但大多斐然可观，且不凡杰作。这是两本有想法、有意思、有深度、有热力、有趣味——也有矛盾和困惑的读物。中国古人留下的解惑之路，在新的历史时期，可以带给人们全新的思索和启示。

8 《曾国藩集团与晚清政局》

本书讲述了一场长达数十年的博弈。在这场旷日持久的棋局中，慈禧太后、恭亲王奕䜣、当朝重臣肃顺，以及胡林翼、左宗棠、李鸿章等崭露头角手握重权的汉族大臣都粉墨登场，演出了一场场历史活剧。曾国藩集团崛起，扑灭了太平天国，创造了所谓"同治中兴"；同时又极大地改变了权力格局和结构，为清朝的覆亡埋下了肇因。